ANWALTSKANZLEI
REED SMITH LLP
THEATINERSTR. 8 / FÜNF HÖFE
80333 MÜNCHEN

D1754339

Deilmann/Lorenz (Hrsg.)
Die börsennotierte Aktiengesellschaft

Die börsennotierte Aktiengesellschaft

Herausgegeben von

Dr. Barbara Deilmann
Rechtsanwältin in Düsseldorf

Dr. Manuel Lorenz
Rechtsanwalt in Frankfurt am Main

Bearbeitet von

Christian Brodersen, LL.M., Rechtsanwalt und Notar, Steuerberater und Wirtschaftsprüfer in Frankfurt/M.
Dr. Barbara Deilmann, Rechtsanwältin in Düsseldorf
Dipl.-Kfm. Tino Duttine, Frankfurt/M.
Dr. Mathias G. Gärtner, Rechtsanwalt in Frankfurt/M.
Dipl.-Betriebswirtin Kerstin Grupp, Rechtsanwältin in Düsseldorf
Judith Hilgers, LL.B., Rechtsanwältin in Frankfurt/M.
Dr. Hans Peter Leube, LL.M., Rechtsanwalt in Frankfurt/M.
Dr. Andreas Lohner, M. Jur. (Oxford), Rechtsanwalt in München
Dr. Manuel Lorenz, LL.M., Rechtsanwalt in Frankfurt/M.
Dr. Nicoletta Messerschmidt, Rechtsanwältin in Düsseldorf
Dr. Mark Odenbach, Rechtsanwalt in Frankfurt/M.
Felix Schieferdecker, Rechtsanwalt in Frankfurt/M.
Dr. Peter Veranneman, Rechtsanwalt in Frankfurt/M.

Verlag C. H. Beck München 2005

Zitiervorschlag:
Deilmann/Lorenz-*Bearbeiter/in* § ... Rdnr. ...

Verlag C. H. Beck im Internet:
beck.de

ISBN 3 406 52619 5

© 2005 Verlag C. H. Beck oHG
Wilhelmstraße 9, 80801 München

Satz: Fotosatz H. Buck,
Zweikirchener Straße 7, 84036 Kumhausen

Druck: Druckerei C. H. Beck
(Adresse wie Verlag)

Gedruckt auf säurefreiem, alterungsbeständigem Papier
(hergestellt aus chlorfrei gebleichtem Zellstoff)

Vorwort

Dieses Buch entstand aus der Idee der Herausgeber, ihre langjährigen Erfahrungen aus einer integrierten aktien- und kapitalmarktrechtlichen Beratung in einem Werk zusammenzuführen, mit dem Ziel, einen kompakten und rechtsbereichsübergreifenden Überblick über die praktischen Fragen rund um die börsennotierte Aktiengesellschaft zu geben.

Die Herausgeber bedanken sich bei den Co-Autoren, ohne deren tatkräftige Unterstützung und Beiträge die Idee des Buchs nicht hätte umgesetzt werden können. Dank gebührt auch den vielen Helfern im Hintergrund, insbesondere den fleißigen Händen der Sekretärinnen, die das Manuskript betreut haben. Einen besonderen Dank möchten die Herausgeber und alle anderen Autoren an dieser Stelle Frau Rechtsreferendarin Caroline Redeker bekunden, die als wissenschaftliche Mitarbeiterin für die Gesamtredaktion verantwortlich war und uns Einiges an Mühe abgenommen hat und Frau Andrea Gottwald, die im Sekretariat bei der Endredaktion eine große Stütze war.

Die Kapitel sind sämtlich auf dem Stand Ende Dezember 2004. Aktuelle Gesetzgebungsvorhaben wurden, soweit nur irgend möglich, berücksichtigt.

Anregungen sowie Hinweise auf vermeidliche (und unvermeidliche) Irrtümer nehmen die Herausgeber gern unter den folgenden Anschriften entgegen:

Dr. Barbara Deilmann
Baker & McKenzie LLP Düsseldorf
Neuer Zollhof 2
40221 Düsseldorf
Mail: Barbara.Deilmann@bakernet.com

oder

Dr. Manuel Lorenz, LL.M.
Baker & McKenzie LLP Frankfurt
Bethmannstr. 50–54
60311 Frankfurt am Main
Mail: Manuel.Lorenz@bakernet.com

Düsseldorf/Frankfurt im Dezember 2004   *Die Herausgeber*

Inhaltsverzeichnis

Abkürzungsverzeichnis XXI
Literaturverzeichnis XXXIII
Einleitung *(Dr. Deilmann/Dr. Lorenz)* 1

Teil 1 Struktur

§ 1 **Satzung** *(Dr. Messerschmidt)* 5
    I. Notwendiger Inhalt 5
        1. Allgemeines 5
        2. Firma, Sitz und Gegenstand 5
        3. Grundkapital 6
        4. Nennbetrags-/Stückaktien, Inhaber-/Namensaktien 6
        5. Zahl der Vorstandsmitglieder 7
        6. Bekanntmachung 7
    II. Gestaltungsmöglichkeiten 7
        1. Grundsätze 7
        2. Elektronische Medien 8
        3. Sachausschüttung 8
        4. Jahresüberschuss 8
    III. Kapitalmarktrechtliche Besonderheiten 9
        1. Einführung 9
        2. Einzelne Regelungen 9
            a) Aktiengattungen, Aktienarten, Verbriefungsanspruch ... 9
            b) Genehmigtes Kapital/Bedingtes Kapital 9
            c) Katalog zustimmungspflichtiger Maßnahmen nach § 111 Abs. 4 Satz 2 AktG 10
            d) Hauptversammlungsort 10
            e) Modalitäten für die Teilnahme an der Hauptversammlung, Bestimmungen über die Person des Hauptversammlungsleiters 10
            f) Abweichende Gewinnberechtigung 10
            g) Herabsetzung von Mehrheitserfordernissen 11
    IV. Änderung der Satzung 11
        1. Begriff der Satzungsänderung 11
        2. Zuständigkeit 11
        3. Befristung und Bedingung 12
        4. Handelsregisteranmeldung 12

§ 2 **Organe** *(Dr. Messerschmidt)* 14
    I. Vorstand 14
        1. Allgemeines 14
        2. Besondere Mitglieder 14
            a) Arbeitsdirektor 14
            b) Vorstandsvorsitzender 14
        3. Bestellung und Anstellungsvertrag 15
        4. Beendigung des Mandats und des Anstellungsvertrages ... 16
        5. Vergütung 17
        6. Leitung und Geschäftsführung der Gesellschaft 18

Inhaltsverzeichnis

7. Vertretung der Gesellschaft	19
8. Pflichten	20
9. Haftung	21
10. D&O Versicherung	22
II. Aufsichtsrat	23
1. Zusammensetzung	23
2. Wahl	23
3. Entsendungsrecht	24
4. Amtszeit	25
5. Ersatzmitglieder	25
6. Gerichtliche Bestellung	25
7. Statusverfahren	26
8. Beendigung des Aufsichtsratsmandats	26
9. Innere Ordnung des Aufsichtsrats	27
a) Geschäftsordnung des Aufsichtsrats	27
b) Vorsitzender und Stellvertreter	28
c) Sitzungen und Beschlüsse	29
d) Ausschüsse	32
e) Selbstevaluierung	33
10. Zuständigkeit und Aufgaben	33
11. Vergütung	35
12. Verantwortlichkeit und Haftung	36
III. Hauptversammlung	37
1. Aufgaben	37
2. Zuständigkeit kraft Gesetz	37
3. Zuständigkeit auf Verlangen des Vorstands	37
4. Entlastung von Vorstand und Aufsichtsrat	37
5. Nachgründung	39
6. Zuständigkeit kraft Satzung	40
7. Weisungsbefugnis der Hauptversammlung	40
8. Ungeschriebene Zuständigkeit	40
a) Grundsätze	40
b) Anwendungsfälle	41
c) Verfahren	42
d) Folgen einer fehlenden Zustimmung der Hauptversammlung	43
IV. Mitbestimmung	43
1. Art der Mitbestimmung	43
2. Gesetzliche Grundlagen	43
3. Innere Ordnung nach dem Mitbestimmungsgesetz	45
V. Corporate Governance	46
1. Begriff und Entwicklung	46
2. Corporate Governance-Kodex (CGK)	46
a) Geltungsbereich, Funktion, Anpassung	46
b) Struktur	46
c) Rechtliche Einordnung	47
3. Entsprechenserklärung	47
a) Abgabe und Inhalt	47
b) Anpassung	49
c) Haftung	49

Teil 2 Aktie und Kapitalmarkt

§ 3 **Die Aktie**	51
I. Einführung *(Hilgers)*	51
II. Nennbetrags- und Stückaktien *(Hilgers)*	52

Inhaltsverzeichnis

III. Aktienarten *(Hilgers)*	53
1. Inhaberaktie	53
a) Übertragung bei Verbriefung in einer Einzelurkunde	53
b) Übertragung bei Verbriefung in einer Globalurkunde	54
c) Legitimation	55
2. Namensaktie	55
a) Übertragung bei Verbriefung in einer Einzelurkunde	55
b) Übertragung bei Verbriefung in einer Globalurkunde	55
c) Aktienregister	55
d) Legitimation	56
e) Vinkulierung	56
3. Die Umwandlung von Inhaber- in Namensaktien	57
IV. Aktiengattungen *(Hilgers)*	57
1. Vorzugsaktie	57
2. Mehrstimmrechtsaktie	58
3. Besonderheiten	59
V. Aktienurkunden und sonstige aktienrechtliche Urkunden *(Hilgers)*	59
1. Aktienurkunden	59
a) Inhalt und Form der Urkunde	59
b) Globalurkunde	60
c) Gewinnanteilschein und Erneuerungsschein	61
VI. Kraftloserklärung und Umtausch von Aktien *(Hilgers)*	61
1. Kraftloserklärung	61
2. Umtausch von Aktien	62
VII. Eigene Aktien *(Dr. Gärtner)*	62
a) Zulässige Erwerbsfälle	63
b) Einschränkungen	63
c) Rücklage nach § 272 Abs. 4 HGB	64
d) Erwerbsarten	65
e) Der wichtigste Erwerbsfall in der Praxis: § 71 Abs. 1 Nr. 8 AktG – Erwerb auf Grund einer Ermächtigung der Hauptversammlung	66
f) Kapitalmarktrechtliche Besonderheiten	67
g) Hintergrund: Europäisches Recht	67
h) Konsequenzen eines Verstoßes gegen §§ 71 ff. AktG	68
i) Verbot der Finanzierung des Erwerbs eigener Aktien durch die Gesellschaft – § 71a AktG	68
§ 4 Börsengang und Börsennotierung *(Dr. Lorenz)*	69
I. Die Entscheidung für den Börsengang	69
1. Vor- und Nachteile eines Börsengangs	69
2. Nachteile der Börsennotierung	69
II. Grundvoraussetzungen für einen Börsengang	70
1. Börsenfähigkeit	70
2. Börsenreife	70
3. Wahl des geeigneten Marktsegments	72
a) Gesetzgeberische Aufteilung	72
b) Von der Börse geschaffene Handelssegmente	73
III. Ablauf eines Börsengangs bzw. einer Wertpapieremission	73
1. Mandatierung der konsortialführenden Bank	73
a) Rolle und Funktion von Investmentbanken bei Wertpapieremissionen	73
b) Bedingungen der Zusammenarbeit zwischen Bank und Emittent	74
2. Bildung des Konsortiums	75
3. Due Diligence-Prüfung zur Vermeidung der Prospekthaftung	76
a) Prospekthaftungsgrundsätze	76
b) Prüfungsschritte bei der Due Diligence	78
aa) Rechtliche Due Diligence	79

Inhaltsverzeichnis

bb) Business and Financial Due Diligence	79
4. Prospekterstellung	79
5. Prospektpflicht, Prospektprüfung und Veröffentlichung	80
a) Prospektpflicht	80
b) Ausnahmen von der Prospektpflicht	81
c) Verfahren zur Billigung des Prospekts	83
d) Veröffentlichung des Prospekts	83
6. Preisfindung/Angebotsphase	84
a) Bookbuilding-Verfahren	84
b) Road Show/Vermarktung	85
7. Kapitalerhöhung und Übernahme	86
a) Mechanik der Kapitalerhöhung	86
b) Übernahmevertrag	87
c) Verzahnung der Kapitalerhöhung mit der Börsenzulassung	88
8. Zuteilung und Preisfestsetzung	89
9. Börsenzulassung und Erstnotiz	89
10. Mehrzuteilungsoption (Greenshoe)	90
IV. Zulassungsfolgepflichten	91
1. Amtlicher Markt (General Standard)	91
2. Geregelter Markt (General Standard)	91
3. Prime Standard (amtlicher Markt und geregelter Markt)	92
V. Platzierung im Ausland	93
1. Platzierung in der EU	93
2. Platzierung in den USA	93
a) Regulation S	93
b) Rule 144 A	94

§ 5 Börsenhandel ... 95

I. Feststellung der Börsenkurse *(Dr. Lorenz)*	95
1. Pflicht zur Auftragsausführung über die Börse	95
2. Zustandekommen von Börsenkursen	95
a) Preisfeststellung im Parketthandel	95
b) Preisfeststellung im elektronischen Handel	96
II. Bedingungen für Börsengeschäfte *(Dr. Lorenz)*	96
1. Zustandekommen von Börsengeschäften	96
2. Nichterfüllung von zustande gekommenen Geschäften	97
III. Abwicklung von Börsengeschäften *(Dr. Lorenz)*	97
IV. Insiderhandelsverbot *(Dr. Lorenz)*	98
1. Regelungsproblem und Anwendungsbereich	98
2. Wer ist Insider?	99
a) Primärinsider	99
b) Sekundärinsider	99
c) Kenntnis von einer Insiderinformation	99
aa) Abgrenzung von ad-hoc-pflichtigen Tatsachen	100
bb) Abgrenzung der Tatsache zu Wertungen, Meinungen und Gerüchten	100
cc) Eignung zur Kursbeeinflussung	101
3. Verbotene Handlungen	101
a) Verwenden einer Insidertatsache im Rahmen von Wertpapiergeschäften	101
b) Unbefugtes Weitergeben von Insiderinformationen	103
4. Strafrahmen	103
V. Verbot der Marktmanipulation *(Dr. Lorenz / Schieferdecker)*	104
1. § 20 a WpHG	104
2. MaKonV	104

Inhaltsverzeichnis

    3. Tatbestandselemente der Kurs- oder Marktpreismanipulation 105
       a) Unrichtige Angaben über bewertungserhebliche Umstände 105
       b) Verschweigen bewertungserheblicher Umstände 106
       c) Sonstige Täuschungshandlungen 106
       d) Falsche oder irreführenden Signale/Herbeiführen eines künstlichen Preisniveaus 107
    4. Strafrahmen 108
    5. Safe Harbor-Regeln 108
       a) Stabilisierungsgeschäfte 108
       b) Mehrzuteilungsoption („Greenshoe") 109
       c) Erwerb eigener Aktien 109
       d) Schaffung neuer safe harbor-Regeln 110
    6. Die europäische Marktmissbrauchsrichtlinie und die Durchführungsmaßnahmen 110

§ 6 Kapitalmarktkommunikation *(Hilgers)* 111
  I. Jahresabschluss/Geschäftsbericht 111
    1. Jahresabschluss und Lagebericht 111
    2. Geschäftsbericht 112
  II. Zwischen-/Quartalsberichte 113
  III. Ad-hoc-Mitteilungen 114
    1. Zweck von Ad-hoc-Mitteilungen 114
    2. Der Tatbestand des § 15 WpHG 114
       a) Adressaten der Veröffentlichungspflicht 115
       b) Insiderinformation 115
       c) Unmittelbare Betroffenheit des Emittenten 115
    3. Veröffentlichungspflicht bei Weiterleiten von Insiderinformationen an Dritte 115
    4. Übliche Kennzahlen 116
    5. Keine Veröffentlichung von sonstigen Angaben 116
    6. Unverzügliche Veröffentlichung 116
    7. Vorübergehende Befreiung von der Veröffentlichungspflicht 117
    8. Berichtigung 119
    9. Mitteilungen und Veröffentlichung 119
    10. Schadensersatz gem. §§ 37 b und 37 c 120
    11. Sonstige Sanktionen für fehlerhafte Ad-hoc-Meldungen 120
    12. 10-Punkte Plan der Bundesregierung und EU-Gesetzgebung 121
  IV. Directors' Dealings 122
    1. Zweck und Tatbestand des § 15 a WpHG 122
    2. Emittent als Anknüpfungspunkt für die Mitteilungspflicht 122
    3. Erfasste Finanzinstrumente und Geschäftsarten 122
    4. Mitteilungspflichtige Personen 123
    5. Bagatellgrenze 124
    6. Unverzügliche Mitteilung 124
    7. Veröffentlichung 124
    8. Sanktionen bei Nichtbeachtung der Mitteilungs- bzw. Veröffentlichungspflicht 125
  V. Mitteilung der Beteiligungshöhe 125
    1. Zweck und Tatbestand des § 21 WpHG 125
    2. Meldepflichtiger 126
    3. Inhalt, Form und Frist der Mitteilung des Meldepflichtigen 126
    4. Inhalt, Form und Frist der Veröffentlichung durch den Emittenten 127
    5. Sanktionen bei Verstößen 127

Inhaltsverzeichnis

Teil 3 Hauptversammlung und Aktionär

§ 7 Einberufung und Abwicklung der Hauptversammlung *(Dr. Deilmann)* 129
    I. Einberufung 129
    II. Tagesordnung 133
        1. Inhalt 133
        2. Vorschläge der Verwaltung 134
        3. Bekanntmachungsfreie Gegenstände 135
        4. Bekanntmachungsfehler 135
        5. Satzungsänderungen, Verträge 137
    III. Vorbereitung der Hauptversammlung 137
        1. Erstellung von Berichten 137
        2. Auslegen von Unterlagen 138
        3. Auswahl der HV-Agentur 141
        4. Logistik 141
    IV. Übertragung der Hauptversammlung 142
    V. Leitung und Durchführung 143
    VI. Gegenanträge 144
    VII. Auskunftsrecht der Aktionäre 144
        1. Umfang des Auskunftsrechts 144
        2. Auskunftserteilung 146
        3. Auskunftsverweigerung 147
    VIII. Stimmrecht, Wahlen und Beschlüsse 147
        1. Mehrheiten 147
        2. Beschlussfähigkeit 148
        3. Stimmrecht 148
        4. Ausübung des Stimmrechts 149
        5. Aufhebung, Widerruf von Beschlüssen 150
    IX. Wahrnehmung des Stimmrechts durch Dritte 151
    X. Niederschrift 151
    XI. Nachbereitung der Hauptversammlung 153

§ 8 Individualrechte und Rechte von Aktionärsminderheiten *(Dr. Leube)* 154
    I. Allgemeines 154
    II. Anfechtungsklage – Anfechtung von Hauptversammlungsbeschlüssen 155
        1. Anfechtungsbefugnis 156
        2. Klageantrag und Verfahren 158
        3. Missbrauch des Anfechtungsrechts 160
        4. Urteil und Rechtsfolgen der erfolgreichen Anfechtungsklage 160
        5. Auswirkungen der Nichtigkeit bei bereits umgesetzten Beschlüssen ... 161
    III. Nichtigkeitsklage und weitere Aktionärsklagen 164
    IV. Spruchverfahren 165
        1. Bedeutung des Spruchverfahrens 165
        2. Ziel der Neuregelung 167
        3. Zuständiges Gericht und Verfahren 167
        4. Anwendungsbereich des SpruchG 168
        5. Antragsteller und Antragsgegner 170
        6. Inhaltliche und formelle Anforderungen an den Antrag 171
        7. Gemeinsamer Vertreter 172
        8. Entscheidung; Verfahrenskosten 173
    V. Schadensersatzklagen von Aktionären 174
        1. Allgemeines 174
        2. Geltendmachung von Ersatzansprüchen 175
    VI. Sonderprüfung 177
        1. Gegenstand einer Sonderprüfung 177

Inhaltsverzeichnis

2. Bestellung des Sonderprüfers	178
3. Minderheitsverlangen auf Durchführung einer Sonderprüfung	180
4. Gerichtliche Bestellung des Sonderprüfers auf Antrag einer Aktionärsminderheit	181

§ 9 Mitarbeiterbeteiligung *(Dr. Veranneman)* ... 182

- I. Die Belegschaftsaktie ... 182
  1. Einführung ... 182
  2. Aktienrechtliche Aspekte ... 182
     - a) Herkunft der Belegschaftsaktien ... 182
       - aa) Kapitalerhöhung ... 182
       - bb) Eigene Aktien ... 183
       - cc) Anwendung in der Praxis ... 184
     - b) Ausschluss des Bezugsrechts ... 185
     - c) Ausgabebetrag ... 185
     - d) Art und Form der Einlageleistung ... 186
       - aa) Einlage durch Leistung eigener Bar- oder Sachmittel ... 186
       - bb) Einlage aus dem Jahresüberschuss ... 187
  3. Schuldrechtliche Aspekte ... 188
  4. Arbeitsrechtliche Aspekte ... 189
  5. Steuerliche Aspekte ... 190
  6. Bilanzielle Aspekte ... 191
- II. Der (reale) Aktienoptionsplan ... 191
  1. Einführung ... 191
  2. Aktienrechtliche Aspekte ... 191
     - a) Herkunft der Optionsrechte ... 191
     - b) Herkunft der bei Ausübung der Optionsrechte zu gewährenden Aktien ... 192
       - aa) Aktienoptionsplan mit Aktien aus bedingtem Kapital ... 192
         - (1) Aktienoptionsplan mit an Wandel-/Optionsanleihe gekoppelten Optionsrechten ... 192
         - (2) Aktienoptionsplan mit selbständigen Optionsrechten (naked warrants) ... 194
       - bb) Aktienoptionsplan mit Aktien aus genehmigtem Kapital ... 195
       - cc) Aktienoptionsplan mit Aktien aus Eigenbestand ... 195
     - c) Ausschluss des Bezugsrechts ... 196
     - d) Ausgabebetrag ... 197
     - e) Bezugsberechtigte ... 197
  3. Schuldrechtliche Aspekte ... 198
     - a) Ausgestaltung der Optionsbedingungen/-vereinbarung ... 198
       - aa) Aktiengattung ... 198
       - bb) Optionsprämie ... 198
       - cc) Ausgabebetrag/Repricing ... 198
       - dd) Kreis der Optionsberechtigten ... 199
       - ee) Erfolgsziel ... 199
       - ff) Gewinnberechtigung der neuen Aktien ... 200
       - gg) Erwerbs- und Ausübungszeiträume ... 200
       - hh) Wartezeit/Tranchen/Laufzeit ... 200
       - ii) Ersetzungsbefugnis der Aktienausgabe durch Barzahlung ... 200
       - jj) Verfallklauseln ... 201
       - kk) Verfügungsbeschränkungen ... 201
       - ll) Sonstige Klauseln ... 201
     - b) Erwerb der Aktien durch den Mitarbeiter ... 201
     - c) Das Recht der Allgemeinen Geschäftsbedingungen ... 202
  4. Börsen- und Kapitalmarktrechtliche Aspekte ... 202
     - a) Finanztermingeschäft ... 202

XIII

Inhaltsverzeichnis

b) Prospektpflicht/Börsenzulassung der neuen Aktien		202
c) Insiderhandelsverbot		203
d) Ad-hoc-Publizität		204
5. Arbeitsrechtliche Aspekte		204
6. Steuerliche Aspekte		205
7. Bilanzielle Aspekte		205
III. Der virtuelle Aktienoptionsplan		207
1. Stock Appreciation Rights (SARs)		207
2. Phantom Stocks		207

Teil 4 Finanzen und Steuern

§ 10 Finanzierungsinstrumente		209
I. Kapitalmaßnahmen		209
1. Bezugsrecht und Bezugsrechtsausschluss *(Dr. Gärtner)*		209
a) Grundlagen		209
b) Mittelbares Bezugsrecht		210
c) Ausübung		210
d) Übertragbarkeit/Bezugsrechtshandel		210
e) Ausschluss des Bezugsrechts		211
2. Ordentliche Kapitalerhöhung *(Dr. Gärtner)*		213
a) Beschluss der Hauptversammlung		213
b) Anmeldung des Beschlusses zur Eintragung im Handelsregister		215
c) Bezugsfrist und Zeichnungsfrist		215
d) Anmeldung der Durchführung zur Eintragung im Handelsregister		216
3. Kapitalerhöhung aus Gesellschaftsmitteln *(Dr. Gärtner)*		216
a) Bedeutung		216
b) Beschluss der Hauptversammlung		216
c) Die Eintragung des Beschlusses der Hauptversammlung		217
d) Weitere Einzelheiten		218
4. Genehmigtes Kapital *(Dr. Gärtner)*		219
5. Bedingtes Kapital *(Dr. Gärtner)*		220
a) Beschluss der Hauptversammlung		221
b) Anmeldung und Eintragung der bedingten Kapitalerhöhung		222
c) Entstehung der Bezugsaktien		222
6. Kapitalherabsetzung *(Dr. Gärtner)*		223
a) Ordentliche Kapitalherabsetzung		223
aa) Verschiedene Arten der Durchführung		223
bb) Ablauf der Kapitalherabsetzung		224
b) Einziehung		226
c) Vereinfachte Kapitalherabsetzung		226
aa) Bedeutung und Verfahren		226
bb) Gläubigerschutz		226
cc) Rückwirkung		227
7. Platzierung und Börsennotierung von jungen Aktien *(Dr. Lorenz)*		228
a) Platzierung von Aktien aus einer Bezugsrechtskapitalerhöhung		228
b) Platzierung von jungen Aktien aus einer bezugsrechtsfreien Tranche		228
II. Anleihen *(Schieferdecker)*		229
1. Arten von Anleihen		229
a) Klassische Unternehmensanleihe		229
aa) Beschreibung der Unternehmensanleihe/Vor- und Nachteile		229
bb) Voraussetzungen einer Begebung		229
cc) Anleihebedingungen/Übernahme- und Konsortialvertrag		229
b) High Yield Bonds		232
c) Wandel- und Optionsanleihen		233

Inhaltsverzeichnis

	aa) Beschreibung einer Wandel- bzw. Optionsanleihe/Vor- und Nachteile	233
	bb) Voraussetzungen einer Begebung	234
	cc) Anleihebedingungen/Übernahme- und Konsortialvertrag	235
	d) Gewinnschuldverschreibungen	235
	2. Platzierung und Börsenzulassung von Anleihen	236
III.	Genussscheine *(Schieferdecker)*	237
IV.	Tracking Stocks *(Schieferdecker)*	237
V.	Andere Finanzierungsformen *(Dr. Lorenz/Dr. Odenbach)*	238
	1. „Klassische" Bankdarlehen	238
	2. Sonstiges	239
	a) Veräußerung von Vermögensgegenständen	239
	b) Beleihung von Vermögen	239
	c) Gesonderte Finanzierung von Vermögensgegenständen	239
	aa) Erwerb über Zweckvehikel	239
	bb) Verkauf an Zweckvehikel	240
	cc) Factoring	240
	dd) Leasing	241
	ee) Hypothek mit beschränktem Rückgriff	241
	ff) Verbriefung von Vermögensgegenständen	241

§ 11 Rechnungslegung *(Brodersen/Duttine)* 243

I.	Begriff und Funktion der handelsrechtlichen Rechnungslegung	243
	1. Zweck und Adressaten der Rechnungslegung	243
	2. Funktionen des Jahresabschlusses	243
II.	Auf- und Feststellung des handelsrechtlichen Einzelabschlusses	243
	1. Jahresabschluss	243
	a) Bilanz	244
	b) Gewinn- und Verlustrechnung (GuV)	244
	c) Anhang	244
	d) Lagebericht	245
	2. Aufstellung	245
	3. Billigung und Feststellung	245
	4. Prüfung	246
	5. Gewinnverwendung	247
III.	Konzernabschluss	248
	1. Funktionen des Konzernabschlusses	248
	2. Konsolidierungskreis	249
	3. Konsolidierung	249
IV.	Handelsbilanz und Steuerbilanz	250
V.	Internationale Rechnungslegung	250
	1. Formelles Verfahren zur Gewinnung verpflichtender IFRS	250
	a) Gewinnung der IFRS	251
	b) Transformation der IFRS in europäisches Recht	251
	2. Inhaltliche Unterschiede	251
VI.	Ausgewählte wesentliche Unterschiede zwischen IFRS und HGB	252
	1. Langfristige Fertigung	252
	2. Goodwill	253
	3. Leasing	253
VII.	Anstehende Änderungen	254
	1. Bilanzrechtsreformgesetz	254
	a) Umsetzung der Mitgliedstaatenwahlrechte	254
	b) Materielle Änderungen	254
	2. Bilanzkontrollgesetz	256

XV

Inhaltsverzeichnis

§ 12 Steuerrecht (Überblick) *(Brodersen/Duttine)* 257
    I. Die Steuerbilanz als Basis der Besteuerung 257
    II. Die Aktiengesellschaft als Steuersubjekt 257
        1. Grundsätzliches 257
        2. Dividendenerträge 258
        3. Veräußerungsgewinne 259
        4. Verdeckte Gewinnausschüttung 260
        5. Gesellschafter-Fremdfinanzierung 261
        6. Gewerbesteuer 262
        7. Verlustvortrag 263
    III. Besteuerung von Umwandlungen 264
        1. Einleitung 264
        2. Verschmelzung 264
        3. Formwechsel 265

Teil 5 Strukturänderung und Konzernierung

§ 13 Umstrukturierungen *(Dr. Lorenz)* 267
    I. Verschmelzungen 267
        1. Gesichtspunkte bei der Gestaltung 267
            a) Strukturen 267
            b) Gestaltungskriterien 267
        2. Verschmelzungsvorgang 268
            a) Verschmelzungsvertrag 268
            b) Vertragsinhalt 268
                aa) Verschmelzungsakt 268
                bb) Verschmelzungsverhältnis 269
                cc) Ausgabe neuer Anteile 269
                dd) Verschmelzungsstichtag 269
                ee) Gewinnberechtigung für die neuen Anteile ... 270
                ff) Inhaber besonderer Rechte 270
                gg) Barabfindungsanspruch 271
                hh) Folgen für die Arbeitnehmer 273
                ii) Fakultativer Inhalt 273
            c) Verfahrensschritte 274
                aa) Allgemeines 274
                bb) Verschmelzungsbericht 274
                cc) Verschmelzungsprüfung 275
                dd) Vorab-Einreichung des Vertrages beim Handelsregister 276
                ee) Auszulegende Unterlagen 276
                ff) Ablauf der Hauptversammlung 276
                gg) Kapitalerhöhung 277
                hh) Entbehrlichkeit einer Hauptversammlung ... 277
                ii) Anteilstausch 278
                kk) Registeranmeldung 278
        3. Rechtsfolgen einer Verschmelzung 279
        4. Rechtsschutz 280
            a) Anfechtungsklage 280
            b) Freigabeverfahren 280
            c) Spruchverfahren 280
            d) Fristen 281
        5. Kapitalmarktrechtliche Aspekte 281
        6. Alternative Modelle 281
    II. Spaltung (Aufspaltung, Abspaltung, Ausgliederung) 281
        1. Aufspaltung/Abspaltung 282

		a) Struktur	282

- a) Struktur 282
- b) Anwendung der Verschmelzungsvorschriften 282
- c) Besonderheiten bei der Vermögensübertragung 282
- d) Bericht und Zustimmung 283
- e) Wirkungen der Spaltung 284
- f) Spaltung zur Neugründung 285
- g) Besonderheiten bei der AG 285
  2. Ausgliederung 286
- III. Vermögensübertragungen 286
  1. Veräußerung des gesamten Vermögens 287
     - a) Voraussetzungen im Normalfall 287
     - b) Voraussetzungen im Falle der übertragenden Auflösung auf einen Gesellschafter 288
- IV. Liquidation 288
  1. Auflösungsgründe 288
  2. Verfahren der Abwicklung 289
     - a) Liquidatoren 289
     - b) Aufgaben der Liquidatoren 289
- V. Insolvenz 290
  1. Insolvenzgründe und Maßnahmen im Vorfeld einer Insolvenz 290
  2. Folgen der Eröffnung des Insolvenzverfahrens auf die Organstellung ... 291

§ 14 Konzernrecht *(Dr. Deilmann)* 293

- I. Begriffsbestimmungen 293
  1. Der Unternehmensbegriff 293
  2. Verbundene Unternehmen 293
  3. Mehrheitsbeteiligung 293
  4. Abhängiges und herrschendes Unternehmen 294
  5. Konzern 295
  6. Wechselseitige Beteiligungen 296
- II. Faktischer Konzern 296
  1. Einleitung 296
  2. Entstehen des faktischen Konzerns 296
     - a) Auf Seiten des herrschenden Unternehmens 296
     - b) Auf Seiten der abhängigen Gesellschaft 297
  3. Die Führung des faktischen Konzerns 297
  4. Nachteilsausgleich 299
  5. Finanzierung im Konzern 300
     - a) Eigenkapital 300
     - b) Fremdkapital 301
  6. Qualifiziert faktischer Konzern 302
- III. Vertragskonzern 303
  1. Bildung 303
     - a) Beherrschungsvertrag und andere Unternehmensverträge ... 303
     - b) Inhalt 303
     - c) Abschluss 304
     - d) Zustimmung der Hauptversammlung 305
     - e) Eintragung im Handelsregister 306
     - f) Steuerliche Organschaft 307
     - g) Bestehender Beherrschungsvertrag 308
       - aa) Rücklagendotierung 308
       - bb) Verlustausgleich 308
       - cc) Gewinnabführung 309
       - dd) Sicherung außenstehender Aktionäre 310
         - (1) Angemessener Ausgleich 310
         - (2) Abfindung 310

XVII

Inhaltsverzeichnis

(3) Spruchverfahren	310
ee) Weisungsrecht	311
h) Vertragsdauer	314
i) Änderung	315
j) Übertragung	315
k) Beendigung	315
IV. Eingliederung	317
1. Einleitung	317
2. Durchführung	317
3. Sicherung der Gläubiger	318
4. Haftung der Hauptgesellschaft	318
5. Weisungsrecht	318
6. Leistungsverkehr	319
7. Verlustausgleich	319
8. Beendigung	319

Teil 6 Übernahme und Going Private

§ 15 Übernahmerecht *(Grupp)* 321
    I. Einführung in das WpÜG 321
        1. Anwendungsbereich des WpÜG und allgemeine Grundsätze 321
        2. Aufbau des WpÜG 322
    II. Arten von Angeboten 322
        1. Einfache Erwerbsangebote 323
        2. Freiwillige Übernahmeangebote 324
        3. Pflichtangebote 325
    III. Angebotsverfahren 326
        1. Allgemein 326
            a) Phase 1: Vorbereitung des Angebots 326
                aa) Veröffentlichung der Entscheidung zur Abgabe eines Angebots . 326
                bb) Vorbereitung und Übermittlung der Angebotsunterlage 327
                cc) Finanzierungsbestätigung 328
            b) Phase 2: Prüfung des Angebots durch die BAFin und Veröffentlichung der Angebotsunterlage 329
                aa) Prüfung durch die BAFin 329
                bb) Veröffentlichung der Angebotsunterlage 330
            c) Phase 3: Annahmefrist 330
                aa) Reguläre Annahmefrist 330
                bb) Verlängerung der regulären Annahmefrist 330
                cc) Weitere Annahmefrist bei Übernahmeangeboten („Zaunkönigregelung") 331
                dd) Veröffentlichungspflichten während der Annahmefrist 331
            d) Phase 4: Nachangebotsfrist 332
        2. Besonderes Verfahren beim Pflichtangebot 332
    IV. Die Angebotsunterlage 334
        1. Allgemeine Anforderungen 334
        2. Der Inhalt der Angebotsunterlage 334
            a) Angaben zum Inhalt des Angebots, § 11 Abs. 2 S. 2 WpÜG 335
            b) Ergänzende Angaben nach § 11 Abs. 2 S. 3, Abs. 3 WpÜG 335
            c) Ergänzende Angaben nach § 2 WpÜG Angebots-VO 336
        3. Haftung für die Angebotsunterlage 337
    V. Gegenleistung bei Übernahme- und Pflichtangebot 338
        1. Art der Gegenleistung 338
        2. Höhe der Gegenleistung 339
    VI. Verhaltenspflichten der Organe der Zielgesellschaft 341

Inhaltsverzeichnis

      1. Stellungnahmepflicht von Vorstand und Aufsichtsrat 341
          a) Inhalt der Stellungnahme 341
          b) Stellungsnahme bei Änderung des Angebots 342
          c) Haftung bei Verstoß gegen die Stellungnahmepflicht 342
      2. Neutralitätspflicht und Abwehrmaßnahmen 343
          a) Neutralitätspflicht 343
          b) Ausnahmen 343
              aa) Handlungen eines ordentlichen Geschäftsleiters 343
              bb) Suche nach konkurrierendem Angebot 343
              cc) Handlungen mit Zustimmung des Aufsichtsrats 344
              dd) Handlungen nach Ermächtigung durch Hauptversammlung . . . 344
          c) Unzulässige Abwehrmaßnahmen 345
          d) Präventive Abwehrmaßnahmen 346
          e) Bestechungsverbot 347
   VII. Rechtsschutz 347

§ 16 Going Private *(Dr. Lohner)* 349

   I. Einleitung 349
   II. Gründe für den Rückzug von der Börse 349
   III. Reguläres Delisting 350
      1. Gesellschaftsrechtliche Voraussetzungen des regulären Delistings 350
      2. Kapitalmarktrechtliche Voraussetzungen des regulären Delistings 351
      3. Verfahren 352
      4. Zusammenfassung: Reguläres Delisting 353
   IV. Kaltes Delisting 353
      1. Einleitung 353
      2. Formwechsel der börsennotierten Aktiengesellschaft in eine nicht-
          börsenfähige Rechtsform 355
      3. Eingliederung der börsennotierten Aktiengesellschaft in eine andere
          Aktiengesellschaft 356
      4. Verschmelzung der börsennotierten Aktiengesellschaft auf eine nicht
          börsennotierte Gesellschaft (Going Private Merger) 357
      5. Verkauf sämtlicher Einzelwirtschaftsgüter der börsennotierten Aktien-
          gesellschaft und anschließende Liquidation 358
   V. Squeeze-Out 360
      1. Einleitung 360
      2. Voraussetzungen des Squeeze-Out 360
      3. Verfahren 361
      4. Behandlung von Optionsrechten im Rahmen eines Squeeze-Out 362
   VI. Rechtsschutz der Anleger 363
      1. Gesellschaftsrechtlicher Rechtsschutz 363
      2. Verwaltungsrechtlicher Rechtsschutz 363
      3. Spruchstellenverfahren 364

Anlagen

   I. Corporate Governance-Kodex/Checkliste *(Dr. Veranneman)* 365
   II. Übersicht zu den Publizitätspflichten eines Emittenten *(Hilgers)* 374
   III. Ablaufplan für ein Übernahmeangebot *(Dr. Lorenz)* 378

Stichwortverzeichnis 383

Abkürzungsverzeichnis

aA	anderer Ansicht
ABl.	Amtsblatt
abl.	ablehnend
ABl.EG	Amtsblatt der Europäischen Gemeinschaften
Abs.	Absatz; Absätze
abw.	abweichend
AC	Law Reports, Appeal Cases
AcP	Archiv für die civilistische Praxis (Zeitschrift)
aE	am Ende
AEAO	Anwendungserlass zur Abgabenordnung
aF	alte Fassung
AfA	Absetzung für Abnutzung
AFG	Arbeitsförderungsgesetz
AG	Aktiengesellschaft; Die Aktiengesellschaft (Zeitschrift); Amtsgericht
AGB	Allgemeine Geschäftsbedingungen
AGBG	Gesetz zur Regelung des Rechts der Allgemeinen Geschäftsbedingungen (außer Kraft)
AktG	Aktiengesetz
AktG RegE UMAG	Aktiengesetz in der Fassung des Regierungsentwurfs eines Gesetzes zur Unternehmensintegrität und Modernisierung des Anfechtungsrechts (UMAG) in der Fassung vom Januar 2004
allgM	allgemeine Meinung
Alt.	Alternative
aM	andere Meinung
amtl.	amtlich
Amtl. Begr.	Amtliche Begründung
Anh.	Anhang
anh	anhängig
Anm.	Anmerkung(en)
AnSVG	Regierungsentwurf eines Gesetzes zu Verbesserung des Anlegerschutzes (Anlegerschutzverbesserungsgesetz – AnSVG) in der Fassung vom 24.5.2004
AnwBl.	Anwaltsblatt (Zeitschrift)
AnzV	Anzeigenverordnung
AO	Abgabenordnung
AöR	Archiv des öffentlichen Rechts (Zeitschrift)
AP	Arbeitsrechtliche Praxis (Zeitschrift), Loseblattsammlung
ApothG	Gesetz über das Apothekerwesen
AR	Aufsichtsrat
ArbG	Arbeitsgericht
ArbGG	Arbeitsgerichtsgesetz
ArbN	Arbeitnehmer
ArbuR	Arbeit und Recht (Zeitschrift)
arg.	argumentum
Art.	Artikel
AT	Allgemeiner Teil
Aufl.	Auflage
AuR	Arbeit und Recht (Zeitschrift)

Abkürzungsverzeichnis

ausf.	ausführlich
AusfG	Ausführungsgesetz
AuslInvestmG	Auslandsinvestmentgesetz
AuslInvG	Auslandsinvestitionsgesetz
AusschussB	Ausschussbericht
AVG	Angestelltenversicherungsgesetz
BABl.	Bundesarbeitsblatt
BAFin	Bundesanstalt für Finanzdienstleistungsaufsicht
BAG	Bundesarbeitsgericht; Gesetz über die Errichtung eines Bundesaufsichtsamts für das Versicherungswesen
BAGE	Entscheidungen des Bundesarbeitsgerichts
BAKred.	Bundesaufsichtsamt für das Kreditwesen
BAnz.	Bundesanzeiger
BAV	Bundesaufsichtsamt für das Versicherungswesen
Bay.	Bayern, bayerisch
BayObLG	Bayerisches Oberstes Landesgericht
BayObLGZ	Entscheidungen des Bayerischen Obersten Landesgerichts in Zivilsachen
BB	Der Betriebs-Berater (Zeitschrift)
Bbg.	Brandenburg
BBK	Buchführung, Bilanz, Kostenrechnung, Zeitschrift für das gesamte Rechnungswesen
BBodSchG	Bundesbodenschutzgesetz
Bd. (Bde.)	Band (Bände)
BDSchG	Bundesdatenschutzgesetz
BegrRegE	Begründung zum Regierungsentwurf
Beil.	Beilage
Bek.	Bekanntmachung
bes.	besondere(r), besonders
betr.	betreffen(d)
BetrAV	Betriebliche Altersversorgung (Zeitschrift)
BetrAVG	Gesetz zur Verbesserung der betrieblichen Altersversorgung (Betriebsrentengesetz)
BetrVG	Betriebsverfassungsgesetz
BeurkG	Beurkundungsgesetz
BewG	Bewertungsgesetz
BezG	Bezirksgericht
BFH	Bundesfinanzhof
BFH/NV	Sammlung amtlich nicht veröffentlichter Entscheidungen des Bundesfinanzhofs (Zeitschrift)
BFHE	Sammlung der Entscheidungen und Gutachten des Bundesfinanzhofs
BFM	Bundesfinanzminister(ium)
BGB	Bürgerliches Gesetzbuch
BGBl.	Bundesgesetzblatt
BGH	Bundesgerichtshof
BGHSt.	Entscheidungen des Bundesgerichtshofs in Strafsachen
BGHZ	Entscheidungen des Bundesgerichtshofs in Zivilsachen
BiRiLiG	Bilanzrichtliniengesetz
BlfG	Blätter für Genossenschaftswesen
Bln.	Berlin
BMA	Bundesminister(ium) für Arbeit und Sozialordnung
BMF	Bundesminister(ium) der Finanzen
BMJ	Bundesminister(ium) der Justiz
BNotO	Bundesnotarordnung

Abkürzungsverzeichnis

BPersVG	Bundespersonalvertretungsgesetz
BPG	Buchprüfungsgesellschaft
BörsG	Börsengesetz
BörsO FWB	Börsenordnung der Frankfurter Wertpapierbörse
BR	Bundesrat
BRAGO	Bundesgebührenordnung für Rechtsanwälte
BRD	Bundesrepublik Deutschland
BR-Drucks.	Bundesrats-Drucksache
BReg.	Bundesregierung
Brem.	Bremen
BRRG	Beamtenrechtsrahmengesetz
Bsp.	Beispiel(e)
bspw.	beispielsweise
BStBl.	Bundessteuerblatt
BT	Bundestag
BT-Drucks.	Bundestags-Drucksache
Buchst.	Buchstabe
BuW	Betrieb und Wirtschaft (Zeitschrift)
BVerfG	Bundesverfassungsgericht
BVerfGE	Entscheidungen des Bundesverfassungsgerichts
BVerfGG	Bundesverfassungsgerichtsgesetz
BVerwG	Bundesverwaltungsgericht
BVerwGE	Entscheidungen des Bundesverwaltungsgerichts
BVR	Bundesverband der deutschen Volksbanken und Raiffeisenbanken
BvS	Bundesanstalt für vereinigungsbedingte Sonderaufgaben
BW	Baden-Württemberg
BWNotZ	Zeitschrift für das Notariat in Baden-Württemberg
bzgl.	bezüglich
bzw.	beziehungsweise
CC	Code Civil
cic	culpa in contrahendo
d. h.	das heißt
DAV	Deutscher Anwaltverein e. V.
DB	Der Betrieb (Zeitschrift)
DBA	Doppelbesteuerungsabkommen
DBW	Die Betriebswirtschaft (Zeitschrift)
DCF	Discounted Cash-flow
DDR	Deutsche Demokratische Republik
ders.	derselbe
dgl.	dergleiche(n)
DGRV	Deutscher Genossenschafts- und Raiffeisenverband e. V.
dies.	dieselbe(n)
DiskE	Diskussionsentwurf für ein Gesetz zur Bereinigung des Umwandlungsrechts, Beil. Nr. 214a zum BAnz. vom 15.11.1988, Diskussionsentwurf
Diss.	Dissertation
DJ	Deutsche Justiz (Zeitschrift)
DJT	Deutscher Juristentag
DMBilG	D-Markbilanzgesetz
DNotI	Deutsches Notarinstitut
DNotZ	Deutsche Notar-Zeitschrift
DR	Deutsches Recht (Zeitschrift)
DRiZ	Deutsche Richterzeitung (Zeitschrift)
DStBl.	Deutsches Steuerblatt (Zeitschrift)

Abkürzungsverzeichnis

DStJG	Deutsche Steuerjuristische Gesellschaft (Zeitschrift)
DStR	Deutsches Steuerrecht (Zeitschrift)
DStZ	Deutsche Steuer-Zeitung (Zeitschrift)
Dt.	Deutsche
DVBl.	Deutsches Verwaltungsblatt (Zeitschrift)
DWiR	Deutsche Zeitschrift für Wirtschaftsrecht
E	Entwurf
e. V.	eingetragener Verein
EBRG	Gesetz über Europäische Betriebsräte
EFG	Entscheidungen der Finanzgerichte (Zeitschrift)
EG	Europäische Gemeinschaften; Einführungsgesetz
eG	eingetragene Genossenschaft
EGAktG	Einführungsgesetz zum Aktiengesetz
EGBGB	Einführungsgesetz zum Bürgerlichen Gesetzbuch
EGHGB	Einführungsgesetz zum Handelsgesetzbuch
EGInsO	Einführungsgesetz zur Insolvenzordnung
EGMR	Europäischer Gerichtshof für Menschenrechte
EGV	Verwaltungsrechtliche Einführungsgesetze
Einf.	Einführung
Einl.	Einleitung
EK	Eigenkapital
EMRK	Europäische Menschenrechtskonvention
entspr.	entsprechen(d), entspricht
Entw.	Entwurf
ErbStG	Erbschaftsteuergesetz
ErgBd.	Ergänzungsband
Erl.	Erlass; Erläuterung(en)
EStDV	Einkommensteuer-Durchführungsverordnung
EStG	Einkommensteuergesetz
EStR	Einkommensteuer-Richtlinien
etc.	et cetera
EU	Europäische Union
EuGH	Europäischer Gerichtshof
EuroEG	Euro-Einführungsgesetz
EuZW	Europäische Zeitschrift für Wirtschaftsrecht
eV	eingetragener Verein
EV	Einigungsvertrag
evtl.	eventuell
EWG	Europäische Wirtschaftsgemeinschaft
EWGV	Vertrag zur Gründung der Europäischen Wirtschaftsgemeinschaft
EWiR	Entscheidungen zum Wirtschaftsrecht (Zeitschrift)
EWIV	Europäische Wirtschaftliche Interessenvereinigung
EWR	Europäischer Wirtschaftsraum
f., ff.	folgend(e)
FamRZ	Zeitschrift für das gesamte Familienrecht
FG	Finanzgericht; Freiwillige Gerichtsbarkeit
FGG	Gesetz über die Angelegenheiten der freiwilligen Gerichtsbarkeit
FGPraxis	Praxis der freiwilligen Gerichtsbarkeit (Zeitschrift)
FinDAG	Gesetz über die Bundesanstalt für Finanzdienstleistungsaufsicht (Finanzdienstleistungsaufsichtsgesetz)
FKVO	Fusionskontrolle-Verordnung
FM	Finanzministerium
Fn	Fußnote(n)
FR	Finanz-Rundschau (Zeitschrift)

Abkürzungsverzeichnis

FS	Festschrift
FWB	Frankfurter Wertpapierbörse
GA	Goltdammer's Archiv für Strafrecht (Zeitschrift)
GBl.	Gesetzblatt (DDR)
GBO	Grundbuchordnung
GbR	Gesellschaft bürgerlichen Rechts
gem.	gemäß
GenG	Gesetz betreffend die Erwerbs- und Wirtschaftsgenossenschaften (Genossenschaftsgesetz)
GenRegVO	Verordnung über das Genossenschaftsregister
Ges.	Gesetz(e)
ges.	gesetzlich
GesR	Gesellschaftsrecht
GesRZ	Der Gesellschafter (Zeitschrift)
GewA	Gewerbearchiv (Zeitschrift)
GewO	Gewerbeordnung
GewStG	Gewerbesteuergesetz
GewStR	Gewerbesteuer-Richtlinien
GG	Grundgesetz
ggf.	gegebenenfalls
GK	Gemeinschaftskommentar
GmbH	Gesellschaft mit beschränkter Haftung
GmbHG	Gesetz betreffend die Gesellschaften mit beschränkter Haftung
GmbHR	GmbH-Rundschau (Zeitschrift)
GO	Gemeindeordnung
GoB	Grundsätze ordnungsmäßiger Buchführung
GrdstVG	Grundstücksverkehrsgesetz
GrErwStG	Grunderwerbsteuergesetz
GrS	Großer Senat
GRUR	Gewerblicher Rechtsschutz und Urheberrecht (Zeitschrift)
GuV	Gewinn- und Verlustrechnung
GVBl.	Gesetz- und Verordnungsblatt
GVG	Gerichtsverfassungsgesetz
GWB	Gesetz gegen Wettbewerbsbeschränkungen
H	Hessen
hA	herrschende Ansicht
Halbs.	Halbsatz
HansOLG	Hanseatisches Oberlandesgericht
Hdb.	Handbuch
HFA	Hauptfachausschuss des Instituts der Wirtschaftsprüfer in Deutschland eV
HGB	Handelsgesetzbuch
HGO	Hessische Gemeindeordnung
HGrG	Gesetz über die Grundsätze des Haushaltsrechts des Bundes und der Länder (Haushaltsgrundsätzegesetz)
hL	herrschende Lehre
hM	herrschende Meinung
HR	Handelsregister
HRA	Handelsrechtsausschuss des Deutschen Anwaltvereins eV
HRefG	Handelsrechtsreformgesetz
HRR	Höchstrichterliche Rechtsprechung
Hrsg.	Herausgeber
hrsg.	herausgegeben
HRV	Handelsregisterverfügung

Abkürzungsverzeichnis

HV	Hauptversammlung
HypBankG	Gesetz über Hypothekenbanken
IAS	International Accounting Standards
IASB	International Accounting Standards Board
IASC	International Accounting Standards Committee
idF	in der Fassung
idR	in der Regel
IdW	Institut der Wirtschaftsprüfer
iE	im Ergebnis
IHK	Industrie- und Handelskammer
INF	Die Information über Steuer und Wirtschaft (Zeitschrift)
insbes.	insbesondere
insges.	insgesamt
InsO	Insolvenzordnung
IPR	Internationales Privatrecht (Zeitschrift)
iRd.	im Rahmen des (der, dessen)
iSd.	im Sinne des (der)
ISIN	... International Securities Identification Number
IStR	Internationales Steuerrecht (Zeitschrift)
iSv.	im Sinne von
iVm.	in Verbindung mit
IWB	Internationale Wirtschaftsbriefe (Zeitschrift), Loseblattsammlung
iwS	im weiteren Sinne
iZw.	im Zweifel
Jb.	Jahrbuch
JBeitrO	Justizbeitreibungsordnung
JbFStR	Jahrbuch der Fachanwälte für Steuerrecht
JFG	Jahrbuch für Entscheidungen in Angelegenheiten der freiwilligen Gerichtsbarkeit und des Grundbuchrechts
JMBl.	Justizministerialblatt
JR	Juristische Rundschau (Zeitschrift)
JuS	Juristische Schulung (Zeitschrift)
JW	Juristische Wochenschrift (Zeitschrift)
JZ	Juristenzeitung (Zeitschrift)
KAG	Kapitalanlagegesellschaft
KAGG	Gesetz über Kapitalanlagegesellschaften
KapErhG	Kapitalerhöhungsgesetz
KapErhStG	Gesetz über steuerrechtliche Maßnahmen bei Erhöhung des Nennkapitals aus Gesellschaftsmitteln
KapGesR	Kapitalgesellschaftsrecht
KG	Kammergericht; Kommanditgesellschaft
KGaA	Kommanditgesellschaft auf Aktien
Komm.	Kommentar
KommZG	Gesetz über die kommunale Zusammenarbeit
KostO	Kostenordnung
krit.	kritisch
KSchG	Kündigungsschutzgesetz
KStG	Körperschaftsteuergesetz
KStR	Körperschaftsteuer-Richtlinien
KSVG	Kommunalselbstverwaltungsgesetz
KWG	Kreditwesengesetz

Abkürzungsverzeichnis

LAG	Landesarbeitsgericht
LAnpG	Landwirtschaftsanpassungsgesetz
Lfg.	Lieferung
LG	Landgericht
liSp.	linke Spalte
Lit.	Literatur
lit.	litera (Ziffer)
LM	Nachschlagewerk des Bundesgerichtshofs (Loseblatt-Ausgabe)
LOG	Landesorganisationsgesetz
Losebl.	Loseblattsammlung
LVwG	Landesverwaltungsgesetz
LZB	Landeszentralbank
MaKonV	Verordnung zur Konkretisierung des Verbotes der Marktpreismanipulation
MarkenG	Markengesetz
MBl.	Ministerialblatt
MDR	Monatsschrift für deutsches Recht (Zeitschrift)
mE	meines Erachtens
Mio.	Million(en)
MitbestBeiG	Mitbestimmungs-Beibehaltungsgesetz
MitbestErgG	Mitbestimmungsergänzungsgesetz
MitbestG	Mitbestimmungsgesetz
MittBayNot	Mitteilungen des Bayerischen Notarvereins, der Notarkasse und der Landesnotarkammer Bayern (Zeitschrift)
MittRhNotK	Mitteilungen der Rheinischen Notarkammer (Zeitschrift)
mN	mit Nachweisen
MontanMitbestErgG	Montanmitbestimmungsergänzungsgesetz
MontanMitbestG	Montanmitbestimmungsgesetz
Mrd.	Milliarde(n)
MV	Mecklenburg-Vorpommern
mwN	mit weiteren Nachweisen
n.a.	nicht anwendbar
n.rkr.	nicht rechtskräftig
n.v.	nicht veröffentlicht
NachhBG	Nachhaftungsbegrenzungsgesetz
Nachw.	Nachweis(e)
NB	Neue Betriebswirtschaft (Zeitschrift)
Nds.	Niedersachsen
nF	neue Fassung
NGO	Niedersächsische Gemeindeordnung
NJW	Neue Juristische Wochenschrift (Zeitschrift)
NJW-RR	NJW-Rechtsprechungs-Report Zivilrecht (Zeitschrift)
Nr.	Nummer
NStZ	Neue Zeitschrift für Strafrecht
NW	Nordrhein-Westphalen
NWB	Neue Wirtschaftsbriefe (Zeitschrift), Loseblattsammlung
NZ	Notariatszeitung (Österreich)
NZA	Neue Zeitschrift für Arbeitsrecht
NZG	Neue Zeitschrift für Gesellschaftsrecht
o.	oben
ö.	österreichisch
o.g.	oben genannt(e/n)
öAktG	österreichisches Aktiengesetz

Abkürzungsverzeichnis

OECD	Organisation für wirtschaftliche Zusammenarbeit und Entwicklung
OFD	Oberfinanzdirektion
OGH	(Österreichischer) Oberster Gerichtshof; auch oberster Gerichtshof für die Britische Zone
OHG	Offene Handelsgesellschaft
ÖJZ	Österreichische Juristen-Zeitung
OLG	Oberlandesgericht
OLGE/OLGR	Die Rechtsprechung der Oberlandesgerichte auf dem Gebiet des Zivilrechts
OLGZ	Entscheidungen der Oberlandesgerichte in Zivilsachen einschließlich der freiwilligen Gerichtsbarkeit
ÖstOGH	Österreichischer Oberster Gerichtshof
OVG	Oberverwaltungsgericht
ParteiG	Parteiengesetz
PartG	Partnerschaftsgesellschaft
PartGG	Partnerschaftsgesellschaftsgesetz
PRV	Partnerschaftsregisterverordnung
PSV	Pensions-Sicherungs-Verein
RABer.	Bericht des Rechtsausschusses
RAusschuss	Rechtsausschuss
RdA	Recht der Arbeit (Zeitschrift)
Rdschr.	Rundschreiben
RdW	Recht der Wirtschaft (Zeitschrift)
RefE	Referentenentwurf für ein Gesetz zur Bereinigung des Umwandlungsrechts, Beil. zum BAnz. Nr. 112a vom 20.6.1992
RegBegr.	Regierungsbegründung
RegE	Regierungsentwurf
reSp.	rechte Spalte
RG	Reichsgericht
RGBl.	Reichsgesetzblatt
RGZ	Entscheidungen des Reichsgerichts in Zivilsachen
RIW	Recht der internationalen Wirtschaft (Zeitschrift)
rkr.	rechtskräftig
RL	Richtlinie
Rn	Randnummer(n)
RpflG	Rechtspflegergesetz
Rpfleger	Rechtspfleger; Der deutsche Rechtspfleger (Zeitschrift)
Rs.	Rechtssache
Rspr.	Rechtsprechung
RStV	Rundfunkstaatsvertrag
S.	Seite
s.	siehe
s. o.	siehe oben
s. u.	siehe unten
SA	Sachsen-Anhalt
Saarl.	Saarland
SBV	Sonderbetriebsvermögen
Schr.	Schreiben
SchRegDV	Verordnung zur Durchführung der Schiffsregisterverordnung
SeuffA	Seufferts Archiv für Entscheidungen der obersten Gerichte in den deutschen Staaten (Zeitschrift)
SH	Schleswig-Holstein

Abkürzungsverzeichnis

Slg.	Sammlung
sog.	sogenannt
SpaltRL	Sechste Richtlinie des Rates vom 17.12.1982 gem. Art. 54 Abs. 3 Buchst. g) des Vertrages betreffend die Spaltung von Aktiengesellschaften (82/891/EWG), ABl. EG Nr. L 378 vom 31.12.1982, S. 47
SpG	Sparkassengesetz
SprAuG	Sprecherausschussgesetz
SpruchG	Spruchverfahrensgesetz
SpTrUG	Gesetz über die Spaltung der von der Treuhandanstalt verwalteten Unternehmen
SpuRt	Sport und Recht (Zeitschrift)
st.	ständig(e)
st. Rspr.	ständige Rechtsprechung
Stb	Steuerberater, Der Steuerberater (Zeitschrift)
StbG	Steuerberatungsgesetz
StEntlG	Steuerentlastungsgesetz
StGB	Strafgesetzbuch
StiftG	Stiftungsgesetz
stpfl.	steuerpflichtig
StPO	Strafprozessordnung
str.	streitig
StrRG	Gesetz zur Reform des Strafrechts
StSenkG	Steuersenkungsgesetz
StückAG	Stückaktiengesetz
StuW	Steuer und Wirtschaft (Zeitschrift)
StV	Strafverteidiger (Zeitschrift)
teilw.	teilweise
TreuhandG	Treuhandgesetz
TVG	Tarifvertragsgesetz
Tz.	Textziffer
TzBfG	Gesetz über Teilzeitarbeit und befristete Arbeitsverträge
u. a.	und andere; unter anderem
u. ä.	und ähnliche(s)
uE	unseres Erachtens
UmwBerG	Gesetz zur Bereinigung des Umwandlungsrechts vom 28.10.1994, BGBl. I 1994 S. 3210 (1995, S. 428)
UmwG	Umwandlungsgesetz vom 28.10.1994, BGBl. I 1994 S. 3210 (1995 S. 428; 2001 S. 1542), zuletzt geändert durch Gesetz vom 23.3.2002, BGBl. I 2002 S. 1163
UmwStE	BMF-Schreiben zum UmwStG vom 25.3.1998, BStBl. I 1998 S. 268 ff.
UmwStG	Umwandlungssteuergesetz vom 28.10.1994, BGBl. I 1994 S. 3267 (2000 S. 1433), zuletzt geändert durch Gesetz vom 20.12.2001, BGBl. I 2001 S. 3858
UmwStRÄndG	Gesetz zur Änderung des Umwandlungssteuerrechts vom 28.10.1994, BGBl. I 1994 S. 3267
unstr.	unstreitig
UrhG	Urheberrechtsgesetz
Urt.	Urteil
UStG	Umsatzsteuergesetz
UStR	Umsatzsteuer-Rundschau (Zeitschrift)
usw.	und so weiter
uU	unter Umständen

Abkürzungsverzeichnis

UMAG	Regierungsentwurf eines Gesetzes zur Unternehmensintegrität und Modernisierung des Anfechtungsrechts (UMAG) in der Fassung vom 17.11.2004
UWG	Gesetz gegen den unlauteren Wettbewerb
VAG	Gesetz über die Beaufsichtigung von Versicherungsunternehmen (Versicherungsaufsichtsgesetz)
vBP	vereidigte Buchprüfer
VerBAV	Veröffentlichungen des Bundesaufsichtsamts für das Versicherungswesen
VereinsG	Vereinsgesetz
Verf.	Verfasser
VerfGH	Verfassungsgerichtshof
VerkProspG	Verkaufsprospektgesetz
VerkProspVO	Verkaufsprospektverordnung
VerschmG	Verschmelzungsgesetz
VerschmRL	Dritte Richtlinie des Rates vom 9.10.1978 gem. Art. 54 Abs. 3 Buchst. g) des Vertrages betreffend die Verschmelzung von Aktiengesellschaften (78/855/EWG), ABl.EG Nr. L 295 vom 20.10.1978, S. 36
VersR	Versicherungsrecht (Zeitschrift)
Vfg.	Verfügung
VG	Verwaltungsgericht
vGA	verdeckte Gewinnausschüttung
vgl.	vergleiche
VIZ	Zeitschrift für Vermögens- und Investitionsrecht
VO	Verordnung
Voraufl.	Vorauflage
Vorb.	Vorbemerkung(en)
VVaG	Versicherungsverein auf Gegenseitigkeit
VVG	Versicherungsvertragsgesetz
VW	Versicherungswirtschaft (Zeitschrift)
VwGO	Verwaltungsgerichtsordnung
VwVfG	Verwaltungsverfahrensgesetz
WG	Wechselgesetz
WiB	Wirtschaftsrechtliche Beratung (Zeitschrift)
WiR	Wirtschaftsrecht (Zeitschrift)
wistra	Zeitschrift für Wirtschafts- und Steuerstrafrecht
WM	Wertpapier-Mitteilungen (Zeitschrift)
WP	Wirtschaftsprüfer; Das Wertpapier (Zeitschrift)
WPg	Die Wirtschaftsprüfung (Zeitschrift)
WPG	Wirtschaftsprüfungsgesellschaft
WP-Hdb.	Wirtschaftsprüfer-Handbuch
WpHG	Wertpapierhandelsgesetz
WpHG RegE AnSVG	WpHG in der Fassung des Regierungsentwurfs eines Gesetzes zu Verbesserung des Anlegerschutzes (Anlegerschutzverbesserungsgesetz – AnSVG) in der Fassung vom 24.5.2004
WPK	Wirtschaftsprüferkammer
WPO	Wirtschaftsprüferordnung
WpÜG	Gesetz zur Regelung von öffentlichen Angeboten zum Erwerb von Wertpapieren und von Unternehmensübernahmen
WpÜG-AngebotsVO	Verordnung über öffentliche Angebote zum Erwerb von Wertpapieren und über Unternehmensübernahmen
WRP	Wettbewerb in Recht und Praxis (Zeitschrift)

Abkürzungsverzeichnis

WuB	Entscheidungssammlung zum Wirtschafts- und Bankrecht (Zeitschrift), Loseblattsammlung
WuW	Wirtschaft und Wettbewerb (Zeitschrift)
WZG	Warenzeichengesetz
z. Zt.	zur Zeit
ZAP	Zeitschrift für die Anwaltspraxis
zB	zum Beispiel
ZBB	Zeitschrift für Bankrecht und Bankwirtschaft
ZEV	Zeitschrift für Erbrecht und Vermögensnachfolge
ZfA	Zeitschrift für Arbeitsrecht
ZfbF	Schmalenbachs Zeitschrift für betriebswirtschaftliche Forschung
ZfgG	Zeitschrift für das gesamte Genossenschaftswesen
ZfgK	Zeitschrift für das gesamte Kreditwesen
ZfIR	Zeitschrift für Immobilienrecht
ZfV	Zeitschrift für Versicherungswesen
ZGR	Zeitschrift für Unternehmens- und Gesellschaftsrecht
ZHR	Zeitschrift für das gesamte Handelsrecht und Wirtschaftsrecht
Ziff.	Ziffer(n)
ZIP	Zeitschrift für Wirtschaftsrecht
ZNotP	Zeitschrift für die Notarpraxis
ZPO	Zivilprozessordnung
ZRP	Zeitschrift für Rechtspolitik
ZSEG	Gesetz über die Entschädigung von Zeugen und Sachverständigen
zT	zum Teil
zust.	zustimmend
zutr.	zutreffend
ZVersWiss	Zeitschrift für die gesamte Versicherungswissenschaft
ZVG	Gesetz über die Zwangsversteigerung und die Zwangsverwaltung
ZZP	Zeitschrift für Zivilprozess

Literaturverzeichnis

Achleitner	Handbuch Investment Banking, 3. Aufl., 2002
Adler/Düring/Schmaltz	Rechnungslegung und Prüfung der Unternehmen, 6. Aufl., 1995–2001
Albach/Corte/Friedewald/ Lutter/Richter	Deregulierung des Aktienrechts; Das Drei-Stufen-Modell, 1988
Ammon/Görlitz	Die kleine Aktiengesellschaft, 1995
Assmann/Lenz/Ritz	Verkaufsprospektgesetz, 2001 (zit.: Assmann/Lenz/Ritz/*Bearbeiter*)
Assmann/Schneider	Wertpapierhandelsgesetz, 3. Aufl., 2003 (zit.:Assmann/Schneider/*Bearbeiter*)
Baetge/Kirsch/Thiele	Konzernbilanzen, 7. Aufl., 2004
Balser/Bokelmann/Ott/Piorreck	Die Aktiengesellschaft, 4. Aufl., 2002
Baumbach/Hueck	Aktiengesetz, 13. Aufl., 1968
Baumbach/Hopt	Handelsgesetzbuch, 31. Aufl., 2003 (zit.: Baumbach/*Hopt*, HGB)
Baums/Thoma (Hrsg.)	WpÜG, Kommentar, Köln 2004
Beck'scher Bilanzkommentar	5. Aufl., 2003 (zit.: Beck'scher Bilanzkommentar/*Bearbeiter*)
Beck'sches Handbuch der AG	2004 (zit.: Beck'sches Hdb. AG/*Bearbeiter*)
Beck'sches Handbuch der Rechnungslegung	2003 (zit.: Beck'sches Hdb. Rechnungslegung/*Bearbeiter*)
Benckendorff	Erwerb eigener Aktien im deutschen und amerikanischen Recht, 1998
Blaurock	Handbuch der stillen Gesellschaft, 6. Aufl., 2003
Bokelmann	Das Recht der Firme und Geschäftsbezeichnungen, 5. Aufl., 2000
Budde/Förschle	Sonderbilanzen, 2002 (zit.: Budde/Förschle/*Bearbeiter*)
Bühler/Siegert	(Hrsg.), Unternehmenssteuerung und Anreizsysteme, 1999 (zit.: Bühler/Siegert/*Bearbeiter*)
Canaris	Bankvertragsrecht, 3. Aufl., 2. Bearbeitung, 1981
Claussen	Bank- und Börsenrecht, 3. Aufl., 2003
Deutsches Aktieninstitut (Hrsg.)	Der Erwerb eigener Aktien durch die Gesellschaft, 1995
Dötsch/Eversberg/Jost/Witt	KStG, Kommentar, Stand: Februar 2003 (zit.: Dötsch/*Bearbeiter*, KStG)
Dötsch/Patt/Pung/Jost	Umwandlungssteuerrecht, 5. Aufl., 2003 (zit.: Dötsch/Patt/Pung/Jost/*Bearbeiter*)
Dühn	Schadensersatzhaftung börsennotierter Aktiengesellschaften für fehlerhafte Kapitalmarktinformation, 2003
Emmerich/Habersack	Aktien- und GmbH-Konzernrecht, 2. Aufl., 2001
Erfurter Kommentar	zum Arbeitsrecht, 2. Aufl., 2001(zit.: ErfurterKommentar/*Bearbeiter*)
Fleischer/Kalss	Das neue Wertpapiererwerbs- und Übernahmegesetz, 2002
Fuchs/Köstler	Handbuch zur Aufsichtsratswahl, 1994
Geddes	IPOs & equity offerings, 2003 (zit.: *Geddes*, IPO)
Geibel/Süßmann	WpÜG, Kommentar, 2002 (zit.: Geibel/Süßmann/*Bearbeiter*)
Geßler	Aktiengesetz, Kommentar, Loseblatt, Stand: 33. Ergänzungslieferung Juli 2001 (zit.: Geßler, Aktiengesetz)
Geßler/Hefermehl/Eckardt/ Kropff	Kommentar zum Aktiengesetz, 3. Aufl., 1970 ff., 4. Aufl., 1992 ff. (zit.: Geßler/Hefermehl/Eckardt/Kropff/*Bearbeiter*)
Godin/Wilhelmi	Aktiengesetz, 4. Aufl., 1971 (Nachdruck 1985)
Gottwald	Insolvenzrechts-Handbuch, 2. Auflage, 2001

Literaturverzeichnis

Groß	Kapitalmarktrecht, 2. Aufl., 2002
Großkommentar Aktiengesetz	3. Aufl., 1970/1975, 4. Aufl., 1992 ff. (zit.: Großkommentar/*Bearbeiter*)
Großkommentar Handelsgesetz	(zit.: Großkommentar HGB/Bearbeiter)
Guski/Schneider	Mitarbeiter-Beteiligung: Handbuch für die Praxis, 20. Auflage, Neuwied 1999
Haarmann/Riehmer/Schüppen	Öffentliche Übernahmeangebote, Kommentar, 2002 (zit.: Haarmann/Riehmer/Schüppen/*Bearbeiter*)
Hachenburg	GmbHG, Großkommentar, 8. Aufl., 1990 ff. (zit.: Hachenburg/*Bearbeiter*)
Hanau/Ulmer	Mitbestimmungsgesetz, 1981 (zit.: Hanau/Ulmer, MitbestG)
Happ	Aktienrecht, 2. Aufl., 2004
Harrer	Mitarbeiterbeteiligungen und Stock-Option-Pläne, 2000
Hartmann/Metzenmacher	Umsatzsteuergesetz (zit.: Hartmann/Metzenmacher/*Bearbeiter*)
Heidel	Aktienrecht, 2003 (zit.: Heidel/*Bearbeiter*)
Heinsius/Horn/Than	Depotgesetz, 1975
Hellner/Steuer	Kümpel, Bankrecht und Bankpraxis, Loseblattsammlung, Stand Mai 2003 (zit.: Hellner/Steuer/Bearbeiter)
Henn	Handbuch des Aktienrechts, 7. Aufl., 2002
Hess/Weis/Wienberg	Kommentar zur Insolvenzordnung, 2. Aufl., 2001
Heymann	Handelsgesetzbuch, 1. Aufl., 1989 ff.; 2. Aufl., 1995 ff. (zit.: Heymann/*Bearbeiter*)
Hielscher	Fischer Börsenlexikon, 1992
Hinsch/Horn	Das Vertragsrecht der Internationalen Konsortialkredite und Projektfinanzierungen, 1985
Hirte	Bezugsrechtsausschluss und Konzernbildung, 1986 (zit.: Hirte, Bezugsrechtsausschluss)
Hirte	Das Transparenz- und Publizitätsgesetz 2003 (zit.: Hirte/*Bearbeiter*)
Hölters/Deilmann/Buchta	Die kleine Aktiengesellschaft, 2. Aufl., 2002 (zit.: Hölters/Deilmann/Buchta/*Bearbeiter*)
Hueck/Canaris	Recht der Wertpapiere, 12. Aufl., 1986
Hüffer	Aktiengesetz, 6. Aufl., 2004
Jansen	FGG Kommentar, Zweiter Band, 2. Aufl., 1970
Kallmeyer	Umwandlungsgesetz, 2. Aufl., 2001 (zit.: Kallmeyer/*Bearbeiter*)
Kessler/Sauter	Stock Options, 2003 (zit.: Kessler/Sauter/*Bearbeiter*)
Kölner Kommentar zum Aktiengesetz	2. Aufl., 1986 ff. (zit.: Kölner Kommentar AktG/*Bearbeiter*)
Kölner Kommentar zum WpÜG	2003 (zit.: Kölner Kommentar WpÜG/*Bearbeiter*)
Kopp	Erwerb eigener Aktien, 1995
Kümpel	Bank- und Kapitalmarktrecht, 2. Aufl., 2000
Kümpel/Hammen	Börsenrecht, 2. Aufl., 2003
Kümpel/Hammen/Ekkenga	Kapitalmarkrecht, Band 1, Band 2, Stand: Februar 2003 (zit.: Kümpel/Hammen/Ekkenga/*Bearbeiter*)
Lang	Informationspflichten bei Wertpapierdienstleistungen, 2003
Larenz	Methodenlehre der Rechtswissenschaft, 6. Aufl., 1991
Leffson	Grundsätze ordnungsgemäßer Buchführung, 7. Aufl., 1998
Lenenbach	Kapitalmarkt- und Börsenrecht, 2002
Lorenz	Unterbeteiligungen an Krediten im Common Law und im Civil Law, 1993
Lutter	Europäisches Unternehmensrecht, 4. Aufl., 1996
ders.	Umwandlungsgesetz, Kommentar, 2. Aufl., 2000 (zit.: Lutter/*Bearbeiter*, UmwG)
Lutter/Hommelhoff	GmbHG, Kommentar, 16. Aufl., 2004
Lutter/Krieger	Rechte und Pflichten des Aufsichtsrats, 4. Aufl., 2002
Moxter	Bilanzlehre Band II – Einführung in die Bilanztheorie, 1991

Literaturverzeichnis

Münchener Anwalts Handbuch	Aktienrecht, 2004 (zit: MAH Aktienrecht/*Bearbeiter*)
Münchener Handbuch des Gesellschaftsrechts	Band 4, Aktiengesellschaft, 2. Aufl., 1999 (zit.: Münchener Handbuch des Gesellschaftsrechts/*Bearbeiter*)
Münchener Kommentar Handelsgesetzbuch	1996–2002 (zit.: Münchener Kommentar HGB/*Bearbeiter*)
Münchener Kommentar zum Aktiengesetz	2. Aufl. des Geßler/Hefermehl/Eckardt/Kropff, Aktiengesetz, 2000 (zit.: Münchener Kommentar AktG/*Bearbeiter*)
Münchener Vertragshandbuch	Band 1: Gesellschaftsrecht, 5. Auflage 2000
Nirk/Reuter/Bächle	Handbuch der Aktiengesellschaft, Loseblatt, Stand: 34. Ergänzungslieferung August 2001
Obermüller/Werner/Winden	Die Hauptversammlung der Aktiengesellschaft, 4. Aufl., 2001 (zit.: Obermüller/Werner/Winden/*Bearbeiter*)
Palandt	Bürgerliches Gesetzbuch, 62. Aufl., 2003 (zit.: Palandt/*Bearbeiter*)
Pellens	Internationale Rechnungslegung, 5. Aufl., 2004
Peltzer	Deutsche Corporate Governance – Ein Leitfaden, 2003
Pfitzer/Oser	Deutscher Corporate Governance Kodex – Ein Handbuch für Entscheidungsträger, 2003
Picot	Unternehmenskauf und Restrukturierung, Handbuch zum Wirtschaftsrecht, 1989 (zit.: Picot/*Bearbeiter*)
Picot/Mentz/Seydel	Die Aktiengesellschaft bei Unternehmenskauf und Restrukturierung, 2003 (zit.: Picot/Mentz/Seydel/*Bearbeiter*)
Potthoff/Trescher	Das Aufsichtsratsmitglied, 5. Aufl., 2001
Raiser	Mitbestimmungsgesetz, 2. Aufl., 1984
Richard/Weinheimer	Handbuch Going Private, 2002
Ringleb/Kremer/Lutter/v. Werder	Deutscher Corporate Governance Kodex, Kommentar, 2003 (zit.: Ringleb/Kremer/Lutter/v. Werder/*Bearbeiter*)
Roth	Unternehmerisches Ermessen und Haftung des Vorstands, 2001
Rowedder	Kommentar zum GmbHG, 3. Aufl., 1997 (zit.: Rowedder/*Bearbeiter*)
Schäfer	Wertpapierhandelsgesetz, Börsengesetz, Verkaufsprospektgesetz, 1999 (zit.: Schäfer/*Bearbeiter*)
Schanz	Börseneinführung, 2. Aufl., 2002
Schaub	Arbeitsrechtshandbuch, 9. Auflage
Schaumburg/Rödder	UmwG. UmsStG, 1995 (zit.: Schaumburg/Rödder, UmwG/UmwStG)
Schiemer/Jabornegg/Strasser	Aktiengesetz, 3. Aufl., 1996 (zit. Schiemer/Jabornegg/Strasser/*Bearbeiter*)
Schimansky/Bunte/Lwowski	Bankrechtshandbuch, 2. Aufl., 2001 (zit.: Schimansky/Bunte Lwowski/*Bearbeiter,Bd.*)
Schippel	Bundesnotarordnung, Kommentar, 7. Aufl., 2000 (zit.: Schippel/*Bearbeiter*)
Schlüter	Börsenhandelsrecht, 2. Aufl., 2002
Schmidt, K.	Gesellschaftsrecht, 3. Aufl., 1997
Schmidt, L.	EStG, Kommentar, 23. Aufl., 2004
Schmitt/Hörtnagl/Stratz	Umwandlungsgesetz, Umwandlungssteuergesetz, 3. Aufl., 2001
Schroeder	Finanzielle Unterstützung des Aktienerwerbs, 1995
Schwedhelm	Unternehmensumwandlung, 3. Aufl., 1999
Schwintowski/Schäfer	Bankrecht, 2. Aufl., 2004
Scholz	Kommentar zum GmbHG, 8. Aufl., 1993/1995 (zit.: Scholz/*Bearbeiter*)
Schwark	Kapitalmarktrechtskommentar, 3. Aufl., 2004 (zit.: Schwark/*Bearbeiter*)
Seibert/Kiem	Handbuch der kleinen AG, 4. Aufl., 2000 (zit.: Seibert/Kiem/*Bearbeiter*, Handbuch der kleinen AG)
Seibert/Köster/Kiem	Die kleine AG, 3. Aufl., 1996 (zit.: Seiber/Köster/Kiem, Die kleine AG)

Literaturverzeichnis

Semler	Leitung und Überwachung der Aktiengesellschaft, 1996 (zit.: Semler, Leitung AG)
Semler	Arbeitshandbuch für Aufsichtsratsmitglieder, 1999 (zit.: Semler/*Bearbeiter*, AR)
Semler/Volhard	Arbeitshandbuch für Hauptversammlung, 1999 (zit.: Semler/Volhard/*Bearbeiter*)
Semler/Stengel	Umwandlungsgesetz, 2003 (zit.: Semler/Stengel/*Bearbeiter*)
Sommer	Being public, 2002
Steinmeyer/Häger	WpÜG, Kommentar, 2002
Thümmel	Persönliche Haftung von Managern und Aufsichtsräten, 2. Aufl., 1998
Tipke	Die Steuerrechtsordnung, Band 2, 2. Aufl., 2003
Uhlenbruck	Insolvenzordnung, 12. Aufl., 2003
von Rosen/Seiford (Hrsg.)	Die Namensaktie, 2000
Wagenhofer/Ewert	Externe Unternehmensrechnung, 2002
Weiß	Aktienoptionspläne für Führungskräfte, 1999
Widman/Mayer	Umwandlungsrecht, 68. Ergänzungslieferung Februar 2003 (zit.: Widmann/Mayer/*Bearbeiter*)
Wirtschaftsprüfer Handbuch	2000 (zit.: WP-Hdb./*Bearbeiter*)
Wöhe	Allgemeine Betriebswirtschaftslehre, 21. Aufl., 2002
Würdinger	Aktienrecht, 1959
Zacharias	Börseneinführung mittelständischer Unternehmen, 2. Aufl., 2000
Zöllner	Die Schranken mitgliedschaftlicher Stimmrechtsmacht bei den privatrechtlichen Personenverbänden, 1963
Zschocke/Schuster	Bad Homburger Handbuch zum Übernahmerecht, 2003

Einleitung

I. Zielsetzung dieses Buchs

Das vorliegende Buch hat es sich zum Ziel gesetzt, dem Rechtsanwender, der mit 1
der börsennotierten Aktiengesellschaft befasst ist (Vorstands- und Aufsichtsratsmitglieder, Investoren, Stabsabteilungen, IR-Abteilungen, Rechtsabteilungen, externe Berater) einen Leitfaden an die Hand zu geben, der die gesamte Bandbreite des Regelungsspektrums für die börsennotierte Aktiengesellschaft und ihre Investoren behandelt, also sowohl die aktienrechtlichen als auch die kapitalmarktrechtlichen Regelungen umfasst und die Probleme rechtsgebietsübergreifend in integrierter Form erörtert.

Dabei kann das vorliegende Buch nur einen ersten Einstieg bieten. Die Autoren 2
haben deshalb den Schwerpunkt auf die praktisch relevanten Probleme bei der Rechtsanwendung gelegt und ganz bewusst auf die breite wissenschaftliche Erörterung sämtlicher denkbarer Problematiken verzichtet. Soweit sinnvoll, wird in den Fußnoten auf weiterführende Literatur und Rechtsprechung verwiesen. Die nachstehende Darstellung bemüht sich andererseits auch darum, nicht nur die rechtlichen, sondern auch die praktischen Probleme bei der Einhaltung der anwendbaren aktien- und kapitalmarktrechtlichen Vorschriften aufzuzeigen. Die Autoren greifen hierzu auf ihren reichen Erfahrungsschatz aus ihrer täglichen Arbeit zurück.

II. Die börsennotierte Aktiengesellschaft als Sonderfall der Publikums-Aktiengesellschaft

Nach dem gesetzgeberischen Konzept handelt es sich bei der Aktiengesellschaft 3
in ihrer üblichen Ausprägung um eine Publikumsgesellschaft. Charakteristisch ist deshalb für die Aktiengesellschaft die strikte Trennung zwischen Eigentum an der Gesellschaft und der Geschäftsführung. Für eine „geborene" Publikumsgesellschaft besteht im Hinblick auf die Kapitalanleger ein hohes Bedürfnis an einer größtmöglichen Standardisierung, sowohl der Bedingungen der Beteiligung als auch der Struktur der Leitungs- und Aufsichtsorgane. Weiter hat der Gesetzgeber wegen des Charakters der Aktiengesellschaft als Publikumsgesellschaft den Minderheitenschutz detaillierter als bei anderen Gesellschaftsformen geregelt. Der Aktionärsschutz drückt sich im Aktienrecht auch im Grundsatz der Satzungsstrenge aus: Nach § 23 Abs. 5 AktG kann die Satzung von den Vorschriften des Gesetzes nur dann abweichen, wenn dies ausdrücklich zugelassen ist. Ergänzende Bestimmungen sind jedenfalls dann nicht zulässig, wenn das Gesetz bereits eine abschließende Regelung enthält.[1] Publikums-Aktiengesellschaften sind häufig, aber keinesfalls immer bör-

---
[1] Siehe näher unter § 1 Rn 10 f.

Einleitung

sennotiert. Für die meisten Vorschriften im Aktienrecht kommt es demgemäß nicht darauf an, ob die Gesellschaft börsennotiert ist oder nicht.

4 Nachdem der Gesetzgeber im Jahr 1994 im „Gesetz für kleine Aktiengesellschaften und zur Deregulierung des Aktienrechts"[2] zunächst Sondervorschriften für Gesellschaften mit einem überschaubaren Kreis von Aktionären geschaffen hat, um die Nutzung der Rechtsform Aktiengesellschaft zu erleichtern,[3] hat der Gesetzgeber wenig später, nämlich im Jahr 1998 bei der Schaffung des „Gesetzes zur Kontrolle und Transparenz im Unternehmensbereich" (KonTraG)[4] erkannt, dass es Gründe gibt, Sondervorschriften zu erlassen, die nur die börsennotierte Aktiengesellschaft betreffen.

5 Eine Definition der börsennotierten Aktiengesellschaft findet sich in § 3 Abs. 2 AktG. Danach sind börsennotierte Aktiengesellschaften solche, „deren Aktien zu einem Markt zugelassen sind, der von staatlich anerkannten Stellen geregelt und überwacht wird, regelmäßig stattfindet und für das Publikum mittelbar oder unmittelbar zugänglich ist." Die Definition ist erst im Jahr 1998 mit dem Gesetz in das Gesetz aufgenommen worden. § 3 Abs. 2 AKtG wurde wenig später korrigiert, weil unklar blieb, ob am Neuen Markt der FWB gelistete Emittenten erfasst sind.

6 Für die börsennotierte Aktiengesellschaft gelten eine ganze Reihe aktien- und handelsrechtlicher Sonderregeln.[5]

III. Kapitalmarktrecht

7 Die verhältnismäßig geringe Zahl aktien- und handelsrechtlicher Sondervorschriften zur börsennotierten Aktiengesellschaft würde es sicherlich nicht rechtfertigen, ein Buch zu diesem Thema zu veröffentlichen. Tatsächlich unterliegt die börsennotierte Aktiengesellschaft zusätzlich einer Vielzahl kapitalmarktrechtlicher Vorschriften. Kapitalmarktrechtliche Vorschriften schützen (anders als das Aktienrecht) das Publikum allgemein, d.h. den Anleger, und zwar unabhängig davon, ob es sich um einen Mehrheitsaktionär, Minderheitsaktionär, professionellen Investor, Privatinvestor, oder einen Nicht-Aktionär handelt. Auch handelt es sich hier, bis auf vereinzelte Ausnahmen, wie zB die Prospekthaftung, um öffentliches Recht. Für die börsennotierte Aktiengesellschaft in ihrer Eigenschaft als Emittent von Wertpapie-

---

[2] BGBl. I Nr. 52 v. 9. August 1994 S. 1961 ff.
[3] Vgl. zu allen Einzelheiten: Hölters/*Deilmann*/Buchta, Die Kleine Aktiengesellschaft.
[4] BGBl. I Nr. 24 v. 30. April 1998 S. 786 ff.
[5] Gem. § 20 Abs. 8 und § 21 Abs. 5 AktG gelten anstelle der Mitteilungspflichten über Aktienbesitz die Regelungen der §§ 21 ff. WpHG; § 110 Abs. 3 AktG bestimmt eine höhere Sitzungsfrequenz des Aufsichtsrates; § 134 Abs. 1 Satz 2 AktG verbietet Höchststimmrechte; § 171 Abs. 2 Satz 3 AktG erweitert die Berichtspflichten des Aufsichtsrats in Bezug auf die Bildung von Ausschüssen, die Zahl der Aufsichtsratssitzungen sowie die Zahl der Ausschusssitzungen; § 328 Abs. 3 AktG bestimmt eine Stimmrechtsbeschränkung für Aufsichtsratswahlen im Falle von Überkreuzbeteiligungen. Ferner sind solche aktienrechtliche Bestimmungen anwendbar, die an den Börsenpreis oder -handel der Aktien der Gesellschaft anknüpfen (zB §§ 71 Abs. 1 Nr. 8 Satz 4, 186 Abs. 3 Satz 4 AktG). Auch die Regelungen des Corporate Governance Kodex gelten nur für börsennotierte Aktiengesellschaften. Handelsrechtlich ergeben sich aus der Börsennotierung Besonderheiten hinsichtlich der Bilanzierung und für den Konzernabschluss (zB §§ 276 Abs. 3 Satz 2, 291 Abs. 3 Nr. 1, 297 Abs. 1 Satz 2 HGB).

Einleitung

ren stellt das Kapitalmarktrecht zusätzlich zum Aktienrecht weitere öffentlich-rechtliche Publizitätspflichten auf, die den Kapitalmarkt allgemein, also das Anlegerpublikum insgesamt informieren sollen.[6]

IV. Rechtsübergreifende Darstellung

Die nachfolgende Darstellung der auf die börsennotierte Aktiengesellschaft anwendbaren Regelungen differenziert nicht nach der gesellschafts- oder kapitalmarktrechtlichen Herkunft dieser Normen, sondern geht nach Themakomplexen vor. Fragen des Aktien- und Kapitalmarktrechts werden im Kontext jeweils gemeinsam erörtert, da in der Praxis eine Verzahnung beider Rechtsgebiete unvermeidlich ist.

V. Rechtlicher Rahmen im Umbruch

Das Aktien- und Kapitalmarktrecht befindet sich in einem Umbruch: Die Vorschläge der Regierungskommission *Corporate Governance* sind bislang nur teilweise in deutsches Recht umgesetzt. Wichtige, noch nicht umgesetzte Gesetzgebungsprojekte sind das Gesetz zur Unternehmensintegrität und Modernisierung des Anfechtungsrechts (UMAG), das Bilanzkontrollgesetz (BilKoG) und das Gesetz zur Verbesserung der Haftung für falsche Kapitalmarktinformationen (KapInHaG).

Weitere Veränderungen werden sich aus der Umsetzung verschiedener europäischer Richtlinien zu den Themen Kapitalmarkt und *Corporate Governance* ergeben, beispielsweise die Prospektrichtlinie, verschiedene Überlegungen auf EU-Ebene zum Thema *Corporate* Governance etc.

Soweit möglich, wurde in den nachstehenden Kapiteln auf den derzeitigen Stand der Gesetzgebungsverfahren eingegangen. Jedoch ist noch Vieles in Fluss, so dass dem Leser nicht erspart bleibt, sich über die neuesten gesetzgeberischen Entwicklungen zu informieren.

---

[6] Vgl. dazu § 6.

Teil 1
Struktur

§ 1 Satzung

I. Notwendiger Inhalt

1. Allgemeines

Die Satzung als „Verfassung" der Aktiengesellschaft[1] regelt innerhalb des durch die Gesetze, insbesondere des Aktiengesetzes, vorgegebenen Rahmens den inneren Aufbau der Aktiengesellschaft sowie die Rechte und Pflichten der Aktionäre, des Vorstands und des Aufsichtsrats. 1

Der Mindestinhalt der Satzung ist zwingend in § 23 Abs. 3 und 4 AktG festgelegt. Fehlt es an diesen Bestimmungen, ist die Satzung nichtig. Der Registerrichter hat die Eintragung abzulehnen. Weitere als die in § 23 Abs. 3 und 4 AktG aufgeführten Bestimmungen darf die Satzung nur enthalten, wenn sie in Einklang mit dem Aktiengesetz stehen, es sei denn eine Abweichung ist ausdrücklich zugelassen (§ 23 Abs. 5 Satz 1 AktG). Zum zwingenden Mindestinhalt der Satzung gehören die folgenden Angaben: 2

– Firma, Sitz und Gegenstand der Gesellschaft,
– Höhe des Grundkapitals,
– Zerlegung des Grundkapitals in Nennbetragsaktien oder Stückaktien unter Angabe der Zahl,
– Inhaber- oder Namensaktien,
– Zahl der Mitglieder des Vorstands,
– Form der Bekanntmachungen.

2. Firma, Sitz und Gegenstand

Die Firma ist der Name, unter dem die Aktiengesellschaft im Rechtsverkehr auftritt. Die Firma muss nicht dem Gegenstand des Unternehmens entnommen, sondern kann frei gewählt werden.[2] 3

Sitz der Gesellschaft ist der in der Satzung bestimmte Ort (§ 5 Abs. 1 AktG). Dies ist regelmäßig der Ort, an dem die Gesellschaft einen Betrieb hat oder an dem sich die Geschäftsleitung befindet oder die Verwaltung geführt wird (§ 5 Abs. 2 AktG).[3] 4

---

[1] *Henn*, Handbuch des Aktienrechts, Rn 141.
[2] Für die allgemeinen firmenrechtlichen Grundsätze sind die § 4 AktG, §§ 18 ff. HGB einschlägig, wonach insbesondere die Firma nicht zur Irreführung verleiten darf.
[3] Grundsätzlich geht das Aktiengesetz von einem einzigen Sitz aus. Ob ein Doppelsitz, d. h. die

5 Der Gegenstand des Unternehmens gibt die Art der Tätigkeit, welche die Gesellschaft auszuüben beabsichtigt, wieder.[4] Der Unternehmensgegenstand muss individualisiert in der Satzung bezeichnet werden.

3. Grundkapital

6 Das zwingend in der Satzung anzugebende Grundkapital muss mindestens 50.000 EUR betragen (§ 7 AktG).[5] Die Ausgabe der Aktien zu einem höheren Betrag als ihrem Nennwert bzw. rechnerischen Wert[6] (§ 9 Abs. 2 AktG – Überpari-Emission) berührt die Höhe des Grundkapitals nicht. Wird das Grundkapital durch Sacheinlagen erbracht, ist dies nach Maßgabe von § 27 Abs. 1 AktG in der Satzung festzusetzen.[7] Darüber hinaus ist sicherzustellen, dass der Wert der Sacheinlagen mindestens dem Wert[8] der dafür an den betreffenden Aktionär der Gesellschaft ausgegebenen Aktien entspricht. Um eine Ablehnung der Eintragung durch das Registergericht oder (nach erfolgter Eintragung) die Differenzhaftung der Gründer wegen Überbewertung der Sacheinlagen (so genannte Unterpari-Emissionen)[9] zu vermeiden, empfiehlt sich eine vorsichtige Bewertung der Sacheinlagen.[10] Im Falle einer Überpari-Emission erstreckt sich die Haftung des Aktionärs auch darauf, dass der Wert der Sacheinlage diesen höheren Ausgabebetrag deckt.[11] Daher kann es empfehlenswert sein, kein förmliches Aufgeld festzusetzen.[12]

4. Nennbetrags-/Stückaktien, Inhaber-/Namensaktien

7 Die Satzung muss festlegen, ob die Aktien als Nennbetragsaktien oder Stückaktien ausgegeben werden und ob die Aktien auf den Inhaber (Inhaberaktien) oder auf den Namen (Namensaktien) lauten.[13] Sind Aktien mit unterschiedlichen Rech-

---

Satzung bestimmt mehr als zwei Orte als Gesellschaftssitz, in Ausnahmefällen zulässig ist, zB im Fall der Verschmelzung zweier Gesellschaften, ist umstritten, im Ergebnis aber zu bejahen, LG Essen AG 2001, 434, 435; so auch *Hüffer*, § 5 Rn 10. Für die Praxis ist dieser Weg nur gangbar, wenn die Registergerichte beider Sitze dem Doppelsitz zustimmen, weil die Gesellschaft sonst langwierige Auseinandersetzungen führen. Da die Registergerichte beider Sitze ihre Prüfungstätigkeit unabhängig voneinander durchführen, sind divergierende Entscheidungen möglich. Dies ist für die Praxis zu bedenken, Münchener Handbuch des Gesellschaftsrechts/*Wiesner*, § 8 Rn 7.
[4] BayObLG NJW 1976, 1694.
[5] Zu Fragen der Euroumstellung siehe die Kommentierungen zu §§ 1 ff. EGAktG in Heidel/*Terbrack*.
[6] Vgl. nachfolgend § 3 Rn 4.
[7] Vgl. zu den Einzelheiten der Festsetzung und den Folgen nicht ordnungsgemäßer Festsetzung *Hölters*/*Deilmann*/*Buchta*, 2. Kapital Abschnitt C. II. 1.
[8] Nennwert bzw. bei Stückaktien ohne Nennwert den auf die Einzelaktie entfallenden Anteil am Grundkapital, so genannter rechnerischer Wert.
[9] Siehe zur Bewertung von Sacheinlagen *Hüffer*, § 27 Rn 27.
[10] Der Betrag, um den der Wert der Sacheinlage den Nennwert bzw. rechnerischen Wert der dafür ausgegebenen Aktien übersteigt, ist dann in die Kapitalrücklage einzustellen (§ 272 Abs. 2 HGB); vgl. Münchener Handbuch des Gesellschaftsrechts/*Hoffmann-Becking*, § 43 Rn 5.
[11] Vgl. *Hüffer*, § 9 Rn 6.
[12] Allerdings partizipieren alle Aktionäre entsprechend ihrer Beteiligung am Grundkapital der Gesellschaft auch an den Kapitalrücklagen. Es ist daher sicherzustellen, dass alle Aktionäre auch in gleichem Umfang zur Dotierung der Kapitalrücklagen beitragen.
[13] Vgl. nachfolgend § 3 Rn 9 ff.

ten vorhanden (d.h. verschiedene Aktiengattungen, § 11 AktG), sind sie unter Angabe der Zahl der auf jede Gattung entfallenden Aktien zu beschreiben.[14]

5. Zahl der Vorstandsmitglieder

In der Satzung ist die konkrete Zahl der Vorstandsmitglieder oder aber die Regeln, nach denen die Zahl festgelegt wird, anzugeben. Um eine ausreichende Flexibilität zu haben, wird in der Praxis regelmäßig eine Mindest- oder Höchstzahl[15] der Vorstandsmitglieder festgelegt und/oder vorgesehen, dass der Aufsichtsrat die Zahl der Mitglieder des Vorstands bestimmt. Soll es allerdings ausreichend sein, dass der Vorstand aus nur einer Person besteht, ist dies wegen § 76 Abs. 2 AktG in der Satzung ausdrücklich zu regeln.

6. Bekanntmachung

Gemäß § 23 Abs. 4 AktG hat die Satzung die Form der Bekanntmachungen zu bestimmen. Nach § 25 AktG sind Bekanntmachungen der Gesellschaft im elektronischen Bundesanzeiger einzurücken, wenn die Satzung oder das Gesetz eine Bekanntmachung durch die Gesellschaftsblätter vorsehen. Daneben kann die Satzung nach § 25 Satz 2 AktG andere Blätter oder elektronischen Informationsmedien als Gesellschaftsblätter bezeichnen.

II. Gestaltungsmöglichkeiten

1. Grundsätze

Die Aktionäre haben die Möglichkeit, unter Beachtung der Vorgaben des § 23 Abs. 5 AktG, Abweichungen vom oder Ergänzungen zum Gesetz in der Satzung vorzunehmen. Mit dem Begriff „Gesetz" ist nur das Aktiengesetz gemeint. Abweichungen und/oder Ergänzungen von anderen Gesetzen (zB MitbestG) sind nicht erfasst. Von einer Abweichung wird gesprochen, wenn die gesetzliche Regelung durch eine andere ersetzt wird.[16] Dies ist nur zulässig, wenn eine Abweichung im Gesetz ausdrücklich zugelassen oder sich die Möglichkeit mittels eindeutiger Auslegung ergibt.[17] Eine Ergänzung liegt vor, wenn entweder das Gesetz keine Vorgabe enthält oder aber eine gesetzliche Regelung ihrem Gedanken nach weitergeführt wird.[18] Regelt das Gesetz eine Frage abschließend, ist kein Raum für eine ergänzende Satzungsbestimmung.

Trotz des Grundsatzes der Satzungsstrenge lässt das Aktiengesetz den Gesellschaften in zahlreichen Normen Freiräume zur Gestaltung der Satzung. Typische Formulierungen des Aktiengesetzes, die auf eine Gestaltungsmöglichkeit hinweisen,

---

[14] Im Einzelnen hierzu § 3 Rn 21 ff.
[15] Anders bei der Festlegung der Zahl der Aufsichtsratsmitglieder, bei der lediglich eine bestimmte höhere Zahl festgesetzt werden kann, § 95 Abs. 1 Satz 2 AktG.
[16] Münchener Kommentar AktG/*Pentz*, § 23 Rn 155.
[17] Münchener Kommentar AktG/*Pentz*, § 23 Rn 153 mwN.
[18] *Hüffer*, § 23 Rn 37.

sind zB „die Satzung kann bestimmen", „die Satzung kann vorsehen" oder „soweit die Satzung nichts anderes bestimmt".[19]

2. Elektronische Medien

12   Der Gesetzgeber hat mit dem „TransPuG"[20] weitere Freiräume geschaffen. Gestaltungsmöglichkeiten wurden den Gesellschaften unter anderem im Hinblick auf neue technische Entwicklungen wie Internet, Videokonferenzen etc. eröffnet.[21]

13   Gemäß § 118 Abs. 3 AktG kann in der Satzung vorgesehen werden, dass die Hauptversammlung in „Bild und Ton"[22] übertragen werden darf.[23] Die Satzung kann weiterhin gemäß § 118 Abs. 2 Satz 2 AktG vorsehen, dass die Mitglieder des Aufsichtsrats im Wege der Bild- und Tonübertragung an der Hauptversammlung teilnehmen können.[24] Die jüngste Hauptversammlungspraxis zeigte, dass zahlreiche Gesellschaften die Gestaltungsoptionen aufgenommen und ihre Satzungen entsprechend geändert haben.[25]

3. Sachausschüttung

14   § 58 Abs. 5 AktG erlaubt eine Satzungsbestimmung, wonach die Hauptversammlung eine Sachausschüttung beschließen kann. Besitzt die Gesellschaft Sachwerte wie Wertpapiere oder Anteile an Tochterunternehmen, die fungibel sind und vom Aktionär unproblematisch weiterveräußert werden können, kann eine solche Satzungsregelung zur Erweiterung des Handlungsspielraums sinnvoll sein. Stellt jedoch die Dividendenzahlung für einen Großteil der Aktionäre eine wichtige Einkommensquelle dar oder handelt es sich um börsennotierte Familiengesellschaften, sollte in Anbetracht des schutzwürdigen Vertrauens der Aktionäre auf eine Regelung, wonach eine Sachausschüttung zulässig ist, verzichtet werden. Ist dennoch eine Verankerung der Möglichkeit einer Sachausschüttung in der Satzung gewünscht, sollte eine variable Handhabung der Ausschüttung vorgesehen werden. Die Verwaltung kann sich damit offen halten, entweder eine Bar- oder eine Sachausschüttung oder eine Barausschüttung kombiniert mit einer Sachausschüttung vorzuschlagen.

4. Jahresüberschuss

15   Stellen Vorstand und Aufsichtsrat den Jahresabschluss fest (§§ 172, 173 Abs. 1 AktG), können sie – vorbehaltlich einer Satzungsregelung – höchstens die Hälfte des Jahresüberschusses in andere Gewinnrücklagen einstellen (§ 58 Abs. 2

---

[19] Für eine übersichtliche Darstellung der wesentlichen, nach Sachgebieten geordneten, vom Gesetz gestatteten Abweichungen siehe Großkommentar Hachenburg/*Röhricht*, § 23 Rn 177 ff.
[20] vom 19.7.2002 (BGBl. I S. 2681).
[21] Hirte/*Heckschen*, 3. Kap. Rn 3.
[22] ZB im Internet oder im Intranet.
[23] Zu den Einzelheiten vgl. § 7 Rn 30.
[24] Weiterführend hierzu vgl. § 7 Rn 32.
[25] Eingeführt wurden insbesondere die folgenden Möglichkeiten: Bild- und Tonübertragung der Hauptversammlung, Teilnahme von Aufsichtsratsmitgliedern an der Hauptversammlung per Videozuschaltung, Sachdividende als Möglichkeit der Verwendung des Jahresüberschusses, flexible Einstellungen in die Gewinnrücklagen.

AktG).[26] Die Satzung kann Vorstand und Aufsichtsrat zur Einstellung eines größeren oder kleineren Teils als der Hälfte des Jahresüberschusses ermächtigen (§ 58 Abs. 2 Satz 2 AktG). Eine solche Satzungsermächtigung greift jedoch nur im Rahmen des § 58 Abs. 2 Satz 3 AktG. § 59 AktG erlaubt unter engen Voraussetzungen die Ausschüttung einer Abschlagszahlung auf die Dividende, wenn die Satzung eine entsprechende Ermächtigung enthält.[27]

III. Kapitalmarktrechtliche Besonderheiten

1. Einführung

Bei einer börsennotierten Aktiengesellschaft besteht ein besonderes Interessengefüge, dem die Satzung gerecht werden muss. Neben den Interessen der Verwaltung[28], sind insbesondere die Interessen des Kapitalmarkts an Transparenz[29] und Kontrolle der Verwaltung sowie hohe Fungibilität der Aktien von Bedeutung. Dies bringt ein hohes Maß an Standardisierung der Satzungen mit sich. Individuelle Satzungsgestaltungen, die dem nicht gerecht werden, bergen das Risiko, dass der Kapitalmarkt sie mit Kursabschlägen der Aktien quittiert.

2. Einzelne Regelungen

a) Aktiengattungen, Aktienarten, Verbriefungsanspruch

In Satzungen börsennotierter Gesellschaften finden sich regelmäßig Bestimmungen über die Aktiengattung, die Aktienart sowie über die Verbriefungsmodalitäten.[30]

b) Genehmigtes Kapital/Bedingtes Kapital

Typischerweise finden sich in Satzungen börsennotierter Gesellschaften Bestimmungen, wonach der Vorstand der Gesellschaft ermächtigt ist, das Grundkapital bis zu einem bestimmten Betrag durch Ausgabe neuer Aktien gegen Bar- oder Sacheinlagen zu erhöhen (Genehmigtes Kapital, § 202 Abs. 1 AktG) und/oder wonach das Kapital bedingt erhöht ist (Bedingtes Kapital, §§ 192 Abs. 1 ff. AktG).[31] Das genehmigte Kapital kann gemäß § 202 Abs. 1, 2 AktG bereits in der Gründungssatzung geschaffen werden.[32] Durch die Ausnutzung genehmigten Kapitals kann der Vor-

---

[26] Beschließt die Hauptversammlung über die Gewinnverwendung, kann dieser Beschluss nach § 254 AktG unter den dort genannten Voraussetzungen angefochten werden.
[27] Zu Einzelheiten vgl. Hüffer, § 59 Rn 2 f.
[28] Wie zB Wahrung von ausreichendem Handlungsspielraum zur Steigerung der Effektivität der Unternehmensführung, hinreichende Flexibilität um auf den Markt reagieren zu können sowie gegebenenfalls Möglichkeit Erkenntnisse über die Anteilseigner(struktur) zu erlangen.
[29] So haben eine Vielzahl von Gesellschaften ihre Satzungen auf ihrer Internetseite zur Einsicht für jedermann veröffentlicht, beispielsweise E.ON AG, Celanese AG, HeidelbergCement AG, TUI AG.
[30] Vgl. hierzu § 3 Rn 21 ff., § 3 Rn 8 ff. und § 3 Rn 26 ff.
[31] Zu den Einzelheiten des genehmigten und bedingten Kapitals vgl. § 10 Rn 42 ff. und 48 ff.
[32] In der Praxis empfiehlt es sich aus Sicht der Verwaltung, für den Fall, dass eine Aktiengesellschaft kurz nach ihrer Gründung (oder nach Formwechsel aus der Rechtsform der GmbH) bör-

stand zügig und flexibel neues Eigenkapital beschaffen[33] und Sachgüter oder Unternehmensbeteiligungen statt gegen Barmittel gegen Gewährung von Aktien der Gesellschaft erwerben.

c) Katalog zustimmungspflichtiger Maßnahmen nach § 111 Abs. 4 Satz 2 AktG

19 Nach § 111 Abs. 4 Satz 2 AktG[34] haben die Satzung oder der Aufsichtsrat zu bestimmen, dass bestimmte Arten von Geschäften des Vorstands nur mit Zustimmung des Aufsichtsrats vorgenommen werden dürfen. Die Aufnahme eines Zustimmungskatalogs in die Satzung ist bei börsennotierten Gesellschaften aus Gründen der Praktikabilität nicht zu empfehlen. Der Katalog zustimmungspflichtiger Geschäfte kann leichter geändert werden, wenn er in der Geschäftsordnung des Vorstands enthalten oder durch einen besonderen Beschluss des Aufsichtsratsplenums bestimmt wurde. Darüber hinaus schätzen es die meisten Vorstände nicht, wenn über die Satzung, die anders als die Geschäftsordnung öffentlich zugänglich ist, die (internen) Beschränkungen ihrer Befugnisse publik werden. Demgegenüber steht allerdings das gesteigerte Verlangen der Aktionäre und des Kapitalmarktes nach Transparenz. Deshalb kann es sich empfehlen, die Grundsätze, die bei der Festlegung eines Zustimmungskatalogs beachtet werden sollen, in die Satzung aufzunehmen.

d) Hauptversammlungsort

20 Es empfiehlt sich eine Bestimmung zum Hauptversammlungsort in die Satzung aufzunehmen, um bei der Auswahl der Hauptversammlungsörtlichkeit flexibel reagieren zu können und nicht auf den Sitz der Gesellschaft (§ 121 Abs. 5 AktG) festgelegt zu sein.[35] Regelmäßig werden als mögliche Orte der Hauptversammlung in der Satzung zusätzlich zum Sitz der Gesellschaft deutsche Großstädte mit einer bestimmten Mindesteinwohnerzahl oder Städte mit Sitz einer Wertpapierbörse genannt.

e) Modalitäten für die Teilnahme an der Hauptversammlung, Bestimmungen über die Person des Hauptversammlungsleiters

21 Typischerweise werden bei börsennotierten Gesellschaften in der Satzung Modalitäten hinsichtlich der Teilnahme an der Hauptversammlung sowie hinsichtlich der Person des Hauptversammlungsleiters festgelegt.[36]

f) Abweichende Gewinnberechtigung

22 Für spätere unterjährige Kapitalerhöhungen ist in der Satzung vorzusehen, dass die Gewinnberechtigung der jungen Aktien abweichend von der gesetzlichen Regelung erfolgen kann (§ 60 Abs. 2 AktG), da andernfalls nach § 60 Abs. 2 Satz 3 AktG

---

senfähig gemacht werden soll, genehmigtes Kapital in der Gründungssatzung zu verankern. Will der Vorstand nach erfolgtem Börsengang schnell und flexibel zB Beteiligungserwerbe tätigen, so kann er dies unter Beachtung der zeitlichen Begrenzung des genehmigten Kapitals tun, ohne den Weg über die Hauptversammlung gehen zu müssen.

[33] Zu den Einzelheiten siehe § 10 Rn 42 ff.
[34] Neufassung aufgrund des TransPuG vom 19.7.2002 (BGBl. I S. 2681).
[35] Vgl. zu den Möglichkeiten der Ortsauswahl *Hüffer*, § 121 Abs. 5 Satz 1 AktG.
[36] Vgl. zu den Einzelheiten § 7 Rn 33 ff.

für die Ermittlung des Gewinns die auf die neuen Aktien geleisteten Einlagen nur zeitanteilig berücksichtigt würden.[37]

g) Herabsetzung von Mehrheitserfordernissen

Sehr üblich ist eine Klausel, mit der Mehrheitserfordernisse bei Hauptversammlungsbeschlüssen auf das gesetzlich zulässige Maß reduziert werden. Musterklausel: „Die Beschlüsse der Hauptversammlung werden, soweit nicht zwingende gesetzliche Vorschriften etwas Abweichendes bestimmen, mit einfacher Mehrheit der abgegebenen Stimmen gefasst. Soweit das Gesetz außerdem zur Beschlussfassung eine Mehrheit des bei der Beschlussfassung vertretenen Kapitals vorschreibt, genügt, soweit dies gesetzlich zulässig ist, die einfache Mehrheit des vertretenen Kapitals."

IV. Änderung der Satzung

1. Begriff der Satzungsänderung

Die Gesellschaft kann ihre Satzung jederzeit durch Beschluss der Hauptversammlung gemäß § 179 Abs. 1 Satz 1 AktG ändern. Der Beschluss über die Satzungsänderung bedarf gemäß § 130 Abs. 1 Satz 1 AktG der notariellen Beurkundung. Es dürfen nur solche Bestimmungen beschlossen werden, die auch in der Gründungssatzung hätten vereinbart werden können.[38]

Satzungsänderung ist jede Änderung des Textes der Satzungsurkunde durch Einfügung, Änderung oder Aufhebung von Bestimmungen. Verstößt die von der Hauptversammlung beschlossene Satzungsänderung gegen gesetzliche Vorschriften, ist der Beschluss anfechtbar oder nichtig.[39] Bei umfangreichen Änderungen empfiehlt es sich in der Praxis von der Hauptversammlung eine vollständig neue Fassung der Satzung beschließen zu lassen.[40]

2. Zuständigkeit

Die Zuständigkeit für Satzungsänderungen liegt grundsätzlich bei der Hauptversammlung, soweit nicht durch das Gesetz anders bestimmt. Dem Aufsichtsrat kann für den Fall von Satzungsänderungen, die nur die Fassung betreffen, die Zuständigkeit übertragen werden, § 179 Abs. 1 Satz 2 AktG.

Der Beschluss über die Satzungsänderung bedarf einer Mehrheit von mindestens 75% des bei der Beschlussfassung vertretenen Grundkapitals (§ 179 Abs. 2 Satz 1 AktG) und zusätzlich der einfachen Stimmenmehrheit (§ 133 Abs. 1 AktG).[41] Die Satzung kann eine andere Kapitalmehrheit bestimmen; erforderlich ist aber wenigs-

---

[37] So können zB junge Aktien nur für eine Teilperiode des laufenden Geschäftsjahres oder rückwirkend für das gesamte Geschäftsjahr am Gewinn partizipieren.
[38] *Hüffer*, § 179 Rn 24.
[39] Vgl. § 8 Rn 1 ff.
[40] Ob in diesem Fall eine Bescheinigung des Notars erforderlich ist, ist strittig, vgl. *Hüffer*, § 181 Rn 9.
[41] Beachte jedoch die gesetzlichen Ausnahmen zur allgemeinen Regelung des § 179 Abs. 2 AktG in §§ 97 Abs. 2 Satz 4, 98 Abs. 4 Satz 2, 113 Abs. 1 Satz 4, 237 Abs. 4 AktG, bei denen jeweils eine einfache Stimmenmehrheit genügt. Weiterführend zur Kapitalmehrheit und der einfachen Stimmenmehrheit vergleiche § 7 Rn 44 f.

tens einfache Kapitalmehrheit und einfache Stimmenmehrheit.[42] Bestehen mehrere Aktiengattungen nebeneinander, so ist gemäß § 179 Abs. 3 AktG zusätzlich zum Beschluss der Hauptversammlung ein Sonderbeschluss der Aktionäre erforderlich, die benachteiligt werden. Eine Benachteiligung liegt zB vor, wenn gattungsspezifische Rechte beseitigt werden sollen, wie dies im Fall einer Umwandlung von Vorzugsaktien in Stammaktien gegeben ist.[43] Der Sonderbeschluss ist in einer gesonderten Versammlung oder in gesonderter Abstimmung zu fassen.[44]

3. Befristung und Bedingung

28   Die Befristung von Satzungsänderungen ist zulässig. In einem solchen Fall beschließt die Hauptversammlung, dass die Satzungsänderung nur bis zu einem oder ab einem bestimmten Zeitpunkt, der für Dritte feststellbar sein muss, gelten soll.[45] Grundsätzlich kann eine befristete Satzungsänderung sofort in das Handelsregister als befristete Satzungsklausel eingetragen werden. In der Praxis empfiehlt es sich jedoch, dass die Hauptversammlung den Vorstand anweist, die Satzungsänderung erst nach Eintritt der Befristung zum Handelsregister anzumelden.[46]

29   Ein bedingter Hauptversammlungsbeschluss, wonach der Beschluss bis zum Eintritt der Bedingung schwebend unwirksam ist, ist zulässig, kann jedoch nicht angemeldet werden. Der Vorstand ist daher anzuweisen, dass er erst im Falle des Eintritts des ungewissen künftigen Ereignisses die Satzungsänderung zur Eintragung in das Handelsregister anmeldet. Dem Vorstand darf allerdings keine Entscheidungsbefugnis im Hinblick auf das „ob" der Anmeldung eingeräumt werden.[47] Davon zu unterscheiden ist eine bedingte Satzungsänderung, wonach einzelne Regelungen nur gelten oder nicht gelten sollten, wenn das ungewisse künftige Ereignis eintritt. Derartige Bestimmungen sind mit dem Gebot der Rechtssicherheit nicht vereinbar und daher unwirksam.[48]

4. Handelsregisteranmeldung

30   Satzungsänderungen sind zum Handelsregister am Sitz der Gesellschaft anzumelden. Die Anmeldung obliegt dem Vorstand, wobei es grundsätzlich genügt, dass die Vorstandsmitglieder in vertretungsberechtigter Zahl handeln. Bei Kapitalerhöhungen und Kapitalherabsetzungen hat zusätzlich zum Vorstand auch der Vorsitzende des Aufsichtsrats an der Anmeldung mitzuwirken. Die Anmeldung bedarf der öffentlich-beglaubigten Form, § 12 HGB. Mit der Anmeldung ist der vollständig neue Satzungswortlaut mit der Bescheinigung eines Notars, dass die geänderten Bestimmungen der Satzung mit dem Beschluss über die Satzungsänderungen und die un-

---

[42] Münchener Handbuch des Gesellschaftsrechts/*Semler*, § 39 Rn 67.
[43] OLG Köln ZIP 2001, 2049.
[44] Zur Thematik „Sonderbeschluss" vgl. die Kommentierung bei *Hüffer*, § 138 AktG.
[45] *Hüffer*, § 179 Rn 25.
[46] So wurden von manchen Gesellschaften bereits vor In-Kraft-Treten des TransPuG der neuen Gesetzeslage entsprechende Satzungsbestimmungen beschlossen und der Vorstand angewiesen, diese erst nach In-Kraft-Treten des Gesetzes anzumelden, vgl. zB HV der SAP AG im Jahre 2002.
[47] LG Frankfurt/Main WM 1990, 237, 238.
[48] Großkommentar Hachenburg/*Wiedemann*, § 179 Rn 16 mwN.

veränderten Bestimmungen mit dem zuletzt zum Handelsregister eingereichten vollständigen Wortlaut der Satzung übereinstimmen, einzureichen.[49] Zusätzlich ist die notarielle Niederschrift der Hauptversammlung, aus der sich die Beschlussfassung ergibt, beizufügen. Im Falle einer Fassungsänderung durch den Aufsichtsrat ist der der Fassungsänderung zugrundeliegende protokollierte Aufsichtsratsbeschluss einzureichen. Genehmigungsurkunden,[50] sofern diese erforderlich sind, gegebenenfalls Sonderbeschlüsse nach § 179 Abs. 3 AktG oder Zustimmungserklärungen Dritter, die aufgrund der Satzung notwendig waren, sind ebenfalls beizufügen.

In der Handelsregisteranmeldung sind die Änderungen ausdrücklich zu nennen, welche Angaben gemäß § 39 AktG betreffen (Firma, Sitz, Unternehmensgegenstand, Höhe des Grundkapitals, Dauer der Gesellschaft, Vertretungsbefugnis, genehmigtes Kapital). In allen anderen Fällen genügt ein Verweis auf die beigefügten Unterlagen und die Anmeldung, dass die Satzung geändert wurde.

Mit Eintragung der Satzungsänderung im Register der Gesellschaft wird die Satzungsänderung wirksam. Das Registergericht prüft die inhaltliche und förmliche Ordnungsmäßigkeit des angemeldeten Beschlusses und weist die Anmeldung zurück, wenn der Beschluss nichtig oder unwirksam ist.[51]

---

[49] Balser/*Bokelmann*/Ott/Piorreck, Die Aktiengesellschaft, Rn 315.
[50] ZB bei der Änderung des Unternehmensgegenstandes in einen solchen, der einer Genehmigung bedarf.
[51] Vgl. zur Prüfung durch das Registergericht Großkommentar Hachenburg/*Wiedemann*, § 181 Rn 21 ff. Zur Problematik der Anfechtung von Hauptversammlungsbeschlüssen und der Nichtigkeitsklage siehe unter § 8.

§ 2 Organe

1   Die Organe der Gesellschaft sind der Vorstand, der Aufsichtsrat sowie die Hauptversammlung. Während Vorstand und Aufsichtsrat ständige Organe sind, tritt die Hauptversammlung nur ad-hoc zusammen.[1]

I. Vorstand

1. Allgemeines

2   Der Vorstand ist das Leitungsorgan der Gesellschaft. Er vertritt die Gesellschaft nach außen.[2]

2. Besondere Mitglieder

a) Arbeitsdirektor

3   Unterliegt die Gesellschaft dem Mitbestimmungs- oder dem Montanmitbestimmungsgesetz, muss dem Vorstand als gleichberechtigtes Mitglied ein so genannter Arbeitsdirektor angehören (§ 33 Abs. 1 MitbestG, § 13 Abs. 1 MontanMitbestG). Daher besteht der Vorstand montanmitbestimmter sowie dem Mitbestimmungsgesetz unterfallender Aktiengesellschaften regelmäßig aus mindestens zwei Personen. Dem Arbeitsdirektor obliegt kraft zwingender gesetzlicher Zuweisung der Personal- und Sozialbereich; er ist jedoch nicht auf diese Bereiche beschränkt.[3]

b) Vorstandsvorsitzender

4   Besteht der Vorstand aus mehreren Personen, kann der Aufsichtsrat gemäß § 84 Abs. 2 AktG durch Beschluss mit einfacher Mehrheit einen Vorstandsvorsitzenden ernennen. Dies gilt auch, wenn die Aktiengesellschaft der Mitbestimmung unterfällt. § 31 MitbestG, der für die Bestellung der Vorstandsmitglieder eine Stimmenmehrheit von zwei Dritteln fordert, findet in diesem Fall keine Anwendung, es sei denn, die Ernennung zum Vorsitzenden fällt mit der Bestellung zum Vorstandsmitglied zusammen.[4] Die Bestellungsdauer des Vorstandsvorsitzenden richtet sich nach der Dauer der Bestellung zum Vorstandsmitglied. Der Vorstandsvorsitzende ist auf Geschäftsbriefen und im Anhang des Jahresabschlusses als solcher zu bezeichnen (§ 80 Abs. 1 Satz 2 AktG, § 295 Nr. 10 HGB). Der Vorstandsvorsitzende repräsentiert den Vorstand als Kollegialorgan, ist Sitzungsleiter und koordiniert die Vorstandsarbeit.[5] Ihm kann kraft Satzung oder Geschäftsordnung das Recht zum Stichentscheid oder, sofern es sich um eine mitbestimmte Gesellschaft handelt, ein Vetorecht ein-

---

[1] *Hüffer*, Aktiengesetz, § 118 Rn 5.
[2] Siehe zur Zahl der Vorstandsmitglieder § 1 Rn 8.
[3] Münchener Handbuch des Gesellschaftsrechts/*Wiesner*, § 24 Rn 8.
[4] **HM** vgl. *Hanau/Ulmer*, MitbestG, § 30 Rn 8 mwN.
[5] *Hüffer*, § 84 Rn 21.

geräumt werden.[6] Bei einem zweigliedrigen Vorstand ist ein Stichentscheid des Vorstandsvorsitzenden allerdings nicht zulässig.[7]

3. Bestellung und Anstellungsvertrag

Die Vorstandsmitglieder werden gemäß § 84 Abs. 1 Satz 1 AktG durch Beschluss des Aufsichtsrats bestellt. Die Bestellung erfolgt auf höchstens fünf Jahre. Für die 5-Jahres-Frist ist der regelmäßig im Bestellungsbeschluss bezeichnete Beginn der Amtszeit maßgeblich.[8] Sieht der Bestellungsbeschluss keine Amtszeit vor, gilt in der Regel eine fünfjährige Amtszeit.[9] Bei einer Erstbestellung regt der CGK in Ziffer 5.1.2 an, dass die maximale Bestelldauer von fünf Jahren nicht der Regelfall sein sollte. Eine wiederholte Bestellung oder Verlängerung (jeweils für die maximale gesetzliche Höchstdauer von fünf Jahren) ist zulässig. Allerdings darf der diesbezügliche Aufsichtsratsbeschluss gemäß § 84 Abs. 1 Satz 2 AktG frühestens ein Jahr vor Ablauf der bisherigen Amtszeit – mit sofortiger Wirkung oder mit Wirkung zum Zeitpunkt des Ablaufs der Amtszeit – gefasst werden.

5

Eine Mindestdauer der Bestellung legt das Aktiengesetz nicht fest. Der Aufsichtsrat handelt jedoch pflichtwidrig, wenn er die Dauer zu kurz wählt.[10]

6

In dringenden Fällen kann ein Vorstandsmitglied auch durch das Gericht bestellt werden, wenn ein zur Vertretung der Gesellschaft erforderliches Vorstandsmitglied fehlt, § 85 AktG. Die Amtsdauer des gerichtlich bestellten Mitglieds dauert längstens bis zur Neubestellung eines Vorstandsmitglieds durch den Aufsichtsrat.

7

Von der Bestellung zum Vorstandsmitglied ist die Anstellung des Vorstandsmitglieds zu trennen. Der Anstellungsvertrag begründet im Wesentlichen die Rechte des Vorstandsmitglieds gegenüber der Gesellschaft, da die Pflichten sich vorrangig aus dem Gesetz, der Satzung und der Geschäftsordnung ergeben. Der Anstellungsvertrag ist rechtlich als Dienstvertrag im Sinne von §§ 611, 675 BGB einzuordnen, dessen Abschluss – anders als die Bestellung – einem Aufsichtsratsausschuss überlassen werden kann.[11] Der Anstellungsvertrag bedarf keiner Form, sollte aus Beweisgründen aber schriftlich abgeschlossen werden. Aufgrund ihrer Organstellung sind die Vorstandsmitglieder keine Arbeitnehmer, sondern üben vielmehr Arbeitgeberfunktion aus.[12] Die Dauer des Anstellungsvertrages richtet sich ebenfalls nach § 84

8

---

[6] Weiterführend: *Bezzenberger*, Der Vorstandsvorsitzende der Aktiengesellschaft, ZGR 1996, 661.
[7] OLG Hamburg AG 1995, 251.
[8] Die Registereintragung wirkt nur deklaratorisch. Auf die Angabe des Beginns der Amtszeit im Bestellungsbeschluss sollte unbedingt geachtet werden, um spätere Unklarheiten zu vermeiden.
[9] OHG AG 2001, 100, 102.
[10] So auch Münchener Handbuch des Gesellschaftsrechts/*Wiesner*, § 20 Rn 31. Als Richtschnur ist von einer Mindestdauer von einem Jahr auszugehen.
[11] *Hüffer*, § 84 Rn 12; der Aufsichtsratsausschuss darf aber nicht den Anstellungsvertrag abschließen (ohne die Bestellung als Wirksamkeitsvoraussetzung in den Vertrag aufzunehmen) bevor die Bestellung durch den Aufsichtsrat erfolgt ist und dadurch die Bestellung präjudizieren. Ein Delegieren auf einzelne Aufsichtsratsmitglieder ist nicht zulässig. Dies gilt auch für den Aufsichtsratsvorsitzenden, der aber den Anstellungsvertrag für den Aufsichtsrat bzw. für den Aufsichtsratsausschuss unterzeichnen kann.
[12] BGHZ 10, 187, 191 = NJW 1953, 1465. Durch diese Arbeitgeberfunktion werden Arbeitnehmerschutzrechte nicht ausgeschlossen, sondern sind anzuwenden, soweit die tatsächliche

Abs. 1 S. 1 AktG und beträgt höchstens fünf Jahre. Eine Mindestdauer ist gesetzlich nicht vorgegeben.[13] Wird mittels einer erneuten Bestellung die Amtszeit verlängert, gilt der Anstellungsvertrag mangels gesonderter Vereinbarung grundsätzlich fort.[14]

9   Aus der rechtlichen Trennung von Bestellung und Anstellung folgt, dass die Dauer der Anstellung nicht zwingend der Dauer der Bestellung entsprechen muss, vorausgesetzt die 5-Jahres-Frist wird beachtet.[15]

10   Nach herrschender Meinung kann der Anstellungsvertrag statt mit der Gesellschaft auch mit einem Dritten geschlossen werden („Drittanstellungsvertrag").[16] Bei abhängigen Aktiengesellschaften trifft man in der Praxis häufig auf so genannte „Konzernanstellungsverträge" mit dem herrschenden Unternehmen. Drittanstellungsverträge sind jedoch problematisch, da sich sowohl Schwierigkeiten aus der Abstimmung zwischen der Eigenverantwortung des Vorstands nach § 76 AktG und der vertraglichen Gebundenheit gegenüber dem Dritten als auch aus dem Auseinanderlaufen von Bestellungsakt und Dienstvertrag ergeben können. Da nach § 84 Abs. 1 AktG die Kompetenz für den Anstellungsvertrag beim Aufsichtsrat bzw. dessen Ausschuss liegt, empfiehlt sich in der Praxis von Drittanstellungsverträgen bei Vorstandsmitgliedern abzusehen.[17] Jedenfalls sollten diese nur mit Zustimmung des Aufsichtsrats abgeschlossen werden.

4. Beendigung des Mandats und des Anstellungsvertrages

11   Nach § 84 Abs. 3 AktG kann ein Vorstandsmitglied abberufen werden, wenn für die Gesellschaft ein wichtiger Grund vorliegt. Zuständig für den Widerruf der Bestellung ist der Aufsichtsrat, der durch Beschluss entscheidet (§ 107 Abs. 3 AktG). Bei mitbestimmten Gesellschaften ist § 31 MitbestG zu beachten. § 84 Abs. 3 Satz 2 AktG nennt als wichtige Gründe exemplarisch grobe Pflichtverletzung, Unfähigkeit oder Vertrauensentzug durch die Hauptversammlung (der dem Widerruf vorausgehen muss).[18] Die bloße Verweigerung der Entlastung gilt nicht als Vertrauensentzug.[19]

12   Liegt für das Vorstandsmitglied ein wichtiger Grund vor, kann dieses durch Amtsniederlegung ausscheiden. Die Erklärung ist an die Aktiengesellschaft, vertreten durch den Aufsichtsrat, dieser wiederum vertreten durch den Aufsichtsratsvorsitzenden, zu richten.

13   Der Anstellungsvertrag kann gemäß § 626 BGB nur durch außerordentliche Kündigung vorzeitig beendet werden. Der Widerruf der Bestellung beendet nicht

---

Stellung des Vorstandsmitglieds arbeitnehmerähnlich ist. Zu den Einzelheiten vgl. *Hüffer*, § 84 Rn 17.

[13] Wie bei der Bestellung sollte von einem Richtwert von einem Jahr ausgegangen werden, Münchener Handbuch des Gesellschaftsrechts/*Wiesner* § 21 Rn 20.

[14] Heidel/*Oltmanns/Unger*, § 84 Rn 14; **aA** Kölner Kommentar AktG/*Mertens*, § 84 Rn 50.

[15] So auch Münchener Handbuch des Gesellschaftsrechts/*Wiesner* § 21 Rn 20.

[16] Münchener Handbuch des Gesellschaftsrechts/*Wiesner* § 21 Rn 2ff.; *Krieger*, Personalentscheidungen des Aufsichtsrats, 1981, S. 186f.

[17] So auch Lutter/*Krieger*, Rechte und Pflichten des Aufsichtsrats, § 4 Rn 168; anders wird die Frage der Zulässigkeit jedoch bei Bestehen eines Beherrschungsvertrages oder einer Eingliederung aufgrund der §§ 308 Abs. 2, 323 Abs. 1 AktG sein, vgl. *Hüffer*, § 84 Rn 14.

[18] Kölner Kommentar AktG/*Mertens*, § 84 Rn 5ff.

[19] *Hüffer*, § 84 Rn 30.

zugleich das Anstellungsverhältnis; er kann jedoch konkludent als außerordentliche Kündigung des Anstellungsvertrages angesehen werden.[20] Die außerordentliche Kündigung bedarf eines wichtigen Grundes. Dieser ist gegeben, wenn nach Abwägung der relevanten Interessen beider Seiten die Fortsetzung bis zum planmäßigen Ablauf des Anstellungsvertrages der Gesellschaft nicht zumutbar ist.[21] Nicht jeder wichtige Grund, der den Widerruf der Bestellung rechtfertigt, trägt auch die außerordentliche Kündigung.[22] Die außerordentliche Kündigung muss nach § 626 Abs. 2 BGB innerhalb von zwei Wochen seit Kenntnis vom wichtigen Grund erfolgen. Ein im Anstellungsvertrag eines Vorstandsmitglieds vereinbartes Recht der Gesellschaft zur ordentlichen Kündigung des Anstellungsvertrages vor Ablauf der Amtszeit ist nicht mit § 84 Abs. 3 Satz 1 AktG vereinbar.[23] Zulässig ist jedoch die Vereinbarung einer so genannten Koppelungsklausel, wonach mit Widerruf der Organstellung zugleich der Anstellungsvertrag beendet wird.[24] Zu Gunsten des Vorstandsmitglieds kann ein ordentliches Kündigungsrecht im Anstellungsvertrag festgeschrieben werden. Voraussetzung ist aber, dass der Aufsichtsrat diese Klausel vereinbart oder – bei Vereinbarung durch den Aufsichtsratsausschuss – der Aufsichtsrat dieser zustimmt.[25]

5. Vergütung

Die Vergütung der Vorstandsmitglieder wird vom Aufsichtsrat (bzw. Aufsichtsratsausschuss) festgesetzt. Die Gesamtbezüge der Vorstandsmitglieder sollen in einem angemessenen Verhältnis zu den Aufgaben und zur Lage der Gesellschaft stehen (§ 87 Abs. 1 AktG). In Krisenzeiten der Gesellschaft kann der Aufsichtsrat (bzw. Aufsichtsratsausschuss) in engen Grenzen auch eine Herabsetzung der Vorstandsbezüge beschließen.[26] Bisher galt als Faustformel für die Zusammensetzung der Vergütung: 75% Festgehalt, 25% variable Erfolgsbeteiligung.[27] Dies kehrt sich nun in Einzelfällen um.[28]

Als Reaktion auf die Debatte der Öffentlichkeit um die Vorstandsbezüge beschloss die Regierungskommission Deutscher Corporate Governance Kodex Änderungen des CGK. Ziffer 4.2.2 CGK (in der Fassung vom 21.5.2003) fordert nun-

---

[20] *Hüffer*, § 84 Rn 24; zurückhaltender: *Janzen*, Vorzeitige Beendigung von Vorstandsamt und -vertrag, NZG 2003, 468, 472.
[21] *Hüffer*, § 84 Rn 19.
[22] So trägt der Vertrauensentzug durch die Hauptversammlung nach § 84 Abs. 3 Satz 2 AktG nicht automatisch als solcher die Kündigung; entscheidend ist vielmehr der Grund des Vertrauensentzugs, vgl. *Hüffer*, § 83 Rn 40.
[23] *Steinbeck/Menke*, Kündigungsklauseln in Vorstandsanstellungsverträgen, DStR 2003, 940, 941 mwN; *Grobys*, Amtsniederlegung durch das Vorstandsmitglied einer AG – Vereinbarung eines ordentlichen Kündigungsrechts im Anstellungsvertrag, BB 2002, 2292. Zulässig ist eine ordentliche Kündigung nur dann, wenn zuvor oder gleichzeitig die Bestellung aus wichtigem Grund widerrufen wird, Münchener Handbuch des Gesellschaftsrechts/*Wiesner* § 21 Rn 80.
[24] BGH NJW 1989, 2683; *Janzen*, NZG 2003, 472.
[25] *Steinbeck/Menke*, DStR 2003, 940.
[26] Weiterführend: *Weisner/Kölling*, Herausforderung für den Aufsichtsrat: Herabsetzung von Vorstandsbezügen in Zeiten der Krise, NZG 2003, 465.
[27] So der Kienbaum Vergütungsberater Heinz Evers in der Financial Times v. 14.5.2003, S. 6.
[28] Die Gesamtvergütung von Josef Ackermann, Deutsche Bank AG, belief sich 2002 auf rund 7 Mio. EUR, wovon lediglich 14% sich aus der fixen Komponente ergaben.

mehr den Aufsichtrat auf, bei der Festsetzung der Vergütung die Aufgaben und persönliche Leistungen des jeweiligen Vorstandmitglieds und des gesamten Vorstands mit zu berücksichtigen. Der Aufsichtsrat soll weiterhin eine Begrenzungsmöglichkeit (*Cap*) für „außerordentliche, nicht vorhergesehene Entwicklungen" vereinbaren (Ziffer 4.2.3 CGK). Gemäß Ziffer 4.2.3 CGK soll die Vergütung der Vorstandsmitglieder fixe und variable Bestandteile umfassen. Weiter empfiehlt der CGK in Ziffer 4.2.3 und 4.2.4 eine erweiterte Veröffentlichung der Vorstandsvergütungen und die Ausweisung der Vorstandsvergütungen im Anhang des Konzernabschlusses, unterteilt nach Fixum, erfolgsbezogenen Komponenten und Komponenten mit langfristiger Anreizwirkung. Dies geht über die gesetzlichen Vorgaben des § 285 Nr. 9 HGB bzw. § 314 Abs. 1 Nr. 6 HGB hinaus, die lediglich die Angabe der im Geschäftsjahr gewährten Gesamtbezüge der Vorstandsmitglieder vorschreiben. Ob dies den gewünschten begrenzenden Effekt hat, bleibt abzuwarten.

6. Leitung und Geschäftsführung der Gesellschaft

16 Gemäß § 76 Abs. 1 AktG obliegt dem Vorstand die eigenverantwortliche Leitung der Gesellschaft. § 77 Abs. 1 AktG weist ihm die Geschäftsführung zu. Die Geschäftsführung ist jede rechtsgeschäftliche oder tatsächliche Tätigkeit für die Aktiengesellschaft (generelles Handeln), unerheblich, ob sich die Tätigkeit nur auf das Innenverhältnis oder auf das Außenverhältnis bezieht.[29] Unter Leitung der Aktiengesellschaft ist dagegen die Führung der Aktiengesellschaft durch Festlegung der Struktur und der Richtlinien der Aktiengesellschaft in Form einer Unternehmensführung zu verstehen. Die Leitung der Aktiengesellschaft ist daher hervorgehobener Teil der Geschäftsführung.[30] Die Unterscheidung zwischen Geschäftsführung und Leitung ist bedeutend für das Verhältnis zwischen dem Vorstand als Kollegialorgan und seinen einzelnen Mitgliedern. Die Leitung der Gesellschaft obliegt dem Vorstand in gemeinsamer Verantwortung als Gesamtorgan und kann – im Gegensatz zu Geschäftsführungsaufgaben – nicht von einzelnen Organmitgliedern wahrgenommen oder auf nachgeordnete Führungsebenen delegiert werden.[31] Eine Beteiligung Dritter an der Leitungsfunktion kann lediglich im gesetzlichen Rahmen, zB gemäß § 119 Abs. 2 AktG oder bei Bestehen eines Beherrschungsvertrages bzw. über eine Eingliederung erfolgen (§§ 308, 323 AktG).

17 Beispielhaft können als Leitungsaufgaben die Unternehmensplanung, Unternehmenskontrolle, die Berichtspflicht gegenüber dem Aufsichtsrat (§ 90 AktG) sowie die Buchführungspflicht nach § 91 Abs. 1 AktG und die Etablierung eines Überwachungssystems (§ 91 Abs. 2 AktG) genannt werden.[32] Im Rahmen seiner Leitungsfunktion trägt der Vorstand die Verantwortung für das Gesamtunternehmen und damit für Anteilseigner und Arbeitnehmer. Der Vorstand übt seine Leitungsentscheidung grundsätzlich zwar nach freiem Ermessen aus, hat dabei jedoch die in der

---

[29] *Hüffer*, § 77 Rn 3.
[30] Großkommentar Hachenburg/*Kort*, § 76 Rn 29.
[31] *Martens*, Zum Grundsatz gemeinsamer Vorstandsverantwortung, FS Fleck, 1988, 191; *Fleischer*, Zum Grundsatz der Gesamtverantwortung im Aktienrecht, NZG 2003, 449.
[32] Weiterführend zur Leitungsaufgabe: *Fleischer*, Zur Leitungsaufgabe des Vorstands im Aktienrecht, ZIP 2003, 1.

Gesellschaft verankerten maßgeblichen Interessen des Bestands des Unternehmens und dessen dauerhafte Rentabilität, die Aktionärsinteressen („*shareholder value*"), Arbeitnehmerinteressen sowie soziale und politische Interessen zu berücksichtigen.[33]

Das Gesetz geht bei der Geschäftsführungsbefugnis von einer Einstimmigkeit aus, d. h. bei einem mehrgliedrigen Vorstand darf dieser nur handeln, wenn alle Mitglieder der Maßnahme ausdrücklich oder konkludent zugestimmt haben. Durch Regelungen in der Satzung oder Geschäftsordnung kann vom Erfordernis der Einstimmigkeit abgewichen werden. In der Praxis genügt für Vorstandsbeschlüsse regelmäßig eine einfache Mehrheit, bei Stimmengleichheit gibt die Stimme des Vorsitzenden den Ausschlag.[34] Bei Entscheidungen über Rechtsgeschäfte oder Rechtsstreitigkeiten zwischen einem Vorstandsmitglied und der Aktiengesellschaft, ist das betroffene Mitglied nicht stimmberechtigt.[35] In der Praxis erfolgt eine interne Geschäftsverteilung, bei der den Vorstandsmitgliedern einzelne Geschäftsbereiche zugewiesen werden (zB Finanzen, Strategie, Personal). Die nicht ressortzuständigen Vorstandsmitglieder trifft eine Überwachungspflicht.[36] Da die Gesamtverantwortung nach § 76 Abs. 1 AktG durch ein Geschäftsverteilungsplan nicht aufgehoben werden darf, ist eine Geschäftsverteilung von Leitungsaufgaben nicht zulässig.

Der Vorstand kann sich gemäß § 77 Abs. 2 AktG eine Geschäftsordnung geben, sofern nicht die Satzung die Kompetenz dem Aufsichtsrat überträgt oder der Aufsichtsrat bereits eine Geschäftsordnung erlassen hat. Eine vom Vorstand erlassene Geschäftsordnung kann vom Aufsichtsrat nicht geändert, sondern lediglich durch eine neue ersetzt werden.[37] Die Geschäftsordnung enthält üblicherweise Bestimmungen über die Zusammenarbeit und Geschäftsverteilung innerhalb des Vorstands sowie über das Verhältnis zum Aufsichtsrat. Sie bedarf der Schriftform und, soweit sich der Vorstand diese selbst gibt, eines einstimmigen Beschlusses nach § 77 Abs. 2 Satz 3 AktG.

7. Vertretung der Gesellschaft

Von der Geschäftsführungsbefugnis, die umschreibt, was der Vorstand im Innenverhältnis „darf", ist die Vertretungsbefugnis des Vorstands zu unterscheiden, die das „rechtliche Können" bezeichnet (§ 78 AktG). Gegenüber Dritten kann der Umfang der Vertretungsmacht nicht beschränkt werden. Das Handeln des/der Vorstandsmitglied(s)/er kann aber gegebenenfalls keine Rechtswirkungen gegenüber der Gesellschaft entfalten, wenn ein Missbrauch der Vertretungsmacht (zB Kollusion, Kennt-

---

[33] In diesem Kontext wurde jüngst unter anderem die Frage der Spendenkompetenz des Vorstands diskutiert. Hierzu weiterführend *Laub*, Grenzen der Spendenkompetenz des Vorstands, AG 2002, 308; *Mertens*, Der Vorstand darf zahlen – zur Beteiligung von Aktiengesellschaften an der Stiftungsinitiative der deutschen Wirtschaft: „Erinnerung, Verantwortung und Zukunft", AG 2000, 157.
[34] Balser/*Bockelmann*/Ott/Piorek, Die Aktiengesellschaft, Rn 257; Stichentscheid des Vorsitzenden ist nur zulässig, wenn dem Vorstand mehr als zwei Mitglieder angehören, siehe dazu vorstehend Rn 4.
[35] *Hüffer*, § 77 Rn 8.
[36] *Hüffer*, § 77 Rn 15.
[37] *Hüffer*, § 77 Rn 22.

nis des Geschäftspartners vom missbräuchlichen Handeln etc.) gegeben ist.[38] Geregelt werden kann die Art und Weise der Vertretung. § 78 Abs. 2 Satz 1 AktG sieht das Prinzip der Gesamtvertretung vor, sofern nicht abweichende Regelungen in der Satzung oder durch den Aufsichtsrat (auf Basis einer Ermächtigung in der Satzung) getroffen worden sind.[39] Eine solche abweichende Regelung kann sein, dass jedes Vorstandsmitglied oder auch nur einige Vorstandsmitglieder einzeln zur Vertretung befugt sind, oder dass je zwei Vorstandsmitglieder gemeinsam oder ein Vorstandsmitglied zusammen mit einem Prokuristen (so genannte unechte Gesamtvertretung) die Gesellschaft vertreten können. Die unechte Gesamtvertretung ist jedoch nicht möglich, wenn nur ein Vorstandsmitglied vorhanden ist, da ein alleiniges Vorstandsmitglied nicht an die Mitwirkung eines Prokuristen gebunden werden darf.[40]

21 Eine Passivvertretung der Gesellschaft, d.h. die Entgegennahme von Erklärungen gegenüber der Gesellschaft, kann durch jedes Vorstandsmitglied einzeln erfolgen (§ 78 Abs. 2 Satz 1 iVm. § 78 Abs. 3 Satz 3 AktG).

22 Für den Vorstand gilt die Regelung des § 181 BGB, d.h. er hat das Verbot des In-Sich-Geschäfts zu beachten. Eine Gestattung der Mehrvertretung ist durch eine Befreiung vom Verbot des § 181 2. Alt. BGB durch die Satzung oder durch einen Aufsichtsratsbeschluss (auf Basis einer Ermächtigung in der Satzung) möglich.[41]

8. Pflichten

23 Die Pflichten des Vorstands sind in zahlreichen Vorschriften im Aktiengesetz geregelt. Zentrale Vorschrift ist § 93 Abs. 1 Satz 1 AktG, wonach die Vorstandsmitglieder bei ihrer Geschäftsführung die Sorgfalt eines ordentlichen und gewissenhaften Geschäftsleiters anzuwenden haben. Maßstab ist ein pflichtbewusster, selbständig tätiger Leiter eines Unternehmens der vergleichbaren Art, der nicht mit eigenen Mitteln wirtschaftet, sondern ähnlich wie ein Treuhänder fremden Vermögensinteressen verpflichtet ist.[42]

24 Zu den Pflichten des Vorstands gehören neben der Leitung und Geschäftsführung beispielsweise die Einberufung der Hauptversammlung, die Vorbereitung und Ausführung von Hauptversammlungsbeschlüssen,[43] die Berichterstattung ge-

---

[38] *Hüffer*, § 78 Rn 9.
[39] *Hüffer*, § 78 Rn 1.
[40] Balser/*Bockelmann*/Ott/Pioreck, Die Aktiengesellschaft, Rn 259.
[41] Da in Rechtsgeschäften der Gesellschaft mit dem Vorstandsmitglied die Aktiengesellschaft nach § 112 AktG durch den Aufsichtsrat vertreten wird, erfolgt keine Befreiung der Vorstandsmitglieder von § 181, 1. Alt. BGB. Dennoch sieht man in der Praxis häufig Vollmachten, die standartisiert eine Befreiung von § 181 BGB (also beiden Alternativen) vorsehen, und das sogar dann, wenn das Vorstandsmitglied selbst überhaupt nicht vom Verbot der Mehrfachvertretung nach § 181 2. Alt. BGB befreit ist. Wird von solch einer Vollmacht dann unreflektiert Gebrauch gemacht, kann dies gravierende Folgen in Form der zumindest schwebenden Unwirksamkeit haben, die möglicherweise erst nach Jahren erkannt wird. Siehe zu den Einzelheiten Palandt/*Heinrichs*, Bürgerliches Gesetzbuch, § 181 Rn 15.
[42] *Hüffer*, § 93 Rn 4.
[43] BGH BB 2002, 165: Unterbreitung von Beschlussvorschlägen ist Pflicht des Vorstands, die aus Leitungsaufgabe resultiert.

genüber der Hauptversammlung, Mitteilungs-, Bekanntmachungs- und sonstige Berichtspflichten sowie die Berichterstattung gegenüber dem Aufsichtsrat. Die Errichtung eines Risiko-Managements- und Risikofrüherkennungssystems gemäß § 91 Abs. 2 AktG ist Teil der Leitungsaufgabe des Vorstands.[44]

Durch die jüngsten Aktienrechtsreformen[45] ist die Berichtspflicht des Vorstands gegenüber dem Aufsichtsrat erheblich erweitert worden.[46]

9. Haftung

Gemäß § 93 Abs. 2 AktG ist ein Vorstandsmitglied bei Verletzung seiner Sorgfaltspflicht der Gesellschaft gegenüber zum Schadensersatz verpflichtet. Die bisher in der höchstrichterlichen Rechtsprechung[47] schon anerkannte „*Business Judgement Rule*", welche die Sorgfaltspflicht und Verantwortlichkeit eines Vorstandsmitglieds konkretisiert, soll nunmehr durch den AktG RegE UMAG in § 93 Abs. 1 Satz 2 AktG gesetzlich eingeführt werden. Dabei soll dem Vorstandsmitglied ein gerichtlich nicht nachprüfbarer Ermessensspielraum zugebilligt werden, wenn Maßnahmen, die sich später als unternehmerische Fehlentscheidung erweisen, ohne grobe Fahrlässigkeit getroffen worden sind. Liegen daher bei einem Geschäftsleiterermessen die fünf Merkmale unternehmerische Entscheidung, Gutgläubigkeit, Handeln ohne Sonderinteressen und sachfremde Einflüsse, Handeln zum Wohle der Gesellschaft und Handeln auf der Grundlage angemessener Informationen vor, soll eine Sorgfaltspflichtverletzung ausscheiden.[48] Die Beweislast dafür, ob ein Vorstandsmitglied die Sorgfalt eines ordentlichen und gewissenhaften Geschäftsleiters angewandt hat, trifft gemäß § 93 Abs. 2 Satz 2 AktG das Vorstandsmitglied. Eine Haftung gegenüber der Gesellschaft scheidet aus, wenn die maßgebliche Handlung auf einem gesetzmäßigen Beschluss der Hauptversammlung beruht (§ 93 Abs. 4 Satz 1 AktG). Eine Billigung der maßgeblichen Handlung durch den Aufsichtsrat genügt jedoch nicht (§ 93 Abs. 4 Satz 1 und 2 AktG).

Haben mehrere Vorstandsmitglieder ihre Pflichten verletzt, haften sie gesamtschuldnerisch (§ 93 Abs. 2 AktG). Der Aufsichtsrat, der die Gesellschaft gegenüber

---

[44] Weiterführend *Preußner/Zimmermann*, Risikomanagement als Gesamtaufgabe des Vorstands, AG 2002, 657; vgl. auch: *Fleischer*, Verantwortlichkeit und Fehlverhalten von Unternehmensangehörigen von der Einmalüberwachung zur Errichtung einer Compliance-Organisation, AG 2003, 291.
[45] KonTraG vom 27.4.1989 (BGBl. I S. 786) und TransPuG vom 19.7.2002 (BGBl. I S. 2681).
[46] So ist der Vorstand ausdrücklich verpflichtet, dem Aufsichtsrat über die beabsichtigte Geschäftspolitik und andere grundsätzliche Fragen der Unternehmensplanung, insbesondere Finanz-, Investitions- und Personalplanung, Bericht zu erstatten. Er muss den Aufsichtsrat auch über Abweichungen von früher formulierten Zielen unter Angabe von Gründen informieren. Darüber hinaus normiert § 90 Abs. 1 Satz 1 AktG die Erweiterung der Regelberichterstattung auf Konzernunternehmen. Der Vorstand ist ausdrücklich angehalten, sich – im Rahmen des Zulässigen – Informationen über Vorgänge von verbundenen Unternehmen zu beschaffen.
[47] BGHZ 135, 244 „ARAG/Garmenbeck".
[48] Weiterführend, *Fleischer*, Die „Business Judgement Rule": Vom Richterrecht zur Kodifizierung, ZIP 2004, 685 ff.; *Ulmer*, Haftungsfreistellung bis zur Grenze grober Fahrlässigkeit bei unternehmerischen Fehlentscheidungen von Vorstand und Aufsichtsrat? – Kritische Bemerkungen zur geplanten Kodifizierung der business judgment rule im UMAG-Entwurf (§ 93 Abs. 1 Satz 2 AktG).

dem/den Vorstandsmitglied/ern vertritt, ist grundsätzlich verpflichtet, etwaige Ansprüche geltend zu machen; davon kann er nur in Ausnahmefällen absehen.[49]

28 § 93 Abs. 2 Satz 1 AktG statuiert keine Haftung der Vorstandsmitglieder gegenüber Gesellschaftsgläubigern oder Aktionären.[50] Allerdings wird die persönliche Haftung der Vorstandsmitglieder gegenüber Anlegern im Kapitalmarktrecht zunehmend diskutiert. Die Bundesregierung beabsichtigt in ihrem Maßnahmenkatalog zur Stärkung der Unternehmensintegrität und des Anlegerschutzes eine persönliche Haftung von Vorstandsmitgliedern gegenüber Anlegern für vorsätzlich oder grob fahrlässige Falschinformation des Kapitalmarktes einzuführen. Mit In-Kraft-Treten des UMAG sollen Haftungsansprüche der Gesellschaft gegen ihre Vorstands- und/oder Aufsichtsratsmitglieder von einer Aktionärsminderheit im eigenen Namen eingeklagt werden (§ 148 AktG RegE UMAG). Dem eigentlichen Klageverfahren soll jedoch zur Vermeidung von missbräuchlichen und mutwilligen Klagen ein Klagezulassungsverfahren vor dem Prozessgericht[51] vorgeschaltet werden.

10. D&O Versicherung

29 Die so genannte D&O Versicherung[52] ist bei börsennotierten Gesellschaften mittlerweile Regelausstattung der Organmitglieder. Der Versicherungsvertrag wird als Firmenpolice zwischen der Gesellschaft und der Versicherungsgesellschaft geschlossen, eine vertragliche Beziehung zwischen dem versicherten Vorstandsmitglied und dem Versicherer besteht nicht.[53] Vor dem Hintergrund steigender Haftungsrisiken sollte der Inhalt neu abzuschließender oder auch bestehender D&O Versicherungen überprüft werden. Die von der Gesellschaft zu zahlende Versicherungsprämie ist richtigerweise nicht als Vergütungsbestandteil anzusehen. Weiterhin begründet die Prämienzahlung durch die Gesellschaft auch keine Steuerpflicht des versicherten Vorstandmitglieds.[54]

30 Ziffer 3.8 CGK empfiehlt bei Abschluss einer D&O Versicherung einen angemessenen Selbstbehalt zu vereinbaren. Grund ist der Gedanke, dass ein „richtig gewählter" Selbstbehalt durchaus eine „verhaltenssteuernde Funktion" habe.[55] Die Höhe des Selbstbehalts muss die Gesellschaft selbst bestimmen. In der Praxis ist die Bandbreite des Selbstbehalts für Vorstandsmitglieder groß.[56]

---

[49] Münchener Handbuch des Gesellschaftsrechts/*Wiesner*, § 26 Rn 21; siehe dort auch Rn 22 und 23 zur Geltendmachung von Ersatzansprüchen durch Aktionäre und Gläubiger.
[50] Siehe zu möglichen Ansprüchen von Aktionären und Dritten aus anderen Rechtsgrundlagen, *Hüffer*, § 93 Rn 20; Münchener Handbuch des Gesellschaftsrechts/*Wiesner*, § 26 Rn 29 ff.
[51] Prozessgericht ist gem. § 148 Abs. 2 AktG das Landgericht am Sitz der Gesellschaft.
[52] Directors & Officers Liability Insurance.
[53] *Kiethe*, Persönliche Haftung von Organen der AG und der GmbH – Risikovermeidung durch D&O Versicherung?, BB 2003, 537; *Koch*, Die Rechtsstellung der Gesellschaft und des Organmitglieds in der D&O-Versicherung, GmbHR 2004, 18 ff., 160 ff.
[54] Bundesministerium der Finanzen, Schreiben vom 24.1.2002 – IV C 5 – S 2332–8/02, DB 2000, 399.
[55] *Baums*, Bericht der Regierungskommission „Corporate Governance", 2001, Rn 75.
[56] Zum einen werden fixe Beträge vereinbart, zum anderen soll der Selbstbehalt sich prozentual an dem Jahresgrundgehalt (zB 25 %) orientieren. Für einen festen Abzugsbetrag, der ausgehend von der fixen Jahresvergütung eines Organmitglieds ermittelt wird, *Dreher/Görner*, Der angemessene Selbstbehalt in der D&O-Versicherung, ZIP 2003, 2321, 2326 ff.; siehe auch: *Stadler/Berner*, Das Ende des dreiköpfigen Aufsichtsrats?, AG 2004, 27 ff.

II. Aufsichtsrat

1. Zusammensetzung

Der Aufsichtsrat ist gesetzlich vorgeschriebenes Organ. Seine zentrale Aufgabe ist die Überwachung der Geschäftsführung sowie die Bestellung des Vorstands.

Gemäß § 95 Abs. 1 AktG besteht der Aufsichtsrat aus mindestens drei Mitgliedern. Die Satzung kann eine höhere Zahl festlegen, die durch drei teilbar sein muss. Der Aufsichtsrat ist nach § 108 Abs. 2 Satz 3 AktG jedoch nur beschlussfähig, wenn mindestens drei Mitglieder an der Beschlussfassung teilnehmen.[57] Für einen Dreier-Aufsichtsrat bedeutet dies, dass alle Mitglieder zumindest für eine schriftliche Stimmabgabe erreichbar sein müssen, was nicht immer möglich ist. Des Weiteren führt ein Stimmverbot eines Aufsichtsratsmitglieds dazu, dass dieses bei Feststellung der Beschlussfähigkeit nicht mitgezählt wird. Eine gültige Beschlussfassung ist dann in einem Dreier-Aufsichtsrat nicht möglich.[58] Diese Erwägungen sprechen für eine höhere Zahl von Aufsichtsratsmitgliedern auch in den Fällen, in denen nicht bereits aufgrund der gesetzlichen Regelungen[59] eine höhere Zahl an Mitgliedern vorgeschrieben ist.[60] Die Höchstzahl beträgt bei Gesellschaften mit einem Grundkapital von mehr als 10.000.000 EUR 21 Mitglieder.

Die Zusammensetzung des Aufsichtsrats hängt vom Bestehen von Mitbestimmungsrechten der Arbeitnehmer ab.[61]

2. Wahl

Die Wahl und Abberufung der Aufsichtsratsmitglieder der Aktionäre erfolgt regelmäßig durch die Hauptversammlung (§ 101 Abs. 1 Satz 1 AktG).[62] Die Wahl eines Aufsichtsratsmitglieds ist als Gegenstand der Tagesordnung der Hauptversammlung – unter Berücksichtigung der zusätzlichen Erfordernisse nach § 124 Abs. 2 und 3 AktG – bekannt zu machen. Vorschlagsberechtigt ist der Aufsichtsrat, nicht der Vorstand.[63] Den Aktionären steht ebenfalls ein Vorschlagsrecht zu. Wird der Aktionärsvorschlag vor der Hauptversammlung gemacht, ist er nach Maßgabe von § 127 AktG zugänglich zu machen.

Die Wahl durch die Hauptversammlung erfolgt mit einfacher Stimmenmehrheit, sofern die Satzung keine andere Mehrheit vorsieht. Das Wahlverfahren kann im Wege der Einzelabstimmung über jeden vorgeschlagenen Kandidaten oder unter be-

---

[57] Zur Beschlussfähigkeit und Beschlussfassung siehe Rn 62 ff.
[58] BayObLGZ 2003, 89, 92 ff.
[59] Hierzu nachfolgend Rn 97 ff.
[60] Wird von der Möglichkeit der Festsetzung der Zahl der Aufsichtsratsmitglieder durch Satzung Gebrauch gemacht, ist die exakte Zahl der Aufsichtsratsmitglieder in der Satzung festzulegen. Eine Erhöhung oder Verringerung der Anzahl der Aufsichtsratsmitglieder bedarf einer Satzungsänderung.
[61] Vgl. zu den Einzelheiten Rn 99.
[62] Gewählt werden können nur Personen, die die persönlichen Voraussetzungen des § 100 AktG erfüllen, siehe hierzu *Hüffer*, § 100 Rn 2 ff.
[63] Macht der Vorstand gleichwohl einen Vorschlag führt dies zur Anfechtbarkeit des Beschlusses. Dies gilt selbst dann, wenn der Vorschlag als solcher nicht zur Abstimmung gestellt wurde, BGH NJW 2003, 970.

36 stimmten Voraussetzungen auch im Wege einer so genannten Blockabstimmung[64] für mehrere oder alle Kandidaten erfolgen.[65]

36 Ziffer 5.4.4 CGK regt an, die Wahl von Aufsichtsratsmitgliedern zu unterschiedlichen Terminen und mit unterschiedlichen Amtsperioden vorzunehmen. Während die Wahl von Aufsichtsratsmitgliedern zu versetzten Terminen, so genanntes „rotierendes System", zu empfehlen ist,[66] ist die Wahl von Aufsichtsratsmitgliedern mit unterschiedlichen Amtsperioden im Hinblick auf die damit verbundene Gefahr einer Klassifizierung des jeweiligen Aufsichtsratsmitglieds bedenklich.

37 Die Wahl eines Aufsichtsratsmitglieds wird mit ihrer Annahme durch den Gewählten durch Erklärung gegenüber der Hauptversammlung[67] oder gegenüber dem Vorstand[68] als Vertreter der Aktiengesellschaft wirksam. In der Praxis ist es üblich, dass der Vorgeschlagene bereits im Vorfeld der Wahl, für den Fall seiner Wahl, die Annahme des Mandats erklärt.

38 Soweit das DrittelbG oder das MitbestG Anwendung finden, werden die Aufsichtsratsmitglieder der Arbeitnehmervertreter von allen wahlberechtigten Arbeitnehmern unmittelbar oder durch Zwischenschaltung von Delegierten, den so genannten „Wahlmännern", gewählt.[69] Die Aufsichtsratsmitglieder der Arbeitnehmer einer montanmitbestimmten Gesellschaft werden durch die Hauptversammlung aufgrund eines bindenden Vorschlags des Betriebsrats gewählt.[70]

3. Entsendungsrecht

39 Gemäß § 101 Abs. 2 Satz 4 AktG kann ein Drittel der gesetzlich oder satzungsgemäßen Zahl der durch die Aktionäre zu bestimmenden Aufsichtsratsmitglieder durch Aktionäre entsandt werden, wenn die Satzung ein Entsendungsrecht vorsieht.[71]

---

[64] BGH NZG 2003, 1023, erklärte die Blockabstimmung für generell zulässig und sah keine Bedenken, wenn der Versammlungsleiter darauf hinweist, dass durch einen ablehnenden Beschluss des Beschlussvorschlags eine Einzelabstimmung herbeigeführt werden kann und kein anwesender Aktionär Einwände gegen dieses Verfahren erhebt. Dementsprechend entschied das LG München I jüngst, dass eine Blockabstimmung bei Wahlen zum Aufsichtsrat jedenfalls dann unzulässig ist, wenn nicht zuvor über einen entsprechenden Antrag eines Aktionärs auf Einzelwahl abgestimmt wird, BB 2004, 452.
[65] Weiterführend § 7 Rn 51.
[66] Die Erneuerung des Aufsichtsrats bei Bedarf fällt damit erheblich leichter; allerdings leidet bei einem zu häufigen Wechsel (jährlich) die Kontinuität der Aufsichtsratsarbeit.
[67] *Hüffer*, § 101 Rn 7.
[68] Str., vgl. zum Streitstand *Hüffer*, § 101 Rn 7.
[69] Zu den Einzelheiten des Wahlverfahrens siehe die Kommentierung bei Großkommentar Hachenburg/*Oetker*, MitbestG, § 9 ff.
[70] Vgl. weiterführend zu diesem Wahlverfahren die Kommentierung im Kölner Kommentar AktG/*Mertens*, Anh., § 117 C Rn 22 ff.
[71] Eine Entsendung kann nur erfolgen, wenn entweder der entsendungsberechtigte Aktionär in der Satzung namentlich benannt (das Recht ist dann an die Person gebunden und kann nicht übertragen werden) oder das Entsendungsrecht an bestimmte Aktien geknüpft ist, so dass die jeweiligen Aktieninhaber entsendungsberechtigt sind. Bei den Aktien muss es sich um vinkulierte Namensaktien handeln, weiterführend: Münchener Handbuch des Gesellschaftsrechts/*Hoffmann-Becking*, § 30 Rn 20. Bei börsennotierten Gesellschaften ist ein Entsendungsrecht allerdings eher unüblich.

4. Amtszeit

Die Bestellung von Aufsichtsratsmitgliedern darf nicht für einen längeren Zeitraum als bis zur Beendigung der Hauptversammlung, die über die Entlastung für das vierte Geschäftsjahr nach dem Beginn der Amtszeit beschließt, erfolgen (§ 102 Abs. 1 AktG)[72]. Das Geschäftsjahr, in dem die Amtszeit beginnt, wird nicht mitgerechnet. Die Zugehörigkeit zum Aufsichtsrat endet spätestens zu dem Zeitpunkt, an dem die Hauptversammlung über die Entlastung für das vierte Geschäftsjahr nach Amtsantritt hätte beschließen müssen.[73] Die Satzung oder der Wahlbeschluss der Hauptversammlung (dieser allerdings nur für die von ihm zu wählenden Mitglieder) kann eine kürzere Amtszeit bestimmen.[74] Eine Wiederbestellung auch in Form einer vorzeitigen Wiederwahl des Aufsichtsratsmitglieds ist zulässig, wenn dabei der Rest der laufenden Amtszeit in die Berechnung der gesetzlichen Höchstdauer einbezogen wird.[75]

40

5. Ersatzmitglieder

Eine Stellvertretung für Aufsichtsratsmitglieder ist gemäß § 101 Abs. 3 Satz 1 AktG nicht möglich. Es kann jedoch ein Ersatzmitglied bestellt werden, das im Fall des vorzeitigen Ausscheidens eines Aufsichtsratsmitglieds für den Rest der Amtszeit nachrückt.[76] Das Ersatzmitglied muss in derselben Hauptversammlung wie das Aufsichtsratsmitglied, für das es nachrücken soll, bestellt werden. Ein Ersatzmitglied kann auch für mehrere Aufsichtsratsmitglieder bestellt werden, Voraussetzung ist jedoch, dass dieses derselben Gruppe von Aufsichtsratsmitgliedern angehört.[77] Hinsichtlich der Amtszeit, der Niederlegung und der Abberufung des Ersatzmitglieds gelten die allgemeinen Regeln.[78]

41

6. Gerichtliche Bestellung

Nach § 104 AktG können – sind die gesetzlichen Voraussetzungen gegeben – auf Antrag[79] Aufsichtsratsmitglieder gerichtlich bestellt werden. Die Amtszeit des gerichtlich bestellten Mitglieds entspricht maximal der gesetzlichen Höchstdauer nach § 102 Abs. 1 AktG, das Amt erlischt zudem automatisch, sobald der Mangel behoben wird.

42

---

[72] Siehe zur kürzeren Amtszeit der von den Gründern bestellten Mitglieder des ersten Aufsichtsrats § 30 Abs. 3 Satz 1 AktG. Diese Regelung findet jedoch beim Entstehen durch Formwechsel keine Anwendung (§ 197 UmwG). Siehe auch § 203 UmwG zur Fortdauer der Amtszeit.
[73] BGH BB 2002, 1822.
[74] *Hanau/Ulmer*, MitbestG, § 62; Kölner Kommentar AktG/*Mertens*, § 102 Rn 8; aA *Fitting/Wlotzke/Wissmann*, MitbestG, § 15 Rn 104.
[75] **HM**: *Hüffer*, § 102 Rn 6; Großkommentar Hachenburg/*Meyer-Landrut*, § 102 Anm. 3; Kölner Kommentar AktG/*Mertens*, § 102 Rn 17; aA Münchener Handbuch des Gesellschaftsrechts/*Hoffmann-Becking*, § 30 Rn 40.
[76] *Hüffer*, § 101 Rn 13; Geßler/Hefermehl/Eckhardt/Kropff, § 101 Rn 120.
[77] Münchener Handbuch des Gesellschaftsrechts/*Hoffmann-Becking*, § 30 Rn 25; so ist für nach dem MontanMitbestG zusammengesetzte Aufsichtsräte die Bestellung eines Ersatzmitglieds für alle Arbeitnehmervertreter wegen § 7 Abs. 2 MitbestG nicht möglich, da sich durch das Nachrücken des Ersatzmitglieds das zahlenmäßige Verhältnis der Arbeitnehmergruppen nicht verändern darf.
[78] Vgl. Rn 40, 45 ff.
[79] Vgl. zu den Antragsberechtigten § 104 Abs. 1 Satz 1 bis 3 AktG.

7. Statusverfahren

43 Besteht Ungewissheit über die Zusammensetzung des Aufsichtsrats oder ist der Vorstand der Ansicht die derzeitige Zusammensetzung entspricht nicht mehr den anzuwendenden gesetzlichen Vorschriften, ist das so genannte „Statusverfahren" nach § 97 ff. AktG einzuleiten. Der Vorstand hat nach § 97 AktG bekannt zu machen, dass der Aufsichtsrat nach seiner Auffassung nicht nach den maßgebenden Bestimmungen zusammengesetzt ist.[80] Er hat auf die dann nach seiner Ansicht für die Zusammensetzung maßgeblichen Vorschriften sowie darauf hinzuweisen, dass eine Zusammensetzung künftig nach diesen Vorschriften erfolgt, wenn nicht die in § 98 Abs. 2 AktG bezeichneten Antragsberechtigten innerhalb eines Monats nach Bekanntmachung das zuständige Landgericht anrufen (§ 97 Abs. 1 AktG).

44 Im Statusverfahren wird nur die Übereinstimmung der Zusammensetzung mit den gesetzlichen Vorschriften, nicht jedoch mit Satzungsregelungen oder Hauptversammlungsbeschlüssen überprüft.[81]

8. Beendigung des Aufsichtsratsmandats

45 Gemäß § 103 Abs. 1 Satz 1 AktG kann die Hauptversammlung die von ihr gewählten Mitglieder ohne Vorliegen eines wichtigen Grundes jederzeit abberufen, sofern sie bei der Wahl nicht an einen Wahlvorschlag nach dem Montanmitbestimmungsgesetz gebunden war. Der Beschluss über die Abberufung bedarf einer Mehrheit von mindestens drei Viertel der abgegebenen Stimmen, soweit die Satzung nichts Abweichendes bestimmt.[82] Wie bei der Beschlussfassung über die Wahl der Aufsichtsratsmitglieder, sind auch bei der Beschlussfassung über die Abberufung der Aufsichtsratsmitglieder die betreffenden Aufsichtsratsmitglieder, die zugleich Aktionäre sind, uneingeschränkt stimmberechtigt.[83] Der Beschluss über die Abberufung wird erst wirksam, wenn er dem betreffenden Aufsichtsratsmitglied zugeht.[84] Ein entsandtes Aufsichtsratsmitglied kann grundsätzlich nur durch den Entsendungsberechtigten abberufen werden, es sei denn die satzungsgemäßen Voraussetzungen des Entsendungsrechts sind weggefallen (§ 103 Abs. 2 Satz 2 AktG).

46 Ein Aufsichtsratsmitglied kann auch durch gerichtliche Entscheidung abberufen werden, wenn ein wichtiger Grund gegeben ist (§ 103 Abs. 3 AktG). Ein wichtiger Grund kann zB in einem extremen Interessenskonflikt zwischen Aufsichtsratsmitglied und der Gesellschaft oder in einer Pflichtverletzung, wie etwa in der unautorisierten Weitergabe von vertraulichen Informationen, liegen.[85] Antragsberechtigt ist

---

[80] Dies kann der Fall sein, wenn sich aufgrund eines Verkaufs eines Teilbetriebs die Arbeitnehmerzahl so stark verändert hat, dass das bisherige Mitbestimmungsmodell nicht mehr einschlägig ist.

[81] Heidel/*Breuer/Fraune*, § 97 Rn 1; weiterführend: *Oetker*, Der Anwendungsbereich des Statusverfahrens nach den §§ 97 ff. AktG, ZHR 149 (1985), 575; *Götz*, Statusverfahren bei Änderungen in der Zusammensetzung des Aufsichtsrats, ZIP 1998, 1523.

[82] Die Satzung kann einfache Mehrheit ausreichen lassen, *Hüffer*, § 103 Rn 4.

[83] Kölner Kommentar AktG/*Mertens*, § 103 Rn 9.

[84] Münchener Handbuch des Gesellschaftsrechts/*Hoffmann-Becking*, § 30 Rn 52.

[85] Weiterführend: *Möllers*, Treuepflichten und Interessenskonflikte bei Vorstands- und Aufsichtsratsmitgliedern, Universität Augsburg 2003; *Hüffer*, § 103 Rn 10.

der Aufsichtsrat,[86] sowie im Fall der Abberufung eines entsandten Mitglieds auch die Aktionäre. Die Abberufung der Aufsichtsratsmitglieder der Arbeitnehmer richtet sich nach den jeweiligen einschlägigen mitbestimmungsrechtlichen Regelungen, kann aber auch durch gerichtliche Entscheidung erfolgen (§ 103 Abs. 4 AktG).[87]

Praxisrelevant ist ein Ausscheiden aus dem Amt des Aufsichtsrats durch Amtsniederlegung. Nach herrschender Meinung ist das Vorliegen eines wichtigen Grundes nicht erforderlich, es sei denn, die Niederlegung erfolgt zu Unzeit.[88] Das Aufsichtsratsmitglied darf nicht durch eine entsprechende Satzungsregelung, wonach das Recht zur Niederlegung des Mandats an das Vorliegen eines wichtigen Grundes gebunden ist, gezwungen werden, gegen seinen Willen im Aufsichtsrat zu verbleiben. Die Niederlegungserklärung ist an die Gesellschaft zu richten, vertreten durch ihren Vorstand.[89]

Änderungen im Aufsichtsrat müssen vom Vorstand in den Gesellschaftsblättern der Gesellschaft[90] bekannt gemacht und die Bekanntmachung zum Handelsregister eingereicht werden (§ 106 AktG). Eine Eintragung der Aufsichtsratsmitglieder in das Handelsregister erfolgt – anders als beim Vorstand – nicht.

9. Innere Ordnung des Aufsichtsrats

a) Geschäftsordnung des Aufsichtsrats

Das Gesetz gibt nicht vor, in welcher Art und Weise der Aufsichtsrat die ihm obliegenden Aufgaben zu erledigen hat. Zur Selbstorganisation des Aufsichtsrats gehört daher, dass er nach jeder Neuwahl aller Mitglieder aus seiner Mitte zunächst einen Vorsitzenden sowie mindestens einen Stellvertreter wählt.[91] Obgleich keine gesetzliche Pflicht zum Erlass einer Geschäftsordnung besteht, ist diese in der Praxis der Regelfall; auch Ziffer 5.1.3 CGK empfiehlt dies. Eine Nichtbeachtung dieser Empfehlung führt zu einer Offenlegungspflicht in der Entsprechenserklärung nach § 161 AktG.

Regelmäßig wird die Geschäftsordnung in der konstituierenden Aufsichtsratssitzung vom Aufsichtsrat mit einfacher Stimmenmehrheit beschlossen und gilt unverändert auch über das Ende der Amtsperiode hinaus fort, bis sie durch neuerlichen Mehrheitsbeschluss aufgehoben oder geändert wird. Dem Aufsichtsrat steht es frei, sich in Einzelfällen über die Bestimmungen der Geschäftsordnung durch einen an-

---

[86] Zu den Anforderungen an die Abberufung eines Aufsichtsratsmitglieds in einem dreiköpfigen Aufsichtsrat, vgl. BayObLG DB 2003, 1265, wonach wegen mangelnder Stimmberechtigung des abzuberufenden Mitglieds kein wirksamer Beschluss der verbleibenden zwei Aufsichtsratsmitglieder gefasst werden kann.
[87] Die mitbestimmungsrechtlichen Abberufungsregelungen sind § 12 DrittelbG, § 23 MitbestG, § 11 MontanMitbestG und § 10 MontanMitbestErgG.
[88] *Hoffmann/Preu*, Der Aufsichtsrat, 4. Aufl. 1999, Rn 719; *Wardenbach*, Niederlegung des Aufsichtsratsmandats bei Interessenskollisionen, AG 1999, 74; Niederlegung jederzeit – auch zu Unzeit – wirksam: *Lutter/Krieger*, Rechte und Pflichten des Aufsichtsrats, Rn 27.
[89] *Singhof*, Die Amtsniederlegung durch das Aufsichtsratsmitglied einer Aktiengesellschaft, AG 1998, 318; *Wardenbach*, AG 1999, 74.
[90] Vgl. § 1 Rn 9.
[91] Siehe nachfolgend Rn 51 ff.

derweitigen Aufsichtsratsbeschluss hinwegzusetzen.⁹² Die Satzung kann ebenfalls Bestimmungen über die innere Ordnung des Aufsichtsrats enthalten, die denen der Geschäftsordnung vorgehen. Daher kann eine nachträglich geänderte Satzungsbestimmung eine entgegenstehende Geschäftsordnungsbestimmung verdrängen. Darüber hinaus sind bestimmte Regelungen über die innere Ordnung des Aufsichtsrats ausschließlich der Satzung vorbehalten.⁹³ In der Praxis empfiehlt es sich, solche Satzungsbestimmungen in der Geschäftsordnung zur Erleichterung der Übersicht zu wiederholen. Ebenso sollten diejenigen Empfehlungen des CGK für den Aufsichtsrat, die Anwendung finden sollen, in der Geschäftsordnung aufgenommen werden.

b) Vorsitzender und Stellvertreter

51 Die Wahl des Vorsitzenden und seines(r) Stellvertreter(s) erfolgt grundsätzlich durch Beschluss des Aufsichtsrats, der mit einfacher Stimmenmehrheit gefasst werden kann, soweit die Satzung nichts anderes vorsieht. Unterfällt die Aktiengesellschaft dem Mitbestimmungsgesetz, finden § 27 Abs. 1 und 2 MitbestG Anwendung. Die Wahl erfolgt getrennt nach Aktionärs- und Arbeitnehmervertretern mit der einfachen Mehrheit der jeweils abgegebenen Stimmen.⁹⁴ Ein Stimmverbot der Kandidaten besteht nicht. Die Satzung darf keine Beschränkungen hinsichtlich der Person der zu Wählenden vorsehen.⁹⁵

52 Sofern sich aus Satzung, Geschäftsordnung oder Wahlbeschluss nichts anderes ergibt, entspricht die Amtszeit des Vorsitzenden bzw. seines Stellvertreters grundsätzlich der Dauer ihrer Mitgliedschaft im Aufsichtsrat. Eine Wiederwahl als Aufsichtsratsmitglied bedeutet nicht automatisch eine Verlängerung des Amtes als Vorsitzender bzw. Stellvertreter, soweit nicht anderweitig bestimmt.⁹⁶

53 Gemäß § 107 Abs. 1 Satz 2 AktG hat der Vorstand der Gesellschaft dem Handelsregister die Wahl des Aufsichtsratsvorsitzenden und seines(r) Stellvertreter(s) mitzuteilen.⁹⁷

54 Dem Aufsichtsratsvorsitzenden obliegt die Organisation aufsichtsratsinterner Aufgaben, wie der Einberufung, Vorbereitung und Leitung der Sitzungen, Koordination der Ausschüsse, insbesondere im Hinblick auf die Zusammenarbeit mit dem Gesamtaufsichtsrat. Bei Beschlussfassungen des Aufsichtsrats kann dem Aufsichtsratsvorsitzenden ein Zweitstimmrecht für den Fall der Stimmengleichheit zustehen, sofern die Satzung dies vorsieht. Bei Gesellschaften, die dem Mitbestimmungsgesetz unterliegen, hat der Aufsichtsratsvorsitzende gemäß § 29 Abs. 2 MitbestG ein gesetzliches Recht zum Stichentscheid. Dieses steht jedoch nicht dem Stellvertreter zu.⁹⁸ Der Aufsichtsratsvorsitzende kann nicht an Stelle des Aufsichtsrats entscheiden,

---

⁹² *Hüffer*, § 107 Rn 24; *Lutter/Krieger*, Rechte und Pflichten des Aufsichtsrats, Rn 533.
⁹³ ZB Bestimmungen über die Teilnahme Dritter für fehlende Aufsichtsratsmitglieder in Sitzungen gem. § 109 Abs. 3 AktG; Regelungen über die Beschlussfähigkeit des Aufsichtsrats gem. § 108 Abs. 2 Satz 1 AktG.
⁹⁴ Großkommentar Hachenburg/*Oetker*, MitbestG, § 27 Rn 4.
⁹⁵ *Lutter/Krieger*, Rechte und Pflichten des Aufsichtsrats, Rn 547.
⁹⁶ *Lutter/Krieger*, Rechte und Pflichten des Aufsichtsrats, Rn 540.
⁹⁷ Hat eine Aktiengesellschaft Zweigniederlassungen, so hat eine gesonderte Mitteilung an das Amtsgericht jeder Zweigniederlassung zu erfolgen.
⁹⁸ Münchener Handbuch des Gesellschaftsrechts/*Hoffmann-Becking*, § 31 Rn 74. Bei einem sat-

sondern lediglich mit der Ausführung von Beschlüssen des Aufsichtsrats betraut werden.

Ist der Vorsitzende verhindert, obliegen seine Rechte und Pflichten gemäß § 107 Abs. 1 Satz 3 AktG dem Stellvertreter. Eine bloße Nichtausübung der Aufgaben durch den Vorsitzenden genügt nicht, vielmehr muss es dem Vorsitzenden nicht möglich sein, sein Amt wahrzunehmen. 55

c) Sitzungen und Beschlüsse

Die Sitzungen des Aufsichtsrats werden nach § 110 Abs. 1 AktG vom Aufsichtsratsvorsitzenden einberufen. Gemäß § 110 Abs. 3 AktG muss der Aufsichtsrat börsennotierter Gesellschaften zwei Sitzungen im Kalenderhalbjahr abhalten. 56

Für die Form und Frist der Einberufung enthält das Gesetz mit Ausnahme von § 110 Abs. 1 AktG keine Bestimmungen, so dass diese meist in der Satzung oder in der Geschäftsordnung des Aufsichtsrats festgelegt werden. Regelmäßig wird für die Einberufung eine Frist von 14 Tagen bestimmt, wobei dem Vorsitzenden die Ermächtigung eingeräumt wird, diese gegebenenfalls zu verkürzen. In der Praxis werden die regulären Termine der Aufsichtsratssitzungen meist mit einem Vorlauf von einem Jahr festgesetzt. Außerordentliche Sitzungen oder Terminänderungen erfolgen bei Bedarf. Mit der Einladung, in der Zeitpunkt und Versammlungsort anzugeben sind, sind üblicherweise zusätzlich die Tagesordnung und die Sitzungsunterlagen zu übersenden, so dass die Aufsichtsratsmitglieder angemessen Zeit haben, sich auf die Sitzung vorzubereiten. Fehlt die Tagesordnung bzw. wird sie – sofern die Satzung oder Geschäftsordnung eine Einberufungsfrist bestimmen – nicht unter Beachtung der Einberufungsfrist mitgeteilt, ist die Einladung nicht ordnungsgemäß.[99] Eine Beschlussfassung zu Punkten, die in der Tagesordnung nicht rechtzeitig mitgeteilt wurden, ist nur möglich, wenn kein Aufsichtsratsmitglied dem Verfahren widerspricht, es sei denn es wurde gemäß § 108 Abs. 4 AktG eine andere Regelung getroffen.[100] Die Wiedergabe der Beschlussvorschläge zu den jeweiligen Tagesordnungspunkten in der Einladung ist nicht erforderlich,[101] aber in der Praxis üblich. Die Angabe von konkreten Beschlussvorschlägen zu den anfallenden Tagesordnungspunkten empfiehlt sich auch, um den einzelnen Aufsichtsratsmitgliedern eine schriftliche Stimmabgabe zu ermöglichen.[102] Rechtlich ausreichend wäre jedoch eine kurze, stichwortartige Beschreibung, um die Thematik der Tagesordnungspunkte den Aufsichtsratsmitgliedern mitzuteilen.[103] Ein Recht des einzelnen Aufsichtsratsmitglieds auf Wiedergabe der konkreten Beschlussvorschläge zu den anfallenden Tagesordnungspunkten und/oder auf Übersendung der schriftlichen 57

---

zungsmäßig begründeten Zweitstimmrecht sollte klargestellt werden, ob dieses auch dem Stellvertreter bei Verhinderung des Vorsitzenden zustehen soll bzw. der Vorsitzende dieses Zweitstimmrecht auch im Wege der Stimmbotschaft nach § 108 Abs. 3 AktG ausgeübt werden kann.

[99] **HM** Münchener Handbuch des Gesellschaftsrechts/*Hoffmann-Becking*, § 31 Rn 35 mwN, **aA** Hüffer, § 110 Rn 4, der die Mitteilung der förmlichen Tagesordnung nicht als Voraussetzung für eine ordnungsgemäße Einladung fordert.
[100] Münchener Handbuch des Gesellschaftsrechts/*Hoffmann-Becking*, § 31 Rn 35.
[101] *Baums*, Der fehlerhafte Aufsichtsratsbeschluss, ZGR 1983, 300, 316.
[102] Vgl. Rn 64.
[103] So genügt beispielsweise die Umschreibung „Zustimmung zur Ausnutzung des genehmigten Kapitals".

Sitzungsunterlagen besteht nicht. Der Aufsichtsratsvorsitzende kann die Tagesordnung nachträglich ergänzen; Beschlüsse zu ergänzten Tagesordnungspunkten können aber nur getroffen werden, wenn die Einberufungsfrist zum Zeitpunkt der Mitteilung der Ergänzung noch nicht abgelaufen war.[104]

58 Gemäß § 110 Abs. 2 AktG ist ein Aufsichtsratsmitglied oder der Vorstand unter Mitteilung des Sachverhalts und der Tagesordnung ermächtigt, selbst die Sitzung einzuberufen, wenn sein Verlangen auf Einberufung der Aufsichtsratssitzung nicht entsprochen wurde.[105] Diesem Verlangen muss nicht nachgekommen werden, wenn das einzelne Aufsichtsratsmitglied schikanös oder querulatorisch handelt.[106]

59 Den Aufsichtsratsmitgliedern steht nicht nur ein Teilnahmerecht zu, sie sind vielmehr zur Teilnahme angehalten. So soll gemäß Ziffer 5.4.6 CGK im Bericht des Aufsichtsrats vermerkt werden, wenn ein Mitglied des Aufsichtsrats in einem Geschäftsjahr an weniger als der Hälfte der Sitzungen des Aufsichtsrats teilgenommen hat. An Stelle eines verhinderten Aufsichtsratsmitglieds kann nur dann eine andere Person an der Aufsichtsratssitzung teilnehmen, wenn die Satzung ein solches Teilnahmerecht vorsieht und das verhinderte Aufsichtsratsmitglied diese Person in Textform dazu ermächtigt hat (§ 109 Abs. 3 AktG). Die teilnehmende Person ist ausschließlich zur Übergabe einer Stimmbotschaftserklärung berechtigt. Ein eigenes Rederecht hat sie nicht. Zu beachten ist, dass die Stimmbotschaftserklärung dem Schriftformerfordernis unterliegt (§ 108 Abs. 3 AktG).[107]

60 Der Vorsitzende als Leiter der Aufsichtsratssitzung entscheidet über die Teilnahme von Sachverständigen, Auskunftspersonen oder Vorstandsmitgliedern an den Sitzungen des Aufsichtsrats. Handelt es sich um die Bilanzsitzung des Aufsichtsrats, ist gemäß § 171 Abs. 1 Satz 2 AktG die Anwesenheit des Abschlussprüfers obligatorisch.[108] Wird der Abschlussprüfer ausgeschlossen, handelt der Aufsichtsrat pflichtwidrig.[109] Dies hat jedoch keine Auswirkung auf die Gültigkeit des festgestellten Jahresabschlusses.[110] Regelmäßig nehmen die Vorstandsmitglieder an den Aufsichtsratssitzungen teil. Für börsennotierte Gesellschaften empfiehlt der CGK allerdings, dass der Aufsichtsrat bei Bedarf ohne den Vorstand tagen soll (Ziffer 3.6 CGK).[111]

61 Über die Sitzung des Aufsichtsrats ist eine Niederschrift anzufertigen, deren Inhalt sich nach § 107 Abs. 2 AktG richtet. Die Unterzeichnung hat durch den Vorsit-

---

[104] Kölner Kommentar AktG/*Mertens*, § 110 Rn 4; *Lutter/Krieger*, Rechte und Pflichten des Aufsichtsrats, Rn 230.

[105] Dem Verlangen muss gemäß § 110 Abs. 1 Satz 2 AktG innerhalb von zwei Wochen nachgekommen sein. Bei der Einberufung im Wege der Selbsthilfe gilt diese Frist jedoch nicht.

[106] Semler/*Siebel*, AR, D 28.

[107] Ob auch das in der Praxis häufig verwandte Telefax ausreichend ist, ist umstritten. Verneinend *Hüffer* § 108 Rn 15, bejahend Münchener Handbuch des Gesellschaftsrechts/*Hoffmann-Becking*, § 31 Rn 79 mwN; spätestens seit der Einführung des § 126a BGB spricht viel für die letztere Ansicht.

[108] Daher ist eine Beschlussfassung über die Feststellung des Jahresabschlusses außerhalb einer Sitzung (zB im Rahmen eines Umlaufbeschlusses) zumindest problematisch, vgl. nachfolgend Rn 122.

[109] *Hüffer*, § 171 Rn 11a mwN.

[110] *Hüffer*, § 171 Rn 11a.

[111] Über eine Tagung ohne den Vorstand entscheidet primär der Aufsichtsratsvorsitzende; es kann jedoch auch jedes andere Aufsichtsratsmitglied einen Ausschluss des Vorstands fordern, wenn es hierfür einen Bedarf sieht und der Vorsitzende untätig ist, vgl. Ringleb/Kremer/Lutter/v. Werder, Rn 298.

zenden zu erfolgen, dieser hat das Protokoll aber nicht selbst anzufertigen, sondern kann einen Protokollführer heranziehen.[112]

Der Aufsichtsrat entscheidet gemäß § 108 Abs. 1 AktG durch Beschluss.[113] Unterliegt die Aktiengesellschaft der Mitbestimmung, so ist der Aufsichtsrat nur beschlussfähig, wenn mindestens die Hälfte der Mitglieder, aus denen er zu bestehen hat, teilnimmt (§ 28 MitbestG). Das Beschlussfähigkeitserfordernis kann nicht durch Satzungsregelung herabgesetzt werden.[114] Für den nicht dem Mitbestimmungsgesetz unterliegenden Aufsichtsrat enthält § 108 Abs. 2 Satz 2 AktG eine entsprechende Regelung; eine abweichende Satzungsregelung ist zulässig, nach § 108 Abs. 2 Satz 3 AktG müssen jedoch mindestens drei Mitglieder an der Beschlussfassung teilnehmen.[115] Für die Beschlussfassung ist regelmäßig eine einfache Mehrheit erforderlich, soweit sich aus Gesetz oder Satzung nichts anderes ergibt.[116] Ein aktienrechtliches Stimmrechtsverbot für die Aufsichtsratsmitglieder besteht nicht. Vielmehr ist nach herrschender Ansicht § 34 BGB analog heranzuziehen.[117] Aufsichtsratsmitglieder unterliegen daher einem Stimmrechtsverbot in Kollisionslagen oder Interessenkonflikten, wobei eine Gegenausnahme besteht, wenn es um die Wahl des Aufsichtsratsmitglieds zum Aufsichtsratsvorsitzenden, oder wenn es um eine sonstige Funktion des Aufsichtsratsmitglieds geht.[118]

Seit der Neufassung des § 110 Abs. 3 AktG[119] ist die körperliche Anwesenheit aller Aufsichtsratsmitglieder in Sitzungen des Aufsichtsrats nicht mehr zwingend erforderlich. In begründeten Ausnahmefällen ist daher auch eine Sitzung in Form einer Telefon- oder Videokonferenz erlaubt und ausreichend. Es ist nunmehr zulässig, Pflichtsitzungen in Form einer Videokonferenz abzuhalten.[120]

Gemäß § 108 Abs. 4 AktG ist die Beschlussfassung außerhalb von Sitzungen möglich, sofern kein Mitglied dem Verfahren widerspricht. Dieses Widerspruchs-

---

[112] Münchener Handbuch des Gesellschaftsrechts/*Hoffmann-Becking*, § 31 Rn 45.

[113] Enthält die Satzung keine anderweitige Bestimmung, so ist er beschlussfähig, wenn mindestens die Hälfte der Aufsichtsratsmitglieder anwesend ist. In jedem Fall müssen jedoch zumindest drei Aufsichtsratsmitglieder teilnehmen, vgl. zuvor Rn 32. Eine Teilnahme ist auch im Fall des Vorliegens einer Stimmbotschaftserklärung gegeben.

[114] Für den Bereich der Montanbestimmung geben § 10 MontanMitbestG, § 11 MontanMitbestErgG ebenfalls zwingend vor, dass der Aufsichtsrat nur beschlussfähig ist, wenn mindestens die Hälfte der Mitglieder-Soll-Stärke an der Beschlussfassung teilnimmt.

[115] Siehe zu den Folgen einer Unterbesetzung des Aufsichtsrats § 108 Abs. 2 Satz 4 AktG, auf den § 28 Satz 2 MitbestG verweist, sowie *Hüffer*, § 108 Rn 11 ff.

[116] Siehe zum Erfordernis einer qualifizierten Mehrheit durch die Satzung: Münchener Handbuch des Gesellschaftsrechts/*Hoffmann-Becking*, § 31 Rn 58.

[117] *Hüffer*, § 108 Rn 25; *Werner*, Aufsichtsratstätigkeit von Bankenvertretern, ZHR 145 (1981), 252, 266; Kölner Kommentar AktG/*Mertens*, § 108 Rn 49.

[118] Vgl. Rn 51. So nahm das OLG Schleswig bei der Zustimmung eines freiwilligen Aufsichtsrats einer GmbH zur Übertragung vinkulierter Geschäftsanteile ein Stimmverbot für die „wirtschaftlich-beteiligten" Aufsichtsratsmitglieder an, OLG Schleswig ZIP 2003, 1703. Ablehnende Besprechung: Triebel, Stimmverbot für den „wirtschaftlich beteiligten" Aufsichtsrat?, ZIP 2004, 156 ff.; weiterführend auch: Münchener Handbuch des Gesellschaftsrechts/*Hoffmann-Becking*, § 31 Rn 59.

[119] Änderung aufgrund des TransPuG vom 19.7.2002 (BGBl. I S. 2681).

[120] In der Literatur wird dies jedoch, insbesondere im Hinblick auf die Bilanzsitzung des Aufsichtsrats, an der gem. § 171 Abs. 2 AktG der Abschlussprüfer teilzunehmen hat, kritisch gesehen, vgl. Neuling, Präsenzpflichten in der Bilanzsitzung des Aufsichtsrats, AG 2002, 610 und vorstehend Fn 110.

recht kann in der Satzung und/oder Geschäftsordnung abbedungen werden.[121] In der Praxis findet eine schriftliche Beschlussfassung regelmäßig in Form des so genannten „Umlaufverfahrens" oder der so genannten „Parallelaktion" statt.[122] Bei einem Umlaufverfahren wird der Reihe nach abgestimmt, während bei der Parallelaktion der Aufsichtsratsvorsitzende gleichzeitig mit der Aufforderung an die Aufsichtsratsmitglieder herantritt, bis zu einem von ihm bestimmten Zeitpunkt ihr Votum zu einem festgelegten Beschlussvorschlag abzugeben. Über die Beschlussfassung des Aufsichtsrats außerhalb einer Sitzung ist analog § 107 AktG eine Niederschrift anzufertigen.

65 Verstößt ein Aufsichtsratsbeschluss gegen wesentliche Verfahrensvorschriften oder sich aus Gesetz oder Satzung ergebende inhaltliche Vorgaben, ist er nichtig.[123]

d) Ausschüsse

66 Der Aufsichtsrat kann Ausschüsse bilden. Die Einrichtung eines Vermittlungsausschusses ist gemäß § 27 Abs. 3 MitbestG zwingend vorgeschrieben. Ziffer 5.3.1 CGK empfiehlt für börsennotierte Gesellschaften zur Steigerung der Effizienz der Arbeit die Bildung von Ausschüssen.[124] Der Gefahr, dass die Aufsichtsratsarbeit dadurch segmentiert und aufgeteilt wird,[125] sollte durch regelmäßige Berichte der Ausschüsse gemäß § 107 Abs. 3 Satz 3 AktG begegnet werden.

67 In Ziffer 5.3.2 CGK ist die Bildung eines Prüfungsausschusses vorgesehen, der das Aufsichtsratsplenum im Rahmen der Abschlussprüfung entlasten soll. Der Prüfungsausschuss kann nur vorbereitend tätig sein, da die Prüfung von Jahresabschluss, Konzernabschluss und Lagebericht dem Aufsichtsrat vorbehalten ist (§ 107 Abs. 3 Satz 2 AktG). Weitere praxisrelevante Ausschüsse sind der Personalausschuss, der Finanzausschuss oder der Präsidialausschuss. Letzterem obliegen oftmals auch die Aufgaben, die einem Personalausschuss zugewiesen werden könnten. Aufsichtsratsausschüsse können nur dann an Stelle des Aufsichtsrats beschließend tätig sein, wenn die Aufgabe nicht in den „Negativkatalog" des § 107 Abs. 3 Satz 2 AktG fällt, also auf einen Ausschuss übertragbar ist, und der Aufsichtsrat die Beschlusskompetenz auch auf den Aufsichtsratsausschuss übertragen hat. Beschließende Ausschüsse müssen in entsprechender Anwendung des § 108 Abs. 2 Satz 3 AktG mindestens drei Mitglieder haben, während bei Ausschüssen, die nur vorbereitende Aufgaben wahrnehmen, zwei Mitglieder genügen.[126]

68 Die Entscheidung über personelle Besetzung, Aufgabengebiete und Entscheidungsbefugnisse der Ausschüsse obliegt allein dem Aufsichtsrat, sofern nicht die mitbestimmungsrechtlichen Besonderheiten zu beachten sind.[127] In allen anderen Fällen, u. a. bei einem nach dem DrittelbG besetzten Aufsichtsrat, kann hingegen ein Ausschuss gebildet werden, der nur aus Mitgliedern der Anteilseigner besetzt ist,

---

[121] *Hüffer*, § 108 Rn 16.
[122] *Semler/Siebel*, AR, D 135.
[123] *Geßler/Hefermehl/Eckhardt/Kropff*, § 108 Rn 70 ff.
[124] *Thümmel*, Weniger Risiken für Aufsichtsräte durch Ausschüsse, FAZ v. 7.5.2003, S. 19.
[125] Vgl. hierzu *Peltzer*, Deutsche Corporate Governance – Ein Leitfaden, Rn 164 ff.
[126] BGH NJW 1989, 1928, 1929; BGH ZIP 1991, 869.
[127] § 27 Abs. 3 MitbestG, zB Sonderregelungen hinsichtlich der Besetzung sowie der Beschlussfähigkeit des Vermittlungsausschusses.

da die proportionale Vertretung nicht gewahrt werden muss.[128] Allerdings darf nur nach den Aufgaben des Ausschusses und der Befähigung der in Betracht kommenden Personen differenziert werden; eine Differenzierung nach Gruppenzugehörigkeit (Aktionärs- oder Arbeitnehmervertreter) ist sachwidrig und unzulässig.[129]

e) Selbstevaluierung

Gemäß Ziffer 5.6 CGK soll der Aufsichtsrat regelmäßig die Effizienz seiner Arbeit prüfen. In der Praxis wird dazu beispielsweise ein Fragebogen erarbeitet, anhand dessen sich nicht nur der Aufsichtsrat als Gesamtorgan evaluieren, sondern auch die Tätigkeit einzelner Aufsichtsratsmitglieder jährlich beurteilt werden kann. Dies kann in Form einer Selbstevaluierung jedes Mitglieds oder durch die anderen Aufsichtsratsmitglieder erfolgen.[130]

10. Zuständigkeit und Aufgaben

Das Aktienrecht weist dem Aufsichtsrat in Einzelbestimmungen zahlreiche Aufgaben zu.[131] Als Zentralnorm kann § 111 AktG bezeichnet werden, der die Überwachung der Geschäftsführung des Vorstands in den Vordergrund stellt. Die Überwachung der Geschäftsführung umfasst die kritische Begleitung und Kontrolle. Zu diesem Zweck benötigt der Aufsichtsrat ausreichend eigene Informationen. Gemäß § 90 AktG besteht eine umfassende Berichtspflicht des Vorstands gegenüber dem Aufsichtsrat.[132] Die Überwachung darf sich jedoch nicht nur auf die Vergangenheit beziehen, sondern muss auch zukunftsorientiert sein. Dabei kommt dem durch Satzung oder Aufsichtsratsbeschluss nach § 111 Abs. 4 Satz 2 AktG zu verankernden Katalog von Maßnahmen des Vorstands, die der Zustimmung des Aufsichtsrats bedürfen, gesteigerte Bedeutung zu, um zu gewährleisten, dass der Aufsichtsrat in grundlegende Entscheidungen eingebunden wird. Das Gesetz gibt keine Vorgaben, welche Geschäfte vom Zustimmungsvorbehalt erfasst werden sollen. Ziffer 3.3 CGK führt diese ebenfalls nicht auf, sondern spricht lediglich von „Entscheidungen" oder „Maßnahmen", welche die Vermögens-, Finanz- oder Ertragslage des

---

[128] Münchener Handbuch des Gesellschaftsrechts/*Hoffmann-Becking*, § 32 Rn 19.
[129] *Hüffer*, § 107 Rn 21; *Kirsten*, Deutscher Corporate Governance-Kodex: Die rechtmäßige Besetzung von Aufsichtsratsausschüssen am Beispiel des Prüfungsausschusses, BB 2004, 173 ff.
[130] Der Fragebogen sollte von einem unabhängigen Dritten erarbeitet und ausgewertet werden, der weder dem Aufsichtsrat noch dem Vorstand angehört. Sollte die Gesellschaft einen Corporate Governance Beauftragten eingesetzt haben, fällt dies typischerweise in sein Aufgabenfeld. Gegebenenfalls kann diese Aufgabe auch einem Externen, wie zB einem Rechtsberater, übertragen werden. Zahlreiche börsennotierte Aktiengesellschaften haben einen Corporate Governance Beauftragten eingesetzt. Dessen Aufgabe ist es auf die Einhaltung des CGK – gegebenenfalls konzernweit – zu achten, aktuelle Entwicklungen zu verfolgen sowie die Erfüllung der Berichtspflichten im Zusammenhang mit dem CGK vorzubereiten. Bei der Person des Corporate Governance Beauftragten handelt es sich regelmäßig um einen Angestellten der Gesellschaft unterhalb der Vorstandsebene. Weiterführend zur Effizienzprüfung der Aufsichtsratstätigkeit: *Seibt*, Effizienzprüfung der Aufsichtsratstätigkeit, DB 2003, 2107.
[131] ZB § 172 AktG Feststellung des Jahresabschlusses; § 174 Abs. 3 AktG Beschlussvorschläge für die Hauptversammlung; § 84 AktG Personalentscheidungen hinsichtlich des Vorstands etc.
[132] Vgl. Rn 25. Zur Information des Aufsichtsrats s. *Kropff*, Zu den Informationen des Aufsichtsrat über das interne Überwachungssystem, NZG 2003, 346.

Unternehmens grundlegend verändern.[133] Unterliegt die Aktiengesellschaft der Mitbestimmung, besteht eine besondere Entscheidungskompetenz des Aufsichtsrats nach §§ 32 MitbestG und 15 MitBestErgG hinsichtlich der Ausübung von Beteiligungsrechten.[134]

71 Der Aufsichtsrat vertritt die Gesellschaft gegenüber den Vorstandsmitgliedern gerichtlich und außergerichtlich (§ 112 AktG). Die Vertretungsbefugnis besteht sowohl gegenüber allen amtierenden, unabhängig davon, ob die Bestellung wirksam oder unwirksam erfolgt ist, als auch gegenüber ausgeschiedenen Vorstandsmitgliedern.[135]

72 Die Aufsichtsratsmitglieder trifft eine besondere Verschwiegenheitspflicht (§ 116 Satz 2 AktG).[136] Ziffer 3.5 CGK gibt den Aufsichtsratsmitgliedern auf, dafür Sorge zu tragen, dass auch die von ihnen eingeschalteten Mitarbeiter die gesteigerte Verschwiegenheitspflicht einhalten.

73 Im Rahmen der Aufsichtsratstätigkeit kann es zu Interessenkonflikten zwischen den Belangen der Gesellschaft und denen des einzelnen Aufsichtsratsmitglieds kommen.[137] Ziffer 5.5.2 CGK empfiehlt die Offenlegung derartiger Interessenkonflikte eines einzelnen Aufsichtsratsmitglieds gegenüber dem Aufsichtsrat sowie die Aufnahme in den Bericht des Aufsichtsrats an die Hauptversammlung.[138] Andauernde Interessenskonflikte sollen gemäß Ziffer 5.5.3 CGK zu einer Mandatsbeendigung führen. Bei einem gravierenden Fall kann ein bestehender Interessenkonflikt einen wichtigen Grund zur gerichtlichen Abberufung begründen.[139] Eventuell genügt die Nichtteilnahme an der entsprechenden Aufsichtsratssitzung, eine Enthaltung bei der diesbezüglichen Debatte oder die Versagung von Informationen über einen bestimmten Sachverhalt.

74 Zwischen der Gesellschaft und einem Aufsichtsratsmitglied kann ein Dienst- oder Werkvertrag abgeschlossen werden, soweit die darin vereinbarte Tätigkeit über

---

[133] Ringleb/Kremer/*Lutter*/v. Werder, schlägt in Rn 257 vor, wie ein Katalog zustimmungsbedürftiger Maßnahmen, der diesen Vorgaben folgt, etwa aussehen könnte. Entscheidend ist jedenfalls, dass keine Alltagsgeschäfte erfasst werden, so dass die Leitung und Geschäftsführung dem Vorstand verbleiben und der Aufsichtsrat nicht zu einem zweiten Geschäftsführungsorgan wird.
[134] Vgl. hierzu Münchener Handbuch des Gesellschaftsrechts/*Hoffmann-Becking*, § 29 Rn 44 ff.
[135] *Hüffer*, § 112 Rn 2.
[136] Eingefügt wurde sie durch das TransPuG vom 19.7.2002 (BGBl. I S. 2681).
[137] Siehe jüngsten umstrittenen Fall „Bsirske". Dem Vorsitzenden der Gewerkschaft Verdi, Frank Bsirske, der zugleich stellvertretender Aufsichtsratsvorsitzender der Lufthansa AG ist, wurde auf der HV 2003 der Lufthansa AG vorgeworfen, er habe mit der Organisation des Streiks im öffentlichen Dienst seine Pflicht als Aufsichtsratsmitglied, dem Wohle des Unternehmens zu dienen, grob verletzt. Der Interessenkonflikt, der richtigerweise bei dieser Fallkonstellation bejaht werden kann, sei zu Lasten des Unternehmens entschieden worden. Konsequenz war, dass die Aktionäre Frank Bsirske die Entlastung verweigert haben. Vgl. auch *Möllers*, Treuepflichten und Interessenkonflikte bei Vorstands- und Aufsichtsratsmitgliedern, Universität Augsburg 2003; *ders.* Gesellschaftsrechtliche Treuepflicht contra arbeitnehmerrechtliche Mitbestimmung, NZG 2003, 697 ff.
[138] Kritisch zu dieser umfassenden Transparenz vgl. *Peltzer*, Handlungsbedarf in Sachen Corporate Governance, NZG 2002, 593, 598.
[139] Ringleb/*Kremer*/Lutter/v. Werder, Rn 807; vgl. auch die Entscheidung des OLG Hamburg AG 1990, 218 – HEW/Jansen, in der das Gericht einen relevanten Interessenkonflikt als gegeben sah und dies als wichtigen Grund für die Abberufung eines entsandten Aufsichtsratsmitglieds anerkannte.

die übliche Tätigkeit des Aufsichtsratsmitglieds hinausgeht. In der Praxis handelt es sich bei diesen Verträgen regelmäßig um Beraterverträge. Gemäß § 114 AktG bedürfen die Verträge zu ihrer Wirksamkeit der Zustimmung des Aufsichtsrats. Vom Zustimmungserfordernis gemäß § 114 Abs. 1 AktG werden auch Verträge mit verbundenen Unternehmen und Verträge, die zwar nicht direkt mit dem Aufsichtsratsmitglied, jedoch mit ihm nahestehenden natürlichen oder juristischen Personen (zB mit der Anwaltssozietät, der das Aufsichtsratsmitglied angehört) geschlossen werden, erfasst.[140]

11. Vergütung

Die Vergütung des Aufsichtsrats wird gemäß § 113 Abs. 1 Satz 2 AktG in der Satzung festgesetzt oder von der Hauptversammlung durch Beschluss bewilligt. Vergütungsbestandteile sind auch Nebenleistungen der Gesellschaft. Ob die Übernahme der Prämie für eine D&O Versicherung dazuzählt, ist umstritten.[141] Die Vergütung soll im Einklang mit der Lage der Gesellschaft und zu den Aufgaben des Aufsichtsratsmitglieds stehen. Entsprechend der besonderen Aufgabenverteilung empfiehlt Ziffer 5.4.5 CGK, dass der Vorsitz sowie der stellvertretende Vorsitz im Aufsichtsrat sowie der Vorsitz und die Mitgliedschaft in den Ausschüssen bei der Bemessung berücksichtigt werden. Hinsichtlich der Struktur der Aufsichtsratsvergütung gibt der CGK die Empfehlung, neben einer festen Vergütung eine erfolgsorientierte Vergütung zu zahlen, die eine langfristige Komponente enthält.

In der Praxis wird dem Aufsichtsratsvorsitzenden regelmäßig das Doppelte bis 3-fache der Vergütung, seinem Stellvertreter das 1,5-fache der Vergütung eines einfachen Aufsichtsratsmitglieds gezahlt.[142] Erfolgsorientierte Vergütungsbestandteile richten sich in der Praxis meist nach der gezahlten Dividende. Als langfristig erfolgsorientierte Vergütung wurden Instrumente wie die Ausgabe von Wandel- und

---

[140] *Rellermeyer*, Der Aufsichtsrat, ZGR 1993, 77, 78; BGH AG 1979, 42, 44; zuletzt LG Köln AG 2003, 167.
[141] Vgl. *Hüffer*, § 113 Rn 2 mwN. Richtigerweise ist ein Vergütungscharakter mit der sich im Vordringen befindlichen Meinung im Schrifttum abzulehnen; *Mertens*, Bedarf der Abschluss einer D&O Versicherung durch die Aktiengesellschaft der Zustimmung der Hauptversammlung? AG 2000, 447, 452; *Vetter*, Aktienrechtliche Probleme der D&O, AG 2000, 453, 458; aA *Seibt*, Deutscher Corporate Governance Kodex und Entsprechens-Erklärung (§ 161 AktG), AG 2002, 249, 259. Die Versicherungsprämie ist keine Leistung, die im Gegenseitigkeitsverhältnis steht, was jedoch regelmäßig für die Annahme einer Vergütung erforderlich ist. Weiterführend *Lange, Oliver*, D&O Versicherung: Innenhaftung und Selbstbehalt, DB 2003, 1833. Schließlich ordnet das Bundesministerium der Finanzen die Prämie auch nicht als geldwerten Vorteil ein, so dass keine Steuerpflicht des versicherten Mitglieds ausgelöst wird, Bundesministerium der Finanzen, Schreiben vom 24.1.2002 – IV C 5 – S 2332–8/02, DB 2000, 399. Da diese Frage jedoch bisher in der Rechtsprechung noch nicht geklärt ist, ist aus Vorsichtsgründen für die Praxis die Aufnahme einer entsprechenden Regelung in die Satzung oder ein dahingehender Hauptversammlungsbeschluss zu empfehlen. Zur Frage der Folgen der Ausgestaltung des Versicherungsvertrages, insbesondere im Hinblick auf eine Einschränkung oder einen Ausschluss der Innenhaftungsdeckung vgl. *Lange, Oliver*, DB 2003, 1833, 1835, vgl. zur Frage der Einordnung als Vergütungsbestandteil beim Vorstand Rn 29.
[142] Die Vergütung kann sich in einer Spannbreite von 5.000 EUR bis 30.000 EUR, in Einzelfällen aber auch bis 60.000 EUR bewegen, *Semler/Volhardt*, Arbeitshandbuch für Hauptversammlungen, K 35; *Ringleb/Kremer/Lutter/v. Werder*, Rn 756.

Optionsanleihen sowie Phantom Stocks diskutiert.[143] In Anbetracht der jüngsten BGH Rechtsprechung[144] ist jedoch bei Wandelschuldverschreibungen und ähnlichen Konstruktionen Vorsicht geboten. Das Deutsche Aktieninstitut schlägt folgende Vergütungsstruktur für ein Aufsichtsratsmitglied vor: Feste Vergütung 50 %, jährlich variable Vergütung 25 %, langfristige variable Vergütung 25 %.[145]

77 Der CGK empfiehlt, die Vergütung der Aufsichtsratsmitglieder individualisiert und aufgegliedert nach Bestandteilen im Konzernabschluss auszuweisen (Ziffer 5.4.5 CGK), wohingegen § 285 Nr. 9 HGB lediglich eine Ausweisung der Gesamtbezüge aller Mitglieder des Aufsichtsrats fordert. Sonstige vom Unternehmen an die Aufsichtsratsmitglieder gezahlte Vergütungen (zB Vergütung in Form eines Beratervertrags) sollen als solche gekennzeichnet im Konzernabschluss offen gelegt werden.

12. Verantwortlichkeit und Haftung

78 Die Sorgfaltspflicht und Verantwortlichkeit der Aufsichtsratsmitglieder entspricht sinngemäß der des Vorstands (§§ 116, 93 AktG). Die Haftung der Aufsichtsratsmitglieder rückt im Gegensatz zur Haftung des Vorstands erst in den letzten Jahren stärker in den Blickpunkt.[146] Die einzelnen Aufsichtsratsmitglieder müssen sich ihrer gesteigerten Sorgfaltspflicht, insbesondere im Hinblick auf eine Kontrolle und Beratung der Geschäftsführung, bewusst werden.[147] Hat der Aufsichtsrat Zweifel an der Geschäftsführung des Vorstands, hat er eigenständig zu prüfen, ob Ersatzansprüche der Gesellschaft gegen Vorstandsmitglieder bestehen, die auch geltend zu machen und durchzusetzen sind.[148] Zur Geltendmachung von Ansprüchen der Gesellschaft gegenüber Aufsichtsratsmitgliedern durch Aktionäre vgl. zuvor Rn 28.

---

[143] *Mäger*, Vergütung des Aufsichtsrats – welchen Spielraum gibt das Aktienrecht?, BB 1999, 1390, 1393; *Mutter*, Zur Anpassung der Vergütung von Aufsichtsräten an dem Deutschen Corporate Governance Kodex, ZIP 2002, 1230; *Hoff*, Aktienoptionen für Aufsichtsräte über § 71 Abs. 1 Nr. 8 AktG?, WM 2003, 910; kritisch im Hinblick auf Aktienoptionen: *Peltzer*, Deutsche Corporate Governance – Ein Leitfaden, Rn 242.

[144] BGH BB 2004, 621 ff.

[145] *V. Rosen*, Studien des Deutschen Aktieninstituts, Heft 23, Juni 2003, Empfehlungen zur Aufsichtsratsvergütung.

[146] Münchener Handbuch des Gesellschaftsrechts/*Hoffmann-Becking*, § 33 Rn 44; ebenso die jüngste Rechtsprechung: LG Bielefeld ZIP 2000, 20 (Untätigkeiten bei Gerüchten über existenzgefährdende Geschäftspraktiken des Vorstands – „Balsam"); LG Stuttgart AG 2000, 237 (Bestimmungen zur Veräußerung eines Betriebsgrundstückes erheblich unter Wert); LG Dortmund AG 2002, 97 (fehlende Weitergabe eigener Kenntnisse von unzulässiger kapitalersetzender Darlehensgewährung an den Gesamtaufsichtsrat – „Harpener AG"); vgl. die umfangreiche Berichterstattung im Fall Vodafone AG.

[147] Zu den Anforderungen an die von den Aufsichtsratsmitgliedern geschuldete Sorgfalt im Fall einer Konkursverschleppung bei einer österreichischen GmbH, ÖstOGH AG 2004, 48 ff.

[148] BGH NJW 1997, 3275 „ARAG-Urteil".

III. Hauptversammlung

1. Aufgaben

Die Hauptversammlung hat keine Allzuständigkeit. Vielmehr ergeben sich ihre Kompetenzen aus dem Aktiengesetz oder in engen Grenzen aus der Satzung.[149]

79

2. Zuständigkeit kraft Gesetz

§ 119 Abs. 1 AktG listet wichtige Fälle auf, die der Zuständigkeit der Hauptversammlung unterliegen.[150] In Einzelvorschriften enthält das Aktiengesetz darüber hinaus weitere Aufgaben, die kraft Gesetz in die Zuständigkeit der Hauptversammlung fallen.[151]

80

3. Zuständigkeit auf Verlangen des Vorstands

Der Hauptversammlung obliegt die Zuständigkeit, über Geschäftsführungsmaßnahmen zu beschließen, nur insofern, als der Vorstand dies ausdrücklich verlangt (§ 119 Abs. 2 AktG). Der Vorstand entscheidet über die Vorlage an die Hauptversammlung durch Mehrheitsbeschluss. Grundsätzlich entscheidet er nach freiem Ermessen, in Einzelfällen besteht jedoch eine Vorlagepflicht.[152] Das Entscheidungsverlangen muss in Form eines Antrags erfolgen, über den die Hauptversammlung ordnungsgemäß beschließen kann.[153] Eine Verpflichtung der Hauptversammlung über den Antrag des Vorstands gemäß § 119 Abs. 2 AktG zu beschließen, besteht nicht. Trifft sie allerdings eine Sachentscheidung – und beschränkt sich dabei nicht auf eine bloße Empfehlung[154] –, ist der Vorstand daran gebunden.

81

4. Entlastung von Vorstand und Aufsichtsrat

Die Hauptversammlung hat die ausschließliche Kompetenz zur Beschlussfassung über die Entlastung der Mitglieder des Vorstands und des Aufsichtsrats (§ 120 AktG). Mit der Entlastung „billigen" die Aktionäre die Verwaltung der Gesellschaft als im Wesentlichen gesetzes- und satzungsgemäß.[155] Die Entlastung hat Vergangenheits- und Zukunftscharakter insofern, als die Billigung regelmäßig für das abgelaufene

82

---

[149] Der HV kann jedoch kraft Satzung keine Zuständigkeit übertragen werden, die gesetzlich den anderen Organen zugewiesen ist, *Hüffer*, § 19 Rn 10.
[150] Zu diesen Aufgaben gehört die Bestellung der Aufsichtsratsmitglieder, soweit diese nicht zu entsenden oder nach dem Mitbestimmungsgesetz durch die Arbeitnehmer zu wählen sind; die Verwendung des Bilanzgewinns; die Entlastung der Mitglieder des Vorstands und Aufsichtsrats (vgl. Rn 82 ff.); die Bestellung des Abschlussprüfers; die Beschlussfassung über Satzungsänderungen; die Beschlussfassung über Maßnahmen der Kapitalbeschaffung und der Kapitalherabsetzung; die Bestellung von Sonderprüfern sowie die Beschlussfassung über die Auflösung der Gesellschaft.
[151] Vgl. die Auflistung bei *Henn*, Handbuch des Aktienrechts, § 20 Rn 690 sowie die Auflistung im Münchener Handbuch des Gesellschaftsrechts/*Semler*, § 34 Rn 11 ff.
[152] Vgl. Rn 17.
[153] Vgl. zur Beschlussfassung der Hauptversammlung § 7 Rn 44 ff.
[154] Zur unverbindlichen Empfehlung siehe Münchener Handbuch des Gesellschaftsrechts/*Semler*, § 34 Rn 18.
[155] *Volhard/Weber*, Entlastung – wie oft?, NZG 2003, 351.

Geschäftsjahr[156] erfolgt und gleichzeitig auch eine Vertrauenskundgabe für die künftige Verwaltung in sich birgt.[157] Gemäß § 120 Abs. 2 Satz 2 AktG liegt in der Entlastung kein Verzicht auf Ersatzansprüche. Die Öffentlichkeitswirkung der Entlastung sollte keinesfalls unterschätzt werden.[158]

83 Über die Entlastung der Mitglieder des Vorstands und des Aufsichtsrats ist richtigerweise in Hinblick auf die unterschiedliche Tätigkeit der Organe getrennt Beschluss zu fassen.[159] Die Entlastung der Mitglieder des jeweiligen Organs erfolgt dagegen regelmäßig in einem Abstimmungsverfahren, so genannte Gesamtentlastung. Über die Entlastung der Mitglieder des Vorstands oder des Aufsichtsrats ist personenbezogen abzustimmen (so genannte Einzelentlastung, wenn gemäß § 120 Abs. 1 Satz 2 AktG eine qualifizierte Minderheit von Aktionären (Aktionäre, die 10 % des Grundkapitals oder einen anteiligen Betrag von 1 Mio. EUR repräsentieren) dies verlangt oder die Hauptversammlung dies mit Mehrheit beschließt. Den Antrag auf einen derartigen Hauptversammlungsbeschluss kann jeder Aktionär ohne Rücksicht auf die Höhe seines Anteilsbesitzes stellen.[160] Ob der Versammlungsleiter ohne entsprechenden Antrag von sich aus eine Einzelentlastung vorschlagen kann, ist umstritten.[161] Letztendlich kann diese Frage in der Praxis dahingestellt bleiben, da es dem Aufsichtsrat und dem Vorstand freisteht, innerhalb eines Gesamtvorschlags zur Entlastung der Mitglieder des Vorstands bzw. des Aufsichtsrats der Hauptversammlung für die einzelnen Vorstands- bzw. Aufsichtsratsmitglieder sachlich zu differenzieren. So kann zB bei einem Vorstand, der aus vier Mitgliedern besteht, von der Verwaltung vorgeschlagen werden, drei Mitglieder zu entlasten, dem Vierten jedoch wegen einer laufenden Sonderprüfung die Entlastung zu verweigern.[162]

84 Die Vorstands- und Aufsichtsratsmitglieder können, sind sie zugleich Aktionäre, gemäß § 136 Abs. 1 AktG bei der Entlastung des Organs dem sie angehören bzw. bei ihrer eigenen Entlastung nicht mitstimmen.[163] Ein Anspruch auf Entlastung eines Organmitglieds besteht nicht.[164]

---

[156] Vgl. zum Entlastungszeitraum auch Münchener Handbuch des Gesellschaftsrechts/*Semler*, § 34 Rn 27, insbesondere zur Frage der Entlastung für einen kürzeren Zeitraum als ein Jahr.
[157] *Hüffer*, § 120 Rn 2.
[158] Aktuelles Beispiel: Die Nicht-Entlastung von Frank Bsirske als stellvertretender Aufsichtsratsvorsitzender der Lufthansa AG durch die HV 2003 wurde in den überregionalen Tageszeitungen ausführlich thematisiert.
[159] Kölner Kommentar AktG/*Zöllner*, § 120 Rn 13; Münchener Handbuch des Gesellschaftsrechts/*Semler*, § 34 Rn 23; **aA** Obermüller/Werner/Winden, Die Hauptversammlung der Aktiengesellschaft, 223.
[160] *Geßler/Hefermehl/Eckhardt/Kropff*, § 120 Rn 20.
[161] Dafür: *Hüffer*, § 120 Rn 10 mwN; ablehnend: Münchener Handbuch des Gesellschaftsrechts/*Semler*, § 34 Rn 24.
[162] Vgl. zu der Frage der Teilentlastung, der nachträglichen Erteilung der Entlastung und der erneuten Entlastung *Volhard/Weber*, NZG 2003, 351 ff.; Semler/*Volhard*, § 18 Rn 6; Obermüller/Werner/Winden, § 120 Rn 13; Kölner Kommentar AktG/*Zöllner*, § 120 Rn 34, 35; OLG Düsseldorf ZIP 1996, 503; siehe auch § 7 Rn 14.
[163] Dies bereitet in Konzernen häufig Probleme vgl. hierzu *Fischer, Frank,* Entlastung von Vorständen bei Personenidentität in Konzerngesellschaften, NZG 1999, 192, sowie die Kommentierung bei *Hüffer*, Aktiengesetz, § 136 Rn 8 ff.
[164] Semler/*Volhard*, II C 19; differenzierter *Hüffer*, § 121 Rn 19.

5. Nachgründung

Nach § 52 Abs. 1 AktG bedürfen Verträge der Gesellschaft mit Gründern oder Aktionären, die mehr als zehn Prozent des Grundkapitals halten, über den Erwerb von vorhandenen oder herzustellenden Anlagen und anderen Vermögensgegenständen für eine zehn Prozent des Grundkapitals der Gesellschaft übersteigende Vergütung zu ihrer Wirksamkeit der Zustimmung der Hauptversammlung, wenn diese Verträge innerhalb der ersten zwei Jahre nach Eintragung der Gesellschaft im Handelsregister geschlossen werden.[165] Nach herrschender Meinung findet diese Regelung auf Sachkapitalerhöhungen entsprechende Anwendung.[166] Ob § 52 AktG darüber hinaus auch auf Verträge über Dienstleistungen und darauf gerichtete Ansprüche Anwendung findet, ist umstritten.[167]

85

Vor der Einberufung der Hauptversammlung hat eine Prüfung des Vertrages durch den Aufsichtsrat mit entsprechendem schriftlichen Bericht an die Hauptversammlung sowie eine Prüfung durch einen gerichtlich bestellten Prüfer (ebenfalls mit schriftlichem Bericht an die Hauptversammlung) statt zu finden. Der Vertrag und die Berichte sind zur Einsicht der Aktionäre von der Einberufung der Hauptversammlung an in den Geschäftsräumen der Gesellschaft auszulegen. Auf Verlangen ist den betreffenden Aktionären eine Kopie zu übersenden. Der Vertrag ist darüber hinaus nach erfolgter Zustimmung der Hauptversammlung zusammen mit der Anmeldung der Nachgründung zum Handelsregister einzureichen.

86

Vom Anwendungsbereich der Nachgründungsvorschriften ausgenommen sind der Erwerb von Vermögensgegenständen im Rahmen der laufenden Geschäfte der Gesellschaft, in der Zwangsvollstreckung und an der Börse (§ 52 Abs. 9 AktG). Da ein Verstoß gegen die Nachgründungsvorschriften zur Unwirksamkeit des Vertrages führt und der Terminus „Erwerb im Rahmen der laufenden Geschäfte" auslegungsfähig ist, bleibt es ratsam im Zweifel die Zustimmung der Hauptversammlung einzuholen – soweit der damit verbundene Aufwand nicht außer Verhältnis zur Bedeutung des Vertrages steht.

87

§ 52 AktG erfasst seinem Wortlaut nach Verträge mit Gründern oder Aktionären, die mehr als zehn Prozent der Aktien halten. Für Drittgeschäfte gilt diese Regelung nicht, jedoch hat der Gesetzgeber die Beurteilung von Umgehungssachverhalten[168] der Rechtsprechung überlassen.[169] Gerade die Frage, ob ein Umgehungssachverhalt

88

---

[165] Entsteht die Aktiengesellschaft durch Umwandlung, gilt § 52 AktG ebenfalls innerhalb der ersten zwei Jahre nach Eintragung der Umwandlung (Formwechsel sowie Spaltung und Verschmelzung zur Neugründung). Bei einer Verschmelzung auf eine noch nicht zwei Jahre eingetragene Aktiengesellschaft findet § 52 Abs. 3, 4, 7 bis 9 AktG gemäß § 67 UmwG auch auf die Verschmelzung selbst Anwendung. Die Formulierung der Verweisung lässt offen, ob dabei alle Verschmelzungsvorgänge erfasst werden, im Zuge deren mehr als zehn Prozent neue Aktien ausgegeben werden, oder nur solche, bei denen mehr als zehn Prozent an Gründer oder bereits mit mehr als zehn Prozent an der noch nicht zwei Jahre alten übernehmenden Aktiengesellschaft beteiligte Aktionäre ausgegeben werden. Die Systematik des § 52 AktG spricht für die zuletzt genannte Auslegungsvariante.
[166] Vgl. *Hüffer*, § 52 Rn 11.
[167] Vgl. zum Streitstand *Hüffer*, § 52 Rn 4.
[168] ZB Erwerb nicht vom Gründer, sondern von einem mit diesem verbundenen Unternehmen.
[169] Vgl. *Hüffer*, § 52 Rn 3.

vorliegt oder nicht, führt in der Praxis häufiger zu Auseinandersetzungen unter den Beteiligten, was angesichts der Rechtsfolge der Unwirksamkeit im Falle eines Verstoßes nicht verwundert.

6. Zuständigkeit kraft Satzung

89 Der Hauptversammlung können, wie in § 119 Abs. 1 AktG ausdrücklich aufgeführt, auch durch die Satzung Zuständigkeiten eingeräumt werden. Aufgrund der gesetzlich zwingenden Kompetenzverteilung bleibt dafür jedoch sehr begrenzt Raum.[170]

7. Weisungsbefugnis der Hauptversammlung

90 Im Zusammenhang mit Verträgen nach § 179 a AG, Holzmüller-Verträgen und anderer Verträge, die der Zustimmung der Hauptversammlung bedürfen, ist auf die häufig übersehene Vorschrift des § 83 Abs. 1 Satz 2 und 3 AktG hinzuweisen. Danach kann die Hauptversammlung den Vorstand durch einen Weisungsbeschluss zwingen, Verträge vorzubereiten, die in die Zuständigkeit der Hauptversammlung fallen. Nach § 83 Abs. 2 AktG ist der Vorstand auch verpflichtet, die beschlossenen Maßnahmen auszuführen. In Fällen, in denen Meinungsverschiedenheiten zwischen den herrschenden Gesellschaftern und dem Vorstand darüber bestehen, welche Verträge zwischen der Gesellschaft und dem herrschenden Gesellschafter abzuschließen sind, mag zwar die Abberufung des Vorstandes der effizientere Weg für den herrschenden Gesellschafter sein, seine Vorstellungen durchzusetzen; wenn dies aber nicht opportun erscheint, bietet § 83 AktG eine Möglichkeit, die originäre Geschäftsführungszuständigkeit des Vorstandes in diesem Bereich zu überspielen.

8. Ungeschriebene Zuständigkeit

a) Grundsätze

91 Die ungeschriebene Zuständigkeit der Hauptversammlung für Entscheidungen von grundlegender Bedeutung beruht auf der Auffassung, dass Maßnahmen, welche gravierende Auswirkungen auf die Gesellschaft haben, die Interessen der Anteilseigner wesentlich beeinträchtigen, so dass dadurch eine Kompetenz der Hauptversammlung per sé gegeben sein müsste. Der BGH hat in der „Holzmüller-Entscheidung"[171] eine Vorlagepflicht des Vorstands an die Hauptversammlung bejaht, wenn der Vorstand vernünftigerweise nicht annehmen kann, er dürfte die Entscheidung in ausschließlich eigener Verantwortung treffen, ohne die Hauptversammlung zu beteiligen. In der Entscheidung nahm der BGH an, dass das Vorlageermessen nach § 119 Abs. 2 AktG sich dann in eine Pflicht zur Vorlage an die Hauptversammlung umkehrt. Die Entscheidung des BGH wurde im Schrifttum kontrovers aufgenommen.[172] Zahlreiche Urteile sind der Holzmüller-Entscheidung gefolgt, die meist

---

[170] Bekanntes Beispiel ist die Zuweisung der Zuständigkeit hinsichtlich der Zustimmung zur Übertragung vinkulierter Namensaktien, § 68 Abs. 2 Satz 3 AktG.

[171] BGHZ 1983, 122: Der Entscheidung lag der Fall zugrunde, dass der Vorstand den wertvollsten Teil des Gesellschaftsvermögens in eine dafür gegründete Tochtergesellschaft ausgliedern wollte.

[172] Vgl. hierzu die Schrifttumsnachweise bei *Hüffer*, § 119 Rn 16 ff.

Ausgliederungen, Beteiligungsverkäufe oder auch den Erlass von Aktienoptionsplänen zum Gegenstand hatten.[173] Allgemeine Grundsätze, wann eine Vorlagepflicht des Vorstands gegeben ist, konnten in der Literatur, trotz der zahlreichen Rechtsprechung, nur ansatzweise entwickelt werden.[174] Daher herrschte eine große Unsicherheit, wann der Vorstand zu einer Vorlage verpflichtet ist.

b) Anwendungsfälle

Für den in der Praxis bedeutsamsten Fall der Verlagerung von Vermögensgegenständen blieb nach der Entscheidung unklar, wann die Schwelle überschritten wird, ab der der Vorstand zur Vorlage der Geschäftsführungsmaßnahme an die Hauptversammlung verpflichtet ist. Im Unterschied zu § 179a AktG dürfte es auch nicht darauf ankommen, ob die Veräußerung durch die Aktiengesellschaft selbst oder durch eine ihrer Töchter erfolgt. Je höher der prozentuale Anteil ist, den die veräußerten Vermögensgegenstände am Vermögen/Umsatz/Gewinn der Gesellschaft repräsentieren, umso wahrscheinlicher ist eine Vorlagepflicht. Die beiden neuesten Entscheidungen des BGH[175] sprechen dafür, dass die Schwelle signifikant über dem liegen dürfte, was bislang in der Literatur und Rechtsprechung diskutiert wurde, d. h. wohl in der Größenordnung von 80%. Der BGH hat in diesen neueren Entscheidungen allerdings nicht im Einzelnen ausgeführt, welche Art von Fallgruppen überhaupt ein „Holzmüller-Fall" darstellen könnte. Vielmehr beschränkt er sich darauf hinzuweisen, es gehe um ungeschriebene Mitwirkungsrechte der Aktionäre bei Geschäftsführungsmaßnahmen.[176] Dogmatisch soll es sich dabei um eine offene Rechtsfortbildung handeln, die nur das Innenverhältnis betreffe (also das rechtliche „Dürfen", nicht aber das rechtliche „Können" des Vorstands) und sich hinsichtlich der in Betracht kommenden Fallgestaltungen an den gesetzlich festgelegten Mitwirkungsbefugnissen orientiere.[177] Es steht daher zu erwarten, dass es weiterhin kontroverse Diskussionen zu den erfassten Fallgestaltungen geben wird und die vor den Entscheidungen dazu vertretenen Ansichten im Wesentlichen weiter Bestand haben. Eine Fallgruppe bleibt nach wie vor der Bereich der Vermögensveräußerung bzw. Vermögensverschiebung. Für die Ermittlung weiterer Fallgruppen mag teilweise auch auf den Unternehmenszweck zurückgegriffen werden können. Es stellt sich dann etwa die Frage, ob bei einer reinen Holding-Gesellschaft ein Beteiligungsverkauf nicht zum „Normalfall" gehört und deshalb nicht der Zustimmung der Hauptversammlung unterliegt.[178]

Ob weiterhin vertreten wird, der Fall der Beteiligungsveräußerung an einen Dritten sei kein Holzmüller-Fall, weil der Kontrollverlust über das veräußerte Unternehmen durch die Kontrolle des Vorstandes über die Gegenleistung ersetzt wer-

---

[173] Vgl. hierzu ebenfalls *Hüffer*, § 119 Rn 18; zuletzt zum Delisting, BGH WM 2003, 533 „Macrotron": Die Stellung eines Delistingantrags bedarf eines Zustimmungsbeschlusses der HV.
[174] *Lutter*, Das Vor-Erwerbsrecht/Bezugsrecht der Aktionäre beim Verkauf von Tochtergesellschaften über die Börse, AG 2000, 342; Großkommentar Hachenburg/*Mülbert*, § 119 Rn 30 mwN.
[175] BGH WM 2004, 1085 ff. und 1090 ff. („Gelatine").
[176] BGH WM 2004, 1085, 1088.
[177] BGH WM 2004, 1085, 1088.
[178] Ähnlich Münchener Kommentar AktG/*Kubis*, § 119 Rn 45.

de, bleibt abzuwarten.[179] Abzulehnen ist eine Übertragung der Holzmüller-Grundsätze auf den Fall des Börsengangs.[180] Man mag zwar einwenden, dass die Aktionäre in einem gewissen Maße durch den Börsengang erweiterten Pflichten unterworfen werden (Beteiligungsnotifizierung nach §§ 21 ff. WpHG, Insiderhandelsverbot nach §§ 12 ff. WpHG, Pflichtangebot nach §§ 35 ff. WpÜG), jedoch handelt es sich hier nicht um einen strukturellen Kontroll- oder Vermögensverlust: Soweit im Rahmen des Börsengangs neue Gesellschafter aufgenommen werden, entscheidet hierüber die Hauptversammlung im Rahmen einer Kapitalerhöhung unter Ausschluss des Bezugsrechts, so dass hier kein darüber hinausgehendes Schutzbedürfnis für die Aktionäre zu erkennen ist. Im Falle des Börsengangs einer Tochtergesellschaft mag die Sachlage anders sein, weil insoweit eine Beteiligungsveräußerung vorliegt, wobei jedoch die allgemeinen Grundsätze gelten dürften, d.h. ein Zustimmungserfordernis besteht, wenn die Gesellschaft die kontrollierende Mehrheit über die Tochtergesellschaft verliert und die Tochtergesellschaft einen über 80 % liegenden Bestandteil des Konzerns ausmacht.[181] Für den Fall des Delisting ist seit der Macrotron-Entscheidung geklärt, dass es sich nicht um einen Holzmüller-Fall handelt.[182]

94   Weiter ist die Frage aufgeworfen worden, ob auch der Beteiligungserwerb vorlagepflichtig sein könnte.[183] Dies ist zu verneinen. Daher unterliegt auch die Abgabe eines Übernahmeangebotes nicht der Hauptversammlungszuständigkeit.[184]

c) Verfahren

95   Aus § 124 Abs. 2 Satz 2 2. Alt. AktG ist zu entnehmen, dass in den Fällen, in denen die Holzmüller-Geschäftsführungsmaßnahme in einer vertraglichen Vereinbarung besteht, der wesentliche Inhalt dieses Vertrages bei der Einberufung der Hauptversammlung bekannt zu machen ist.[185] Weitergehend wird zum Teil angenommen, dass der Vorstand zur Erstattung eines schriftlichen Berichts verpflichtet ist.[186] Jedenfalls in der Praxis ist die Erstattung eines solchen Berichts üblich geworden, zumal der BGH die Frage in der Altana/Milupa-Entscheidung letztlich offengelassen hat.[187] Wird ein Bericht erstellt, sollte er sich zusammensetzen aus einer Beschreibung der vorzunehmenden Maßnahme, deren Hintergrund und die Begründung für deren Durchführung sowie die Auswirkungen auf die Gesellschaft. Soweit es sich um ein Geschäft handelt, bei dem die Gesellschaft eine bestimmte

---

[179] Beck'sches Hdb. AG/*Reichert*, § 5 Rn 53.
[180] Beck'sches Hdb. AG/*Reichert*, § 5 Rn 56 mwN auch der abweichenden Auffassungen.
[181] Ähnlich Beck'sches Hdb. AG/*Reichert* § 5 Rn 55.
[182] Vgl. BGH WM 2003, 533, 535.
[183] Beck'sches Hdb. AG/*Reichert*, § 5 Rn 49 mit Nachweisen zum Streitstand, im Ergebnis ablehnend.
[184] Beck'sches Hdb. AG/*Reichert* § 5 Rn 50.
[185] Man mag hier zwar einwenden, dass der Vertrag auch ohne Zustimmung der Hauptversammlung wirksam sein dürfte, indes gebietet es das Gebot einer sachgerechten Vorbereitung der Hauptversammlung, die Vorschrift analog anzuwenden, vgl. auch Münchener Kommentar AktG/*Kubis*, § 119 Rn 51 unter Bezugnahme auf BGHZ 146, 288, 294 (Altana/Milupa).
[186] *Lutter/Leinekugel*, ZIP 1998, 805, 814; Münchener Handbuch zum Gesellschaftsrecht/*Krieger*, § 69 Rn 11; OLG Frankfurt, AG 1999, 378, 379 f., aA *Hüffer*, § 119 Rn 19 mwN zur Gegenansicht.
[187] BGHZ 146, 288, 294.

Gegenleistung vereinbart hat, ist es üblich, sich über Bewertungsgutachten abzusichern und zumindest auf die Existenz solcher Bewertungsgutachten im Bericht hinzuweisen. Umstritten ist ebenfalls, ob der zugrundegelegte Vertrag auch zur Einsichtnahme auszulegen ist.[188] Aus Vorsichtsgründen empfiehlt sich zumindest die Auslegung der zentralen Verträge und, soweit diese in fremder Sprache abgefasst sind, einer deutschen Übersetzung der Verträge.[189]

d) Folgen einer fehlenden Zustimmung der Hauptversammlung

Anders als Beschlüsse nach § 179a AktG ist die Zustimmung der Hauptversammlung nicht Wirksamkeitsvoraussetzung für die zivilrechtliche Verbindlichkeit des Vertrages. Wird also ein Holzmüller-Beschluss später erfolgreich angefochten, so bleibt der geschlossene Vertrag wirksam, löst aber möglicherweise Schadensersatzpflichten des Vorstands aus. Anders sieht es allerdings dann aus, wenn die Zustimmung zum Vertrag durch die Hauptversammlung als aufschiebende Bedingung in den Vertrag selbst aufgenommen worden ist. Wirksamkeitsprobleme könnten sich auch dann ergeben, wenn dem anderen Vertragsteil bekannt ist, dass der Vertrag einer Zustimmung nach den Holzmüller-Grundsätzen bedarf und der Vertrag trotz Kenntnis von diesem Erfordernis vollzogen wird, ohne die Zustimmung der Hauptversammlung abzuwarten. Dann könnte nämlich angenommen werden, es liege ein Fall des evidenten Vollmachtsmissbrauchs vor.[190]

IV. Mitbestimmung

1. Art der Mitbestimmung

Die Mitbestimmung der Arbeitnehmer in Unternehmen gründet sich insbesondere auf den Gedanken, die Arbeitnehmer an der Unternehmensführung zu beteiligen.[191] Die Mitbestimmung ist gekennzeichnet durch Teilnahme an der Überwachung und Führung des Unternehmens in Form der Präsenz der Arbeitnehmer im Aufsichtsrat.

2. Gesetzliche Grundlagen

Aktiengesellschaften, die in der Regel[192] mehr als 2000 Mitarbeiter beschäftigen und kein Montan-Unternehmen und keine Montan-Holding nach dem Montan-

---

[188] In Gesamtanalogie zu umwandlungs- und aktienrechtlichen Vorschriften OLG Frankfurt AG 1999, 378, 379, abgelehnt durch BGHZ 146, 288, 295 f., der jedoch in Einzelfällen eine Auslegungspflicht postuliert.
[189] LG München I ZIP 2001, 1148, 1150.
[190] Vgl. *Hüffer* § 78 Rn 9 sowie § 82 Rn 7.
[191] Die Mitbestimmung existiert in zwei Formen, der betrieblichen Mitbestimmung sowie der unternehmerischen Mitbestimmung. Balser/*Bokelmann*/Ott/Piorreck, Die Aktiengesellschaft, Rn 416; weiterführend zur Legitimation der Unternehmensmitbestimmung und deren Effizienz: Großkommentar Hachenburg/*Oetker*, MitbestG, Vorb. Rn 26 ff.
[192] Für die Überschreitung des Schwellenwerts ist auf die regelmäßig beschäftigte Arbeitnehmerzahl unter Ausschluss kurzfristiger oder saisonbedingter Schwankungen abzustellen. Hierfür ist ein Referenzzeitraum von ca. 17 bis 20 Monaten ausreichend, vgl. Großkommentar Hachenburg/*Oetker*, MitbestG, § 1 Rn 13, 14.

mitbestimmungsgesetz oder Mitbestimmungsergänzungsgesetz sind, unterfallen dem Mitbestimmungsgesetz.[193] Der Anwendungsbereich des Mitbestimmungsgesetzes wird durch die Konzernklausel des § 5 MitbestG erweitert, wonach Arbeitnehmer der Konzernunternehmen grundsätzlich der herrschenden Gesellschaft zuzurechnen sind.[194] Der nach dem Mitbestimmungsgesetz zusammengesetzte Aufsichtsrat besteht je zur Hälfte aus Anteilseigner- und Arbeitnehmervertretern. Die Anzahl der Aufsichtsratsmitglieder bestimmt sich nach der Zahl der in der Regel beschäftigten Arbeitnehmer. Die Einzelheiten regelt § 7 MitbestG. Dem Montanmitbestimmungsgesetz unterliegen Unternehmen des Bergbaus und der eisen- und stahlerzeugenden Industrie mit in der Regel mehr als 1.000 Arbeitnehmern.[195] Aktiengesellschaften, die selbst keine Montanunternehmen sind aber als herrschendes Unternehmen einen Konzern leiten, der durch Unternehmen der Montanindustrie geprägt ist, unterliegen dem Montanmitbestimmungsergänzungsgesetz.[196]

99 In einer Aktiengesellschaft mit weniger als in der Regel 2.000, jedoch mehr als 500 Arbeitnehmern, setzt sich der Aufsichtsrat nach den Bestimmungen des Drittelbeteiligungsgesetz[197] zusammen, soweit es sich nicht um Tendenzgesellschaften, Religionsgemeinschaften oder um vor dem 10.8.1994 in das Handelsregister eingetragene Familienaktiengesellschaften handelt.[198] Ist eine Aktiengesellschaft als herrschendes Unternehmen durch einen Beherrschungsvertrag gemäß § 291 Abs. 1 Satz 1 AktG oder durch eine Eingliederung gemäß § 319 AktG mit einem nachgeordneten Unternehmen verbunden, werden ihr die Arbeitnehmer des nachgeordneten Unternehmens zugerechnet (§ 2 Abs. 2 DrittelbG)[199] Gemäß § 4 Abs. 1 DrittelbG setzt sich der Aufsichtsrat zu einem Drittel aus Vertretern der Arbeitnehmer und zu zwei Dritteln aus Anteilseignervertretern zusammen. Das Drittelbeteiligungsgesetz enthält – anders als das Mitbestimmungsgesetz – lediglich Bestimmungen zu den Voraussetzungen der drittelparitätischen Mitbestimmung sowie zum Wahlverfahren, besondere Vorschriften hinsichtlich der internen Ordnung im Aufsichtsrat fehlen.[200] Daher gelten die Bestimmungen des Aktiengesetzes.

100 Erfüllt ein Unternehmen aufgrund einer Abspaltung oder Ausgliederung nach dem Umwandlungsgesetz nicht mehr die gesetzlichen Voraussetzungen des bisherigen Mitbestimmungsmodells, finden die bisher geltenden Vorschriften über die Vertretung der Arbeitnehmer im Aufsichtsrat dennoch für weitere fünf Jahre Anwendung, es sei denn, die Arbeitnehmerzahl wird so stark vermindert, dass sie

---

[193] MitbestG v. 4.5.1976 (BGBl. I S. 1153), zuletzt geändert durch das Gesetz v. 23.7.2001 (BGBl. I S. 1852).
[194] Ausnahme: § 5 Abs. 3 MitbestG; vgl. weiterführend die Kommentierung im Großkommentar Hachenburg/*Oetker*, § 5.
[195] MontanMitbestG v. 21.5.1951 (BGBl. I S. 347), zuletzt geändert durch das Gesetz v. 23.7.2001 (BGBl. I S. 1852).
[196] MontanMitbestErgG v. 7.8.1956 (BGBl. I S. 707), zuletzt geändert durch das Gesetz v. 23.7.2001 (BGBl. I S. 1852).
[197] DrittelbG v. 18.5.2004 (BGBl. S. 974 ff.).
[198] Weiterführend: Münchener Handbuch des Gesellschaftsrechts/*Hoffmann-Becking*, § 28 Rn 2 ff.; Hölters/Deilmann/Buchta, Die kleine Aktiengesellschaft, Kap. A I. 2.
[199] Im Einzelnen siehe die Kommentierung zur Vorgängernorm § 77a BetrVG 1952.
[200] Vgl zum Vorgängergesetz, dem BetrVG 1952; Pfitzer/Oser/*Menold*/Dehlinger, Deutscher Corporate Governance Kodex, Abschn. P. Ziff. 2.2.

unterhalb eines Viertels der für das bisherige Mitbestimmungsmodell geltenden Mindestzahl der Arbeitnehmer liegt, § 325 UmwG.[201] Besteht Streit oder Ungewissheit über das einschlägige Mitbestimmungsmodell, erlaubt das Statusverfahren nach §§ 97 ff. AktG eine gerichtliche Überprüfung.[202]

3. Innere Ordnung nach dem Mitbestimmungsgesetz

Die §§ 27–29 MitbestG und §§ 31 und 32 MitbestG enthalten Sonderregelungen für die innere Ordnung des dem Mitbestimmungsgesetz unterfallenden Aufsichtsrat. Exemplarisch für die Sonderregelungen können das Zweitstimmrecht des Aufsichtsratsvorsitzenden sowie die zwingende Einrichtung eines Vermittlungsausschusses genannt werden. Nach § 29 Abs. 2 MitbestG hat der regelmäßig aus dem Kreis der Anteilseigner gewählte Aufsichtsratsvorsitzende bei Abstimmungen des Gesamtaufsichtsrats eine zweite Stimme, wenn eine erste Abstimmung im Aufsichtsrat Stimmengleichheit ergibt und bei einer erneuten Abstimmung über denselben Gegenstand diese fortbesteht.

101

Der Vermittlungsausschuss (§ 27 Abs. 3 MitbestG) soll zwischen Anteilseigner- und Arbeitnehmerseite vermitteln, wenn im ersten Wahlgang die qualifizierte Mehrheit von zwei Dritteln der Stimmen bei der Bestellung von Vorstandsmitgliedern nicht erreicht wird. Der Vermittlungsausschusses sowie das Zweitstimmrecht des Aufsichtsratsvorsitzenden sollen die Funktionsfähigkeit des paritätisch mitbestimmten Aufsichtsrats sowie der Unternehmensleitung sichern.[203]

102

Die mitbestimmungsrechtlichen Sonderregelungen haben keinen abschließenden Charakter, sondern enthalten Regelungslücken. Inwieweit diese Regelungen im Rahmen der allgemeinen aktienrechtlichen Vorgaben durch Satzungsbestimmungen auszufüllen oder sogar ausgehebelt werden können, ist umstritten.[204] Richtigerweise ist davon auszugehen, dass sowohl gesellschaftsrechtliche Wertungen und Gestaltungsspielräume zu berücksichtigen sind aber auch eine Umgehung wesentlicher mitbestimmungsrechtlicher Vorschriften zu verhindern ist. Dabei ist der Tatsache Rechnung zu tragen, dass das Mitbestimmungsgesetz den Anteilseignern ein leichtes Übergewicht zuspricht.[205] Vereinbarungen über den Umfang der Mitbe-

103

---

[201] Münchener Handbuch des Gesellschaftsrechts/*Hoffmann-Becking*, § 28 Rn 38. Vgl. zu den Einzelheiten des § 325 UmwG die Kommentierung im Kallmeyer/*Wilhelmsen*, UmwG, § 325.
[202] Siehe Rn 43 ff.
[203] Weiterführend hierzu: Pfitzer/Oser/*Menold/Dehlinger*, Deutscher Corporate Governance Kodex, Abschn. P. Ziff. 2.1.
[204] Eine Ansicht befürwortet einen generellen Vorrang des Mitbestimmungsrechts, *Reich/Lewerenz*, AuR 1976, 261, 264; die Gegenansicht geht dagegen von einem Vorrang der gesellschaftsrechtlichen Regelungen mit nur marginalen Einschränkungen durch das Mitbestimmungsgesetz aus, *Zöllner*, AG 1981, 13, 15.
[205] BGHZ 83, 141, 147 ff.; Kölner Kommentar AktG/*Mertens*, Anh. 117 B, § 25 Rn 3, 5; Heidel/*Wichert*, § 25 MitbestG Rn 4. So wird in der Praxis regelmäßig der Aufsichtsratsvorsitzende aus der Anteilseignerbank und sein Stellvertreter aus der Arbeitnehmerbank kommen. Satzungsgemäße Aufgabe des Aufsichtsratsvorsitzenden ist die Leitung der HV. Bei einer Verhinderung des Aufsichtsratsvorsitzenden nimmt grundsätzlich nach § 107 Abs. 1 Satz 2 AktG sein Stellvertreter die Rechte und Pflichten des Aufsichtsrats war. Um zu vermeiden, dass in einem Verhinderungsfall der stellvertretende Aufsichtsratsvorsitzende die HV leitet, wird regelmäßig in Satzungen mitbestimmter Gesellschaften eine Vertretungsregelung aufgenommen, wonach nicht der Stellvertreter automatisch den HV-Vorsitz übernimmt.

stimmung der Arbeitnehmer im Aufsichtsrat der Aktiengesellschaft sind allenfalls in Einzelfällen zulässig.[206] Die zwingenden Vorschriften des Aktiengesetzes im Hinblick auf die Zusammensetzung des Aufsichtsrats sowie auf die Regelungen zur Unternehmensmitbestimmung stehen nicht zur Disposition der Parteien.[207]

V. Corporate Governance

1. Begriff und Entwicklung

104 Der Begriff „Corporate Governance" dient als Umschreibung für das gesamte System der Leitung und Überwachung eines Unternehmens, einschließlich seiner internen und externen Kontrollmechanismen, seiner Organisation und seinen geschäftspolitischen Grundsätzen.

2. CGK

a) Geltungsbereich, Funktion, Anpassung

105 Der CGK richtet sich in erster Linie an börsennotierte Aktiengesellschaften, da nur Vorstände und Aufsichtsräte börsennotierter Aktiengesellschaften die Entsprechenserklärung nach § 161 AktG abzugeben haben.[208] Allen anderen Gesellschaften wird seine Beachtung lediglich empfohlen.

106 Der CGK hat zwei Funktionen: Kommunikationsfunktion und Ordnungsfunktion. So werden zum einen die Grundzüge des Deutschen Corporate Governance Modells in kompakter Form dargestellt und für ausländische Investoren verständlich gemacht[209] und zum anderen zusätzlich zu den gesetzlichen Vorschriften, Standards guter und verantwortungsvoller Unternehmensführung gesetzt.[210]

107 Der CGK unterliegt einem kontinuierlichen Aktualisierungsprozess. Die Regierungskommission Deutscher Corporate Governance Kodex überprüft den CGK jährlich mit dem Ziel, ihn an nationale und internationale Entwicklungen anzupassen.[211]

b) Struktur

108 Der CGK unterscheidet drei Kategorien. Neben rechtsbeschreibenden Bestandteilen, die gesetzliche Vorschriften wiedergeben/zusammenfassen, enthält er Empfehlungen und Anregungen für die Gesellschaften. Weicht eine Gesellschaft von einer Empfehlung (gekennzeichnet durch das Hilfsverb „soll") ab, ist sie verpflich-

---

[206] Vgl. zu den Fallgruppen möglicher Vereinbarungen: *Raiser*, BB 1977, 1461.
[207] Vgl. zu dieser Thematik: Münchener Handbuch des Gesellschaftsrechts/*Hoffmann-Becking*, § 28 Rn 40 ff.
[208] Vgl. Rn 111.
[209] Ringleb/Kremer/Lutter/*v. Werder*, Rn 60.
[210] *V. Werder*, Der Deutsche Corporate Governance Kodex – Grundlagen und einzelne Bestimmungen, DB 2002, 801.
[211] Am 7.11.2002 erfolgte die erste Anpassung aufgrund des am 1.7.2002 in Kraft getretenen 4. Finanzmarktförderungsgesetzes (BGBl. I S. 2009) durch eine Änderung von Ziffer 6.6 Abs. 1 CCK. Am 21.5.2003 hat die Regierungskommission Änderungen im Bereich der Vorstandsvergütung beschlossen und Ziffer 4.2 CGK entsprechend erweitert.

tet, dies öffentlich in einer Erklärung nach § 161 AktG offen zu legen (so genannte „Entsprechenserklärung").[212] Die Abweichung von Anregungen ist hingegen nicht erklärungspflichtig (gekennzeichnet durch die Hilfsverben „sollte" oder „kann").

c) Rechtliche Einordnung

Der CGK hat keinen Gesetzescharakter und ist auch nicht Gewohnheits- oder Richterrecht. Der CGK stellt keine rechtstaatliche Rechtssetzung dar.[213]   **109**

Im Zusammenhang mit der Frage nach der rechtlichen Einordnung des CGK wurde im Schrifttum auch die Frage diskutiert, inwieweit Gesellschaften einen eigenen Corporate Governance Kodex schaffen sollen.[214] Die Ausarbeitung individueller Kodices ist zulässig, solange unabhängig davon die Entsprechenserklärung nach § 161 AktG abgegeben wird. Ein individueller Kodex kann sinnvoll sein, wenn ein Unternehmen kommunizieren will, dass es zusätzlich zu den Empfehlungen auch alle Anregungen umsetzt und der unternehmenseigene Kodex sonstige kapitalmarktrechtliche Regelungen, die über den CGK hinausgehen, enthält. Zudem kann es ein US-Listing der Gesellschaft notwendig machen, dortige Compliance Anforderungen zu erfüllen und die entsprechenden Regelungen im unternehmenseigenen Kodex aufzunehmen. Die Gesellschaft sollte jedoch stets den individuellen Kodex parallel zu dem CGK anpassen; ansonsten droht ein Regelungswirrwarr. Zudem ist zu bedenken, dass ein Verzicht auf individuelle Kodices und die einheitliche Anerkennung des CGK zu seiner Stärkung in nationalen wie auch im internationalen Kapitalmarkt führt.[215]   **110**

3. Entsprechenserklärung

a) Abgabe und Inhalt

Gesetzlich verankert wird der CGK in § 161 AktG, der Vorstand und Aufsichtsrat verpflichtet zu erklären, ob der CGK angewandt wird bzw. von welchen Empfehlungen die Gesellschaft abweicht. Auch über § 161 AktG enthält der CGK keinen mittelbaren Normcharakter dergestalt, dass im Fall der Berücksichtigung der Empfehlung eine gesetzliche Vermutung, ordnungsmäßigen Handelns im Sinne der §§ 93, 116 AktG greift.[216] Ebenso wenig bedeutet ein Abweichen von den Empfehlungen des CGK per se eine Pflichtverletzung im Sinne der §§ 93, 116 AktG. Vielmehr weist der CGK in Abs. 6 der Präambel ausdrücklich auf die Möglichkeit einer Abweichung hin, um branchen- oder unternehmensspezifischen Bedürfnissen Rechnung tragen zu können und verpflichtet lediglich zu einer diesbezüglichen Offenlegung.   **111**

---

[212] Vgl. Rn 111 ff.
[213] *Hüffer*, § 161 Rn 3.
[214] So haben die Deutsche Bank AG, die SAP AG, die MLP AG sowie die Metro AG einen eigenen Corporate Governance Kodex entwickelt und der Öffentlichkeit auf ihren jeweiligen Homepages zugänglich gemacht.
[215] Dazu auch *Schüppen*, To comply or not to comply – that's the question!, ZIP 2002, 1278; aA *Hütten*, Unternehmenseigener Corporate-Governance-Kodex – Zulässigkeit und Sinnhaltigkeit in Zeiten von TransPuG und Deutschem Kodex, BB 2002, 1740.
[216] *Ringleb/Kremer/Lutter/v. Werder*, Rn 49.

112 Vorstand und Aufsichtsrat entscheiden hinsichtlich der Abgabe der Entsprechenserklärung autonom. Daher sind unterschiedliche Entsprechenserklärungen denkbar. In der Praxis erfolgt jedoch regelmäßig eine übereinstimmende Erklärung von Vorstand und Aufsichtsrat.[217] Die Organe entscheiden über die Abgabe der Entsprechenserklärung durch Beschluss, für den die allgemeinen Regeln gelten.[218]

113 Die Entsprechenserklärung erstreckt sich nicht nur auf die Vergangenheit, d. h. auf das abgelaufene Geschäftsjahr, sondern bezieht sich auch darauf, ob in Zukunft den Empfehlungen gefolgt werden soll. Die Entsprechenserklärung kann als uneingeschränkte Positiverklärung abgegeben werden, d. h. dass sämtlichen Empfehlungen entsprochen wurde und wird. Wird nur eine eingeschränkte Positiverklärung abgegeben, sind diejenigen Kodexempfehlungen, denen die Gesellschaft nicht gefolgt ist, in der Entsprechenserklärung konkret anzugeben. Eine Pflicht zur Begründung der Abweichungen besteht nicht; eine Benennung der Abweichung genügt. Allerdings empfiehlt Ziffer 3.10 CGK, dass Vorstand und Aufsichtsrat jährlich im Geschäftsbericht über die Corporate Governance des Unternehmens berichten und dabei eventuelle Abweichungen von den Empfehlungen begründen sollen.

114 Richtet sich eine Empfehlung des CGK an ein einzelnes Organmitglied (zB Empfehlung an den Aufsichtsratsvorsitzenden hinsichtlich eines regelmäßigen Meinungsaustauschs mit dem Vorstandsvorsitzenden/Vorstandssprecher, Ziffer 5.2 CGK), ist dieses hinsichtlich der abzugebenden Entsprechenserklärung zu befragen. Macht das entsprechende Organmitglied keine Angaben oder gibt eine Negativerklärung ab, so führt dies zu einer entsprechenden Einschränkung der Entsprechenserklärung.[219] Die Gesellschaft ist nicht verpflichtet, das betreffende Organmitglied namentlich zu nennen, kann dies aber tun, soweit die Interessen der Gesellschaft über den Interessen des einzelnen Organmitglieds stehen.[220] Ein Recht des betroffenen Organmitglieds auf Veröffentlichung seiner abweichenden Meinung besteht hingegen nicht.[221]

115 Die Entsprechenserklärung ist den Aktionären dauerhaft zugänglich zu machen (§ 161 Satz 2 AktG). Regelmäßig erfolgt die Veröffentlichung auf der Internetseite der Gesellschaft. Zusätzlich empfiehlt der CGK eine Veröffentlichung im Geschäftsbericht (Ziffer 3.10 CGK). Die Prüfung durch den Abschlussprüfer erstreckt sich dabei nur auf die Abgabe der Entsprechenserklärung, nicht aber auf deren in-

---

[217] Siehe die Sammlung der Erklärungen nach § 161 AktG der einzelnen Gesellschaften auf der Internetseite der Regierungskommission Corporate Governance Kodex, www.corporate-governance-code.de.
[218] Der Vorstand entscheidet daher nach § 77 AktG einstimmig, es sei denn die Satzung oder Geschäftsordnung bestimmen eine andere Mehrheit; der Aufsichtsrat entscheidet im Plenum, wobei im Hinblick auf Corporate Governance Kodex-Teile, die nur mit individueller Zustimmung jedes Aufsichtsratsmitglieds wirksam werden, eine einstimmige Entscheidung und Anwesenheit aller Aufsichtsratsmitgliedern zu fordern ist, Ringleb/Kremer/*Lutter*/v. Werder, Deutscher Corporate Governance Kodex, Rn 992.
[219] *Ringleb/Kremer/Lutter/v. Werder*, Rn 1034.
[220] *Ringleb/Kremer/Lutter/v. Werder*, Rn 1038.
[221] *Seibt*, Deutscher Corporate Governance Kodex und Entsprechens-Erklärung, AG 2002, 249, 253.

haltliche Richtigkeit. Die Entsprechenserklärung ist als zu den nach § 325 Abs. 1 Satz 1 HGB gehörenden offenlegungspflichtigen Unterlagen sowohl im elektronischen Bundesanzeiger zu veröffentlichen als auch zum Handelsregister einzureichen. Weiterhin ist in dem Anhang zum Jahres- und Konzernabschluss künftig die Angabe aufzunehmen, dass die Entsprechenserklärung abgegeben und den Aktionären zugänglich gemacht wurde.[222]

b) Anpassung

Treten unterjährig Umstände ein, die eine Anpassung der Entsprechenserklärung erforderlich machen (zB Wegfall einer Vereinbarung über einen Selbstbehalt bei einer D&O Versicherung, Ziffer 4.8 CGK), obliegt Vorstand und Aufsichtsrat eine unterjährige Korrekturerklärung.[223] Zu beachten ist jedoch, dass Vorstand und Aufsichtsrat nur begrenzt auf unterjährige Änderungen einwirken können, da die Umsetzung einiger CGK-Empfehlungen eines Beschlusses der Hauptversammlung bedürfen. **116**

Die unterjährige Änderung des CGK macht keine Korrektur der Entsprechenserklärung erforderlich. Allerdings kann es im Kapitalmarkt zu Irritationen kommen, wenn sich die auf der Homepage der Gesellschaft zugänglich gemachte Entsprechenserklärung nicht auf die aktuelle Fassung des Kodex bezieht. Es empfiehlt sich daher, in der Entsprechenserklärung anzugeben auf welcher Fassung des CGK diese basiert. **117**

c) Haftung

Die Frage der Haftung der Organmitglieder im Zusammenhang mit der Entsprechenserklärung wird in der Literatur kontrovers diskutiert. Da der CGK keinen Gesetzescharakter hat, kann nur über die gesetzliche Pflicht zur Erklärung nach § 161 AktG oder aufgrund einer Transformation der Kodex-Regelungen in Satzung, Geschäftsordnung und Anstellungsverträgen einen Haftungstatbestand begründet werden.[224] **118**

Sachlich unrichtige Entsprechenserklärungen nach § 161 AktG begründen sowohl im Hinblick auf den vergangenheitsbezogenen Teil als auch für den zukunftsbezogenen Teil eine interne gesamtschuldnerische Haftung der Organe, da eine Verletzung der gesetzlichen Pflicht der Organmitglieder zur wahrheitsgemäßen und korrekten Erklärung vorliegt.[225] Eine externe Haftung der Organmitglieder aus **119**

---

[222] Heidel/*Steiner*, § 161 Rn 718.
[223] Vgl. hierzu *Ihrig/Wagner, Jens*, Corporate Governance: Kodex-Erklärung und ihre unterjährige Korrektur, BB 2002, 2509.
[224] Werden die Empfehlungen des Kodex regularisch in Satzung, Geschäftsordnungen oder Anstellungsverträgen umgesetzt, begründet ein Verstoß dagegen eine Pflichtverletzung im Sinne der §§ 93, 116 Abs. 1 AktG, so dass eine Haftung gegenüber der Gesellschaft möglich ist, vgl. *Pfitzer/Oser/Bezler/Dehlinger*, Deutscher Corporate Governance Kodex, Abschn. L. Ziff. 3.3.
[225] *Peltzer*, Deutsche Corporate Governance – Ein Leitfaden, Rn 331; *Ulmer*, Der Deutsche Corporate Governance Kodex – Ein neues Regulierungsinstrument für börsennotierte Aktiengesellschaften, ZHR 166 (2002), 150, 168; *Lutter*, Die Erklärung zum Corporate Governance Kodex gem. § 161 AktG: Pflichtverstöße und Binnenhaftung von Vorstands- und Aufsichtsratsmitgliedern, ZHR 166 (2002), 467, 476.

einer falschen Entsprechenserklärung kann nur in Einzelfällen begründet werden, wobei die Rechtsgrundlage für eine derartige Haftung in der Literatur umstritten ist.[226]

---

[226] Richtigerweise wird sich eine Haftung nur aus § 826 BGB, wegen vorsätzlicher sittenwidriger Schädigung, ergeben können, wenn der betroffene Aktionär den verantwortlichen Organmitgliedern einen bedingten Schädigungsvorsatz nachweisen kann, vgl. Pfitzer/Oser/*Bezler/Dehlinger*, Deutscher Corporate Governance Kodex, Absch. L. Ziff. 4., 4.4.3, die ansonsten die Haftung für die Inanspruchnahme besonderen persönlichen Vertrauens sowie ein entsprechende Anwendung der allgemein-zivilrechtlichen Prospekthaftung ablehnen; für die Annahme einer Haftung aufgrund des Rechtsgedanken der Prospekterklärung im Kapitalmarkt: Ringleb/Kremer/*Lutter*/v. Werder, Rn 1069; eine Haftung ablehnend: *Berg/Stöcker*, Anwendungs- und Haftungsfragen zum Deutschen Corporate Governance Kodex, WM 2002, 1569.

Teil 2
Aktie und Kapitalmarkt

§ 3 Die Aktie

I. Einführung

Im täglichen Sprachgebrauch versteht man unter „Aktie" die Urkunde, also das Wertpapier, das die Mitgliedschaft an einer Aktiengesellschaft verbrieft. Die Mitgliedschaft des Aktionärs entsteht bereits durch die konstitutive Handelsregistereintragung und nicht erst mit der Ausstellung einer Aktienurkunde.[1] Die Verbriefung hat somit lediglich deklaratorischen Charakter. Allerdings ist der Gesetzgeber den Schritt zu entmaterialisierten Wertrechten nicht gegangen.[2] Jeder Aktionär hat einen mitgliedschaftlichen Anspruch auf die Verbriefung.[3] Der Anspruch des Aktionärs auf Verbriefung seines Anteils kann durch die Satzung zwar ausgeschlossen (§ 10 Abs. 5 AktG) oder eingeschränkt werden. Selbst wenn der Verbriefungsanspruch für den Anteil des einzelnen Aktionärs ausgeschlossen ist, hat der Aktionär aber zumindest einen Anspruch auf Verbriefung seiner Aktien im Rahmen einer Globalurkunde.[4]

1

Das Aktiengesetz geht vielfach davon aus, dass die Ausgabe von Einzelaktien der Normalfall ist.[5] Zumindest für börsennotierte Aktiengesellschaften ist dieses Konzept von der Wirklichkeit überholt. Käufe und Verkäufe von Aktien börsennotierter Aktiengesellschaften werden weltweit stückelos abgewickelt. Einzelurkunden haben weitgehend ihre Bedeutung verloren. Selbst wenn die Aktiengesellschaft den Anspruch auf Verbriefung in der Satzung nicht ausgeschlossen hat, dürfte das Verlangen eines Aktionärs auf Auslieferung von Einzelstücken selten sein. Die börsennotierte Aktiengesellschaft verbrieft ihre Aktien in einer oder mehreren Globalurkunden und liefert diese bei der Clearstream Banking AG (Clearstream), der einzigen deutschen Wertpapiersammelbank, in die Girosammelverwahrung ein. Lediglich bei nicht börsennotierten Gesellschaften kann es sinnvoll sein, die Aktien nicht zu verbriefen,[6]

2

Die Abschnitte I bis VI entstanden unter Mitarbeit von Rechtsreferendarin Caroline Redeker.
[1] Kölner Kommentar AktG/*Kraft*, § 10 Rn 7; Kölner Kommentar AktG/*Lutter*, § 68 Rn 9; *Hüffer*, § 10 Rn 2.
[2] *Hüffer*, § 10 Rn 11; BT-Drucks. 13/10038, BGBl. I 1998 1, 25 reSp. = ZIP 1998, 487.
[3] Münchener Handbuch des Gesellschaftsrechts/*Wiesner*, § 12 Rn 4; Großkommentar/*Brändel*, § 10 Rn 23; Kölner Kommentar AktG/*Kraft*, § 10 Rn 8.
[4] *Mentz/Fröhling*, Die rechtsgeschäftliche Übertragung von Aktien, NZG 2002, 201, 208; *Hüffer*, § 10 Rn 11.
[5] So zB in § 123 Abs. 2 Satz 1 AktG: Hinterlegung von Aktien.
[6] Etwa um den Verlust der Aktienurkunden und damit den Aufwand des Verfahrens der Kraftloserklärung oder eine unberechtigte Übertragung der Aktien durch Übergang der Urkunde zu vermeiden.

soweit dies nicht ausnahmsweise unumgänglich ist.[7] Allerdings kann dies Nachteile mit sich bringen.[8]

II. Nennbetrags- und Stückaktien

3 Aktien können entweder als Nennbetragsaktien oder als Stückaktien ausgegeben werden (§ 8 Abs. 1 AktG). Die Stückaktie ist im Zuge der Euro-Umstellung eingeführt worden und bietet eine einfachere Alternative zur Umstellung des Grundkapitals auf Euro als die Umstellung durch Kapitalerhöhung oder -herabsetzung zur Glättung des Grundkapitals.[9] Stückaktien lauten auf keinen Nennbetrag. Dem Nennbetrag entspricht bei der Stückaktie der auf die einzelne Aktie entfallende „anteilige Betrag des Grundkapitals", der sich aus der Grundkapitalziffer dividiert durch die Anzahl der Stückaktien errechnet. Der auf die einzelne Aktie entfallende anteilige Betrag des Grundkapitals erfüllt dieselbe Funktion wie der Nennbetrag bei der Nennbetragsaktie und ist Anknüpfungspunkt für den gesetzlichen Kapitalschutz[10]. Dieser anteilige Betrag des Grundkapitals kann rechnerisch (anders als der Nennbetrag) einen nicht ganzzahligen Wert ergeben, der aber wie der Nennbetrag 1,00 EUR nicht unterschreiten darf[11] (§ 8 Abs. 2 Satz 1 und Abs. 3 Satz 3 AktG).

4 Der Nennbetrag bzw. der anteilige Betrag des Grundkapitals ist Grundlage des Ausgabebetrags. Der Ausgabebetrag der Aktien darf nicht geringer sein als der Nennbetrag bzw. der auf die einzelne Stückaktie entfallende anteilige Betrag des Grundkapitals (geringster Ausgabebetrag, § 9 Abs. 1 AktG). Der Ausgabebetrag ist die Zahlung, zu der sich der Aktionär in der Übernahme- oder Zeichnungserklärung verpflichtet einschließlich eines eventuellen Aufgeldes (Agio)[12]. Das Agio ist die Differenz zwischen Ausgabebetrag und Nennbetrag bzw. anteiligem Betrag des Grundkapitals. Das Agio ist kein Teil des Grundkapitals, sondern wird in die Kapitalrücklage (§ 272 Abs. 2 Nr. 1 HGB) eingestellt.

5 Eine Ausgabe unter dem geringsten Ausgabebetrag, also eine so genannte Unterpariemission, ist somit unzulässig.[13] Gleiches gilt für eine Sacheinlage. Soll eine Sacheinlage geleistet werden, so muss ihr Wert mindestens dem geringsten Ausgabebetrag entsprechen (§ 36a Abs. 2 Satz 3 AktG). Im Gegensatz dazu ist die Überpariemission, bei der die Aktien für einen höheren Betrag als dem geringsten Ausgabebetrag ausgegeben werden, zulässig (§ 9 Abs. 2 AktG).

---

[7] Bei Ausgabe von Aktien aus bedingtem Kapital hat die Ausgabe von Aktien ausnahmsweise konstitutiven Charakter, *Hüffer*, § 199 Rn 2.

[8] Verbriefung als Voraussetzung für das Entstehen der Legitimationswirkung des Aktienregisters, Münchener Handbuch des Gesellschaftsrechts/*Wiesner*, § 14 Rn 38.

[9] *Hüffer*, § 8 Rn 3; Gesetz über die Zulassung von Stückaktien, RegBegr BT-Drucks. 13/9573, S. 10; *Heider*, Einführung der nennwertlosen Aktie in Deutschland anlässlich der Umstellung des Aktienrechts auf den Euro, AG 1998, 1.

[10] *Hüffer*, § 8 Rn 20.

[11] Folgen bei der Unterschreitung des Mindestnennbetrags: *Hüffer*, § 8 Rn 7 ff.

[12] Der Ausgabebetrag einschließlich des Agio begrenzt die Einlagepflicht des Aktionärs, § 54 AktG: *Hüffer*, § 9 Rn 2, § 54 Rn 5.

[13] Zu den Folgen einer Unterpariemission: *Hüffer*, § 9 Rn 5 ff.

Unterschreitet der Aktienkurs den geringsten Ausgabebetrag, ist es schwierig, der 6
Gesellschaft über die Ausgabe von Aktien frisches Eigenkapital zuzuführen, da
Anleger nicht bereit sein werden, neue Aktien zu einem höheren Betrag als den
Aktienkurs zu zeichnen. Einzig gangbarer Weg in diesem Fall ist die Herabsetzung
des Grundkapitals, die Zusammenlegung von Aktien oder die Ausstattung der jungen Aktien mit einem Vorzug.[14]

Der Nennbetrag bzw. die Stückzahl sind in der Satzung anzugeben (§ 23 Abs. 2 7
Nr. 2 AktG). Die Umstellung von Nennbetragsaktien auf Stückaktien macht eine
Satzungsänderung erforderlich.

III. Aktienarten

Die Aktienart beschreibt die wertpapiermäßige Verbriefung des Mitgliedschafts- 8
rechts als Inhaber- oder als Namensaktie. Es besteht Wahlfreiheit zwischen diesen
beiden Aktienarten, wobei Aktien auf den Namen lauten müssen, wenn sie ausgegeben werden, bevor der Ausgabebetrag vollständig eingezahlt ist[15] bzw. wenn das
Gesetz vinkulierte Namensaktien verlangt[16]. Die Inhaberaktie ist bei deutschen Aktiengesellschaften die Regel. Der Namensaktie bedienen sich hauptsächlich kleine
Aktiengesellschaften und Familienunternehmen. Seit dem Börsenboom geht aber
auch bei börsennotierten Gesellschaften der Trend hin zur Namensaktie.[17]

1. Inhaberaktie

Bei der Inhaberaktie kennt die Gesellschaft ihren Aktionär nicht namentlich. An- 9
ders als die Namensaktie beurkundet die Aktienurkunde lediglich, dass der Inhaber
der Urkunde mit einem bestimmten Nennbetrag bzw. Bruchteil als Aktionär an der
Gesellschaft beteiligt ist. Im Aktiengesetz fehlen konkrete Bestimmungen zur
Inhaberaktie. Man behilft sich deshalb mit Vorschriften über Inhaberschuldverschreibungen (§§ 793 ff. BGB) und Inhaberpapiere (§ 1006 Abs. 1 Satz 2), die entsprechende Anwendung finden, soweit nicht Regelungen des Aktienrechts entgegenstehen[18].

a) Übertragung bei Verbriefung in einer Einzelurkunde

Die Übertragung der Inhaberaktie, die in einer Einzelurkunde verbrieft ist, folgt 10
sachenrechtlichen Regeln. Die Aktienurkunde wird somit durch Einigung und
Übergabe bzw. durch Übergabesurrogat übereignet. Für den gutgläubigen Erwerb
einer Inhaberaktie gelten die §§ 932 ff. BGB. Die Inhaberaktie kann auch durch Ab-

---

[14] *Hüffer*, § 9 Rn 4; Kölner Kommentar AktG/*Kraft*, § 9 Rn 14; Münchener Kommentar AktG/*Heider*, § 9 Rn 23.
[15] § 10 Abs. 2 AktG.
[16] Zu solchen gesetzlichen Sonderbestimmungen und zur Vinkulierung siehe nachstehend unter Rn 18.
[17] Zu den Vorteilen von Namensaktien siehe *Hüffer*, § 67 Rn 3; *Kölling*, Namensaktien im Wandel der Zeit – „NaStraG", NZG 2000, 631, 634.
[18] *Hüffer*, § 10 Rn 4; Münchener Kommentar AktG/*Heider*, § 10 Rn 32; Kölner Kommentar AktG/*Kraft*, § 10 Rn 17.

tretung der Mitgliedschaft gem. §§ 398, 413 BGB übertragen werden[19]. Bei der Übertragung des Mitgliedschaftsrechts durch Abtretung ist allerdings kein gutgläubiger Erwerb möglich.

b) Übertragung bei Verbriefung in einer Globalurkunde

11 Werden die Mitgliedschaftsrechte, wie bei börsennotierten Aktiengesellschaften üblich, in einer Globalurkunde[20] verbrieft, ist Gegenstand der Übertragung ein Miteigentumsanteil an der Globalurkunde. Mit Einlieferung der Globalurkunde(n) bei der Clearstream erwerben die Aktionäre kraft Gesetzes (§ 6 Abs. 1 Satz 1 DepotG) Miteigentum nach Bruchteilen an den zum Sammelbestand gehörenden Urkunden. Gegenstand der Übertragung ist somit nicht die einzelne Urkunde sondern ein Miteigentumsanteil an der oder den von der Clearstream verwahrten Urkunde(n). Wie dieser Miteigentumsanteil übertragen wird, ist im Einzelnen sehr umstritten, ohne dass dieser Streit Einfluss auf die tatsächliche Abwicklung hätte. Es wird vielmehr versucht, das Ergebnis in eine der sachenrechtlichen Übertragungsalternativen der §§ 929 ff. BGB einzuordnen. Der Miteigentumsanteil wird nach der überwiegenden Meinung durch Einigung der als Verkaufkommissionäre beteiligten Depotbanken und Umstellung des Besitzmittlungsverhältnisses gemäß § 929 Satz 1 BGB übertragen, indem die Depotbank des Verkäufers die Clearstream anweist, für die Depotbank des Erwerbers zu besitzen. Die Besitzumstellung manifestiert sich nach außen in einer Umbuchung.[21] Diese Depotbuchung ist Rechtsscheinsgrundlage für den gutgläubigen Erwerb, weil der mittelbare Besitz des Aktionärs an der von der Clearstream verwahrten Urkunde kein ausreichender Rechtsschein für die Miteigentumsquote des Aktionärs an dieser Urkunde sein kann.[22] Der Miteigentumsanteil kann daneben auch durch Abtretung übertragen werden. Bei Dauerglobalurkunden[23] wird die Abtretung teilweise als die einzige Möglichkeit der Übertragung gesehen.[24] Das Depotgesetz sieht darüber hinaus für die Sammelverwahrung in §§ 18 Abs. 3 und 24 Abs. 2 DepotG gesetzliche Erwerbstatbestände vor. Diese Erwerbstatbestände greifen nur subsidiär ein, und haben aus diesem Grund wenig Bedeutung, da das Eigentum zumeist vorher schon gem. §§ 929 ff. BGB übergegangen ist.[25] Börsennotierte Aktien können trotz Girosammelverwahrung auch außerbörslich durch Übereignung nach §§ 929 ff. BGB oder Abtretung übertragen werden.[26]

---

[19] *Mentz/Fröhling*, Die Formen der rechtsgeschäftlichen Übertragung von Aktien, NZG 2002, 201, 202; Münchener Handbuch des Gesellschaftsrechts/*Wiesner*, § 14 Rn 4 mwN; Beck'sches Hdb. AG/*Zätzsch/Maul*, § 4 Rn 111.

[20] Zur Globalurkunde siehe nachstehend Rn 29 f.

[21] Zum Ganzen *Mentz/Fröhling*, NZG 2002, 201, 206; Hellner/Steuer/*Kümpel*, Rn 8/68 a ff.

[22] **HM** *Heinsius/Horn/Than*, Depotgesetz, 1975, § 6 Rn 91; *Kümpel*, Ablösung der „Wertrechte" durch Dauerglobalurkunden?, WM 1982, 730, 733.

[23] Zum Begriff der Dauerglobalurkunde siehe nachstehend Rn 29.

[24] *Schwennicke*, Der Ausschluss der Verbriefung der Aktien bei der kleinen Aktiengesellschaft, AG, 2001, 118 ff.; *Habersack/Mayer*, Globalverbriefte Aktien als Gegenstand sachenrechtlicher Verfügungen?, WM, 2000, 1678 ff.

[25] *Mentz/Fröhling*, NZG 2002, 2002, 208.

[26] *Modlich*, Die außerbörsliche Übertragung von Aktien, DB 2002, 671 ff.

c) Legitimation

Der Aktionär legitimiert sich gegenüber der Gesellschaft durch Vorlage der Aktienurkunde soweit Einzelurkunden ausgegeben sind. Bei Globalurkunden kann die Urkunde selbst, da der Aktionär sie nicht in Besitz hat, nicht Grundlage für die Eigentumsvermutung sein. Der Aktionär legitimiert sich gegenüber der Gesellschaft vielmehr durch eine Hinterlegungsbescheinigung bzw. durch außerhalb der Girosammelverwahrung liegende Übertragungstatbestände, zB durch einen Abtretungsvertrag.

2. Namensaktie

Namensaktien verbriefen das Mitgliedschaftsrecht des in der Urkunde namentlich benannten Aktionärs, der mit einem bestimmten Nennbetrag bzw. Bruchteil an der Gesellschaft beteiligt ist. Das Aktiengesetz enthält zur Namensaktie eine Reihe von Sonderbestimmungen.[27]

a) Übertragung bei Verbriefung in einer Einzelurkunde

Namensaktien können gemäß § 68 Abs. 1 Satz 1 AktG durch Indossament übertragen werden. Das Indossament besteht aus einer schriftlichen Erklärung, aus der hervorgeht, dass die Mitgliedschaft künftig einem namentlich benannten Dritten zustehen soll.[28] Die Namensaktie kann auch blankoindossiert werden, d.h. ohne einen Ditten namentlich im Indossament zu bezeichnen. Eine blankoindossierte Namensaktie kann gem. § 929 BGB übereignet werden und erreicht dadurch eine Fungibilität, die mit derjenigen der Inhaberaktie vergleichbar ist. Das in der Namensaktie verbriefte Mitgliedschaftsrecht kann daneben gemäß §§ 398, 413 BGB abgetreten werden. Bei der Übertragung durch Abtretung ist allerdings kein gutgläubiger Erwerb möglich.

b) Übertragung bei Verbriefung in einer Globalurkunde

Zur Übertragung von Miteigentumsanteilen an sammelverwahrten Namensaktien gilt das bei der Inhaberaktie Gesagte.[29] Für die Sammelverwahrung von Namenaktien hat die Clearstream 1997 das System CASCADE-RS[30] eingeführt. Dieses System ermöglicht es, An- und Verkäufe von (vinkulierten) Namensaktien abzuwickeln. Die bis dahin gängige Streifbandverwahrung von Namensaktien wurde aufgegeben.[31]

c) Aktienregister

Die Aktionäre sind in das von der Gesellschaft einzurichtende Aktienregister unter Angabe des Namens, des Geburtsdatums, der Anschrift sowie der Stückzahl oder

---

[27] Teilweise eingefügt bzw. angepasst durch das Gesetz zur Namensaktie und zur Erleichterung der Stimmrechtsausübung vom 18.1.2001 (NaStraG), BGBl. I S. 123.
[28] Beck'sches Hdb. AG/Zätzsch/Maul, § 4 Rn 112.
[29] Siehe dazu oben unter Rn 11.
[30] Kosten für die Nutzung des CASCADE-RS Systems: Beck'sches Hdb. AG/Zätzsch/Maul, § 4 Rn 30: ca. 34.750 EUR (bei 15.000 Aktionären und 150 Umschreibungen täglich an 260 Handelstagen) plus Lizenzgebühren von 10.000 EUR und Wartungskosten von 7.500 EUR pro Jahr.
[31] Zur Abwicklung von Börsengeschäften siehe § 6 Rn 10 f.

der Aktiennummer und bei Nennbetragsaktien des Betrags einzutragen (§ 67 Abs. 1 AktG). Der Aktionär kann von der Gesellschaft nur Auskunft über die zu seiner Person eingetragenen Daten verlangen (§ 67 Abs. 6 Satz 1 AktG). Ein allgemeines Einsichtsrecht für jedermann besteht aus datenschutzrechtlichen Gründen nicht mehr. Das Register wird regelmäßig auf elektronischen Datenträgern geführt, da dies die laufende Aktualisierung des Aktienregisters bei ständig wechselndem Aktionärsbestand erleichtert. Die Umschreibung im Aktienregister, zB bei einem Verkauf der Aktien, erfolgt auf Mitteilung und Nachweis, also nicht mehr durch Vorlage der Urkunde, bei börsennotierten Namensaktien über eine direkte elektronische Verbindung mit dem CASCADE-RS System durch Weiterleiten der Depotbuchungsinformationen von der Clearstream an das Aktienregister der Gesellschaft. Bei börsennotierten Aktiengesellschaften übernimmt die Führung des Aktienregisters regelmäßig ein spezialisierter Dienstleister. Der Verwaltungs- und Kostenaufwand für das Führen eines Aktienregisters durch solche spezialisierten Dienstleister ist hoch.[32]

d) Legitimation

17 Als Aktionär gilt gegenüber der Aktiengesellschaft nur derjenige, der im Aktienregister eingetragen ist (§ 67 Abs. 2 AktG), so genannte „Legitimationswirkung des Aktienregisters". Auf diese Legitimationswirkung kann sich sowohl der Aktionär als auch die Gesellschaft berufen.[33] Die Eintragung in das Aktienregister ist allerdings für die Wirksamkeit des Erwerbs der Aktie nicht erforderlich. Die Legitimationswirkung begründet eine unwiderlegbare Vermutung, dass nur derjenige, der in das Aktienregister eingetragen ist, die mitgliedschaftlichen Rechte, wie zB das Stimmrecht, Dividendenrecht oder Bezugsrecht ausüben darf. Diese Legitimationswirkung gilt allerdings nur gegenüber der Gesellschaft, nicht aber gegenüber Dritten.[34] Ist die Eintragung eines Aktionärs in das Aktienregister nach dem Erwerb von Aktien zu unrecht unterblieben, zB bei einem Aktienerwerb außerhalb der Girosammelverwahrung, kann der Käufer der Gesellschaft zB den Abtretungsvertrag vorlegen und die Löschung des alten Aktionärs gem. § 67 Abs. 3 AktG verlangen. Wenn die Gesellschaft der Ansicht ist, dass jemand zu Unrecht als Aktionär eingetragen ist, so kann sie selbst ein Löschungsverfahren nach § 67 Abs. 5 AktG einleiten.

e) Vinkulierung

18 Die Satzung kann vorschreiben, dass Namensaktien nur mit Zustimmung der Gesellschaft übertragen werden dürfen, so genannte „Vinkulierung" oder „vinkulierte" Namensaktien (§ 68 Abs. 2 AktG). Teilweise ist die Vinkulierung gesetzlich vorgeschrieben. So sind vinkulierte Namensaktien auszugeben, wenn mit der Aktie ein Recht zur Entsendung von Aufsichtsratsmitgliedern verbunden ist (§ 101 Abs. 2 Satz 2

---

[32] *Maul*, Zur Ausgabe von Namensaktien, NZG 2001, 585, 587: werden externe Dienstleister eingeschaltet, sollten mindestens 50.000 EUR für die erstmalige Einrichtung des Registers und mindestens 45.000 EUR (bei einem Bestand von 2.000 Aktionären) für die jährliche Führung des Registers veranschlagt werden.
[33] OLG Jena, AG 2004, 268, 269f.; Beck'sches Hdb. AG/*Zätzsch/Maul*, § 4 Rn 28.
[34] Münchener Kommentar AktG/*Heider*, § 10 Rn 27f.

AktG).³⁵ Die Zustimmung erteilt der Vorstand nach pflichtgemäßem Ermessen, sofern die Satzung keine näheren Bestimmungen enthält (§ 68 Abs. 2 Satz 2 und 3 AktG). Eine Vinkulierung ist dann zweckmäßig, wenn die Gesellschaft ein besonderes Interesse daran hat, zu kontrollieren, wer Aktien des Unternehmens kauft und verkauft. Vinkulierte Aktien sind börsenhandelsfähig. Das Zustimmungserfordernis darf allerdings nicht zu einer Störung des Börsenhandels führen. Die Gesellschaft hinterlegt deshalb bei der Clearstream eine Erklärung, dass sie von der Möglichkeit der Zustimmungsverweigerung nicht oder nur in außerordentlichen Fällen Gebrauch macht.³⁶

3. Die Umwandlung von Inhaber- in Namensaktien

19 Wenn die Satzung eine entsprechende Regelung enthält, können Aktionäre die Umwandlung von Inhaberaktien in Namensaktien oder umgekehrt verlangen (§ 24 AktG).

20 Die Initiative kann auch vom Vorstand ausgehen. Die Änderung der Aktienart ist eine Satzungsänderung, die von der Hauptversammlung gem. § 133 AktG mit einfacher Stimmenmehrheit und gem. §§ 179 ff. AktG, soweit die Satzung nichts Anderes bestimmt, mit einer Dreiviertelmehrheit des bei der Beschlussfassung anwesenden Grundkapitals beschlossen werden kann. Einer Zustimmung der von der Umwandlung betroffenen Aktionäre bedarf es nicht.³⁷ Das Aktiengesetz betrachtet Inhaber- und Namensaktien als gleichwertige Alternativen. Beide Arten repräsentieren in gleicher Weise Mitgliedschafts- und Eigentumsrechte. Folglich kann eine Satzungsänderung zur Umwandlung von Inhaber- in Namensaktien keine Verletzung des Mitgliedschaftsrechts darstellen.

IV. Aktiengattungen

21 Das in der Aktie verkörperte Mitgliedschaftsrecht kann von der Gesellschaft mit unterschiedlichem rechtlichen Inhalt ausgestattet werden. Aktien, die den gleichen rechtlichen Inhalt verkörpern, bilden eine Gattung (§ 11 AktG). Aktien mit unterschiedlich ausgestalteten Rechten auszugeben, verstößt nicht gegen das Gleichbehandlungsverbot in § 53 a AktG. Vielmehr dürfen mitgliedschaftliche Rechte und Pflichten unterschiedlich ausgestaltet sein, soweit dafür eine Grundlage in der Satzung besteht³⁸ und zwingendes Recht eine Sonderregelung nicht verbietet.

1. Vorzugsaktie

22 Aktien können hinsichtlich Dividendenbezug und Liquidationsvorzug unterschiedlich gestaltet sein. Die Vorzugsaktie ohne Stimmrecht ist als Aktiengattung

---

³⁵ Weitere Beispiele: Verpflichtung des Aktionärs zu wiederkehrenden Leistungen (§ 55 Abs. 1 Satz 1 AktG), gemeinnützige Wohnungsbaugesellschaften (§ 3 Abs. 5 WBGDV).
³⁶ Beck'sches Hdb. AG/ *Zätzsch/Maul*, § 4 Rn 39.
³⁷ **HM** siehe u. a. *Huep*, Die Renaissance der Namensaktie, WM 2000, 1623, 1624; *Hüffer*, § 24 Rn 6; Münchener Kommentar AktG/*Pentz*, § 24 Rn 13; **aA** Kölner Kommentar AktG/*Kraft*, § 24 Rn 18.
³⁸ *Hüffer*, § 11 Rn 2; Münchener Kommentar AktG/*Heider*, § 11 Rn 48.

ausdrücklich im Aktiengesetz in den §§ 139 ff. geregelt. Diese Vorzugsaktie (Vorzüge im Gegensatz zu den Stammaktien oder Stämmen) gewährt dem Aktionär einen Vorzug bei der Ausschüttung des Bilanzgewinns. Die Vorzugsdividende wird in der Regel als fester Prozentsatz in Höhe von 4 bis 6% des Nennbetrags bzw. des anteiligen Betrags des Grundkapitals der Vorzugsaktie in der Satzung festgelegt.[39] Die Vorzugsaktie muss mit einem Recht auf Nachzahlung kombiniert werden. Recht auf Nachzahlung bedeutet, dass eine in den vergangenen Geschäftsjahren mangels ausreichenden Bilanzgewinns nicht oder nur teilweise gezahlte Vorzugsdividende nachgezahlt wird. Wird die Vorzugsdividende in einem Jahr zumindest teilweise nicht gezahlt und wird der Rückstand im nächsten Jahr nicht vollständig neben dem vollen Vorzug für dieses Jahr nachgezahlt, lebt das Stimmrecht solange wieder auf bis die Rückstände nachgezahlt sind (§ 140 Abs. 2 AktG). Vorzugsaktien können auch mit Stimmrecht ausgegeben werden, unterliegen dann jedoch nicht dem Regelungskomplex der §§ 139 ff. AktG.

23 Die Ausgabe von Vorzugsaktien ermöglicht es einem Unternehmen, sich Eigenkapital zu verschaffen, ohne dass die neuen Aktionäre auf Entscheidungen Einfluss nehmen können. Vorzugsaktien ohne Stimmrecht dürfen allerdings nur bis zur Hälfte des Grundkapitals ausgegeben werden (§ 139 Abs. 2 AktG). Damit soll verhindert werden, dass eine Minderheit von Aktionären, die jedoch die Stimmrechtsmehrheit besitzt, die Mehrheit der Kapitalgeber beherrscht.[40] Vorzugsaktionäre müssen regelmäßig mit einem Kursabschlag rechnen, was folglich auch im Rahmen einer Übernahme zu unterschiedlichen Angebotspreisen führen kann.[41] Da die Vorzugsaktie deshalb insbesondere bei ausländischen Investoren weniger beliebt ist, wird die Umwandlung in Stammaktien vor dem Börsengang empfohlen[42].

2. Mehrstimmrechtsaktie

24 Mehrstimmrechtsaktien, also Aktien, die entgegen dem Grundsatz, eine Aktie gewährt eine Stimme, mehrere Stimmen pro Aktie gewähren, stellen eine weitere Aktiengattung dar.[43] Die Ausgabe von Mehrstimmrechtsaktien ist allerdings seit Einfügung des § 12 Abs. 2 AktG durch das KonTraG unzulässig.[44] Höchststimmrechte lässt das Gesetz nur noch für nicht börsennotierte Aktiengesellschaften zu (§ 134 Abs. 1 Satz 2 AktG).[45]

---

[39] *Hüffer*, § 139 Rn 7.
[40] *Hüffer*, § 139 Rn 17; Kölner Kommentar AktG/*Zöllner*, § 139 Rn 25; *Henn*, § 1 Rn 38.
[41] Siehe Übernahmeangebot auf die Aktien der Wella AG durch Procter & Gamble.
[42] *Loges/Distler*, Gestaltungsmöglichkeiten durch Aktiengattungen, ZIP 2002, 467, 474; empirisch hat die Vorzugsaktie allerdings seit 1980 an Bedeutung gewonnen: *Hüffer*, § 139 Rn 3.
[43] Münchener Handbuch des Gesellschaftsrechts/*Wiesner*, § 13 Rn 9.
[44] Zur Übergangsregelung für Mehrstimmrechte, die durch behördliche Genehmigung in der Vergangenheit eingeführt wurden und die aufgrund gesetzlicher Anordnung am 1.6.2003 erloschen sind, sofern die Hauptversammlung ihre Fortgeltung nicht beschlossen hat, § 5 Abs. 1 bis Abs. 4 EGAktG.
[45] Zur Stimmrechtsbeschränkung durch das VW-Gesetz: *Krause*, Von „goldenen Aktien", dem VW-Gesetz und der Übernahmerichtlinie, NJW 2002, 2747 ff.

3. Besonderheiten

Bestehen mehrere Aktiengattungen, sind u. a. folgende Besonderheiten zu beachten:

- Sollen bestehende gattungsspezifische Vorrechte beseitigt oder eingeschränkt werden, so ist ein zustimmender Sonderbeschluss der betroffenen Aktionäre erforderlich (§ 179 Abs. 3 AktG). Bestehen mehrere Aktiengattungen und soll deren Verhältnis zueinander verändert werden, so gilt auch hier, dass die Aktionäre, die hierdurch benachteiligt werden, dem Beschluss zustimmen müssen;
- Bei Kapitalerhöhungen bzw. Kapitalherabsetzungen müssen gem. §§ 182 Abs. 2 und 222 Abs. 2 AktG die Aktionäre jeder Gattung von stimmberechtigten Aktien in Form eines Sonderbeschlusses zustimmen. Auf eine Benachteiligung kommt es nicht an.

V. Aktienurkunden und sonstige aktienrechtliche Urkunden

1. Aktienurkunden

Die Mitgliedschaft an einer Aktiengesellschaft ist nicht davon abhängig, dass eine Urkunde über diese Mitgliedschaft ausgestellt wird. Die Urkunde hat lediglich deklaratorischen Charakter.

a) Inhalt und Form der Urkunde

Das Aktiengesetz enthält kaum Vorschriften darüber, wie eine Aktienurkunde gestaltet sein muss. Für börsennotierte Aktien gilt allerdings, dass die Druckbeschaffenheit der Einzelurkunden einen ausreichenden Schutz vor Fälschungen bieten muss, damit eine leichte und sichere Abwicklung des Wertpapierverkehrs gewährleistet ist.[46]

Eine Einzelaktienurkunde, die man auch als „Mantel" bezeichnet, sollte als „Aktie über EUR [Nennwert]" oder „Aktie ohne Nennwert" oder „Vorzugsaktie", bei mehreren Aktiengattungen ausgestellt sein. Sie enthält den Nennbetrag bei Nennbetragsaktien, die Anzahl bei Stückaktien und bei Namensaktien die namentliche Bezeichnung des zum Zeitpunkt der Ausstellung berechtigten Aktionärs bzw. bei der Inhaberaktie den Verweis auf den „Inhaber". Die Verbriefung einer Beteiligung (zB „der namentlich benannte Aktionär bzw. der Inhaber ist an der Gesellschaft (im Nennbetrag von EUR) an der Gesellschaft nach Maßgabe der Satzung beteiligt") sollte erkennbar sein. Daneben enthält die Urkunde einen Verweis auf den Ausstellungsort, das Ausstellungsdatum und die Unterschrift des Vorstands in vertretungsberechtigter Zahl (§ 13 Satz 1 AktG)[47] wobei eine vervielfältigte Unterschrift

---

[46] § 8 Abs. 1 BörsZulVO iVm. Gemeinsame Grundsätze der deutschen Wertpapierbörsen für den Druck von Wertpapieren von 13.10.1991 abgedruckt bei Kümpel/Hammen/Ekkenga, Kapitalmarktrecht, Nr. 434.
[47] Besondere Formvorschriften sind möglich und können in der Satzung festgelegt werden, zB die Unterschrift eines Kontrollbeamten (§ 13 Satz 2 AktG). Bei der Ausstellung der Urkunde handelt es sich um eine Geschäftsführungsmaßnahme, für die ausschließlich der Vorstand zuständig ist. Prokuristen und Handlungsbevollmächtigte sind hierzu nur aufgrund einer besonderen Vollmacht befugt (Münchener Handbuch des Gesellschaftsrechts/*Wiesner*, § 12 Rn 11).

genügt. Die Aktienurkunde trägt in der Regel, zumindest bei Inhaberaktien zum Zwecke der Unterscheidbarkeit, eine Ordnungsnummer.

b) Globalurkunde

29   Wegen der mit dem Druck von Einzelurkunden verbundenen hohen Kosten, verbriefen börsennotierte Aktien ihre Mitgliedschaftsrechte überwiegend in Globalurkunden, die, da sie nicht für den Umlauf sondern nur zur Verwahrung bei der Clearstream bestimmt sind, keine fälschungssichere Ausstattung aufweisen müssen, sondern elektronisch gestaltet sein können. Die Globalurkunde ist eine so genannte Sammelurkunde, da sie mehrere Mitgliedschaftsrechte gleicher Gattung in einer Urkunde zusammenfasst. Ist der Anspruch auf Verbriefung in der Satzung gemäß § 10 Abs. 5 AktG ausgeschlossen, spricht man von einer Dauerglobalurkunde, da die Aktionäre die Auslieferung von Einzeleffekten nicht verlangen können. Der Charakter als (Dauer)Globalurkunde muss entsprechend in der Gestaltung der Urkunde zum Ausdruck kommen:

30   Die von der Clearstream verwahrte Globalurkunde enthält im Unterschied zur Einzelaktie folgende Merkmale:

– Bezeichnung als Globalurkunde;
– die Gesamtzahl der verbrieften Aktien sowohl bei Nennbetrags- als auch bei Stückaktien;
– die Namensglobalaktie lautet nicht auf die Clearstream, da diese nur Verwahrerin ist[48], sondern auf den Namen der zeichnenden Bank (regelmäßig die Konsortialführerin), die die Aktien bei Börsengang übernimmt und dann weiterplatziert bzw. auf den Namen aller Aktionäre zum Zeitpunkt der Einlieferung, die in einer Allonge (Anlage) als Bestandteil der Urkunde aufgeführt sind;
– Hinweis, dass sich die Anzahl der in dieser Globalurkunde verbrieften und begebenen Aktien jeweils aus dem neuesten Depotauszug der Clearstream ergibt, der Bestandteil der Urkunde ist;
– bei Namensglobalaktien kann der Hinweis ergänzt werden, dass die im Aktienbuch der Gesellschaft eingetragenen Inhaber von Miteigentumsanteilen an der Globalaktie an der Gesellschaft nach Maßgabe ihrer Satzung als Aktionäre beteiligt sind;
– Hinweis, dass die Globalurkunde ausschließlich zur Verwahrung bei der Clearstream bestimmt ist;
– Hinweis, dass oder dass kein Globalgewinnanteilschein zur Globalurkunde ausgestellt wurde;
– die Gewinnberechtigung, wenn eine Globalurkunde über Aktien einer Kapitalerhöhung ausgestellt wird, die erst ab einem bestimmten Zeitpunkt gewinnberechtigt sind;
– Blankoindossament bei Namensaktien.

---

[48] Dies entspricht der Handhabung der Clearstream: die Inhaberglobalaktie ist, ebenso wenig wie die Namensglobalaktie, auf die Clearstream ausgestellt; aA *Lauppe*, Die kleine Aktiengesellschaft ohne Aktienausgabe: Der Weg ins Chaos, DB 2000, 807, 809, was allerdings nicht der Praxis entspricht.

c) Gewinnanteilschein und Erneuerungsschein

Der Gewinnanteilschein verbrieft den Dividendenzahlungsanspruch des Aktionärs. Der Gewinnanteilschein (Kupon, Dividendenschein) und der Erneuerungsschein (Talon) sind bei einer Einzelurkunde Teil des „Bogens" der Aktie. Sofern in der Satzung nichts anderes bestimmt ist, hat der Aktionär einen Anspruch auf Verbriefung.[49] Die Gewinnanteilscheine sind stets als Inhaberpapiere auszustellen, auch wenn die Aktien auf den Namen lauten.[50]

Der Erneuerungsschein (Talon) befindet sich als letzter Abschnitt auf dem Kuponbogen und berechtigt zum Bezug eines neuen Kuponbogens, sobald der alte aufgebraucht ist. Der Erneuerungsschein ist kein Wertpapier, auch wenn er stets auf den Inhaber ausgestellt wird.

Der Gewinnanteilschein kann wie eine Globalaktie globalverbrieft werden, der dann ebenfalls von der Clearstream verwahrt wird. Ein solcher separater Globalgewinnanteilschein enthält wie die Globalaktie den Hinweis, dass diese Urkunde ausschließlich zur Verwahrung bei der Clearstream bestimmt ist. Alle Aktionäre, deren Aktien global verbrieft sind, haben nicht nur einen Miteigentumsanteil an den global verbrieften Aktien, sondern ebenfalls an den global verbrieften Gewinnanteilscheinen. Verkauft ein Aktionär seine Beteiligung, so erhält der Erwerber ebenfalls einen Miteigentumsanteil an dem Globalgewinnanteilschein. Die Gesellschaft zahlt die Dividenden an die Clearstream als Verwahrerin und damit Inhaberin des Globalgewinnanteilscheins aus. Diese verteilt den erhaltenen Geldbetrag entsprechend ihrer Depotunterlagen auf die Depotbanken, die die Dividendenbeträge an die einzelnen Aktionäre weiterleiten.[51]

VI. Kraftloserklärung und Umtausch von Aktien

1. Kraftloserklärung

Die Kraftloserklärung von Aktienurkunden ist in den §§ 72 und 73 AktG geregelt. Ihre Rechtsfolgen wirken sich lediglich auf die Verbriefung des Mitgliedschaftsrechts und nicht auf das Mitgliedschaftsrecht als solches aus.[52]

Die Bestimmungen des Aktiengesetzes zur Kraftloserklärung von Aktienurkunden beziehen sich auf Einzelurkunden. Sind die Mitgliedschaftsrechte, wie dies bei börsennotierten Gesellschaften fast immer der Fall ist, in einer Globalurkunde verbrieft, die sich in Girosammelverwahrung befindet, so ist für den Fall, dass die Globalaktie unrichtig wird (zB durch Änderung der Firma, des Sitzes, Einführung von Vorzügen und Stämmen, Kapitalerhöhung oder -herabsetzung) keine Kraftloserklärung notwendig. Die Globalurkunde ist nicht umlauffähig und nicht Teil des Rechtsverkehrs, weshalb ein Rechtsschein nicht gesetzt wird, der durch eine Kraft-

---

[49] HM *Hüffer*, § 58 Rn 29; Kölner Kommentar AktG/*Lutter*, § 58 Rn 118; Großkommentar/*Barz*, § 58 Rn 35.
[50] *Hüffer*, § 58 Rn 29.
[51] *Brammer*, Die Einführung der Globalen Namensaktie bei DaimlerChrysler, in von Rosen/Seifert, Die Namensaktie, 399, 403 f.
[52] Münchener Kommentar AktG/*Oechsler*, § 72 Rn 1.

loserklärung beseitigt werden müßte. Im Falle der Kapitalerhöhung verbrieft die Gesellschaft die neuen Aktien in einer separaten Globalurkunde und liefert diese ein. In den übrigen Fällen unterrichtet die Gesellschaft die Wertpapiersammelbank über die Veränderung der rechtlichen Verhältnisse und hinterlegt eine neue Globalurkunde, die der geänderten Sachlage entspricht. Die Wertpapiersammelbank wird diese neue Globalurkunde gegen die unrichtig gewordene Globalurkunde eintauschen und die alte Urkunde vernichten, ohne dass es weiterer Verfahrensschritte bedürfte.

36 Die Kraftloserklärung kann in den Fällen notwendig sein, in denen Einzelurkunden unerwartet nach der Börsennotierung auftauchen, wenn die Aktien bereits globalverbrieft sind. Sollte ein Aktionär, soweit der Verbriefungsanspruch in der Satzung nicht umfassend ausgeschlossen ist, auf sein Recht auf Auslieferung von Einzelurkunden bestehen, so entsteht möglicherweise ebenfalls bei einer nachträglichen Änderung die Notwendigkeit zur Kraftloserklärung der ausgegebenen Aktien. Ein weitere Fall ist das Unrichtigwerden der Urkunde aufgrund der Euro-Umstellung. Das Verfahren zur Kraftloserklärung ist in der Praxis allerdings relativ selten.

37 Das Gesetz unterscheidet zwischen der gerichtlichen Kraftloserklärung gem. § 72 AktG, die dem Aktionär zu Verfügung steht, wenn seine Aktienurkunde abhanden gekommen oder vernichtet worden ist und der Kraftloserklärung durch die Gesellschaft gem. § 73 AktG. Die Kraftloserklärung gem. § 73 AktG gibt der Gesellschaft die Möglichkeit, durch Veränderung der rechtlichen Verhältnisse inhaltlich unrichtig[53] gewordene Aktien für kraftlos zu erklären. Das Aktiengesetz enthält in den §§ 72 und 73 detaillierte Bestimmungen zum Verfahren der Kraftloserklärung.

2. Umtausch von Aktien

38 Sind Aktienurkunden beschädigt oder verunstaltet worden, kann der Berechtigte diese gem. § 74 AktG bei der Gesellschaft gegen neue Aktienurkunden eintauschen. Der Anspruch des Berechtigten gegen die Gesellschaft auf Erteilung neuer Aktienurkunden besteht Zug um Zug gegen die Rückgabe der alten Urkunden.

VII. Eigene Aktien

39 Das grundsätzlich bestehende Verbot der Einlagenrückgewähr gilt für den „zulässigen" Erwerb eigener Aktien nicht; § 57 Abs. 1 AktG.[54] In welchen Fällen der Er-

---

[53] Siehe dazu oben unter Rn 35; Die blankoindossierte Namensurkunde ist nicht deshalb unrichtig, weil der in der Aktie namentlich benannte Aktionär nicht mehr der wirkliche Rechtsinhaber ist. Die Legitimation des Aktienregisters schützt die Gesellschaft ausreichend, § 67 Abs. 2 AktG (Münchener Kommentar AktG/*Oechsler*, § 73 Rn 9).

[54] Das Verbot der Einlagenrückgewähr geht auf Erfahrungen aus der Weltwirtschaftskrise Anfang der Dreißiger Jahre zurück und übersteht bis heute jede Aktienrechtsreform. Während der Weltwirtschaftskrise versuchten deutsche Aktiengesellschaften den rasanten Kursverfall ihrer Aktien zu stoppen, indem sie eigene Aktien erwarben und dadurch die Anzahl der umlaufenden Wertpapiere verringerten; das Angebot ihrer Aktien sank, gleichzeitig stieg die Nachfrage, dadurch verminderte sich der Kurssturz. Durch den Rückerwerb bauten die Gesellschaften jedoch drin-

werb zulässig ist, regeln §§ 71 ff. AktG. Nach Lockerung der Vorschriften zum Erwerb eigener Aktien durch das KonTraG im Jahre 1998[55] (Einführung des § 71 Abs. 1 Nr. 8 AktG – vergleiche hierzu sogleich unten) werden bei nahezu allen größeren Gesellschaften regelmäßig Ermächtigungen der Hauptversammlung zum Erwerb eigener Aktien eingeholt. Durch den Erwerb eigener Aktien kann die Gesellschaft die Anzahl ausstehender Aktien verringern und dadurch den auf jede (ausstehende) Aktie entfallenden Gewinn steigern, zudem können die eigenen Aktien zum Beispiel als Akquisitionswährung oder zur Bedienung von Aktienoptionsprogrammen genutzt werden.

a) Zulässige Erwerbsfälle

§ 71 Abs. 1 AktG enthält einen Katalog zulässiger Erwerbsfälle: (i) Erwerb zur Abwehr eines schweren, unmittelbar bevorstehenden Schadens der Aktiengesellschaft (§ 71 Abs. 1 Nr. 1 AktG); (ii) Erwerb zur späteren Ausgabe der Aktien als Belegschaftsaktien an die Arbeitnehmer der Gesellschaft (§ 71 Abs. 1 Nr. 2 AktG)[56]; (iii) Erwerb der Aktien, um sie im Rahmen einer Verschmelzung oder Umwandlung der Gesellschaft zur Abfindung der Minderheitsaktionäre zu verwenden (§ 71 Abs. 1 Nr. 3 AktG); (iv) unentgeltlicher Erwerb (§ 71 Abs. 1 Nr. 4 1. Alt. AktG); (v) Erwerb durch ein Kreditinstitut in Kommission für einen Bankkunden (§ 71 Abs. 1 Nr. 4 2. Alt. AktG);[57] (vi) Erwerb durch Gesamtrechtsnachfolge (§ 71 Abs. 1 Nr. 5 AktG); (vii) Erwerb zur Einziehung im Zuge einer Kapitalherabsetzung (§ 71 Abs. 1 Nr. 6 AktG); (viii) Erwerb zum Zwecke des Wertpapierhandels (§ 71 Abs. 1 Nr. 7 AktG; gilt mit besonderen Einschränkungen nur für Kreditinstitute); (ix) Erwerb aufgrund einer Ermächtigung der Hauptversammlung (bedeutendste Fallgruppe); (§ 71 Abs. 1 Nr. 8 AktG).

b) Einschränkungen

Die einzelnen Ausnahmetatbestände schränkt das Gesetz unterschiedlich stark ein. Der Erwerb nach § 71 Abs. 1 Nr. 1–3, 7 und 8 AktG fällt unter die Grundkapitalbeschränkung aus § 71 Abs. 2 AktG, danach darf die Gesellschaft nur so viele Aktien erwerben, dass sämtliche eigenen Aktien, die sie besitzt, nicht mehr als 10 % ihres Grundkapitals repräsentieren. Die Norm schränkt den Vermögensabfluss ein und schützt damit die Gläubiger.[58]

Erwirbt die Gesellschaft eigene Aktien nach § 71 Abs. 1 Nr. 1, 2, 4 (2. Alt.), 7 und 8 AktG (schwerer Schaden, Belegschaftsaktien, Einkaufskommission, Handel durch Kredit- und Finanzinstitute und aufgrund Ermächtigung der Hauptversammlung), so muss die Einlage auf die Aktien voll geleistet sein. Die Regelung soll Probleme mit der Nachschusspflicht auf nicht voll eingezahlte Aktien vermeiden: Erwirbt

---

gend benötigte Kapitalreserven ab. Dadurch überstanden sie die weiter anhaltende Schwäche der Weltwirtschaft nicht – es kam zu einer Pleitewelle. Vgl. hierzu u. a. *Peltzer*, Die Neuregelung des Erwerbs eigener Aktien im Lichte der historischen Erfahrungen, WM 1998, 322, 325 f.

[55] Gesetz zur Kontrolle und Transparenz im Unternehmensbereich, BT-Drs. 203/98 vom 6. März 1998.

[56] Die Norm gilt nicht für Aktien, die Vorstandsmitgliedern angeboten werden (vgl. *Hüffer*, § 71 Rn 12 und § 84 Rn 11).

[57] Die Vorschrift bezieht sich allein auf den Erwerb im Rahmen der Einkaufskommission.

[58] *Benckendorff*, S. 84 ff.

nämlich eine Gesellschaft nicht voll eingezahlte eigene Aktien, so übernimmt sie auch die Nachschusspflicht. Das belastet sie doppelt; ihre Bilanz weist ein nicht voll eingezahltes Grundkapital aus und gleichzeitig wäre sie selbst verpflichtet, dieses Kapital aufzubringen. Die Gefahr einer Insolvenz würde dadurch womöglich erheblich steigen.[59]

43 Beim Rückerwerb zur Abwendung eines schweren Schadens und beim Erwerb aufgrund einer Ermächtigung der Hauptversammlung muss der Vorstand die Hauptversammlung nach dem Erwerb über die Gründe und den Zweck des Erwerbs, über die Zahl der erworbenen Aktien sowie den auf sie entfallenden Teil des Grundkapitals sowie über den Gegenwert der Aktien informieren.[60] Die Information kann im Falle des § 71 Abs. 1 Nr. 8 AktG auch im Geschäftsbericht der Gesellschaft gegeben werden. Für den Erwerb durch Kreditinstitute, Finanzdienstleistungsinstitute und Finanzunternehmen zum Handel (§ 71 Abs. 1 Nr. 7 AktG) ist eine Ermächtigung der Hauptversammlung erforderlich.[61] Die Ermächtigung muss den höchsten und niedrigsten Gegenwert für die Aktien festlegen und die Menge des Handelsbestandes auf höchstens 5 % vom Grundkapital am Ende jedes Tages beschränken. Der Hauptversammlungsbeschluss ist höchstens 18 Monate gültig.[62]

44 Den Erwerb durch Gesamtrechtsnachfolge (§ 71 Abs. 1 Nr. 5 AktG) und den unentgeltlichen Erwerb (§ 71 Abs. 1 Nr. 4, 1. Alt. AktG) schränkt das Gesetz nicht ein, weil kein Gesellschaftsvermögen abfließt und der Erwerb für die Gesellschaft damit lediglich rechtlich und wirtschaftlich vorteilhaft ist.[63] Erwirbt die Gesellschaft die Aktien zur Einziehung im Zuge einer Kapitalherabsetzung (§ 71 Abs. 1 Nr. 6 AktG), so gelten die entsprechenden Sondervorschriften (§§ 222–228 AktG).

45 Die genannten Einschränkungen dürfen nicht durch Zwischenschaltung eines Dritten, der für Rechnung der Gesellschaft handelt, umgangen werden (§ 71 d AktG).

c) Rücklage nach § 272 Abs. 4 HGB

46 Gemäß § 71 Abs. 2 Satz 2 AktG ist der Erwerb in den Fällen des § 71 Abs. 1 Nr. 1–3, 7 und 8 AktG nur zulässig, wenn die Gesellschaft die Rücklage nach § 272 Abs. 4 HGB bilden kann. Das hat folgenden Hintergrund: gemäß § 266 Abs. 2 HGB muss die Gesellschaft die erworbenen Aktien als Umlaufvermögen aktivieren. Im Gegenzug muss sie gemäß § 272 Abs. 4 HGB den gleichen Betrag als Kapitalrücklage auf der Passivseite der Bilanz einstellen. Der nach § 272 Abs. 4 HGB als Rücklage für eigene Aktien einzustellende Betrag muss den auf der Aktivseite der Bilanz für die eigenen Aktien anzusetzenden Anschaffungskosten entsprechen. Durch die Rücklage für eigene Aktien wird mithin der Bilanzansatz der eigenen Aktien neutralisiert (§ 266 Abs. 2 Aktivseite B. III. Nr. 2 HGB vs. § 266 Abs. 3 Passivseite A. III. Nr. 2 HGB).

---

[59] *Hüffer*, § 71 Rn 20 f.
[60] Kölner Kommentar AktG/*Lutter*, § 71 Rn 33; Münchener Handbuch des Gesellschaftsrechts/*Wiesner*, § 15 Rn 12.
[61] Vgl. hierzu Münchener Kommentar AktG/*Oechsler*, § 71 Rn 163, *Hüffer*, § 71 Rn 19 b.
[62] § 71 Abs. 1 Nr. 7 Satz 3.
[63] Münchener Kommentar AktG/*Oechsler*, § 71 Rn 147, 152 f.

Das deutsche Recht folgt damit einem umstrittenen Grundsatz: Es behandelt den 47
Erwerb eigener Aktien wie den Erwerb von Umlaufvermögen.[64] Den entgegengesetzten Ansatz verfolgen die US-GAAP, danach stellen die eigenen Aktien keinen bilanzierbaren Vermögensposten dar, sondern werden wie nicht ausgegebene Aktien behandelt.[65]

Während der Wortlaut von § 272 Abs. 4 HGB die Bildung der Rücklage lediglich aus vorhandenen Gewinnrücklagen erlaubt, soweit diese frei verfügbar sind, 48
geht die herrschende Ansicht in der Literatur[66] davon aus, dass darüber hinaus das Jahresergebnis, frei verfügbare Kapital- und Gewinnrücklagen sowie der Gewinnvortrag zur Bildung der Rücklage verwendet werden dürfen.

Die zum Zwecke der Einziehung erworbene Aktien sind gemäß § 272 Abs. 1 S. 1 49
und 4 HGB nicht zu aktivieren, vielmehr ist der Nennbetrag dieser Aktien offen von dem Passivposten nach § 266 Abs. 3 A I HGB (Gezeichnetes Kapital) als Kapitalrückzahlung abzusetzen und die Differenz zwischen dem (rechnerischen) Nennbetrag der Aktien und ihrem Kaufpreis mit den anderen Gewinnrücklagen zu verrechnen (§ 272 Abs. 1 Satz 6 HGB).

d) Erwerbsarten

Für den Rückerwerb stehen verschiedene Wege zur Verfügung: Regelmäßig erfolgt der Erwerb verdeckt über die Börse (*Open-Market Repurchase*).[67] Möglich ist 50
jedoch auch der Erwerb über ein öffentliches Erwerbsangebot (*Tender Offer*), bei dem den Aktionären ein fester Preis geboten wird.[68] Nach nicht unumstrittener Auffassung der BaFin gelten für dieses Angebot die Vorschriften des WpÜG. Demnach ist die Gesellschaft verpflichtet, eine Angebotsunterlage nach dem WpÜG zu erstellen, diese von der BAFin prüfen zu lassen und anschließend zu veröffentlichen.[69] Der Erwerb über ein öffentliches Erwerbsangebot ist selten; der hohe Verwaltungs- und Kostenaufwand, der unter anderem durch die Anwendbarkeit des WpÜG entsteht, rechtfertigt die Wahl dieser Erwerbsart nur dann, wenn eine größere Menge eigener Aktien erworben werden soll.[70]

---

[64] *Thiel*, Bilanzielle und steuerrechtliche Behandlung eigener Aktien nach der Neuregelung des Aktienerwerbs durch das KonTraG, DB 1998, 1583 ff.; *Wiese*, Die steuerliche Behandlung des Aktienrückkaufs im Lichte des BMF-Schreibens vom 2.12.1998, DStR 1999, 187.

[65] Münchener Kommentar zum AktG/*Oechsler*, § 71 Rn 302; *Schmidbauer*, Die Bilanzierung eigener Aktien im internationalen Vergleich, DStR 2002, 187 ff.

[66] *Adler/Düring/Schmaltz*, § 272 HGB, Rn 191; Münchner Kommentar HGB/*Beater*, § 272 Rn 65 mit weiteren Nachweisen; andere Ansicht jedoch Beck'sches Hdb. Rechnungslegung/*Heymann*, B 231, Rn 112.

[67] *Kopp*, S. 36 und 39; Münchener Kommentar AktG/*Oechsler*, § 71 Rn 14.

[68] *Kopp*, S. 36 ff.

[69] *Lenz/Linke*, Rückkauf eigener Aktien nach dem Wertpapiererwerbs- und Übernahmegesetz, AG 2002, 420 ff.; *Paefgen*, Die Gleichbehandlung beim Aktienrückerwerb im Schnittfeld von Gesellschafts- und Übernahmerecht, ZIP 2002, 1509 ff.; **aA**: *Baum*, Rückerwerbsangebote für eigene Aktien: übernahmerechtlicher Handlungsbedarf?, ZHR 167 (2003), 580 ff.; *Berrar/Schnorbus*, Rückerwerb eigener Aktien und Übernahmerecht, ZGR 2003, 59 ff.; *Süßmann*, Anwendung des WpÜG auf öffentliche Angebote zum Erwerb eigener Aktien?, AG 2002, 424 ff.; *Koch*, Der Erwerb eigener Aktien – kein Fall des WpÜG?, NZG 2003, 61 ff. mwN; zum Hintergrund: Die BAFin hat auf eine Anfrage der Siemens AG im April 2002 erstmals erklärt, dass auf öffentliche Angebote zum Erwerb eigener Aktien das WpÜG anwendbar sei.

[70] Münchener Kommentar AktG/*Oechsler*, § 71 Rn 15.

e) Der wichtigste Erwerbsfall in der Praxis: § 71 Abs. 1 Nr. 8 AktG – Erwerb auf Grund einer Ermächtigung der Hauptversammlung

51 Die Möglichkeit zum Erwerb eigener Aktien aufgrund einer Ermächtigung der Hauptversammlung wurde durch das KonTraG 1998 eingeführt und ist seither die häufigste Erwerbsfallgruppe. Nachstehend sollen die Voraussetzungen für den Rückerwerb gemäß § 71 Abs. 1 Nr. 8 AktG skizziert werden:

– Die Gesellschaft muss wirksam von der Hauptversammlung zum Rückkauf eigener Aktien ermächtigt worden sein.[71]

  • In aller Regel wird die Ermächtigung zum Rückerwerb der Aktien mit der Ermächtigung zur Wiederausgabe verbunden. Der in § 71 Abs. 1 Nr. 8 Satz 1 AktG vorgesehene maximale Ermächtigungszeitraum von 18 Monaten gilt nicht für die Wiederausgabeermächtigung, diese bleibt über die 18 Monatsfrist hinaus wirksam und kann durch einen späteren Hauptversammlungsbeschluss abgeändert werden, um andere Wiederausgabezwecke zuzulassen.[72] Die Aktionäre haben ein Bezugsrecht auf wiederausgegebene eigene Aktien. Das Bezugsrecht kann gemäß § 71 Abs. 1 Nr. 8 Satz 5 iVm. § 186 Abs. 3 und 4 AktG ausgeschlossen werden.[73]

  • Die Hauptversammlung legt den höchsten und niedrigsten Gegenwert für die zurückzuerwerbenden Aktien fest.[74] Die Festlegung erfolgt in aller Regel nicht betragsmäßig, sondern anhand des künftigen durchschnittlichen Börsenkurses der Aktien innerhalb der letzten 3 bis 5 Tage vor dem Erwerb (Durchschnittskurs),[75] wobei eine bestimmte Abweichung (meist zwischen 5 und 10%) von diesem Durchschnittskurs zugelassen wird.

  • Für den Rückerwerb eigener Aktien im Rahmen eines öffentlichen Erwerbsangebotes (*Tender Offer*) sollte die Ermächtigung – soweit sie den Erwerb über ein solches öffentliches Erwerbsangebot überhaupt zulässt (siehe oben Rn 50) – eine gesonderte Regelung treffen, die eine höhere Abweichung vom Durchschnittskurs zulässt und als Ermittlungszeitpunkt für den Durchschnittskurs einen Termin unmittelbar vor Ankündigung des Erwerbsangebotes (§ 10 WpÜG gilt) bestimmen.[76]

– Auf die nach § 71 Abs. 1 Nr. 1–3, 7 und 8 AktG erworbenen eigenen Aktien dürfen zusammen mit anderen Aktien der Gesellschaft, welche die Gesellschaft bereits erworben hat und noch besitzt, nicht mehr als 10% des Grundkapitals der Gesellschaft entfallen.[77]

– Die Gesellschaft muss im Zeitpunkt des Rückerwerbs die nach § 272 Abs. 4 HGB vorgeschriebene Rücklage für eigene Aktien bilden können.

---

[71] *Hüffer*, § 71 Rn 19 d.
[72] *Hüffer*, § 71 Rn 19, Münchener Kommentar AktG/*Oechsler*, § 71 Rn 184.
[73] Hierfür gelten die Vorschriften des Bezugsrechtsausschlusses; vgl. § 71 Abs. 1 Nr. 8 S. 5 AktG; *Hüffer*, § 71 Rn 19 m.
[74] Beck'sches Handbuch AG/*Zätzsch/Maul*, § 4 Rn 158.
[75] Deutsches Aktieninstitut (Hrsg.), S. 11.
[76] Münchener Kommentar AktG/*Oechsler*, § 71 Rn 202 a f.
[77] Siehe auch schon oben Rn 41.

- Auf die Aktien, die zurückgekauft werden sollen, muss der Ausgabebetrag voll geleistet sein.
- Die Beschlussfassung ist gemäß § 71 Abs. 3 Satz 3 der BaFin mitzuteilen.
- Über die Ausnutzung der Ermächtigung beschließt der Vorstand. Üblicherweise konkretisiert der Beschluss[78] die Preisspanne für den beabsichtigten Erwerb. Damit stellt der Vorstand sicher, dass der Erwerb zu einem angemessenen Preis erfolgt. Hierbei sind kapitalmarktrechtliche Besonderheiten zu beachten, die sogleich unter Rn 52 ff. erläutert werden.
- Nachdem der Vorstand den Beschluss gefasst hat, von der Ermächtigung zum Erwerb eigener Aktien Gebrauch zu machen, ist diese Tatsache durch eine Ad-hoc-Mitteilung zu veröffentlichen.

f) Kapitalmarktrechtliche Besonderheiten

Bei der Umsetzung des Rückerwerbs muss der Vorstand sicherstellen, dass es zu keinen insiderrechtlichen Verstößen kommt.[79] Beschließt der Vorstand den Erwerb eigener Aktien in unmittelbarem Zusammenhang mit dem Wissen um eine Insidertatsache, wird also der Zeitpunkt des Erwerbsbeschlusses oder des Erwerbs selbst durch das Vorliegen der Insidertatsache bestimmt, so liegt unzweifelhaft ein Verstoß gegen das Insiderhandelsverbot vor.[80] Aus Gründen der Vorsicht und um jeglichen Vertrauensverlust bei den Marktteilnehmern zu vermeiden, sollte jedoch auch ein langfristig geplanter Erwerb abgebrochen werden, wenn er im zeitlichen Zusammenhang mit einer – noch nicht Ad-hoc-publizitätspflichtigen – Insidertatsache erfolgt.

52

Die Gesellschaft trifft für die erworbenen eigenen Aktien auch die Meldepflicht über wesentliche Beteiligungen gemäß § 21 WpHG, sie muss mithin der BaFin mitteilen und der Öffentlichkeit durch Veröffentlichungen in einem überregionalen Börsenpflichtblatt kundtun, sobald sie eigene Aktien erworben hat, die insgesamt mindestens 5 % oder 10 % der Stimmrechte verkörpern (die Unterschreitung der Schwellen ist selbstverständlich gemäß § 21 WpHG ebenfalls mitteilungspflichtig).[81]

53

g) Hintergrund: Europäisches Recht

Das deutsche Recht zum Rückerwerb eigener Aktien wird stark durch europäisches Recht geprägt. So enthält Art. 19 der zweiten aktienrechtlichen Kapitalrichtlinie der EWG[82] eine Reihe von Vorgaben für die Gesetze der Mitgliedstaaten. Die Grenzen der Richtlinie werden durch §§ 71 ff. ausgereizt. Eine weitere Liberalisierung des deutschen Rechts zum Erwerb eigener Aktien ist damit nur bei gleichzeitiger Liberalisierung auf europäischer Ebene möglich.

54

---

[78] *Martens*, Erwerb und Veräußerung eigener Aktien im Börsenhandel, AG 1996, 337, 341.
[79] Deutsches Aktieninstitut (Hrsg.), S. 16.
[80] *Assmann/Schneider/Kramer*, § 14 Rn 27 b; *von Rosen/Helm*, Der Erwerb eigener Aktien durch die Gesellschaft, AG 1996, 434, 439 f.; *Fürhoff*, Insiderrechtliche Behandlung von Aktienoptionsprogrammen und Management Buy-Outs, AG 1998, 83, 84.
[81] Münchener Kommentar AktG/*Oechsler*, § 71 Rn 202 c.
[82] Richtlinie 77/91/EWG vom 13.12.1976, ABl. 1977 Nr. L 26/1, zul. geänd. durch Richtlinie vom 23.11.1992, ABl. 1992, Nr. L 347/64; weitere Einzelheiten finden sich bei *Ganske*, Das Zweite gesellschaftsrechtliche Koordinationsgesetz vom 13.12.1978, DB 1978, 2461, 2463 ff., *Hüffer*,

h) Konsequenzen eines Verstoßes gegen §§ 71 ff. AktG

55 Erwirbt eine Aktiengesellschaft widerrechtlich eigene Aktien, so ist das Verpflichtungsgeschäft gemäß § 71 Abs. 4 Satz 2 AktG unwirksam; das dingliche Erwerbsgeschäft selbst ist jedoch gemäß § 71 Abs. 4 Satz 1 AktG wirksam.[83] Die Gesellschaft muss die Aktien gemäß § 71 c AktG einziehen oder veräußern[84]. Erwirbt die Gesellschaft zu viele Aktien, so gilt § 139 BGB, das Verpflichtungsgeschäft ist demnach teilnichtig, d. h. bis zum erlaubten Umfang des Rückerwerbs wirksam.[85] Der Verstoß gegen § 71 AktG durch Vorstand und Aufsichtsrat ist eine Ordnungswidrigkeit gemäß § 405 Abs. 1 Nr. 4 a AktG und kann Schadensersatzpflichten der Organmitglieder gemäß §§ 93 und 116 AktG auslösen[86].

i) Verbot der Finanzierung des Erwerbs eigener Aktien durch die Gesellschaft – § 71 a AktG

56 § 71 a AktG verbietet Umgehungsgeschäfte zum Erwerb eigener Aktien. Eine Gesellschaft soll/darf danach nicht den Erwerb ihrer Aktien durch einen Dritten durch Gesellschaftsmitteln unterstützen. Die Norm nennt die „Gewährung eines Vorschusses", „eines Darlehens" und „die Leistung einer Sicherheit" zum Zwecke des Erwerbs eigener Aktien als Verbotstatbestände. § 71 a AktG ist weit auszulegen, die Aufzählung der Verbotstatbestände ist mithin nicht abschließend. Der Normzweck ist für die Reichweite des Verbots ausschlaggebend.[87]

Harmonisierung des aktienrechtlichen Kapitalschutzes, NJW 1979, 1065, 1068 ff., *Skog*, Der Erwerb eigener Aktien: Reformbestrebungen in den EU-Mitgliedstaaten, ZGR 1997, 306, 312 ff.

[83] Münchener Handbuch des Gesellschaftsrechts/*Wiesner*, § 15 Rn 19.

[84] Vgl. Schiemer/*Jabornegg*/Strasser, § 65 Rn 26.

[85] Vgl. *Büdenbender*, Eigene Aktien und Aktien an der Muttergesellschaft (I), DZWiR 1998, 1, 7.

[86] Vgl. Kölner Kommentar AktG/*Lutter*, § 71 Rn 82; Beck'sches Hdb. AGAG/*Zätzsch*/*Maul*, § 4 Rn 170.

[87] „Offener Tatbestand mit Regelbeispielen": Münchener Kommentar AktG/*Oechsler*, § 71 a Rn 14; Fleischer, Finanzielle Unterstützung des Aktienerwerbes und Leveraged Buyout, AG 1996, 494, 500.

§ 4 Börsengang, Wertpapieremission und Börsennotierung

I. Die Entscheidung für den Börsengang

1. Vorteile der Börsennotierung

Aus der Perspektive eines Unternehmens bedeutet die Entscheidung für eine Börsennotierung wirtschaftlich eine erhebliche Erleichterung des Zugangs zu neuem Kapital. Soweit ein Unternehmen Kapitalbedarf hat, sollte es allerdings zunächst die Alternativen zur Aufnahme von Eigenkapital[1] an der Börse prüfen.

Die infolge der Börsennotierung gesteigerte Fungibilität der emittierten Wertpapiere erleichtert auch die zukünftige Aufnahme neuer Mittel am Kapitalmarkt.[2]

Zu den weiteren wirtschaftlichen Motiven eines Börsengangs zählen:[3]

– Nachfolgeregelung bei Familienunternehmen;
– Abspaltung nicht zum Kerngeschäft gehörender Aktivitäten im Wege des so genannten „Spin-Off". Insbesondere für börsennotierte Unternehmen kann damit eine Schärfung des Profils (Kerngeschäftsstrategie) und eine Verbesserung des Börsenkurses verbunden sein.
– Schaffung einer vereinfachten Veräußerungsmöglichkeit für Finanzinvestoren und Altaktionäre zu einer vollständigen oder teilweisen Desinvestition (so genannter „*Exit*") im Rahmen des Börsengangs oder zu einem späteren Zeitpunkt;
– Verbesserung des Ansehens bei Kunden, Lieferanten und Mitarbeitern;
– die Schaffung einer „Akquisitionswährung" bei Unternehmenskäufen;
– die Schaffung eines Anreizes für Führungskräfte und Mitarbeiter über Options- und Beteiligungsprogramme.

2. Nachteile der Börsennotierung

Die Fungibilität der börsennotierten Aktie erweist sich für den Emittenten und sein Management zugleich aber auch als Nachteil insoweit, als sich ein Kontrollwechsel erheblich leichter vollziehen kann. Die gestiegene Transparenz des Unternehmens infolge der gesteigerten Publizitätspflichten erleichtert es interessierten Investoren, eine Übernahme des Unternehmens vorzubereiten. Die Möglichkeit, bei börsennotierten Unternehmen ein Übernahmeangebot an die außenstehenden Aktionäre (evtl. in Verbindung mit einem Paketkauf) zu richten[4], führt potentiell zu einer erheblich erleichterten Unternehmensübernahme. Durch die Einführung des Squeeze-Out in das deutsche Recht ist die Übernahmegefahr noch einmal deutlich vergrößert worden.[5]

---

[1] Siehe dazu auch unter § 10.
[2] Siehe hierzu auch *Schanz*, § 2 Rn 4 ff., Beck'sches Hdb. AG/*Harrer*, § 18 Rn 12 ff.
[3] Vgl. dazu auch Schanz, § 2 Rn 10 ff.; *Zacharias*, S. 49 ff.; *Geddes*, S. 24 f.
[4] Zum WpÜG vgl. ausführlich § 15.
[5] Zum Squeeze-Out ausführlich unter § 16 Rn 27 ff.

5　Das börsennotierte Unternehmen akzeptiert außerdem mit dem Börsengang die Unterwerfung unter die mit der Erteilung und Aufrechterhaltung der Börsenzulassung verbundenen Verpflichtungen sowie der Pflichten nach dem WpHG (siehe dazu § 6).

6　Die mit den Publikationspflichten verbundene Transparenz des Unternehmens macht es Anlegern leichter, dem Management Fehler vorzuwerfen. Tendenziell wird die größere Transparenz deshalb dazu führen, dass sich das Management bei seinen unternehmerischen Entscheidungen vorsichtiger verhält. Das kann dazu führen, dass unternehmerische Chancen wegen der damit verbundenen Haftungsrisiken nicht genutzt werden und dadurch die Rentabilität des Unternehmens sinkt. Darüber hinaus machen die kapitalmarktrechtlichen Publikationspflichten das börsennotierte Unternehmen auch verletzbarer gegenüber Wettbewerbern.

II. Grundvoraussetzungen für einen Börsengang

1. Börsenfähigkeit

7　Börsenfähigkeit bezeichnet die Erfüllung der formalen Kriterien für eine Börsenzulassung. Wichtigste Voraussetzung ist dabei im Rahmen von Eigenkapitalemissionen eine börsenfähige Rechtsform. In Deutschland kommt dafür nur die Aktiengesellschaft oder die Kommanditgesellschaft auf Aktien in Betracht.[6] Eine weitere Voraussetzung für die Börsenzulassung ist die freie Handelbarkeit der Wertpapiere. Daher können nicht voll eingezahlte Wertpapiere[7] (vgl. § 5 Abs. 2 Nr. 1 BörsZulV) und vinkulierte Wertpapiere (vgl. § 5 Abs. 2 Nr. 2 BörsZulV) nur dann zum Börsenhandel zugelassen werden, wenn dies den Börsenhandel nicht beeinträchtigt und wenn im Fall der nicht voll eingezahlten Wertpapiere eine entsprechende Information des Publikums erfolgt. Eine Zulassung der Aktien zum Handel setzt zudem eine ausreichende Streuung voraus, wobei für die Zulassung zum amtlichen Handel ein Streubesitz von mindestens 25%[8] erforderlich ist (§ 9 Abs. 1 BörsZulV).[9]

2. Börsenreife

8　Bei der Börsenreife handelt es sich um einen nicht feststehenden Katalog von Kriterien, hinsichtlich derer aber jedenfalls ein Grundkonsens der Kapitalmarktteilnehmer besteht.[10] Während einige dieser Kriterien in der Einzelausprägung sicher-

---

[6] Zu den Kriterien der Rechtsformwahl Beck'sches Hdb. AG/*Göckeler*, § 19 Rn 70 ff.

[7] Traditionell begegnet man teileingezahlten Namensaktien bei Versicherungsgesellschaften, wobei der verbleibende Einlageanspruch der Risikodeckung dient, *Hüffer*, § 10 Rn 6.

[8] Ziff. 3.10 des Regelwerk Neuer Markt sah seinerzeit eine Abstufung des Mindest-free-floats abhängig vom Emissionsvolumen vor. So musste der *free float* bei Emissionen mit einem Wert unter 100 Mio. EUR 20% und bei einer Emission mit einem Wert von über 100 Mio. EUR 10% betragen. Mit der Abschaffung des Neuen Marktes sind diese Regelungen obsolet geworden.

[9] § 9 Abs. 2 BörsZulV enthält Abweichungen von dieser Regel. Im geregelten Markt ist ein bestimmter Mindest-Streubesitz nicht erforderlich; die Zulassungsstelle kann die Zulassung jedoch ablehnen, wenn aufgrund der geringen Streuung im Publikum ein ordnungsgemäßer Börsenhandel nicht gewährleistet erscheint (§ 69 Abs. 2 Ziffer 3 BörsO FWB).

[10] Vgl. dazu auch *Schanz*, § 6 Rn 24 ff.; *Zacharias*, S. 242 ff.; *Geddes*, S. 44 ff.

lich subjektiv differieren mögen, sind andere Kriterien unerlässlich, weil der Emittent ohne diese seinen Verpflichtungen gegenüber dem Kapitalmarkt nicht nachkommen kann. Im Einzelnen ergeben sich die folgenden Prüfpunkte:

Der Emittent sollte über eine übersichtliche Konzernstruktur verfügen.[11] Daher sollten komplexe Verschachtelungen möglichst vor dem Börsengang durch gesellschaftsrechtliche Umstrukturierungen entschlackt werden. Ein Mischkonzern, auch wenn er übersichtliche Gesellschaftsstrukturen hat, ist im Regelfall für Investoren schwer zu durchschauen und erschwert den Vergleich mit anderen Unternehmen. Dadurch ist die Aktie weniger attraktiv. Daher kann es im Vorfeld eines Börsengangs sinnvoll sein, nicht zum Kerngeschäft gehörende Aktivitäten zu veräußern oder zu beenden. Holding-Strukturen sollten ebenfalls vermieden werden.[12]

Zu einer börsenreifen Unternehmensstruktur gehört auch, dass sich sämtliche betriebswesentlichen Gegenstände in der Verfügungsgewalt des Unternehmens befinden.[13] Das Miteigentum oder Alleineigentum von Altgesellschaftern an betriebswesentlichen Vermögensgegenständen zB Grundstücken, Patenten, Lizenzen, Marken oder das Angewiesensein auf deren Dienstleistungen im Rahmen der Wertschöpfungskette wird professionelle Investoren häufig abschrecken.[14]

Auch die Unternehmensorganisation sollte übersichtlich und klar sein. Zur Börsenreife gehören auch effiziente Rechnungslegungs- und Controllingstrukturen, die sich auf sämtliche Konzernunternehmen erstrecken. Dazu zählen insbesondere verlässliche Managementinformationssysteme, ein funktionierendes Controlling, ein funktionierendes Risikomanagementsystem und auch die Besetzung der Kontrollgremien mit kompetenten Personen.[15]

Generell sollte es für das Unternehmen kein Problem darstellen, seine Zahlen zu veröffentlichen, ohne Wettbewerbsnachteile gegenüber konkurrierenden Unternehmen zu erleiden oder in Konflikte mit seinen Abnehmern oder Zulieferern zu geraten.

Unerlässlich für einen Börsengang und ebenfalls zur Börsenreife gehörend ist die Entwicklung einer so genannten Equity Story. Dahinter verbirgt sich ein plausibles strategisches Unternehmenskonzept, aus dem sich (insbesondere im Hinblick auf die jüngere Unternehmensgeschichte) schlüssig ein Wachstumspfad für das Unternehmen ergibt, denn üblicherweise erwerben Investoren die Aktie nicht allein wegen der Dividendenerwartung sondern auch, weil sie sich von dem Wachstum des Unternehmens einen steigenden Börsenkurs versprechen. Ein erwartetes Wachstum kann sich entweder aus technologischem Fortschritt ergeben, aus einem boomenden Markt, oder aus Übernahmechancen. In manchen Fällen wird sich auch eine Wachstumsperspektive aus der erfolgreichen Übertragung des unternehmerischen Konzepts vom Inland auf ausländische Märkte anbieten.

Unterhalb einer gewissen Mindestgröße ist ein Börsengang weder aus der Perspektive des Unternehmens (wegen der Kosten) noch aus Sicht des Marktes (zu ge-

---

[11] *Schanz*, § 6 Rn 25 f.; *Zacharias*, S. 246 f.; Beck'sches Hdb. AG/*Göckeler*, § 19 Rn 200.
[12] Beck'sches Hdb. AG/*Göckeler*, § 19 Rn 202.
[13] *Schanz*, § 6 Rn 26.
[14] *Schanz*, § 6 Rn 26.
[15] *Zacharias*, S. 247; *Geddes* S. 45; Beck'sches Hdb. AG/*Göckeler*, § 19 Rn 279.

ringe Liquidität der Aktie) sinnvoll. Eine absolute Größengrenze oder ein Richtwert sind allerdings schwer festzulegen.[16]

3. Wahl des geeigneten Marktsegments

a) Gesetzgeberische Aufteilung

15   In Deutschland stehen dem Emittenten prinzipiell drei verschiedene Marktsegmente zur Zulassung bzw. Einbeziehung in dem Börsenhandel zur Verfügung, die vom Gesetzgeber vorgesehen sind, nämlich der Amtliche Markt, der Geregelte Markt und der Freiverkehr. Die Zulassungskriterien sind nachfolgend tabellarisch dargestellt:

	Amtlicher Markt	**Geregelter Markt**	**Freiverkehr**
Kurswert der zuzulassenden Aktien bzw. Kapital	Mindestens 1.250.000 EUR	Wie amtlicher Markt	–
Volumen der Emission	Mindestens 10.000 Stücke	Wie amtlicher Markt	–
Verpflichtung zur Zulassung der gesamten Wertpapiergattung bzw. Emission	ja	Ausnahme möglich, wenn sich trotz Teilzulassung ein ausreichender Markt bildet.	–
Alter des Unternehmens	3 Jahre	3 Jahre (Sollvorschrift)	–
Verfügbare Finanzinformationen	Jahresabschlüsse der letzten drei Geschäftsjahre	Jahresabschlüsse der letzten drei Geschäftsjahre (ggf. kürzer)	–
Free Float	25 %/10 % bei großer Stückzahl	Ausreichend für einen ordnungsgemäßen Börsenhandel	–

16   Zum Kapital sei angemerkt, dass die Mindestanforderungen unrealistisch niedrig sind. Zum einen muss es eine ausreichende Zahl von Aktien geben, die einen aktiven Börsenhandel mit marktgerechter Preisbildung ermöglichen und zum anderen muss ein psychologisch nicht zu hoher oder zu niedriger Emissionskurs „eingestellt" werden. Als Faustregel sollten mindestens 5–10 Mio. Aktien ausgegeben und ein Kurs zwischen 10 und 25 EUR erzielt werden.

17   Auf eine nähere Darstellung des Freiverkehrssegmentes wird nachfolgend verzichtet.[17] Die Notierung im Freiverkehr erfolgt nicht im Wege der Zulassung, sondern durch bloße Einbeziehung, die ohne Zutun des Emittenten von einem zum Handel zugelassenen Marktteilnehmer beantragt werden kann. Der Emittent kann einer solchen Einbeziehung regelmäßig nicht widersprechen.[18] Umgekehrt ist der Emittent auch nicht zur Einhaltung von Publizitätsvorschriften oder zur Erfüllung sonstiger Pflichten verpflichtet. Findet ausnahmsweise eine Einbeziehung unter Mitwirkung des Emittenten statt, ist sorgfältig zu prüfen, ob entsprechende öffent-

---

[16] Vgl. *Schanz*, § 6 Rn 30: 80–100 Mio. EUR Umsatz.
[17] Siehe hierzu Beck'sches Hdb. AG/*Harrer*, § 20 Rn 25 ff.
[18] Vgl. zB die Freiverkehrsrichtlinien der FWB, dort insb. § 5.

liche Hinweise auf die Aufnahme einer solchen Notierung womöglich als ein öffentliches Anbieten von Wertpapieren interpretiert werden können, die die Pflicht zur Veröffentlichung eines Wertpapierverkaufsprospekts auslösen. Soweit Papiere an anderen, auch ausländischen, Börsen gelistet sind, kann nach dem Inkrafttreten des 4. FMFG auch eine zulassungsfreie Einbeziehung in den geregelten Markt beantragt werden (vgl. § 56 BörsG).

b) Von der Börse geschaffene Handelssegmente

Neben den gesetzlich vorgesehenen Segmenten besteht für die Börsen nach dem Börsengesetz die Möglichkeit, innerhalb dieser Segmente weitere Teilsegmente mit gesteigerten Zulassungsfolgepflichten zu schaffen (vgl. § 42 BörsG für den amtlichen Markt sowie § 50 Abs. 3 BörsG für den geregelten Markt). **18**

Dies hat in der Praxis dazu geführt, dass die Frankfurter Wertpapierbörse ein neues Segment mit der Bezeichnung „Prime Standard" eingeführt hat. Dieses Marktsegment besteht sowohl im amtlichen als auch im geregelten Markt. In der Terminologie der Frankfurter Wertpapierbörse werden die Bezeichnungen geregelter und amtlicher Markt lediglich noch in der Börsenordnung verwendet, wobei die Börsenordnung durch entsprechende Querverweise die Zulassungsfolgepflichten identisch geregelt hat. Soweit Emittenten nicht im Prime Standard zugelassen sind, werden sie dem so genannten „General Standard" Segment zugeordnet, d.h. es handelt sich hierbei letztlich um den amtlichen bzw. geregelten Markt ohne zusätzliche Zulassungsfolgepflichten. Weil die Frankfurter Wertpapierbörse aber auch bei der Zulassung von Wertpapieren im geregelten Markt in der Börsenordnung (§ 69 BörsO FWB) praktisch vollständig auf die Vorschriften für die Börsenzulassung beim Amtlichen Markt verwiesen hat, führt dies in der Praxis dazu, dass die Zulassungskriterien für beide Märkte bis auf wenige Einzelheiten identisch sind.[19] **19**

III. Ablauf eines Börsengangs bzw. einer Wertpapieremission

1. Mandatierung der konsortialführenden Bank

a) Rolle und Funktion von Investmentbanken bei Wertpapieremissionen

Das Aktienrecht geht bei der Aufnahme neuen Kapitals von der Fiktion aus, dass neue Aktionäre ihre Anteile im Rahmen einer Kapitalerhöhung unmittelbar beim Unternehmen zeichnen. Tatsächlich werden neue Aktien entweder den existierenden Aktionären im Rahmen des so genannten mittelbaren Bezugsrechts (§ 186 Abs. 5 AktG), und/oder außenstehenden Dritten regelmäßig durch Banken angeboten, die die Aktien beim Emittenten im Rahmen einer Kapitalerhöhung zeichnen (oder diese von Altaktionären ankaufen) mit der Verpflichtung, diese entweder den Aktionären im Rahmen des gesetzlichen Bezugsrechts und/oder Dritten unter Ausschluss des Bezugsrechts der Aktionäre anzubieten.[20] **20**

Die Einschaltung von Investmentbanken bei Börsengängen und späteren Wertpapieremissionen hat eine Reihe von Gründen: Unternehmen besitzen typischer- **21**

---

[19] Vgl. dazu § 69 Abs. 2 BörsO FWB.
[20] Siehe dazu noch näher in § 10 Rn 2 ff.

weise nicht das Know-How und die Marktkenntnis für die Durchführung eines öffentlichen Angebots zum Verkauf von Wertpapieren. Darüber hinaus beraten Investmentbanken wegen ihrer Kenntnis der Erwartungen des Kapitalmarkts den Emittenten auch im Hinblick auf die zur Schaffung der Börsenreife erforderlichen Maßnahmen, beispielsweise bei der Umstrukturierung des Unternehmens vor dem Börsengang. Die Banken verfügen außerdem, anders als der Emittent, über die notwendigen Kontakte zu den Investoren und über Teams, die den Verkauf der Emission, insbesondere an institutionelle Investoren organisieren und durchführen können.

22   Eine Notierung an einer Wertpapierbörse ist nach deutschem Recht ohne die Mithilfe eines Kreditinstituts bzw. Finanzdienstleisters nicht möglich, da ein Zulassungsantrag auch von einem begleitenden Institut zu unterzeichnen ist (vgl. § 49 Abs. 2 iVm. § 30 Abs. 2 BörsG).

23   Die früher übliche Funktion der Bank als Übernehmerin des Risikos der Verkäuflichkeit der emittierten Papiere (*Underwriting*) ist infolge moderner Platzierungsmethoden, insbesondere des so genannten *Bookbuilding*-Verfahrens praktisch weitgehend zurückgedrängt.[21]

24   Die an einem Börsengang beteiligte Bank haftet für die Richtigkeit der Prospektangaben zusammen mit den Emittenten (§ 44 BörsG gegebenenfalls in Verbindung mit § 13 VerkProspG)[22], was dazu führt dass die Bank aus Eigeninteresse und aus Reputationsgründen danach trachten wird, die Richtigkeit der Prospektangaben sicherstellen.[23]

b) Bedingungen der Zusammenarbeit zwischen Bank und Emittent

25   Nach Auswahl einer Investmentbank, die oft im Wege eines so genannten *Beauty Contest* stattfindet, ist es üblich, die Bedingungen der Zusammenarbeit in einem so genannten *Letter of Engagement* (auch Mandatierungsschreiben genannt) zu regeln. In diesem Vertrag verpflichtet sich das konsortialführende Institut noch nicht zur Durchführung der Transaktion, insbesondere nicht zum Abschluss eines Übernahmevertrags, sondern nur zur Mithilfe bei der Vorbereitung des Börsenganges.[24] Dem gemäß regelt der Vertrag die Zusammenarbeit zwischen Emittent und Konsortialführer bis zum Zeitpunkt des Abschlusses des Übernahmevertrages. Wesentliche Eckpunkte der vertraglichen Regelungen sind die folgenden[25]:
– Beschreibung der Transaktion (Emissionsvolumen, Investoren, Zielgruppen, Zeitplan, Platzierungsmethode, Preisfindungsmethode);
– Beschreibung der vom Konsortialführer zu erbringenden Dienstleistungen, insbesondere:
  – Beratung über Struktur, zeitliche Planung und Organisation der Emission,
  – Koordination des gesamten Projektablaufs und der Tätigkeit anderer Berater;

---

[21] Siehe im Einzelnen unter Rn 56 ff.
[22] So zB BGH, NJW 1998, 3345; LG Frankfurt, WM 1998, 1181 ff.
[23] Vgl. dazu noch unten die Ausführungen zu Prospekthaftung und Haftungsvermeidung durch *Due Diligence*, Rn 29 ff.
[24] *Schanz,* § 9 Rn 19.
[25] Vgl. ähnliches auch *Schanz,* § 9 Rn 18.

– Beratung und Mithilfe bei der Entwicklung der *Equity Story* und der Anfertigung der Angebotsdokumente;
– Entwicklung eines Vermarktungskonzeptes, der Analystenpräsentationen und der Planung und Durchführung einer so genannten *Road Show;*
– Kooperationspflichten des Emittenten in Bezug auf *Due Diligence*, Lieferung von Informationen und Anfertigung der Angebotsdokumente;
– Rolle sonstiger eingeschalteter Berater (Wirtschaftsprüfer, Rechtsanwälte, sonstige);
– Honorare und Auslagen;
– Regeln zur Beendigung des Vertrages.

Zur Honorarregelung können kaum allgemeine Aussagen getroffen werden, da sie Gegenstand individueller Vereinbarung ist. Es ist jedoch üblich, hier auch schon die Vergütung und Auslagen festzulegen, die im Falle der Durchführung der Transaktion zu zahlen sind. Typischerweise setzt sich die Vergütung der Investmentbanken aus einer Provision zusammen, die sich als Prozentsatz des Emissionsvolumens ausdrückt. Ein Richtwert sind 3–5%. Die Konsortialführerin erhält zusätzlich regelmäßig die vollständige Erstattung ihrer Auslagen (Reisekosten, Kosten externer Berater, insbesondere anwaltlicher Berater, Druckkosten, Road Show Kosten, Kosten für die Schaltung von Anzeigen, etc.).

Für den Fall, dass die Transaktion nicht durchgeführt wird, vereinbaren Bank und Emittent häufig die Zahlung eines bestimmten Pauschalbetrages, beispielsweise einer monatlichen Honorarzahlung (*Work fee*), die im Erfolgsfall auf die Provision angerechnet wird. Schließlich finden sich in Letters of Engagement häufig auch besondere Zahlungen für den Fall eines von dem Emittenten verschuldeten Abbruchs der Transaktion, entweder in der Form einer gesonderten Gebühr oder in der Form einer Mehrerlösbeteiligung für den Fall, dass der Emittent die Transaktion mit einer anderen Investmentbank doch noch durchführt.

2. Bildung des Konsortiums

Die Bildung des Konsortiums erfolgt durch ein vom Konsortialführer an die übrigen Konsorten gerichteten Schreiben, das die Kerndaten der Emission wiedergibt sowie die Konsortialquote nennt. Weiter erteilen die Konsorten in dem von ihnen gegenzuzeichnenden Schreiben dem Konsortialführer unter Befreiung vom Verbot des Selbstkontrahierens (§ 181 BGB) Vollmacht zum Abschluss des Übernahmevertrages und zur Stellung des Zulassungsantrages bei der Börse. Die Zusammenarbeit innerhalb des Konsortiums wird dann in einem gesonderten Konsortialvertrag geregelt, der neben der erneuten Festlegung der Konsortialquote auch die Gebührenverteilung regelt, und den Konsorten Verkaufsbeschränkungen auferlegt, ihnen insbesondere ein öffentliches Anbieten in bestimmten Ländern gänzlich untersagt oder von der Einhaltung der anwendbaren gesetzlichen Bestimmungen abhängig macht. Weiter wird den Konsorten die Unterhaltung eines Graumarktes und die Durchführung von Stabilisierungsmaßnahmen untersagt. Diese Maßnahmen werden, soweit zulässig, üblicherweise allein dem oder den Konsortialführer(n) vorbehalten.

3. *Due Diligence*-Prüfung zur Vermeidung der Prospekthaftung

29 Unter einer *Due Diligence*-Prüfung versteht man eine umfassende Durchleuchtung eines Unternehmens durch die Konsortialführerin, deren rechtliche Berater und durch Wirtschaftsprüfer und andere Experten für bestimmte Sachgebiete, zB Umweltspezialisten oder Versicherungsexperten.

30 Weil sich der Maßstab jeglicher Due Diligence-Prüfung am Haftungstatbestand und an den Ausnahmen von der Prospekthaftung orientiert, soll zum Verständnis zunächst das Haftungsrisiko und die Möglichkeiten zur Enthaftung verdeutlicht werden.

a) Prospekthaftungsgrundsätze

31 Die Prospekthaftung ist in den §§ 44 ff. BörsG geregelt.[26] Für den Bereich der Verkaufsprospekte verweist § 13 VerkProspG weitgehend auf die börsenrechtlichen Haftungsvorschriften.

32 Prospekthaftung entsteht, wenn im Prospekt für die Beurteilung der Wertpapiere wesentliche Angaben unrichtig oder unvollständig sind. Der Erwerber des Wertpapiers kann maximal den Ausgabepreis pro Aktie zuzüglich der mit dem Erwerb verbundenen üblichen Kosten gegen Rückübertragung seiner Aktien verlangen, sofern er die Wertpapiere innerhalb von sechs Monaten nach deren erstmaliger Einführung erworben hat.

33 Haftende Personen sind diejenigen, die für den Prospekt die Verantwortung übernommen haben, also haftet, wer den Prospekt unterschreibt oder sonst ausdrücklich im Prospekt die Verantwortung übernimmt. Den Prospekt unterschreibt in der Regel der Emittent und die emissionsbegleitende Bank bzw. ein Bankenkonsortium.[27] Daneben haftet auch derjenige, „von dem der Erlass des Prospekts ausgeht", also derjenige, der ein eigenes geschäftliches Interesse an der Emission hat[28], zB die Muttergesellschaft oder ein veräußernder Großaktionär. Von sonstigen Personen, die an der Erstellung des Prospekts beteiligt sind, insbesondere dem Wirtschaftsprüfer, dessen Testat im Prospekt abgedruckt wird, oder den Rechtsanwälten, die an der Prospekterstellung beteiligt sind und eine Due Diligence durchführen, geht der Prospekt nicht aus.[29]

34 Die Prospektverantwortlichen können nicht in Anspruch genommen werden, wenn sie nachweisen können, dass sie die Unrichtigkeit bzw. Unvollständigkeit der Prospektangaben nicht kannten und diese Unkenntnis nicht auf grober Fahrlässigkeit beruhte, (§ 45 Abs. 1 BörsG). Es handelt sich bei der Prospekthaftung also letztlich um eine Haftung für grobes Verschulden bei umgekehrter Beweislast. Dem Prospektverantwortlichen den Entlastungsbeweis sorgfältigen Handelns (*Due Diligence*

---

[26] Weiterführend dazu *Schanz*, § 13 Rn 29 ff.; Beck'sches Hdb. AG/*Harrer*, § 23 Rn 240 ff.

[27] Bei Zulassung zum amtlichen Markt: §§ 13 Abs. 1 BörsZulV iVm. § 30 Abs. 2 BörsG; bei der Zulassung zum geregelten Markt muss die emissionsbegleitende Bank den Prospekt nicht unterzeichnen. Zur Begründung der Haftung des Emissionsbegleiters ohne dessen Unterschrift: BGH DWir 1998, 55 mit Anm. *Groß*; *Kort*, AG 1999, S. 9, 11; OLG Frankfurt, AG 1997, 131; **aA** OLG Bremen, AG 1997, 420.

[28] RegBegr. zum Dritten Finanzmarktförderungsgesetz, BT-Drucks. 13/8933, S. 54, 78.

[29] *Groß*, §§ 45, 46 BörsG Rn 20 mwN, aber zugleich kritisch hinsichtlich Wirtschaftsprüfern, Rn 21; *Harrer*, Beck'sches Hdb. AG, § 23 Rn 248 mwN.

Defense) aufzuerlegen, ist international üblich und sachgerecht, da die zu beurteilenden Umstände der Sphäre der in Anspruch genommenen Personen entstammen und ansonsten die Beweisführung für die Geschädigten kaum möglich wäre.[30] Grobe Fahrlässigkeit ist anzunehmen, wenn die im Verkehr erforderliche Sorgfalt in besonders schwerem Maße verletzt worden ist. Das Verschulden hängt also wesentlich vom Inhalt der Sorgfaltspflichten der Prospektverantwortlichen im Zusammenhang mit der Erstellung des Prospekts ab.

Die Pflichten der die Emission begleitenden Banken, die die Informationen zur Prospekterstellung regelmäßig von Emittenten erhalten, sind regelmäßig höher als die des Emittenten oder eines veräußernden Großaktionärs, da diese mit dem Unternehmen besser vertraut sind. Dem Emittenten und ggf. dem veräußernden Großaktionär obliegt deshalb nur dann eine Pflicht, eine eigene *Due Diligence* durchzuführen bzw. nachzuforschen, wenn sich Verdachtsmomente ergeben[31], dass die Prospektinhalte unrichtig oder unvollständig sein könnten. Bei der Haftung des Emittenten für einen unrichtigen oder unvollständigen Prospekt wird sich allerdings in den seltensten Fällen ein Entlastungsbeweis führen lassen, da in den meisten Fällen die betreffende Tatsache den Leitungsorganen bekannt sein dürfte.

In welchem Umfang Emissionsbanken Überprüfungspflichten haben, ist unklar und, soweit ersichtlich, von den Gerichten noch nicht umfassend geklärt worden.[32] Da die Emissionsbanken die für die Prospekterstellung notwendigen Informationen überwiegend vom Emittenten erhalten, müssen sie zunächst die Informationen einer Plausibilitätsprüfung unterziehen.[33] Jedenfalls besteht eine Nachforschungspflicht dann, wenn es konkrete Anhaltspunkte gibt, die auf die Unrichtigkeit der Prospektangaben deuten oder die die Richtigkeit der Prospektangaben zweifelhaft erscheinen lassen.[34] Im Laufe der Zeit hat sich ein gewisser *Due Diligence* Standard[35] entwickelt. Ein Verschulden ist deshalb anzunehmen, wenn dieser Standard von den Emissionsbanken nicht eingehalten wird. Neben einer Plausibilitätsprüfung und Nachforschungspflicht ist von den Emissionsbanken deshalb zu verlangen, dass sie eine unfassende Überprüfung des Unternehmens des Emittenten in rechtlicher, geschäftlicher und finanzieller Hinsicht (in der Fachsprache: *Legal*, *Business* und *Financial Due Diligence*) im üblichen Umfang durchführen.[36] Wegen der Umkehr der Beweislast sollten die durchgeführten Prüfungen dokumentiert werden.[37]

---

[30] Schäfer/*Hamann*, §§ 45, 46 nF BörsG Rn 36.
[31] So auch Beck'sches Hdb. AG/*Göckeler*, § 22 Rn 140.
[32] *Schwark*, § 45 BörsG Rn 47 mwN zu bereits ergangenen gerichtlichen Entscheidungen, die sich überwiegend auf die Überprüfung von im Prospekt abgedruckten Jahresabschlüssen beziehen.
[33] Beck'sches Hdb. AG/*Göckeler*, § 22 Rn 143.
[34] Beck'sches Hdb. AG/*Harrer*, § 23 Rn 265; Beck'sches Hdb. AG/*Göckeler*, § 22 Rn 144.
[35] Zu den üblichen Schritten siehe näher unten Rn 39 ff.
[36] Siehe auch Beck'sches Hdb. AG/*Göckeler*, § 22 Rn 146.
[37] Bei der Frage, ob es sinnvoll ist, sich von den beteiligten Anwälten einen schriftlichen *Due Diligence*-Bericht anfertigen zu lassen, scheiden sich die Geister. In den USA hat man die Tendenz, das Vorhandensein solcher Unterlagen tunlichst zu vermeiden, um keine Angriffsfläche zu bieten. In der Vergangenheit war dies in Deutschland meist anders, wenngleich wegen der starken Präsenz US-amerikanischer Investmentbanken auch im deutschen Markt und wegen der häufig üblichen Vermarktung in den USA nach Rule 144 A (dazu noch unten Rn 84) sich zunehmend auch in Deutschland eine Tendenz abzeichnet, keine Berichte mehr zu fertigen.

37 Entlasten kann sich der Prospektverantwortliche auch in den Fällen des § 45 Abs. 2 BörsG. Der Prospektverantwortliche haftet u. a. dann nicht, wenn er nachweist, dass die Wertpapiere nicht aufgrund des Prospekts erworben wurden (§ 45 Abs. 2 Nr. 1 BörsG). Allerdings ist zugunsten des Anlegers zu berücksichtigen, dass das Gesetz innerhalb von sechs Monaten nach Einführung der Wertpapiere eine Anlagestimmung, also einen Erwerb der Wertpapiere aufgrund des Prospekts vermutet. Im Rahmen des § 45 Abs. 2 BörsG kann sich der Prospektverantwortliche entlasten, indem er Tatsachen vorträgt, die diese Anlagestimmung beseitigen, zB negative Pressestimmen oder dramatische Kurseinbrüche[38].

38 Neben der spezialgesetzlichen Prospekthaftung können weitergehende Ansprüche, zB aus vorsätzlich sittenwidriger Schädigung (§ 826 BGB) geltend gemacht werden. Die Hürden für eine erfolgreiche Schadensersatzklage sind hier höher, da es keine Beweiserleichterungen gibt. Zwar berücksichtigt die Rechtsprechung auch hier die durch die Veröffentlichung des Prospekts ausgelöste Anlagestimmung. Den Anlegern ist es allerdings kaum möglich, Beweis für den Vorsatz der Prospektverantwortlichen zu erbringen.[39] Keine Anwendung findet die zivilrechtliche Prospekthaftung.

b) Prüfungsschritte bei der Due Diligence

39 Eine *Due Diligence* Prüfung setzt sich aus einer Durchsicht von Dokumenten sowie Frage-und-Antwort-Sitzungen mit dem Vorstand und normalerweise den Mitgliedern der zweiten Management-Ebene zusammen. Gelegentlich werden auch Kunden und Lieferanten, seltener auch Wettbewerber befragt, soweit dies nicht mit Geheimhaltungsinteressen kollidiert.

40 Die dokumentarische *Due Diligence* erfolgt anhand von zuvor zwischen allen Beteiligten abgestimmten Dokumentenanforderungslisten.[40] Der Emittent stellt diese Unterlagen im Original oder in fotokopierter Form zusammen. In der Praxis hat sich die Einrichtung eines „Datenraums" bewährt, in dem alle Dokumente zusammengeführt werden. Der Aufwand für das Zusammentragen der Unterlagen und die Beantwortung von Nachfragen und zusätzlichen Dokumentenanforderungen wird vom Emittenten regelmäßig unterschätzt. Es empfiehlt sich, rechtzeitig mit der Arbeit zu beginnen und dafür Mitarbeiter abzustellen, die während dieser Zeit keine sonstigen operativen Arbeiten wahrnehmen.

41 Da viele Fragen nur vom Top-Management beantwortet werden können, sollte dieses zeitlich dafür gerüstet sein. Dazu ist es ratsam, für die Zeit der Vorbereitung des Börsenganges eine Phase zu wählen, in der das Management nicht durch andere turnusmäßig oder aus anderen Gründen anstehende Aufgaben belastet ist. Rechtzeitig sollten weniger wichtige Tätigkeiten zumindest zeitweilig auf andere Mitarbeiter delegiert werden. Dies gilt nicht nur für die *Due Diligence*-Phase, sondern auch für den Zeitraum der Prospekterstellung.

---

[38] *Groß*, §§ 45, 46 BörsG Rn 39 mit weiteren Beispielen, die eine Anlagestimmung beseitigen können; Beck'sches Hdb AG/*Harrer*, § 23 Rn 262.

[39] Der Anspruch nach § 826 BGB scheiterte zB in der EM.TV Entscheidung des LG Frankfurt (AZ 3–07 O 26/01).

[40] Ein Beispiel findet sich bei *Harrer/Heidemann*, S. 168 ff.

aa) Rechtliche *Due Diligence* Zumindest die Rechtsberater der Investment- 42
bank, meist auch die des Emittenten, prüfen umfassend sämtliche rechtlichen
Aspekte des Unternehmens auf Sachverhalte, die im Rahmen des Emissionsprospekts zu veröffentlichen sind. Der Umfang der *Due Diligence* orientiert sich an
den Prospekthaftungsvorschriften (§§ 44 ff. BörsG, 13 VerkProspG), d. h. die Richtigkeit und Vollständigkeit aller Prospektangaben, die für die Beurteilung der Wertpapiere wesentlich sind, wird überprüft.[41] Die *Due Diligence* erstreckt sich typischerweise auf die gesellschaftsrechtlichen Verhältnisse, die wichtigsten Verträge des
Unternehmens mit Kunden, Zulieferern und Kooperationspartnern, der Bestand
der gewerblichen Schutzrechte (Patente, Marken, Urheberrechte), Risiken aus bestehenden oder drohenden Rechtsstreitigkeiten, den Bestand sämtlicher für das Unternehmen betriebswesentlicher Erlaubnisse und Genehmigungen, die Existenz und
das Ergebnis behördlicher Untersuchungen und Verfahren.[42]

bb) *Business und Financial Due Diligence* Bei der *Business Due Diligence* wird 43
das Unternehmen anhand eines Fragenkataloges aufgefordert, sich in seinen wesentlichen Aspekten zu präsentieren. Dies erfolgt im Rahmen so genannter *Management-Presentations* und/oder *Management-Interviews*. Diese erstrecken sich auf die
Bereiche Unternehmensstruktur, Unternehmensstrategie, Unternehmensführung,
Produkte oder Dienstleistungen, Zulieferer, Produktion, Forschung und Entwicklung, gewerbliche Schutzrechte, regulatorisches Umfeld, Markttrends und Wettbewerbssituation, Planung und Controlling.[43] Die *Financial Due Diligence* erstreckt sich
auf die Jahresabschlüsse und das Rechnungswesen des Emittenten.[44]

4. Prospekterstellung

Die inhaltlichen Anforderungen, die an einen Börsenzulassungsprospekt bzw. 44
Unternehmensbericht und Verkaufprospekt gestellt werden, sind im Börsengesetz,
der Börsenzulassungsverordnung (§§ 13 ff.), dem Verkaufsprospektgesetz und der
Verkaufsprospektverordnung enthalten,[45] wobei die Anforderungen an den Unternehmensbericht/Verkaufsprospekt insgesamt niedriger sind als für den Börsenzulassungsprospekt/Verkaufsprospekt. Die Angleichung der Marktsegmente über § 69
Abs. 1 BörsO FWB führt für die Zulassung von Aktien an der Frankfurter Wertpapierbörse allerdings dazu, dass der Börsenzulassungsprospekt und der Unternehmensbericht inhaltlich identisch sind.

Neben den gesetzlichen Vorschriften hat sich ein einheitlicher Standard für den 45
Prospektinhalt entwickelt, den die Deutsche Börse AG in die „*Going Public* Grund-

---

[41] Zur rechtlichen Bedeutung der *Due Diligence* im Hinblick auf die Prospekthaftung siehe Beck'sches Hdb. AG/*Göckeler*, § 22 Rn 138 ff.
[42] Vgl. *Schanz*, § 8 Rn 15 ff.
[43] Vgl. auch *Schanz*, § 8 Rn 4 ff.
[44] Einzelheiten bei *Schanz*, § 8 Rn 9 ff. sowie Beck'sches Hdb. AG/*Göckeler*, § 22 Rn 163 ff.
[45] Amtlicher Markt: Börsenzulassungsprospekt: §§ 30 Abs. 3 Nr. 2, 32 Abs. 1 Nr. 2, Abs. 2 BörsG iVm. 13 ff. BörsZulV; Verkaufsprospekt: §§ 5 Abs. 1 VerkProspG iVm. 32 Abs. 1 Nr. 2, Abs. 2 BörsG iVm. 13 bis 40 und 47 BörsZulV; geregelter Markt: Unternehmensbericht: §§ 51 Abs. 1 Nr. 2 BörsG iVm. § 7 Abs. 2 und 3 VerkProspG iVm. VerkProspV; Verkaufsprospekt: §§ 5 Abs. 2 VerkProspG iVm. 51 Abs. 1 Nr. 2 BörsG iVm § 7 Abs. 2 und 3 VerkProspG iVm. VerkProspV.

sätze"[46] übernommen hat. Diese *Going Public* Grundsätze sind unverbindliche Empfehlungen für Emittenten und die begleitenden Banken zur formellen und inhaltlichen Gestaltung des Prospekts, der Art der Veröffentlichung und Handlungsempfehlungen für die Konsortialbanken. Ihr Ziel ist es, die Transparenz der für die Anlageentscheidung relevanten Informationen zu erhöhen und ein einheitliches Informationsniveau zu schaffen.[47]

46 Die wichtigsten Bestandteile des Prospekts sind entsprechend der Vorgaben der *Going Public* Grundsätze die Risikofaktoren, die Angaben über den Geschäftsbetrieb des Emittenten, Angaben über das Kapital und die Geschäftsführungs- und Aufsichtsorgane des Emittenten, Geschäfte mit und Rechtsbeziehungen zu nahestehenden Personen, die *Management Discussion & Analysis*, sowie der Finanzteil und Angaben über den jüngsten Geschäftsgang und die Geschäftsaussichten des Emittenten. Die Risikofaktoren sollen den Anleger auf die spezifischen Risiken hinweisen, die der Geschäftsbetrieb und das geschäftliche Umfeld mit sich bringen. Der Abschnitt „Darstellung und Analyse der Finanzlage und der Ergebnisse der Geschäftstätigkeit durch den Vorstand" (in der Fachsprache als *Management Discussion & Analysis* oder *MD&A* bezeichnet) ist eine ausführliche verbale Erläuterung und Analyse, insbesondere der Veränderungen einzelner wichtiger Positionen in der Bilanz und der Gewinn- und Verlustrechnung. Im Finanzteil sind die Jahresabschlüsse des Emittenten enthalten, wobei der Abdruck von pro-forma Angaben[48] eingeschränkt ist. Im Abschnitt Geschäftsgang und Geschäftsaussichten legt der Emittent dar, welche Geschäftsentwicklungen nach dem Schluss des Geschäftsjahres, auf das sich der letzte offengelegte Jahresabschluss bezieht, eingetreten sind, sowie die Geschäftsaussichten für das laufende Geschäftsjahr.

47 Die Anfertigung des Prospekts ist ein mehrstufiger Prozess, bei dem Entwürfe immer wieder in so genannten *Drafting Sessions* zwischen den Emittenten, der Investmentbank und den Beratern ausführlich diskutiert und verfeinert werden. Die Ergebnisse der Due Diligence müssen dabei im Prospekt verarbeitet werden, insbesondere bei den Risikofaktoren. Typischerweise konzentriert sich die Diskussion in den Drafting Sessions auf die Risikofaktoren (Ziel der Haftungsvermeidung), die Beschreibung des Geschäftsbetriebs einschließlich der Unternehmensstrategie, in denen sich die Equity-Story wiederfinden muss sowie die *MD&A*, die wegen der Aussagekraft für Analysten besonderes Augenmerk verdient. Es ist absolut elementar, dass der Vorstand vor der Verabschiedung des Prospekts diesen sorgfältig gelesen und zumindest an einem Teil der *Drafting Sessions* teilgenommen hat.

5. Prospektpflicht, Prospektprüfung und Veröffentlichung
a) Prospektpflicht

48 Die Pflicht zur Veröffentlichung eines Prospekts mit vorgegebenem Inhalt fußt auf zwei unterschiedlichen Anknüpfungstatbeständen, nämlichem zum einen dem

---

[46] Zu finden auf der Webseite der Deutsche Börse AG unter www.deutsche-boerse.com.
[47] *Going Public* Grundsätze der Deutschen Börse AG, Präambel.
[48] ZB bei Rechtsformänderungen oder wesentlichen Veränderung der wirtschaftlichen Struktur, zB Erwerb oder Veräußerung einer wesentlichen Beteiligung. Eine Als-ob-Rechnung will eine bessere Vergleichbarkeit zu den übrigen im Prospekt abgedruckten Jahresabschlüssen ermöglichen.

Teil 2. Aktie und Kapitalmarkt   49 § 4

öffentlichen Anbieten von Wertpapieren und zum anderen der Zulassung an der Börse:

– Der Anbieter von Wertpapieren, die im Inland öffentlich angeboten werden und nicht zum Handel an einer inländischen Börse zugelassen sind, muss grundsätzlich einen Verkaufsprospekt veröffentlichen (§ 1 VerkProspG).
– Das Börsengesetz verlangt für die Zulassung der Wertpapiere zum amtlichen Markt einen Börsenzulassungsprospekt bzw. für den geregelten Markt einen Unternehmensbericht. (§§ 30 Abs. 3 Nr. 2, 51 Abs. 1 Nr. 2 BörsG).

Bei einem Börsengang ist der Prospekt meisten zugleich ein Verkaufsdokument und ein börsenrechtliches Zulassungsdokument, wobei die inhaltlichen Anforderungen an einen Verkaufsprospekt bei gleichzeitig oder zeitnah gestellten Zulassungsantrag identisch mit denen eines Zulassungsdokuments sind (§ 5 VerkProspG).

b) Ausnahmen von der Prospektpflicht

Es gibt allerdings Fallkonstellationen, in denen auch bei Börsengängen – neben dem Börsenzulassungsprospekt bzw. Unternehmensbericht – kein gesonderter Verkaufsprospekt erforderlich ist. Aus § 1 VerkProspG ergibt sich bereits, dass beim öffentlichen Anbieten bereits börsenzugelassener Aktien kein Verkaufsprospekt erforderlich ist.[49] In der Praxis kommt dies allerdings nur selten, gelegentlich etwa beim bezugsrechtsfreien Angebot einer Kapitalerhöhung eines bereits börsenzugelassenen Unternehmens vor. Bei den meisten Wertpapierangeboten wird die Bank die Wertpapiere zur Vermeidung des Platzierungsrisikos so spät wie möglich übernehmen. Daher sind die Aktien während der Angebotsfrist meist noch nicht gezeichnet, so dass zu diesem Zeitpunkt auch noch keine Börsenzulassung erfolgen kann.[50] In diesem Standardfall ist bei einem öffentlichen Angebot die Veröffentlichung eines gesonderten – regelmäßig unvollständigen – Verkaufsprospekts vor Veröffentlichung eines Börsenzulassungsprospekts bzw. Unternehmensberichts[51] nicht vermeidbar. Sind die Aktien zum Zeitpunkt des Angebots noch nicht börsenzugelassen, ist prospektfrei allenfalls ein Angebot an institutionelle Investoren (§ 2 Nr. 1 VerkProspG) oder Arbeitnehmer des Emittenten oder von mit dem Emittenten verbundenen Unternehmen (§ 2 Nr. 3 VerkProspG) möglich. Eine ganze Reihe von Börsengängen sind in Deutschland schon allein an institutionelle Investoren platziert worden, für die dann ein Verkaufsprospekt nicht erforderlich war.[52] Angebote an einen begrenzten

---

[49] Allerdings entfällt damit nicht automatisch das Erfordernis eines Zulassungsprospekts.
[50] Vgl. zur Verzahnung von Kapitalerhöhung und Börsenzulassung noch unten Rn 68.
[51] Dieser Prospekt ist typischerweise dann gleichzeitig der vervollständigte Verkaufsprospekt und wird deswgen auch so bezeichnet, also entweder „Börsenzulassungsprospekt/Verkaufsprospekt" oder „Unternehmensbericht/Verkaufsprospekt". Da keine wesentlichen inhaltlichen Unterschiede zwischen dem unvollständigen Verkaufsprospekt und dem Börsenzulassungsdokument bestehen, reduzieren sich die zusätzlichen Kosten auf die Kosten des Drucks und der Verteilung einer weiteren Fassung des Prospekts.
[52] Dies bedeutet freilich nicht, dass den institutionellen Anlegern in diesen Fällen kein Verkaufsdokument zur Verfügung gestellt würde. Ein solches wird dann allerdings nicht als Prospekt bezeichnet, sondern als „Offering Memorandum" o.Ä. Inhaltlich ist dieses Dokument allerdings wegen der nachfolgenden Börsenzulassung mit dem dafür erforderlichen Börsenzulassungsprospekt, bzw. Unternehmensbericht praktisch identisch.

Personenkreis (§ 2 Nr. 2 VerkProspG; Privatplatzierung) sind ebenfalls von der Prospektpflicht ausgenommen. Die BaFin definiert diesen Begriff nicht zahlenmäßig, sondern nimmt einen begrenzten Personenkreis dann an, wenn die betreffenden Personen dem Anbieter im Einzelnen bekannt sind, von ihm aufgrund einer gezielten Auswahl nach individuellen Gesichtspunkten angesprochen werden und eine Aufklärung durch einen Verkaufsprospekt im Hinblick auf das Informationsbedürfnis des Anlegers nicht erforderlich ist.[53] Eine weitere Ausnahme besteht für Emissionen bei denen entweder das Gesamtvolumen EUR 40.000 nicht überschreitet oder die Mindestzeichnungssumme 40.000 EUR beträgt (§ 2 Nr. 4 VerkProspG). Bei Börsengängen im Inland spielten die beiden letztgenannten Ausnahmen vom Prospekterfordernis allerdings keine praktische Rolle. Wegen weiterer praktisch weniger relevanter Ausnahmen sei auf die §§ 3, 4 und 5 VerkProspG verwiesen.[54]

50 Ist der Emittent bereits börsennotiert, gibt es auch Ausnahmen von der börsenrechtlichen Prospektpflicht.[55] Eine der wichtigsten Ausnahmen von der Prospektpflicht gilt für die Zulassung von Aktien aus einer Kapitalerhöhung, wenn der Nennbetrag der neu zuzulassenden Aktien bzw. bei nennwertlosen Aktien deren rechnerischer Wert 10% der bereits an der Börse zugelassenen Aktien nicht übersteigt und der Emittent bislang seine mit der Zulassung verbundenen Veröffentlichungspflichten erfüllt hat (§ 45 Nr. 3b BörsZulV).[56]

51 Nach der neuen und bis zum 1.7.2005 umzusetzenden EU-Prospektrichtlinie[57] werden sich erhebliche Änderungen ergeben. Die Richtlinie
– konkretisiert den Begriff des „öffentlichen Angebots" (Art. 2 Abs. 1 lit. d);
– fasst die Ausnahmen von der Prospektpflicht klarer und begrenzt sie abschließend. Eine Veröffentlichungspflicht besteht zB nicht bei einem Wertpapierangebot, das sich an qualifizierte Anleger richtet (Art. 3 Abs. 2 lit. a) oder an weniger als 100 natürliche oder juristische Personen pro Mitgliedsstaat, bei denen es sich nicht um qualifizierte Anleger handelt (Art. 3 Abs. 2 lit. b). Unter bestimmten Voraussetzungen können natürliche Personen auf Antrag als qualifizierte Anleger zugelassen werden (Art. 2 Abs. 1 lit. 3 iv iVm. Abs. 2)[58];

---

[53] Bekanntmachung des Bundesaufsichtsamts für den Wertpapierhandel zum Wertpapier-Verkaufsprospektgesetz (Verkaufsprospektgesetz) vom 6. September 1999, http://www.bafin.de/.

[54] So sind etwa bestimmte Emittenten, zB Daueremittenten von Schuldverschreibungen (§ 3 Nr. 2 VerkProspG), und bestimmte Wertpapiere, zB Euro-Wertpapiere iSd. § 5 Abs. 2 VerkProspG, von einer Prospektpflicht ausgenommen.

[55] Die Ausnahmen sind für die Emittenten am amtlichen Markt in §§ 45 BörsZulV festgelegt. Für die Emittenten am geregelten Markt verweist § 69 Abs. 1 BörsO FWB auf die Vorschriften für den amtlichen Markt, so dass auch insoweit ein Gleichlauf hergestellt wurde.

[56] Für weitere Ausnahmen von der Prospektpflicht sei auf die §§ 45, 45a BörsZulV (amtlicher Markt), 51 Abs. 3 BörsG sowie 72, 74 BörsO FWB (geregelter Markt) verwiesen.

[57] Richtlinie 2003/71/EC, Abl. L 345 vom 31.12.2003, S. 64–89; siehe auch unter http://www.europa.eu.int/comm/internal_market/en/finances/mobil/prospectus_en.htm. In Deutschland liegt bereits der Entwurf eines Umsetzungsgesetzes vor. Danach werden die relevanten Teile des VerkProspG durch ein neues Wertpapierprospektgesetz (WpPG) ersetzt.

[58] Art. 1 Abs. 2 der Richtlinie: Es müssen zwei der drei folgenden Kriterien zutreffen: Durchschnittlich 10 Wertpapiertransaktionen in „erheblicher Höhe" pro Quartal in den letzten 4 Quartalen; ein Wertpapierportfolio von mehr als 500.000 EUR; berufliche Erfahrung im Finanzsektor von mindestens einem Jahr. Siehe in Deutschland § 4 Abs. 1 Ziff. 1 und 2 iVm. § 22 Ziff. 6e) und § 27 Abs. 2 WpPG-E.

– enthält Neuregelungen zur Form, Sprache, Billigung, Veröffentlichung und Aktualisierung des Prospekts. Die Unterscheidung in Verkaufsprospekt und Börsenzulassungsprospekt bzw. Unternehmensbericht wird aufgehoben, wobei die Einzelheiten zum Prospektinhalt in von der Kommission zu erlassenden detaillierten Durchführungsmaßnahmen geregelt werden. Der Emittent kann einen dreiteiligen Prospekt erstellen, der sich in ein Registrierungsformular, eine Wertpapierbeschreibung und eine Zusammenfassung gliedert (Art. 5 Abs. 3 – umgesetzt in § 12 Abs. 1 WpPG-E). Der Emittent unterliegt einer jährlichen Aktualisierungspflicht, d. h. er ist verpflichtet, ein Dokument zu veröffentlichen, dass alle nach nationalem oder Gemeinschaftsrecht veröffentlichten Informationen mit Kapitalmarktbezug der letzten 12 Monate enthält (Art. 10 sowie § 10 WpPG-E).

c) Verfahren zur Billigung des Prospekts

Wie bereits erwähnt, bestimmt § 5 VerkProspG, dass der Inhalt des Prospekts, für den ein Zulassungsantrag gestellt wurde, identisch mit dem Inhalt des Börsenzulassungsprospekts sein muss. Aus § 6 VerkProspG folgt eine noch weitergehende Synchronisation von Verkaufs- und Zulassungsdokument, nämlich, dass in diesem Falle die Börse, bei der der Zulassungsantrag gestellt wurde, den Prospekt prüft, und nicht die BaFin, die somit allein für die Prospektprüfung bei nicht in Deutschland börsenzugelassenen Wertpapieren zuständig ist.[59] **52**

Nach § 30 Abs. 4 Satz 1 BörsG und § 43 Abs. 2 BörsZulV darf der Prospekt bei Zulassung im amtlichen Markt erst veröffentlicht werden, wenn er von der Zulassungsstelle gebilligt wurde.[60] Die Zulassungsstelle hat innerhalb von 15 Börsentagen nach Eingang des Prospekts über die Billigung zu entscheiden (§ 30 Abs. 4 Satz 2 bzw. § 51 Abs. 2 Satz 1 BörsG). Üblicherweise wird bei der Einreichung des Prospekts auch der Antrag auf Zulassung der Wertpapiere an der Wertpapierbörse gestellt. **53**

d) Veröffentlichung des Prospekts

Nach Billigung ist der Prospekt durch Abdruck in den Börsenpflichtblättern zu veröffentlichen (§ 30 Abs. 5 Ziffer 1 BörsG bzw. § 69 Abs. 1 BörsO FWB und § 9 Abs. 2 Ziff. 2 VerkProspG). Dieses Verfahren ist allerdings wegen der Länge des Prospekts unüblich. Typischerweise wird vielmehr die Methode von § 30 Abs. 5 Ziffer 2 BörsG bzw. § 9 Abs. 2 Ziff. 2 VerkProspG gewählt, nämlich die Bereithaltung zur kostenlosen Ausgabe bei den Zahlstellen und bei der Zulassungsstelle unter gleichzeitiger Hinweisbekanntmachung in den Börsenpflichtblättern, bei welchen Stellen der Prospekt bereitgehalten wird (so genannte Schalterpublizität). Die Börse hat den Prospekt auch elektronisch zur Verfügung zu stellen (§ 30 Abs. 5 Satz 2 BörsG). Nach den *Going Public* Grundsätzen der Deutschen Börse AG[61] soll der Prospekt den Investoren darüber hinaus auch auf der Internetwebseite des Emittenten späte- **54**

---

[59] Nach der Prospektrichtlinie (Art. 21 Abs. 1) darf es zukünftig nur noch eine einheitliche Prüfbehörde geben, so dass in Deutschland die derzeitige Aufgabenteilung zwischen BAFin und Zulassungsstelle der Börse abgeschafft werden muss. Allerdings ist insoweit die Umsetzungsfrist für Deutschland bis zum 31.12.2008 verlängert, vgl. Art. 30 Abs. 3 der Richtlinie. Allerdings zeichnet sich ab, dass Deutschland davon womöglich keinen Gebrauch macht.
[60] Ebenso für den Unternehmensbericht im Geregelten Markt § 51 Abs. 2 Satz 1 BörsG.
[61] Zu finden auf der Webseite der Deutsche Börse AG unter www.deutsche-boerse.com.

stens einen Geschäftstag vor dem Beginn des öffentlichen Angebots zur Verfügung gestellt werden und dort für einen Zeitraum von drei Jahren verfügbar bleiben (Ziffer 7.2 der *Going Public* Grundsätze).

55 Nach § 9 Abs. 1 VerkProspG muss der Verkaufsprospekt mindestens einen Werktag vor dem öffentlichen Angebot veröffentlicht werden. Werden einzelne Angebotsbedingungen erst kurz vor dem öffentlichen Angebot festgesetzt, so darf der Verkaufsprospekt ohne diese Angaben veröffentlicht werden, sofern er Auskünfte darüber gibt, wie diese Angaben nachgetragen werden (§ 10 VerkProspG). Die normale Vorgehensweise ist es, dass vor dem Beginn des Angebots zunächst ein unvollständiger Verkaufsprospekt bei der Börse zur Billigung eingereicht wird, nach dessen Veröffentlichung die Aktien öffentlich angeboten werden und der im wesentlichen identische Prospekt, ergänzt um den Preis und Abdruck des Zulassungsbeschlusses als Börsenzulassungsprospekt nach Abschluss des Angebots als Teil des Börsenzulassungsverfahrens eingereicht und nach der Börsenzulassung veröffentlicht wird. Die Aufnahme des Handels darf erst einen Tag nach Veröffentlichung des Börsenzulassungsprospekts (§ 52 Abs. 2 BörsZulV) bzw. Unternehmensberichts (§ 69 BörsO FWB verweist insoweit auf die Vorschriften zum amtlichen Markt) erfolgen.

6. Preisfindung/Angebotsphase

a) Bookbuilding-Verfahren

56 Bereits während der Prospekterstellungsphase beginnt das Verfahren zur Preisfindung. In den letzten 10 Jahren hat sich hierbei das so genannte *Bookbuilding*-Verfahren als die beste Methode zur Preisbestimmung durchgesetzt. Im Gegensatz zum Festpreisverfahren, bei dem das Emissionskonsortium die Aktien zu einem festen Preis übernimmt und damit das Risiko trägt, dass die Emission von den Anlegern zu diesem Preis nicht übernommen wird[62], arbeitet das Bookbuilding-Verfahren mit einer Einbeziehung der Investoren in den Preisbindungsprozess unter enger Verzahnung mit den Marketingaktivitäten[63].

57 Hierzu erstellen die Konsortialbanken, mindestens aber der Konsortialführer, mit Hilfe der eigenen Analysten eine Unternehmensanalyse bereits während der Prospekterstellungsphase. Auf der Basis einer solchen Unternehmensbewertung werden sodann von der Konsortialführerin wichtige Schlüsselinvestoren aus dem Bereich der institutionellen Anleger kontaktiert. Diese so genannte *Pre-Marketing*-Phase hat zum Ziel, von den kontaktierten Anlegern eigene Preiseinschätzungen einzuholen, auf deren Grundlage die Einschätzung der Investmentbank möglicherweise angepasst wird.[64] Das Ergebnis des *Pre-Marketings* ist die Ermittlung einer Preisspanne mit einem Spielraum zwischen 10 und 20 %.[65]

58 Im Rahmen des öffentlichen Angebots werden die Anleger nun nicht mit einem Festpreis, sondern mit dieser *Bookbuilding*-Preisspanne konfrontiert. Die Anleger

---

[62] *Schanz*, § 10 Rn 47 f.; *Zacharias*, 280 f.
[63] Vgl. *Schanz*, § 10 Rn 53; *Zacharias*, 280 ff., Beck'sches Hdb. AG/*Harrer*, § 23 Rn 61.
[64] Vgl. *Geddes*, S. 70; *Schanz* § 10 Rn 54, *Blättchen/Jaquillat*, S. 174.
[65] *Blättchen/Jaquillat*, S. 176.

können dann preislich limitierte Zeichnungsaufträge hereinreichen. Die bei den einzelnen Konsortialbanken eingehenden Kaufanträge werden sodann von der Konsortialführerin in einem Orderbuch (daher der Name „*Bookbuilding*") zentral zusammengeführt. Aufgrund der klassischen Angebots-/Nachfragefunktion bildet sich hierbei eine Auftragslage heraus, bei der um so mehr Aktien platziert werden können, um so niedriger der Angebotspreis innerhalb der *Bookbuilding*-Preisspanne festgelegt wird.

Eine erfolgreiche Börsenemission setzt voraus, dass die Nachfrage nach den Papieren nicht vollständig befriedigt werden kann, mithin die Emission überzeichnet ist. Welcher Grad der Überzeichnung hierbei wünschenswert ist, hängt auch von der jeweiligen Marktlage ab. Ohne eine Überzeichnung der Emission ist ein erfolgreicher Börsengang nicht möglich. Da sich erfahrungsgemäß die meisten Privatanleger relativ schnell wieder von dem Papier trennen und auch ein gewisser Teil der institutionellen Investoren versuchen wird, die gezeichneten Papiere gewinnbringend wieder über die Börse zu verkaufen, muss diesem Angebot an der Börse bei Erstnotiz eine entsprechende Nachfrage gegenüber stehen, die nur dann entstehen kann, wenn nicht sämtliche Zeichnungen im Rahmen der Erstemission bedient werden konnten, so dass viele bei der Zuteilung nicht berücksichtigten Anleger sich nach der Erstnotiz an der Börse eindecken werden. Deswegen wird häufig auch unter platzierungsstrategischen Gesichtspunkten ein Preis gewählt, der nicht am oberen Ende der Preisspanne liegt, obwohl dies rechnerisch möglich gewesen wäre.[66]

b) Road Show/Vermarktung

Während der Angebotsphase wird die Vermarktung der Emission durch eine so genannte *Road-Show* unterstützt. Neben Presse- und Analystenkonferenzen mit dem Management des Emittenten suchen Vertreter der Konsortialbanken zusammen mit Mitgliedern des Managements des Emittenten einzelne institutionelle Investoren auf und erläutern im Rahmen einer Kurzpräsentation die *Equity Story* des Unternehmens mit dem Ziel, diese zur Zeichnung der Aktie zu einem möglichst hohen Preis zu bewegen (so genannte *One-on-Ones*).

Im Falle von Emissionen, die auch private Anleger (so genannte „*Retail-Investoren*") ansprechen sollen, wird die Aktie darüber hinaus gelegentlich auch in Anzeigenkampagnen vermarktet. Gemäß § 12 Verkaufsprospektgesetz ist dabei zu beachten, dass der Anbieter verpflichtet ist, in solchen Veröffentlichungen einen Hinweis auf den Verkaufsprospekt und dessen Veröffentlichung aufzunehmen. Wurde ein Antrag auf Zulassung zum amtlichen Markt oder zum geregelten Markt an einer inländischen Börse gestellt, sind die Veröffentlichungen unverzüglich bei der Zulassungsstelle oder dem Zulassungsausschuss einzureichen (§ 12 VerkProspG).

Der Emittent ist nach Ziff. 5 der *Going Public* Grundsätze gehalten, ab dem Tag des Zulassungsantrags, mindestens aber 4 Wochen vor Beginn des Angebotes und bis zum Ende der Stabilisierungsfrist, mindestens aber 30 Kalendertage nach Notierungsaufnahme der Aktien weder öffentlich, noch nicht-öffentlich, weder direkt, noch indirekt, wesentliche Informationen über sein Geschäft sowie seine Finanz-

---

[66] Die Festsetzung eines niedrigeren Angebotspreises führt unter Umständen zu einer besseren Streuung und zur Berücksichtigung strategischer Investoren, vgl. *Schanz*, § 10 Rn 57.

und Ertragslage zur Verfügung stellen, mit Ausnahme aufgrund gesetzlicher Publizitätspflichten, es sei denn, diese Informationen finden sich auch im Prospekt wieder.

63 Im Rahmen der Vermarktung ist weiter zu beachten, dass die Analysten der Konsortialbanken nach den *Going Public* Grundsätzen während einer Frist von zwei Wochen (Sollvorschrift), in jedem Falle aber spätestens 10 Kalendertage vor Beginn des öffentlichen Angebots, bis zum Ablauf der Stabilisierungsperiode (oder 30 Kalendertage nach Notierungsaufnahme) keine mit der Emission in Verbindung stehenden Unternehmensanalysen veröffentlichen dürfen (so genannte *Black Out Period*, Ziffer 6.1 der *Going Public* Grundsätze).

64 Ziffer 6.2 der *Going Public* Grundsätze bestimmt weiter, dass der Emittent den Analysten der Konsortialbanken für die Zwecke der Anfertigung transaktionsbezogener Unternehmensanalysen lediglich die wesentlichen Informationen zur Verfügung stellen darf, die später auch im Prospekt enthalten sein werden. Soweit ein Emittent zum Zeitpunkt des Börsengangs bereits an einer Börse gelistet ist, bleibt es den Konsortialbanken gestattet, so genannte nicht transaktionsbezogene Unternehmensanalysen (*non-deal related research*) zu veröffentlichen, soweit diese periodisch veröffentlicht werden.

7. Kapitalerhöhung und Übernahme

a) Mechanik der Kapitalerhöhung

65 Im Regelfall wird das Kapital des Emittenten erst während der Angebotsphase erhöht und werden die Aktien vom Konsortialführer auf eigene Rechnung sowie auf Rechnung der übrigen Konsortialbanken gezeichnet und übernommen. Die übrigen Konsortialbanken kaufen dem Konsortialführer die Akten später anlässlich der Platzierung im Rahmen ihrer Konsortialquote ab. Um das Platzierungsrisiko möglichst gering zu halten, wird versucht, den Zeitpunkt der Übernahme so weit wie möglich zeitlich nach hinten zu verlegen, so dass zum Zeitpunkt der Übernahme der Aktien die Konsortialbanken aufgrund der bereits vorliegenden Kauforder bereits eine ausreichende Sicherheit dafür haben, dass sie die gezeichneten Aktien anschließend an die Investoren absetzen können. Der Kapitalerhöhungsbeschluss wird dabei regelmäßig so gefasst, dass die Konsortialbanken bei Übernahme der Aktien lediglich den geringsten Ausgabebetrag (üblicherweise 1 EUR pro Aktie) einzahlen müssen, in manchen Fällen auch zunächst nur ein Viertel (vgl. § 36a Abs. 1 AktG).[67] Im Zeichnungsschein verpflichten sie sich, die Aktien bestmöglichst zu platzieren und den Emissionserlös abzüglich des bereits eingezahlten geringsten Ausgabebetrages und der Emissionsprovisionen an den Emittenten abzuführen.

66 Rechtlich problematisch kann es sein, wenn der Emissionserlös zur Rückführung von Darlehensverbindlichkeiten bei einer oder mehreren der Konsortialbanken verwendet werden soll, da sich dies als verdeckte Sacheinlage (Einlage der Darlehensforderung) darstellen könnte.[68] Zur Vermeidung des Problems wird geraten, bis zur

---

[67] Nach **hM** ist dieses zweigestufte Verfahren zulässig, vgl. zum Streitstand *Schanz*, § 9 Rn 56 f.
[68] Zum Ganzen: *Frese*, Kredite und verdeckte Sacheinlage – Sondersituation von Emissionsbanken, AG 2001, 15 ff.

Darlehenstilgung eine „Schamfrist" von sechs Monaten abzuwarten.[69] Außerdem sollen „normale" Tilgungen und Zinszahlungen unschädlich sein.[70] Das Risiko dürfte sich auf den geringsten Ausgabebetrag beschränken.[71] Für Aktien, die im Rahmen des mittelbaren Bezugsrechts an die Altaktionäre platziert werden, stellt sich das Problem nicht.[72]

b) Übernahmevertrag

Nähere Einzelheiten werden in einem Übernahmevertrag zwischen der Emittentin und den Konsortialbanken festgelegt. Der Übernahmevertrag erhält insbesondere die folgenden wesentlichen Bestimmungen: 67

– Verpflichtung des Emittenten zum Beschluss und zur Durchführung einer Kapitalerhöhung in dem festgelegten Umfang. Denkbar ist die Ausnutzung genehmigten Kapitals im zulässigen Umfang oder der Beschluss durch die Hauptversammlung.[73]
– Verpflichtung der Konsortialbanken, die Aktien zu zeichnen und zu übernehmen, sowie die Aktien bestmöglichst zu vermarkten. Soweit im Rahmen des Börsengangs auch oder ausschließlich Aktien aus Altaktionärsbesitz platziert werden sollen, beinhaltet der Vertrag einen Aktienkaufvertrag zwischen den Altaktionären und den Konsortialbanken.
– Weiter enthält der Übernahmevertrag umfassende Gewährleistungen und Zusicherungen des Emittenten. Als wichtigste Gewährleistung sichert der Emittent die Richtigkeit des Verkaufsprospekts zu. Typischerweise lassen sich die Banken jedoch auch einzelne weitere Eigenschaften des Unternehmens umfassend zusichern.
– Zur weiteren Absicherung ist die Übernahmeverpflichtung an die Vorlage von sogenannten *Legal Opinions* geknüpft, also Rechtsgutachten der begleitenden anwaltlichen Beratern über das Bestehen des Emittenten und der verkauften Aktien, sowie die Rechtsverbindlichkeit des Übernahmevertrags. Außerdem ist sind *Disclosure Opinions* der beteiligten Rechtsanwälte vorzulegen, in denen diese versichern, dass Ihnen nichts bekannt geworden ist, was den Prospekt unrichtig oder unvollständig machen würde. Als weitere Voraussetzung werden meist sogenannte *Comfort Letters* von den Wirtschaftsprüfern des Emittenten verlangt, in denen diese Äußerungen zur Richtigkeit der Zahlenangaben im Prospekt, vor allem im Finanzteil und in der MD&A machen. Alle diese Maßnahmen sichern die Banken hinsichtlich der Prüfungen, die sie durch Dritte haben vornehmen lassen, für eine spätere *Due Diligence Defense* ab. Bei Durchführung der Emission werden aus demselben Grund meist auch noch schriftliche Wissenserklärungen von den Vorständen verlangt, die bestätigen, dass der Prospekt nach deren Kenntnis richtig und vollständig ist (*Officer Certificates*).

---

[69] *Schanz*, § 9 Rn 62.
[70] *Schanz*, § 9 Rn 63.
[71] *Frese*, AG 2001, 15, 25.
[72] Vgl. BGHZ 118, 83, 96 f. („BUM"), weitere Nachweise zum Schrifttum vgl. *Frese*, AG 2001, 15, 20.
[73] Näheres siehe § 11 Rn 45 ff.

– Flankiert werden diese Gewährleistungen und Zusicherungen durch eine umfassende Haftungsfreistellungsklausel[74], in der sich der Emittent verpflichtet, die Konsortialbanken von jeglichen Schäden und Haftungen aus der Unrichtigkeit oder behaupteten Unrichtigkeit des Prospekts und der Verletzung der Gewährleistungen und Zusicherungen freizustellen. Im Ergebnis trägt daher im Innenverhältnis der Emittent die volle Haftung für die Unrichtigkeit des Prospekts.

– Soweit im Übernahmevertrag auch eine Platzierung aus Altaktionärsbesitz geregelt ist, ist es von Fall zu Fall unterschiedlich, ob die verkaufenden Altaktionäre ebenfalls Zusicherungen übernehmen. Soweit es sich bei den verkaufenden Altaktionären um Unternehmensinsider handelt (Unternehmensgründer, Vorstandsmitglieder, etc.), verlangt die Bank regelmäßig mit Erfolg die Übernahme der Haftung.

– Üblicherweise behalten sich die Konsortialbanken das Recht vor, auch noch nach Übernahme der Aktien vom Vertrag zurückzutreten, wenn Hindernisse eintreten, die einen erfolgreichen Abschluss der Platzierung verhindern.[75] Soweit die Banken die Aktien bereits übernommen haben, können sie diese selbstverständlich nicht mehr an das Unternehmen zurückgeben. In diesen Fällen verpflichten sich die Altaktionäre typischerweise zur Übernahme der Aktien zum geringsten Ausgabepreis oder dazu, einen Partei zu benennen, die zur Übernahme der Aktien zum bestmöglichen Preis bereit ist.

c) Verzahnung der Kapitalerhöhung mit der Börsenzulassung

68 Eine Zulassung (noch) nicht existenter Aktien ist nicht möglich. Ein Zulassungsbeschluss der Börse für die Aktien, auf dessen Grundlage die Aufnahme der Notierung an der Börse erfolgen kann, kann erst dann erfolgen, wenn die Aktien tatsächlich rechtswirksam geschaffen worden sind, da als Nachweis des Bestehens der zuzulassenden neuen Aktien ein Handelsregisterauszug vorzulegen ist (§ 48 Abs. 2 Ziffer 5 BörsenZulV).[76] Dies setzt voraus, dass die Durchführung der Kapitalerhöhung in das Handelsregister eingetragen worden ist. Es versteht sich von selbst, dass mit den üblichen Bearbeitungszeiten des Handelsregisters von teilweise mehreren Wochen nicht erreicht werden kann, dass die Zeichnung der Aktien erst kurz vor dem Ende der Angebotsfrist erfolgt. Eine zeitnahe Durchführung der Emission erfordert daher, dass im Vorfeld mit den zuständigen Handelsregisterrichter abgesprochen wird, dass er unmittelbar nach Einreichung der erforderlichen Unterlagen die Durchführung der Kapitalerhöhung in das Handelsregister einträgt. Dazu reicht man zweckmäßigerweise Entwürfe der Handelsregisterunterlagen vorab zur Prüfung ein. Üblicherweise gibt sich die Börse dann mit einer vorab eingereichten Faxkopie des Handelregisterauszugs zufrieden. Emittent und Konsortialbanken sind dabei auf die Kooperation des zuständigen Handelsregisters angewiesen.

---

[74] Ausführlich Beck'sches Hdb. AG/*Harrer*, § 23 Rn 100 ff.

[75] Dazu zählen insbesondere nachträglich bekannt werdende oder eintretende Verletzungen der Gewährleistungen und Zusicherungen sowie umwälzende Entwicklungen an den Kapitalmärkten (zB aufgrund wirtschaftlicher oder politischer Umwälzungen), die einen erfolgreichen Abschluss der Transaktion unwahrscheinlich werden lassen. Im einzelnen zum Rücktrittsrecht und den Problemen bei der Rückabwicklung Beck'sches Hdb. AG/*Harrer*, § 23 Rn 112 ff.

[76] „Nachweis über die Rechtsgrundlage der Wertpapierausgabe".

8. Zuteilung und Preisfestsetzung

Wie bereits oben im Rahmen der Erläuterung des Bookbuilding-Verfahrens geschildert, wird nach dem Ende der Frist zur Abgabe von Angeboten der Emissionspreis festgelegt. Hierzu schließen Emittent und Konsortialbanken (gegebenenfalls auch die verkaufenden Altaktionäre) am Tage der Preisfestsetzung und Zuteilung einen so genannten Preisfestsetzungsvertrag. 69

Wegen behaupteter oder tatsächlicher Unregelmäßigkeiten bei der Zuteilung an *Retail*-Investoren während der Boomphase der späten 90er Jahre hat die Börsensachverständigenkommission beim Bundesministerium der Finanzen Grundsätze für die Zuteilung von Aktienemissionen an Privatanleger aufgestellt.[77] Nach diesen Grundsätzen sorgen die an der Emission beteiligten Konsortialmitglieder zusammen mit dem Emittenten für ein für Privatanleger transparentes Zuteilungsverfahren (Artikel 2 der Grundsätze). Der Emittent soll sicherstellen, dass bereits vor Beginn der Angebotsfrist für Privatanleger Einzelheiten über das Zuteilungsverfahren veröffentlicht werden. Soweit solche Vereinbarungen nicht getroffen wurden, ist gegebenenfalls auch diese Tatsache zu veröffentlichen und zwar auf der Internet-Homepage des Emittenten (Artikel 3 der Grundsätze). Nach Abschluss der Zuteilung stellt der Emittent sicher, dass die dort näher genannten detaillierten Informationen veröffentlicht werden, die den Privatanlegern die geforderte Transparenz der Zuteilung geben. Artikel 12 der Grundsätze legt darüber hinaus fest, dass zur Vermeidung der Bevorzugung ausgesuchter „guter" Bankkunden zu Lasten der anderen Anleger im Falle der Überzeichnung nur bestimmte sachgerechte Verfahren oder eine Kombination solcher Verfahren angewendet werden. Obwohl diese Zuteilungsgrundsätze nur Empfehlungen enthalten, sollte man sich in der Praxis an diese Empfehlungen halten. 70

9. Börsenzulassung und Erstnotiz

Nach der Zuteilung der Aktien, erfolgt regelmäßig die Börsenzulassung und Erstnotiz der Aktien (also der Beginn des Börsenhandels). Wie bereits oben[78] erläutert, muss vor der Erstnotiz noch der Börsenzulassungsprospekt veröffentlicht werden. Die Nutzung des Wochenendes (bei Zuteilung und Preisfestsetzung an einem Freitag) ermöglicht die Veröffentlichung der Hinweisbekanntmachung am Samstag. Der Prospekt kann so auch bequem am Wochenende gedruckt werden und liegt dann am Montag zur Verteilung bereit. Gleichzeitig werden die Anleger über die erfolgte Zuteilung informiert. 71

Am Tag der Erstnotiz sind die Stücke aus der Emission üblicherweise noch nicht in die Depots der Anleger gebucht worden. Dies erfolgt regelmäßig erst einen oder zwei Tage nach Aufnahme der Erstnotiz Zug um Zug gegen Entrichtung der Kaufpreise durch die Anleger (sog. *Settlement*). 72

---

[77] Die Grundsätze für die Zuteilung von Aktienemissionen an Privatanleger sind über die Homepage der Deutsche Börse AG (www.deutsche-boerse.com) unter der Rubrik „Initiativen" zu finden.
[78] Siehe Rn 54 ff.

10. Mehrzuteilungsoption (*Greenshoe*)

73 Die Mehrzuteilungsoption, auch *Greenshoe*[79] genannt, ist ein Instrument zur Stützung des Kurses der Aktie nach Abschluss der Platzierung.

74 Im Rahmen einer Mehrzuteilungsoption räumt die Gesellschaft oder räumen Altaktionäre den Konsortialbanken das Recht ein, nach Ablauf einer Frist von üblicherweise 30 Tagen weitere Stücke von der Gesellschaft bzw. den Altaktionären zu erwerben. Stammen die Stücke von der Gesellschaft, so verpflichtet sich die Gesellschaft meist zu einer Kapitalerhöhung unter Ausschluss des Bezugsrechts aus dem genehmigten Kapital, das vor dem Börsengang geschaffen werden muss. Aufgrund einer solchen Mehrzuteilungsoption ist das Emissionskonsortium in der Lage, zur Befriedigung der Nachfrage mehr Stücke zu platzieren als es aus der Basistransaktion zur Verfügung hat. Nach einer Entscheidung des Kammergerichts[80] soll ein Greenshoe, der aus eigens zu diesem Zweck geschaffenen genehmigten Kapital bedient werden soll, wegen eines „vorprogrammierten" Verstoßes gegen § 255 Abs. 2 AktG nicht möglich sein. Die Entscheidung ist sowohl in der Begründung, als auch im Ergebnis abzulehnen.[81]

75 Um beim *Settlement* die zusätzlich zugeteilten Stücke auch tatsächlich liefern zu können, besorgen sich die Konsortialbanken diese Stücke bei einem oder mehreren der Altaktionäre im Rahmen eines Wertpapierleihvertrages für einen Zeitraum von 30 Tagen (sog. „*Greenshoe*-Periode").[82] Sollte sich herausstellen, dass die Nachfrage nach den Aktien des Emittenten während der ersten 30 Tage zu gering ist, um eine befriedigende Kursentwicklung im Nachmarkt zu gewährleisten, können die Konsortialbanken diese Aktien durch Marktkäufe risikolos wieder aus dem Markt nehmen, da sie die zurückgekauften Stücke im Rahmen der Wertpapierleihe an den Verleiher zurückgeben können. Sollte sich herausstellen, dass die Marktlage es zulässt, das erhöhte Emissionsvolumen im Markt zu belassen (der Kurs also oberhalb des Emissionspreises bleibt), so kaufen die Banken diese Stücke aus dem Markt nicht zurück. Im Rahmen der im Übernahmevertrag getroffen Mehrzuteilungsvereinbarungen können die Banken sich dann entweder von der Gesellschaft im Rahmen einer Kapitalerhöhung aus genehmigten Kapital die von der Mitzuteilungsoption umfassten Stücke liefern lassen oder in anderen Fallgestaltungen durch Ausübung einer vertraglich vereinbarten Kaufoption mit dem Entleiher der Aktien. Durch den Rückkauf der Papiere können die Konsortialbanken während der Greenshoe-Periode den Kurs durch Verknappung des Angebots stabilisieren, § 5 MaKonV in Verbindung mit der EU-Durchführungsverordnung 2273/2203[83].

---

[79] Die Bezeichnung ist von der Greenshoe Manufacturing Co., Boston (USA) abgeleitet, bei der dieses Verfahren erstmals eingesetzt wurde. Näheres zum *Greenshoe* bei *Schanz*, § 10 Rn 91 ff.
[80] KG vom 22.8.2001 (23 U 6712/99) DB 2002, 313 ff.; AG 2002, 243.
[81] Vgl. stellvertretend *Groß*, Das Ende des so genannten *Greenshoe*, ZIP 2002, 160, 165.
[82] Denkbar ist auch die Vereinbarung mit einem oder mehreren Großinvestoren über eine bis zum Ende der *Greenshoe*-Periode herausgeschobene Lieferung.
[83] Verordnung zur Konkretisierung des Verbots der Marktpreismanipulation (KuMaKV) vom 1. März 2005; Art. 11 der Verordnung (EG) vom 22. Dezember 2003, ABl. EG L 336/33, vgl. dazu näher § 5 Rn 28 und 40.

IV. Zulassungsfolgepflichten

1. Amtlicher Markt (General Standard)

Die Zulassungsfolgepflichten des Emittenten im amtlichen Markt (General Standard) ergeben sich aus § 39, 40 und 42 BörsG, sowie der Börsenordnung. Nach § 39 BörsG besteht eine Gleichbehandlungsverpflichtung gegenüber den Inhabern der zugelassenen Wertpapiere (Ziff. 1), die Pflicht zur Unterhaltung einer oder mehrerer Zahl- und Hinterlegungsstellen (Ziff. 2), die Pflicht zur angemessenen Unterrichtung des Publikums und der Zulassungsstelle über den Emittenten und die zugelassenen Wertpapiere (Ziff. 3), sowie insbesondere die Pflicht, im Falle von Aktien für später ausgegebene Aktien derselben Gattung die Zulassung zum amtlichen Markt zu beantragen (Ziff. 4). § 39 Abs. 1 Nr. 3 BörsG wird ergänzt durch die BörsZulV, welche die Verpflichtungen zur angemessenen Unterrichtung weiter konkretisiert. Danach muss der Emittent die Einberufung der Hauptversammlung, Mitteilungen über Ausschüttungen und Auszahlung von Dividenden, die Ausgabe neuer Aktien und die Ausübung zum Umtausch-, Bezugs- und Zeichnungsrechten veröffentlichen (§ 63 Abs. 1 BörsZulV). Weiter müssen gemäß § 64 BörsZulV beabsichtigte Änderungen der Satzung spätestens zum Zeitpunkt der Einberufung der Hauptversammlung, die über die Änderung beschließen soll, der Zulassungsstelle mitgeteilt werden.

§ 65 BörsZulV bestimmt, dass Jahresabschluss und Lagebericht dem Publikum unverzüglich nach Feststellung bei den Zahlstellen zur Verfügung zu stellen sind, soweit nicht anderweitig veröffentlicht. Diese Verpflichtung bezieht sich auf den Einzelabschluss und den Konzernabschluss, wobei die Zulassungsstelle dem Emittenten gestatten kann, nur den Konzernabschluss zu veröffentlichen, wenn dem Einzelabschluss keine besondere Aussagekraft zukommt (§ 65 Abs. 1 und 2 BörsZulV).

Weiter ist der Emittent zur Veröffentlichung eines Zwischenberichts verpflichtet (§ 40 BörsG). Der Inhalt des Zwischenberichts wird in den §§ 53 ff. BörsZulV näher definiert. Der Zwischenbericht muss zwei Monate nach Ende des Berichtszeitraums veröffentlicht werden.

2. Geregelter Markt (General Standard)

Gemäß § 71 der BörsO-FWB gelten die Zulassungsfolgepflichten des amtlichen Marktes (General Standard) auch im geregelten Markt, mit Ausnahme von § 69 BörsZulV (Verpflichtung zur Zulassung später ausgegebener Aktien), entsprechend. Dies erscheint im Hinblick auf die Intention des Gesetzgebers bei der Reform der Börsensegmente im 4. FMFG bedenklich: Zielvorstellung des Gesetzgebers war es, beim Geregelten Markt ein Segment mit niedrigen Zulassungsvoraussetzungen und niedrigen Zulassungsfolgepflichten zu schaffen. Insoweit bestimmt das Börsengesetz in § 50 Abs. 3, dass die Börsenordnung für Teilbereiche des Geregelten Marktes zusätzliche Voraussetzungen für die Zulassung von Aktien vorsehen kann und § 54 BörsG bestimmt, dass die Börsenordnung für *Teil*bereiche des Geregelten Marktes ergänzend zu den vom Unternehmen einzureichenden Unterlagen weitere Unter-

§ 4 80   Teil 2. Aktie und Kapitalmarkt

richtungspflichten des Emittenten vorsehen kann. Daraus kann geschlossen werden, dass es mindestens einen „Basis"-Bereich im Segment Geregelter Markt geben muss, in dem sich die Zulassungspflichten und die Zulassungsfolgepflichten auf den gesetzlichen Kern beschränken. Durch den Verweis in § 71 der BörsO-FWB wird der Emittent im Segment Geregelter Markt (General Standard) jedoch zur Erstattung eines Zwischenberichts verpflichtet. Es ist insoweit fraglich, ob damit die Börsenordnung nicht die Ermächtigungsgrundlage in § 54 Börsengesetz überschreitet.

3. Prime Standard (amtlicher Markt und geregelter Markt)

80   Die Zulassungsfolgepflichten im Prime Standard Segment der Frankfurter Wertpapierbörse sind identisch, unabhängig davon, ob der Emittent im Amtlichen oder im Geregelten Markt zugelassen ist. In den Zulassungsfolgepflichten gemäß § 62 ff. BörsO FWB spiegeln sich erhöhte Anforderungen wieder, wie sie bereits im Neuen Markt galten. Das Ziel dieser zusätzlichen Verpflichtungen besteht darin, die gesetzlichen Zulassungsfolgepflichten so zu ergänzen, dass sie internationalen Standards entsprechen. Das beinhaltet insbesondere die folgenden Verpflichtungen:

– Vorlage von geprüften konsolidierten Abschlüssen nach den *International Financial Reporting Standards* (*IFRS*) oder nach den US-amerikanischen *Generally Accepted Accounting Principles* (*US-GAAP*). Der Abschluss muss spätestens vier Monate nach Ende des Berichtszeitraums veröffentlicht werden. Die Zulassungsstelle der Börse stellt den Abschluss dem Publikum auch elektronisch oder in anderer geeigneter Weise zur Verfügung (§ 62 Abs. 3 BörsO FWB).

– Der Emittent ist zur Veröffentlichung von Quartalsberichten verpflichtet, die ebenfalls internationalen Rechnungslegungsgrundsätzen genügen müssen (§ 63 Abs. 1 BörsO FWB). Der Quartalsbericht muss gewisse Mindestinhalte enthalten, die in § 63 Abs. 3 und 4 BörsO FWB näher detailliert werden. Der Quartalsbericht muss in deutscher und in englischer Sprache abgefasst sein, wobei die Zulassungsstelle auch die Veröffentlichung nur in englischer Sprache gestatten kann (§ 63 Abs. 5 BörsO FWB). Der Quartalsbericht muss spätestens zwei Monate nach Beendigung des Berichtszeitraums veröffentlicht werden.

– Der Emittent muss einen Unternehmenskalender veröffentlichen, der für die Dauer mindestens des jeweiligen Geschäftsjahres die wesentlichen Termine des Emittenten, insbesondere die Hauptversammlung, die Bilanzpressekonferenz und Analystenveranstaltungen enthält. Dieser Unternehmenskalender ist im Internet zu veröffentlichen und der Zulassungsstelle elektronisch zu übermitteln.

– Einmal jährlich muss der Emittent eine Analystenveranstaltung außerhalb der Bilanzpressekonferenz durchführen (§ 65 BörsO FWB).

– Ad-hoc-Mitteilungen müssen nicht nur in deutscher, sondern auch in englischer Sprache veröffentlicht werden (§ 66 BörsO FWB).

V. Platzierung im Ausland

1. Platzierung in der EU

In der Europäischen Union sah die alte Prospektrichtlinie[84] eine wechselseitige Anerkennung von Prospekten vor, wenn der Prospekt im Heimatland des Emittenten gebilligt worden ist (Artikel 21 der Richtlinie). In der Praxis hat sich das in der Prospektrichtlinie vorgesehene Verfahren nicht bewährt, da der Prospekt den ausländischen zuständigen Stellen nach wie vor vorgelegt werden muss. Nach Artikel 17 und 18 der neuen Prospektrichtlinie[85] wird das Heimatlandprinzip festgeschrieben, wonach ein Prospekt, der von der Behörde im Heimatland des Emittenten gebilligt worden ist, in allen anderen Mitgliedsstaaten der EU ohne jedes weitere Verfahren sowohl für ein öffentliches Angebot, als auch eine Börsenzulassung im Gastland verwendet werden kann. Die Behörde des Landes, in dem das öffentliche Angebot gemacht wird, soll zukünftig lediglich die Übersetzung der Zusammenfassung des Prospekts in die örtliche Sprache verlangen können.

Außerhalb des Bereichs öffentlicher Angebote von Wertpapieren ist die Erweiterung des Kreises der angesprochenen Investoren auf das europäische Ausland allerdings regelmäßig unproblematisch, soweit institutionelle Investoren angesprochen werden. Basierend auf der alten Prospektrichtlinie gilt kein Erfordernis zur Veröffentlichung eines Prospekts, wenn die Wertpapiere Personen im Rahmen ihrer beruflichen oder gewerblichen Tätigkeit angeboten werden und/oder wenn die Wertpapiere einem begrenzten Personenkreis angeboten werden (vgl. Artikel 2 Ziff. 1 b) der Richtlinie, in Deutschland § 2 Ziffer 1 und 2 VerkProspG). Auch nach der Umsetzung der neuen Prospektrichtlinie wird diese Möglichkeit erhalten bleiben, wobei die Ausnahmen europaweit erheblich stärker standardisiert sein werden als bisher, was die Durchführung einer Privatplatzierung erleichtern wird.[86]

2. Platzierung in den USA

a) Regulation S

Nach dem *Securities Act of 1933*[87], einem Bundesgesetz, bedarf jedes Angebot von Wertpapieren der Einreichung eines so genannten *Registration Statement* (Section 6(a)) bei der amerikanischen Wertpapieraufsichtsbehörde (*Securities and Exchange Commission – SEC*)[88]. Ohne in Einzelheiten gehen zu wollen, wird die SEC aber nach der so genannten *Regulation S*[89] nicht aktiv, wenn weder das US-amerikani-

---

[84] Richtlinie 89/298/EWG des Rates vom 17. April 1989 zur Koordinierung der Bedingungen für die Erstellung, Kontrolle und Verbreitung des Prospekts, der im Falle öffentlicher Angebote von Wertpapieren zu veröffentlichen ist, Nr. L 124.
[85] Richtlinie 2003/71/EG des Europäischen Parlaments und des Rates vom 4. November 2003 betreffend den Prospekt, der beim öffentlichen Angebot von Wertpapieren oder bei deren Zulassung zum Handel zu veröffentlichen ist und zur Änderung der Richtlinie 2001/34/EG.
[86] Vgl. dazu oben Rn 51.
[87] Securities Act of 1933 as amended, 15 U.S. Code, Secs. 77 a–77 aa.
[88] § 5 Securities Act of 1933.
[89] Rules Governing Offers and Sales Made Outside the United States Without Registration Under the Securities Act of 1933, 17 CFR § 230.901 et seq.

sche Territorium, noch so genannte US-Personen betroffen sind, so genannte „*offshore transactions*".[90] Wiederum ist dies alles nur von rein theoretischer Bedeutung, solange der amerikanische Markt nicht als Verkaufsgebiet anvisiert wird (keine „*directed selling efforts*")[91].

b) Rule 144 A

84 Bei einem Angebot an institutionelle Investoren ist es zwar prinzipiell möglich, ähnlich wie in der Europäischen Union Ausnahmen vom Registrierungserfordernis für so genannte Privatplatzierungen zu benutzen[92]. Aufgrund der Besonderheiten des amerikanischen Rechts wäre es allerdings institutionellen Investoren nicht erlaubt, die Papiere innerhalb der USA wieder zu verkaufen, weil das wiederum die Pflicht zur Einreichung eines *Registration Statement* auslösen würde. Die so genannte Rule 144 A[93] erlaubt den Verkauf an so genannte *Qualified Institutional Buyers*. Dabei handelt es sich um institutionelle Investoren, die mindestens über ein Portfolio von Wertpapieren im Wert von US$ 100 Millionen verfügen.[94] Nach 2 Jahren ist ein begrenzter, nach 3 Jahren ein unbegrenzter Wiederverkauf in den USA ohne Registrierungserfordernis erlaubt.[95] Rule 144 A verlangt, dass den *Qualified Institutional Buyers* gewisse Mindestinformationen zu den Finanzzahlen des Emittenten zur Verfügung gestellt werden[96], deren Einhaltung jedoch üblicherweise keinerlei praktische Probleme bereitet.

---

[90] Rule 903-a und 904-a.
[91] Rule 903-b und 904-b.
[92] Siehe § 4 (a) (2) Securities Act of 1933.
[93] 17 CFR 230.144 A.
[94] Vgl. Rule 144 A (a) (1) (i).
[95] Vgl. Rule 144 A (d) und (K).
[96] Vgl. Rule 144 A (d) (4) (i).

§ 5 Börsenhandel

I. Feststellung der Börsenkurse

1. Pflicht zur Auftragsausführung über die Börse

§ 22 Börsengesetz bestimmt, dass Aufträge für den Kauf oder Verkauf von Wertpapieren, die zum Handel an einer inländischen Börse zugelassen oder in den Freiverkehr einbezogen sind, über den Handel an einer Börse auszuführen sind, wenn der Auftraggeber im Inland beheimatet ist und er nicht ausdrücklich eine andere Weisung erteilt hat.[1] Infolge von § 22 BörsG werden die Aufträge von Investoren an die Depotbanken oder von ihnen beauftragte Makler mangels anderweitiger Weisung des Kunden über die Börse ausgeführt und sorgen so für die notwendige Marktliquidität, die das Zustandekommen von marktgerechten Preisen ermöglicht.

Streitig ist, wie die Geschäftsausführung über so genannte *„best execution"*-Funktionalitäten zu beurteilen ist, bei der ein Wertpapierdienstleister ein Geschäft für den Kunden mit sich selbst über das elektronische Handelssystem einer Börse (zB über das Produkt „XETRA Best" der FWB) oder über ein bilaterales Handelssystem börsenähnlich abwickelt. Im letztgenannten Fall würde man ohne Anweisung des Kunden wohl einen Verstoß gegen § 22 BörsG zu bejahen haben, während im erstgenannten Fall nach überwiegender Meinung dann kein Verstoß gegen § 22 BörsG anzunehmen ist, wenn das Geschäft zu denselben Preisen wie den an der Börse quotierten zustande kommt.[2]

1

2

2. Zustandekommen von Börsenkursen

Als zentrale Vorschrift ist weiter § 24 Abs. 2 BörsG zu betrachten, der bestimmt, dass Börsenpreise ordnungsgemäß zustande kommen und der wirklichen Marktlage entsprechen müssen. Dazu müssen den Handelsteilnehmern Angebote zugänglich und die Annahme der Angebote möglich sein. Börsenpreise und die ihnen zugrunde liegenden Umsätze sind den Handelsteilnehmern unverzüglich bekannt zu machen. Die Preisermittlung an den Wertpapierbörsen erfolgt nach § 25 BörsG entweder im elektronischen Handel (also automatisiert per Computer) oder im Präsenzhandel (auch als „Parketthandel" bezeichnet) durch zur Feststellung des Börsenpreises besonders zugelassene[3] Banken oder Finanzdienstleister (Skontroführer).

3

a) Preisfeststellung im Parketthandel

Der Skontroführer hat die Vermittlung und den Abschluss von Börsengeschäften in den ihm zur Skontroführung zugewiesenen Wertpapieren zu betreiben und auf

4

---

[1] Gilt nicht für Investmentanteile, vgl. *Schwark*, § 22 BörsG, Rn 2, und nicht für festverzinsliche Schuldverschreibungen, deren Emissionsvolumen unterhalb einer Milliarde Euro liegt, vgl. § 22 Abs. 2 BörsG.
[2] Vgl. dazu eingehend *Schwark*, § 22 BörsG, Rn 12 ff.
[3] Vgl. § 26 BörsG.

einem geordneten Marktverlauf hinzuwirken. Demgemäß hat der Skontroführer seine Tätigkeit neutral auszuüben (§ 27 Abs. 1 BörsG). Nähere Einzelheiten zur Preisfeststellung enthält die jeweilige Börsenordnung. Die Preisermittlung erfolgt danach auf der Basis der Auftragslage (vgl. zB § 32 Abs. 2 der BörsO FWB). Zu dem vom Skontroführer festgestellten Kurs müssen regelmäßig alle über dem festgestellten Kurs limitierten Kaufaufträge und alle unter dem festgestellten Kurs limitierten Verkaufsaufträge ausgeführt werden. Inwieweit die zum festgestellten Kurs limitierten Kauf- und Verkaufsaufträge ausgeführt werden konnten, ergeben die vom Skontroführer bekannt zu machenden Kurszusätze (vgl. § 33 BörsO FWB).

b) Preisfeststellung im elektronischen Handel

5   Im elektronischen Handel der FWB können Wertpapiere gehandelt werden, wenn dies von der Geschäftsführung beschlossen wurde (§ 40 Abs. 1 Satz 1 BörsO FWB). Hierzu betreibt die FWB das elektronische Handelssystem XETRA. Inzwischen wird die ganz überwiegende Zahl aller Börsenumsätze im XETRA getätigt.

6   Mangels Skontroführer, der für marktgerechte Preise sorgt, kann es im elektronischen Handel zu Marktverzerrungen bei weniger liquiden Papieren kommen. § 23 BörsO FWB sieht deshalb die Möglichkeit vor, dass im elektronischen Handel für bestimmte Papiere ein so genanntes „*Designated Sponsoring*" eingeführt wird. Der dazu bestimmte Marktteilnehmer („*Designated Sponsor*") übernimmt die Verpflichtung, limitierte Aufträge für die Nachfrage- und Angebotsseite („*Quotes*") in das elektronische Handelssystem einzustellen und zu diesen Bedingungen auch Handelsabschlüsse zu tätigen (§ 23 Abs. 3 BörsO FWB). Die Geschäftsführung der Börse kann im Interesse geordneter Marktverhältnisse Anforderungen an die Ausübung der Designated Sponsor-Funktion stellen, insbesondere, was die maximale Preisspanne zwischen Nachfrage- und Angebotspreisen („*Maximum Spread*"), die Mindestvolumina der Quotes sowie deren Mindesteinstelldauer angeht (vgl. § 23 b Abs. 3 BörsO FWB).

II. Bedingungen für Börsengeschäfte

1. Zustandekommen von Börsengeschäften

7   Gemäß § 11 der Bedingungen für Geschäfte an der FWB kommt ein Geschäft zwischen zwei Handelsteilnehmern durch Ausführung von Aufträgen und Geschäftsbestätigung zustande. Die Geschäftsbestätigung erfolgt im elektronischen Handelssystem durch elektronische Bestätigung, im Skontroführer-gestützten Parketthandel durch eine (mittlerweile ebenfalls elektronisch erstellte) Schlussnote (§ 11 Abs. 1 der Bedingungen für Geschäfte an der FWB). Einwendungen gegen Geschäftsbestätigungen müssen bis zum Beginn der nächsten Börsensitzung gegenüber dem Kontrahenten erhoben werden (§ 12 Abs. 1 der Bedingungen).

8   Wird das ordnungsgemäße Zustandekommen eines Börsengeschäftes gegenüber dem Kontrahenten bestritten, ist die bestreitende Partei berechtigt und auf Verlangen des Maklers oder des Verkäufers verpflichtet, unverzüglich eine Glattstellung des Geschäfts vorzunehmen (d.h. die gekauften Papiere zum nunmehr aktuellen

Börsenkurs zu verkaufen bzw. die verkauften Papiere zu kaufen), so dass damit der Streit auf die Differenz der Kurse zwischen dem Datum des Geschäftsabschlusses und dem Datum der Glattstellung beschränkt wird. Eine Einwendung gegen einen Geschäftsabschluss kann neben dem Fall einer Abweichung zwischen der tatsächlich getroffenen Vereinbarung und der Geschäftsbestätigung auch auf technische Fehler des Börsensystems oder auf „objektiv erkennbare grobe Irrtümer" bei der Eingabe der Aufträge oder des Preises gestützt werden („*Mistrade-Regel*", siehe § 12 a Abs. 1 der Bedingungen).

2. Nichterfüllung von zustande gekommenen Geschäften

§ 16 a Abs. 1 der Bedingungen bestimmt, dass im Falle der Nichterfüllung eines Geschäfts die nichtsäumige Partei unter Androhung der „Zwangsregulierung" dem anderen Kontrahenten eine Nachfrist für die Erfüllung setzen kann. Nach fruchtlosem Ablauf der Frist ist die nichtsäumige Partei mangels anderweitiger Vereinbarung verpflichtet, an dem Börsentag, an dem die Frist endet, die Zwangsregulierung durch Kauf oder Verkauf unter Vermittlung des Skontroführers vorzunehmen (§ 16 a Abs. 1 letzter Satz, § 17 der Bedingungen).

III. Abwicklung von Börsengeschäften

Zentrales Prinzip bei der Abwicklung ist die Zug-um-Zug-Lieferung gegen Zahlung („*delivery against payment*"). Weder Käufer noch Verkäufer sind im Sinne von § 320 BGB vorleistungspflichtig.[4] Nach den Börsenordnungen der einzelnen Börsen ist Voraussetzung für die Zulassung von Börsenteilnehmern zum Börsenhandel, dass sie eine ordnungsgemäße Geschäftsabwicklung sicherstellen,[5] was dann der Fall ist, wenn der Teilnehmer die Abwicklung geldmäßig über ein Konto bei der Landeszentralbank und wertpapiermäßig über ein Depot bei der Clearstream Banking AG vornimmt.[6]

Gemäß § 15 der Bedingungen für Geschäfte an der FWB sind Börsengeschäfte am zweiten Börsentag nach dem Tag des Geschäftsabschlusses zu erfüllen. Der Käufer ist bei Lieferung zur Zahlung des Gegenwertes der gehandelten Wertpapiere verpflichtet, frühestens jedoch am zweiten Börsentag nach Geschäftsabschluss (§ 15 Abs. 2 der Bedingungen). Die Abwicklung erfolgt zentral über den Zentralverwahrer der Wertpapiere in Deutschland, die Clearstream Banking AG. Es findet zunächst ein so genanntes „*Clearing*" statt, bei dem die jeweiligen Nettopositionen der beteiligten Kontrahenten sowie deren Verpflichtungen im Hinblick auf die Lieferung und Zahlung festgestellt werden. Danach erfolgen im Rahmen der Abwicklung der Abgleich der Instruktionen von Käufer und Verkäufer, der Eigentumsübergang sowie die Zahlung, soweit die elektronische Prüfung ergibt, dass der Käufer über das Geld zur Zahlung des Kaufpreises und der Verkäufer über die verkauften Papiere verfügt. Seit dem 1. März 2003 ist das *Clearing* und *Settlement* dadurch weiter ver-

---

[4] Schlüter, Rn G 1061.
[5] Siehe zB § 16 Abs. 1 Nr. 2 BörsO FWB.
[6] Siehe zB § 16 Abs. 2 BörsO FWB.

einfacht worden, dass die EUREX Clearing AG, eine Tochtergesellschaft der Deutsche Börse AG, als zentrale Gegenpartei (*Central Counterparty* – CCP) auftritt, d.h.auch wenn Geschäfte zwischen zwei Börsenteilnehmern geschlossen werden, tritt die EUREX Clearing AG als zentrale Gegenpartei zwischen diese beiden Parteien und trägt damit das Erfüllungsrisiko.

IV. Insiderhandelsverbot

1. Regelungsproblem und Anwendungsbereich

12   Funktionierende Kapitalmärkte setzen idealtypischerweise voraus, dass sämtliche Marktteilnehmer (so weit wie möglich) über identische Informationen verfügen. Nur dies sichert eine korrekte Preisbildung. Der Sicherstellung der Transparenz dienen zum einen die periodischen Berichtspflichten der Wertpapieremittenten sowie zum anderen deren Verpflichtung, kursbeeinflussende Tatsachen unter den Voraussetzungen des § 15 WpHG unverzüglich zu veröffentlichen.[7] Ungeachtet dessen gibt es Fälle, in denen eine kursrelevante Tatsache zwar einem Unternehmensinsider, jedoch nicht oder noch nicht öffentlich bekannt ist, insbesondere auch für den Emittenten keine Pflicht zur Ad-hoc-Veröffentlichung nach § 15 WpHG besteht. Wenn Insider auf der Basis solcher nicht öffentlich bekannten Informationen Wertpapiere handeln, so nutzen sie damit den Informationsvorsprung für sich aus und können dadurch Gewinne erzielen, wenn nämlich die Tatsache nach dem Wertpapiergeschäft des Insiders öffentlich bekannt wird und sich daraufhin der Kurs des Wertpapiers in eine bestimmte Richtung verändert. Basierend auf entsprechenden europarechtlichen Vorgaben[8] ist daher der Insiderhandel in Deutschland untersagt und strafbar (§ 14 iVm. § 38 WpHG). Im Einzelnen:

13   Das Verbot bezieht sich auf sämtliche an einer inländischen Börse zum Handel zugelassenen oder in den geregelten Markt oder in den Freiverkehr einbezogenen Finanzinstrumente) sowie solche Finanzinstrumente, die in einem anderen Mitgliedstaat der Europäischen Union oder des Europäischen Wirtschaftsraums zum Handel an einem organisierten Markt zugelassen sind (§ 12 WpHG). In all diesen Fällen steht es der Zulassung bzw. Einbeziehung gleich, wenn der Antrag auf Zulassung bzw. Einbeziehung gestellt oder öffentlich angekündigt worden ist. § 12 Nr. 3 WpHG bezieht darüber hinaus u.a. auch Derivate und Bezugsrechte in den Schutz der Insiderhandelsvorschriften ein.

---

[7] Vgl. dazu im Einzelnen unter § 6.
[8] Das Insiderhandelsverbot, das früher in der Insiderrichtlinie enthalten war, ist mittlerweile in der Marktmissbrauchsrichtlinie kodifiziert: Richtlinie 2003/6/EG des Europäischen Parlaments und des Rates vom 28.1.2003 über Insider-Geschäfte und Marktmanipulation (Marktmissbrauch), ABl. EG Nr. L 96/16 vom 12.4.2003.

2. Wer ist Insider?

a) Primärinsider

Die Unterscheidung zwischen Primär- und Sekundärinsidern spielt nach der durch das AnSVG geschaffenen neuen Rechtslage nur noch auf der Rechtsfolgenseite eine Rolle.[9] Als Primärinsider gilt nach § 38 Abs. 1 WpHG, wer Kenntnis von einer Insidertatsache (siehe dazu unten c)) hat entweder als Mitglied der Geschäftsleitung oder eines Aufsichtsorgans des Emittenten oder eines mit diesem verbundenen Unternehmens (§ 38 Abs. 1 Nr. 2 a) WpHG) oder aufgrund seiner Beteiligung am Kapital des Emittenten oder eines mit diesem verbundenen Unternehmens (§ 38 Abs. 1 Nr. 2 b)) oder bestimmungsgemäß aufgrund seines Berufs, seiner Tätigkeit oder seiner Aufgabe (§ 38 Abs. 1 Nr. 2 c) WpHG). Zum letztgenannten Kreis gehören insbesondere Wertpapieranalysten und Journalisten[10], Mitarbeiter beim Emittenten, die aufgrund ihrer Stellung mit Insiderinformationen in Berührung kommen[11], sowie die Berater des Emittenten, wie beispielsweise Rechtsanwälte oder Wirtschaftsprüfer[12]. Das Kriterium „bestimmungsgemäß" schließt andererseits Personen aus, die nur eher zufällig in den Besitz von Insiderinformationen kommen, etwa Ärzte, Psychiater, Taxifahrer, Stewardessen, Friseure etc.[13]

b) Sekundärinsider

Andere Personen, die Kenntnis von einer Insidertatsache haben, sind so genannte Sekundärinsider.

c) Kenntnis von einer Insiderinformation

Zentraler Begriff im Rahmen der Frage, wer ein Insider ist, ist die Definition einer Insiderinformation. Dabei handelt es sich um eine konkrete Information über nicht öffentlich bekannte Umstände, die sich auf einen oder mehrere Emittenten von Insiderpapieren oder auf Insiderpapiere bezieht und die geeignet ist, im Falle ihres öffentlichen Bekanntwerdens den Kurs der Insiderpapiere erheblich zu beeinflussen (§ 13 Abs. 1 WpHG).[14] Dabei wird eine beträchtliche Unsicherheit durch § 13 Abs. 1 Satz 3 WpHG ausgelöst, der bestimmt, dass auch Umstände, bei denen mit „hinreichender" Wahrscheinlichkeit davon ausgegangen werden kann, dass sie zukünftig eintreten, zu den Insiderinformationen gehören.

---

[9] Während sich alle Insider strafbar machen, wenn sie verbotenerweise Insiderpapiere erwerben oder veräußern, ist es nur für Primärinsider eine Straftat, eine Insiderinformation weiterzugeben oder den Kauf eines Insiderpapiers zu empfehlen oder auf sonstige Weise dazu zu verleiten. Siehe näher unten Rn 20.

[10] *Schwark*, § 13 WpHG, Rn 22 f., *Assmann/Schneider*, § 13 Rn 24a, dies ist jedoch nicht ganz unstreitig, vgl. die differenzierende Betrachtung bei *Assmann/Schneider*, § 13 Rn 24a.

[11] *Assmann/Schneider*, § 13 Rn 22; *Schwark*, § 13 WpHG, Rn 20.

[12] *Assmann/Schneider*, § 13 Rn 23; *Schwark*, § 13 WpHG, Rn 20.

[13] *Schwark*, § 13 WpHG Rn 21; *Assmann/Schneider*, § 13 Rn 24; *Schäfer*, § 13 Rn 32.

[14] Dabei soll der Begriff des Umstands laut der Gesetzesbegründung auch überprüfbare Werturteile und Prognosen umfassen. Die erforderliche Eignung zur erheblichen Kursbeeinflussung ist gem. § 13 Abs. 1 S. 2 WpHG gegeben, wenn ein verständiger Anleger die Information bei seiner Anlageentscheidung berücksichtigen würde.

17   **aa) Abgrenzung von ad-hoc-pflichtigen Tatsachen** Alle nach § 15 WpHG ad-hoc-pflichtigen Tatsachen[15] sind auch Insiderinformationen. Die Definition einer Insiderinformation geht aber über den Kreis der ad-hoc-pflichtigen Tatsachen hinaus: Im Rahmen von § 15 WpHG ist der Emittent nur dann zur Veröffentlichung einer kursbeeinflussenden Tatsache verpflichtet, wenn ihn diese unmittelbar betreffen, insbesondere, wenn der Umstand in seinem Tätigkeitsbereich eingetreten ist. Anders als nach der früheren Rechtslage spielt es allerdings keine Rolle mehr, ob die Tatsache Auswirkungen auf die Vermögens- oder Finanzlage des Emittenten oder dessen Geschäftsverlauf hat. Damit wurden die Begriffe Insiderinformation und ad-hoc-pflichtige Tatsache weitgehend, aber noch nicht vollständig angenähert. Auch ein Marktzustand, zB die Orderlage, von der ein Skontroführer Kenntnis hat, ist eine Insidertatsache,[16] aber mangels Eintretens im Herrschaftsbereich des Emittenten ersichtlich keine ad-hoc-pflichtige Tatsache. Ein weiterer Unterschied besteht darin, dass die Pflicht zur Ad-hoc-Publizität gem. § 15 WpHG nur Wertpapiere betrifft, die zum amtlichen oder geregelten Markt an einer inländischen Börse *zugelassen* sind oder für die ein Zulassungsantrag gestellt wurde, während die Insiderregeln der §§ 12 ff. WpHG darüber hinaus auch für Wertpapiere gelten, die in den geregelten Markt oder den Freiverkehr *einbezogen* sind oder die in der EU oder im EWR an einem organisierten Markt zugelassen sind oder für die ein Antrag auf Zulassung oder Einbeziehung gestellt oder öffentlich angekündigt ist. Demgemäß ist der Kreis der betroffenen Wertpapiere beim Insiderhandelsverbot deutlich weiter als bei der ad-hoc-Pflicht.

18   **bb) Abgrenzung der Tatsache zu Wertungen, Meinungen und Gerüchten** Gelegentlich ist die Abgrenzung einer Tatsache von – zumindest bisher[17] – nicht vom Begriff der Insidertatsache erfassten bloßen Wertungen, Meinungen, Gerüchten, Vermutungen und Tipps schwierig. Hinter subjektiven Wertungen oder Meinungen können sich harte Tatsachen verbergen, die ihrerseits Insidertatsachen darstellen.[18] Gleiches gilt für Gerüchte, insbesondere dann, wenn diese die Wirkung einer sich selbst erfüllenden Prophezeiung annehmen.[19] Von Gerüchten, Meinungen, Werturteilen pp. sind andererseits nach der letzten Gesetzesänderung zukünftige Tatsachen zu unterscheiden, die dann zu Insiderinformationen werden, wenn ihr Eintritt hinreichend wahrscheinlich ist. Neben dem Problem, ab wann in solchen Fällen eine Ad-hoc-Meldepflicht ausgelöst wird[20], stellt sich zudem die Frage, ab welchem Wahrscheinlichkeitsgrad des Eintritts das Insiderhandelsverbot greift. Ein bloßes Gerücht soll nicht genügen; es müssen Tatsachen vorliegen, die den Eintritt des Ereignisses oder des Umstands voraussehbar erscheinen lassen[21]. Aus-

---

[15] Vgl. dazu § 6 Rn 8 ff.
[16] Zur alten Rechtslage *Schäfer*, § 13 WpHG Rn 43; jetzt ausdrücklich § 13 Abs. 1 Satz 4 Ziff. 1 WpHG.
[17] Siehe Fn 14.
[18] *Assmann/Schneider*, § 13 Rn 34a.
[19] *Schäfer*, § 13 WpHG, Rn 40; ähnlich auch *Assmann/Schneider*, § 13 Rn 34a; im Übrigen ist jedoch die Behandlung von Gerüchten als Tatsache streitig, vgl. *Assmann/Schneider*, § 13 Rn 34a, wobei Voraussetzung in jedem Fall die fehlende öffentliche Bekanntheit ist, *Assmann/Schneider*, Rn 34b.
[20] Vgl. dazu unter § 6 Rn 19 ff.
[21] So die Gesetzesbegründung.

drücklich geklärt ist insoweit nur, dass eine Bewertung, die ausschließlich auf öffentlich bekannten Tatsachen beruht, keine Insidertatsache ist, selbst wenn sie den Kurs eines Wertpapiers erheblich beeinflussen kann (§ 13 Abs. 2 WpHG).

cc) Eignung zur Kursbeeinflussung Das Vorliegen einer Insidertatsache setzt weiter voraus, dass sie dazu geeignet ist, im Falle ihres öffentlichen Bekanntwerdens den Kurs der Insiderpapiere erheblich zu beeinflussen. Insoweit wird auf die Erörterung von § 15 WpHG verwiesen.[22]

3. Verbotene Handlungen

§ 14 WpHG verbietet es einem Insider, unter Verwendung seiner Kenntnis von der Insidertatsache Insiderpapiere für eigene oder fremde Rechnung oder für einen anderen zu erwerben oder zu veräußern (§ 14 Abs. 1 Ziffer 1 WpHG), die Insidertatsache anderen unbefugt mitzuteilen oder zugänglich zu machen (§ 14 Abs. 1 Ziffer 2 WpHG) oder einem anderen auf der Grundlage seiner Kenntnis den Erwerb oder die Veräußerung von Insiderpapieren zu empfehlen oder auf andere Weise einen anderen hierzu zu verleiten (§ 14 Abs. 1 Ziffer 3 WpHG).[23] Der Versuch ist strafbar (§ 38 Abs. 3 WpHG), aber selbstverständlich nur, soweit die vollendete Tat strafbar ist. Hier ist als Besonderheit zu beachten, dass für Primärinsider alle Regelungsformen strafbar sind, während für Sekundärinsider nur Erwerb und Veräußerung von Insiderpapieren strafbar ist, während die Weitergabe von Insiderinformationen oder die Empfehlung oder Verleitung bloße Ordnungswidrigkeiten sind (§ 39 Abs. 2 Ziff. 3 und 4 WpHG).[24]

a) Verwenden einer Insidertatsache im Rahmen von Wertpapiergeschäften

Zentraler Begriff bei der Frage, ob Insiderhandeln iSd. § 14 Abs. 1 Ziffer 1 WpHG vorliegt, ist der Begriff des „Verwendens" der Kenntnis von einer Insiderinformation. Er setzt voraus, dass ein Kausalzusammenhang zwischen der Kenntnis und dem Handeln besteht, aber anders als früher ist nicht mehr erforderlich, dass der Handelnde einen Vorteil durch Gebrauchmachen von seinem Wissensvorsprung erzielen will.[25] Mangels Ausnutzens von Insiderkenntnissen lag nach altem Recht bei-

---

[22] Vgl. § 6 Rn 9 ff.
[23] Nach dem früheren Recht war nur die Empfehlung verboten. Die neue Formulierung erschwert die Umgehung.
[24] Zu beachten ist, dass bei Erwerb oder Veräußerung schon leichtfertiges Handeln die Strafbarkeit begründen kann (§ 38 Abs. 4 WpHG), allerdings mit milderem Strafrahmen. Darüber hinaus sieht § 14 Abs. 2 WpHG vor, dass der Handel mit eigenen Aktien im Rahmen von Rückkaufprogrammen und Kursstabilisierungsmaßnahmen dann keinen Verstoß gegen die Insiderregeln darstellt, wenn diese Programme bzw. Maßnahmen nach Maßgabe der Verordnung (EG) Nr. 2273/2003 der Kommission vom 22.12.2003 (ABl. EU Nr. L 336 S. 33) erfolgen.
[25] *Schwark*, § 14 WpHG Rn 12, und *Schäfer*, § 14 WpHG Rn 62, beide unter Verweis auf die Gesetzesbegründung, ebenso *Assmann*/Schneider/*Cramer*, § 14 Rn 25. Dadurch soll laut der Gesetzesbegründung deutlich gemacht werden, dass der Tatbestand kein zweckgerichtetes Handeln mehr voraussetzt, sondern dass der Zweck des Handelns nur noch bei der Straf- bzw. Bußgeldzumessung berücksichtigt werden soll. Auch nach der Neufassung soll es aber laut Gesetzesbegründung erforderlich sein, dass der Täter „die Information in sein Handeln mit einfließen" lässt. Das Erfordernis eines Kausalzusammenhanges zwischen der Insiderinformation und dem Geschäft in dem Insiderpapier soll also nicht aufgegeben werden.

spielsweise kein Verstoß gegen die Insidervorschriften vor, wenn ein Börsenteilnehmer seine Absicht, ein größeres Aktienpaket zu erwerben (so genannte „unternehmerische Entscheidung"), in die Tat umsetzt, es sei denn, die ursprüngliche Entscheidung war von Insiderinformationen beeinflusst.[26] Erhält ein Interessent an einem größeren Aktienpaket dagegen nach der Fassung seines Erwerbsplans zusätzliche Informationen, aufgrund derer er von seinem ursprünglichen Plan abweicht, so kann dies, sofern nicht ein Fall bloßen Unterlassens vorliegt, Insiderhandel darstellen.[27] In der Praxis ist dies von enormer Bedeutung beim Erwerb von Anteilen an einem börsennotierten Unternehmen, wenn das Unternehmen zuvor eine *Due Diligence* Prüfung gestattet, in der der Interessent Insiderinformationen erhält. Im Entwurf des Emittentenleitfadens hat sich die BaFin auf den Standpunkt gestellt, dass nunmehr ein „Verwenden" zu bejahen ist, wenn der Erwerber in der *Due Diligence* Informationen erhält, die ihn in seinem Entschluss bestärken. Wegen Erwägungsgrund 29 der Marktmissbrauchsrichtlinie soll dies allerdings nicht gelten, wenn dies im Vorfeld eines Übernahmeangebots erfolgt, oder dem anderen Unternehmen ein Zusammenschluss vorgeschlagen werden soll. Für Paketerwerbe unterhalb der Kontrollschwelle soll dagegen ein Insiderhandel zu bejahen sein.[28] Dabei ist zumindest der außerbörsliche Aktienkauf im Wege des Pakethandels im Regelfall unproblematisch (so genannte „*face-to-face*" Transaktion), weil hier Käufer und Verkäufer im Zweifel den gleichen Informationsstand haben.[29]

22 Von praktischer Relevanz ist das Insiderhandelsverbot auch bei der Ausübung von Aktienoptionen durch Unternehmensinsider und dem anschließenden Verkauf der erworbenen Aktien über die Börse. Voraussetzung für die Anwendung des Verbots ist zunächst, dass die Aktien, auf die sich die Optionen beziehen, bereits börsenzugelassen sind oder die Zulassung beantragt oder angekündigt ist, was aber regelmäßig der Fall ist. Eine Verwendung von Insiderinformationen bei der Optionsausübung liegt trotz Kenntnis von Insiderinformationen regelmäßig nicht vor, wenn die Informationen bei Bekanntgabe zu einer Kurs*steigerung* führen (würden), anders jedoch, wenn dem Insider eine potentiell kurs*mindernde* Tatsache bekannt ist.[30] Zur

---

[26] *Schwark*, § 14 WpHG Rn 16, 18, Fall der so genannten selbst geschaffenen Insidertatsache, ebenso *Assmann*/*Schneider*/*Cramer*, § 14 Rn 31, 33.
[27] Vgl. *Schwark*, § 14 WpHG Rn 17 mwN.
[28] Siehe Ziff. II. 2.1.4.1 des Entwurfs des Emittentenleitfadens.
[29] *Assmann*/*Schneider*/*Cramer*, § 14 Rn 28: Die Tatsache, dass die Transaktion außerbörslich erfolgt, ist insoweit allerdings bedeutungslos, so dass dann, wenn eine Partei tatsächlich einen Informationsvorsprung hat, ein Insiderhandeln zu bejahen ist; ähnlich: *Schäfer*, § 14 WpHG Rn 62.
[30] Vgl. *Schwark*, § 14 WpHG Rn 21. Wenn sich eine Option „im Geld" befindet und der Berechtigte positiv kursbeeinflussende Insiderkenntnisse hat, wird er die Option ausüben. Dies hätte er jedoch auch ohne die Insiderkenntnisse gemacht, es fehlt also an der erforderlichen Kausalität zwischen der Insiderkenntnis und dem Handeln. Wenn sich eine Option „im Geld" befindet und der Berechtigte zwar negativ kursbeeinflussende Insiderkenntnisse hat, er die Option aber trotzdem ausübt, um die so erworbenen Papiere im Anschluss, vor Bekanntwerden der Insidertatsache, zu veräußern, so liegt der Verstoß gegen die Insidervorschriften mangels Kausalität wiederum nicht in der Optionsausübung, sondern erst in dem anschließenden Verkauf. Sofern der Berechtigte eine Option nicht ausübt, weil sie nicht im Geld ist oder weil er negativ kursbeeinflussende Insiderkenntnisse hat, so liegt kein Verstoß gegen die Insiderregeln vor, weil § 14 WpHG nur aktives Tun, nicht aber Unterlassen verbietet.

Vermeidung von Insiderhandeln vor der Veröffentlichung von Unternehmenszahlen ist es üblich, in den Optionsplänen die Optionsausübung kurz vor diesen Terminen zu verbieten.

b) Unbefugtes Weitergeben von Insiderinformationen

Im Rahmen des Verbots der Weitergabe von Insiderinformationen (§ 14 Abs. 1 Nr. 2 WpHG) ist der zentrale Begriff der der „unbefugten" Weitergabe. Selbstverständlich ist es deshalb erlaubt, solche Informationen im Unternehmen weiterzugeben, wenn der Informationsempfänger diese Informationen im Rahmen seiner Aufgaben benötigt, oder auch an betriebsexterne Berater, etwa an Rechtsanwälte, Wirtschaftsprüfer und Unternehmensberater, die solche Informationen im Rahmen der Erbringung ihrer Dienstleistungen benötigen. Die Informationsempfänger werden dadurch freilich zu Primärinsidern.[31]

In vielen börsennotierten Unternehmen wurden für interne Informationsweitergaben Compliance-Richtlinien mit dem Ziel geschaffen, besondere Vertraulichkeitsbereiche zu schaffen, um einem möglichen Insiderhandel schon organisatorisch durch Schaffung so genannter *„Chinese Walls"* entgegenzuwirken. Bei Investmentbanken und Finanzdienstleistungsunternehmen sind solche Richtlinien Standard und sorgen insbesondere für eine Trennung der Bereiche, die Unternehmenskunden beraten und dabei Kenntnis von Insiderinformationen des Kunden erlangen, und dem Bereich der Wertpapierhändler und Analysten. Umgekehrt wirft die Schaffung von Chinese Walls aber, besonders im Bankenbereich, nur schwer lösbare Konflikte auf. So kann eine Bank, die an anderer Stelle Kenntnis von einer Insidertatsache hat, sich trotz des Insiderhandelsverbots möglicherweise schadensersatzpflichtig machen, wenn sie in Unkenntnis von der Tatsache ihre Wertpapierkunden „falsch" berät, da ihr die Kenntnis der Tatsache womöglich zugerechnet wird.[32]

4. Strafrahmen

Insiderverstöße können mit Freiheitsstrafe von bis zu fünf Jahren oder mit Geldstrafe sanktioniert werden (§ 38 Abs. 1 Nr. 1–3 WpHG).[33] Auch Verstöße gegen entsprechende ausländische Verbote sind strafbar (§ 38 Abs. 2 WpHG).

---

[31] Vgl. dazu im Einzelnen *Schwark*, § 14 WpHG Rn 33.

[32] Zu diesem Problem ausführlich *Schwark*, § 14 WpHG Rn 64 ff., der annimmt, auch ohne die Schaffung von Vertraulichkeitsbereichen sei der Interessenkonflikt letztlich lösbar; vgl. dazu auch *Assmann/Schneider/Cramer*, § 14 Rn 60 ff. Ein weiteres Instrument zur Verhinderung und Verfolgung von Verstößen gegen die Insiderregeln durch Mitarbeiter stellen Insiderverzeichnisse dar. Gem. § 15 b Abs. 1 WpHG AnSVG sind bestimmte Emittenten und in ihrem Auftrag oder für ihre Rechnung handelnde Personen in Zukunft verpflichtet, Verzeichnisse über solche Personen zu führen und laufend zu aktualisieren, die für sie tätig sind und die bestimmungsgemäß Zugang zu Insiderinformationen haben. Diese Verzeichnisse sind der BaFin auf Verlangen zu übermitteln und sollen es ihr ermöglichen, in konkreten Verdachtsfällen den Kreis der Insider schneller zu ermitteln.

[33] Nach § 39 Abs. 2 Nr. 3, 4, Abs. 4 WpHG werden vorsätzliche und leichtfertige Verstöße gegen das Weitergabe-, Empfehlungs- und Verleitungsverbot unter bestimmten Voraussetzungen nur als Ordnungswidrigkeit geahndet und zwar mit Geldbußen bis zu 200.000 EUR.

V. Verbot der Marktmanipulation

1. § 20 a WpHG

26　Im Rahmen des 4. FMFG[34] wurde das früher in § 88 BörsG enthaltene Verbot der Kurs- und Marktpreismanipulation neu geregelt und im neu geschaffenen § 20 a WpHG verankert. Der Gesetzgeber hatte hierbei die Absicht, die Regelung an die – vor allem wegen der gestiegenen Bedeutung der Kapitalmärkte und damit auch von Kursmanipulationen – veränderten Anforderungen der Praxis anzupassen und im Interesse einer (erstmals) wirksamen Durchsetzung des Verbots das Aufsichtsinstrumentarium zu verbessern, was ihm im Großen und Ganzen auch gelungen ist[35]. § 20 a WpHG wurde im Rahmen der Umsetzung der europäischen Marktmissbrauchsrichtlinie[36] durch das AnSVG in Details verändert[37].

27　Der sachliche Anwendungsbereich des § 20 a WpHG, der Kurs- und Marktpreismanipulationen zunächst nur verbietet (zu den Folgen eines Verstoßes gegen das Verbot siehe unten Ziffer 4), umfasst die Börsen- und Marktpreisbildung bei den in § 20 a Abs. 1 S. 2 WpHG (iVm. § 2 Abs. 1 bis 2 WpHG) definierten Vermögenswerten, zu denen u. a. Wertpapiere, Derivate und Waren gehören,[38] die an einer inländischen Börse zum Handel zugelassen oder in den geregelten Markt oder Freiverkehr einbezogen oder in einem EU- oder EWR-Mitgliedstaat zum Handel an einem organisierten Markt zugelassen sind (vgl. § 2 Abs. 5 WpHG). Der persönliche Anwendungsbereich des § 20 a WpHG ist unbeschränkt. Das Verbot richtet sich also nicht nur an Wertpapierdienstleistungsunternehmen, sondern beispielsweise auch an Analysten außerhalb solcher Unternehmen, Journalisten und alle Marktteilnehmer.

2. MaKonV

28　Gem. § 20 a Abs. 5 WpHG kann das Bundesfinanzministerium (bzw. nach Übertragung die BaFin) mit Zustimmung des Bundesrats durch Rechtsverordnung nähere Bestimmungen erlassen über bewertungserhebliche Umstände, falsche oder irreführende Signale, sonstige Täuschungshandlungen und Handlungen und Unterlassungen, die in keinem Fall einen Verstoß gegen § 20 a WpHG darstellen.[39] Der letztgenannte Punkt ermöglicht die Schaffung eines sog. Safe Harbor, also eines Bereichs zulässiger Handlungen bzw. Unterlassungen, in dem der Betreffende keine Strafver-

---

[34] BGBl. I 2002 S. 2010.

[35] So auch *Lenzen*, Verbot der Kurs- und Marktpreismanipulation im Referenten-Entwurf für das 4. FMFG, FB 2001, 603, 609; ähnlich *Großmann/Nikoleyczik*, Praxisrelevante Änderungen des WpHG – Die Auswirkungen des 4. FMFG, DB 2002, 2031 ff. (2034, 2036); teilweise zustimmend *Ziouvas*, Das neue Recht gegen Kurs- und Marktpreismanipulation im 4. FMFG, ZGR 2003, 113, 145 f.

[36] Siehe Fn 8.

[37] Siehe unten Ziffer 7.

[38] Vgl. § 20 a Abs. 1 S. 2, Abs. 4, § 2 Abs. 2b WpHG, wonach sich der Anwendungsbereich auf Finanzinstrumente, Waren und bestimmte ausländische Zahlungsmittel erstrecken soll, was jedoch keine inhaltliche Änderung gegenüber der bisherigen Rechtslage darstellt.

[39] Gem. § 20 a Abs. 5 WpHG erstreckt sich die Verordnungsermächtigung darüber hinaus auch darauf, nähere Bestimmungen darüber zu erlassen, welche Handlungen als zulässige Marktpraxis gelten und nach welchem Verfahren dies festzustellen ist.

folgung o.Ä. zu befürchten braucht. Diese Möglichkeit ist insbesondere für Aktienrückkäufe und Kurspflegemaßnahmen (wie zB das Instrument des Greenshoe) von Bedeutung. Aufgrund dieser Ermächtigung hat das Bundesfinanzministerium die Verordnung zur Konkretisierung des Verbotes der Marktpreismanipulation (MaKonV) erlassen.[40]

3. Tatbestandselemente der Kurs- oder Marktpreismanipulation

§ 20a Abs. 1 S. 1 WpHG unterscheidet drei Begehungsalternativen. **29**

a) Unrichtige Angaben über bewertungserhebliche Umstände

Die Tathandlung iSd. § 20a Abs. 1 S. 1 Nr. 1 Alt. 1 WpHG besteht darin, unrichtige Angaben über Umstände zu machen, die für die Bewertung eines Vermögenswertes erheblich sind, wenn die Angaben geeignet sind, auf den Börsen- oder Marktpreis eines Vermögenswertes einzuwirken.[41] Unrichtige Angaben über Umstände beinhalten dabei nicht nur die Abgabe von Erklärungen zu nachprüfbaren Tatsachen, sondern auch die Mitteilung von Prognosen und Bewertungen, sofern diese auf zugrunde liegenden Tatsachen beruhen. Auch unvollständige Angaben sind unrichtige Angaben, wenn aufgrund der Unvollständigkeit ein falsches Gesamtbild vermittelt wird. Erfasst werden nicht nur schriftliche, sondern auch mündliche Äußerungen von Unternehmensvertretern oder von anderer interessierter Seite, beispielsweise auch unrichtige Äußerungen in Internet-Chat-Rooms. **30**

In § 2 konkretisiert die MaKonV die bewertungserheblichen Umstände im Sinne von § 20a Abs. 1 Satz 1 Nr. 1 WpHG als Tatsachen und Werturteile, die ein verständiger Anleger bei seiner Anlageentscheidung berücksichtigen würde (Abs. 1).[42] Weiter werden alle ad-hoc-pflichtigen Tatsachen gem. § 15 WpHG und alle Entscheidungen und Kontrollerwerbe nach §§ 10 und 35 WpÜG erfasst (§ 2 Abs. 2 MaKonV). Weitere, nicht ausdrücklich in Abs. 2 genannte Beispiele für möglicherweise bewertungserhebliche Umstände sind Angaben in Geschäfts-, Halbjahres- oder Quartalsberichten, Bilanzen, Gewinn- und Verlustrechnungen, Prospekten, Mitteilungen über Director's Dealings (§ 15a WpHG) oder über Stimmrechtsanteilsveränderungen (§§ 21 ff. WpHG). **31**

Flankiert wird die in § 2 Abs. 1 MaKonV enthaltene Definition der bewertungserheblichen Umstände durch einen Katalog, der möglicherweise bewertungserhebliche Umstände in nicht abschließender Form auflistet und der alle typischen Insidertatsachen umfasst (§ 2 Abs. 3 MaKonV). So fallen Angaben über bedeutende Verträge darunter, zB Kooperationen, Beteiligungskäufe oder -verkäufe und Unter- **32**

---

[40] BGBl. 2005 I S. 515. Diese ersetzt die Verordnung zur Konkretisierung des Verbots der Kurs- und Marktpreismanipulation (KuMaKV) aus dem Jahr 2003.
[41] Gem. § 20a Abs. 1 S. 1 Nr. 1 Alt. 1 WpHG nF werden neben unrichtigen auch irreführende Angaben erfasst. Dabei handelt es sich laut Gesetzesbegründung um Angaben, die zwar inhaltlich richtig sind, die jedoch aufgrund ihrer Darstellung beim Empfänger der Information eine falsche Vorstellung über den geschilderten Sachverhalt nahe legen.
[42] Auch ohne die MaKonV entspricht dies der von der überwiegenden Meinung in der Literatur vertretenen Definition, vgl. zB *Altenhain*, BB 2002, 1878; *Schäfer*, § 88 BörsG Rn 9, jew. mwN.

nehmensverträge, die bevorstehende Übernahme eines Unternehmens, Kapital- und Finanzierungsmaßnahmen, Liquiditätsprobleme, Überschuldung und Insolvenz sowie bedeutende Erfindungen, Rechtsstreitigkeiten, personelle Veränderungen in der Unternehmensführung oder strategische Unternehmensentscheidungen wie der Rückzug aus oder die Aufnahme von neuen Kerngeschäftsfeldern und die Neuausrichtung des Geschäfts.

b) Verschweigen bewertungserheblicher Umstände

33 § 20a Abs. 1 S. 1 Nr. 1 Alt. 2 WpHG verbietet es, Umstände, die für die Bewertung eines Vermögenswertes erheblich sind, entgegen bestehenden Rechtsvorschriften zu verschweigen, wenn das Verschweigen geeignet ist, auf den Börsen- oder Marktpreis eines Vermögenswertes einzuwirken. Beispiele für solche Rechtspflichten zur Offenbarung von Umständen sind die Pflichten zur Veröffentlichung von Ad-hoc-Mitteilungen (§ 15 WpHG), zu Mitteilungen über Director's Dealings (§ 15a WpHG) oder über Stimmrechtsanteilsveränderungen (§§ 21 ff. WpHG), zur Veröffentlichung der Entscheidung zur Abgabe eines Wertpapiererwerbsangebots (§ 10 WpÜG) und zur Veröffentlichung des Kontrollerwerbs und Abgabe eines Pflichtangebots (§ 35 WpÜG).

c) Sonstige Täuschungshandlungen

34 Die Tathandlung iSd. § 20a Abs. 1 S. 1 Nr. 3 WpHG besteht darin, sonstige Täuschungshandlungen vorzunehmen, um auf den Börsen- oder Marktpreis eines Vermögenswertes einzuwirken. Die Norm erfasst als Auffangtatbestand den Bereich, in dem es um Täuschung nicht durch Angaben über Umstände bzw. deren Verschweigen, sondern um Täuschung durch andere Handlungen geht. Unter den Begriff der sonstigen Täuschungshandlungen fallen insbesondere Scheinangebote, deren Annahme von vornherein nicht beabsichtigt ist, oder Scheingeschäfte, mit denen lediglich eine bestimmte Marktsituation vorgetäuscht und so ein Kurs beeinflusst werden soll.[43] Aber auch effektive Wertpapiertransaktionen (wie zB Leerverkäufe oder Käufe und Verkäufe im Rahmen von Kurspflegemaßnahmen) und Handlungen ohne Transaktionscharakter (wie zB das Verbreiten falscher Gerüchte) können grundsätzlich sonstige Täuschungshandlungen darstellen.[44] Nach § 20a Abs. 1 S. 1 WpHG gilt für alle Varianten des Tatbestands, dass die bloße Eignung zur Kursbeeinflussung ausreichend ist. Die Absicht der Einwirkung auf den Preis war dagegen bisher bei den sonstigen Täuschungshandlungen zur Tatbestandsverwirklichung erforderlich.[45]

35 § 4 Abs. 1 MaKonV definiert die „sonstigen Täuschungshandlungen" gemäß § 20a Abs. 1 S. 1 Nr. 3 WpHG als Handlungen oder Unterlassungen, die geeignet

---

[43] Gesetzesbegründung zum 4. FMFG, Bundestagsdrucksache 14/8017, S. 89; *Altenhain*, Die Neuregelung der Marktpreismanipulation durch das 4. FMFG, BB 2002, 1874, 1877; *Möller*, Die Neuregelung des Verbots der Kurs- und Marktpreismanipulation im 4. FMFG, WM 2002, 309, 313; Anwaltkommentar Aktienrecht/*Fischer zu Cramburg*, § 20a WpHG Rn 8 ff.

[44] Nach Neufassung des § 20a WpHG fallen tatsächliche und zum Schein vorgenommene bzw. erteilte Geschäfte und Kauf- und Verkaufsaufträge unter den neu eingefügten § 20a Abs. 1 S. 1 Nr. 2 WpHG.

[45] Die Gesetzesbegründung führt diesbezüglich insbesondere an, das bisherige Absichtserfordernis führe in der Praxis regelmäßig zu Beweisproblemen.

sind, einen verständigen Anleger über die wahren wirtschaftlichen Verhältnisse, insbesondere Angebot und Nachfrage in die Irre zu führen und den Preis des betreffenden Finanzinstruments hoch- oder herunterzutreiben oder beizubehalten. Als Anzeichen hierfür gelten Geschäfte oder Kauf- oder Verkaufsaufträge unter Weitergabe unrichtiger oder irreführender Informationen durch die Parteien oder mit ihnen verbundene Personen oder unrichtige, fehlerhafte, verzerrende oder von wirtschaftlichen Interessen beeinflusste Finanzanalysen oder Anlageempfehlungen vor oder nach der Transaktion (§ 4 Abs. 2 MaKonV). Nach § 4 Abs. 3 MaKonV zählen dazu auch die Sicherung einer marktbeherrschenden Stellung über Angebot oder Nachfrage durch eine Person oder mehrere in Absprache handelnde Personen zur Erzielung eines bestimmten Marktpreises oder nicht marktgerechter Handelsbedingungen (,,*Cornering*", ,,*Abusive Squeeze*") und die Nutzung von elektronischen Medien durch Kundgabe einer Stellungnahme oder Gerüchten, nachdem sich der Täter vorab eingedeckt hat ohne seinen Interessenkonflikt offen zu legen. Darunter fällt insbesondere auch der Fall des ,,*Scalping*".[46]

d) Falsche oder irreführende Signale/Herbeiführen eines künstlichen Preisniveaus

Gem. § 20a Abs. 1 S. 1 Nr. 2 WpHG gilt als vierte Tatbestandsalternative das Verbot, Geschäfte vorzunehmen oder Kauf- oder Verkaufaufträge zu erteilen, die geeignet sind, falsche oder irreführende Signale für das Angebot, die Nachfrage oder den Kurs von Finanzinstrumenten zu geben oder ein künstliches Preisniveau herbeizuführen. § 3 MaKonV enthält ausführliche Regelbeispiele für solche Verhaltensweisen. Indikatoren sind nach § 3 Abs. 1 Ziff. 1 bis 3 MaKonV Geschäfte, die einen bedeutenden Anteil am Tagesvolumen des betreffenden Papiers ausmachen oder die Preisänderungen bei auf das Finanzinstrument bezogenen Basiswerten oder Derivaten auslösen, sowie Geschäfte, bei denen große Marktpositionen zur Preisbeeinflussung kurzfristig umgekehrt werden oder bei denen durch kurzzeitige Häufung erhebliche Preisänderungen bewirkt werden, auf die eine gegenläufige Preisänderung folgt (,,*Pumping and Dumping*"), die zeitlich nahe an die Feststellung eines Referenzpreises gelegt werden (,,*Marking the close*"), Aufträge, die auf die Orderlage einwirken sollen, aber vor Ausführung zurückgenommen werden (,,*Advancing the Bid*") oder Geschäfte, die zu keinem Wechsel des wirtschaftlichen Eigentümers des Finanzinstruments führen (zB so genannte ,,*Cross-Trades*"). Weiter werden nach § 3 Abs. 2 Ziff. 1 bis 3 MaKonV Geschäfte erfasst, die nahe am Zeitpunkt der Feststellung eines Referenzpreises oder Schlusskurses eine bestimmte Orderlage oder die wahren wirtschaftlichen Verhältnisse nur vortäuschen (wiederum ein Fall des ,,*Marking the Close*"), die Erteilung von Kauf- und Verkaufsaufträgen zu im Wesentlichen gleichen Stückzahlen und Preisen durch wirtschaftlich verschiedene Parteien, die sich abgesprochen haben (,,*pre-arranged Trades*") und als Generalklausel Geschäfte, die wirtschaftlich begründete Umsätze nur vortäuschen. Gem. § 20a Abs. 2 WpHG sind die genannten, in § 20a Abs. 1 S. 1 Nr. 2 WpHG aufgeführten Handlungen dann erlaubt, wenn die Handlungen mit der zulässigen Marktpraxis auf dem betreffenden Markt vereinbar sind und der Handelnde legitime Gründe für sein Handeln hat. Als

---
[46] Siehe hierzu bereits Rn 31.

zulässige Marktpraxis gelten dabei solche Gepflogenheiten, die auf dem jeweiligen Markt nach vernünftigem Ermessen erwartet werden können und die von der BaFin als zulässige Marktpraxis anerkannt wurden.[47] Das Vorliegen legitimer Gründe soll laut der Begründung zum AnSVG lediglich dann zu verneinen sein, wenn der Täter in betrügerischer oder manipulativer Absicht gehandelt hat.

4. Strafrahmen

37   Hat der Täter durch die Tat nicht auf den Börsen- oder Marktpreis eines Vermögenswerts eingewirkt, so kann die Tat nur als Ordnungswidrigkeit gem. § 39 Abs. 1 Nr. 1, 2, Abs. 2 Nr. 11, Abs. 4 WpHG mit einer Geldbuße von bis zu 1,0 Mio. EUR geahndet werden.[48] Wenn hingegen durch die Tat tatsächlich auf den Börsen- oder Marktpreis eingewirkt wurde, kann die Tat gem. § 38 Abs. 2 WpHG) als Straftat verfolgt und mit Freiheitsstrafe bis zu fünf Jahren oder mit Geldstrafe geahndet werden. Für die Überwachung der Einhaltung des Verbots des § 20a WpHG ist primär die BaFin zuständig, der in § 4 WpHG umfangreiche Ermittlungskompetenzen zugewiesen werden.

5. *Safe Harbor*-Regeln

a) Stabilisierungsgeschäfte

38   Die §§ 4 bis 11 KuMaKV beschäftigten sich mit der Schaffung eines „*safe harbor*" für Stabilisierungsgeschäfte. Das sollte heißen, dass diese Geschäfte bei Einhaltung der Vorgaben der KuMaKV nicht strafbar waren, andererseits die Nichtbeachtung der KuMaKV nicht zwingend einen Verstoß gegen das Verbot der Marktmanipulation darstellte, sondern dann unter genauer Prüfung des § 20a WpHG festgestellt werden musste, ob ein Verstoß gegen diese Vorschrift vorliegt oder nicht. Stabilisierungsmaßnahmen sind im Rahmen von Neuemissionen durchaus erwünscht, um insbesondere nach einer Platzierung eine möglichst ausgeglichene, positive Kursentwicklung zu erzielen, die anderenfalls nach der Erhöhung des Volumens der gehandelten Papiere in den ersten Tagen möglicherweise verzerrt ist. Die in §§ 4 bis 11 KuMakV enthaltenen Regeln wurden mit Einführung der MaKonV wieder abgeschafft, da nunmehr gem. § 20a Abs. 3 WpHG Maßnahmen zur Stabilisierung des Preises von Finanzinstrumenten dann nicht gegen das Verbot der Marktmanipulation verstoßen, wenn die Stabilisierungsmaßnahmen nach Maßgabe einer von der EU-Kommission erlassenen Durchführungsverordnung[49] zur Marktmissbrauchsrichtlinie[50] erfolgen. Es darf nur bis zur Höhe des Emissionskurses der Aktien, bzw. Marktkurses zum Zeitpunkt der Bekanntgabe der Angebotsmodalitäten bei einer Anleiheemission, stabilisiert werden, keinesfalls darüber (Art. 10 Abs. 1 der Verord-

---

[47] Zum entsprechend erweiterten Umfang der Verordnungsermächtigung siehe bereits Fn 39.
[48] Der Strafrahmen wurde mit dem AnSVG abgesenkt, früher 15 Mio. EUR.
[49] Verordnung (EG) Nr. 2273/2003 der Kommission vom 22. Dezember 2003 zur Durchführung der Richtlinie 2003/6/EG des Europäischen Parlaments und des Rates – Ausnahmeregelungen für Rückkaufprogramme und Kursstabilisierungsmaßnahmen, ABl. EG Nr. L 336/33 vom 23.12.2003.
[50] Siehe Fn 8.

nung). Anders als nach der KuMakV ist es nicht mehr erforderlich, die Maßnahmen durch ausdrücklich benannte Stabilisierungsmanager durchführen zu lassen.[51] Kursstabilisierungsmaßnahmen sind zeitlich auf 30 Kalendertage befristet (Art. 8 Abs. 2). Es gelten unterschiedliche Fristberechnungen für Aktien, Anleihen und Wandel- oder Tauschanleihen.

Art. 10 der Durchführungsverordnung enthält umfangreiche Veröffentlichungs- und Dokumentationspflichten. Die Veröffentlichungspflichten betreffen sowohl die Ankündigung von Stabilisierungsgeschäften vor Beginn der Zeichnungsfrist als auch bestimmte Angaben nach dem Ende der Stabilisierungsfrist. **39**

b) Mehrzuteilungsoption („Greenshoe")

Die „*safe harbor*"-Regel des mit Inkrafttreten der MaKonV wieder abgeschafften § 12 KuMaKV erklärte im Rahmen von Emissionen den so genannten Greenshoe[52] prinzipiell für zulässig, wenn auch nur unter bestimmten Voraussetzungen. Der Greenshoe musste durch eine Vereinbarung abgesichert sein, durch die die Emissionsbanken bei Ausübung ausstattungsgleiche Papiere zum Emissionspreis erwerben können (sog. *Greenshoe*-Vereinbarung) und die ausschließlich zur Absicherung einer Mehrzuteilungsoption im Rahmen einer Wertpapieremission genutzt werden durfte (§ 12 Abs. 1 KuMaKV). Dabei sollte die Vereinbarung nur mit dem Emittenten oder „abgebenden Aktionären" getroffen werden können. Nach Art. 11 der EU-Durchführungsverordnung[53] zur Marktmissbrauchsrichtlinie[54] darf der Greenshoe nur 5 % des Emissionsvolumens für ungedeckte Positionen und insgesamt 15 % des ursprünglichen Angebots nicht überschreiten. Die Laufzeit darf maximal 30 Kalendertage betragen und die Öffentlichkeit ist angemessen zu unterrichten. Eine *Greenshoe*-Vereinbarung ist im Gegensatz zur KuMaKV nicht länger ausdrücklich verlangt, lässt sich freilich in der Praxis nicht vermeiden. **40**

c) Erwerb eigener Aktien

Der Erwerb eigener Aktien war in § 13 KuMaKV vom Verbot der Kursmanipulation freigestellt, soweit er in Übereinstimmung mit § 71 AktG erfolgte.[55] Gem. § 20a Abs. 3 WpHG verstößt nunmehr der Handel mit eigenen Aktien im Rahmen von Rückkaufprogrammen dann nicht gegen das Verbot der Marktmanipulation, wenn der Handel nach Maßgabe der genannten, von der EU-Kommission erlassenen Durchführungsverordnung[56] zur Marktmissbrauchsrichtlinie[57] erfolgt. Wesentliche Eckpunkte der Regelung der Durchführungsverordnung sind: Als Zwecke sind nur die Herabsetzung des Kapitals oder die Bedienung von Wandelschuldverschreibungen oder Mitarbeiterbeteilungsprogrammen zulässig (Art. 3). Vor Handelsbeginn sind alle Einzelheiten des Programms bekannt zu geben, und binnen **41**

---

[51] So noch § 5 KuMakV.
[52] Zum Greenshoe vgl. § 5 Rn 100 ff.
[53] Siehe Fn 49.
[54] Siehe Fn 8.
[55] Vgl. dazu § 4 Rn 51 ff. Diese Bestimmung der KuMaKV wurde mit der MaKonV wieder abgeschafft.
[56] Siehe Fn 49.
[57] Siehe Fn 8.

7 Handelstagen nach Ausführung sind Informationen über die getätigten Geschäfte zu veröffentlichen (Art. 4). Es darf zu keinem höheren Kurs als dem höchsten unabhängigen Angebot gekauft werden und das Handelsvolumen der Rückkäufe darf 25% des durchschnittlichen Tagesvolumens nicht überschritten werden, mit Ausnahmen für wenig liquide Aktien (Einzelheiten in Art. 5). Verboten sind gleichzeitige Aktienkäufe und Käufe zu Zeiten, in denen Insiderinformationen vorliegen, es sei denn durch „*Chinese Walls*" wird sichergestellt, dass das mit der Durchführung des Programms betraute Institut seine Kaufentscheidungen unabhängig von Insiderinformationen trifft oder völlige Unabhängigkeit bei der Kaufentscheidung des Instituts sichergestellt ist (Art. 6).

d) Schaffung neuer *safe harbor*-Regeln

42   Die §§ 7 bis 10 MaKonV sehen ein detailliertes Verfahren zur Anerkennung weiterer vom Verbot der Marktmanipulation durch Bekanntgabe der BaFin befreibare Marktpraktiken vor. Dabei werden der BaFin strenge Prüfvorgaben gemacht, um eine Integrität der Märkte sicherzustellen und sie hat Marktteilnehmer, Behörden und ausländische Stellen zu beteiligen.[58]

6. Die europäische Marktmissbrauchsrichtlinie und die Durchführungsmaßnahmen

43   Im Januar 2003 wurde die europäische Marktmissbrauchsrichtlinie[59] erlassen, die erstmals Insidergeschäfte und Marktmanipulationen gemeinsam in einer Richtlinie behandelt und beide Phänomene unter dem Oberbegriff des Marktmissbrauchs zusammenfasst. Die Richtlinie verzichtet bei der Definition der Marktmanipulation auf das Erfordernis einer besonderen Absicht des Täters wie zB eine Kursbeeinflussungsabsicht. In erstmaliger Anwendung des sog. Lamfalussy- oder Komitologie-Verfahrens[60] hat die Kommission – unter Beteiligung des Europäischen Parlaments, des Europäischen Wertpapierausschusses (ESC) und des Ausschusses der europäischen Wertpapierregulierungsbehörden (CESR) – Durchführungsmaßnahmen erlassen.[61]

---

[58] Setzt die einschlägigen Teile der Richtlinie 2004/72/EG vom 29. April 2004, Abl.EG Nr. L 162/70 vom 30.4.2004, um.

[59] Siehe Fn 8.

[60] Komitologie bezeichnet die Delegierung der Durchführungsbefugnisse vom Rat auf die Kommission im Rahmen der Durchführung von EU-Vorschriften. Vgl. hierzu *Dier/Fürhoff*, Die geplante europäische Marktmissbrauchsrichtlinie, AG 2002, 604 f. mwN; *Ziouvas*, ZGR 2003, 113, 116 f.; *v. Illberg/Neises*, Die Richtlinien-Vorschläge der EU-Kommission zum „Einheitlichen Europäischen Prospekt" und zum „Marktmissbrauch" aus Sicht der Praxis, WM 2002, 653, 636 f.

[61] Siehe die Durchführungsverordnung zur Kursmanipulation (Fn 49); die Richtlinie 2003/124/EG vom 22. Dezember 2003 betreffend die Begriffsbestimmung und die Veröffentlichung von Insider-Informationen und die Begriffsbestimmung der Marktmanipulation (Abl.EG Nr. L 339/70, umgesetzt mit der Neufassung der §§ 12 ff. WpHG; die Richtlinie 2003/125/EG vom 22. Dezember 2003 zur Durchführung der Richtlinie 2003/6/EG in Bezug auf die sachgerechte Darbietung von Anlageempfehlungen und die Offenlegung von Interessenkonflikten (Abl.EG Nr. L 339/73), umgesetzt mit § 34 b WpHG und der Verordnung über die Analyse von Finanzinstrumenten (FinAnV) vom 17. Dezember 2004, sowie die in Fn 58 genannte Richtlinie 2004/72/EG, betreffend verschiedene Fragen des Insiderhandels, ebenfalls mit dem AnSVG und der MaKonV umgesetzt.

§ 6 Kapitalmarktkommunikation

I. Jahresabschluss/Geschäftsbericht

1. Jahresabschluss und Lagebericht

Der Jahresabschluss ist eines der wichtigsten Kommunikationsinstrumente der Gesellschaft. Die Gesellschaft will damit in erster Linie ihre Anteilseigner und Gläubiger über ihre Vermögens-, Finanz- und Ertragslage zu einem bestimmten Stichtag informieren. Durch die Veröffentlichung des Jahresabschlusses wendet sie sich aber auch an alle Kapitalmarktteilnehmer. Die um die Gewinn- und Verlustrechnung und den Anhang ergänzte Bilanz und sonstige vorgeschriebene Pflichtangaben[1] sollen dem Aktionär ein umfassendes Bild der Gesellschaft im abgelaufenen Geschäftsjahr vermitteln. Die Gesellschaft ist darüber hinaus verpflichtet, einen Lagebericht aufzustellen[2], der den Geschäftsverlauf und die Lage der Gesellschaft verbal darstellt und einen Zukunftsausblick gibt. Anhang und Lagebericht liefern Zusatzinformationen, die nicht unmittelbar aus dem Jahresabschluss ersichtlich sind und tragen dazu bei, Fehleinschätzungen bei der Lektüre zu vermeiden. Verfügt die Gesellschaft über konsolidierungspflichtige Beteiligungen, ist sie neben der Aufstellung des Einzeljahresabschlusses zur Aufstellung eines Konzernabschlusses inklusive Konzernlagebericht verpflichtet.[3] Dem Konzernabschluss ist dabei regelmäßig ein höherer Stellenwert als dem Einzelabschluss beizumessen, da die Muttergesellschaft nicht selten wichtige Geschäftsbereiche in Tochterunternehmen ausgegliedert hat und nur das Konzernergebnis ein richtiges und umfassendes Bild der Gesellschaft darzustellen vermag. International tätige Unternehmen stellen den Konzernbericht idR nach international angewandten Bilanzierungsregeln auf (US-GAAP oder IFRS), was die internationale Vergleichbarkeit mit anderen Unternehmen ermöglicht. Das HGB erkennt solche nach internationalen Bilanzierungsregeln aufgestellten Konzernabschlüsse als mit dem HGB-Konzernabschluss gleichwertig an, wenn das Mutterunternehmen oder Tochterunternehmen börsennotiert ist.[4] Die EU-Finanzminister haben sich darauf geeinigt, dass die IFRS-Bilanzierungsregeln ab 2005 für börsennotierte Unternehmen verpflichtend sind, aber eine Übergangsfrist bis 2007 gewährt werden soll, während derer die Unternehmen weiterhin wählen können, ob sie ihre Konzernbilanz nach HGB, US-GAAP oder IFRS aufstellen. **1**

Börsennotierte Aktiengesellschaften[5] sind verpflichtet, gem. § 325 Abs. 2 und 3 HGB den Jahresabschluss und Konzernabschluss inklusive Lagebericht und Bericht **2**

---

[1] §§ 242, 284 und 285 HGB.
[2] §§ 264 Abs. 1 Satz 1, 289 HGB.
[3] § 290 HBG.
[4] § 292a HGB.
[5] Börsennotierte Aktiengesellschaften gelten unabhängig von Bilanzsumme, Umsatzerlösen und Zahl der Arbeitnehmer als große Kapitalgesellschaften, § 267 Abs. 2 Satz 2 HGB.

des Aufsichtsrats[6] sowie die Entsprechenserklärung nach § 161 AktG[7] in der Printversion des Bundesanzeigers[8] zu veröffentlichen. Die Unterlagen sind sodann zusammen mit der Bekanntmachung im Bundesanzeiger beim Handelsregister einzureichen.

3   Über die handelsrechtlichen Bestimmungen hinaus, legen die Börsenordung der Frankfurter Wertpapierbörse den *Prime Standard* Emittenten[9] und die Börsenzulassungsverordnung und das Börsengesetz den *General Standard* Emittenten weitere Veröffentlichungspflichten auf. So müssen *Prime Standard* Emittenten einen konsolidierten Abschluss nach US-GAAP oder IFRS Vorschriften in deutscher und englischer Sprache aufstellen, diesen dem Publikum bei den Zahlstellen zur Verfügung stellen und in einem überregionalen Börsenpflichtblatt darauf hinweisen, das der Konzernabschluss dort zu Verfügung steht. Sie müssen den Abschluss der Börse elektronisch übermitteln.[10] *General Standard* Emittenten haben demgegenüber weniger umfangreiche Veröffentlichungspflichten. Sie müssen den Jahresabschluss und den Lagebericht sowie ggf. den Konzernabschluss den Anlegern bei den Zahlstellen zur Verfügung zu stellen, soweit nicht anderweitig veröffentlicht.[11]

2. Geschäftsbericht

4   Der Geschäftsbericht ist als Form der freiwilligen Berichterstattung von den gesetzlich vorgeschriebenen Berichtspflichten abzugrenzen. Der Geschäftsbericht wird zumeist zusätzlich zum Jahresabschluss veröffentlicht, um den Anlegern die Gesellschaft in ansprechender Form und mit über die gesetzlichen Anforderungen hinausgehenden freiwilligen Angaben, zB mit Tabellen und Grafiken, zu präsentieren.[12] Der Geschäftsbericht kann mit Formen der gesetzlich vorgeschriebenen Berichterstattung verbunden werden (Jahresabschluss, Konzernabschluss, Lagebericht, Konzernlagebericht etc.).[13] Wird dieser erweiterte Geschäftsbericht für die Erfüllung der Regelpublizität verwandt, müssen die Zusatzinformationen, die nicht im Rahmen der Pflichtpublizität veröffentlicht werden, äußerlich gekennzeichnet werden. Der Geschäftsbericht kann jedoch auch lediglich eine gekürzte oder zusammengefasste Version des Jahresabschlusses enthalten. In diesem Fall ist darauf hinzuweisen, dass es sich um eine gekürzte Fassung und nicht um eine der gesetzlichen Form entsprechende Darstellung handelt.[14] Ein Bestätigungsvermerk darf bei ver-

---

[6] § 171 AktG.
[7] Siehe dazu auch § 2 Rn 111 ff.
[8] Die Veröffentlichung im elektronischen Bundesanzeiger ist nicht ausreichend: *Deilmann/Messerschmidt*, Erste Erfahrungen mit dem elektronischen Bundesanzeiger, NZG 2003, S. 617 f.
[9] Zur Aktienmarktsegmentierung an der Frankfurter Wertpapierbörse siehe auch § 4 Rn 18 f.
[10] Für amtlicher Markt/*Prime Standard* Emittenten: § 62 BörsO; für geregelter Markt/*Prime Standard* Emittenten §§ 71, 62 BörsO; siehe auch § 5 Rn 117 f.
[11] Amtlicher Markt/*General Standard* Emittenten: §§ 39 Abs. 1 Nr. 3, Abs. 2 BörsG iVm. 65 BörsZulV; geregelter Markt/*General Standard* Emittenten: §§ 54, 39 Abs. 1 Nr. 3, Abs. 2 BörsG iVm. 65 BörsZulV, siehe hierzu auch § 4 Rn 76 ff.
[12] Großkommentar/*Hommelhoff*, HGB, § 289 Rn 120 ff. hält die Praxis der freiwilligen Zusatzangaben für gesetzwidrig.
[13] Beck'scher Bilanzkommentar/*Ellrott/Spremann*, § 328 Rn 16.
[14] § 328 Abs. 2 HGB.

kürzter oder erweiterter Wiedergabe der Regelpublizität nicht abgedruckt werden[15], da ansonsten unklar wäre, was genau Gegenstand der Prüfung war. Es ist allerdings darauf hinzuweisen, ob ein eingeschränkter oder uneingeschränkter Bestätigungsvermerk erteilt oder ob der Bestätigungsvermerk versagt wurde.[16]

II. Zwischen-/Quartalsberichte

Als Folgepflicht ihrer Börsenzulassung müssen börsennotierte Gesellschaften regelmäßig Zwischenberichte bzw. Quartalsbericht veröffentlichen, um den Markt kontinuierlich über die wirtschaftliche Entwicklung informiert zu halten. Dies dient der Transparenz und soll das Vertrauen der Anleger in den Kapitalmarkt stärken. Zwischenberichte und Quartalsberichte sind eine gegenüber dem Jahresabschluss eigenständige und nach Inhalt und Umfang unterschiedliche Informationsquelle der Anleger und des Kapitalmarktes[17], die Anlegern die aktuelle Entwicklung der Gesellschaft erläutern.

Gesellschaften, deren Aktien an der Frankfurter Wertpapierbörse zum *General Standard*[18] zugelassen sind, sind verpflichtet, innerhalb des Geschäftsjahres mindestens einen Zwischenbericht über die ersten sechs Monate des Geschäftsjahres zu veröffentlichen, der anhand von Zahlenangaben und Erläuterungen ein den tatsächlichen Verhältnissen entsprechendes Bild der Finanzlage und des allgemeinen Geschäftsgangs des Emittenten im Berichtszeitraum vermittelt und sich nach Möglichkeit auf die Aussichten des Emittenten für das gesamte laufende Geschäftsjahr erstreckt.[19] Der Emittent muss den Zwischenbericht in mindestens einem überregionalen Börsenpflichtblatt oder in der Printversion des Bundesanzeigers veröffentlichen oder den Zwischenbericht drucken und ihn den Zahlstellen zur Verfügung stellen, wo er für das Publikum erhältlich ist. Daneben muss er den Zwischenbericht der Zulassungsstelle übermitteln.[20] Regelmäßig wird der Emittent die Zwischen- bzw. Quartalsberichte auf seiner Webseite veröffentlichen und den Anlegern in einer gedruckten Version zur Verfügung stellen.

Die Frankfurter Wertpapierbörse verpflichtet in § 63 BörsO bzw. § 71, 63 BörsO die *Prime Standard* Unternehmen, Quartalsberichte zu veröffentlichen. Die Börsenordnung schreibt den Inhalt dieser Quartalsberichte detailliert vor und stellt in der Anlage[21] ein bestimmtes Format zur Verfügung. Der Emittent muss den Quartalsbericht sowie den Jahresabschluss der Börse elektronisch übermitteln, die ihn

---

[15] § 328 Abs. 2 Satz 2 HGB.
[16] § 328 Abs. 2 Satz 3 HGB.
[17] *Groß*, §§ 44–44d BörsG Rn 9; *ders.*, Haftung für fehlerhafte oder fehlende Regel- oder Ad-hoc-Publizität, WM 2002, 477, 478.
[18] Siehe hierzu auch § 4 Rn 19. Die Börsenordnung der Frankfurter Wertpapierbörse ordnet in § 71 BörsO die Geltung der Bestimmungen der Veröffentlichung eines Zwischenberichts auch auf die Emittenten im geregelten Markts/*General Standard* an. Ob dies gesetzlich zulässig ist, ist fraglich. Weiterführend § 4 Rn 19.
[19] § 40 Abs. 1 BörsG iVm. §§ 53 ff. BörsZulV.
[20] §§ 61, 62 BörsZulV.
[21] *www.deutsche-boerse.com*

dann den Anlegern zur Verfügung stellt. Weitere Veröffentlichungen sind nicht notwendig.[22]

III Ad-hoc-Mitteilungen

1. Zweck von Ad-hoc-Mitteilungen

8   Durch die Verpflichtung zur Veröffentlichung und Mitteilung von Insiderinformationen (Ad-hoc-Mitteilung) soll bestmögliche Markttransparenz gewährleistet, Insiderhandel weitestgehend eingeschränkt und die Integrität der Finanzmärkte gefördert werden.[23] Das AnSVG hat den Tatbestand des § 15 WpHG in Umsetzung der EU-Marktmissbrauchsrichtlinie[24] in wesentlichen Punkten neu gefasst. Die Veröffentlichungspflicht des Emittenten wurde auf praktisch alle Insiderinformationen ausgeweitet. Im Vergleich zur alten Regelung wird der Veröffentlichungszeitpunkt aufgrund der neuen Anknüpfung an den Begriff der Insiderinformationen zeitlich nach vorne verlagert. Der Emittent wird die gesteigerten gesetzlichen Anforderungen nur durch die Einrichtung eines internen *Compliance*-Systems erfüllen können.

2. Der Tatbestand des § 15 WpHG

9   Ein Emittent von Finanzinstrumenten, die zum Handel an einem inländischen organisierten Markt zugelassen sind oder für die er eine solche Zulassung beantragt hat, ist gem. § 15 Abs. 1 Satz 1 WpHG verpflichtet, Insiderinformationen, die ihn unmittelbar betreffen, unverzüglich zu veröffentlichen. Der Emittent ist von der Pflicht zur Veröffentlichung solange befreit, wie es der Schutz seiner berechtigten Interessen erfordert sowie die sonstigen Befreiungsvoraussetzungen bejaht werden können (§ 15 Abs. 3 WpHG).[25] Die Entscheidung, nicht zu veröffentlichen, trifft der Emittent eigenverantwortlich.

10 Die Voraussetzungen für eine Veröffentlichungspflicht müssen kumulativ vorliegen und müssen somit einzeln geprüft und bejaht werden. Liegen nicht alle Voraussetzungen vor, darf keine Ad-hoc-Mitteilung veröffentlicht werden. Wird dennoch veröffentlicht, kann dies als Ordnungswidrigkeit sanktioniert werden bzw. der Emittent oder dessen Vorstandsmitglieder können sich gegenüber Dritten schadensersatzpflichtig machen.[26]

11 Die BaFin hat einen Entwurf eines Emittentenleitfadens[27] (E Emittentenleitfaden) vorgelegt, in dem sie einen praxisrelevanten Überblick über die Voraussetzungen der Ad-hoc-Pflicht vermittelt. Durch Beispiele zu den einzelnen Voraussetzungen der Ad-hoc-Pflicht gibt die BaFin wichtige Hinweise dazu, wie sie die Verwaltungspraxis handhaben wird. Die Wertpapierhandelsanzeige- und Insiderverzeichnisver-

---

[22] Siehe auch zu den Zulassungsfolgepflichten im *Prime Standard* § 4 Rn 19.
[23] Gesetzesbegründung zum AnSVG, BT-Drucks. 15/3174, S. 34 r.Sp.
[24] Siehe hierzu auch unter § 5 Rn 42f.
[25] Siehe zur Befreiungsmöglichkeit im Einzelnen unter Rn 19ff.
[26] Siehe hierzu auch unten Rn 28f.
[27] Entwurf des Emittentenleitfadens der Bundesanstalt für Finanzdienstleistungsaufsicht (BaFin), Stand 22.12.2004, abzurufen unter www.bafin.de.

ordnung (WpAIV), ergänzt das Gesetz uA hinsichtlich Inhalt und Art der Veröffentlichungen und Mitteilungen und enthält Regelbeispiele zum berechtigten Interesse im Rahmen einer verzögerten Veröffentlichung. Sofern sich der Gesetzeswortlaut durch das AnSVG nicht geändert hat, dürften zudem Schreiben der BaFin, die in der Vergangenheit zur Erläuterung der Verwaltungspraxis veröffentlicht wurden, ihre Relevanz beibehalten haben.

a) Adressaten der Veröffentlichungspflicht

Veröffentlichungspflichtig sind Emittenten von Finanzinstrumenten, die zum Handel an einem inländischen organisierten Markt zugelassen sind oder für die er eine solche Zulassung beantragt hat. Finanzinstrumente sind in § 2 Abs. 2b WpHG definiert und umfassen auch Geldmarktinstrumente und Derivate. Zum organisierten Markt (Definition in § 2 Abs. 5 WpHG) zählen in Deutschland der amtliche und geregelte Markt der deutschen Börsen, nicht jedoch der Freiverkehr.[28]

b) Insiderinformation

Gegenstand der Veröffentlichung ist eine Insiderinformation. Zur Frage, wann eine solche vorliegt, siehe im Einzelnen unter § 5 Rn 16 ff.

c) Unmittelbare Betroffenheit des Emittenten

Das Merkmal der Unmittelbarkeit grenzt die ad-hoc-mitteilungspflichtigen Insiderinformationen von den sonstigen Insiderinformationen ab.[29] Insiderinformationen betreffen den Emittenten insbesondere dann unmittelbar, wenn sie sich auf Umstände beziehen, die in seinem Tätigkeitsbereich eingetreten sind (§ 15 Abs. 1 Satz 2 WpHG). Das Gesetz stellt durch das Wort „insbesondere" klar, dass es außerhalb des Tätigkeitsbereichs des Emittenten weitere Umstände geben kann, die den Emittenten unmittelbar betreffen. Die Gesetzesbegründung nennt zwei Beispiele für unmittelbare Insiderinformationen, die veröffentlichungspflichtig sind: die Übermittlung eines Übernahmeangebots an den Emittenten als Zielgesellschaft und die Herabstufung durch eine externe Ratingagentur.[30] Der E Emittentenleitfaden enthält mehrere Kataloge mit Beispielen für Insiderinformationen, die den Emittenten nur mittelbar und solche, die ihn unmittelbar treffen.[31]

3. Veröffentlichungspflicht bei Weiterleiten von Insiderinformationen an Dritte

Gem. § 15 Abs. 1 Satz 3 und Satz 4 WpHG ist der Emittent verpflichtet, selbst wenn er vorübergehend von der Veröffentlichung befreit ist, eine Insiderinformation (ohne dass es hier auf die Unmittelbarkeit ankommt[32]) zeitgleich zu veröffentlichen, wenn er oder eine Person, die in seinem Auftrag oder auf seine Rechnung handelt, diese absichtlich oder unabsichtlich im Rahmen seiner Befugnis einem Dritten mit-

---

[28] RL 93/22/EWG.
[29] *Brandi/Süßmann*, Neue Insiderregeln und Ad-hoc-Publizität – Folgen für den Ablauf und Gestaltung von M&A-Transaktionen, AG 12, 2004, S. 642, 648.
[30] Gesetzesbegründung zum AnSVG, BT-Drucks. 15/3174, S. 35 l. Sp.
[31] E Emittentenleitfaden, Stand 22.12.2004, S. 35 ff.
[32] *Brandi/Süßmann*, AG 12, 2004, S. 642, 649.

teilt oder zugänglich macht. Eine zeitgleiche Veröffentlichungspflicht trifft ihn nicht, wenn die Dritten ihrerseits, sei es vertraglich oder gesetzlich, zur Verschwiegenheit verpflichtet sind, zB Wirtschaftsprüfer oder Rechtsanwälte.[33] Der Emittent muss organisatorisch also stets dazu im Stande sein, eine Ad-hoc-Mitteilung unverzüglich zu veröffentlichen, selbst wenn er vorübergehend von der Veröffentlichung befreit ist.

4. Übliche Kennzahlen

16   Damit die Adressaten der Veröffentlichung ein klares Bild von der Insiderinformation erhalten, dürfen in der Ad-hoc-Mitteilung nur im Geschäftsverkehr übliche Kennzahlen benutzt werden, die den Vergleich mit den zuletzt benutzen Kennzahlen ermöglichen (§ 15 Abs. 1 Satz 5 WpHG). Mit dieser Klarstellung soll verhindert werden, dass der Emittent durch den Gebrauch von Fantasiekennzahlen oder durch den Wechsel der von ihm benutzten Kennzahlen negative Entwicklungen zu verschleiern versucht. Die BaFin legt im E Emittentenentwurf elf Kennzahlen als im Sinne von § 15 Abs. 1 Satz 5 WpHG üblich fest.[34]

5. Keine Veröffentlichung von sonstigen Angaben

17   Sonstige Angaben, die die Voraussetzungen einer Ad-hoc-Mitteilung offensichtlich nicht erfüllen, dürfen nicht veröffentlicht werden (§ 15 Abs. 2 Satz 1 WpHG). Dies gilt ausdrücklich auch dann, wenn die überflüssige Tatsachenmitteilung im Zusammenhang mit der Veröffentlichung einer „wirklichen" Ad-hoc-Mitteilung erfolgt. Damit soll dem Missbrauch der Ad-hoc-Publizität für Zwecke der Öffentlichkeitsarbeit vorgebeugt werden. Insbesondere soll eine Ad-hoc-Mitteilung keine wörtlichen Zitate von Vorstandsmitgliedern oder anderen Personen wiedergeben und auch kein Firmenprofil enthalten.[35]

6. Unverzügliche Veröffentlichung

18   Die neue Tatsache muss bei Vorliegen der Tatbestandsvoraussetzungen unverzüglich, also ohne schuldhaftes Zögern, veröffentlicht werden (§ 15 Abs. 2 Satz 2 WpHG). Dem Emittenten wird Zeit zur Prüfung der Veröffentlichungs- bzw. Befreiungsvoraussetzungen gewährt, die Entscheidung darf jedoch nicht schuldhaft verzögert werden. Die BaFin missbilligt ausdrücklich die weit verbreitete Handhabung, die Ad-hoc-Mitteilung erst am nächsten Tag vor Handelsbeginn zwischen 7 und 9 Uhr zu veröffentlichen. Tritt die kursbeeinflussende Tatsache während der Börsenhandelszeiten ein, muss diese Tatsache unverzüglich veröffentlicht werden, auch wenn dies eine Kursaussetzung zur Folge haben könnte. Selbst wenn die Tatsache am Vortag nach Börsenschluss eingetreten ist, ist es nicht ausreichend, diese Tatsache erst am nächsten Morgen vor Aufnahme des Handels zu veröffentlichen.[36]

---

[33] Gesetzesbegründung zum AnSVG, BT-Drucks. 15/3174, S. 35 l. Sp.
[34] E Emittentenleitfaden, Stand 22.12.2004, S. 41f. mit weiteren Anforderungen an die Veröffentlichung von Kennzahlen, wie zB die Angabe der entsprechenden Vorjahreszahlen.
[35] E Emittentenleitfaden, S. 50 mit weiteren Beispielen zu Informationen, die künftig nicht mehr Teil einer Ad-hoc-Mitteilung sein dürfen.
[36] Schreiben vom 8. Februar 2002; www.bafin.de.

Angesichts der inhaltlichen Anforderungen an die Veröffentlichung bzw. Mitteilung, insbesondere nach einer vorübergehenden Befreiung[37], ist es unabdingbar, dass der Emittent bei einer absehbaren Insiderinformation Vorarbeit leistet, um keine Verzögerung zu verursachen.[38] Notwendig ist darüber hinaus eine Unternehmensorganisation, die gewährleistet, dass die Insiderinformation an die für Ad-hoc-Mitteilungen zuständige Abteilung bzw. Person weitergeleitet werden.

7. Vorübergehende Befreiung von der Veröffentlichungspflicht

Liegt eine Insiderinformation vor, ist der Emittent von der Pflicht zur Veröffentlichung solange befreit, wie es der Schutz seiner eigenen berechtigten Interessen erfordert, keine Irreführung der Öffentlichkeit zu befürchten ist[39] und der Emittent die Vertraulichkeit der Insiderinformation gewährleisten kann (§ 15 Abs. 3 Satz 1 WpHG). Berechtigte Interessen liegen vor, wenn die Interessen des Emittenten an der Geheimhaltung der Information die Interessen des Kapitalmarkts an einer vollständigen und zeitnahen Veröffentlichung überwiegen (§ 6 Satz 1 WpAIV).

Die WpAIV[40] führt zwei Beispiele auf, bei denen der Emittent ein berechtigtes Interesse geltend machen kann (§ 6 Satz 2 Nr. 1 und Nr. 2 WpAIV). Ein berechtigtes Interesse liegt vor, wenn (Nr. 1) das Ergebnis oder der Gang laufender Verhandlungen über Geschäftsinhalte geeignet wäre, im Falle ihres öffentlichen Bekanntwerdens den Börsen- oder Marktpreis erheblich zu beeinflussen, von der Veröffentlichung wahrscheinlich erheblich beeinträchtigt würden und eine Veröffentlichung die Interessen der Anleger ernsthaft gefährden würde[41]; (Nr. 2) durch das Geschäftsführungsorgan des Emittenten abgeschlossene Verträge oder andere getroffene Entscheidungen zusammen mit der Ankündigung bekannt gegeben werden müssten, dass die für die Wirksamkeit der Maßnahme erforderliche Zustimmung eines anderen Organs des Emittenten noch aussteht, und dies die sachgerechte Bewertung der Information durch das Publikum gefährden würde.[42]

Bei der Beurteilung der Befreiungsmöglichkeit muss der Emittent also zunächst prüfen, ob und ab wann der nötige Konkretisierungsgrad für eine Insiderinformation erreicht ist. Im Umkehrschluss aus § 6 Satz 2 Nr. 2 WpAIV ergibt sich, dass bei mehrstufigen Entscheidungsprozessen diese hinreichende Wahrscheinlichkeit mit der Entscheidung des Vorstands erreicht ist.[43] Der Emittent wird sich zum Zeit-

---

[37] Zur Befreiungsmöglichkeit siehe unter Rn 19 ff.
[38] E Emittentenleitfaden, Stand 22.12.2004, S. 56.
[39] Zum Merkmal Irreführung weiterführend: *Ziemons*, Neuerungen im Insiderrecht und bei der Ad-hoc-Publizität durch die Marktmissbrauchsrichtlinie und das Gesetz zur Verbesserung des Anlegerschutzes, NZG 12, 2004, S. 537, 543: werden eher positive Informationen aufgeschoben, so wird dies in der meisten Fällen wohl nicht als irreführend betrachtet werden. Anders, wenn durch die Veröffentlichung eher negative Informationen aufgeschoben werden, zB weil Finanzierungs- oder Sanierungsverhandlungen laufen.
[40] Siehe auch Gesetzesbegründung zum AnSVG, BT-Drucks. 15/3174, S. 35 l. Sp.; *Ziemons*, NZG 12, 2004, S. 537, 542: der Katalog der Situationen, in denen berechtigte Interessen eine verzögerte Veröffentlichung erlauben, ist nach Ansicht der Autorin relativ klein.
[41] Nähere Konkretisierung durch Art. 3 Abs. 1 lit. a der EU-Durchführungsrichtlinie, Abl. Nr. L 339/71: wenn die finanzielle Überlebensfähigkeit des Emittenten stark oder unmittelbar gefährdet ist.
[42] Siehe auch Gesetzesbegründung zum AnSVG, BT-Drucks. 15/3174, S. 35 l. Sp.
[43] E Emittentenleitfaden, Stand 22.12.2004, S. 39.

punkt des Vorstandsbeschlusses aber regelmäßig von der Veröffentlichungspflicht befreien können, da er mit einer Ad-hoc-Mitteilung die Aufsichtsratsentscheidung vorwegnehmen würde und dies der Funktion des Aufsichtsrats als Überwachungsorgan widersprechen würde. Die BaFin ist hier allerdings anderer Ansicht. Sie vertritt die Auffassung, dass die Tatsache allein, dass der Beschluss des Aufsichtsrats noch aussteht, für ein berechtigtes Interesse nicht ausreicht. Die rein abstrakte Möglichkeit, dass der Aufsichtsrat anders entscheiden könnte, reiche ebenso wenig. Es müssten vielmehr begründete Zweifel an der Zustimmung vorliegen.[44]

22 Ebenfalls im Umkehrschluss aus § 6 Satz 2 Nr. 1 WpAIV ergibt sich, dass bereits laufende Verhandlungen eine Ad-hoc-Pflicht auslösen können, wenn und sobald mit hinreichender Wahrscheinlichkeit davon ausgegangen werden kann, dass das Verhandlungsergebnis, zB der Abschluss eines Kauf- oder Verkaufvertrags im Rahmen einer M&A Transaktion, eintritt. Es müssen also Anhaltspunkte vorliegen, die den Eintritt des Umstandes als voraussehbar erscheinen lassen. Eine mit an Sicherheit grenzende Wahrscheinlichkeit ist allerdings nicht erforderlich.[45] Die BaFin geht davon aus, dass sich der ernsthafte Wille der Partner, eine Einigung zu erzielen, regelmäßig erst im Abschluss eines *Letter of Intent* (LoI) manifestiert, nicht bereits bei Unterzeichnung eines *Non-Disclosure-Agreements*.[46] Wird kein LoI abgeschlossen, muss der Emittent anhand anderer Kriterien den Zeitpunkt bestimmen, ab wann mit hinreichender Wahrscheinlichkeit im Laufe der Verhandlungen die Verhandlungspartner ernsthaft gewillt sind, eine Einigung zu erzielen. Dies dürfte der Fall sein, wenn die Verhandlungspartner sich über die Eckpunkte der Vereinbarung einig sind. Mit der Gestattung und Durchführung einer *Due Diligence* ist der nötige Konkretisierungsgrad noch nicht erreicht sein.[47] Die Möglichkeit des Scheitern der Verhandlungen ist kein Argument, um den nötigen Konkretisierungsgrad abzulehnen. Die Möglichkeit des Scheiterns führt nämlich gerade dazu, dass der Emittent sich vorübergehend von der Veröffentlichungspflicht befreien kann.

23 Der Emittent prüft jede einzelne Voraussetzung des Befreiungstatbestands und trifft die Entscheidung, die Veröffentlichung aufzuschieben, eigenverantwortlich, ohne dass es einer Vorabgenehmigung der BaFin bedürfte. Der Emittent muss seine Interessen gegen die Interessen des Kapitalmarkts auf eine sofortige Unterrichtung abwägen. Diese Abwägung birgt ein gewisses Risiko, da die Entscheidung von der BaFin nachträglich überprüft wird, und eine falsch getroffene Entscheidung zu Schadensersatzforderungen und einem Bußgeld von bis zu EUR 1 Mio. führen kann.[48] Nach dem Wegfall der Befreiungsvoraussetzungen ist der Emittent verpflichtet, die Ad-hoc-Mitteilung unverzüglich nachzuholen (§ 15 Abs. 3 Satz 2 WpHG), zB dann, wenn durch ein hinreichend konkretes Gerücht[49] Insiderinfor-

---

[44] E Emittentenleitfaden, Stand 22.12.2004, S. 40.
[45] E Emittentenleitfaden, Stand 22.12.2004, S. 15.
[46] E Emittentenleitfaden, Stand 22.12.2004, S. 44: die BaFin nennt dieses Kriterium im Zusammenhang mit Übernahmen. Die Abgrenzung anhand des LoI kann aber auch auf sonstige Verhandlungsszenarien übertragen werden; **aA** *Brandi/Süßmann*, AG 12, 2004, S. 642, 655: der Abschluss eines LoI reicht noch nicht aus.
[47] Ebenso *Brandi/Süßmann*, AG 12, 2004, S. 642, 655.
[48] E Emittentenleitfaden, Stand 22.12.2004, S. 47.
[49] *Brandi/Süßmann*, AG 12, 2004, S. 642, 657.

mationen an die Öffentlichkeit gelangen. Der Emittent muss die Veröffentlichung allerdings nur dann nachholen, wenn und soweit eine Insiderinformation dann noch vorliegt.[50]

Während der Befreiung von der Veröffentlichungspflicht muss der Emittent die Vertraulichkeit gewährleisten, also eine entsprechende *Compliance* Struktur einrichten. Gem. § 7 WpAIV iVm. der Gesetzesbegründung[51] muss der Emittent wirksame Vorkehrungen dafür treffen, dass andere Personen als solche, deren Zugang zu Insiderinformationen für die Wahrnehmung ihrer Aufgaben beim Emittenten unerlässlich ist, keinen Zugang zu dieser Information erlangen und dass der Emittent die Informationen unverzüglich bekannt geben kann, wenn er nicht länger in der Lage ist, ihre Vertraulichkeit zu gewährleisten. Der Emittent hat zudem dafür Sorge zu tragen, dass diejenigen, die Zugang zu diesen Insiderinformationen haben, die sich daraus ergebenden rechtlichen sowie regulatorischen Pflichten anerkennen und sich der Sanktionen bewusst sind, die bei einer missbräuchlichen Verwendung bzw. einer nicht ordnungsgemäßen Verbreitung derartiger Informationen verhängt werden. 24

Die Nachmeldung an die BaFin muss gem. § 15 Abs. 3 Satz 3 WpHG iVm. § 8 Abs. 5 WpAIV die Gründe für die Befreiung enthalten. Darüber hinaus enthält die WpAIV eine Reihe von weiteren Anforderungen, die die Nachmeldung enthalten muss, nämlich den Zeitpunkt der Entscheidung über den Aufschub der Veröffentlichung, die späteren Termine, an denen der Fortbestand der Gründe überprüft wurde, den Zeitpunkt der Entscheidung über die nunmehr vorzunehmende Mitteilung sowie Angaben zu Personen, die an der Entscheidung zur Befreiung beteiligt waren. Sie muss so konkret sein, dass es der BaFin möglich ist, die Interessenabwägung und die Gründe für die Annahme des überwiegenden berechtigten Interesses auf Seiten des Emittenten nachzuvollziehen.[52] Um diese Anforderungen erfüllen zu können, muss der Emittent den gesamten Vorgang sorgfältig dokumentieren. Zudem müssen die für die Mitteilung erforderlichen Informationen stets so vorgehalten werden, dass die Veröffentlichungs- und Mitteilungspflichten einschließlich gesetzlich geforderter Angaben jederzeit erfüllt werden können, wenn die Befreiungsvoraussetzungen wegfallen, zB die Vertraulichkeit nicht mehr gewährleistet werden kann.[53] 25

8. Berichtigung

Die Emittenten sind verpflichtet, unverzüglich unwahre Tatsachen, die in Form einer Ad-hoc-Mitteilung veröffentlicht wurden, zu berichtigen (§ 15 Abs. 1 Satz 4 WpHG). 26

9. Mitteilungen und Veröffentlichung

Die Unternehmen müssen sich zur Veröffentlichung einer Insiderinformation in der Regel eines elektronischen Informationsverbreitungssystems bedienen, das die 27

---

[50] E Emittentenleitfaden, Stand 22.12.2004, S. 45 f. mit Beispielen.
[51] Gesetzesbegründung zum AnSVG, BT-Drucks. 15/3174, S. 35 re. Sp.
[52] E Emittentenleitfaden, Stand 22.12.2004, S. 46.
[53] E Emittentenleitfaden, Stand 22.12.2004, S. 55.

vorgeschriebenen Vormitteilungen, ggf. einschließlich der Gründe für die Befreiung von der Veröffentlichungspflicht, an die Börsen und die BaFin automatisch vornimmt. Es gibt eine Reihe von Dienstleistern[54], die diesen Service anbieten. Anschließend muss der Emittent die Ad-hoc-Mitteilung für die Dauer von mindestens einem Monat auf seiner Internetseite, zB unter der Rubrik Investor Relations, veröffentlichen, sofern er über einen Internetauftritt verfügt. Die Hauptseite muss einen entsprechenden Link darauf enthalten.[55] Die WpAIV enthält in §§ 4, 5, 8 und 9 genaue Vorschriften zum Inhalt und Art der Veröffentlichung sowie zum Inhalt und zur Form der Mitteilungen. Der E Emittentenleitfaden enthält weitere Konkretisierungen.[56]

10. Schadensersatz gem. §§ 37 b und 37 c

28 Der Gesetzgeber gewährt den Anlegern Schadensersatzansprüche für den Fall, dass sie durch unterlassene oder verspätete Ad-hoc-Mitteilungen oder aufgrund einer unwahren Ad-hoc-Mitteilung Schaden erleiden (§§ 37 b Abs. 1, 37 c Abs. 1 WpHG). Der Anspruch richtet sich gegen die Gesellschaft selbst und gewährt keinen direkten Haftungsanspruch gegen Organmitglieder. Organmitglieder können direkt nur aufgrund allgemeiner Haftungsgrundlagen in Anspruch genommen werden. Allerdings kann der Emittent selbst die für eine unterlassene oder fehlerhafte Ad-hoc-Mitteilung verantwortlichen Vorstandsmitglieder aus § 93 AktG in Anspruch nehmen.[57]

29 Der Emittent haftet aus §§ 37 b und 37 c WpHG auf das negative Interesse, d.h. der Anleger erhält den Schaden ersetzt, den er durch sein Vertrauen auf die Erfüllung der Publizitätspflicht durch den Emittenten bzw. durch sein Vertrauen auf die Wahrheit der veröffentlichten Ad-hoc-Mitteilung erlitten hat. Ungeklärt ist bislang, ob der Anleger lediglich die Kursdifferenz oder auch ein Rückgängigmachen des Wertpapiergeschäfts verlangen kann.[58] Die Haftung ist auf Vorsatz und grobe Fahrlässigkeit beschränkt, wobei die Beweislast für das Fehlen des Verschuldens beim Emittenten liegt (§§ 37 b Abs. 2, 37 c Abs. 2 WpHG). Die Beweislastumkehr ist aus Sicht der Anleger sachgerecht, da die das Verschulden beweisenden Tatsachen aus der Sphäre des Emittenten stammen und dem Anleger nicht zugänglich sind. Die Anforderungen an eine Schadensersatzklage sind somit niedriger als bei einer Schadensersatzklage, die sich auf die allgemeinen Haftungsgrundlagen stützt.

11. Sonstige Sanktionen für fehlerhafte Ad-hoc-Meldungen

30 Daneben werden Verstöße gegen die Ad-hoc-Mitteilungspflicht als Ordnungswidrigkeiten geahndet.[59] Der Emittent kann u.a. mit einem Bußgeld von bis zu

---

[54] DGAP, euro Ad hoc, Hugin Online.
[55] E Emittentenleitfaden, S. 57: ein Beleg über die Veröffentlichung auf der Website braucht nicht übersandt zu werden.
[56] E Emittentenleitfaden, Stand 22.12.2004, S. 47 ff.
[57] Assmann/Schneider/*Sethe*, §§ 37 b und c Rn 20, 78 ff.
[58] Im Regelfall für den Ersatz der Kursdifferenz: Assmann/Schneider/*Sethe*, §§ 37 b und c Rn 49 f.
[59] §§ 39 Abs. 2 Nr. 1b), Nr. 2a), Nr. 3, Nr. 4, Abs. 3 1a), Nr. 2 jeweils iVm. Abs. 4 WpHG.

1 Mio. EUR belegt werden, wenn er die Ad-hoc-Mitteilung vorsätzlich oder leichtfertig nicht, nicht richtig, nicht vollständig, nicht in der vorgeschriebenen Weise oder nicht rechtzeitig veröffentlicht. Ein Bußgeld von bis zu 200.000 EUR droht dem Emittenten dann, wenn er seine Mitteilungspflicht gegenüber den Börsen und der BAFin verletzt hat oder er die Befreiungsgründe bei einem Aufschub der Ad-hoc-Mitteilungen nicht in der Vorabmitteilung den Börsen und der BaFin mitteilt. Eine Geldbuße von bis zu 50.000 EUR kann verhängt werden, wenn die in § 15 Abs. 5 Satz 2 WpHG vorgeschriebene Übersendung von Veröffentlichungen an die BaFin und an die Geschäftsführung der betreffenden Börsen vorsätzlich oder leichtfertig unterbleibt.

Da gemäß § 2 Abs. 2 der Verordnung zur Konkretisierung des Verbots der Kurs- und Marktpreismanipulation (KuMaKV) Tatsachen, die in Form einer Ad-hoc-Mitteilung zu veröffentlichen sind, regelmäßig „bewertungserhebliche Umstände" sind, können unrichtige oder irreführende Angaben über Umstände, die in einer Ad-hoc-Mitteilung veröffentlicht wurden, mit einem Bußgeld von bis zu 1 Mio. EUR auch als Kurs- und Marktpreismanipulation gemäß § 20a Abs. 1 Nr. 1 WpHG geahndet werden.[60]   31

Weil der Emittent als juristische Person nicht schuldfähig ist, können Geldbußen gegen die Vorstandsmitglieder wegen Verletzung ihrer Aufsichtspflichten verhängt werden (§ 130 iVm. § 9 OWiG). Zu ihrem Pflichtenkreis gehört es, geeignete organisatorische Maßnahmen zu treffen, um die ordnungsgemäße Erfüllung der Ad-hoc-Publizität zu gewährleisten. Gemäß § 30 OWiG kann zusätzlich auch gegen die Gesellschaft ein Bußgeld festgesetzt werden.[61]   32

Bisher war es schwierig, einen Schadensersatzanspruch aufgrund deliktischer Haftung (§ 826 BGB) für fehlerhafte Ad-hoc-Mitteilungen geltend zu machen. Neuere Urteile haben allerdings die Position der Anleger gestärkt.[62] Die bisher schwierige Beweisführung zum Vorsatz und zur Sittenwidrigkeit wurde erleichtert. Häufig gelingt es den Anlegern aber nicht, die Kausalität nachzuweisen. Insofern lehnte der BGH eine weitere Beweiserleichterung ab. Erstmals wurden Vorstände auch aufgrund falscher Halbjahreszahlen in einer Ad-hoc-Mitteilung auf der Grundlage von § 400 Abs. 1 Nr. 1 AktG zu Geldstrafen verurteilt.[63]   33

12. 10-Punkte Plan der Bundesregierung und EU-Gesetzgebung

Der von der Bundesregierung am 25.2.2003 vorgestellte Maßnahmenkatalog zur Stärkung der Unternehmensintegrität und des Anlegerschutzes[64], stellt eine Reihe von weiteren Änderungen in Aussicht, die die Rechte der Anleger bei Falschinformationen weiter stärken sollen. Die Bundesregierung prüft, inwieweit Schadenser-   34

---

[60] Siehe hierzu unter § 5 Rn 29 ff.
[61] *Assmann*/*Schneider*/*Kümpel*, § 15 Rn 251 ff.
[62] Infomatec BGH, Urteile vom 19.7.2004, II ZR 402/02, II ZR 218/03, II ZR 217/03 = ZIP 34/2004, S. 1593 ff., siehe auch OLG München, Urteil vom 11.1.2005, 30 U 335/02.
[63] EM.TV BGH, Urteil vom 16.12.2004, 1 StR 420/03, LG München I, 8. April 2003, 4 Kls 305 Js 52373/00.
[64] Abzurufen unter der Website des Bundesministerium des Justiz www.bundesjustizministerium.de.

satzansprüche nicht nur bei falschen oder unterlassenen Ad-hoc-Mitteilungen, sondern auch bei anderen fehlerhafte Kapitalmarktinformationen, zB in Jahres- und Zwischenabschlüssen, Lageberichten oder in sonstigen Äußerungen in Reden oder Interviews eingeräumt werden sollten. Zusätzlich zur Gesellschaft sollen dem Anleger auch die verantwortlichen Vorstands- und Aufsichtsratsmitglieder persönlich haften. Dies soll in einem Gesetz zur Verbesserung der Haftung für falsche Kapitalmarktinformationen (KapInHaG) geregelt werden, durch das die §§ 37 b und c abgeändert werden sollen. Einen entsprechenden Gesetzentwurf hat das BMJ allerdings nach Proteststürmen der betroffenen Unternehmen vorerst zurückgezogen.

IV. Directors' Dealings

1. Zweck und Tatbestand des § 15 a WpHG

35 Durch § 15 a WpHG wird Personen, die bei einem Emittenten von Aktien Führungsaufgaben wahrnehmen, auferlegt, eigene Geschäfte mit Aktien bzw. Finanzinstrumenten, die sich auf die Aktien des Emittenten beziehen, der Gesellschaft und der BaFin mitzuteilen. Die von § 15 a WpHG bezweckte Transparenz hinsichtlich der von Unternehmensinsidern getätigten Geschäfte gibt den Aktionären, die in aller Regel keinen vergleichbaren Einblick in das Unternehmen haben, Anhaltspunkte für die Einschätzung der Geschäftsaussichten durch die Unternehmensleitung und soll Insidergeschäften vorbeugen.

2. Emittent als Anknüpfungspunkt für die Mitteilungspflicht

36 Die Mitteilungspflicht tritt ein bei Emittenten solcher Aktien, die an einer inländischen Börse zum Handel zugelassen sind. Gleiches gilt, wenn die Aktien des Emittenten in einem anderen Mitgliedsstaat der Europäischen Union oder des EWR zum Handel an einem organisierten Markt[65] zugelassen sind, soweit der Emittent seinen Sitz in Deutschland hat[66]. Die Mitteilungspflicht wird bereits dann ausgelöst, wenn der Antrag auf Zulassung gestellt oder öffentlich angekündigt ist.

3. Erfasste Finanzinstrumente und Geschäftsarten

37 Der Anwendungsbereich der Vorschrift erfasst alle Geschäfte mit Aktien des Emittenten oder sich darauf beziehenden Finanzinstrumenten, insbesondere Derivaten. Das AnSVG definiert „Finanzinstrumente" einheitlich in § 2 Abs. 2 b WpHG. Unter die Definition fallen u.a. Aktien, Schuldverschreibungen, Genussscheine, Optionsscheine, Geldmarktinstrumente (definiert in § 2 Abs. 1 a WpHG), Derivate (definiert in § 2 Abs. 2 WpHG). Die Mitteilungspflicht wird bei jeder Art von Ge-

---

[65] Definition des „organisierten Markts", siehe § 2 Abs. 5 WpHG. Übersicht, welche europäischen Marktsegmente als organisierter Markt gelten siehe RL 93/22/EWG.
[66] Der Wortlaut des § 15 a Abs. 1 Satz 3 WpHG muss wegen der ansonsten extraterritorialen Wirkung des Tatbestands einschränkend dahingehend ausgelegt werden, dass bei ausländischen Notierungen der Emittent seinen Sitz im Inland haben muss, siehe auch E Emittentenleitfaden, S. 60.

schäften ausgelöst, erfasst also alle rechtsgeschäftlichen Verfügungen. Erfasst sind also auch die Gewährung von Mitarbeiteroptionen, nicht erst deren Ausübung.[67] Schenkungen lösen eine Mitteilungspflicht aus, nicht aber Erbschaften. Die Mitteilungspflicht entsteht zudem unabhängig davon, ob das Geschäft im In- oder Ausland oder außerbörslich getätigt wird.

4. Mitteilungspflichtige Personen

Mitteilungspflichtig sind nach der neuen Rechtslage alle Personen, die bei einem Emittenten von Aktien Führungsaufgaben wahrnehmen. Personen mit Führungsaufgaben sind persönlich haftende Gesellschafter oder Mitglieder eines Leitungs-, Verwaltungs- oder Aufsichtsorgans des Emittenten sowie sonstige Personen, die regelmäßig Zugang zu Insiderinformationen haben und zu wesentlichen unternehmerischen Entscheidungen ermächtigt sind.[68] Dabei reicht es aus, wenn die Führungsperson Mitglied des Gremiums ist, das die Entscheidung trifft.[69] Die Führungsperson muss ermächtigt sein, unternehmerische Entscheidungen zu treffen, die auf die zukünftige wirtschaftliche Entwicklung des Emittenten Einfluss nehmen können.[70] Spätestens sobald ein Zustimmungsvorbehalt beim Vorstand liegt, ist die Person nicht mitteilungspflichtig.[71] Die Mitteilungspflicht obliegt neben Personen mit Führungsaufgaben auch Personen, die mit einer solchen Person in einer engen Beziehung stehen. Gemäß der näheren Konkretisierung dieses Personenkreises in § 15a Abs. 3 WpHG nF ist zwischen natürlichen und juristischen Personen zu unterscheiden. Natürliche Personen, die mit Personen mit Führungsaufgaben in einer engen Beziehung stehen, sind deren Ehepartner, eingetragene Lebenspartner, unterhaltsberechtigte Kinder[72] und andere Verwandte, die seit mindestens einem Jahr im selben Haushalt leben. Mitteilungspflichtig sind daneben juristische Personen, bei denen die Führungsperson oder dessen Familienangehörige Leitungsaufgaben wahrnehmen (§ 15a Abs. 3 Satz 2 WpHG). Darüber hinaus sind juristischen Personen, Gesellschaften und Einrichtungen, die direkt oder indirekt von einer Personen mit Führungsaufgaben oder dessen Familienangehörige kontrolliert werden, die zugunsten einer solchen Person gegründet wurden oder deren wirtschaftliche Interessen weitgehend denen einer solchen Person entsprechen, mitteilungspflichtig (§ 15a Abs. 3 Satz 3 WpHG).[73] Die BAFin legt die Mitteilungspflicht für juristische Personen einschränkend aus, um die Mitteilungspflichten nicht unverhältnismäßig auszudehnen. Geschäfte von juristischen Personen sind nur

---

[67] E Emittentenleitfaden, Stand 22.12.2004, S. 67.
[68] § 15a Abs. 2 WpHG.
[69] E Emittentenleitfaden, Stand 22.12.2004, S. 61 f.
[70] Gesetzesbegründung, Drucksache 15/3174, S. 36, rechte Spalte.
[71] E Emittentenleitfaden, Stand 22.12.2004, S. 61.
[72] E Emittentenleitfaden, Stand 22.12.2004, S. 62: idR Kinder unter 18 Jahren, die nicht berufstätig sind, und volljährige Kinder bis zum Ende der Schulausbildung bzw. der ersten Ausbildung.
[73] Der Gesetzeswortlaut des § 15a Abs. 3 WpHG ist zu eng und dürfte ein Redaktionsversehen sein. Eine richtlinienkonforme Auslegung verlangt, dass die Meldepflicht für juristische Personen ausgelöst wird, wenn sowohl Führungspersonen als auch deren Familienangehörige die Tatbestandsmerkmale in Satz 2 und 3 erfüllen; so auch E Emittentenleitfaden, S. 63 f.

dann mitteilungspflichtig, wenn für die mitteilungspflichtige Person dadurch die Möglichkeit besteht, sich einen wirtschaftlichen Vorteil zu sichern.[74] Dies ist laut BaFin nur dann gegeben, wenn die mitteilungspflichtige Person an der juristischen Person beteiligt ist, Stimmrechte hält oder gewinnbezugsberechtigt ist.[75] Obwohl es nicht die Aufgabe des Emittenten ist, dafür Sorge zu tragen, dass die Mitteilungspflichtigen ihrer Mitteilungspflicht nachkommen, ist es aufgrund des weiten Kreises der potentiell Mitteilungspflichtigen ratsam, dass der Emittent frühzeitig alle Mitteilungspflichtigen identifiziert. Ähnlich einem Insiderverzeichnis sollte diese Liste ständig aktualisiert werden.

5. Bagatellgrenze

39   Die Mitteilungspflicht besteht nicht, solange die Gesamtsumme der Geschäfte einer Person mit Führungsaufgaben und der mit dieser Person in einer engen Beziehung stehenden Person insgesamt einen Betrag von 5.000 EUR bis zum Ende des Kalenderjahres nicht erreicht (§ 15 a Abs. 1 Satz 5 WpHG). Wird durch ein Geschäft die Bagatellgrenze überschritten, müssen sämtliche bislang nicht mitgeteilten Geschäfte nachträglich mitgeteilt werden. Aufgrund der mit Nachmeldungen verbundenen Schwierigkeiten sollten die mitteilungspflichtigen Personen erwägen, alle Geschäfte, auch solche unterhalb der Bagatellgrenze, dem Emittenten und der BaFin zu melden.

6. Unverzügliche Mitteilung

40   Der Mitteilungspflichtige muss das Geschäft dem Emittenten und der BaFin innerhalb von fünf Werktagen schriftlich mitteilen, dh, die Mitteilung muss spätestens am fünften Werktag[76] nach dem Geschäftsabschluss beim Emittenten und der BaFin eingegangen sein.[77] Anknüpfungspunkt für die Fristberechnung ist dabei nicht das dingliche Erfüllungsgeschäft sondern das schuldrechtliche Verpflichtungsgeschäft.[78] Falls die Bagatellgrenze überschritten wird, müssen sämtliche Geschäfte ebenfalls innerhalb dieser Fünftagesfrist nachgemeldet werden. Den genauen Inhalt der Mitteilung regelt § 10 WpAIV. Die BaFin stellt zur Vereinfachung ein Formular zur Verfügung[79]. Die Bundesanstalt hat eine eigene Faxnummer für die Mitteilung nach § 15a WpHG eingerichtet (0228–4108–62963).

7. Veröffentlichung

41   Die Mitteilung ist vom Emittenten unverzüglich für die Dauer von mindestens einem Monat in deutscher Sprache auf der Internetseite des Emittenten einzustellen.[80]

---

[74] E Emittentenleitfaden, Stand 22.12.2004, S. 64 ff. mit Beispielen.
[75] E Emittentenleitfaden, Stand 22.12.2004, S. 64 f.: dort im Einzelnen zu den Prüfungsschritten.
[76] Werktage sind alle Wochentage außer Sonntage und Feiertage.
[77] § 15a Abs. 1 Satz 1 WpHG, E Emittentenleitfaden, Stand 22.12.2004, S. 70.
[78] Ebenso Assmann/Schneider/*Sethe*, § 15a Rn 44; bei einem aufschiebend bedingt vereinbarten schuldrechtlichen Geschäft entsteht die Mitteilungspflicht mit dem Eintritt der Bedingung: E Emittentenleitfaden, Stand 22.12.2004, S. 69 f., 76.
[79] Zu den Meldeformularen www.bafin.de.
[80] § 15a Abs. 4 Satz 1 WpHG iVm. § 13 Abs. 1 WpAIV. Zum genauen Inhalt der Veröffentlichung siehe § 12 WpAIV.

Eine zeitgleiche Fassung in englischer Sprache ist gestattet.[81] Die Homepage des Emittenten muss einen deutlich erkennbaren Hinweis auf eine Seite mit Informationen für Anleger enthalten, unter welcher die Veröffentlichung leicht aufzufinden sein muss.[82] Die Veröffentlichung sollte in der Regel spätestens am auf die Mitteilung folgenden Tag auf der Internetseite des Emittenten verfügbar sein.[83] Der Emittent muss der BaFin unverzüglich einen Beleg über diese Veröffentlichung übersenden[84.] Die Übermittlung entweder in Form eines Screenshots oder Ausdrucks der Internetseite oder bei Übersendung via E-mail eines funktionierenden Links, sollte nicht länger als drei Werktage in Anspruch nehmen.[85]

8. Sanktionen bei Nichtbeachtung der Mitteilungs- bzw. Veröffentlichungspflicht

Kommen die Verpflichteten ihrer Mitteilungs- bzw. Veröffentlichungspflicht vorsätzlich oder fahrlässig nicht in der gesetzlich vorgeschriebenen Weise nach, so stellt dies eine Ordnungswidrigkeit[86] dar und kann mit einem Bußgeld von bis zu 100.000 EUR gegen jeden einzelnen Mitteilungspflichtigen geahndet werden. Ferner kann ein Bußgeld in Höhe von bis zu 100.000 EUR verhängt werden, wenn der Emittent gegen seine Veröffentlichungspflicht verstößt. **42**

V. Mitteilung der Beteiligungshöhe

1. Zweck und Tatbestand des § 21 WpHG

Jeder, der durch Erwerb, Veräußerung oder sonstige Weise 5%, 10%, 25%, 50% oder 75% der Stimmrechte einer börsennotierten Gesellschaft erreicht oder diese Schwellenwerte unter- oder überschreitet, ist verpflichtet, dies der BAFin und der Gesellschaft mitzuteilen (§ 21 Abs. 1 WpHG). Anknüpfungspunkt ist der Sitz der Gesellschaft in Deutschland, deren Aktien zum Handel an einem organisierten Markt in einem Mitgliedstaat der Europäischen Union oder in einem anderen Vertragsstaat des Abkommens über den Europäischen Wirtschaftsraum zugelassen sind (§ 21 Abs. 2 WpHG). Der Begriff des organisierten Marktes umfasst in Deutschland den amtlichen und den geregelten Markt, nicht jedoch den Freiverkehr. Eine Mitteilungspflicht gegenüber der BAFin und der Gesellschaft besteht ebenfalls für denjenigen, dem im Zeitpunkt der erstmaligen Zulassung der Aktien an einem organisierten Markt mindestens 5% der Stimmrechte an der Gesellschaft zustehen (§ 21 Abs. 1a WpHG). **43**

Die §§ 21, 22 WpHG wurden zur Umsetzung der Transparenz-Richtlinie[87] in das nationale Recht integriert. Mit ihrer Einführung werden mehrere Ziele verfolgt. In **44**

---

[81] § 13 Abs. 1 Satz 4 WpAIV.
[82] § 13 Abs. 1 Satz 1 WpAIV.
[83] E Emittentenleitfaden, Stand 22.12.2004, S. 71.
[84] § 15 a Abs. 4 Satz 2 WpHG. Übermittlung postalisch, per Fax (0228–4108–62963), per E-mail (paragraph15a@bafin.de) oder PC-Fax.
[85] E Emittentenleitfaden, Stand 22.12.2004, S. 73.
[86] §§ 39 Abs. 2 Nr. 2 d), Nr. 5 b), Nr. 7, Abs. 4 WpHG.
[87] Richtlinie des Rates der Europäischen Gemeinschaften v. 12.12.1988 (88/627/EWG) über

erster Linie soll die Offenlegung aller Vorgänge erreicht werden, die im Zusammenhang mit dem Erwerb oder der Veränderung von Beteiligungen stehen. Die Gesellschaft soll einen besseren Überblick über ihre Aktionärsstruktur erhalten. Diese Offenlegung dient dem Schutz der Anleger und gewährleistet darüber hinaus die Funktionsfähigkeit des Wertpapierhandels.[88]

2. Meldepflichtiger

45   Die Mitteilungspflicht des § 21 WpHG trifft nicht nur jede private oder juristische Person, die unmittelbar Anteile an der Gesellschaft hält, sondern auch denjenigen, dem solche Anteile gem. § 22 WpHG zuzurechnen sind. Der häufigste Fall der Zurechnung ist der in einem Konzernverhältnis. Dem Meldepflichtigen werden die Stimmrechte, die ein Tochterunternehmen an der börsennotierten Gesellschaft hält, zugerechnet, wobei es auf den Sitz und die Rechtsform der Tochtergesellschaft nicht ankommt. Es kann deshalb über das Mutter-Tochter-Verhältnis hinaus wegen dieser Zurechnung in einem mehrstufigen Konzern dazu führen, dass jede der Konzerngesellschaften, zB Mutter-, Tochter- und Enkelgesellschaft mitteilungspflichtig ist. Dem Meldepflichtigen werden die Stimmrechte aller Tochterunternehmen in voller Höhe zugerechnet (sogenannte „Kettenzurechnung", § 22 Abs. 1 Satz 2 und 3 WpHG)[89], wobei die Mitteilungspflicht unter Angabe der Adressen der Tochtergesellschaften durch das Mutterunternehmen[90] erfüllt werden kann (§ 24 WpÜG). Weiterer wichtiger Zurechnungstatbestand ist § 22 Abs. 1 Nr. 5 WpHG, wenn die Stimmrechte durch eine Willenserklärung erworben werden können. Ein rein schuldrechtlicher Vertrag ist für die Zurechnung jedoch nicht ausreichend.[91] Das bedeutet, schuldrechtliche Vereinbarungen führen über § 22 Abs. 1 Nr. 5 WpHG nur dann zur Zurechnung von Stimmrechten, wenn dem Erwerber die Aktien bedingt übereignet wurden, und der Erwerber Einfluss auf den Eintritt dieser Bedingung hat (Potestativbedingung), zB die Zahlung des Kaufpreises.[92] Die Zurechnung gem. § 22 WpHG führt nicht dazu, dass die Stimmrechte dem vorherigen Inhaber abgezogen werden. Beide sind also mitteilungspflichtig soweit die Tatbestandsvoraussetzungen gegeben sind. Eine so genannte Absorption findet nicht statt.[93]

3. Inhalt, Form und Frist der Mitteilung des Meldepflichtigen

46   Die schriftliche Mitteilung des Meldepflichtigen an den Emittenten und die BAFin muss das Erreichen, Überschreiten oder Unterschreiten der Schwellenwer-

---

die bei Erwerb und Veräußerung einer bedeutenden Beteiligung an einer börsennotierten Gesellschaft zu veröffentlichenden Informationen, ABlEG Nr. L 348 v. 17.12.1988.

[88] Vgl. Präambel der Transparenz-Richtlinie.
[89] Assmann/*Schneider*, Wertpapierhandelsrecht, § 22 Rn 32.
[90] Ist die Muttergesellschaft eine ausländische Gesellschaft, ist sie keine Muttergesellschaft iSd. § 290 HGB. Allerdings kann sie die Mitteilungspflicht für die Tochtergesellschaft in deren Namen erfüllen, wenn sie von der Tochtergesellschaft dazu beauftragt ist.
[91] *Hüffer*, § 22 Anh., § 22 WpHG Rn 5; aA Assmann/*Schneider*, § 21 Rn 41 m und § 22 Rn 91.
[92] Ebenso zum gleichlautenden § 30 Abs. 1 Nr. 5 WpÜ: Kölner Kommentar WpÜG/*von Bülow*, § 30 Rn 86.
[93] *Hüffer*, § 22 Anh., § 22 WpHG Rn 6, Assmann/*Schneider*, § 21 Rn 56 ff., § 22 Rn 14.

te sowie die Höhe des Stimmrechtsanteils enthalten, wobei ebenfalls die Anschrift des Meldepflichtigen und der Tag, an dem der Schwellenwert erreicht, über- oder unterschritten wurde, anzugeben sind (§ 21 Abs. 1 Satz 1 WpHG). Soweit Anteile zugerechnet werden, sind diese getrennt nach dem jeweiligen Zurechnungstatbestand des § 22 WpHG auszuweisen (§ 22 Abs. 4 WpHG). Eine Angabe der Zahl der Stimmen ist nicht erforderlich. Es ist vielmehr ausreichend, den prozentualen Anteil an der Gesamtzahl der Stimmrechte anzugeben.[94] Zumindest dann, wenn sich aus dem Bruch eine Prozentzahl mit Kommastellen ergibt, sollte neben der Prozentzahl auch die exakte Höhe der Stimmrechte angegeben werden.[95] Die Mitteilung hat unverzüglich, spätestens aber innerhalb von sieben Kalendertagen zu erfolgen (§ 21 Abs. 1 Satz 1 WpHG). Wegen der Unverzüglichkeit darf die volle Frist aber nicht ohne Grund voll ausgeschöpft werden. Die Frist beginnt in dem Zeitpunkt, in dem der Meldepflichtige entweder tatsächlich Kenntnis von der Erreichung, Über- oder Unterschreitung der Schwellen hatte oder nach den Umständen haben musste (§ 21 Abs. 1 Satz 2 WpHG).

4. Inhalt, Form und Frist der Veröffentlichung durch den Emittenten

Die Gesellschaft, die eine Mitteilung nach §§ 21 ff. WpHG erhalten hat, ist verpflichtet, diese Mitteilung innerhalb von spätestens neun Kalendertagen nach Zugang der Mitteilung in deutscher Sprache in einem überregionalen Börsenpflichtblatt zu veröffentlichen (§ 25 Abs. 1 WpHG). Auch bei dem Erwerb eigener Aktien, der eine der in § 21 WpHG genannten Erwerbsschwellen überschreitet, ist die Emittentin zu einer Meldung innerhalb von neun Kalendertagen verpflichtet (§ 25 Abs. 1 Satz 3 WpHG). Hierbei sind Name bzw. Firma des Meldepflichtigen sowie der Staat, in dem sich dessen Wohnort bzw. Sitz befindet, soweit der Meldepflichtige im Ausland wohnt bzw. dort seinen Sitz hat, sowie die sonstigen für die § 21 WpHG-Meldung notwendigen Angaben wiederzugeben, einschließlich der genauen Angaben über eine Zurechnung von Stimmrechten. Die Frist beginnt in dem Zeitpunkt, in dem die Gesellschaft unter normalen Umständen die Möglichkeit der Kenntnisnahme von der Mitteilung erhält[96]. Die Gesellschaft ist verpflichtet, der BAFin unverzüglich einen Beleg über die erfolgte Veröffentlichung zukommen zu lassen (§ 25 Abs. 3 WpHG).

5. Sanktionen bei Verstößen

Verstöße gegen die Mitteilungs- und Veröffentlichungspflichten sind Ordnungswidrigkeiten[97] und damit bußgeldbewehrt. Zur Ahndung können Geldbußen gegen den Meldepflichtigen bis zu 200.000 EUR verhängt werden, gegen die Gesellschaft Geldbußen von bis zu 50.000 EUR.

Die weit gravierendere Rechtsfolge bei einem Verstoß gegen die Mitteilungspflicht ist der Verlust der Stimmrechte. Solange die Mitteilungs- und Veröffentli-

---

[94] *Hüffer*, § 22 Anh., § 21 WpHG Rn 9; *Sudmeyer*, Mitteilungs- und Veröffentlichungspflichten nach §§ 21, 22 WpHG, BB 2002, 685, 689.
[95] Ähnlich Assmann/*Schneider*, § 21 Rn 77 f.
[96] BGHZ 67, 275; *Sudmeyer*, BB 2002, 685, 690.
[97] §§ 39 Abs. 2 Nr. 1 d), Nr. 2 c), Nr. 4, Abs. 3 Nr. 1 a) WpHG.

chungspflichten aus § 21 WpHG schuldhaft, also vorsätzlich oder fahrlässig nicht, nicht richtig oder nicht vollständig erfüllt sind, verliert der Meldepflichtige seine Vermögens- und Mitverwaltungsrechte[98], die ihm aufgrund seiner Mitgliedschaft normalerweise zustehen (§ 28 WpHG). Diese Rechte leben erst dann wieder auf, wenn die Mitteilung nachgeholt wird, allerdings nicht rückwirkend. In Bezug auf das Dividendenbezugsrecht und auf das Recht auf den Liquidationserlös ist ein rückwirkendes Wiederaufleben vorgesehen, sofern die Mitteilung nicht vorsätzlich unterlassen wurde (§ 28 Satz 2 WpHG). Die Regelung des § 28 WpHG kann weitreichende Folgen haben. So kann es sich aufgrund der Zurechnung gem. § 22 Abs. 1 Nr. 1 WpHG[99] ergeben, dass ein Tochterunternehmen seine Rechte aus gehaltenen Aktien verliert, wenn sie zwar selbst ihre Pflichten aus § 21 WpHG erfüllt, das herrschende Mutterunternehmen dies aber seinerseits versäumt. Beschlüsse der Hauptversammlung können angefochten werden, wenn Aktien berücksichtigt wurden, die nach § 28 WpHG keine Rechte gewähren, sofern deren Nichtberücksichtigung zu einem abweichenden Ergebnis geführt hätte.[100]

50 § 21 WpHG ist ein Schutzgesetz iSd. § 823 Abs. 2 BGB. Die Gesellschaft oder Aktionäre können vom Meldepflichtigen bei dessen Verstoß gegen dessen Meldepflicht ihren dadurch entstandenen Schaden ersetzt verlangen.[101]

---

[98] Mitverwaltungsrechte sind zB Stimmrecht, Recht auf Teilnahme an der Hauptversammlung, Auskunftsrecht, Befugnis zur Anfechtung von Hauptversammlungsbeschlüssen und Vermögensrechte, zB Anspruch auf Dividende, Bezugsrecht, Liquidationserlös.
[99] Der Verlust der Mitverwaltungsrechte tritt nur bei Zurechnung über § 22 Abs. 1 Nr. 1 und 2 WpHG ein.
[100] *Sudmeyer*, BB 2002, 685, 691; Assmann/*Schneider*, § 28 Rn 44.
[101] Assmann/*Schneider*, § 28 Rn 79 ff.

Teil 3
Hauptversammlung und Aktionär

§ 7 Einberufung und Abwicklung der Hauptversammlung

I. Einberufung

Nach § 121 Abs. 1 AktG ist die Hauptversammlung in den durch Gesetz oder Satzung bestimmten Fällen sowie dann einzuberufen, wenn das Wohl der Gesellschaft es fordert.[1]

Die Vorbereitung der Einberufung der Hauptversammlung beginnt lange im Vorfeld der Veröffentlichung der Einladung.[2] Die Gesellschaft muss bereits weit im Vorhinein überlegen, welche Punkte auf die Tagesordnung der Hauptversammlung gesetzt werden. Danach richtet sich die für die Hauptversammlung erforderliche Vorbereitungszeit (zB in Form der Erstellung von Vorstandsberichten). Die Räumlichkeiten für die Hauptversammlung, technische und personelle Unterstützung müssen rechtzeitig gebucht werden.

Die Einberufung der Hauptversammlung obliegt in erster Linie dem Vorstand als Gesamtorgan, der über die Einberufung durch Beschluss mit einfacher Mehrheit[3] entscheidet (§ 121 Abs. 2 Satz 1 AktG).[4]

Die Einberufung durch den Vorstand kann weder durch Satzung noch durch Gesetz von der Zustimmung des Aufsichtsrats abhängig gemacht werden. Der Aufsichtsrat[5] selbst kann die Hauptversammlung jedoch einberufen, wenn es das Wohl der Gesellschaft verlangt (§ 111 Abs. 3 Satz 1 AktG).[6] Er entscheidet hierüber durch Beschluss mit einfacher Mehrheit (§ 111 Abs. 3 Satz 2 AktG).[7] Weiterhin ist die

---

[1] Siehe zu den gesetzlichen, statutarischen und fakultativen Einberufungsgründen sowie zur Einberufung zum Wohl der Gesellschaft Semler/Volhard/*Reichert*, § 4 Rn 4 ff.

[2] *Obermüller/Werner/Winden*, B Rn 3. UU hat bereits nach Ende der letzten Hauptversammlung eine Rückschau, deren Ergebnis schriftlich festgehalten werden sollte, statt zu finden.

[3] Das Mehrheitserfordernis kann nicht verschärft werden, vgl. *Obermüller/Werner/Winden*, B. Rn 31.

[4] Ein wirksamer Einberufungsbeschluss erfordert einen handlungsfähigen Vorstand, d. h. bei der Abstimmung muss die nach Gesetz oder Satzung erforderliche Mindestanzahl von Vorstandsmitgliedern mitgewirkt haben. Ist die erforderliche Anzahl von Vorstandsmitgliedern nicht gegeben (zB wenn im Fall des § 76 Abs. 2 Satz 2 AktG die Mindestzahl von zwei Personen nicht erreicht wird und die Satzung auch nicht bestimmt, dass ein Vorstandsmitglied ausreichend ist) muss gegebenenfalls eine gerichtliche Notbestellung erfolgen.

[5] Die Delegation auf einen Aufsichtsratsausschuss ist nicht möglich (§ 107 Abs. 3 Satz 2 AktG).

[6] Vgl. zu den wesentlich praktisch denkbaren Fällen *Obermüller/Werner/Winden*, B. Rn 42 f.

[7] Eine Verschärfung der Mehrheitserfordernisse ist unzulässig. Vgl. zu der Frage, ob damit auch die Festlegung von Voraussetzungen der Beschlussfähigkeit des Aufsichtsrats in der Satzung oder sonstige Regelungen zur Ermittlung der Mehrheit im Aufsichtsrat unzulässig sind, *Obermüller/Werner/Winden*, B. Rn 41.

Hauptversammlung auf Verlangen einer Aktionärsminderheit nach Maßgabe von § 122 Abs. 1 AktG einzuberufen.[8] Nach dem AktG RegE UMAG soll ein neuer § 127a in das Aktiengesetz eingefügt werden. Danach ist vorgesehen, dass Aktionäre und Aktionärsvereinigungen direkt die Veröffentlichung einer Aufforderung im elektronischen Bundesanzeiger in einem neu zu schaffenden „Aktionärsforum" veranlassen können.[9] In einer solchen Veröffentlichung kann ein Aktionär oder eine Aktionärsvereinigung zB andere Aktionäre auffordern, sich seinem/ihrem Begehren auf Einberufung einer Hauptversammlung anzuschließen, um so gemeinsam die nach § 122 Abs. 1 Satz 1 AktG für ein Einberufungsverlangen erforderliche Mindestbeteiligung von 5% des Grundkapitals zu erreichen.[10]

5   Ist nach dem Inhalt der Tagesordnung ein Sonderbeschluss gewisser Aktionäre (zB Inhaber von Vorzugsaktien) zu treffen, hat die Gesellschaft idR[11] die Wahl zwischen einer gesonderten Abstimmung im Rahmen der Hauptversammlung und der Einladung zu einer gesonderten Versammlung (§ 138 AktG). In der Regel wird die einfachere und kostengünstigere gesonderte Abstimmung gewählt.

6   Findet eine gesonderte Abstimmung im Rahmen der Hauptversammlung statt, ist darauf zu achten, dass auch diese gesonderte Abstimmung ordnungsgemäß in die Tagesordnung aufgenommen und bekannt gemacht wird.

7   Die Hauptversammlung ist mindestens einen Monat vor dem Tag der Versammlung einzuberufen (§ 123 Abs. 1 AktG). Die Satzung kann die Einberufungsfrist verlängern, nicht jedoch verkürzen. Ferner kann die Satzung die Teilnahme an der Hauptversammlung oder die Ausübung des Stimmrechts von der Hinterlegung der Aktien[12] oder davon abhängig machen, dass sich die Aktionäre zur Hauptversamm-

---

[8] Siehe zu den Voraussetzungen und dem Verfahren *Hüffer*, § 122 Rn 1 ff. Mit der nach dem AktG RegE UMAG geplanten Neufassung von § 142 Abs. 2 AktG, auf dessen Satz 3 dann § 122 Abs. 1 Satz 3 AktG RegE UMAG verweist, ändern sich die Anforderungen an den Nachweis des Aktienbesitzes. Diese Änderungen sind bedingt durch die in § 123 AktG RegE UMAG geplante Streichung der Hinterlegung als durch Satzungsregelung vorsehbare Teilnahmevoraussetzung für die Hauptversammlung (vgl. unten Rn 7). Kommt der Vorstand dem Verlangen nicht nach, kann die Aktionärsminderheit gerichtlich ermächtigt werden, die Hauptversammlung selbst einzuberufen (§ 122 Abs. 3 AktG).
[9] Siehe zu den Einzelheiten der beabsichtigten Neuregelung die Begründung II. A. zu Artikel 1 zu Nummer 7 des AktG RegE UMAG.
[10] In der im elektronischen Bundesanzeiger veröffentlichten Aufforderung kann auf die elektronische Adresse und eine Begründung für die Aufforderung auf der Internetseite des Auffordernden hingewiesen werden (§ 127a Abs. 3 AktG RegE UMAG). Ein Rechtsanspruch gegenüber dem Bundesanzeiger auf Veröffentlichung besteht nicht. Die Gesellschaft kann – muss aber nicht – zu der Aufforderung Stellung nehmen (§ 127a Abs. 4 AktG RegE UMAG). Sie muss die Aufforderung auch nicht auf ihrer Internetseite veröffentlichen. Siehe die Begründung II. A. zu Artikel 1 zu Nummer 7 des AktG RegE UMAG.
[11] In einigen Fällen, zB in § 141 Abs. 3 Satz 1 AktG ist zwingend eine gesonderte Versammlung der Vorzugsaktionäre vorgeschrieben.
[12] In der Praxis wird häufig die Hinterlegung der Aktien zur Voraussetzung für die Teilnahme gemacht. Sieht die Satzung eine Hinterlegung vor, so ist meist auch zugelassen, dass die Aktien stattdessen mit Zustimmung der Hinterlegungsstelle bei Kreditinstituten bis zum Ende der Hauptversammlung gesperrt gehalten werden. Sieht die Satzung diese Regelung nicht vor, ist unmittelbarer Besitz der Hinterlegungsstelle erforderlich. Zur Problematik der Hinterlegung verpfändeter Aktien vgl. Semler/Volhard/*Bärwaldt*, § 10 Rn 14. Siehe dort auch Rn 15 und 16 zum Teilnahmerecht bei Sicherungsübereignung oder Bestellung eines Nießbrauchs an den Aktien.

lung anmelden (§ 123 Abs. 2 Satz 1 AktG).[13] Mit § 123 Abs. 1 AktG RegE UMAG soll aus Vereinheitlichungsgründen die gesetzliche Mindesteinberufungsfrist auf 30 Tage festgesetzt werden. Nach § 123 Abs. 2 AktG RegE UMAG soll satzungsmäßig sowohl bei Inhaber- als auch bei Namensaktien die Anmeldung vorgeschrieben werden können.[14] Bei Inhaberaktien soll nach § 123 Abs. 3 AktG RegE UMAG in der Satzung zusätzlich bestimmt werden können, wie die Berechtigung zur Teilnahme an der Hauptversammlung oder zur Ausübung des Stimmrechts nachzuweisen ist. Der in Textform (§ 126 b BGB) erstellte Nachweis des depotführenden Instituts reicht aus. Im Verhältnis zur Gesellschaft soll dann nur derjenige, der den Nachweis erbracht hat, bis zum Ende der Hauptversammlung als Aktionär gelten. Damit würde auch die Problematik der Ausübung von Rechten aus während der laufenden Hinterlegungsfrist veräußerten, hinterlegten Aktien gelöst. Richtigerweise dient die Hinterlegung dem Nachweis der Aktionärseigenschaft und macht damit die Vorlage der Aktienurkunden entbehrlich[15], die der Aktionär bei der Ausgabe von bei der Clearstream verwahrten Globalurkunden regelmäßig auch nicht vorlegen könnte.[16] Werden die Aktien durch Abtretung des Herausgabeanspruchs während der Hinterlegung veräußert, ist der Erwerber, da er seine Aktien nicht hinterlegt hat, grundsätzlich nicht teilnahmeberechtigt. Etwas anderes dürfte aber dann gelten[17], wenn die dem Erwerber vom Veräußerer zu übergebende Hinterlegungsbescheinigung[18] entsprechend umgeschrieben wird.[19] Der Veräußerer seinerseits ist zwar weiterhin

---

[13] Das Aktiengesetz bestimmt in § 123 Abs. 3 und 4 Maximalfristen für die Hinterlegung bzw. Anmeldung, die nach Kalendertagen bestimmt werden. In den Satzungen werden hingegen diese Fristen regelmäßig nach Werk- bzw. Bankarbeitstagen berechnet. Solche Satzungsregelungen können bei nicht bundesweiten Feiertagen zu Zweifeln bei der Berechnung der Fristen führen. Darüber hinaus besteht bei Sonn- und Feiertagshäufung das Risiko der Überschreitung der gesetzlichen Fristen nach § 123 Abs. 3, 4 AktG, die Maximalfristen sind. Vgl. zu dieser Problematik *Obermüller/Werner/Winden*, B. Rn 63 ff.

[14] Soweit die Satzung bestehender Gesellschaften eine Hinterlegung anordnet, soll nach der Begründung II.B. zu Artikel 2 zu Absatz 1 im RegE UMAG zur Änderung von § 16 Satz 2 des Einführungsgesetzes zum Aktiengesetz als Nachweis für die Hinterlegung der Nachweis des depotführenden Instituts ausreichen. Mit In-Kraft-Treten des AktG RegE UMAG wäre daher eine Änderung der Satzungen, die eine Hinterlegung vorsehen, zwar wünschenswert aber nicht zwingend erforderlich. Anders als der Referentenentwurf vom Januar 2004 enthält § 16 EGAktG RegE UMAG keine ausdrückliche Übergangsvorschrift für die Hinterlegung, so dass aus Gründen der Eindeutigkeit eine zügige Satzungsänderung von Satzungen mit Hinterlegungsanordnung angezeigt ist.

[15] Vgl. Großkommentar/*Werner*, § 123 Rn 34; **aA** wohl Münchener Kommentar AktG/*Kubis*, § 123 Rn 21, der den Zweck auch in der Verhinderung einer hauptversammlungsnahen Verfügung über die Aktien sieht. Wobei es jedoch **allgM** entspricht, dass die Hinterlegung zu keiner materiell-rechtlichen Verfügungssperre führt; vgl. Großkommentar/*Werner*, § 123 Rn 49; Münchener Kommentar AktG/*Kubis*, § 123 Rn 21.

[16] Großkommentar/*Werner*, § 123 Rn 48.

[17] Soweit die Möglichkeit der Teilnahme des Erwerbers an der Hauptversammlung bejaht wird, wird zum Teil eine Berechtigung des Erwerbers zur Teilnahme (so Semler/Volhard/*Bärwaldt*, § 10 Rn 37) zum Teil von der Befugnis der Gesellschaft den Erwerber zuzulassen (so Münchener Kommentar AktG/*Kubis*, § 123 Rn 45) ausgegangen.

[18] Diese wird häufig nicht als Hinterlegungsbescheinigung, sondern in Form einer Eintrittskarte ausgestellt; vgl. Münchener Kommentar AktG/*Kubis*, § 123 Rn 27.

[19] Vgl. Semler/Volhard/*Bärwaldt*, § 10 Rn 37; nach Münchener Kommentar AktG/*Kubis*, § 123 Rn 45 soll wohl keine Umschreibung der Hinterlegungsbescheinigung, sondern ein schriftlicher Nachweis des Rechtsübergangs vom Erwerber vorzulegen sein.

formal zur Teilnahme berechtigt, er handelt jedoch ordnungswidrig, wenn er diese formelle Rechtsposition ausnutzt (§ 405 Abs. 3 AktG).[20] Um insoweit die formelle und materielle Rechtslage in Einklang zu bringen, kann nach zutreffender Ansicht der Erwerber der Aktien den Veräußerer zur Ausübung der Rechte ermächtigen.[21] Bis zum In-Kraft-Treten des UMAG[22] sollte dennoch in der Praxis eine Veräußerung innerhalb der Hinterlegungsfrist möglichst vermieden werden. Da die Frage der Ausübung von Aktionärsrechten bei Veräußerung innerhalb der Hinterlegungsfrist nicht höchstrichterlich entschieden ist, läuft der Erwerber Gefahr, die Rechte nicht ausüben zu können, weil ihn die Gesellschaft unter Berufung darauf, er habe seine Aktien nicht ordnungsgemäß hinterlegt, nicht zur Teilnahme an der Hauptversammlung zulässt. Die Teilnahme des Veräußerers könnte daran scheitern, dass die depotführende Bank nicht ohne gleichzeitige Rückgabe der Hinterlegungsbescheinigung des Veräußerers zur Übertragung des hinterlegten Aktienbesitzes bereit ist[23] oder die Gesellschaft sich auf die mangelnde materielle Berechtigung beruft.[24]

8   Die 7-Tage-Frist soll als gesetzliche Maximalfrist für die Anmeldung (§ 123 Abs. 2 AktG RegE UMAG) und auch als gesetzliche Maximalfrist für die Zuleitung des Nachweises an die Gesellschaft (§ 123 Abs. 3 AktG RegE UMAG) bestehen bleiben.[25] Darüber hinaus soll in § 123 Abs. 4 AktG RegE UMAG die Fristenberechnung (auch die Mindesteinberufungsfrist) geregelt werden.[26]

9   Bei börsennotierten Gesellschaften erfolgt die Einberufung regelmäßig durch Veröffentlichung in den Gesellschaftsblättern. Seit dem 1.1.2003 ist gemäß § 25 Satz 1 AktG das obligatorische Gesellschaftsblatt, nicht mehr die Papierausgabe (Printversion), sondern der elektronische Bundesanzeiger[27], und zwar auch dann, wenn die Satzung der Gesellschaft den Bundesanzeiger, jedoch ohne den Hinweis

---

[20] Vgl. Semler/Volhard/*Bärwaldt*, § 10 Rn 37; Großkommentar/*Werner*, § 123 Rn 49.

[21] Vgl. Großkommentar/*Werner*, § 123 Rn 49 Semler/Volhard/*Bärwaldt*, § 10 Rn 37 (der den Begriff der Einwilligung des Erwerbers) verwendet. In der Praxis sehen Aktienkaufverträge, die in unmittelbarer zeitlicher Nähe zur Hauptversammlung geschlossen werden, häufig vor, dass der Veräußerer das Stimmrecht auf der Hauptversammlung nur entsprechend den Weisungen des Erwerbers ausübt.

[22] Wird § 123 Abs. 3 AktG RegE UMAG Gesetz, wäre auch im Falle der Veräußerung der Veräußerer weiterhin zur Ausübung der Rechte auf der Hauptversammlung berechtigt, wenn er den Berechtigungsnachweis vorgelegt hat. Die Vorschrift führt zu einer unwiderlegbaren Vermutung der Mitgliedschaft im Verhältnis zur Gesellschaft (so die Begründung im AktG Reg UMAG zu II. A. zu Artikel 1 zu Nummer 4). Der Erwerber müsste dann durch Vereinbarung mit dem Veräußerer sicherstellen, dass dieser die Rechte nur in Abstimmung mit dem Erwerber ausübt.

[23] Siehe dazu Münchener Kommentar AktG/*Kubis*, § 123 Rn 21.

[24] Insoweit stellt sich die Frage nach dem Umfang der Legitimationswirkung der Hinterlegungsbescheinigung. Für eine uneingeschränkte Legitimationswirkung der Hinterlegungsbescheinigung zumindest in Form der Eintrittskarte Münchener Kommentar AktG/*Kubis*, § 123 Rn 41.

[25] Durch Satzungsregelung kann aber auch ein späterer (näher am Tag der Hauptversammlung liegender) Termin als der siebte Tag vor der Hauptversammlung als spätester Termin zugelassen werden. Siehe die Begründung II. A. zu Artikel 1 zu Nummer 4 des AktG RegE UMAG.

[26] § 123 Abs. 4 AktG RegE UMAG bestimmt, dass vom nicht mitzurechnenden Tag der Hauptversammlung zurückzurechnen ist, wobei der mitzuzählende vorhergehende Werktag maßgeblich ist, wenn das Fristende ansonsten nicht auf einen Werktag fiele. Siehe auch die Begründung II.A. zu Artikel 1 zu Nummer 5 der AktG RegE UMAG..

[27] Siehe *Deilmann/Messerschmidt*, Erste Erfahrungen mit dem elektronischen Bundesanzeiger, NZG 2003, 616 ff.

„elektronischer", als Gesellschaftsblatt benennt.[28] Dieses bringt für die Gesellschaften Kostenvorteile und erhebliche Beschleunigungseffekte mit sich. Die Printversion des Bundesanzeigers besteht weiterhin, da § 25 AktG nur für Veröffentlichungen nach dem Aktiengesetz bzw. der Satzung gilt. Sind daher Bekanntmachungen der Aktiengesellschaft nicht oder nicht nur nach dem Aktiengesetz oder der Satzung vorzunehmen[29], tut die Gesellschaft gut daran, zumindest vorsorglich die Bekanntmachung *auch* in der Printversion des Bundesanzeigers vorzunehmen.[30] Die Einberufung der Hauptversammlung und die Tagesordnung (dazu nachstehend Rn 11 ff.) – jeweils im Volltext – sind den Kreditinstituten, Aktionärsvereinigungen, die auf der letzten Hauptversammlung Stimmrechte für Aktionäre ausgeübt oder die Mitteilung verlangt haben vom Vorstand gemäß § 125 Abs. 1 AktG binnen 12 Tagen nach der Bekanntmachung der Einberufung mitzuteilen. Unter den Voraussetzungen des § 125 Abs. 2 AktG ist die gleiche Mitteilung Aktionären zu machen. Aufsichtsratsmitglieder können eine Mitteilung nach § 125 Abs. 3 AktG verlangen. Die sich aus der Börsennotierung ergebenden weiteren Veröffentlichungs- bzw. Mitteilungspflichten gegenüber der Zulassungsstelle werden in § 4 unter Rn 76 ff. behandelt.

Die Einberufung muss die Angaben, nach § 121 Abs. 3 Satz 2 AktG enthalten.[31] Fehlen eine oder mehrere dieser Angaben, führt dies zur Nichtigkeit der in der Hauptversammlung gefassten Beschlüsse (§ 241 Nr. 1 iVm. § 121 Abs. 3 Satz 2 AktG). Soweit von der Nichtigkeit Beschlüsse erfasst werden, die in das Handelsregister einzutragen sind, kann die Nichtigkeit nach § 242 Abs. 2 Satz 1 AktG nicht mehr geltend gemacht werden, wenn seit der Eintragung des Beschlusses im Handelsregister drei Jahre verstrichen sind.[32] Andere Fehler der Einberufung führen zur Anfechtbarkeit der auf der Hauptversammlung getroffenen Beschlüsse, soweit es sich nicht um Bagatellverstöße handelt, die folgenlos bleiben.[33]

II. Tagesordnung

1. Inhalt

Mit der Einberufung der Hauptversammlung ist die Tagesordnung bekannt zu machen (§ 124 Abs. 1 AktG). Unter der Tagesordnung ist die konkrete und geordnete Aufstellung der zur Behandlung anstehenden Verhandlungsgegenstände, vornehmlich, aber nicht ausschließlich, der Beschlussgegenstände sowie die Festlegung

---

[28] Vgl. *Groß*, DB 2003, 867 ff.; *Oppermann*, Veröffentlichung der HV-Einladung im elektronischen Bundesanzeiger ausreichend?, ZIP 2003, 793, 794; siehe auch § 1 Rn 9.
[29] Dies kann zB der Fall sein, wenn die Zustimmung der Hauptversammlung zu einem Umwandlungsvorgang nach dem Umwandlungsgesetz auf der Tagesordnung steht.
[30] Siehe *Deilmann/Messerschmidt*, NZG 2003, 616, 617.
[31] Siehe zu den Einzelheiten Semler/Volhard/*Reichert*, § 4 Rn 75 ff.; siehe dort auch zu den Sonderfragen bei Namensaktien Rn 86 ff.
[32] Nicht jeder bedeutsame Beschluss wird jedoch eingetragen. So kann die nicht erkannte Nichtigkeit der Wahl von Aufsichtsratsmitgliedern (zB wegen nicht ordnungsgemäßer Beurkundung § 241 Nr. 2 AktG) bei einem Dreier-Aufsichtsrat, dem damit die für die Beschlussfähigkeit erforderliche Zahl an Mitgliedern fehlt, gravierende Folgen haben.
[33] Vgl. zur Anfechtung wegen Einberufungsmängeln Semler/*Richter*, § 47 Rn 15; ders. § 47 Rn 7 ff. generell zur Anfechtbarkeit von Hauptversammlungsbeschlüssen.

der Reihenfolge ihrer Behandlung zu verstehen.[34] Die Aufstellung der Tagesordnung erfolgt durch das Organ, das die Einberufung vornimmt. Erfolgt die Einberufung auf Verlangen einer Aktionärsminderheit, hat der Vorstand ausgehend von den von der Minderheit angegebenen Gründen die Tagesordnung aufzustellen. Er kann die Tagesordnung dabei um eigene Punkte ergänzen.[35] Beruft die Aktionärsminderheit die Hauptversammlung aufgrund gerichtlicher Ermächtigung selbst ein, hat auch sie die Tagesordnung aufzustellen.[36]

12 Um dem Aktionär eine ausreichende Vorbereitung auf die Hauptversammlung zu ermöglichen, sind die einzelnen Punkte der Tagesordnung so konkret zu bezeichnen, dass sich der Gegenstand der Verhandlungen hinreichend klar und unmissverständlich erkennen lässt.[37] Der Aktionär muss aufgrund der Angaben in der Tagesordnung in der Lage sein, einem Vertreter Weisungen zur Stimmabgabe zu erteilen. Die Bekanntmachung des Grundes, aus dem der Gegenstand auf die Tagesordnung gesetzt wurde, ist jedoch nicht erforderlich. Dennoch findet man von Zeit zu Zeit entsprechende Hinweise in den Tagesordnungen.[38] Solche Angaben von Gründen oder nähere Erläuterungen sind ein zweischneidiges Schwert. Sie können sinnvoll sein, um dem Aktionär den Tagesordnungspunkt verständlicher zu machen. Ist der Aktionär auf der Hauptversammlung nicht persönlich zugegen, kann er diese Erläuterungen bei der Erteilung der Stimmrechtsvollmacht berücksichtigen. Solche Erläuterungen können aber auch missverständlich sein oder nicht alle Gründe nennen und damit nicht umfassend sein. Sie bergen dann das Risiko der Schaffung zusätzlichen Anfechtungspotentials in sich.[39]

2. Vorschläge der Verwaltung

13 Nach § 124 Abs. 3 AktG sind zu allen Gegenständen der Tagesordnung, über die die Hauptversammlung beschließen soll, in der Bekanntmachung der Tagesordnung Vorschläge zur Beschlussfassung zu machen.[40] Nach § 124 Abs. 3 AktG hat zu bestimmten Beschlussgegenständen (Wahl von Aufsichtsratsmitgliedern, Wahl des Abschlussprüfers) nur der Aufsichtsrat, nicht aber der Vorstand einen Beschlussvorschlag zu machen. Macht der Vorstand dennoch einen Beschlussvorschlag, führt dies zur Anfechtbarkeit des auf der Hauptversammlung getroffenen Beschlusses.[41]

---

[34] Semler/Volhard/*Schlitt*, § 4 Rn 135.
[35] Semler/Volhard/*Schlitt*, § 4 Rn 136.
[36] Semler/Volhard/*Schlitt*, § 4 Rn 136.
[37] OLG Düsseldorf, DB 1997, 1170, 1171.
[38] Dies gilt insbesondere für Satzungsänderungen im Anschluss an vorangegangene Änderungen des Aktiengesetzes.
[39] Unrichtigkeiten oder Widersprüche in den Erläuterungen können dazu führen, dass der entsprechende Tagesordnungspunkt nicht richtig bekannt gegeben worden ist; vgl. OLG Celle, AG 1993, 178, 179/180.
[40] Enthält die Bekanntmachung keinen Beschlussvorschlag, so müsse der Aktionär nicht damit rechnen, dass bereits auf dieser Hauptversammlung ein Beschluss gefasst wird. Ein dennoch auf einen von der Verwaltung in der Hauptversammlung unterbreiteten Beschlussvorschlag hin gefasster Beschluss soll anfechtbar sein. So OLG Oldenburg, WM 1994, 1024f.
[41] Diese Gesetzwidrigkeit der Bekanntmachung kann nicht dadurch ungeschehen gemacht werden, dass der Vorstand vor Beginn der Abstimmung erklärt, der Beschlussvorschlag sei nur ein solcher des Aufsichtsrats, und dann entsprechend abgestimmt wird. Vgl. BGH, NZG 2003, 216ff.

Vorstand und Aufsichtsrat haben jeder einen Beschlussvorschlag zu machen. 14
Stimmen die Beschlussvorschläge inhaltlich überein, können sie in der Bekanntmachung – was auch der Praxis entspricht – zu einem Vorschlag zusammengefasst werden („Vorstand und Aufsichtsrat schlagen vor …").[42] Vorstand und Aufsichtsrat können auch Alternativ- oder Eventualvorschläge machen.[43] Die Beschlussvorschläge zur Entlastung der Mitglieder von Vorstand und Aufsichtsrat[44] können für einzelne Personen Entlastung vorsehen und für andere nicht. Gerade dann, wenn es um die Entlastung von derzeitigen und ehemaligen Organmitgliedern geht, kann die Einschätzung zur Billigung der Verwaltungstätigkeit unterschiedlich ausfallen.

3. Bekanntmachungsfreie Gegenstände

Die Bekanntmachung der Tagesordnung und der Beschlussvorschläge hat in den 15
Gesellschaftsblättern, d. h. zumindest im elektronischen Bundesanzeiger zu erfolgen. Hier gilt das zur Einberufung Gesagte entsprechend. Gemäß § 124 Abs. 4 Satz 1 AktG dürfen über Gegenstände der Tagesordnung, die nicht ordnungsgemäß bekannt gemacht sind, keine Beschlüsse gefasst werden. Daraus ergibt sich im Umkehrschluss, dass eine Bekanntmachung von Gegenständen der Tagesordnung entbehrlich ist, wenn mit ihrer Behandlung keine Beschlussfassung verbunden ist (§ 124 Abs. 4 Satz 2 aE AktG).

Keiner Bekanntmachung bedürfen zudem Anträge zu den Gegenständen der Tagesordnung (§ 124 Abs. 4 Satz 2 AktG).[45] Auch Gegenanträge aus dem Aktionärskreis[46] bedürfen keiner besonderen Bekanntmachung, soweit sich die Anträge innerhalb des Gegenstands der Tagesordnung der Hauptversammlung bewegen.[47] Neben Anträgen auf Ablehnung oder Abänderung von Verwaltungsvorschlägen sind dies auch Anträge auf Ergänzung eines bekannt gemachten Gegenstands der Tagesordnung. Die Grenzziehung zwischen Ergänzung bekannt gemachter Gegenstände der Tagesordnung und neuen Tagesordnungspunkten ist nicht immer einfach zu treffen.

4. Bekanntmachungsfehler

Die Bekanntmachungsfreiheit von Gegenanträgen und Ergänzungen zu Gegen- 16
ständen der Tagesordnung, wird in der Praxis zum Teil dafür genutzt, Fehler der Tagesordnung, insbesondere der Beschlussvorschläge der Verwaltung, auszubügeln.[48]

---

[42] Sind Vorstand und Aufsichtsrat unterschiedlicher Ansicht, unterbreitet jedes Organ seinen eigenen Vorschlag. Kommt eines der Organe der Verpflichtung nicht nach, ist nur der Vorschlag des anderen Organs zu veröffentlichen. Ob das Fehlen des Vorschlags eines der Organe, wenn zumindest das andere Organ einen Vorschlag bekannt gemacht hat, ebenfalls zur Anfechtbarkeit des Hauptversammlungsbeschlusses führt oder § 124 Abs. 4 AktG insoweit einschränkend auszulegen ist, ist offen. Vgl. Münchener Handbuch des Gesellschaftsrechts/*Semler*, § 35 Rn 57.
[43] *Hüffer*, § 124 Rn 12.
[44] Nicht zulässig ist aber, die Entlastung aller Verwaltungsmitglieder (Vorstand und Aufsichtsrat) in einen Abstimmungsvorgang zusammenzufassen. Vgl. *Hüffer*, § 120 Rn 8.
[45] Bekanntmachungsfrei ist auch der auf der Hauptversammlung gestellte Antrag auf Einberufung einer Hauptversammlung.
[46] Siehe Rn 37.
[47] Weitergehend zum Gegenantrag nachstehend unter Rn 37 f.
[48] Wurde zB im Beschlussvorschlag der Verwaltung über eine Kapitalerhöhung, der Ausschluss

Solche Ausbügelungsversuche verringern zwar das Anfechtungsrisiko, schließen es aber in den seltensten Fällen vollständig aus.[49] Ob es sinnvoll ist, auf das Instrument des „verwaltungsseitig bestellten" Aktionärsantrags zurückzugreifen, oder ob die Verwaltung besser ihren Beschlussvorschlag ändert, kann nur im Einzelfall beantwortet werden. Während Einigkeit darüber besteht, dass die Verwaltung nicht verpflichtet ist, in der Hauptversammlung ihre Beschlussvorschläge zur Abstimmung zu stellen, ist umstritten, ob die Verwaltung nach freiem Ermessen in dem durch den Gegenstand der Tagesordnung gesetzten Rahmen von ihren bekannt gemachten Beschlussvorschlägen abweichende Anträge auf der Hauptversammlung stellen darf oder sie insoweit Bindungen unterliegt (zB Recht zur Stellung abweichender Anträge nur bei Eintritt neuer Tatsachen oder anderer Gründe, die eine neue Beurteilung erforderlich machen).[50] Im Interesse sachgerechter Hauptversammlungsbeschlüsse und da die Verwaltung von dieser Möglichkeit in der Praxis ohnehin nur Gebrauch machen wird, wenn sie triftige Gründe für ihren Sinneswandel hat[51], sollte ihr hier weitgehende Freiheit zugebilligt werden.[52] Dem steht auch kein schutzwürdiges Vertrauensinteresse von Aktionären entgegen. Da Gegenanträge von Aktionären stets zulässig sind, kann kein Aktionär darauf vertrauen, dass die Hauptversammlung im Sinne des bekannt gemachten Verwaltungsvorschlags beschließt.

17 Aber nicht immer kommen Aktionärsantrag und Abweichen der Verwaltung vom Beschlussvorschlag als Mittel in Betracht, um zumindest den Versuch der Heilung von Mängeln der Tagesordnung zu unternehmen. Ein solcher Fall ist zB das Fehlen des Hinweises in der Bekanntmachung, nach welchen gesetzlichen Vorschriften sich der Aufsichtsrat zusammensetzt (§ 124 Abs. 2 Satz 1 AktG). Erkennt die Verwaltung diesen Fehler nach erfolgter Bekanntmachung der Tagesordnung und vor der Hauptversammlung, ist zunächst eine Berichtigung der Bekanntmachung zu erwägen.[53] In der Mehrzahl aller Fälle wird dies aber, da die Einberufungsfrist auch für diese Berichtigung zu beachten ist, nicht möglich sein, will man nicht die Hauptversammlung selbst verschieben. Nach Abwägung des konkreten Einzelfalls kann es trotz Kenntnis des Einberufungsmangels durchaus sinnvoll sein, den betreffenden Tagesordnungspunkt dennoch zur Abstimmung zu stellen. Nicht jeder zur Anfech-

---

des Überkreuzbezugsrechts beim Bestehen von Vorzugs- und Stammaktien vergessen, kann die Verwaltung einen entsprechend ergänzten Gegenantrag von einem Aktionär stellen lassen.

[49] So kann man zu dem in der vorstehenden Fußnote beschriebenen Gegenantrag eines Aktionärs auch die Ansicht vertreten, dass es sich bei dem Antrag nicht um einen echten Gegenantrag, sondern um einen neuen, anderen Gegenstand handelt, der nicht ordnungsgemäß bekannt gemacht wurde, da der angekündigte Gegenstand der Tagesordnung Kapitalerhöhung keinen Bezugsrechtsausschluss, auch nicht in Form des Ausschlusses des Überkreuzbezugsrechts, vorsah.

[50] Vgl. Münchener Handbuch des Gesellschaftsrechts/*Semler*, § 35 Rn 53.

[51] Wobei sich solch triftige Gründe auch aus Anregungen der Aktionäre ergeben können. So wohl auch *Obermüller/Werner/Winden*, B. Rn 87.

[52] So auch Münchener Handbuch des Gesellschaftsrechts/*Semler*, § 35 Rn 53; *Obermüller/Werner/Winden*, B. Rn 87.

[53] Sollte dieses Instrument gewählt werden, ist in jedem Fall die vollständige Bekanntmachung noch mal zu wiederholen und nicht lediglich eine Berichtigung des fehlerhaften Teils bekannt zu machen. Das Gesetz kennt das Instrument der Berichtigung nicht, sondern schreibt die Bekanntmachung der Tagesordnung bei der Einberufung vor (§ 124 Abs. 1 AktG), so dass eine Fehlerbeseitigung nur durch Neuvornahme der Einberufung erfolgen kann.

Teil 3. Hauptversammlung und Aktionär   18, 19 § 7

tung berechtigende Mangel führt auch zur Anfechtungsklage.[54] Häufig ist dies auch die einzige praktikable Alternative. Stellt die Verwaltung unter Hinweis auf den Mangel den betreffenden Tagesordnungspunkt nicht zur Abstimmung, ist eine neue Hauptversammlung mit entsprechendem Aufwand und Kosten unvermeidbar. Zu bejahen ist dann auch die Frage, ob der Versammlungsleiter trotz Anfechtbarkeit die Beschlussfassung zulassen darf, ohne damit pflichtwidrig zu handeln.[55]

5. Satzungsänderungen, Verträge

Nach § 124 Abs. 2 Satz 2 AktG ist bei Satzungsänderung der Wortlaut der vorgeschlagenen Satzungsänderung[56] und bei einem Vertrag, der nur mit Zustimmung der Hauptversammlung wirksam wird, der wesentliche Inhalt des Vertrages bekannt zu machen. In der Praxis werden Verträge häufig sehr eingehend wiedergegeben, zum Teil in ihrem gesamten Wortlaut.[57] Literatur und Rechtsprechung haben das Erfordernis der Wiedergabe des wesentlichen Inhalts auch auf Verträge ausgeweitet, die der Vorstand der Hauptversammlung als Geschäftsführungsmaßnahme gemäß § 119 Abs. 2 AktG oder nach den Grundsätzen der Holzmüller-Entscheidung des Bundesgerichtshofs[58] zur Beschlussfassung vorlegt.[59]   18

III. Vorbereitung der Hauptversammlung

1. Erstellung von Berichten

Im Rahmen der Vorbereitung der Hauptversammlung ist ein nicht zu unterschätzender Faktor die Erstellung etwaiger Vorstandsberichte und Prüferberichte. Für eine Reihe von Beschlussfassungen der Hauptversammlung schreibt das Aktiengesetz die Erstattung von Berichten durch den Vorstand (zB Ausschluss des Bezugsrechts bei Kapitalerhöhungen, Abschluss von Unternehmensverträgen) und zum Teil ihre Prüfung durch gerichtlich bestellte Prüfer (zB bei Unternehmensverträgen) vor. Zu anderen Gegenständen der Tagesordnung wie der Nachgründung (§ 52 Abs. 3 AktG,   19

---

[54] Die Praxis zeigt vielmehr, dass eine Vielzahl von Verstößen ohne Konsequenzen bleiben.
[55] Siehe zu dieser Fragestellung allgemein *Hüffer*, § 124 Rn 18; Münchener Handbuch des Gesellschaftsrechts/*Semler*, § 35 Rn 57.
[56] Auch wenn nach der gesetzlichen Regelung nur der Wortlaut der vorgeschlagenen Satzungsänderung bekannt zu machen ist, wird in Rechtsprechung und Literatur verlangt, dass zusätzlich auch der wesentliche Inhalt der Satzungsänderung bekannt gemacht wird, wenn die Wiedergabe des Wortlauts den Gegenstand nicht oder nicht ausreichend kenntlich macht; vgl. *Henn*, § 22; OLG Celle, AG 1993, 178, 179. Nicht erforderlich ist aber die Bekanntmachung des bisherigen Satzungswortlauts (vgl. KG Berlin, WM 1996, 1454, 1457). Zu der Frage, ob der Vorschlagstext der Satzungsänderung den Kreis zulässiger Beschlussgegenstände eingrenzt, oder ob es dafür entscheidend auf die Kurzbezeichnung in der Tagesordnung ankommt (so die hM), vgl. *Hüffer*, § 124 Rn 9.
[57] *Deilmann/Messerschmidt*, Vorlage von Verträgen an die Hauptversammlung, NZG 2004, 977, 979. Ist die Bekanntmachung des Vertrages nach anderen Gesetzen als dem Aktiengesetz erforderlich, kann sich immer noch eine Bekanntmachung auch in der Printversion des Bundesanzeigers empfehlen, vgl. dazu *Deilmann/Messerschmidt*, NZG 2003, 616, 617.
[58] BGHZ 83, 122 ff., siehe auch die beiden neueren Entscheidungen des BGH zu dieser Thematik, BGH, WM 2004, 1085 ff. und 1090 ff. (so genannte Gelatine-Entscheidungen).
[59] Vgl. *Hüffer*, § 124 Rn 10, 11.

mit entsprechender externer Prüfung, § 52 Abs. 4 AktG) oder dem Jahresabschluss (§ 171 Abs. 2 AktG) hat der Aufsichtsrat der Hauptversammlung einen Bericht zu erstatten. Weitere Berichtspflichten für den Vorstand stellt das Umwandlungsgesetz auf (zB den Verschmelzungsbericht § 8 UmwG) mit entsprechender Prüfung durch bestellte Prüfer (zB den Verschmelzungsprüfer §§ 10 ff. UmwG). Diese Berichte sind schriftlich zu erstatten. Zur Auslegung und Einsichtnahme durch die Aktionäre siehe nachstehend Rn 21 ff. Rechtsprechung und Literatur neigen im Hinblick auf die Bekanntmachung von Vertragsinhalten oder die Auslegung von Unterlagen zur entsprechenden Anwendung von Spezialnormen und damit der Erweiterung ihres Geltungsbereichs. Dennoch zeichnet sich eine solche Tendenz der entsprechenden Anwendung von Spezialnormen – zumindest auf breiter Front – (noch) nicht in Hinblick auf die Berichtspflichten, insbesondere des Vorstands ab.

20 Von der Berichtspflicht, der das verpflichtete Organ schriftlich nachzukommen hat, ist die Unterrichtung, die mündlich und erst auf der Hauptversammlung selbst erfolgt, zu unterscheiden (siehe zB § 71 Abs. 3 Satz 1 AktG). Auch für diese Unterrichtungspflicht sind neben den gesetzlich geregelten Fällen in Rechsprechung und Literatur weitere Fallgestaltungen wie zB die Unterrichtung der Aktionäre über die Ausnutzung genehmigten Kapitals entwickelt worden.

2. Auslegen von Unterlagen

21 Für eine Reihe von Tagesordnungspunkten schreibt das Aktiengesetz oder – wenn Umwandlungsvorgänge nach dem Umwandlungsgesetz (zB Verschmelzung, Spaltung) auf der Tagesordnung stehen – das Umwandlungsgesetz vor, dass bestimmte Unterlagen (zB Jahresabschlüsse, Gewinnabführungsverträge, Unternehmensberichte, Verschmelzungsverträge, Spaltungspläne, Prüferberichte) von der Einberufung der Hauptversammlung[60] an in den Geschäftsräumen der Gesellschaft zur Einsichtnahme ausliegen und den Aktionären auf Verlangen kostenlos eine Abschrift übersandt wird.[61]

22 Die Rechtsprechung[62] hat weitere Fallkonstellationen entwickelt, in denen Unterlagen auszulegen sind. Der Bundesgerichtshof hat in einer Entscheidung[63] ausgeführt, dass mangels einer einheitlichen gesetzlichen Regelung über das weitere Informationsrecht der Aktionäre eine Prüfung im Einzelfall zu erfolgen habe, ob eine der jeweiligen speziellen Normen vergleichbare Fallkonstellation vorliegt, die eine entsprechende Anwendung der Spezialnorm im Hinblick auf das Einsichtnahmerecht der Aktionäre rechtfertigt. Angesichts des Anfechtungsrisikos kann das für die Gesellschaft nur bedeuten, im Zweifel lieber die Unterlagen auszulegen. Fehlt eine gesetz-

---

[60] Da der elektronische Bundesanzeiger montags bis freitags erscheint (vgl. *Deilmann/Messerschmidt*, NZG 2003, 616, 617), dürfte die Frage, ob bei einer Einberufung an diesen Tagen eine Auslegung ab dem folgenden Werktag ausreichend ist (so Semler/Vollhard/*Schlitt*, § 6 Rn 12), allenfalls noch für regionale Feiertage praktische Relevanz haben.

[61] Auf die Möglichkeit der Einsichtnahme und das Recht auf Übersendung einer Abschrift wird mit der Einberufung der Hauptversammlung in der Praxis regelmäßig hingewiesen, auch wenn dazu keine gesetzliche Verpflichtung besteht. So auch *Obermüller/Werner/Winden*, B. Rn 95. Siehe zur Erteilung von Abschriften an Aktionäre eingehend *Leuering*, Die Erteilung von Abschriften an Aktionäre, ZIP 2000, 2053 ff.

[62] Vgl. zB OLG Dresden, Der Konzern 2003, 766 ff.; LG München, ZIP 2001, 1148 ff.

[63] BGH DB 2001, 581, 582.

liche Regelung oder eindeutige Rechtsprechung kann es sein, dass der Vertragspartner einer Auslegung und damit verbundenen Publizität widerspricht, etwa unter Berufung auf eine Vertraulichkeitsregelung im Vertrag.[64] Die Frage, welche Unterlagen den Aktionären zugänglich gemacht werden, sollte frühzeitig geklärt werden (ggf. auch im Verhältnis zu einem etwaigen Vertragspartner).[65] Geht man von dem in § 131 Abs. 1 Satz 1 AktG normierten Grundsatz aus, dass der Aktionär alle zur sachgemäßen Beurteilung des Beschlussgegenstandes erforderlichen Informationen erhalten soll, kann gerade bei komplexen Transaktionen die bloße Auslegung des Vertrages, zu dem die Zustimmung der Hauptversammlung eingeholt wird, nicht ausreichen.[66] Soweit die Unterlagen in einer anderen Sprache als Deutsch abgefasst sind, ist eine deutsche Übersetzung zu erstellen und ebenfalls auszulegen.[67] Um von vornherein Einwänden gegen die Ordnungsmäßigkeit der Übersetzung zu begegnen, sollte die Übersetzung von einem gerichtlich vereidigten oder ermächtigten Übersetzer bestätigt sein.

Die Gesellschaft hat sicherzustellen, dass die auszulegenden Unterlagen rechtzeitig erstellt werden, damit sie ab dem Tag der Veröffentlichung der Einladung in den Geschäftsräumen der Gesellschaft ausliegen. Dabei sollte eine ausreichende Anzahl an Exemplaren vorhanden sein, um zu gewährleisten, dass diese Unterlagen den sie anfordernden Aktionären zeitnah[68] übersandt werden können. Gehören zu den Unterlagen (zB bei Berichten) Anlagen, sind diese mit auszulegen und den die Unterlagen anfordernden Aktionären auch diese Anlagen mit zu übersenden. Durch die Gesellschaft ist sicherzustellen, dass alle Anforderungen von Unterlagen durch Aktionäre auch die zuständige Stelle im Unternehmen erreichen. Dazu ist es sinnvoll in der Einladung eine Abteilung oder einen Ansprechpartner zu benennen, an den die Anforderungen zu richten sind (X-AG, Investor Relations). Werden Telefax und/oder E-Mail Anschrift genannt, sollten diese auch betriebsbereit sein. Der Hinweis auf die Website der Gesellschaft, auf der die Unterlagen abgerufen werden können, ersetzt die Übersendung nicht.[69] Das Verlangen des Aktionärs nach einer

---

[64] Ist der Vertrag Gegenstand des Auskunftsanspruchs der Aktionäre nach § 131 AktG, greift die Vertraulichkeitsregelung nur insoweit, als gleichzeitig ein Auskunftsverweigerungsrecht nach § 131 Abs. 3 AktG besteht; vgl. Semler/*Volhard*, § 13 Rn 38; Münchener Handbuch des Gesellschaftsrechts/*Semler*, § 37 Rn 31.

[65] Dies gilt zB auch für die Stellungnahmen von Beratern (etwa so genannte Fairness Opinions), deren Auslegung von Beratern aus Angst vor Haftungsrisiken (Auskunftshaftung) nicht selten widersprochen wird. Aber auch hier gilt: Ist die Stellungnahme Gegenstand eines Auskunftsanspruchs nach § 131 AktG, können Vorstand und Berater sich nur noch darüber verständigen, ob die mündliche Wiedergabe des Inhalts auf der Hauptversammlung durch den Vorstand oder eine wortwörtliche Wiedergabe bzw. Auslegung der Stellungnahme die geringeren (Haftungs-)Risiken mit sich bringt.

[66] Siehe dazu auch Semler/Volhard/*Schlitt*, § 6 Rn 2, 3.

[67] Deilmann/*Messerschmidt*, NZG 2004, 977, 980; Semler/Volhard/*Schlitt*, § 6 Fn 13 mwN.

[68] Das Gesetz schreibt vor, dass eine Abschrift „unverzüglich" zu erteilen ist (vgl. zB §§ 175 Abs. 2 Satz 2, 179 a Abs. 2 Satz 2, 293 f. Abs. 2 AktG; Ausnahme § 145 Abs. 4 Satz 4 AktG). Dies bedeutet nach § 121 Abs. 1 Satz 1 BGB, dass die Erteilung ohne schuldhaftes Zögern zu erfolgen hat. IdR wird man von der Gesellschaft erwarten können, dass die Abschrift am folgenden Tag versandt wird.

[69] So auch *Noack*, Hauptversammlung der Aktiengesellschaft und moderne Kommunikationstechnik – aktuelle Bestandsaufnahme und Ausblick, NZG 2003, 241, 244. Manche Unterlagen werden sich wegen ihres Umfangs zur Einstellung in die Homepage nur bedingt eignen oder die Gesellschaft selbst entscheidet sich gegen ein Einstellen in die Homepage und den damit ver-

Abschrift der Unterlagen kann aber auf dessen Wunsch durch elektronische Übermittlung erfüllt werden.[70] Die Kosten der Abschrift und der Versendung sind von der Gesellschaft zu tragen.[71]

24 Auch wenn die Gesellschaften (bei Inhaberaktien) einen Nachweis der Aktionärseigenschaft fordern kann[72], werden in der Praxis die Unterlagen idR jedem, der sie mit der Erklärung Aktionär zu sein anfordert[73], übersandt,[74] erleidet die Gesellschaft doch regelmäßig keinen Nachteil dadurch, dass Nichtaktionäre in Besitz der Unterlagen gelangen.[75] Dagegen wiegt das Anfechtungsrisiko bei unterlassener Übersendung an einen Aktionär regelmäßig schwerer. Einen Nachweis der Aktionärseigenschaft kann die Gesellschaft auch von der in den Geschäftsräumen der Gesellschaft in die Unterlagen Einsicht begehrenden Person verlangen.[76] Aber auch dies geschieht in der Praxis regelmäßig nicht.[77] Die Aktionäre, die die Übersendung einer Abschrift verlangen und die, die Einsicht nehmen, sind hinsichtlich des Nachweises der Aktionärseigenschaft gleich zu behandeln (§ 53a AktG).

3. Auswahl der HV-Agentur

25 Kaum eine deutsche Aktiengesellschaft verfügt über die personelle und technische Ausstattung, um ihre Hauptversammlung allein mit eigenen Mitarbeitern vorzubereiten und abzuwickeln. Neben anwaltlichen Beratern werden zur Unterstützung re-

---

bundenen Zugang der Allgemeinheit zu den Unterlagen. Eine Weiterverbreitung lässt sich durch diese Entscheidung gegen die Homepage aber nur bedingt erreichen, da die Gesellschaften regelmäßig an jeden, der mit der Behauptung, Aktionär zu sein, Unterlagen anfordert, diese auch versendet, um aus der Nichtübersendung resultierenden Anfechtungsrisiken von vornherein zu beggenen. Siehe auch *Eilmann/Messerschmidt*, NZG 2004, 977, 980f.

[70] So auch *Noack*, NZG 2003, 241, 245. Die zu übersendenden Abschriften sind Druckfassungen oder Fotokopien. Ob die Zurverfügungstellung elektronische Dateien ausreicht (so Semler/Volhard/*Schlitt*, § 6 Rn 14) erscheint fraglich, da nicht unterstellt werden kann, dass jeder Aktionär über die technischen Voraussetzungen verfügt; diese Form der Zurverfügungstellung dürfte daher wohl nur bei entsprechenden Verlangen bzw. mit Einverständnis des Aktionärs ausreichend sein.

[71] Vgl. Semler/Volhard/*Schlitt*, § 6 Rn 16.

[72] Siehe Semler/Volhard/*Schlitt*, § 6 Rn 16 mwN.

[73] Der Aktionär kann sein Verlangen formlos geltend machen. Er muss dabei nicht im Einzelnen die Unterlagen aufführen, von denen er Abschriften begehrt. Es können auch ganz allgemein Abschriften aller Unterlagen der betreffenden Hauptversammlung angefordert werden. Bei Zweifeln über den Umfang des Verlangens ist der Gesellschaft zu raten, dem Aktionär Abschriften aller in Betracht kommenden Unterlagen zuzuleiten. Der Aktionär soll auch bereits vor Einberufung der Hauptversammlung um Übersendung von Abschriften aller Unterlagen bitten können, wobei die Gesellschaft erst mit Veröffentlichung der Einladung verpflichtet sein soll, diesem Verlangen nachzukommen. So Semler/Volhard/*Schlitt*, § 6 Rn 15; **aA** *Leuering*, ZIP 2000, 2053, 2055, der dem Aktionär erst vom Zeitpunkt der Einberufung an einen Anspruch auf Abschrifterteilung zubilligt. Zur Verringerung des Anfechtungsrisikos sollten in der Praxis auch dem Aktionär, der sich bereits vor der Einberufung mit einem entsprechenden Verlangen an die Gesellschaft wendet, Abschriften übermittelt werden.

[74] So auch *Leuering*, ZIP 2000, 2053, 2055.

[75] Das Argument, ein Nichtaktionär könne die Unterlagen anfordern mit der Überlegung, diese auf Anfechtungspotential durchzusehen und abhängig vom Ergebnis der Prüfung über einen Aktienerwerb entscheiden, dürfte angesichts der mit dem Erwerb einer Aktie verbundenen geringen Kosten – die dem Betreffenden alle Rechte und Möglichkeiten eröffnet – nicht wirklich schlagkräftig sein.

[76] So auch Semler/Volhard/*Schlitt*, § 6 Rn 13.

[77] Insgesamt ist die Zahl der Aktionäre, die persönlich bei der Gesellschaft erscheinen, gering. Das Übersendungsverlangen überwiegt bei weitem.

gelmäßig so genannte Hauptversammlungsagenturen („HV-Agenturen") herangezogen. Die Palette der angebotenen Leistungen und deren Qualität variiert erheblich.

4. Logistik

Der logistische Aufwand wird häufig unterschätzt. Für den Versammlungsraum sind neben der Größe auch die Zugangsmöglichkeit (Eingangskontrolle) und die elektronische Ausstattung entscheidend. Logistik ist kein Selbstzweck, sondern ist mit der Frage verknüpft, was die Gesellschaft für die Hauptversammlung benötigt. Ist der Aufsichtsratsvorsitzende der deutschen Sprache nicht mächtig, kann ein Übersetzungsdienst benötigt werden. Auch kann es gewünscht sein, dass die Hauptversammlung in Bild und Ton in andere Räume übertragen wird. Auch Praktikabilitätsaspekte sind zu beachten. Das Back-Office[78] weit ab vom Podium erschwert erheblich die Kommunikation zwischen Podium und Back-Office. Auch vermeintlich Banales muss im Vorfeld der Hauptversammlung bedacht werden. Etwa die Anzahl von Toiletten und die Übertragung der Hauptversammlung in diesen Bereich[79], die Zurverfügungstellung von Getränken und der Imbiss im Anschluss an die Hauptversammlung.[80]

Ist eine Vielzahl von Personen involviert, empfiehlt es sich, die zu erledigenden Aufgaben, die Verteilung und die zeitlichen Vorgaben schriftlich festzuhalten. Müssen etwa Musterfragen/-antworten[81] in das Computersystem der HV-Agentur eingeben werden, braucht dies abhängig vom Umfang der Eingaben Zeit.

Darüber hinaus ist auch stets ein Probelauf bzw. eine Generalprobe unter Teilnahme des Vorstands und der Aufsichtsratsvorsitzender (soweit sie nicht bereits über langjährige Erfahrung verfügen) sinnvoll.

Weiterhin hat sich in der Praxis gezeigt, dass am Tage der Hauptversammlung, mit entsprechendem zeitlichen Verlauf, in jedem Fall eine Endkontrolle durchgeführt werden soll.[82]

---

[78] Darunter versteht man zum einen personell die Mitarbeiter und Berater des Unternehmens, die im Hintergrund die Verwaltung bei der Hauptversammlung insbesondere im Hinblick auf die Beantwortung von Fragen der Aktionäre unterstützen, sowie auch die Räumlichkeiten, in denen dieses Team mit den entsprechenden Unterlagen und technischem Equipment untergebracht ist.

[79] Eine Übertragung der Hauptversammlung in diesen Bereich ist erforderlich, wenn er dem Versammlungsbereich zugerechnet wird, was häufig der Fall ist, da anderenfalls jedes Mal eine Ausgangskontrolle der diesen Bereich aufsuchenden Aktionäre zu erfolgen hätte.

[80] Viele Gesellschaften sind dazu übergegangen, das Verpflegungsangebot für die Aktionäre auf Hauptversammlungen drastisch zurückzufahren, auch um gegenüber ihren Aktionären einen entsprechenden Sparwillen zu verdeutlichen.

[81] In Vorbereitung der Hauptversammlung werden regelmäßig auf Basis der Tagesordnung, ausgelegter Unterlagen, Erfahrungen vergangener Hauptversammlungen der Gesellschaft und Erfahrungen insbesondere der Berater aus Hauptversammlungen anderer vergleichbarer Aktiengesellschaften oder solcher mit vergleichbarer Tagesordnung (zu den derzeit gängigen Fragen) sowie neuerer Gerichtsverfahren Fragen und Antworten auf Fragen entworfen, von denen angenommen wird, dass sie so oder in ähnlicher Form auf der anstehenden Hauptversammlung von Aktionären gestellt werden könnten. Diese Musterfragen/-antworten sollen dem Back-Office die Vorbereitung von Antworten und der Verwaltung die Beantwortung, insbesondere von komplexen Fragen der Aktionäre erleichtern.

[82] Dabei sollte etwa überprüft werden, ob alle Hauptversammlungsunterlagen ordnungsgemäß ausgelegt sind, ob die Technik funktioniert, der Wortmeldetisch tatsächlich dort aufgestellt ist, wo er vom Versammlungsleiter gemäß dessen Leitfaden in der Versammlung angekündigt wird.

IV. Übertragung der Hauptversammlung

30 Nach § 118 Abs. 3 AktG kann die Satzung oder die Geschäftsordnung (§ 129 Abs. 1 Satz 1 AktG) die Übertragung der Hauptversammlung in Ton und Bild (zB im Firmen-TV, in Spartenkanälen oder im Internet) gestatten.[83] Aktionäre, die ihre Redebeiträge nicht übertragen sehen wollen, können nicht widersprechen, sondern nur einen Vertreter an ihrer Stelle sprechen lassen. Es empfiehlt sich[84], mit der Einberufung bekannt zu machen, dass eine Ton- und Bildübertragung erfolgt.

31 § 118 Abs. 3 AktG weist die Regelungskompetenz dem Satzungs- oder Geschäftsordnungsverfasser[85] zu. Durch entsprechende Regelungen sind sowohl die überwiegend praktizierte Teilübertragung nur der Darbietungen des Managements als auch die Gesamtübertragung der Hauptversammlung möglich und regelbar. Der Empfängerkreis kann auf den Aktionärskreis begrenzt werden oder die breite Öffentlichkeit erfassen. Wird die Übertragung auf den Aktionärskreis begrenzt, ist dies mit einem entsprechenden technischen Aufwand verbunden. Die Zugangsbeschränkung kann mittels Passwort erfolgen. Eine Übertragung an alle Internetnutzer führt zu einer öffentlichen Veranstaltung, die mit dem bisherigen Verständnis der Hauptversammlung als kooperativer Mitgliederzusammenkunft nichts zu tun hat. Die Bestimmung eines konkreten Übertragungsmodells gibt zwar Orientierung für Anleger und Publikum, sie legt die Gesellschaft gleichzeitig aber auch fest. Dem Vorstand sollten daher durch die Satzung Handlungsalternativen eröffnet werden, in dem zwar die Übertragung in Ton und Bild dem Grunde nach ermöglicht wird, aber die Festlegung der Einzelheiten dem Vorstand überlassen wird, der dies in der Einberufung entsprechend zu publizieren hat.

32 Enthält die Satzung eine entsprechende Regelung, können die Mitglieder des Aufsichtsrats in den durch die Satzung bestimmten Fällen im Wege der Bild- und Tonübertragung an der Hauptversammlung teilnehmen (§ 118 Abs. 2 Satz 2 AktG).[86]

V. Leitung und Durchführung

33 Die Leitungsbefugnis, d. h. die Rechte, die erforderlich sind, um den ordnungsgemäßen Verlauf der Hauptversammlung herbeizuführen, liegen beim Vorsitzenden der Hauptversammlung.[87] In der Satzung wird diese Aufgabe regelmäßig dem Aufsichtsratsvorsitzenden bzw. bei dessen Verhinderung einem anderen vom Aufsichts-

---

[83] Im CGK wird angeregt, die Gesellschaft sollte den Aktionären die Verfolgung der Versammlung über moderne Kommunikationsmedien (zB Internet) ermöglichen. Anregungen des CGK sind nicht verbindlich, über ihre Einhaltung oder Nichteinhaltung muss auch nicht nach § 161 Satz 1 AktG eine Erklärung abgegeben werden.

[84] So auch die Gesetzesbegründung.

[85] In der Praxis wird von der Möglichkeit, dass sich die Hauptversammlung eine Geschäftsordnung gibt, nur sehr selten Gebrauch gemacht.

[86] Grundsätzlich sind die Aufsichtsratsmitglieder entsprechend § 118 Abs. 2 Satz 1 AktG zur Teilnahme (körperliche Präsenz) verpflichtet; vgl. *Hüffer*, § 118 Rn 1. Eine Lockerung der Präsenzpflicht kommt zB bei Krankheit, Wohnsitz im Ausland oder einem länger andauernden Auslandsaufenthalt in Betracht.

[87] Siehe zu den Grundsätzen der Verfahrensleitung im Einzelnen Semler/Volhard/*Fischer*, § 11 Rn 63 ff.

rat zu bestimmenden Aufsichtsratsmitglied zugewiesen.[88] Sofern die Satzung (und/oder Geschäftsordnung für die Hauptversammlung) keine Bestimmung trifft oder die danach berufene Person das Amt nicht antritt, kann die Hauptversammlung mit einfacher Mehrheit einen Vorsitzenden wählen.[89] Vorstandsmitglieder und der beurkundende Notar können nicht gewählt werden.[90] Die Wahl des Versammlungsleiters braucht nicht in der Tagesordnung angekündigt zu werden. Ist der Vorsitzende der Hauptversammlung zu wählen, so übernimmt ein Vorstandsmitglied oder der älteste anwesende Aktionär die Sitzungsleitung bis zum Abschluss des Wahlvorgangs. Da der Gewählte grundsätzlich nicht verpflichtet ist, das Amt anzunehmen[91], empfiehlt es sich im Vorfeld der Wahl abzuklären, ob der Kandidat gewillt ist, die Aufgabe zu übernehmen.

In den gesetzlich geregelten Sonderfällen (§ 122 Abs. 3 AktG) kann der Vorsitzende der Hauptversammlung auch durch das Gericht bestimmt werden.[92]

In der Praxis haben sich für den Ablauf der Hauptversammlung, d.h. für die Durchführung Standards entwickelt, soweit das Aktiengesetz nicht wie zB im Hinblick auf die Möglichkeit zur Einsichtnahme in Unterlagen oder das Teilnehmerverzeichnis selbst Vorgaben enthält.

Soweit der Ablauf der Hauptversammlung im Vorfeld feststeht, werden die entsprechenden Punkte in einem Leitfaden für den Versammlungsleiter festgehalten. Dieser Leitfaden ist regelmäßig ein umfangreiches Sprechmanuskript für den Vorsitzenden. Da sich der Ablauf der Hauptversammlung unterschiedlich entwickeln kann, sind auch regelmäßig Sprechzettel für Alternativentwicklungen bzw. Vorschläge für bestimmte Konstellationen vorgegeben. Diese Alternativen und Vorschläge für bestimmte Situationen sollten nicht Teil des Leitfadens sein. Es sollte mit separaten Modulen gearbeitet werden, auf die der Vorsitzende bei Bedarf zurückgreifen kann.[93]

VI. Gegenanträge

Die Aktionäre sind berechtigt, zu allen Gegenständen der Tagesordnung Anträge zu stellen (so genannte „Gegenanträge").[94] Gegenanträge, die spätestens zwei Wochen vor dem Tag der Hauptversammlung der Gesellschaft übersandt wurden[95], sind nach Maßgabe von § 126 AktG den anderen Aktionären zugänglich zu machen.[96]

---

[88] Siehe zur Abwahl des in der Satzung bestimmten Versammlungsleiters Semler/Volhard/*Fischer*, § 11 Rn 21 ff.
[89] Semler/Volhard/*Fischer*, § 11 Rn 5; siehe dort auch zu der Frage der Abwahl des durch die Hauptversammlung gewählten Vorsitzenden Rn 16 ff.
[90] Semler/Volhard/*Fischer*, § 11 Rn 5.
[91] Siehe zu der Frage, ob Aufsichtsratsmitglieder verpflichtet sind, das Amt anzunehmen, Semler/Volhard/*Fischer*, § 11 Fn 12.
[92] Siehe dazu auch Semler/Volhard/*Fischer*, § 11 Rn 9 f.
[93] Muster für Leitfaden und Anlagen bei Semler/*Volhard*, § 50.
[94] Siehe zu den Einzelheiten und dazu, dass auch der Antrag auf Vertagung Gegenantrag ist, Obermüller/Werner/Winden, B. Rn 151 f.
[95] Siehe zur Form der Übersendung *Noack*, BB 2003, 1393, 1394.
[96] Das Einstellen auf die Website der Gesellschaft genügt für das Zugänglichmachen, allerdings muss der Gegenantrag dort leicht auffindbar sein, will die Gesellschaft den Vorwurf vermeiden,

Die Gesellschaft kann nach § 126 Abs. 1 Satz 1 AktG in der Einberufung eine Adresse mitteilen, an die der Gegenantrag zu übersenden ist.[97] Eine Verpflichtung der Aktionäre, Gegenanträge im Vorfeld der Hauptversammlung mitzuteilen, besteht nicht. Solche Anträge können auch ad-hoc während der Hauptversammlung gestellt werden.[98] Durch eine vorherige Mitteilung an die übrigen Aktionäre kann der einzelne Aktionär jedoch auf eine größere Unterstützung aus dem Kreis der Mitaktionäre hoffen.[99]

38 Über die Reihenfolge der Behandlung der Beschlussvorschläge der Verwaltung und der Gegenanträge entscheidet der Vorsitzende der Hauptversammlung, der regelmäßig zunächst über den Verwaltungsvorschlag und nur, wenn dieser nicht die erforderliche Mehrheit findet, über den Gegenantrag von Aktionären abstimmen lässt. Davon abweichend bestimmt § 137 AktG für Wahlvorschläge von Aktionären zur Wahl von Aufsichtsratsmitgliedern, die rechtzeitig vor der Hauptversammlung der Gesellschaft übermittelt worden sind, dass über diesen Vorschlag vor dem Vorschlag des Aufsichtsrats Beschluss zu fassen ist, soweit der Aktionär den Wahlvorschlag auf der Hauptversammlung unterbreitet und Aktionäre, die über mindestens 10% des Grundkapital verfügen, dies verlangen.

VII. Auskunftsrecht der Aktionäre

1. Umfang des Auskunftsrechts

39 Nach § 131 Abs. 1 Satz 1 AktG ist jedem Aktionär auf dessen Verlangen in der Hauptversammlung vom Vorstand Auskunft über Angelegenheiten der Gesellschaft zu geben, soweit sie zur sachgemäßen Beurteilung des Gegenstands der Tagesordnung erforderlich ist. § 131 AktG regelt auch die Ausnahmen und Einschränkungen des Umfangs der Auskunftspflicht. Zu den einzelnen Auskunftsthemen und der Frage des Umfangs der Auskunft gibt es sehr umfangreiche Rechtsprechung und Literatur.[100] Die Verletzung des Auskunftsrechts ist einer der am häufigsten vorgetragenen Anfechtungsgründe. Von den meisten Gesellschaften wird daher eine Auskunft – wenn möglich – eher erteilt als verweigert. Vor dem Hintergrund des Beweises des ersten Anscheins empfiehlt es sich, dass der Vorsitzende der Hauptversammlung zum Ende der Debatte vor dem Eintritt in die Abstimmung die Frage

---

den Gegenantrag nicht zugänglich gemacht zu haben. So *Noack*, Neuerungen im Recht der Hauptversammlung durch das Transparenz- und Publizitätsgesetz und den Deutschen Corporate Governance Kodex; DB 2002, 620, 622; *ders.* NZG 2003, 241, 244 und Das neue Recht der Gegenanträge nach § 126 AktG, BB 2003, 1393, 1395. Siehe zu der Frage, ob ein in den Gegenanträgen enthaltener Hinweis auf die Homepage des opponierenden Aktionärs der Publizitätspflicht unterliegt Stehle Zur Behandlung von Gegenanträgen, die einen Verweis auf die Homepage des opponierenden Aktionärs enthalten, ZIP 2003, 980 ff.
[97] Siehe zu den Einzelheiten *Noack*, BB 2003, 1393 f.
[98] *Obermüller/Werner/Winden*, B. Rn 149.
[99] Mit dem UMAG soll ein neuer § 127 a AktG eingefügt werden. Danach kann künftig ein Aktionär direkt die Veröffentlichung einer Aufforderung im elektronischen Bundesanzeiger in einem zu schaffenden „Aktionärsforum" veranlassen. Dadurch soll die Kontaktaufnahme und Kommunikation der Aktionäre untereinander ermöglicht bzw. verbessert werden. Siehe auch Rn 4.
[100] Eingehend zum Auskunftsrecht Münchener Kommentar AktG/*Kubis*, § 131 Rn 9 ff.

stellt, ob noch Fragen unbeantwortet geblieben sind, und den Notar bittet, seine Feststellung, dass dies nicht der Fall sei, in die Niederschrift über die Hauptversammlung aufzunehmen. Das Auskunftsrecht wurde und wird in der Praxis dazu missbraucht, um mit einer Vielzahl von Fragen die Verwaltung zu Informationsfehlern zu verleiten und die Dauer der Hauptversammlung in die Länge zu ziehen. Mit dem UMAG soll das Fragerecht neu geregelt werden. Während bislang der Versammlungsleiter nur die Redezeit beschränken kann, soll es mit der Gesetzesänderung auch möglich werden, das Fragerecht zu begrenzen. Nach § 131 Abs. 2 Satz 2 AktG RegE UMAG kann die Satzung oder die Geschäftsordnung der Hauptversammlung den Versammlungsleiter ermächtigen, das Frage- und Rederecht des Aktionärs zeitlich angemessen zu beschränken und Näheres dazu bestimmen. Zudem soll ein Auskunftsverweigerungsrecht bestehen, wenn die Auskunft auf der Internetseite der Gesellschaft über mindestens 7 Tage vor Beginn und in der Hauptversammlung durchgängig zugänglich ist (§ 131 Abs. 3 Nr. 7 AktG RegE UMAG).[101]

Ein über die Gegenstände der Tagesordnung hinausgehendes erweitertes Auskunftsrecht kann sich aus § 131 Abs. 4 AktG ergeben. Ist einem Aktionär wegen seiner Eigenschaft als Aktionär eine Auskunft außerhalb der Hauptversammlung gegeben worden, ist diese Auskunft auch jedem anderen Aktionär auf dessen Verlangen in der Hauptversammlung zu geben, auch wenn sie zur sachgemäßen Beurteilung des Gegenstands der Tagesordnung nicht erforderlich ist. Diese Regelung ist insbesondere dann bedeutsam, wenn die Gesellschaft einen Haupt- oder Mehrheitsaktionär hat. Auch in diesen Fällen bleibt es grundsätzlich beim Gebot der Gleichbehandlung aller Aktionäre. Dem Haupt- bzw. Mehrheitsaktionär dürfen, ohne dass die erweiterte Auskunftspflicht nach § 131 Abs. 4 AktG ausgelöst wird, nur solche Informationen gegeben werden, die zum Zweck der Einbeziehung der Gesellschaft in den Konzernabschluss benötigt werden (§ 131 Abs. 4 Satz 3 AktG). Ist der Aktionär nicht nur Aktionär der Gesellschaft, sondern steht er auch noch in einer anderen Rechtsbeziehung zu ihr (zB Hausbank) und ist ihm die Auskunft nicht in seiner Aktionärseigenschaft, sondern aufgrund besonderer rechtlicher Beziehungen zur Gesellschaft erteilt worden, fällt sie nicht unter § 131 Abs. 4 AktG.[102] 40

Darüber hinaus stellt sich die Frage, wie gezielt das Auskunftsverlangen der anderen Aktionäre in der Hauptversammlung sein muss, damit ein konkretes Auskunftsverlangen iSv. § 131 Abs. 4 AktG gegeben ist. Auf die Frage, ob einem anderen Aktionär außerhalb der Hauptversammlung Auskunft gegeben worden ist, müssen die entsprechenden Auskünfte nicht nach § 131 Abs. 4 AktG auf der Hauptversammlung mitgeteilt werden. Eine solche Frage dient dazu, die Voraussetzungen für ein Auskunftsverlangen nach § 131 Abs. 4 AktG zu schaffen. Diese Frage muss 41

---

[101] Soweit nicht nach anderen gesetzlichen Vorschriften eine Veröffentlichungspflicht besteht oder sich diese als ungeschriebene ergibt, ist die Gesellschaft/der Vorstand berechtigt, nicht aber verpflichtet, entsprechende Auskünfte auf der Internetseite zugänglich zu machen und dort auch im Vorfeld der Hauptversammlung gestellte Fragen von Aktionären zu beantworten. Die Auskunft muss auf der Internetseite mindestens 7 Tage unmittelbar vor der Hauptversammlung und bis zu deren Ende durchgängig zugänglich sein und zusätzlich auch in der Hauptversammlung zugänglich gemacht werden. Siehe auch die Begründung II.A. zu Artikel 1 zu Nummer 9 der AktG RegE UMAG.
[102] Vgl. BayObLG, ZIP 2002, 1804, 1805.

jedoch im Rahmen von § 131 Abs. 1 Satz 1 AktG ordnungsgemäß beantwortet werden[103], d. h., wenn die Beantwortung dieser Frage zur sachgemäßen Beurteilung des Gegenstands der Tagesordnung erforderlich ist. Als Tagesordnungspunkt, zu dessen sachgemäßer Beurteilung die Beantwortung erforderlich sein kann, kommt die Entlastung des Vorstands in Betracht.[104] Schränkt der Aktionär seine Frage thematisch und zeitlich ein, kann sie hingegen nach § 131 Abs. 4 AktG auch ohne Bezug zur Tagesordnung zu beantworten sein.[105] Ein Anspruch des Aktionärs, dass der Vorstand die Richtigkeit der Auskunft an Eides statt versichert, besteht nicht.[106]

2. Auskunftserteilung

42 Der Auskunftsanspruch des Aktionärs ist nach § 131 Abs. 1 AktG durch den Vorstand zu erfüllen.[107] Die Zuständigkeit trifft das Gesamtorgan, das aber einen Einzelnen – häufig den Vorstandsvorsitzenden oder Vorstandssprecher – mit der Erteilung der Auskunft beauftragt.[108] Der Aktionär hat keinen Anspruch darauf, dass ein bestimmtes Vorstandsmitglied, ehemaliges Vorstandsmitglied, der Abschlussprüfer oder der Aufsichtsrat oder eines seiner Mitglieder die Auskunft erteilt.[109] In der Praxis werden Fragen, die in die Zuständigkeit des Aufsichtsrats fallen, regelmäßig vom Aufsichtsrat, typischerweise durch den Aufsichtsratsvorsitzenden beantwortet. Die dogmatische Einordnung dieser praktischen Handhabung ist umstritten.[110]

3. Auskunftsverweigerung

43 Der Aktionär, dem eine Auskunft verweigert wurde, kann nach § 131 Abs. 5 AktG verlangen, dass seine Frage und der Grund aus dem die Auskunft verweigert wor-

---

[103] Vgl. *Hüffer*, § 131 Rn 41.
[104] Auch wenn die wohl herrschende Meinung davon ausgeht, dass die Beantwortung regelmäßig zur sachgerechten Beurteilung des Gegenstands der Tagesordnung nicht erforderlich ist (vgl. Großkommentar/*Decher*, § 131 Rn 360 mwN), kann für die Praxis nicht ausgeschlossen werden, dass gerade zu dem Tagesordnungspunkt Entlastung ein Gericht anders entscheidet. Ein Aktionär erhält möglicherweise auch auf anderem Wege nähere Informationen über dasjenige, was etwa der Mehrheitsaktionär außerhalb der Hauptversammlung erfahren hat und ist so in der Lage, seine diesbezügliche Frage auf der Hauptversammlung in das Kleid eines konkreten Auskunftsverlangens zu kleiden. Von einem zu sorglosen Umgang mit § 131 Abs. 4 AktG auf Grund der Annahme, die Hürde des konkreten Auskunftsverlangens sei ohnehin nicht zu nehmen, ist daher abzuraten.
[105] Dieses hat das Bayrisches Oberstes Landesgericht (BayObLG ZIP 2002, 1804 ff.) etwa für den Fall bejaht, dass sich die Frage des Aktionärs darauf richtet, welche Informationen und sonstigen Auskünfte dem Großaktionär in bestimmten Jahren erteilt wurden, die für die Bewertung der Gesellschaft von Bedeutung sein könnten. Tendenzen, die Anforderungen an die Konkretisierungspflicht zu erleichtern, gibt es bereits seit längerem in der Literatur (vgl. Großkommentar/*Decher*, § 131 Rn 361 mwN).
[106] So auch BayObLG, ZIP 2002, 1804, 1805.
[107] Siehe weiterführend zur Auskunftserteilung auch Semler/*Vollhard*, § 13 Rn 14 ff.
[108] Die Auskunftserteilung ist Geschäftsführungsmaßnahme. Vorbehaltlich abweichender Regelungen in der Satzung oder Geschäftsordnung des Vorstands entscheidet der Vorstand über den Inhalt der Auskunft also einstimmig. Der Beschluss kann konkludent getroffen werden. So auch *Obermüller/Werner/Winden*, G. Rn 25.
[109] *Obermüller/Werner/Winden*, G. Rn 25, 26.
[110] Siehe zu den unterschiedlichen Begründungsansätzen *Obermüller/Werner/Winden*, G. Rn 28.

Teil 3. Hauptversammlung und Aktionär   44–46 § 7

den ist, in die Hauptversammlungsniederschrift aufgenommen werden. Der Aktionär kann dann das Auskunftserzwingungsverfahren nach § 132 AktG einleiten.[111] Ist die Auskunftsverweigerung durch den Vorstand unberechtigt oder entspricht die Auskunft nicht den Grundsätzen einer gewissenhaften und getreuen Rechenschaft (§ 131 Abs. 2 AktG), macht sich der Vorstand schadensersatzpflichtig.[112] Während es unstreitig ist, dass eine Schadensersatzpflicht gegenüber der Gesellschaft besteht, ist es zweifelhaft, ob auch dem einzelnen Aktionär ein Schadensersatzanspruch zusteht.[113] Ebenfalls nicht gesichert ist, ob der Aktionär einen Schadensersatzanspruch gegen die Gesellschaft hat.[114] Unrichtige oder verschleiernde Auskunft kann nach § 400 Abs. 1 Nr. 1 AktG strafbar sein.

VIII. Stimmrecht, Wahlen und Beschlüsse

1. Mehrheiten

Nach § 133 AktG werden Beschlüsse der Hauptversammlung grundsätzlich mit der einfachen Mehrheit der abgegebenen Stimmen gefasst, soweit nicht Gesetz oder Satzung eine größere Mehrheit oder weitere Erfordernisse bestimmen. Einfache Stimmenmehrheit bedeutet dabei einfache absolute Stimmenmehrheit.[115] Die Zahl der gültigen Ja-Stimmen muss die gültigen Nein-Stimmen um wenigstens eine übertreffen. Stimmenthaltungen zählen nicht.[116] Für eine Reihe von Beschlüssen schreibt das Aktiengesetz eine bestimmte Kapitalmehrheit (regelmäßig drei Viertel Kapitalmehrheit) vor. Dieses Kapitalmehrheitserfordernis ist ein zusätzliches Erfordernis, es ersetzt das Erfordernis der einfachen Stimmenmehrheit nicht.   44

Hat die Aktiengesellschaft Vorzugsaktien ohne Stimmrecht ausgegeben, sind diese Aktien für die Ermittlung der Stimmenmehrheit nicht zu berücksichtigen. Hat die Gesellschaft bestimmte Gattungen von Aktien (zB Vorzugsaktien ohne Stimmrecht) oder ist sie mit einem Unternehmensvertrag konzerngebunden und hat außenstehende Aktionäre, können zu einzelnen Beschlussgegenständen Sonderbeschlüsse der jeweiligen Aktionärsgruppen erforderlich sein.[117]   45

2. Beschlussfähigkeit

Die Satzung der Aktiengesellschaft kann eine Mindestpräsenz von Aktionären als Erfordernis für die Beschlussfassung vorschreiben (so genannte Beschlussfähigkeit). Die Festlegung einer solchen Beschlussfähigkeit ist jedoch nicht üblich und jedenfalls bei Publikumsgesellschaften auch nicht zweckmäßig.[118]   46

---

[111] Siehe dazu Münchener Handbuch des Gesellschaftsrechts/*Semler*, § 37 Rn 48 ff.
[112] Münchener Handbuch des Gesellschaftsrechts/*Semler*, § 37 Rn 65.
[113] Die wohl **hM** bejaht einen Anspruch gegen den Vorstand; vgl. *Hüffer*, § 131 Rn 44.
[114] Münchener Handbuch des Gesellschaftsrechts/*Semler*, § 37 Rn 65.
[115] Siehe für den Ausnahmefall der relativen Mehrheit für Wahlen *Obermüller/Werner/Winden*, J. Rn 50 f.
[116] *Hüffer*, § 133 Rn 12.
[117] Vgl. *Obermüller/Werner/Winden*, F. Rn 53 ff.; Münchener Handbuch des Gesellschaftsrechts/*Semler*, § 39 Rn 46 ff.
[118] *Hüffer*, § 133 Rn 8.

3. Stimmrecht

47 Das Stimmrecht wird bei Nennbetragsaktien nach Aktiennennbeträgen, bei Stückaktien nach deren Zahl ausgeübt (§ 134 Abs. 1 Satz 1 AktG). Das Stimmrecht beginnt regelmäßig mit der vollständigen Leistung der Einlage auf die Aktien (§ 134 Abs. 2 Satz 1 AktG). Die Satzung kann jedoch bestimmen, dass das Stimmrecht beginnt, wenn auf die Aktien die gesetzliche oder höhere satzungsmäßige Mindesteinlage geleistet ist (§ 134 Abs. 2 Satz 2 AktG). Auch wenn es an einer solchen Satzungsbestimmung fehlt, sind die teileingezahlten Aktien stimmberechtigt, wenn und solange auf keine Aktie die Einlage vollständig geleistet ist. Das Stimmverhältnis bestimmt sich dann nach der Höhe der geleisteten Einlagen (§ 134 Abs. 2 Satz 4 AktG).

48 Abgesehen von dem generellen Fall des Ausschlusses des Stimmrechts im Falle fehlender Mitteilungen nach § 20 AktG bzw. § 21 WpHG[119], bestimmt sich der Ausschluss des Stimmrechts nach dem Beschlussgegenstand. Gemäß § 136 Abs. 1 AktG kann niemand für sich oder einen anderen das Stimmrecht ausüben, wenn darüber Beschluss gefasst wird, ob er entlastet oder von einer Verbindlichkeit zu befreien ist oder die Gesellschaft gegen ihn einen Anspruch geltend machen soll.[120] Soweit der Aktionär das Stimmrecht aus den von ihm gehaltenen Aktien nicht ausüben kann, kann das Stimmrecht auch nicht durch einen anderen ausgeübt werden.

49 Das Stimmrecht kann aus Aktien generell ausgeschlossen sein, wenn die Aktien bei der Gewinnverteilung mit einem Vorzug ausgestattet sind (§ 139 Abs. 1 AktG).[121] Diese Vorzugsaktien ohne Stimmrecht dürfen nach § 139 Abs. 2 AktG maximal die Hälfte des Grundkapitals ausmachen. Zu beachten ist, dass diese Vorzugsaktien aber nach Maßgabe von § 140 Abs. 2 AktG (zumindest vorübergehend) ein Stimmrecht gewähren können, wenn die Gesellschaft mit der Zahlung des Vorzugs in Verzug gerät.[122]

50 Für Aktien, die der Gesellschaft oder nahestehenden Unternehmen gehören, ruht das Stimmrecht (§ 71 b AktG).[123]

---

[119] Siehe dazu unter § 6 Rn 43 ff.

[120] Die praxisrelevantesten Fälle sind hier die Fälle der Entlastung von Vorstand- und Aufsichtsratsmitgliedern, die Aktien an der Gesellschaft halten. Um hier den einzelnen Vorstands- und Aufsichtsratsmitgliedern eine Abstimmung zumindest über die Entlastung ihrer „Kollegen" zu ermöglichen, kann es sich anbieten, über die Einzelentlastung und nicht die Entlastung von Vorstand und Aufsichtsrat insgesamt abstimmen zu lassen.

[121] Andere Aktionärsrechte als das Stimmrecht (zB Recht auf Teilnahme an der Hauptversammlung, Auskunftsrecht, Bezugsrecht auf junge Aktien (unabhängig davon, ob Stammaktien und/oder Vorzugsaktien ausgegeben werden), Anfechtungsrechte) stehen auch den Inhabern von Vorzugsaktien ohne Stimmrecht zu. Siehe Münchener Handbuch des Gesellschaftsrechts/*Semler*, § 38 Rn 24 mwN.

[122] Siehe zu den Einzelheiten § 4 Rn 25 und *Hüffer*, § 140 Rn 4 ff.

[123] § 71 b AktG spricht der Gesellschaft nicht nur das Stimmrecht, sondern sämtliche Mitgliedschaftsrechte ab. Diese leben mit einer Veräußerung der Aktien an einen Dritten aber wieder auf. Gleiches gilt für die Mitgliedschaftspflichten. Vgl. *Hüffer*, § 71 b Rn 3 ff.

Teil 3. Hauptversammlung und Aktionär   51–53 § 7

4. Ausübung des Stimmrechts

Das Stimmrecht wird in den Abstimmungen und Wahlen in der Hauptversammlung ausgeübt. Die Stimmabgabe ist eine Willenserklärung.[124] Der Abstimmungsmodus kann in einer Geschäftsordnung der Hauptversammlung (§ 129 Abs. 1 AktG)[125] oder der Satzung (§ 134 Abs. 4 AktG) festgelegt werden. In der Praxis sehen zahlreiche Satzungen vor, dass der Vorsitzende der Hauptversammlung die Abstimmungsform regelt.[126] Für den Abstimmungsvorgang wird häufig das so genannte Subtraktionsverfahren gewählt[127], bei dem nur die Nein-Stimmen und Enthaltungen erfasst werden und die Ja-Stimmen durch Abzug dieser Stimmen von der Gesamtpräsenz ermittelt werden. Darüber hinaus werden die Abstimmungsvorgänge regelmäßig konzentriert und zu so genannten Blockabstimmungen zusammengefasst.[128] Bei allem verständlichen Interesse, die Abstimmungsvorgänge – auch im Interesse der Aktionäre – zu beschleunigen, ist aber darauf zu achten, dass die Abstimmungen so abgewickelt werden, dass für jeden Aktionär eindeutig erkennbar ist, zu welchem Tagesordnungspunkt er wann und wie abstimmen kann. Ansonsten könnte eine halbstündige Verkürzung der Hauptversammlung mit einem langwierigen Anfechtungsverfahren teuer erkauft sein. 51

Die Stimme ist gegenüber dem Vorsitzenden abzugeben, der auch die Abstimmung leitet. Die Stimmabgabe wird mit Zugang wirksam.[129] Der Stimmberechtigte muss die Stimmen nicht für alle Aktien einheitlich abgeben.[130] Das Recht zur uneinheitlichen Stimmabgabe ist dabei auch dem einzelnen Aktionär zuzuerkennen.[131] Nicht zulässig ist es jedoch, die Stimmrechte aus einer einzelnen Aktie unterschiedlich auszuüben.[132] 52

Der Aktionär oder Aktionärsvertreter übt das Stimmrecht im Rahmen der Beschlüsse und Wahlen der Hauptversammlung aus.[133] Bestimmte Maßnahmen können von der Hauptversammlung nur beschlossen werden, wenn ihnen die Inhaber einzelner Aktiengattungen oder bestimmte Gruppen von Aktionären mit der erfor- 53

---

[124] Münchener Handbuch des Gesellschaftsrechts/*Semler*, § 37 Rn 48 ff.
[125] Geschäftsordnungen der Hauptversammlung finden sich in der Praxis kaum.
[126] Siehe zu den möglichen Formen der Abstimmung *Obermüller/Werner/Winden*, E. Rn 111 ff.
[127] Siehe zum Subtraktionsverfahren und seinen Risiken Semler/Volhard/*Fischer*, § 11 Rn 234 ff. und auch OLG Hamm, NZG 2003, 924.
[128] Blockabstimmung meint, dass die Abstimmungsvorgänge konzentriert durchgeführt werden, nachdem die Aussprache über alle Tagesordnungspunkte stattgefunden hat. Als Sammel- oder Blockabstimmung wird aber auch der Vorgang bezeichnet, dass in einer Abstimmung über mehrere Beschlussgegenstände entschieden wird (Sammelbeschlussverfahren). Dieses Sammelbeschlussverfahren ist zur Straffung des Verfahrens bei zusammengehörigen Beschlussgegenständen jedenfalls dann zulässig, wenn der Versammlungsleiter darauf hinweist, dass durch (mehrheitliche) Ablehnung der Beschlussvorlage eine Einzelabstimmung herbeigeführt werden kann und kein auf der Hauptversammlung anwesender Aktionär/Aktionärsvertreter Einwände gegen das Verfahren erhebt. So auch BGH, DB 2003, 2115, 2116; vgl. zur Frage der Zulässigkeit der Blockabstimmung bei Aufsichtsratswahlen auch § 2 Rn 35.
[129] Siehe zu den Einzelheiten des Zugangs bei den unterschiedlichen Abstimmungsformen Münchener Handbuch des Gesellschaftsrechts/*Semler*, § 39 Rn 18.
[130] Münchener Handbuch des Gesellschaftsrechts/*Semler*, § 39 Rn 19; *Hüffer*, § 133 Rn 21.
[131] Ebenso Münchener Handbuch des Gesellschaftsrechts/*Semler*, § 39 Rn 19.
[132] Umstritten, s. *Hüffer*, § 133 Rn 21.
[133] Siehe zur rechtlichen Qualifizierung von Beschlüssen und Wahlen Münchener Handbuch des Gesellschaftsrechts/*Semler*, § 39 Rn 1.

derlichen Mehrheit zustimmen (so genannte „Sonderbeschlüsse gewisser Aktionäre").[134] Die Hauptversammlungsbeschlüsse zu derartigen Maßnahmen sind schwebend unwirksam, bis die Sonderbeschlüsse getroffen sind.

54 Für Wahlen gilt grundsätzlich dasselbe wie für Beschlüsse.[135]

5. Aufhebung, Widerruf von Beschlüssen

55 Die Hauptversammlung kann die von ihr getroffenen Beschlüsse in bestimmtem Umfang aufheben oder widerrufen. In derselben Hauptversammlung ist das Wiederaufgreifen eines bereits durch Beschlussfassung abgehandelten Tagesordnungspunktes von der Leitungskompetenz des Vorsitzenden gedeckt. Der Gegenansicht, die für ein Wideraufgreifen verlangt, dass neue Tatsachen oder Gesichtspunkte vorgetragen werden[136], ist nicht zu folgen. Zum einen ist die Grenzziehung zwischen neuen Gesichtspunkten und neuen Wertungen unscharf. Zum anderen kann kein Aktionär, solange die Hauptversammlung nicht geschlossen ist, darauf vertrauen, dass es bei einmal gefassten Beschlüssen bleibt und daher die Hauptversammlung vorzeitig verlassen.[137] Für die Aufhebung genügt einfache Stimmenmehrheit, auch wenn der aufzuhebende Beschluss selbst einer höheren Stimmen- oder Kapitalmehrheit bedurfte.[138] Ist die Hauptversammlung geschlossen, können die von ihr gefassten Beschlüsse nur auf einer neuen Hauptversammlung aufgehoben werden. Eine solche Aufhebung kommt dann nur noch in Betracht, wenn der Beschluss noch keine Außenwirkung entfaltet hat.[139]

IX. Wahrnehmung des Stimmrechts durch Dritte

56 Jeder Aktionär kann sich auf einer Hauptversammlung durch einen Bevollmächtigten vertreten und das Stimmrecht ausüben lassen (§ 134 Abs. 3 Satz 1 AktG). Für die Erteilung der Vollmacht schreibt das Aktiengesetz grundsätzlich die schriftliche Form vor (§ 134 Abs. 3 Satz 2 AktG).[140] Die Satzung kann Erleichterungen, jedoch

---

[134] Siehe zu den Fallgruppen Münchener Handbuch des Gesellschaftsrechts/*Semler*, § 39 Rn 46 ff.; *Obermüller/Werner/Winden*, F. Rn 53 ff.

[135] Siehe zum Wahlverfahren und den Möglichkeiten satzungsmäßiger Regelungen Münchener Handbuch des Gesellschaftsrechts/*Semler*, § 39 Rn 81, 83 ff.; *Obermüller/Werner/Winden*, J. Rn 50 ff.

[136] Nach dieser Ansicht soll eine lediglich veränderte Bewertung bereits verhandelter Argumente die Aufhebung oder Änderung eines Beschlusses nicht rechtfertigen. So Kölner Kommentar AktG/*Zöllner*, § 119 Rn 55, § 133 Rn 110.

[137] Wie hier Münchener Handbuch des Gesellschaftsrechts/*Semler*, § 39 Rn 40.

[138] So auch Kölner Kommentar AktG/*Zöllner*, § 133 Rn 121 f.; **aA** Großkommentar/*Barz*; § 119 Rn 16.

[139] So auch Münchener Handbuch des Gesellschaftsrechts/*Semler*, § 39 Rn 42. Hat zB ein Aufsichtsratsmitglied seine Bestellung angenommen, kommt nur noch eine Abberufung in Betracht. Bedürfen zB Verträge wie ein Verschmelzungsvertrag der Zustimmung der Gesellschafterversammlungen beider Vertragspartner, scheidet eine Aufhebung des zustimmenden Beschlusses erst aus, wenn beide Gesellschafterversammlungen zugestimmt haben. Satzungsänderungen können, da sie erst mit Eintragung im Handelsregister wirksam werden (§ 181 Abs. 3 AktG), bis zu diesem Zeitpunkt aufgehoben werden. Danach ist eine erneute Satzungsänderung (mit entsprechender Mehrheit) erforderlich.

[140] Nach der Änderung von § 126 BGB dürfte hier wohl die Textform ausreichend sein.

keine Verschärfungen für die Vollmachtserteilung vorsehen.[141] Die Gesellschaft kann Stimmrechtsvertreter benennen, die von den Aktionären bevollmächtigt werden können. Die Entscheidung darüber liegt bei den Aktionären.[142] Werden solche Stimmrechtsvertreter der Gesellschaft bevollmächtigt, so sind nach § 134 Abs. 3 Satz 3 AktG die Vollmachterklärungen von der Gesellschaft drei Jahre nachprüfbar festzuhalten.

Der CGK empfiehlt in Ziff. 2.3.3, dass die Gesellschaft die Aktionäre bei der Stimmrechtsvertretung unterstützt und für die Bestellung eines Vertreters für die weisungsgebundene Ausübung des Stimmrechts der Aktionäre sorgt.[143] Im CGK wird darüber hinaus angeregt, dass dieser Vertreter auch während der Hauptversammlung erreichbar ist.[144] 57

Für die Ausübung von Stimmrechten durch Kreditinstitute und geschäftsmäßig Handelnde sind die Regelungen in § 135 AktG zu beachten. Das Stimmrecht kann unter Offenlegung des Vollmachtgebers oder als verdeckte Vollmacht (im Namen dessen, den es angeht) ausgeübt werden. 58

X. Niederschrift

Nach § 130 Abs. 1 Satz 1 AktG ist jeder Beschluss der Hauptversammlung durch eine über die Verhandlung notariell aufgenommene Niederschrift zu beurkunden.[145] Die notarielle Niederschrift muss den Beteiligten nicht vorgelesen und von ihnen nicht genehmigt oder unterschrieben werden. Der Notar braucht auch nicht die 59

---

[141] Siehe *Ludwig*, Formatanforderungen an die individuell erteilte Stimmrechtsvollmacht in der Aktiengesellschaft und in der GmbH, AG 2002, 433, 434.

[142] Die Angebote der Gesellschaften sind sehr unterschiedlich, zum Teil sind auf der Website Vordrucke für solche Vollmachten verfügbar, die der Gesellschaft im Vorfeld der Hauptversammlung (ggf. durch ein Passwort-geschütztes Internetangebot) zuzuleiten sind. Daneben wird idR auch die Bevollmächtigung des Stimmrechtsvertreters auf der Hauptversammlung selbst ermöglicht. Am weitest gehendsten ist wohl zurzeit das Angebot von Gesellschaften mit Namensaktien, an ihre Aktionäre unter Einsatz des Internets noch während der Hauptversammlung Internetvollmacht und Weisungen an den Stimmrechtsvertreter zu erteilen; vgl. *Pikó/Preissler*, Die Online-Hauptversammlung bei Publikumsaktiengesellschaften mit Namensaktien, AG 2002, 223, 224. Dort auch zur Übertragung der Hauptversammlung im Internet.

[143] Der Empfehlung zur Bestellung eines Stimmrechtsvertreters der Gesellschaft wird von den börsennotierten Gesellschaften fast durchgängig Folge geleistet.

[144] Die Handhabung der Erreichbarkeit während der Hauptversammlung ist sehr unterschiedlich. Während bei einigen Gesellschaften die Vollmachterteilung bis zu einem bestimmten Zeitpunkt vor der Hauptversammlung erfolgt sein muss, ermöglichen andere Gesellschaften dem Aktionär auch noch während der laufenden Hauptversammlung bis zum Beginn der Abstimmung dem Stimmrechtsvertreter Weisungen zur Stimmrechtsausübung zu erteilen. Dies ist dann regelmäßig damit gekoppelt, dass der Aktionär der Hauptversammlung über Internet folgen kann. Siehe dazu vorstehend Rn 30 f.

[145] Gemäß § 130 Abs. 1 Satz 3 AktG reicht bei nicht börsennotierten Gesellschaften eine vom Vorsitzenden des Aufsichtsrats unterzeichnete Niederschrift aus, soweit keine Beschlüsse gefasst werden, für die das Gesetz eine Dreiviertel- oder größere Mehrheit bestimmt. In der Literatur wird die Auffassung vertreten, diese Ausnahmeregelung gelte entsprechend, wenn ein anderer Versammlungsleiter als der Vorsitzende des Aufsichtsrats die Hauptversammlung leitet. Da gemäß § 241 Nr. 2 AktG nicht ordnungsgemäß beurkundete Beschlüsse nichtig sind, ist hier jedoch in der Praxis Vorsicht geboten.

Identität der Beteiligten festzustellen oder die Vertretungsmacht zu prüfen.[146] Vollmachten sind nur der Gesellschaft vorzulegen und bleiben in ihrer Verwahrung. Großzügigkeit bei der Zulassung Bevollmächtigter ist angebracht, da das Abstimmungsergebnis durch deren Teilnahme idR nicht beeinflusst wird, die unberechtigte Nichtzulassung aber zum Erfolg einer Anfechtungsklage führen kann. Gemäß § 241 Nr. 2 AktG führt eine nicht ordnungsgemäße Beurkundung zur Nichtigkeit der Beschlüsse.

60 Die Niederschrift hat die Angaben nach § 130 Abs. 2 AktG zu enthalten. Der Notar hat seine eigenen Wahrnehmungen auch über die Art und das Ergebnis der Abstimmung festzuhalten.[147] Wird die Auszählung der Abstimmungsergebnisse zu den einzelnen Tagesordnungspunkten in elektronischer Form außerhalb des Versammlungsraums durchgeführt, empfiehlt es sich, die Hauptversammlung zu unterbrechen, so dass die Auszählung unter notarieller Aufsicht durchgeführt werden kann.[148]

61 Unverzüglich nach der Hauptversammlung hat der Vorstand nach § 131 Abs. 5 AktG eine öffentlich beglaubigte Abschrift der Niederschrift und ihrer Anlagen zum Handelsregister einzureichen.[149] Das Teilnehmerverzeichnis[150] ist der Niederschrift nicht mehr beizufügen.[151] Das Teilnehmerverzeichnis bleibt in der Verwahrung der Gesellschaft, die bis zu zwei Jahre nach der Hauptversammlung jedem Aktionär auf Verlangen Einsicht in das Teilnehmerverzeichnis zu gewähren hat (§ 129 Abs. 5 AktG).[152] Nach § 130 Abs. 3 AktG ist der Niederschrift ein Beleg über die Einberufung der Versammlung als Anlage beizufügen. In der Vergangenheit war dies regelmäßig ein Belegexemplar der Printversion des Bundesanzeigers. Seit Einführung des elektronischen Bundesanzeigers[153] stellt der Bundesanzeiger Verlag nunmehr als pdf-Datei und zusammen mit der Übersendung der Rechnung auch in gedruckter Form einen Ausdruck aus dem elektronischen Bundesanzeiger zur

---

[146] Siehe generell zur Funktion des Notars in der Hauptversammlung *Obermüller/Werner/Winden*, N. Rn 7 ff.

[147] Siehe zu der Fragestellung, welche weiteren Umstände der Notar in die Niederschrift aufnehmen kann und wann sich dieses Recht zur Protokollierungspflicht verdichtet, OLG Düsseldorf, ZIP 2003 1147, 1150 f.

[148] Das OLG Düsseldorf, ZIP 2003, 1147 ff. hat zwar die Entscheidung des LG Wuppertal aufgehoben, wonach es einen zur Nichtigkeit des Beschlusses führenden Beurkundungsmangel darstellen soll, wenn der Notar die Abstimmungszählung nicht überwacht. Höchstrichterlich ist die Frage jedoch noch nicht entschieden, auch unterstreicht es, dass der Auszählungsvorgang mit Sorgfalt durchgeführt wird.

[149] Siehe zu der Frage, unter welchen Voraussetzungen und bis zu welchem Zeitpunkt eine nachträgliche Änderung/Berichtigung der Niederschrift zulässig ist, Semler/*Volhard* § 15 Rn 84 ff.

[150] Siehe zu Form und Inhalt des Teilnehmerverzeichnisses MAH Aktienrecht/Bohnet, § 27 Rn 44 ff. Semler/Volhard/*Fischer* § 11 Rn 41, 46; in der Praxis weisen leider eine Vielzahl von Teilnehmerverzeichnissen erhebliche Mängel auf.

[151] Einer freiwilligen Beifügung könnten Datenschutzinteressen der Aktionäre entgegenstehen.

[152] Einen Anspruch auf Zurverfügungstellung einer Kopie oder (bei einem elektronischen Teilnehmerverzeichnis) von einem Ausdruck (auch auf seine Kosten) hat der Aktionär nicht. In § 129 Abs. 5 AktG ist lediglich ein Einsichtnahmerecht des Aktionärs normiert. § 129 Abs. 5 AktG weicht in seinem Wortlaut von anderen Vorschriften des Aktiengesetzes ab, die neben dem Einsichtnahmerecht auch ein Recht auf Abschrift vorsehen. Wie hier Semler/*Fischer* § 11 Fn 97, **aA** *Hüffer*, § 129 Rn 14.

[153] Vgl. dazu Rn 9.

Verfügung. Es ist nicht bekannt, dass diese Belegform von Handelsregistern beanstandet wurde, obgleich zumindest die pdf-Datei manipulierbar ist.[154]

XI. Nachbereitung der Hauptversammlung

Nach Beendigung der Hauptversammlung können weitere Maßnahmen der Gesellschaft (handelnd durch den Vorstand) vorzunehmen sein. Nach § 125 Abs. 4 AktG sind jedem Aufsichtsratsmitglied und jedem Aktionär auf Verlangen die in der Hauptversammlung gefassten Beschlüsse mitzuteilen. Die Wahl neuer Aufsichtsratsmitglieder ist in den Gesellschaftsblättern bekannt zu machen und diese Bekanntmachung, also der der Gesellschaft vom Bundesanzeiger Verlag übermittelte Ausdruck über die Veröffentlichung – und wenn es weitere Gesellschaftsblätter gibt, ein Belegexemplar der Veröffentlichung in diesen Blättern – zum Handelsregister einzureichen (§ 106 AktG). Sind Satzungsänderungen beschlossen worden, sind diese zum Handelsregister anzumelden. Besteht die Satzungsänderung in Kapitalmaßnahmen, sind die zur Durchführung der Kapitalmaßnahmen erforderlichen Maßnahmen zu ergreifen.

Daneben sollte aber auch eine Analyse der Hauptversammlung (insbesondere ein Sammeln der Verbesserungsvorschläge/Anregungen und Kritik alle Beteiligten) vorgenommen werden. Die Ergebnisse dieser Analyse sollen schriftlich festgehalten werden. Sie können hilfreich für die Vorbereitung der nächsten Hauptversammlung sein. Das Gleiche gilt für eine geordnete Verwahrung der in Zusammenhang mit der Vorbereitung und Abwicklung der Hauptversammlung erstellten Dokumente und ihrer Entwürfe.

---

[154] *Deilmann/Messerschmidt*, NZG 2003, 616, 617.

§ 8 Individualrechte und Rechte von Aktionärsminderheiten

I. Allgemeines

1   Das Aktienrecht ist in Bezug auf die Ausgestaltung der Mitwirkungs- und Kontrollrechte der Aktionäre grundsätzlich zweigeteilt. Zum einen gilt das Mehrheitsprinzip, wenn Beschlüsse von der Hauptversammlung gefasst werden. Der mit der erforderlichen Mehrheit gefasste Beschluss ist für alle Aktionäre verbindlich, einschließlich derjenigen, die den Beschluss nicht mitgetragen haben oder der Abstimmung ferngeblieben sind.

2   Daneben sind im Aktiengesetz und anderen Gesetzen bestimmte Minderheitenrechte verankert, um eine Wahrung insbesondere der wirtschaftlichen Interessen von Minderheitsanteilseignern gegen solche Maßnahmen zu gewährleisten, die von der Aktionärsmehrheit beschlossen worden sind.

3   Diese Minderheitenrechte sind zum einen als Individualrechte des einzelnen Aktionärs ausgestaltet. Zu den Individualrechten zählt vorrangig die Möglichkeit, gerichtlich die Wirksamkeit oder den Bestand von Beschlüssen der Hauptversammlung durch Erhebung von Anfechtungs- bzw. Nichtigkeitsklage überprüfen zu lassen. Führt die Gesellschaft bestimmte Strukturmaßnahmen durch, hat jeder Aktionär zudem die Möglichkeit, die Angemessenheit angebotener Ausgleichs- oder Abfindungsleistungen auf dem Wege der Einleitung eines Spruchstellenverfahrens durch ein Gericht kontrollieren zu lassen. Neben diesen Individualrechten des einzelnen Aktionärs stehen weitere gesetzlich verankerte Minderheitenrechte, für deren Ausübung jedoch eine Geltendmachung durch ein bestimmtes Mindestquorum erforderlich ist. Eine abschließende Behandlung sämtlicher dieser Minderheitenrechte würde den Rahmen dieser Abhandlung sprengen.[1] Insbesondere bei der Publikumsgesellschaft kommt dem Recht einer Aktionärsminderheit, vom Vorstand die Einberufung einer Hauptversammlung verlangen zu können, eine wesentliche Bedeutung innerhalb der Mitwirkungsrechte zu.[2] Eine zentrale Rolle unter den Kontrollmöglichkeiten, die das Gesetz Aktionärsminderheiten gewährt, nehmen weiterhin das Recht auf gerichtliche Bestellung eines Sonderprüfers gemäß § 142 Abs. 2 AktG ein sowie zum anderen die Möglichkeit, gemäß § 147 Abs. 1 AktG die Geltendmachung von Ersatzansprüchen der Gesellschaft verlangen zu können.[3]

---

[1] Eine umfassende tabellarische Beschreibung der Minderheitenrechte findet sich bei Münchener Handbuch des Gesellschaftsrechts, Tabelle 1 zur Übersicht nach § 42.

[2] Voraussetzung ist allerdings, dass die Aktionäre, die eine Einberufung verlangen, zusammen zu zumindest 5% am Grundkapital der Gesellschaft beteiligt sind (§ 122 Abs. 1 AktG), vgl. hierzu Münchener Kommentar AktG/*Kubis*, § 122 Rn 6.

[3] Diese beiden Rechte sind Teil der Diskussion über die Reform des Aktienrechts und zwei der Schwerpunkte des Regierungsentwurfs eines Gesetzes zur Unternehmensintegrität und Modernisierung des Anfechtungsrechts (UMAG) vom 19. Januar 2004 bzw. einer überarbeiteten Entwurfsfassung vom 17. November 2004. Vgl. hierzu *Seibert/Schütz*, Der Referentenentwurf eines Gesetzes zur Unternehmensintegrität und Modernisierung des Anfechtungsrechts, ZIP 2004, 252 ff.

Im Zusammenhang mit der durch das TransPuG im Jahr 2002 eingeläuteten Re- 4
strukturierung des Corporate Governance-Korsetts deutscher Aktiengesellschaften
sollen auch die derzeit existierenden Mitwirkungs- und insbesondere Kontrollrechte von Einzelaktionären und Aktionärsminderheiten neu strukturiert werden.[4] Die
geplante Novellierung der bestehenden Aktionärsrechte knüpft damit an die Entwicklung an, die mit der Neufassung des Spruchverfahrens bereits 2002 begonnen
hat. Neben einer beabsichtigten Stärkung der mitgliedschaftlichen Anspruchsmöglichkeiten bei Fehlverhalten der Leitungsorgane der Aktiengesellschaft will der
Gesetzgeber auch auf den zunehmenden Missbrauch von Anfechtungs- bzw. Nichtigkeitsklagen[5] reagieren.[6]

II. Anfechtungsklage – Anfechtung von Hauptversammlungsbeschlüssen

Ein Beschluss der Hauptversammlung[7], und damit die gerichtliche Feststellung 5
der Unwirksamkeit des angegriffenen Hauptverhandlungsbeschlusses mit kassatorischer Wirkung[8], kann nur durch Erhebung der Anfechtungsklage gemäß § 243
Abs. 1 AktG angefochten werden.[9] Der Anfechtungsklage ist dabei ein doppelter
Zweck zugewiesen: Ihre Funktion erschöpft sich nicht darin, der unterlegenen Aktionärsminderheit ein Instrument an die Hand zu geben, mit dem gefasste Mehrheitsbeschlüsse auf ihre Vereinbarkeit mit Gesetz und Satzung überprüft werden
können. Vielmehr ist es auch Aufgabe der Anfechtungsklage, durch die kurze einmonatige Anfechtungsfrist zügig Rechtssicherheit über die Gültigkeit und den Bestand gefasster Hauptversammlungsbeschlüsse zu schaffen.[10] Dabei kann die Erhebung einer Anfechtungsklage grundsätzlich auf jeden Verstoß eines Beschlusses der
Hauptversammlung gegen gesetzliche Vorschriften oder Regelungen der Satzung
der Gesellschaft gestützt werden. Darüber hinaus enthält das Gesetz in §§ 251, 254 f.
AktG Sondervorschriften für die Anfechtung von Beschlüssen im Zusammenhang
mit der Wahl der Aufsichtsratsmitglieder[11], der Gewinnverwendung und der Kapitalerhöhung gegen Gewährung von Einlagen. In der Praxis wird häufig die Verletzung von Informations- und Aufklärungspflichten während der Hauptversammlung
(einschließlich einer angeblichen Nichtgewährung bzw. unstattlichen Verkürzung

---

[4] Vgl. RegE UMAG S. 19.
[5] Vgl. dazu unten Rn 12 und 19 f.
[6] RegE UMAG S. 16. Ein In-Kraft-Treten der Änderungen ist für November 2005 geplant.
[7] Gemäß § 138 Satz 2 AktG sind Sonderbeschlüsse bestimmter Aktionärsgruppen dem Hauptverhandlungsbeschluss gleichgestellt. Anordnungen und Maßnahmen des Versammlungsleiters
oder Erklärungen der Verwaltung während der Hauptversammlung sind jedoch nicht tauglicher
Anfechtungsgegenstand; *Henn*, § 27 Rn 912.
[8] Vgl. dazu unten Rn 13 f.
[9] Vgl. hinsichtlich der Abgrenzung zur Nichtigkeitsklage unter Rn 19 f., zum Spruchverfahren
unter Rn 21 ff.
[10] Münchener Kommentar AktG/*Hüffer*, § 253 Rn 5 f.
[11] Allerdings führen bei der Aufsichtsratswahl Verstöße gegen mitbestimmungsrechtliche Vorschriften nicht zur Anfechtbarkeit der Beschlüsse, BGHZ 47, 341, 345.

des Fragerechts oder der Nichtbeantwortung gestellter Fragen) als Anfechtungsgrund geltend gemacht.[12]

1. Anfechtungsbefugnis

6   Der Kreis der Anfechtungsberechtigten ist in § 245 AktG abschließend geregelt.[13] Das Anfechtungsrecht richtet sich dabei in erster Linie an den einzelnen Aktionär, wobei § 245 AktG die Anfechtungsbefugnis des Aktionärs in drei Untergruppen untergliedert. Grundvoraussetzung für alle drei Untergruppen ist der Besitz mindestens einer Aktie während der Zeit der Hauptversammlung und des nachfolgenden Rechtsstreits.[14] Sofern die Aktionärsstellung erst nach der Hauptversammlung im Wege einer Universalsukzession erworben worden ist, geht auch eine eventuell zuvor bestandene Anfechtungsbefugnis auf den neuen Rechtsträger über.[15] Darüber hinaus muss ein Aktionär, der in der Hauptversammlung persönlich erschienen bzw. ordnungsgemäß repräsentiert ist, gemäß § 245 Nr. 1 AktG zum Ende der Hauptversammlung gegen den anzufechtenden Beschluss Widerspruch zur Niederschrift

---

[12] Die geplante Neufassung des § 243 Abs. 4 Satz 1 AktG RegE UMAG enthält eine überfällige Korrektur der Anfechtungsmöglichkeiten im Zusammenhang mit einer behaupteten Auskunftspflichtverletzung. Der RegE UMAG sieht vor, eine Anfechtungsklage in solchen Fällen nur dann zuzulassen, wenn die von dem klagenden Aktionär geforderte Auskunft für den jeweiligen Beschlussgegenstand ein objektiv ein wesentliches, für die Beurteilung des jeweiligen Sachverhalts erforderliches Element darstellt. Die durch das UMAG angestrebte Neuordnung des Anfechtungsrechts bei Auskunftspflichtverletzungen würde daher im Ergebnis der entsprechenden Rspr. des BGH folgen. Daher würde auch eine falsche, unvollständige oder verweigerte Auskunft zukünftig nicht mehr zur Erhebung einer Anfechtungsklage berechtigen, wenn der Fragegegenstand wegen seiner Bedeutung für den jeweiligen Beschluss keine Auswirkung auf das Abstimmungsverhalten eines objektiv handelnden Aktionärs gehabt hätte, vgl. RegE UMAG S. 57. Schließlich soll die Anfechtungsmöglichkeit bei Informationsverletzungen im Zusammenhang mit Bewertungsfragen ebenfalls erheblich eingeschränkt werden, vgl. § 243 Abs. 4 Satz 2 AktG-E. Zu dem wohl für börsennotierte Publikumsgesellschaften wichtigsten Fällen würde daher die Einschränkung der Anfechtbarkeit im Zusammenhang mit Bezugsrechtsausschlüssen gem. § 186 Abs. 3 AktG zählen. Hinsichtlich des durch das UMAG neu einzuführende, dem eigentlichen Anfechtungsklageverfahren vorgeschaltete Zulassungsverfahren; vgl. unter Rn. 27.

[13] *Henn*, § 27 Rn 937.

[14] *Henn* § 27 Rn 939. Durch das UMAG soll die Anfechtungsbefugnis des einzelnen Aktionärs künftig eingeschränkt werden, um der bislang üblichen Praxis räuberischer Aktionäre, erst nach Veröffentlichung der Einladung zur Hauptversammlung wenige Aktien zu erwerben, einen Riegel vorzuschieben. Zukünftig soll daher ein Aktionär, der erst nach Veröffentlichung der Einladung zur Hauptversammlung Aktien erworben hat, nicht mehr anfechtungsberechtigt sein, da dieser absehen könne, welche Beschlüsse gefasst werden sollen und daher weniger schutzwürdig sei, vgl. RegE UMAG S. 58. Wegen eines Erlöschens der Anfechtungsbefugnis bei Aufgabe der Aktionärsstellung während des laufenden Anfechtungsverfahrens und analoge Anwendung des Rechtsgedankens des § 265 ZPO Münchener Kommentar AktG/*Hüffer* § 245 Rn 24; Großkommentar/*Schmidt*, § 245 Rn 17; *Henze*, Rn 1174 mit Hinweis auf die entsprechende Rechtsprechung zum GmbH-Recht. Die Gegenansicht berücksichtigte jedoch nicht ausreichend, dass wegen des Minimalerfordernisses, auch bei Fortbesitz nur einer einzigen Aktie weiterhin anfechtungsberechtigt zu sein, für die Anwendung des Rechtsgedankens des § 265 ZPO bei der Anfechtungsklage kein Bedürfnis besteht; vgl. auch Handbuch des Gesellschaftsrechts/*Semler*, § 41 Rn 58.

[15] *Hüffer*, § 245 Rn 7. Die Einlieferung von Aktien in die Depotsammelverfahren ist dagegen kein Vorgang, der die Anfechtungsbefugnis entfallen lässt; Münchener Handbuch des Gesellschaftsrecht/*Semler* § 4 Rn. 59.

gemäß § 130 AktG erklären. Eine Stimmabgabe gegen den angegriffenen Beschluss ist allein kein Widerspruch; eine Stimmabgabe für den angegriffenen Beschluss schließt einen späteren Widerspruch nicht aus.[16] Aus der Erklärung des Aktionärs muss deutlich werden, dass er sich gegen die Gültigkeit eines bestimmten Beschlusses wendet. Mangels Widerspruch geht die Anfechtungsbefugnis verwirkungsähnlich verloren, und eine etwaige Anfechtungsklage ist unbegründet.[17] Einer Aufnahme des Widerspruchs in die notarielle Niederschrift bedarf es zur späteren Erhebung der Anfechtungsklage nicht.[18]

Sofern der Aktionär in der Hauptversammlung nicht präsent bzw. ordnungsgemäß vertreten war, ist ihm eine Anfechtung von Beschlüssen, die während seiner Abwesenheit gefasst wurden, nur gestattet, sofern der Aktionär (bzw. sein Vertreter) unberechtigterweise nicht zur Hauptversammlung zugelassen worden ist, § 245 Nr. 2 AktG[19]. Dasselbe gilt für den Fall, dass die Hauptversammlung nicht gemäß §§ 121 bis 123 AktG ordnungsgemäß einberufen oder im Zusammenhang mit der Einberufung gegen die Mitteilungspflichten der §§ 125 bis 127 AktG verstoßen[20] oder der Beschluss, der Gegenstand der späteren Anfechtungsklage ist, nicht gemäß § 124 Abs. 1–3 AktG ordnungsgemäß bekannt gemacht worden ist. Anderenfalls steht selbst bei schweren Verstößen gegen Gesetz oder Satzung dem Aktionär kein Klagerecht zu, wenn er nicht an der Hauptversammlung teilnimmt.[21] Schließlich steht jedem Aktionär die Anfechtungsbefugnis unabhängig von seiner Teilnahme an der Hauptversammlung zu, wenn mit der Erhebung der Anfechtungsklage gemäß §§ 245 Nr. 3, 243 Abs. 2 AktG eine unzulässige Verfolgung von Sondervorteilen angegriffen werden soll.[22]

Neben den Aktionären ist weiterhin auch der Vorstand einer Aktiengesellschaft als Organ anfechtungsbefugt, § 245 Nr. 4 AktG.[23] Darüber hinaus können gemäß § 245 Nr. 5 AktG einzelne Mitglieder des Vorstands oder auch des Aufsichtsrats berechtigt sein, eine Anfechtungsklage zu erheben. Voraussetzung dafür ist, dass andernfalls infolge der Ausführung des jeweiligen Beschlusses für die Mitglieder der Organe persönlich straf- oder haftungsrechtliche Konsequenzen oder eine Pflicht zur Bußgeldzahlung drohen.[24]

---

[16] Münchener Kommentar AktG/*Hüffer*, § 245 Rn 32.
[17] *Hüffer*, § 245 Rn 13; Münchener Kommentar AktG/*Hüffer*, § 245 Rn 32.
[18] *Hüffer*, § 245 Rn 15.
[19] Mit der Nichtzulassung zur Teilnahme an der Hauptversammlung gleichgesetzt ist die Nichtzulassung zur Stimmabgabe; in diesem Fall gilt der Aktionär als erschienen im Sinne des § 245 Nr. 1 AktG; Großkommentar/*Schmidt*, § 245 Rn 26 aE. Ebenso berechtigt ein rechtswidriger Ausschluss aus der Hauptversammlung zur Erhebung der Anfechtungsklage, vgl. BGHZ 44, 245, 250.
[20] Münchener Kommentar AktG/*Hüffer*, § 245 Rn 44.
[21] Henn, § 27 Rn 9411.
[22] Bei der Anfechtung von Beschlüssen zur Wahl eines Aufsichtsratsmitglieds kann die Anfechtungsbefugnis nicht auf eine etwaige Gewährung von Sondervorschriften gestützt werden, vgl. § 125 Abs. 2 Satz 1 AktG.
[23] Dabei ist unerheblich, ob der gefasste Beschluss auf einen Vorschlag des Vorstands zurückgeht; *Hüffer*, § 245 Rn 28.
[24] Mitgliedschaft im Vorstand oder im Aufsichtsrat muss daher für die Bejahung des Anfechtungsrechts erst im Zeitpunkt der Klageerhebung bestehen; ein späterer Amtsverlust ist jedoch unerheblich; *Hüffer*, § 245 Rn 31. Soweit der Hauptversammlungsbeschluss keiner weiteren Ausführungshandlung durch Vorstand oder Aufsichtsrat bedarf und deren Mitglieder daher nicht von Sanktionen bedroht sind, entfällt die Anfechtungsbefugnis; Großkommentar/*Schmidt*, § 245 Rn 41.

2. Klageantrag und Verfahren

9   Die Anfechtungsklage ist gemäß § 246 Abs. 1 AktG innerhalb eines Monats nach Fassung des angegriffenen Beschlusses durch die Hauptversammlung zu erheben. Da es sich dabei um eine materiell-rechtliche Ausschlussfrist handelt, ist eine Wiedereinsetzung in den vorherigen Stand (§§ 233 ff. ZPO) nach Fristablauf ausgeschlossen[25]. Die Frist beginnt ab dem Tag der Beschlussfassung in der Hauptversammlung zu laufen.[26] Für die Berechnung des Fristendes gelten die allgemeinen Vorschriften der §§ 186 ff. BGB.

10 Innerhalb der Anfechtungsfrist muss beim zuständigen Gericht[27] ein hinreichend bestimmter Antrag unter Darlegung der Anfechtungsgründe[28] eingereicht werden, sofern die Zustellung an die beklagte Gesellschaft iSd. § 270 Abs. 3 ZPO demnächst erfolgt. Die Zustellung muss gemäß § 253 Abs. 1 ZPO iVm. § 246 Abs. 2 Satz 2 AktG je einem Mitglied von Vorstand und Aufsichtsrat zugestellt werden, weshalb die Klageschrift neben der korrekten Benennung der Mitglieder der Verwaltungsorgane entsprechende zustellungsfähige Adressen für deren Mitglieder enthalten muss.[29] In der Praxis werden Klagen, bei denen Feststellung der Nichtigkeit des

---

[25] *Hüffer*, § 246 Rn 20 f.
[26] Münchener Handbuch des Gesellschaftsrecht/*Semler*, § 41 Rn 67; Henn, § 27 Rn 945; **aA** Münchener Kommentar AktG/*Hüffer*, § 246 Rn 36; Großkommentar/*Schmidt*, § 246 Rn 16; Kölner Kommentar AktG/*Zöllner*, § 246 Rn 10. Die Frage hat insbesondere Bedeutung bei mehrtägigen Hauptversammlungen, so dass nach Ansicht der Gegenmeinung der Fristlauf erst mit dem Ende der Hauptversammlung unabhängig vom Zeitpunkt der Fassung des anzufechtenden Beschlusses beginnt. Die Gegenansicht berücksichtigt jedoch nicht den eindeutigen Gesetzeswortlaut und vermischt unzulässigerweise den Beginn des Fristlaufs nach § 246 Abs. 1 AktG mit dem Zeitpunkt, ab dem spätestens Widerspruch zur Niederschrift erklärt werden muss.
[27] Ausschließlich sachlich und örtlich zuständig ist gemäß § 246 Abs. 3 Satz 1 AktG das Landgericht am Gesellschaftssitz. Das UMAG will dabei die vorrangige gerichtsinterne Zuständigkeit auf die KfH verlagern, zudem sollen die Länderregierungen ermächtigt werden, ähnlich wie beim SpruchG (vgl. dazu unten Rn 25 ff.) die Zuständigkeit für Anfechtungsverfahren bei einem Landgericht in einem Oberlandesgerichtsbezirk zu bündeln. Eine Klageerhebung vor einem unzuständigen Gericht ist grundsätzlich fristwahrend; Münchener Kommentar AktG/*Hüffer*, § 246 Rn 38; Münchener Handbuch des Gesellschaftsrecht/*Semler*, § 41 Rn 73. Mehrere Anfechtungsklagen werden gemäß § 246 Abs. 3 Satz 3 AktG an einem Gericht in einem Verfahren konzentriert, sodass eine einheitliche Entscheidung erfolgen kann. Die verschiedenen Anfechtungskläger sind dabei notwendige Streitgenossen gemäß § 62 ZPO; BGHZ 122, 211. Das UMAG zielt darauf, die Möglichkeit von Nebeninterventionen anderer Aktionäre auf den Zeitraum von einem Monat nach Bekanntmachung der (ersten) Klage zu begrenzen, vgl. § 246 Abs. 4 Satz 2 AktG RegE UMAG.
[28] Die Anfechtungsgründe, auf die die Klage gestützt wird, müssen in ihrem wesentlichen tatsächlichen Kern in den Rechtsstreit eingeführt werden, vgl. BGHZ 15, 177, 180 f.; 32, 318, 322 f.; 120, 141, 156 f., wobei eine Substantiierung auch später im weiteren Prozessverlauf erfolgen kann; Großkommentar/*Schmidt*, § 246 Rn 23. Sofern Anfechtungsgründe ernst nach Verstreichen der Monatsfrist geltend gemacht werden, ist die Klage als unbegründet abzuweisen; Münchener Kommentar AktG/*Hüffer*, § 246 Rn 42.
[29] Während für eine Zustellung an den Vorstand die Angabe der Adresse der Gesellschaft ausreichend ist, hat die Zustellung an die Mitglieder des Aufsichtsrats gemäß § 181 ZPO unter deren Privatadresse zu erfolgen; *Hüffer*, § 246 Rn 34. Einem entsprechenden Auskunftsverlangen während der Hauptversammlung muss daher entsprochen werden. Aus praktischen Gründen sollte daher vor der Hauptversammlung die Gesellschaft für sämtliche Mitglieder des Aufsichtsrats eine einheitliche Zustellungsadresse benennen.

Hauptversammlungsbeschlusses beantragt wird,[30] mit einem hilfsweisen Antrag verbunden, den angegriffenen Beschluss für nichtig zu erklären. Damit wird iE eine Nichtigkeitsklage erhoben, ergänzt um eine hilfsweise erhobene Anfechtungsklage.[31] Das Anfechtungsverfahren erfolgt nach den Bestimmungen der ZPO, soweit die §§ 243 ff. AktG keine Sonderregelungen enthalten.[32]

Grundsätzlich unterliegt damit das Anfechtungsverfahren auch der zivilprozessrechtlichen Dispositionsmaxime, d. h. der Kläger kann nach den allgemeinen Regeln über den Streitgegenstand durch Klagerücknahme und -verzicht verfügen. Problematisch ist jedoch, wenn dem klagenden Aktionär im Zusammenhang mit der Klagerücknahme oder auch mit einem verfahrensbeendenden Vergleichsschluss Geld oder sonstige Leistungen zufließen. Die Zulässigkeit solcher Leistungen der Gesellschaft ist – obwohl in der Praxis zur Ruhigstellung von Berufsopponenten nicht unüblich – äußerst problematisch und deren Rechtmäßigkeit unter Berücksichtigung der Kapitalerhaltungsvorschriften des § 57 AktG und des Gleichbehandlungsgebots des § 53 a AktG kritisch zu prüfen.[33] Ein Ausgleich des Prozessaufwandes, einschließlich des damit verbundenen Prozesskostenrisikos, und begrenzt auf den Umfang des Schadens, der der Gesellschaft ohne vorzeitige Beendigung des Verfahrens entstehen würde, widerspricht jedenfalls in den meisten Fällen, in denen die Erhebung der Anfechtungsklage nicht missbräuchlich ist, regelmäßig nicht den Grundsätzen des § 57 AktG. Eine rasche Verfahrensbeendigung wird grundsätzlich im Interesse der Gesellschaft sein; zum anderen wird durch eine Prozessbeendigung eine wirtschaftliche Schädigung der Gesellschaft und eine dadurch bedingte Verringerung des Gesellschaftskapitals verhindert.[34] Sofern jedoch die gewährten Zahlungen im deutlichen Missverhältnis zu dem unmittelbar und mittelbar mit dem Prozess verbundenen Aufwand des klagenden Aktionärs stehen, befinden sie sich im Widerspruch zu § 57 AktG, so dass ein entsprechender Vergleichsvertrag zur Beendigung des Anfechtungsverfahrens gemäß § 134 BGB nichtig ist.[35]

---

[30] Siehe dazu unten Rn 19 f.
[31] Diese – zulässige – Antragsverbindung ist für den Kläger ohne zusätzliches Kostenrisiko möglich, Münchener Kommentar AktG/*Hüffer*, § 246 Rn 19 ff.
[32] *Henn*, § 27 Rn 951.
[33] § 248 a AktG RegE UMAG bezweckt daher, als abschreckende Maßnahme gegen missbräuchlich erhobene Anfechtungsklage eine Pflicht zur Veröffentlichung von Vereinbarungen der Gesellschaft mit Aktionären zur Beendigung von Anfechtungsverfahren gesetzlich vorzuschreiben. Die Neuregelung sieht vor, dass der Wortlaut der getroffenen Vereinbarung sowie eine Beschreibung der von der Gesellschaft im Zusammenhang mit der Verfahrensbeendigung zu erbringenden Gegenleistung im elektronischen Bundesanzeiger unverzüglich zu veröffentlichen ist. Ohne diese Veröffentlichung entsteht die von der Gesellschaft bzw. von Dritten, die im Interesse der Gesellschaft handeln, zu erbringende Leistungspflicht nicht, vgl. RegE UMAG S. 65.
[34] Vgl. *Hommelhoff*/Timm, AG 1998, 168, 169 f., die eine Pflicht des Vorstandes statuieren, die übrigen Aktionäre durch Angabe der Zahlungen im Anhang zum Jahresabschluss sowie durch Information in der Hauptversammlung entsprechend zu informieren. Ebenso *Mertens*, Die Vergleichs- und Abfindungsbefugnis des Vorstands gegenüber opponierenden Aktionären, AG 1988, 118, 120 f.; Großkommentar/*Schmidt*, § 246 Rn 69. Eher ablehnend Münchener Kommentar AktG/*Hüffer*, § 245 Rn 54.
[35] Großkommentar/*Schmidt*, § 246 Rn 69 f.; **aA** *Mertens*, AG 1988, 118, 120 f., der jedenfalls von einem gem. § 76 AktG gerechtfertigten Verhalten des Vorstands ausgeht, da das „Abkaufen" der Anfechtungsklage darauf zielt, noch größeren Schaden von der Gesellschaft abzuwenden als bei einem lang andauernden und ggf. erfolgreichen Anfechtungsprozess zu befürchten ist.

3. Missbrauch des Anfechtungsrechts

12   Bei einer missbräuchlichen Ausübung erlischt das Anfechtungsrecht. Dies ist der Fall, wenn der Aktionär die Anfechtungsklage zur Verfolgung gesellschaftsfremder Zwecke betreibt, insbesondere wenn er der Gesellschaft selbstsüchtig oder erpresserisch seinen Willen aufzwingt und damit die ihm als Aktionär obliegende Treuepflicht gegenüber der Gesellschaft verletzt.[36] In der Praxis wird das Anfechtungsrecht häufig dadurch missbraucht, dass Aktionäre mit einer erst unmittelbar vor der Hauptversammlung[37] erworbenen Minimalbeteiligung von wenigen Aktien Klagen mit dem Ziel erheben, sich dem Lästigkeitswert einer konstruierten Anfechtungsklage von der Gesellschaft abkaufen zu lassen.[38] Um offensichtliche Verstöße gegen die Bestimmungen der §§ 53a, 57 AktG zu vermeiden, wird in der Regel die von der Gesellschaft geforderte Zahlung als „Beraterhonorar" des Anfechtungsklägers getarnt. Derart rechtsmissbräuchlich erhobene Anfechtungsklagen führen nach allgemeiner Auffassung zur Verwirkung der Anfechtungsbefugnis, so dass die erhobene Klage als unbegründet abzuweisen ist.[39]

4. Urteil und Rechtsfolgen der erfolgreichen Anfechtungsklage

13   Die rechtskräftige Nichtigerklärung eines Hauptversammlungsbeschlusses durch das Gericht in Folge einer erfolgreichen Anfechtungsklage hat die Nichtigkeit des durch die Nichtigkeit angegriffenen Hauptversammlungsbeschlusses zur Folge, §§ 241 Nr. 5, 248 Abs. 1 Satz 1 AktG. Das Urteil wirkt dabei für und gegen alle Aktionäre sowie Organmitglieder der Gesellschaft, unabhängig von einer etwaigen Parteistellung im Anfechtungsprozess. Der Vorstand der Gesellschaft muss das ergangene Urteil zum Handelsregister der Gesellschaft einreichen und, sofern der angegriffene Beschluss eintragungspflichtig war, eine entsprechende Handelsregistereintragung beantragen. Dem Urteil kommt dabei ausschließlich kassatorische Wirkung zu[40]; der angefochtene Beschluss wird daher nicht durch das Gericht durch einen anderen wirksamen Beschluss ersetzt. Der nunmehr nichtige Beschluss entfällt somit ersatzlos.[41]

14   Sofern die Anfechtungsklage sich nur gegen bestimmte Teile eines grundsätzlich einheitlichen Beschlusses richtet, ist die Frage einer möglichen Ausstrahlung der festgestellten Nichtigkeit eines Beschlussteils auf den gesamten Beschlusskomplex bei Verfahrensfehlern danach zu beantworten, ob der festgestellte Anfechtungsgrund für die Willensbildung der Hauptversammlung im Zusammenhang mit dem gesamten Abstimmungspunkt ausschlaggebend war.[42] Bei Verletzung materiell-rechtlicher Be-

---

[36] BGHZ 33, 175, 186; *Henze* Rn 1259.
[37] Zu den diesbezüglich geplanten Einschränkungen des Anfechtungsrechts durch das UMAG vgl. oben Fn 33.
[38] Dabei ist unerheblich, zu welchem Zeitpunkt des Anfechtungsverfahrens der Anfechtungskläger die Geldleistung von der Gesellschaft fordert, vgl. BGH NJW 1992, 569, 571.
[39] BGH AG 1992, 448 (449); Kölner Kommentar AktG/*Zöllner*, § 245 Rn 89; Münchener Handbuch des Gesellschaftsrecht/*Semler*, § 41 Rn 66; **aA** Großkommentar/*Schmidt*, § 245 Rn 75, der eine missbräuchliche Anfechtungsklage bereits als unzulässig erachtet.
[40] Großkommentar/*Schmidt*, § 248 Rn 11.
[41] Vgl. jedoch wegen der geplanten Einschränkung der Anfechtungswirkung unten Fn 46.
[42] Münchener Kommentar AktG/*Hüffer*, § 243 Rn 11.

stimmungen ist daher entsprechend § 139 BGB zu entscheiden, ob ein Beschluss auch ohne den nichtigen Teil rechtlich zulässig ist. Für diesen Fall ist weiterhin durch Auslegung des Gesamtzusammenhangs[43] zu ermitteln, ob angenommen werden kann, dass der um den nichtigen Teilgegenstand reduzierte Beschluss gleichfalls von dem Zustimmungswillen der Hauptversammlung gedeckt ist.[44] Kann diese Frage positiv entschieden werden, gilt der rechtsfehlerfreie Teil des Beschlusses fort. Dieser Fragenkomplex ist bei der Anfechtung des Bezugsrechtsausschlusses gemäß § 186 Abs. 3 AktG im Zusammenhang mit der Emission von Aktien oder Anleihen von großer praktischer Relevanz. Dabei wird man grundsätzlich von einer Teilanfechtbarkeit (und damit zulässigen Teilnichtigkeit) des Gesamtbeschlusses ausgehen können. Dies gilt insbesondere dann, wenn der Hauptversammlungsbeschluss dem Vorstand zum Ausschluss des Bezugsrechts pauschal ohne weitere Zweckbindung für die Verwendung des genehmigten Kapitals ermächtigt hat.[45]

5. Auswirkung der Nichtigkeit bei bereits umgesetzten Beschlüssen

Für bereits umgesetzte Hauptversammlungsbeschlüsse kann die nachträglich eintretende Rückwirkung der Nichtigkeit folgenschwere Konsequenzen mit erheblicher Außenwirkung haben.[46] In der Praxis wichtigstes Beispiel für eine börsennotierte Aktiengesellschaft ist der rückwirkende Wegfall eines Kapitalerhöhungsbeschlusses bzw. der entsprechenden Ermächtigungsgrundlage, nachdem zB Aktien oder Anleihen bereits an Altaktionäre oder außenstehende Investoren begeben oder sogar der Handel an einer Börse aufgenommen wurde. Bei der Begebung von Aktien im Zusammenhang mit einer regulären Kapitalerhöhung oder durch Ausnutzung genehmigten Kapitals hat die erfolgreiche Anfechtung des Kapitalerhöhungsbeschlusses bzw. des Ermächtigungsbeschlusses gemäß § 202 Abs. 1 AktG zur Folge, dass die begebenen Aktien aufgrund ihrer kausalen Natur ebenfalls von der Nichtigkeit erfasst werden.[47]

15

---

[43] OLG Hamburg, AG 2000, 326, 328.
[44] BGH NJW 1988, 1214; 1994, 520, 523; Großkommentar/*Schmidt*, § 241 Rn 27.
[45] *Hüffer*, § 203 Rn 32. Die Auffassung, dass eine Teilanfechtung für den Fall ausscheidet, dass ein Bezugsrechtsausschluss unmittelbar durch die Hauptversammlung der Gesellschaft selbst beschlossen worden ist, geht jedenfalls zu weit, da der einzelne Aktionär bei einer späteren Umsetzung des Beschlusses unter Berücksichtigung des angefochtenen Bezugsrechtsauschlusses keine Rechtsverlust, sondern gegenüber der ursprünglichen Beschlussfassung sogar zusätzlich zur Ausübung seines Bezugsrechts ermächtigt ist; **aA** OLG Frankfurt am Main, WM 1993, 373, 375 f.; Münchener Handbuch Gesellschaftsrecht/*Krieger*, § 58 Rn 22 mwN.
[46] Die damit verbundenen Konsequenzen hat der Gesetzgeber erkannt und im Entwurf des UMAG entsprechende Forderungen der Regierungskommission Corporate Governance umgesetzt. Ziel der in § 246 a AktG RegE UMAG vorgesehenen Regelung ist es, ein registergerichtliches Freigabeverfahren nach dem Vorbild der §§ 319 Abs. 6 AktG, 16 Abs. 3 UmwG zu schaffen, das auch bei erhobener Anfechtungsklage eine Eintragung des angefochtenen Hauptversammlungsbeschlusses ins Handelsregister der Gesellschaft ermöglichen würde. Erfolgt die Eintragung, so wird der Beschluss trotz des laufenden Anfechtungsverfahrens bestandskräftig, vergleichbar mit den Regelungen der §§ 16 Abs. 3, 20 Abs. 2 UmwG. Der Anfechtungskläger wäre in einem solchen Fall bei einem stattgebenden Urteil auf Schadensersatzansprüche beschränkt. Vgl. dazu insgesamt RegE UMAG S. 59 f.
[47] Kölner Kommentar AktG/*Lutter*, § 191 Rn 5; Zöllner AG 1993, 68, 70 f. Ob eine Eintragung des nichtigen Hauptversammlungsbeschlusses in das Handelsregister der Gesellschaft bereits er-

16 Bei einer konsequenten Anwendung des Grundsatzes der rückwirkenden Nichtigkeit auf einen Kapitalerhöhungsbeschluss wäre die Folge, dass die Rechtsstellung der Zeichner der ausgegebenen Aktien bzw. etwaige Folgeerwerber der Aktien als Aktionäre der Gesellschaft nachträglich insgesamt entfiele. Ebenso wären Leistungen, die die Gesellschaft ihren vermeintlichen Aktionären vor der Verkündung des Urteils im Anfechtungsprozess gewährt hat, wie zB Dividendenausschüttungen, Bezugsrechte usw., rechtsgrundlos erfolgt und müssten nach bereicherungsrechtlichen Grundsätzen rückabgewickelt werden.[48] Zugleich stellt sich die Frage, wie sich ein rückwirkender Wegfall der Aktionärsstellung auf eine zwischenzeitliche Ausübung des Stimmrechts aus dem mangelbehafteten Aktien auswirkt.[49] Gerade bei börsennotierten Gesellschaften ist jedoch eine bereicherungsrechtliche Rückabwicklung äußerst unpraktikabel und berücksichtigt nicht, dass in der Regel der vormalige Zeichner der Aktien (zB die emissionsbegleitenden Banken) zum Zeitpunkt der Urteilsverkündung die Aktien in der Regel bereits über die Börse veräußert oder anderweitig platziert haben wird. Eine bereicherungsrechtliche Rückabwicklung würde daher in einer Vielzahl von Fällen zwischen der Gesellschaft und Personen stattfinden, die ihre (vermeintliche) Aktionärsstellung bereits wieder aufgegeben haben. Daher ist eine in Folge einer erfolgreichen Anfechtungsklage vernichtete, durchgeführte Kapitalerhöhung nach herrschender und richtiger Ansicht nach den Grundsätzen über die fehlerhafte Gesellschaft zu behandeln.[50] Die fehlerhafte Beteiligung ist damit bis zum Eintritt der Rechtskraft des Urteils[51] zunächst wirksam und entfällt erst für die Zukunft. Handlungen, die der Inhaber der Aktie gegenüber

---

folgt ist, ist dabei unerheblich, da der Eintragung, anders als bei Umstrukturierungsmaßnahmen nach dem UmwG, keine konstituierende Wirkung zukommt. Keinesfalls zu folgen ist jedoch der Auffassung von *Schleyer*, Die Unwirksame Kapitalerhöhung, AG 1957, 147 ff., und zuletzt auch *Trendelenburg*, Auswirkungen einer wichtigen Kapitalerhöhung auf die Wirksamkeit nachfolgender Kapitalerhöhungen für Aktiengesellschaften, NZG 2003, 860 ff., dass die Nichtigkeit einer Kapitalerhöhung auch spätere Kapitalerhöhungen erfasst, da eine Aktie ihren Inhaber mitgliedschaftliche Rechte bereits durch Zeichnung der Aktie und Zahlung des Zeichnungsbetrags gewährt und dabei nicht voraussetzt, dass die zeitlich der Zeichnung vorangegangenen Gewährungen mitgliedschaftlicher Rechte an anderen rechtlichen Bestand haben.

[48] Münchener Handbuch des Gesellschaftsrechts/*Semler*, § 41 Rn 87; siehe auch *Schockenhoff*, Die Haftung für die Ausgabe neuer Aktien bei Nichtigerklärung des Kapitalerhöhungsbeschlusses, DB 1994, 2327 Fn 4 mwN.

[49] In Entsprechung der allgemeinen Ansicht zur konstitutiven Wirkung der Beschlussverkündung durch den Vorsitzenden der Hauptversammlung dürfte auch in diesem Fall von einem grundsätzlich wirksamen Abstimmungsergebnis ausgegangen werden, das allerdings anfechtbar ist, vgl. Großkommentar/*Werner*, § 130 Rn 27; Huber, Die Abfindung der neuen Aktionäre bei Nichtigkeit der Kapitalerhöhung, FS Claussen, 147, 149.

[50] *Hüffer*, § 248 Rn 7 a; Großkommentar/*Wiedemann*, § 189 Rn 41; *Schmidt*, Gesellschaftsrecht, § 6 IV. 3, S. 156; *Huber*, FS Claussen, 147, 148 f.; *Zöllner*, Folgen der Nichtigkeitserklärung durchgeführter Kapitalerhöhungsbeschlüsse, AG 1993, 68, 72 ff.

[51] Dieser Zeitpunkt erscheint bei börsennotierten Gesellschaften in Anbetracht der Verpflichtung gem. § 15 Abs. 1 Satz 1 WpHG akzeptabel, dass ein gegen die Gesellschaft ergangenes Anfechtungsurteil unverzüglich im Rahmen einer Ad-hoc-Mitteilung zu veröffentlichen ist. Bei Aktiengesellschaften, deren Aktien nicht börsennotiert sind, tritt an Stelle der „Veröffentlichung" des Urteils im Zusammenhang mit der Ad-hoc-Mitteilung die Einreichung des Urteils zum Handelsregister der Gesellschaft gem. § 248 Abs. 1 Satz 2 AktG, so dass auf diesen Zeitpunkt für die Bestimmung des Eintritts der Nichtigkeit abzustellen ist.

der Gesellschaft vor Eintritt der Rechtskraft vorgenommen hat, wie zB Ausübung des Stimmrechts aus den Aktien, bleiben daher wirksam. Ausgeschüttete Gewinne bzw. Bezugsrechte usw. verbleiben bei demjenigen Gesellschafter, dem sie gewährt wurden. Einlagen, die durch den Zeichner der Aktie erbracht worden sind, sind gleichermaßen mit Rechtsgrund geleistet worden, so dass eine Rückforderung auch in diesem Fall folgerichtig ausscheidet.[52]

Der zum Stichtag der Unwirksamkeit des Kapitalerhöhungsbeschlusses aktuelle Aktionär, der seine mitgliedschaftliche Rechtstellung insgesamt verliert, ist für diesen Rechtsverlust von der Gesellschaft unter Berücksichtigung von §53a AktG zu entschädigen.[53] Bei börsennotierten Gesellschaften ist im Fall einer Barabfindung den ausscheidenden Aktionären der jeweilige Börsenpreis[54] der Aktien zu zahlen.[55]

Neben einer Barabfindung kommt als gleichwertige Alternative eine Abfindung der betroffenen Nicht-Mehr-Aktionäre in Form von fehlerfreien Aktien in Betracht. Diese Abfindungsalternative bietet aus Sicht der Gesellschaft zunächst den Vorteil, dass die Gesellschaft nicht auf eine bestimmte Vorgehensweise beschränkt bleibt, wie die den betroffenen Aktionären zu gewährenden Aktien zugeschaffen sind.[56] Zudem bietet die Möglichkeit, die von der Nichtigkeit des Kapitalerhöhungsbeschlusses betroffenen Aktionäre durch fehlerfreie Aktien zu entschädigen, für die Gesellschaft die gegenüber der Barabfindung erheblich günstigere Variante.

---

[52] *Schmidt*, Gesellschaftsrecht, §6 IV. 3 S.156.
[53] *Huber*, FS Claussen, 149, 152; *Zöllner*, AG 1993, 86, 75f.; *Kort*, Aktien aus vernichteten Kapitalerhöhungen, ZGR 1994, 291, 313f. Eine Entschädigung etwaiger Folgeerwerber der Aktien durch die Gesellschaft erfolgt indes nicht; Ansprüche bestehen ausschließlich zwischen Veräußerer und Erwerber der Aktien. Dabei wird ein Folgeerwerber der Aktien regelmäßig über die Anhängigkeit eines Anfechtungsverfahrens durch einen entsprechenden Hinweis darauf im Börsenzulassungsprospekt der Aktien informiert sein. Informationen über die Anhängigkeit einer Anfechtungsklage sind daher in den Börsenzulassungsprospekt aufzunehmen; BGH NJW 1998, 3345, 3346. Um einerseits nach außen kenntlich zu machen, dass Aktien mit einem Anfechtungsrisiko behaftet sind, und um anderseits der Gesellschaft mit Hinblick auf eine mögliche Nichtigkeit der durchgeführten Kapitalerhöhung deren Abwicklung am Kapitalmarkt zu erleichtern, sollten Emittenten daher Aktien, deren mögliche Nichtigkeit wegen eines laufenden Anfechtungsverfahrens zu besorgen ist, mit einer von den übrigen Aktien der Gesellschaft unterschiedlichen Wertpapierkennnummer versehen.
[54] Praktikabel erscheint in diesen Fällen, auf den jeweiligen Referenzpreis am Ende des Handelstages abzustellen, der der Bekanntmachung des Urteils durch die Gesellschaft gem. §15 Abs. 1 Satz 1 WpHG unmittelbar vorangeht.
[55] So *Huber*, FS Claussen, 149, 154 mit überzeugender Begründung; **aA** *Hüffer*, §248 Rn 7a; Großkommentar/*Wiedemann*, 189 Rn 41 jeweils mwN (Abfindung gem. §237 AktG).
[56] Diese kann gem. §71 Abs. 1 AktG oder mittels Ausnutzung bestehender genehmigter Kapitalien erfolgen; ebenso ist eine Neuvornahme der Kapitalerhöhung ein gangbarer Weg. Zwar hat grundsätzlich die Gesellschaft und insbesondere das diesbezüglich zuständige Gesellschaftsorgan Hauptversammlung frei zu entscheiden, wie auf die Nichtigkeit der gesellschaftsrechtlichen Grundlage der Kapitalerhöhung zu reagieren ist. Dabei sind neben wesentlichen wirtschaftlichen Interessen der Gesellschaft jedoch auch etwaige Ansprüche der Zeichner (zB bei einem Private Placement der Aktien) oder der emissionsbegleitenden Bank auf Lieferung fehlerfreier Aktien zu berücksichtigen, vgl. *Zöllner* AG 1993, 68, 78. Vgl. auch LG Frankfurt/Main, DB 2003, 987ff. wegen der Pflicht des Vorstandes, angefochtene Beschlüsse der Hauptversammlung erneut zur Beschlussfassung vorzulegen.

III. Nichtigkeitsklage und weitere Aktionärsklagen

19 Gemäß § 249 AktG steht den Aktionären[57] sowie dem Vorstand insgesamt bzw. einzelnen Mitgliedern der Leitungsorgane der Gesellschaft die Erhebung der Nichtigkeitsklage als ein weiteres Mittel zur Verfügung, die rechtliche Gültigkeit eines Beschlusses der Hauptversammlung gerichtlich feststellen zu lassen.[58] Wegen des mit der Anfechtungsklage grundsätzlich identischen Klage- und Rechtsschutzziels der Nichtigkeitsklage[59] gelten gemäß § 249 Abs. 1 Satz 1 2. Halbsatz AktG für das Verfahren der Nichtigkeitsklage die Regeln des Anfechtungsprozesses weitestgehend sinngemäß; dies soll auch für die durch das UMAG neu einzuführenden Regelungen des Anfechtungsrechts gelten. Dies gilt gleichermaßen für die Verpflichtung des Vorstandes gemäß § 248 Abs. 1 AktG, das in einer Nichtigkeitsklage ergangene Urteil beim Handelsregister der Gesellschaft einzureichen und gegebenenfalls bekannt zu machen. Da die Verweisung in § 249 Abs. 1 Satz 1 AktG die Fristbindung des 246 Abs. 1 AktG nicht miterfasst, ist im Gegensatz zur Anfechtungsklage die Erhebung der Nichtigkeitsklage ohne Fristbindung möglich.[60] Um eine Umgehung des Fristerfordernisses bei der Anfechtungsklage auszuschließen, kann eine Nichtigkeitsklage jedoch nur zwecks Geltendmachung der abschließend im Gesetz aufgezählten Nichtigkeitsgründe erhoben werden.[61] Ergeht ein Urteil, das den Anträgen der Nichtigkeitskläger statt gibt, wirkt dies wie im Falle einer Anfechtungsklage für und gegen jedermann.[62]

20 Neben den gesetzlich geregelten Klageformen der Anfechtungs- und der Nichtigkeitsklagen ist seit der Holzmüller-Entscheidung[63] eine allgemeine Aktionärs-

---

[57] Anders als bei der Anfechtungsklage muss für die Zulässigkeit der Nichtigkeitsklage der Kläger im Zeitpunkt der Klageerhebung durch Aktienbesitz an der Gesellschaft beteiligt sein; *Hüffer*, § 249 Rn 5. Ein darüber hinausgehendes Rechtsschutzbedürfnis des Klägers ist regelmäßig nicht erforderlich. Etwas anderes kann sich allerdings daraus ergeben, wenn der angegriffene Beschluss der Hauptversammlung, der Gegenstand der Nichtigkeitsklage ist, vor der Entscheidung des Gerichts von der Hauptversammlung fehlerfrei wiederholt worden ist; Münchener Handbuch des Gesellschaftsrechts/*Semler*, § 41 Rn 94 mwN.

[58] Für den Sonderfall der Feststellung der Nichtigkeit von Aufsichtsratswahlen sind zudem die in § 250 Abs. 2 AktG genannten Personen zur Erhebung der Nichtigkeitsklage berechtigt.

[59] Aus diesem Grund wird regelmäßig der Antrag auf Feststellung der Nichtigkeit eines Beschlusses der Hauptversammlung mit der hilfsweisen Erhebung einer Anfechtungsklage kombiniert. Eine solche Verfahrenskombination ist grundsätzlich zulässig, vgl. BGHZ 116, 359, 372 und lässt für den Kläger kein zusätzliches Kostenrisiko entstehen, vgl. oben Fn 31.

[60] Eine Ausnahme gilt für Beschlüsse der Hauptversammlung im Zusammenhang mit Umstrukturierungen nach dem UmwG: Bei Verschmelzungen, Spaltungen oder beim Formwechsel ist nach Ablauf der Monatsfrist auch ein Angreifen des zustimmenden Hauptversammlungsbeschlusses durch Erhebung der Nichtigkeitsklage ausgeschlossen, vgl. §§ 14 Abs. 1, 125, 195 Abs. 1 UmwG.

[61] Eine vollständige Aufzählung der Nichtigkeitsgründe befindet sich bei *Henn*, § 28 Rn 964. Anders als bei der Anfechtungsklage besteht jedoch – mangels Fristbindung der Nichtigkeitsklage – keine Verpflichtung, die geltend gemachten Nichtigkeitsgründe innerhalb eines bestimmten Zeitrahmens in den Prozess einzuführen, vgl. Münchener Handbuch des Gesellschaftsrechts/*Semler*, § 41 Rn 103 mwN.

[62] Diese Anerkennung einer umfassenden Rechtskraftwirkung ist **allgM**, vgl. Münchener Kommentar AktG/*Hüffer*, § 249 Rn 23; Kölner Kommentar AktG/*Zöllner*, § 249 Rn 41, trotz eines diesbezüglich eingeschränkten Gesetzeswortlaut der §§ 249, 248 Abs. 1 AktG.

[63] BGHZ 83, 122, 131 f.

Teil 3. Hauptversammlung und Aktionär   21 § 8

klage anerkannt, mit der der einzelne Aktionär Kompetenzüberschreitungen der Gesellschaftsorgane Vorstand und Aufsichtsrat zu Lasten der Hauptversammlung daraufhin gerichtlich überprüfen lassen kann, ob sie mit der Satzung oder mit dem Gesetz vereinbar sind.[64] Die Erhebung der allgemeinen Aktionärsklage ist jedoch nur zulässig, soweit das Aktienrecht für die Klärung der strittigen Frage kein geeignetes Verfahren zur Verfügung stellt.[65] In der Regel ist in diesen Fällen Feststellungsklage zu erheben[66], unter Umständen kann jedoch auch eine Leistungsklage zulässig sein.[67] Voraussetzung für die Klageerhebung ist, dass der klagende Aktionär durch eine unzulässige Ausschaltung der Hauptversammlung bei einem innergesellschaftlichen Entscheidungsprozess in seiner mitgliedschaftlichen Mitwirkungsbefugnis betroffen worden ist.[68]

IV. Spruchverfahren

1. Bedeutung des Spruchverfahrens

Grundsätzlich besteht die Möglichkeit, ein Spruchverfahren (teilweise auch: Spruchstellenverfahren) einzuleiten in den Fällen, in denen gesetzlich oder durch die Rechtsprechung eine Kompensationsleistung an diejenigen (Minderheits-)Aktionäre zu gewähren ist, die in Folge der Durchführung einer Strukturmaßnahme eine Beeinträchtigung ihrer mitgliedschaftlichen Rechtsposition, und eine damit in der Regel einhergehende Entwertung ihrer Vermögensposition, erlitten haben.[69] Bei der Einleitung eines Spruchverfahrens unterscheidet sich jedoch die Zielsetzung des klagenden Aktionärs in einer Hinsicht wesentlich von der Zielsetzung bei der Erhebung einer Anfechtungs- bzw. Nichtigkeitsklage: Eine Anfechtung des Beschlusses, auf dessen Grundlage die Durchführung der jeweiligen Strukturmaßnahme erfolgen soll, ist regelmäßig ausgeschlossen, soweit die Anfechtung darauf gestützt ist, dass die angebotene Kompensationsleistung nicht angemessen ist bzw. eine gesetzlich verbindlich vorgeschriebene Kompensation nicht oder nicht ordnungsgemäß angeboten worden ist (vgl. §§ 304 Abs. 3 Satz 2, 305 Abs. 5 Satz 2, 320 b Abs. 2 Satz 1 und 3, 327 f Abs. 1 Satz 1 und 3 AktG[70]; §§ 14 Abs. 2, 32, 195

21

---

[64] Münchener Handbuch des Gesellschaftsrechts/*Wiesner*, § 18 Rn 11.
[65] BGHZ 83, 122, 124 ff.
[66] BGHZ 83, 122, 125 f.
[67] BGHZ 83, 122, 135 f.
[68] BGHZ 83, 122, 135. Hinsichtlich der Einschränkung der „Holzmüller"-Grundsätze durch die „Gelatine"-Entscheidung des BGH, vgl. 2 Rn 91.
[69] Hinsichtlich des Anwendungsbereichs des Spruchverfahrens siehe Rn 27 ff.
[70] Die Durchführung eines Spruchverfahrens ist jedoch im Zusammenhang mit der Durchführung einer Eingliederung gemäß §§ 320 ff. AktG bzw. eines Ausschlusses von Minderheitsaktionären („Squeeze-Out") gemäß §§ 327 a ff. AktG subsidiär gegenüber der Erhebung der Anfechtungsklage nach § 243 AktG, soweit der Anspruch auf gerichtliche Überprüfung darauf gestützt wird, dass die gesetzlich vorgeschriebene Abfindung nicht oder nicht ordnungsgemäß angeboten worden ist; §§ 320b Abs. 2 S. 3, 327 f. Abs. 1 S. 3 AktG. Ein Antrag auf Durchführung des Spruchverfahrens ist in solchen Fällen erst nach Verstreichen der Monatsfrist nach § 246 Abs. 1 AktG für die Erhebung der Anfechtungsklage bzw. nach Rücknahme oder rechtskräftiger Abweisung der Anfechtungsklage möglich.

Abs. 2, 210 UmwG).[71] Ziel des Spruchverfahrens ist es demnach nicht, die Wirksamkeit der beschlossenen Strukturmaßnahme anzugreifen und deren Umsetzung dadurch zu blockieren. Vielmehr bezweckt die Einleitung des Verfahrens, den gewährten Ausgleichs- bzw. Abfindungsanspruch gerichtlich überprüfen zu lassen, der den Minderheitsaktionären im Zusammenhang mit der unternehmerischen Strukturmaßnahme als Kompensation für die Beschneidung oder sogar für den Entzug ihrer vor Umsetzung der Strukturmaßnahme bestehenden Rechtsstellung gewährt wird. Der Aktionär kann dadurch, dass ihm in derartigen Fällen ein direkter Angriff gegen die Durchführung der Strukturmaßnahme verwehrt und als einziger Rechtsbehelf nur die mögliche Einleitung eines Spruchverfahrens zur Verfügung steht, die damit nur indirekt angreifbare Strukturmaßnahme weder aufhalten noch vollständig stoppen. Die Streitigkeit über die Angemessenheit der Kompensationsleistung wird somit von der Durchführung der gesellschaftsrechtlichen Umstrukturierung abgekoppelt. Die Rechtsstellung des betroffenen Aktionärs wird in diesen Fällen ausschließlich dadurch geschützt, dass der Umfang der Kompensation dahingehend gerichtlich überprüft wird, ob die angebotene Leistung einen angemessenen Ersatz für den im Zusammenhang mit der Strukturmaßnahme entstandenen Rechtsverlust bietet.

22   Trotz dieser gegenüber Anfechtungs- und Nichtigkeitsklage eingeschränkten Rechtsschutzmöglichkeit für den von der Strukturmaßnahme betroffenen Aktionär haben Spruchverfahren eine erhebliche praktische Bedeutung. Dies ist zum einen dadurch begründet, dass spätestens seit der Reform des Umwandlungsrechts die – meist steuerrechtlich motivierten – gesellschaftsrechtlichen Umstrukturierungen innerhalb eines Konzerns oder Konzernteils an praktischer Bedeutung gewonnen haben. Zum anderen wurde sowohl durch den Gesetzgeber[72] als auch durch die Rechtsprechung[73] der Anwendungsbereich des Spruchverfahrens auf zusätzliche Strukturmaßnahmen ausgeweitet; u. a. wegen der bislang überlangen Verfahrensdauer, der aufwendigen Beweisaufnahme, die regelmäßig die Einholung eines zusätzlichen Bewertungsgutachtens einschließt, und des fehlenden Kostenrisikos der

---

[71] Die Verdrängungswirkung des Spruchverfahrens gegenüber der Anfechtungsklage soll zudem durch das UMAG grundsätzlich erweitert werden. Danach soll zukünftig auch bei der Verletzung von Informationspflichten im Zusammenhang mit Bewertungsfragen die Möglichkeit, Anfechtungsklage zu erheben, dann ausgeschlossen sein, wenn gesetzlich dafür die Durchführung eines Spruchverfahrens vorgesehen ist; vgl. § 243 Abs. 4 Satz 2 AktG RegE UMAG. Bei unrichtiger, unvollständiger oder verweigerter Erteilung bleibt das Anfechtungsrecht bestehen, vgl. RegE UMAG, S. 57. Da jedoch der RegE UMAG auf eine Aufzählung von einschlägigen Anwendungsfällen verzichtet, wird der Vorschrift wohl nur eine klarstellende Funktion zukommen. Allerdings lässt sich die Begründung des RegE UMAG dergestalt interpretieren, dass im Einklang mit der einschlägigen Rechtsprechung (siehe dazu unten Fn 91 f.) von einem prinzipiellen Vorrang des Spruchverfahrens in Bezug auf die Klärung sämtlicher Bewertungsfragen auszugehen ist; vgl. RegE UMAG, S. 57.

[72] Bei der Einfügung der §§ 327a ff. AktG durch das Gesetz zur Regelung von öffentlichen Angeboten zum Erwerb von Wertpapieren und von Unternehmensübernahmen vom 20. Dezember 2001 (BGBl. I, 3822) wurde als Verfahren gemäß § 327f AktG für die Überprüfung der Angemessenheit der den ausgeschlossenen Minderheitsaktionären zu gewährenden Barabfindung das Spruchstellenverfahren gewählt.

[73] Siehe dazu unten Fn 86 f.

Antragsteller sah sich jedoch das Spruchverfahren in seiner bisherigen Gestaltung zunehmender Kritik ausgesetzt[74].

2. Ziel der Neuregelung

Der Gesetzgeber hat mit der Verabschiedung des Gesetzes über das gesellschaftsrechtliche Spruchverfahren (SpruchG)[75] auf diese Kritik reagiert und damit die verfahrensrechtlichen Vorschriften für das Spruchverfahren gebündelt in einem Gesetz zusammenfasst.[76] Die Neufassung der auf das Spruchverfahren anzuwendenden Vorschriften zielt auf eine drastische Verkürzung der durchschnittlichen Verfahrensdauer[77]. 23

Dies soll einerseits durch eine Straffung des Verfahrens erreicht werden, indem auf die bisherige Möglichkeit von Anschlussanträgen verzichtet und strenge Präklusionsfolgen bei der Nichtbeachtung der gerichtlich gesetzten Erwiderungsfristen eingefügt worden sind. Wichtigste materiell-rechtliche Änderung ist zum anderen die generelle Einführung einer ausschließlich durch das Gericht vorzunehmenden Auswahl und Bestellung des sachverständigen Prüfers bei Umstrukturierungsmaßnahmen, die bislang nur wahlweise vorgeschrieben war[78]. Dadurch soll der Rückgriff auf den entsprechenden Prüfungsbericht zur Feststellung der Angemessenheit der Kompensation im Spruchverfahren möglich sein und so verfahrensverlängernde zusätzliche Bewertungsgutachten möglichst vermieden werden[79]. 24

3. Zuständiges Gericht und Verfahren

Das SpruchG hält an der früheren Zuständigkeit des Landgerichts[80] fest, in dessen Bezirk die Gesellschaft, deren Gesellschafter gemäß § 3 SpruchG antragsberechtigt 25

---

[74] Vgl. Bericht der Regierungskommission „Corporate Governance", BT-Drucks. 14/515, S. 169 ff.; *Lutter/Bezzenberger*, Für eine Reform des Spruchverfahrens im Aktien- und Umwandlungsrecht, AG 2000, 433 ff. mwN.

[75] BGBl. I, 838 ff.

[76] Die gesetzgeberische Absicht, durch Konzentration der Vorschriften zum gerichtlichen Verfahren an einer Stelle mehr Klarheit und eine leichtere Handhabe zu gewährleisten (vgl. Begr. RegE S. 20), wird allerdings bereits dadurch zunichte gemacht, dass der in § 1 SpruchG umschriebene Anwendungsbereich des Gesetzes nicht abschließend ist, vgl. dazu *Bungert/Mennicke*, BB 2003, 2021, 2022.

[77] Begr. RegE BT-Drucks. 15/371, S. 11. Für Verfahren, die vor dem 1. September 2003 begonnen wurden, gilt allerdings die bisherige Gesetzeslage fort. Auf Verfahren der zweiten Instanz (Beschwerdeverfahren), in denen Beschwerde erst nach dem 1. September 2003 eingelegt wurde, sind jedoch bereits die Vorschriften des SpruchG anzuwenden, § 17 Abs. 2 Satz 2 SpruchG.

[78] Das Tätigwerden des Gerichts setzt allerdings einen Antrag der Unternehmensleitung voraus, der auch nicht bindende Vorschläge zur Person des Prüfers enthalten kann, vgl. Begr. RegE BT-Drucks. 15/371, S. 18. Da durch die Neuregelung einer möglichen Parteinähe des Prüfers entgegengewirkt werden und u.U. daher der Prüfer in der mündlichen Verhandlung als sachverständiger Zeuge zur Verfügung stehen soll, vgl. *Neye*, Die Reform des Spruchverfahrens, NZG 2002, 23, 24, scheidet der Abschlussprüfer einer Gesellschaft regelmäßig als Prüfer im Rahmen der Strukturmaßnahme aus. Eine Bestellung des Prüfers ausschließlich durch das Gericht sieht bereits § 327 c Abs. 2 AktG vor. Das OLG Düsseldorf, DB 2001, 190, sowie das LG Frankfurt a. M., DB 2001, 1980, haben für den Fall, dass der Prüfer durch das Gericht bestellt worden ist, die Erstellung eines zusätzlichen Sachverständigengutachtens im Spruchverfahren für entbehrlich gehalten.

[79] Begr. RegE BT-Drucks. 15/371, S. 1.

[80] Sofern am jeweiligen Landgericht eine Kammer für Handelssachen gebildet ist, entscheidet diese, § 2 Abs. 2 SpruchG. Dabei sind dem Vorsitzenden der Kammer erhebliche Entscheidungs-

sind, ihren Sitz hat, § 2 Abs. 1 Satz 1 SpruchG. Um eine gleichzeitige Zuständigkeit mehrerer Gerichte im Zusammenhang mit ein- und derselben Strukturmaßnahme zu vermeiden, haben mehrere Länder[81] von der Möglichkeit Gebrauch gemacht, die Zuständigkeit für Spruchverfahren zu zentralisieren. Andernfalls ist das zuständige Gericht gemäß § 2 Abs. 1 SpruchG iVm. §§ 4, 5 FGG zu ermitteln[82].

26 Das Verfahren richtet sich grundsätzlich nach den Vorschriften des FGG, soweit im SpruchG keine ausdrücklichen Regelungen enthalten sind. Den Beteiligten sind unfangreiche Verfahrensförderungspflichten auferlegt. Dazu zählt neben den fristgebundenen Erwiderungspflichten gemäß § 7 Abs. 2 und 4 SpruchG die Verpflichtung des Antragsgegners, auf Verlangen des Antragstellers oder des Gerichts alle für das Verfahren relevanten Unterlagen dem Gericht vorzulegen. Die Vorlagepflicht erstreckt sich nicht nur auf die nach den Vorschriften des AktG bzw. UmwG zu erstellenden Berichte und Prüfungsgerichte, sondern schließt auch interne Unterlagen des Antragsgegners wie in Auftrag gegebene Bewertungsgutachten oder vorbereitende Arbeitspapiere beratender Wirtschaftsprüfer oder Investmentbanken mit ein.[83] Der Umstand, dass auch Dokumente aus der Vorbereitungsphase einer Strukturmaßnahme uU in einem späteren Spruchverfahren vorzulegen sind, muss daher bereits bei der Planung und Durchführung einer Transaktion bedacht und bei der Erstellung umfangreicher Dokumentationen in der Planungsphase berücksichtigt werden. Unentschuldigt verspätete Vorbringen und Rügen sind gemäß § 10 Abs. 2 und 4 SpruchG präkludiert. Bereits vor Beginn der mündlichen Verhandlung kann das Gericht einzelne für das Verfahren wesentlicher Fragen einem Sachverständigen zur mündlichen oder schriftlichen Beantwortung vorlegen. Dabei soll der Sachverständige im Regelfall mit dem gerichtlich bestellten Prüfer identisch sein.[84]

4. Anwendungsbereich des SpruchG

27 Das Spruchverfahren findet nach dem Katalog des § 1 SpruchG Anwendung bei der Überprüfung der Angemessenheit von Ausgleichs- bzw. Abfindungszahlungen

---

befugnisse eingeräumt, die bei Einverständnis der Verfahrensbeteiligten auf das gesamte Verfahren ausgeweitet werden können, § 2 Abs. 3 SpruchG.

[81] Baden-Württemberg (LG Mannheim und LG Stuttgart), Bayern (LG München I und LG Nürnberg-Fürth), Hessen (LG Frankfurt), Niedersachsen (LG Hannover), Nordrhein-Westfalen (LG Dortmund, LG Düsseldorf, und LG Köln), und Sachsen (LG Leipzig).

[82] Näher hierzu *Bungert/Mennicke*, BB 2003, 2021, 2024.

[83] Begr. RegE BT-Drucks. 15/371, S. 15. Soweit die vorzulegenden Unterlagen sensible Informationen in Bezug auf Unternehmens- oder Betriebsgeheimnisse enthalten, kann beantragt werden, den Antragstellern die Einsicht in die Unterlagen insoweit zu verwehren, § 7 Abs. 7 Satz 2 SpruchG; dementsprechend ist auch eine Offenlegung dieser Informationen im Beschluss des Gerichts nicht möglich, vgl. Begr. RegE, BT-Drucks. 15/371, S. 15. Dennoch scheint eine Verwertung der Informationen bei der Beschlussfassung weiterhin möglich. Es erscheint fraglich, ob eine fehlende Offenlegung dieser Umstände in den Urteilsgründen trotz deren Verwertung noch mit den Grundsätzen eines rechtstaatlichen Verfahrens vereinbar ist. AA in Bezug auf die Offenlegung sämtlicher Informationen, die bei Erstellung des Sachverständigengutachten zugrunde liegen, OLG Düsseldorf, WM 1984, 732, 739 und LG Frankfurt a. M., WM 1987, 559, 560. Zur Anwendbarkeit der Vertraulichkeitsklausel auf die Vorlagepflicht gem. § 7 Abs. 5 SpruchG vgl. im Übrigen *Bungert/Mennicke*, BB 2003, 2021, 2027.

[84] Vgl. oben Fn 78.

im Zusammenhang mit (1) dem Abschluss von Beherrschungs- und Gewinnabführungsverträgen gemäß §§ 304, 305 AktG (§ 1 Nr. 1 SpruchG), (2) Eingliederungen von Aktiengesellschaften gemäß § 320b AktG (§ 1 Nr. 2 SpruchG), (3) der Übertragung der von den Minderheitsaktionären gehaltenen Aktien auf den Hauptaktionär („Squeeze-out") gemäß § 327 a ff. AktG (§ 1 Nr. 3 SpruchG) sowie (4) Umwandlungen von Gesellschaften nach dem UmwG (§ 1 Nr. 4 SpruchG). Die Aufzählung der Anwendungsfälle ist jedoch keinesfalls abschließend; vielmehr soll der Anwendungsbereich des Spruchverfahrens auf vergleichbare aktien- und umwandlungsrechtliche Strukturmaßnahmen ausgeweitet und die Möglichkeit der Erhebung einer Anfechtungsklage insoweit ausgeschlossen werden.[85]

Der BGH hat in mehreren Fällen die Grundsätze des Spruchverfahrens auf Strukturmaßnahmen für anwendbar erklärt, obwohl ein entsprechender Verweis in den Bestimmungen des AktG und des UmwG fehlte und die jeweiligen Strukturmaßnahmen daher auch im Katalog des § 1 SpruchG nicht aufgezählt sind. Dazu zählt zum einen die Durchführung eines regulären Delisting einer Aktiengesellschaft durch vollständigen Widerruf der Börsenzulassung der Aktien der Gesellschaft. In Anlehnung an die MotoMeter-Entscheidung des BVerfG[86] verlangt der BGH eine volle Entschädigung des mit dem Delisting für den Aktionär verbundenen vermögensrechtlichen Nachteils, deren Angemessenheit in einem Spruchverfahren ggf. zu überprüfen ist[87]. Weiterhin hat der BGH entschieden, dass für die Geltendmachung von Verletzungen von Informations-, Auskunfts- und Berichtspflichten im Zusammenhang mit Barabfindungsangeboten bei formwechselnden Umwandlungen § 210 UmwG analog heranzuziehen und daher der klagende Aktionär ausschließlich auf das Spruchverfahren zu verweisen sei.[88] 28

Ob auf der Grundlage dieser Entwicklung in der Rechtsprechung die Feststellung getroffen werden kann, dass allgemein bei der Geltendmachung unternehmensbezogener Informationsmängel für den Minderheitsaktionär nur das Spruchverfahren als Rechtsbehelf bei gleichzeitigem Ausschluss der Anfechtungsklage offensteht, ist zweifelhaft. Die Annahme eines Anfechtungsausschlusses ist sicherlich bereits wegen des identischen Wortlauts der § 210 UmwG und § 32 UmwG auch Fall einer Informationspflichtverletzung im Zusammenhang mit der Durchführung einer Verschmelzung gegen Gewährung eines Barabfindungsangebots gerechtfertigt.[89] Denn auch in diesem Fall würde die Zulassung einer Anfechtungsklage dazu führen, dass allein wegen des Streits über die Höhe der Ausgleichsleistung die Durchführung der im Unternehmensinteresse liegenden Strukturmaßnahme blockiert würde.[90] Aus diesem Grund muss vernünftigerweise auch in den Fällen des § 305 Abs. 5 AktG sichergestellt sein, dass durch eine ausschließliche und umfassende Verweisung des klagenden Minderheitsaktionärs auf das Spruchverfahren die Umsetzung des Unter- 29

---

[85] Vgl. Begr. RegE BT-Drucks. 15/371, S. 11 f. sowie Beschlussempfehlung und Bericht des Rechtsausschusses, BT-Drucks. 15/838, S. 16.
[86] NJW 2001, 279 ff.
[87] BGH NJW 2003, 1032, 1035. Vgl. zu den Einzelheiten des Delisting unter § 16.
[88] BGHZ 146, 179 ff.; BGH NJW 2001, 1428 ff.
[89] BGHZ 146, 179, 188; *Hirte* ZGR 167 (2003), 8, 25 f.
[90] *Fritsche/Dreier* BB 2002, 737, 738.

nehmensvertrags gewährleistet ist.[91] Eine darüber hinausgehende Verallgemeinerung einer ausschließlichen Verweisung auf das Spruchverfahren scheitert jedoch bei Eingliederungen und beim Squeeze-out trotz der identischen Interessenlage an dem eindeutigen Wortlaut der §§ 320b Abs. 2 S. 3, 327f Abs. 1 S. 3 AktG.[92] Zusätzlich gilt, dass die Anfechtungsklage primäres Instrument zur Geltendmachung einer Unvereinbarkeit von Hauptversammlungsbeschlüssen mit dem Gesetz oder der Satzung ist. Da der Gesetzeslage keine weiteren Anhaltspunkte entnommen werden können, die für eine weitergehende Verdrängung der Anfechtungsklage durch das Spruchverfahren sprächen, scheidet aktuell eine Ausweitung des Anwendungsbereichs des Spruchverfahrens über den aufgezeigten Rahmen hinaus aus.[93]

5. Antragsteller und Antragsgegner

30 Die Antragsberechtigung zur Einleitung eines Spruchverfahrens gemäß § 3 SpruchG entspricht inhaltlich der Gesetzeslage vor Einführung des SpruchG. Antragsberechtigt ist danach bei Abschluss eines Unternehmensvertrag außenstehende Aktionär bzw. der in Folge von Eingliederungen oder Squeeze-out ausgeschiedene Aktionär. Dasselbe gilt für den Minderheitsaktionär beim regulären Delisting.[94] Bei Strukturmaßnahmen nach dem UmwG ist der jeweils zum Empfang der Ausgleichs- bzw. Abfindungsleistung berechtigte Gesellschafter berechtigt. Das Antragsrecht setzt nicht voraus, dass der klagende Aktionär gegen die jeweilige Strukturmaßnahme gestimmt oder Widerspruch zur Niederschrift erklärt hat.[95] Für die Aktionäre der aufnehmenden Gesellschaft besteht bei umwandlungsrechtlichen Strukturmaßnahmen wie formwechselnden Umwandlungen oder Verschmelzungen keine Möglichkeit, die Höhe der zu gewährenden Ausgleichs- bzw. Abfindungsleistung gerichtlich überprüfen;[96] diese Gesellschafter sind allein auf die Möglichkeit verwiesen, den Zustimmungsbeschluss mit einer Anfechtungsklage anzugreifen. Die entsprechende Rechtsstellung als Gesellschafter muss der Person des Antragstellers zum Zeitpunkt der Stellung des Antrags bestehen.

31 Der Antragsteller muss die Voraussetzungen seiner Antragsbefugnis dem Gericht durch entsprechende Urkunden nachweisen, zB durch Vorlage effektiver Stücke oder durch einen Bankdepotauszug, § 4 Abs. 2 Nr. 2 SpruchG[97]. Dabei ist zu beach-

---

[91] BGHZ 146, 179 (188f.) unter Aufgabe der früheren Rechtsprechung zu § 305 Abs. 5 AktG; *Hüffer*, § 304, Rn 21; *Hirte* ZGR 167 (2003), 8, 26; *Lamb/Schluck-Amend*, DB 2003, 1259, 1263.
[92] **AA** *Henze* ZIP 2002, 97, 107.
[93] Wie oben in Fn 74 dargelegt, könnten sich im Zusammenhang mit den Gesetzgebungsverfahren des UMAG und der Neufassung des § 243 Abs. 4 Satz 2 AktG-E neue Anhaltspunkte für einen grundsätzlichen Vorrang des Spruchverfahrens bei Bewertungsrügen geben. In diesem Zusammenhang spricht sich der RegE UMAG klar für ein Fortschreiben der durch den BGH begonnenen Ausweitung der verdrängenden Wirkung des Spruchverfahrens gegenüber der Anfechtungsklage bei Beschlussmängeln, die Bewertungsfragen betreffen, aus; vgl. RegE UMAG S. 57.
[94] BGH NJW 2003, 1032, 1035. Zur Anwendbarkeit des SpruchG auf Barfindungen im Rahmen eines Delistings vgl. kritisch *Bungert/Mennicke*, BB 2003, 2022f.
[95] Münchener Handbuch des Gesellschaftsrechts/*Krieger* § 70 Rn 115.
[96] *Fritsche/Dreier* BB 2002, 737, 739.
[97] Der Gesetzeswortlaut verlangt zwar ausdrücklich nur einen Nachweis der Stellung als Aktionär; aus den Gesetzesmaterialien ist jedoch nichts zu entnehmen, was gegen eine generelle

ten, dass gemäß § 3 Satz 2 SpruchG der Antragsteller zum Zeitpunkt der Antragstellung Anteilseigner sein muss, so dass die vorgelegten Urkunden auch über diese zusätzliche zeitbezogene Voraussetzung Auskunft geben müssen. Ob die mitgliedschaftliche Stellung des Antragstellers auch bereits im Zeitpunkt des Beschlusses der jeweiligen Strukturmaßnahme bestanden haben muss, ist dem Gesetz nicht zu entnehmen. Der Gesetzgeber hat hier versäumt, mittels einer eindeutigen Regelung dem Missbrauch des Spruchverfahrens Einhalt zu gebieten. In diesen Fällen kann nicht anderes gelten als bei der missbräuchlichen Erhebung einer Anfechtungsklage[98]; der Antrag ist daher bei der Möglichkeit einer entsprechenden Nachweisführung als unbegründet abzuweisen[99]. Sofern der betroffene Aktionär zuvor als Folge der Durchführung der Strukturmaßnahme aus der Gesellschaft ausgeschieden ist (§ 1 Nr. 2 und Nr. 3 SpruchG), ist dieser Umstand gleichfalls nachzuweisen. Gibt der Antragsteller während des laufenden Verfahrens seine mitgliedschaftliche Stellung auf, zB durch Veräußerung der Aktien, endet das Verfahren, sofern nicht der Rechtsnachfolger in das Verfahren eintritt.[100]

Antragsgegner ist stets der Schuldner der zu gewährenden Ausgleichs- bzw. Abfindungsleistung. Beim Squeeze-out ist nunmehr klargestellt, dass ausschließlich der Hauptaktionär Gegner des Spruchverfahrens ist.[101]

6. Inhaltliche und formelle Anforderungen an den Antrag

Mit der Einführung des SpruchG sind die inhaltlichen Anforderungen an die Antragsbegründung im Gegensatz zur früheren Rechtslage erheblich gestiegen und erfordern gemäß § 4 Abs. 2 Nr. 4 SpruchG eine konkrete Bewertungsrüge.[102] Diese muss sich mit konkreten Einwendungen gegen die Feststellung des Unternehmenswerts richten, auf dessen Grundlage die gewährte bzw. zu gewährende Kompensationsleistung sich errechnet.[103] Damit scheiden formelhafte Pauschaleinwendungen gegen die Unternehmensbewertung aus.[104] Obwohl die Anforderungen an die Substantiiertheit der Bewertungsrüge in Relation zu den Informationsbeschaffungsmöglichkeiten des Antragstellers zu setzen sind[105], ist der Antragsteller in jedem Fall verpflichtet, in der Antragsbegründung auf die im etwaigen Vorstandsbericht sowie im Prüfungsbericht enthaltenen Ausführungen zu der Berechnung des Unternehmenswerts konkret einzugehen und etwaige Unrichtigkeiten einzelner Prämissen für

---

Nachweispflicht der Antragsberechtigung auch bei Gesellschaftern von Gesellschaften anderer Rechtsformen spricht.
[98] Siehe dazu unter Rn 12.
[99] Münchener Kommentar AktG/*Bilda* § 306 Rn 71; Hüffer § 306 Rn 8; Münchener Handbuch des Gesellschaftsrechts/*Krieger* § 70 Rn 114.
[100] Münchener Kommentar AktG/*Bilda* § 306 Rn 51.
[101] Soweit in bereits anhängigen Verfahren in Folge der Durchführung eines Squeeze-out der Antrag zusätzlich, wie bislang üblich, sich auch gegen die Gesellschaft richtet, bleibt diese wegen der Fortgeltung des alten Rechts für vor dem 1. September 2003 begonnene Verfahren an dem Spruchverfahren beteiligt.
[102] Kritisch hierzu *Meilicke/Heidel*, DB 2003, 2267, 2270; *Puszkajler*, ZIP 2003, 518, 520.
[103] Begr. RegE BT-Drucks. 15/371, S. 13.
[104] *Lamb/Schluck-Amend*, DB 2003, 1259, 1262.
[105] Begr. RegE BT-Drucks. 15/371, S. 13.

die Unternehmenswertbestimmung, der Berechnung des Unternehmenswerts oder der Angemessenheit der angebotenen Leistung darzulegen.[106] Andernfalls wäre es unsinnig, dem Antragsteller bei Nichtvorliegen dieser Unterlagen im Zeitpunkt der Antragstellung die Möglichkeit einer verlängerten Begründungsfrist in Aussicht zu stellen, § 4 Abs. 2 Nr. 4 Satz 2 UmwG.[107] Darüber hinaus müssen Antragsgegner sowie die Strukturmaßnahme und die Art der begehrten Kompensation im Antrag benannt und die Antragsberechtigung iSd. § 3 SpruchG dargelegt sein.

34 Im Gegensatz zur früheren zweimonatigen Antragsfrist gemäß § 304 Abs. 4 Satz 2 AktG aF lässt § 4 Abs. 1 SpruchG eine Antragstellung bis zu drei Monate nach Eintragung der jeweiligen Strukturmaßnahme im Handelsregister zu. Diese verlängerte Antragsfrist wird durch das ersatzlose Entfallen der Möglichkeit kompensiert, Anschlussanträge zu stellen.

7. Gemeinsamer Vertreter

35 Gemäß § 6 Abs. 1 SpruchG ist durch das Gericht frühzeitig, d.h. nachdem ein zulässiger und *prima facie* nicht unbegründeter Antrag gestellt worden ist[108], ein gemeinsamer Vertreter für die übrigen am Verfahren nicht beteiligten antragsberechtigten Gesellschafter zu bestellen. Dieser gemeinsame Vertreter hat die Stellung eines gesetzlichen Vertreters für die im Zusammenhang mit dem Verfahren stehenden Angelegenheiten. Seine Bestellung ist im elektronischen Bundesanzeiger und ggf. in zusätzlichen Print- oder elektronischen Medien bekannt zu geben, sofern aufgrund entsprechender Satzungsbestimmungen öffentliche Bekanntmachungen an die durch den gemeinsamen Vertreter repräsentierten Gesellschafter auf diesem Weg zu erfolgen haben. Gegen die Bestellung steht sowohl den bislang nicht am Verfahren beteiligten Gesellschaftern als auch – wegen der Verpflichtung zur Kostentragung gemäß § 6 Abs. 2 SpruchG – dem Antragsgegner, nicht jedoch dem Antragsteller[109], das Rechtsmittel der Beschwerde gemäß § 19 FGG zu.[110] Bei der parallel beantragten Festsetzung von Ausgleichs- und Abfindungsleistung bedarf es damit regelmäßig nicht der Besteller mehrere Vertreter, sofern dies die Wahrung der Rechte der vertretenden Gesellschafter nicht erfordert, § 6 Abs. 1 Satz 2 SpruchG. Ebenso ist bei Gesellschaften mit mehreren Aktiengattungen kein Vertreter für jeweils eine der Aktiengattungen erforderlich[111]; in Ausnahmefällen kann eine Bestellung sogar ganz unterbleiben (§ 6 Abs. 1 Satz 3 SpruchG)[112].

---

[106] Neye NZG 2002, 23, 24.
[107] Die Möglichkeit einer solchen Verlängerung der Begründungsfrist wurde aus diesem Grund ausdrücklich in den Gesetzestext mit aufgenommen, vgl. Stellungnahme des Bundesrates, BT-Drucks. 15/371, S. 22. Zudem findet das Erfordernis konkreter und punktueller Einwendungen gegen den Unternehmenswert seinen Niederschlag im Verlauf des weiteren Verfahrens darin, dass das Gericht gemäß § 7 Abs. 6 SpruchG bereits vor der mündlichen Verhandlung einzelne Fragen zur schriftlichen Beantwortung durch den sachverständigen Prüfer anordnen kann.
[108] Begr. RegE BT-Drucks. 15/371, S. 14.
[109] Münchener Handbuch des Gesellschaftsrechts/*Krieger* § 70 Rn 122.
[110] OLG Köln, OLGZ 1971, 279, 280; *Hüffer*, § 306 AktG, Rn 14; Münchener Kommentar AktG/*Bilda* § 306 Rn 87. **AA** KG OLGZ 1972, 146, 147 f.
[111] Münchener Handbuch des Gesellschaftsrechts/*Krieger* § 70 Rn 120.
[112] Vgl. Münchener Kommentar AktG/*Bilda*, § 306 Rn 81 mit entsprechenden Beispielen.

Die Bestellung ist wirksam für die gesamte Dauer des Spruchverfahrens einschließlich einer etwaigen zweiten Instanz und besteht gemäß § 6 Abs. 3 SpruchG auch bei Rücknahme des Antrags fort; der gemeinsame Vertreter übernimmt in diesem Fall die Position des Antragstellers. Dadurch ist für die originären Verfahrensbeteiligten eine Beendigung des Verfahrens durch Vergleichsschluss oder übereinstimmenden Erledigungserklärung erschwert, da für eine verfahrensbeendigende Wirkung solcher prozessualer Maßnahmen stets die Mitwirkung des gemeinsamen Vertreters erforderlich ist.[113] Dadurch soll einem Abkaufen einmal erhobener Anträge und einer damit verbundene Benachteiligung der bislang nur über den gemeinsamen Vertreter am Verfahren beteiligten Gesellschafter begegnet werden.[114] Ob der gemeinsame Vertreter in diesen Fällen für die von ihm vertretenen Gesellschafter das Verfahren weiterführt, liegt in seinem pflichtgemäßen Ermessen.[115]

8. Entscheidung; Verfahrenskosten

Die Entscheidung im Spruchverfahren ergeht durch Beschluss[116] und wirkt für und gegen alle von der Strukturmaßnahme betroffenen Gesellschafter, § 13 SpruchG. Sie ist entsprechend der Vorschriften über die Bekanntmachung der Bestellung des gemeinsamen Vertreters durch den Antragsgegner nach Eintritt der Rechtskraft zu veröffentlichen, § 14 SpruchG. Gegen die Entscheidung des Gerichts findet die sofortige Beschwerde statt.[117]

Die gerichtliche Bestimmung der zu gewährenden Ausgleichs- bzw. Abfindungsleistung kann nur zu deren Erhöhung, nicht jedoch zu einer Korrektur der Leistung nach unten führen.[118] Dabei ist das Gericht an die grundsätzlich im Rahmen der Strukturmaßnahme vorgesehenen Leistungsparameter und an die Leistungsart gebunden; ein Beschluss, eine von der Gesellschaft oder dem Minderheitsaktionär angebotene Barabfindung durch eine Abfindung in Aktien zu ersetzen, ist so zB nicht möglich[119].

Die Gerichtskosten sowie die Kosten im Zusammenhang mit der Bestellung des gemeinsamen Vertreters hat gemäß §§ 6 Abs. 2 Satz 1, 15 Abs. 2 Satz 1 SpruchG der Antragsgegner auch in den Fällen zu tragen, wenn der Antrag auf gerichtliche Neufestsetzung der Ausgleichs- oder Abfindungsleistung als unbegründet abgewiesen wird. Von dieser Grundregel kann das Gericht aus Billigkeitsgründen, insbesondere in Fällen des Rechtsmissbrauchs,[120] abweichen und die Gerichtskosten[121] dem An-

---

[113] Münchener Kommentar AktG/*Bilda*, § 306 Rn 106 aE § 11 Abs. 2 und 4 SpruchG regeln dies nur für den Vergleich, nicht jedoch für andere verfahrensbeendende Maßnahmen.
[114] Begr. RegE BT-Drucks. 15/371, S. 14.
[115] Münchener Handbuch des Gesellschaftsrechts/*Krieger* § 70 Rn 124.
[116] Im Übrigen ist eine Prozessbeendigung nunmehr auch durch Vergleich möglich, § 11 Abs. 2 S. 2 SpruchG.
[117] Der Überprüfungsrahmen der Rechtsmittelinstanz geht dabei über den einer Rechtsbeschwerde hinaus.
[118] Münchener Handbuch des Gesellschaftsrecht/*Krieger* § 70 Rn 128 aE.
[119] Vgl. *Hüffer* § 305 AktG Rn 31. Nur sofern Festsetzungen in Bezug auf die Ausgleichs- bzw. Abfindungsleistung fehlen oder unzulässig sind, ist das Gericht insoweit bei seiner Entscheidung nicht gebunden, vgl. Kölner Kommentar/*Koppensteiner* § 305 AktG Rn 54.
[120] Begr. RegE BT-Drucks. 15/371, S: 17.
[121] Warum diese Regelung nicht auch die Kosten im Zusammenhang mit der Bestellung des gemeinsamen Vertreters mit einschließt, ist unverständlich.

tragsteller auferlegen, wodurch jedoch wegen der gesamtschuldnerischen Haftung mehrerer Kostenschuldner gemäß § 5 Abs. 1 Satz 1 KostO nicht die Kostenhaftung des Antragsgegners entfällt, § 6 Abs. 2 aE SpruchG. Andere Verfahrenskosten, insbesondere die Kosten der Rechtsberatung und anwaltlichen Vertretung, sind durch die jeweiligen Parteien selbst zu tragen.[122]

V. Schadensersatzklagen von Aktionären

1. Allgemeines

40   Bis auf wenige Ausnahmen, deren praktische Bedeutung gering ist, verweigert das Aktienrecht bislang dem Aktionär die Möglichkeit, unmittelbar von der Gesellschaft bzw. ihren Organen Schadensersatz wegen Verletzung mitgliedschaftlicher Rechtspositionen fordern zu können. Dem einzelnen Aktionär steht ein eigenes Klagerecht zur Geltendmachung eines Anspruchs der Gesellschaft weder gegen andere Aktionäre noch gegen Organmitglieder der Gesellschaft zu. Darüber hinaus verneint das Aktiengesetz die Möglichkeit, Schadensersatzansprüche der Gesellschaft im Wege einer *actio pro societate* im Namen des individuellen Aktionärs oder aller Aktionäre geltend zu machen. Gemäß § 93 Abs. 2 AktG (gegebenenfalls iVm. § 116 AktG) führt eine Pflichtverletzung durch Mitglieder einer der beiden Geschäftsführungs- bzw. Kontrollorgane regelmäßig nur zu einem Schadensersatzanspruch der Gesellschaft, ohne dass dem einzelnen Aktionär aufgrund dieses Fehlverhaltens ein eigener Rechts- und damit Klageanspruch gegen die jeweiligen Organmitglieder zustünde. Im Einzelnen lässt sich auch über die Haftungsvorschrift des § 823 BGB regelmäßig kein eigener Schadensersatz des Aktionärs begründen. Denn obwohl die Mitgliedschaft des Aktionärs als sonstiges Recht iSd. § 823 Abs. 1 BGB grundsätzlich anerkannt ist[123], scheitert eine Haftung regelmäßig an der Rechtswidrigkeit der Verletzung. Eine Geltendmachung von Schäden, die der Aktionär ausschließlich deshalb erlitten hat, weil sich eine Schädigung des Gesellschaftsvermögens in einen verminderten Aktienwert niederschlägt, ist ausgeschlossen.[124] Diese bloße Vermögensminderung verletzt die Mitgliedschaft nicht, sondern beeinträchtigt lediglich das in der Aktie gebundene Vermögen.[125] Denkbar ist zwar grundsätzlich ein auf § 823 Abs. 2 BGB gestützter Anspruch; als Schutzgesetze sind jedenfalls §§ 92 Abs. 1 und Abs. 2, 399, 400 AktG sowie §§ 266 StGB nach allgemeiner Ansicht anerkannt, nicht aber der für die Organhaftung bedeutsame § 93 Abs. 2 AktG.[126] Im Regelfall wird eine Geltendmachung eines Schadens des Aktionärs daran scheitern, dass der jeweilige Schaden als so genannter Doppelschaden

---

[122] Gemäß § 15 Abs. 4 SpruchG sind jedoch die zur zweckentsprechenden Erledigung des Verfahrens erforderlichen Kosten auf Anordnung des Gerichts vom Antragsgegner zu tragen, was regelmäßig dann der Fall sein wird, wenn die angebotene Ausgleichs- oder Abfindungsleistung sich tatsächlich als nicht angemessen herausstellt, *Lamb/Schluck-Amend*, DB 2003, 1259, 1262.

[123] RGZ 158, 248, 255; *Wiesner*, Münchener Handbuch des Gesellschaftsrechts; § 26 Rn 29; **aA** *Mertens*, Kölner Kommentar zum Aktienrecht, § 93 Rn 171 ff.

[124] AllgM und st. Rspr. BGH NJW 1985, 1900; NJW 87, 1079, 1080; 88, 413, 415 f.

[125] Großkommentar/*Hopt*, § 93 AktG Rn 471.

[126] RGZ 157, 213, 216; BGHZ 105, 121, 124 f.; *Hüffer*, § 93 Rn 19.

Teil 3. Hauptversammlung und Aktionär   41, 42 §8

mit dem von der Gesellschaft erlittenen Schaden identisch ist und daher ein eigener Schadensersatzanspruch des Aktionärs ausscheidet. Eine Geltendmachung von Schäden, die der Aktionär ausschließlich deshalb erlitten hat, weil eine Schädigung des Gesellschaftsvermögens sich in einen verminderten Aktienwert niederschlägt, ist demnach ausgeschlossen.

Nur im Rahmen des § 117 Abs. 1 Satz 2, Abs. 2 AktG kann es uU zu einem unmittelbaren Anspruch des Aktionärs gegen ein Mitglied des Vorstands oder des Aufsichtsrats kommen, sofern in Folge der unerlaubten Ausübung eines Einflusses auf die Gesellschaft der klagende Aktionär einen Schaden erlitten hat, der nicht mit dem bei der Gesellschaft entstandenen Schaden identisch ist, d. h., über den so genannten Doppelschaden hinausgeht.[127]   41

2. Geltendmachung von Ersatzansprüchen

Gemäß § 147 Abs. 1 AktG kann die Hauptversammlung mit einfacher Mehrheit die Leitung der Gesellschaft dazu verpflichten, Ersatzansprüche der Gesellschaft geltend zu machen. Um einer möglichen Kollision von Interessen der Aktionärsmehrheit mit dem Gesellschaftsinteresse entgegenzuwirken, steht jedoch auch einer Aktionärsminderheit, die mindestens 10% des Grundkapitals der Gesellschaft repräsentiert[128], das Recht zu, die Geltendmachung der Ersatzansprüche zu verlangen.[129] Gleiches gilt grundsätzlich für die Berechtigung derselben Aktionärsminderheit, einem Verzicht auf Geltendmachung von Ersatzansprüchen der Gesellschaft gegenüber Mitgliedern des Vorstandes oder des Aufsichtsrats bzw. dem Abschluss eines   42

---

[127] Darüber hinaus kann bei Bestehen eines Vertragskonzerns oder eines faktischen Konzerns der Aktionärs der abhängigen Gesellschaft einen Anspruch der Gesellschaft im eigenen Namen auf Leistung an die Gesellschaft geltend machen, sofern der Aufsichtsrat der abhängigen Gesellschaft bei pflichtwidrigen Weisungen bzw. Veranlassungen durch die Obergesellschaft seinen Überwachungspflichten schuldhaft nicht nachgekommen ist (§§ 309 Abs. 4, 310 Abs. 1, Abs. 4, 318 Abs. 2, Abs. 4, 323 Abs. 1 AktG); vgl. dazu *Hüffer*, § 117 AktG Rn 9.
[128] Unbeachtlich ist, ob die jeweiligen Aktien auch stimmberechtigt sind; *Hüffer*, § 147 Rn 4.
[129] Dem einzelnen Aktionär steht bislang ein solches Recht jedoch nicht zu. Ebenso wenig besteht außerhalb des Vertrags- oder des faktischen Konzerns (§§ 311 Abs. 4, 318 Abs. 4 AktG) die Möglichkeit des Einzelaktionärs oder einer Aktionärsgruppe, Schadensersatzansprüche weder im eigenen Namen noch im Namen der Gesellschaft gelten zu machen; vgl. Handbuch des Gesellschaftsrechts/*Wiesner*, § 26 Rn 22. Auch die Möglichkeit, Schadensersatzansprüche der Gesellschaft durch Aktionäre geltend zu machen, soll durch das UMAG erheblichen Veränderungen unterworfen werden. Künftig sollen Aktionäre befugt sein, Schadensersatzansprüche der Gesellschaft im eigenen Namen geltend zu machen. Verfahrensrechtliches Kernstück der durch das UMAG neu einzuführenden Regelungen der §§ 147 ff. AktG ist die Schaffung eines dem eigentlichen Klageverfahren vorgeschalteten Klagezulassungsverfahrens gem. § 148 AktG-E (RegE UMAG); das bisherige Verfahren, das auf die Bestellung eines besonderen Vertreters zwecks Geltendmachung der Ersatzansprüche der Gesellschaft gerichtet war, entfällt ersatzlos. Das Klageverfahren wird daher künftig zweistufig ausgestaltet sein, um insbesondere missbräuchliche oder aussichtslose Klagen frühzeitig während des Zulassungsverfahrens zu unterbinden, vgl. RegE UMAG S. 43 f. Auch bei dem Klagezulassungsverfahren handelt es sich um ein Verfahren nach der ZPO. Gleichzeitig werden wiederum die Schwellenwerte für die Zulässigkeit der Klage herabgesetzt; künftig soll es ausreichend sein, wenn das Verfahren von Aktionären betrieben wird, die zusammen mindestens 1% des Grundkapitals der Gesellschaft repräsentieren bzw. deren Anteile insgesamt einen Mindestbörsenwert von 100.000 EUR haben.

Vergleichs über solche Ansprüche auch bei zustimmenden Hauptversammlungsbeschluss zu widersprechen.[130]

43 Ein entsprechendes Minderheitsverlangen setzt einen zulässigen Beschlussantrag während der Hauptversammlung voraus, der Beschluss muss die Geltendmachung der Ansprüche der Gesellschaft zum Inhalt haben. Erforderlich ist daher entweder ein ordnungsgemäßes Ankündigen des Minderheitsverlangens vor der Hauptversammlung, so dass eine rechtzeitige Ankündigung des Antrags gegenüber allen Aktionären möglich ist, oder der Antrag muss iSd. § 124 Abs. 4 Satz 2 2. Halbsatz AktG ankündigungsfrei während der Hauptversammlung erfolgen können.[131] Ein entsprechendes Minderheitsverlangen außerhalb der Hauptversammlung ist unzulässig.[132] Im Beschlussantrag sind die Ansprüche, deren Geltendmachung von der Aktionärsminderheit gefordert wird, zweifelsfrei zu bezeichnen und entsprechend im Hauptversammlungsprotokoll aufzunehmen. Weiterhin ist durch die Initiatoren des Antrags glaubhaft zu machen, dass sie bereits seit drei Monaten vor dem Tag der Hauptversammlung Inhaber von Aktien in der erforderlichen Anzahl sind.[133]

44 Bei einem erfolgreichen Antrag auf Geltendmachung von Ersatzansprüchen der Gesellschaft – sei es durch einen Mehrheitsbeschluss der Hauptversammlung oder aufgrund eines Minderheitsbegehrens – ist die Gesellschaft grundsätzlich gehalten, die Ansprüche innerhalb von sechs Monaten nach dem Tag der Hauptversammlung zu verfolgen, § 147 Abs. 1 Satz 4 AktG.[134] Die Kosten des Verfahrens, insbesondere bei einer gerichtlichen Geltendmachung, sind von der Gesellschaft zu tragen. Sofern eine gerichtliche Geltendmachung von Gesellschaftsansprüchen Folge eines entsprechenden Minderheitsantrags ist, sind jedoch die Aktionäre, auf deren Veranlassung hin die Anspruchsverfolgung erfolgt ist, zum Ersatz sämtlicher Kosten des Rechtsstreits verpflichtet, zu deren Tragung bzw. Erstattung die Gesellschaft im Falle eines teilweisen oder vollständigen Unterliegens gesetzlich verpflichtet ist.[135] Bei der Geltendma-

---

[130] Allerdings sind die formalen Anforderungen an die Ausübung des Widerspruchsrechts nach § 93 Abs. 4 Satz 3 2. Halbsatz AktG gegenüber den Voraussetzungen für ein Verlangen einer Aktionärsminderheit nach § 147 Abs. 1 AktG weniger streng: Im Rahmen des § 93 Abs. 4 ist es nicht erforderlich, dass die widersprechenden Aktionäre bereits seit drei Monaten vor dem Tag der Hauptversammlung Inhaber der Aktien sind.
[131] Siehe dazu § 7 Rn 15.
[132] *Hüffer*, § 147 Rn 7.
[133] Aufgrund der Tatsache, dass die Bestellung eines Sonderprüfers regelmäßig die Vorbereitung von Ersatzansprüchen bezweckt, sind die formalen Anforderungen an ein Minderheitsbegehren nach § 147 Abs. 1 AktG den Voraussetzungen für den Antrag auf gerichtliche Bestellung eines Sonderprüfers weitgehend nachempfunden. Eine Hinterlegung der Aktien ist allerdings nicht erforderlich; *Henn*, § 35 Rn 1194.
[134] Der gebotene Umfang der zur Geltendmachung erforderlichen Maßnahmen ist jedoch durch das Gesetz nicht vorgegeben; auch bereits eine außergerichtliche Geltendmachung zur Wahrung der 6-Monats-Frist des § 147 Abs. 1 Satz 4 AktG ausreicht, ist umstritten; vgl. *Hüffer*, § 147 Rn 5. Da aus der Sicht des Gesellschaftsinteresses der Erfolg der Anspruchsgeltendmachung wesentlich ist, ist bei § 147 Abs. 1 Satz 4 AktG im Hinblick auf die Beachtung der 6-Monats-Frist auf die Nachhaltigkeit der Anspruchsverfolgung abzustellen. Ein abgestuftes Vorgehen seitens der Vertretungsorgane der Gesellschaft ohne den automatischen Zwang zur Klageerhebung muss daher möglich und zulässig sein. IE zustimmend: Großkommentar AktG/*Betzenberger*, § 147 Rn 39.
[135] Dazu zählen insbesondere die nach §§ 91 ff. ZPO zu tragenden Kosten. Weiterhin sind jedoch auch etwaige Kosten im Zusammenhang mit der gerichtlichen Bestellung eines besonderen Vertreters im Unterliegensfall von der Aktionärsminderheit zu tragen; Münchener Handbuch

Teil 3. Hauptversammlung und Aktionär   45–47 § 8

chung der Ansprüche gilt grundsätzlich die allgemeine Vertretungsregel der §§ 78, 112 AktG. Soweit sich jedoch die Ansprüche gegen Mitglieder des Vorstands richten[136], obliegt die Vertretung der Gesellschaft gemäß § 112 AktG dem Aufsichtsrat.

Allerdings kann durch die Hauptversammlung gemäß § 147 Abs. 2 Satz 1 AktG ein besonderer Vertreter für die Geltendmachung der Ersatzansprüche bestellt werden. Ähnlich wie in § 147 Abs. 1 Satz 1 AktG kann dessen Bestellung jedoch auch gerichtlich erfolgen, sofern eine Aktionärsminderheit, die mindestens 10% des Grundkapitals der Gesellschaft repräsentiert oder, in soweit abweichend von § 147 Abs. 1 Satz 1 AktG, mindestens 1 Mio. EUR des Grundkapitals auf sich vereinigt, einen entsprechend Antrag stellt. Eine besondere Form ist für die Antragstellung nicht vorgesehen und kann gegenüber der Geschäftsstelle eines jeden Amtsgerichts erfolgen (§ 11 FGG). Die Bestellung eines besonderen Vertreters durch das Gericht erfolgt, sofern dies für die Geltendmachung der Ansprüche der Gesellschaft zweckmäßig erscheint. Im Rahmen der gerichtlichen Entscheidung erfolgt keine Prüfung über die Begründetheit der zu verfolgenden Ansprüche.[137] Die Voraussetzung dafür, dass die Bestellung eines besonderen Vertreters „zweckmäßig" ist, sind gering und regelmäßig bereits dann erfüllt, wenn eine Rechtsverfolgung durch einen besonderen Vertreter voraussichtlich effektiver erfolgen wird.[138]   45

Sofern die Geltendmachung der Ersatzansprüche nicht gemäß § 147 Abs. 1 AktG erfolgt, kann durch eine Aktionärsminderheit, die mindestens 5% des Aktienkapitals repräsentiert oder 500.000 EUR des Grundkapitals auf sich vereinigt, ebenfalls die gerichtliche Bestellung eines besonderen Vertreters beantragt werden. Die Bestellung eines solchen Vertreters setzt jedoch voraus, dass ein dringender Verdacht besteht, dass die Gesellschaft durch Unredlichkeiten oder grobe Verletzung der Satzung oder gesetzlicher Vorschriften geschädigt wurde. Die gerichtliche Bestellung eines besonderen Vertreters gemäß § 147 Abs. 3 ist damit an dieselben Voraussetzungen wie an die gerichtlichen Bestellung eines Sonderprüfers gemäß § 142 Abs. 2 Satz 1 AktG geknüpft.[139] Dementsprechend gelten auch für das gerichtliche Verfahren für die Bestellung des Vertreters die Ausführungen zu § 142 AktG entsprechend.[140] Sofern die Verfolgung der Ansprüche ausreichende Hinsicht auf Erfolg bietet, ist der gerichtlich bestellte Vertreter zu deren Geltendmachung verpflichtet, § 147 Abs. 3 Satz 3 AktG.   46

VI. Sonderprüfung

1. Gegenstand einer Sonderprüfung

Die Durchführung einer Sonderprüfung bezweckt regelmäßig, Klarheit über das Bestehen von Schadensersatzansprüchen der Gesellschaft gegen die Gründer oder   47

Gesellschaftsrecht/*Semler*, § 42 Rn 25. Die Aktionär haften gemäß § 420 BGB als Teilschuldner; *Hüffer*, § 147 Rn 10.
[136] Dies gilt auch bei Ansprüchen gegen ehemalige Mitglieder des Vorstandes; BGH AG 1991, 269.
[137] Großkommentar/*Betzenberger*, § 147 Rn 46.
[138] Vgl. *Hüffer*, § 147 Rn 8.
[139] Vgl. Großkommentar/*Betzenberger*, § 147 Rn 3.
[140] Vgl. dazu Rn 48 f.
[141] Kölner Kommentar AktG/*Kronstein/Zöllner*, § 142 Rn 2.

Mitglieder der Geschäftsführung der Gesellschaft zu erhalten.[141] Dabei kann eine Sonderprüfung gemäß § 142 AktG einzelne Vorgänge im Zusammenhang mit der Gründung der Gesellschaft (einschließlich Nachgründungsvorgängen) oder innerhalb der Geschäftsführung zum Gegenstand haben.[142] Zu Letzterem zählen nicht nur sämtliche Vorgänge, die gemäß § 76 Abs. 1 dem Verantwortungs- und Zuständigkeitsbereich des Vorstandes zuzurechnen sind.[143] Auch die Tätigkeit des Aufsichtsrates kann Gegenstand einer Sonderprüfung sein. Dies trifft insbesondere für solche Maßnahmen des Aufsichtsrats zu, wenn die Aufsichtsratstätigkeit die Überwachung des Vorstandes (§ 111 Abs. 1 AktG) oder dessen Zustimmungskompetenz zu Maßnahmen der Unternehmensleitung zum Inhalt hat.[144] Als weiterer Gegenstand einer Sonderprüfung kommen schließlich einzelne Maßnahmen der Kapitalbeschaffung und -herabsetzung in Betracht. Die Überprüfung des Jahresabschlusses und des Lageberichts ist jedoch wegen einer ansonsten damit verbundenen Konkurrenz der Sonderprüfung mit der Prüfungstätigkeit des gemäß § 319 HGB unabhängigen Abschlussprüfers unzulässig.[145] Erforderlich ist stets, dass die Sonderprüfung sich auf bestimmte inhaltlich abgeschlossene Vorgänge bezieht und nicht die Überprüfung von Vorgängen innerhalb eines bestimmten Zeitabschnitts zum Gegenstand hat.[146] Anders als bei der von einer Aktionärsminderheit gemäß § 142 Abs. 2 AktG erzwungenen Sonderprüfung[147] besteht allerdings keine zeitliche Begrenzung des Zeitraum, innerhalb dessen die zu überprüfende Maßnahme Gegenstand der durch die Hauptversammlung gemäß § 142 Abs. 1 AktG beschlossenen Sonderprüfung ist, stattgefunden haben muss (§ 142 Abs. 2 Satz 1 1. Halbsatz AktG *e contrario*).

2. Bestellung des Sonderprüfers

48   Über die Durchführung einer Sonderprüfung und die Bestellung des damit vertrauten Prüfers entscheidet gemäß § 142 Abs. 1 Satz 1 AktG die Hauptversammlung mit einfacher Mehrheit. Mitgliedern des Vorstandes oder des Aufsichtsrates ist für den Fall, dass sie über Aktien verfügen[148], bei der Beschlussfassung gemäß § 142

---

[142] Weiterhin können gem. § 258 Abs. 1 AktG die unter Bewertung bestimmter Posten im festgestellten Jahresabschluss sowie die Unvollständigkeit des Anhangs und die Weigerung des Vorstandes zur Ergänzung der fehlenden Angaben Gegenstand einer Sonderprüfung sein; zudem können Aktionäre eines beherrschten Unternehmens ihre Einwendungen im Rahmen des Abhängigkeitsberichtes zum Gegenstand einer Sonderprüfung gem. § 315 AktG machen. Beide Fälle stellen jedoch eine Sonderregelung der allgemeinen Form der Sonderprüfung gem. § 142 AktG dar, die dieser Vorschrift insoweit vorgehen; vgl. *Henn*, Rn 133.

[143] Grundsätzlich schließt dies auch Tätigkeiten mit ein, die durch den Vorstand auf andere Mitarbeiter außerhalb des Vorstandes übertragen worden sind. Für eine Annahme eines pflichtwidrigen Verhaltens bei der Ausführung von zulässigerweise delegierten Vorstandsaufgaben ist jedoch grundsätzlich erforderlich, dass dem Vorstand ein Fehlverhalten in Bezug auf die Auswahl der mit der jeweiligen Aufgabe betreuten Mitarbeiter bzw. deren Anleitung und Überwachung vorgeworfen werden kann; *Hüffer*, § 142 Rn 4.

[144] Geßler/*Hefermehl*, § 142 Rn 2.

[145] *Hüffer*, § 142 Rn 6.

[146] Kölner Kommentar AktG/*Kronstein*/Zöllner, § 142 Rn 6.

[147] Vgl. dazu unten Rn 50 f.

[148] Bei der Frage, ob der Stimmrechtsausschluss auch solche Aktien erfasst, die von einem Mitglied der Verwaltungsorgane mittelbar über eine Beteiligungsgesellschaft oder gemeinschaftlich mit Dritten gehalten werden, gelten die allgemeinen Grundsätze gem. § 136 AktG.

Abs. 1 Satz 2 AktG eine Stimmabgabe untersagt, soweit der Gegenstand der Sonderprüfung mit der Entlastung eines Mitglieds der beiden Verwaltungsorgane der Gesellschaft zusammenhängt; dasselbe gilt für solche Prüfungsgegenstände, die die mögliche Einleitung eines Rechtsstreits zwischen der Gesellschaft und einem Mitglied der beiden Verwaltungsorgane unmittelbar oder auch nur mittelbar betreffen.[149] Damit sind auch diejenigen Mitglieder des Vorstands oder des Aufsichtsrats vom Stimmrecht ausgeschlossen, die an dem Vorgang, der Gegenstand der Sonderprüfung sein soll, nicht selbst beteiligt waren; dies gilt gleichermaßen für diejenigen ehemaligen Mitglieder der Verwaltungsorgane, die während des Zeitraums, auf den sich der Gegenstand der Sonderprüfung bezieht, dem Vorstand oder dem Aufsichtsrat angehört haben.[150] Eine Teilnahme der von dem Stimmrechtsausschluss betroffenen Personen an der Abstimmung führt grundsätzlich zur Anfechtbarkeit des Beschlusses, sofern die unzulässigerweise abgegebenen Stimmen für das Abstimmungsergebnis entscheidend waren.[151] Die Rechtmäßigkeit des Beschlusses setzt gemäß § 124 Abs. 1 Satz 1 AktG voraus, dass die Sonderprüfung als Tagesordnungspunkt zuvor ordnungsgemäß bekannt gemacht wurde.[152] Der Beschluss der Hauptversammlung muss die Person des einzusetzenden Sonderprüfers namentlich benennen[153] und den Gegenstand der Sonderprüfung (Prüfungsumfang) bezeichnen. An Vorschläge des Aufsichtsrats, wer als Sonderprüfer bestellt werden soll, ist dabei die Hauptversammlung gemäß § 124 Abs. 3 Satz 1 AktG nicht gebunden.

Bei Anwesenheit des Sonderprüfers in der Hauptversammlung kommt der Prüfungsvertrag zwischen der Gesellschaft und dem benannten Sonderprüfer durch mündliche Annahme der Bestellung zustande.[154] Regelmäßig wird jedoch der eigentliche Prüfungsvertrag erst nach Ende der Hauptversammlung abgeschlossen werden. Die Vertretung der Gesellschaft beim Abschluss des Prüfungsvertrags wird dabei, sofern eine – grundsätzlich mögliche – anderweitige Bevollmächtigung zum Vertragsabschluss durch die Hauptversammlung unterblieben ist[155], aus Praktikabilitätsgründen durch den Vorstand wahrgenommen. Der Vorstand ist aber beim Abschluss des Vertrages entsprechend § 318 Abs. 1 Satz 4 HGB an die Vorgaben der Hauptversammlung gebunden.[156]

49

---

[149] Münchener Handbuch des Gesellschaftsrechts/*Semler*, § 42 Rn 4.
[150] Kölner Kommentar AktG/*Kronstein/Zöllner*, § 142 Rn 22.
[151] Vgl. Münchener Handbuch des Gesellschaftsrechts/*Semler*, § 41 Rn 30.
[152] Dabei ist jedoch nicht erforderlich, dass in der Tagesordnung explizit eine Beschlussfassung über einen Antrag auf Sonderprüfung vorgesehen ist. Insbesondere kann im Zusammenhang mit der ordnungsgemäß angekündigten Verhandlung über die Entlastung der Verwaltung auch über die Bestellung von Sonderprüfern Beschluss gefasst werden, ohne dass ein Punkt „Sonderprüfung" oder „Bestellung eines Sonderprüfern" in der Tagesordnung stehen muss, wenn diejenigen Vorgänge, die Gegenstand der Sonderprüfung sein sollen, sich im Entlastungszeitraum ereignet haben; vgl. Kölner Kommentar AktG/*Kronstein/Zöllner*, § 142 Rn 18.
[153] *Hüffer*, § 142 Rn 10.
[154] Münchener Handbuch des Gesellschaftsrechts/*Semler*, § 42 Rn 10.
[155] *Hüffer*, § 142 Rn 11.
[156] Geßler/Hefermehl/*Hefermehl*, § 142 Rn 18; *Hüffer*, § 142 Rn 11; **aA** Kölner Kommentar AktG/*Kronstein/Zöllner*, § 142 Rn 10, die die Rolle des Vorstandes beim Abschluss des Prüfungsvertrages auf die eines Boten beschränkt sehen. Dieser Auffassung ist jedoch nicht beizutreten, da sie unberücksichtigt lässt, dass der Vorstand ggf. weitere Einzelheiten des Prüfungsvertrags mit dem

3. Minderheitsverlangen auf Durchführung einer Sonderprüfung

50 Sofern durch die Hauptversammlung ein Antrag auf Bestellung eines Sonderprüfers abgelehnt wird,[157] kann eine Aktionärsminderheit gemäß § 142 Abs. 2 AktG eine Sonderprüfung gerichtlich erzwingen. Voraussetzung dafür ist, dass beim Registergericht am Sitz der Gesellschaft ein entsprechender Antrag von Aktionären gestellt wird, die zusammen mindestens zu 10% am Grundkapital der Gesellschaft beteiligt sind oder Aktien im Gesamtnennbetrag von mindestens 1 Mio. EUR halten.[158] Trotz des von § 142 Abs. 1 Satz 1 AktG abweichenden Wortlauts des § 142 Abs. 2 Satz 1 1. Halbsatz AktG kann auch bei der gerichtlichen Bestellung des Sonderprüfers sich der Prüfungsgegenstand auf dieselben Vorgänge beziehen wie bei einer Sonderprüfung, die aufgrund eines Beschlusses der Hauptversammlung erfolgt.[159] Allerdings beschränkt § 142 Abs. 2 Satz 1 AktG den Zeitraum für die Überprüfung bei einer gerichtlich durchgesetzten Sonderprüfung: Die Bestellung eines Sonderprüfers durch das Gericht ist daher unzulässig, sofern die zu überprüfenden Vorgänge innerhalb der letzten fünf Jahre vor dem Hauptversammlungsbeschluss, mit dem die Mehrheit der Aktionäre eine Bestellung eines Sonderprüfers abgelehnt hat, abgeschlossen wurden.

51 Die Antragsteller müssen in der Antragsschrift Umstände derart substantiiert vortragen, aufgrund derer die Annahme gerechtfertigt ist, dass es im Zusammenhang mit dem Prüfungsgegenstand zu Unredlichkeiten oder zu groben Verletzungen von Gesetz oder Satzung gekommen ist.[160] Der Antrag ist gegen die Gesellschaft als Antragsgegnerin zu richten. Das Gericht entscheidet über den Antrag durch Beschluss. Gegen den Beschluss findet als Rechtsmittel die sofortige Beschwerde statt; gegen eine etwaige Beschwerdeentscheidung ist die sofortige weitere Beschwerde statthaft. Sofern dem Antrag auf Bestellung eines Sonderprüfers stattgegeben wird, formuliert das angerufene Gericht den genauen Prüfungsauftrag und ernennt den jeweiligen Sonderprüfer.[161] Die Kosten des Verfahrens sowie die der Sonderprüfung sind grundsätzlich von der Gesellschaft zu tragen.[162]

---

von der Hauptversammlung benannten Sonderprüfer aushandeln muss. Die Reduzierung der Kompetenzen des Vorstandes auf die eines Boten beim Abschluss des Prüfungsauftrags mit dem benannten Sonderprüfer würde jedoch der erforderlichen Aushandlungskompetenz des Vorstands nicht gerecht werden.

[157] Dem gleichgestellt ist, wenn in der Hauptversammlung die Abstimmung über einen zulässigen Antrag auf Bestellung eines Sonderprüfers unterblieben ist; **hM** vgl. *Hüffer*, § 142 Rn 18 mwN.; **aA** Geßler/*Hefermehl*, § 142 Rn 20.

[158] Im Zuge der Novellierung des AktG durch das UMAG sollen der für die Einleitung einer Sonderprüfung erforderlichen Mindestschwellenwerte auf 1% des Grundkapitals, bzw. 100.000 EUR Börsenwert der jeweiligen Anteile herabgesetzt werden, vgl. § 142 Abs. 2 Satz 1 AktG RegE UMAG.

[159] *Hüffer*, § 142 Rn 19.

[160] Ob die dargelegten Angaben tatsächlich zutreffen, ist nicht Gegenstand der Entscheidung des Gerichts über die Stattgabe des Antrags. Sie sind vielmehr Gegenstand der dann anzuordnenden Sonderprüfung selbst.

[161] Die Beschwerde gegen die Entscheidung des Gerichtes kann jedoch nicht darauf gestützt werden, dass in der Person des gerichtlich bestellten Sonderprüfers ein wichtiger Grund gegen dessen Berufung besteht. Bei Vorliegen eines solchen wichtigen Grundes ist eine Abberufung des gerichtlich bestellten Sonderprüfers nur auf Antrag oder durch das Gericht von Amts wegen entsprechend § 142 Abs. 4 AktG möglich; Kölner Kommentar AktG/*Kronstein*/*Zöllner*, § 142 Rn 45.

[162] Einschränkungen dieser allgemeinen Kostentragungsregel können sich allenfalls bei grob missbräuchlicher Einleitung des Bestellungsverfahrens aus § 826 BGB ergeben. Als Kompensation

4. Gerichtliche Bestellung des Sonderprüfers auf Antrag einer Aktionärsminderheit

Gemäß § 142 Abs. 4 AktG zudem kann eine Aktionärsminderheit, deren Aktien insgesamt mindestens 10% des Grundkapital oder einen anteiligen Betrag am Grundkapital von 1 Mio. EUR repräsentieren,[163] innerhalb von zwei Wochen ab dem Tag der Hauptversammlung die gerichtliche Bestellung eines anderen Sonderprüfers verlangen. Voraussetzung für einen solchen Antrag ist, dass gegen den zuvor von der Hauptversammlung bestellten Sonderprüfer Bedenken in Bezug auf seine gerichtliche oder persönliche Eignung bestehen. Dies ist dann der Fall, wenn zu besorgen ist, dass dem von der Hauptversammlung Benannten die erforderliche Sachkenntnisse im Hinblick auf den Prüfungsgegenstand fehlt, oder dass der Benannte befangen ist und daher nicht die erforderliche Zuverlässigkeit besitzen könnte. Das gerichtliche Verfahren entspricht grundsätzlich dem des § 142 Abs. 2 AktG; jedoch ist eine Hinterlegung der Aktien[164] sowie eine Glaubhaftmachung der in der Person des durch die Hauptversammlung bestellten Sonderprüfers liegenden Gründe nicht erforderlich.[165]

52

---

auf die erheblich reduzierte Beteiligungsschwelle sowohl für die gerichtliche Bestellung eines Sonderprüfers als auch für die Ersetzung eines bestellten Sonderprüfers durch das Gericht, wie sie das UMAG in § 142 AktG RegE UMAG vorsieht (vgl. dazu Fn 163), soll dazu korrespondierend eine Kostentragungspflicht für den bzw. die Antragsteller in das Gesetz aufgenommen werden (§ 146 AktG RegE UMAG), so dass bei groben Missbrauchsfällen dem Antragsteller ein spürbares Kostenrisiko droht (vgl. RegE UMAG S. 41).

[163] Auch für diesen Fall sollen durch das UMAG die erniedrigten Schwellenwerte von 1% des Grundkapitals bzw. 100.000 € Börsenwert eingeführt werden, vgl. oben Fn 133.

[164] Durch die Neuregelungen des UMAG soll künftig als Alternative zur Hinterlegung auch andere Nachweise, etwa die Vorlage eines Nachweises des Anteilsbesitzes seitens der depotführende Bank möglich sein.

[165] *Hüffer*, § 142 Rn 28.

§ 9 Mitarbeiterbeteiligung

I. Die Belegschaftsaktie

1. Einführung

1   Belegschaftsaktien sind Aktien einer Aktiengesellschaft (oder Kommanditgesellschaft auf Aktien) bzw. eines verbundenen Unternehmens, welche die Gesellschaft ihren Mitarbeitern regelmäßig zum Vorzugskurs und unter Vereinbarung einer Verfügungsbeschränkung überlässt. Sie sind regelmäßig mit den gleichen Rechten ausgestattet wie die anderen Aktien der Gesellschaft. Die Belegschaftsaktie ist nach wie vor die am weitesten verbreitete Form der Mitarbeiterbeteiligung[1]; sie wird auch als diejenige Beteiligungsform bezeichnet, die unter betriebswirtschaftlichen, gesellschafts- und steuerrechtlichen Gesichtspunkten ein Optimum darstellt.[2]

2. Aktienrechtliche Aspekte

a) Herkunft der Belegschaftsaktien

2   Die Beschaffung der zur Gewährung von Belegschaftsaktien notwendigen Aktien kann durch eine Kapitalerhöhung[3] oder durch den Rückerwerb eigener Aktien[4] erfolgen. In der Praxis werden beide Möglichkeiten zumeist kombiniert[5].

3   **aa) Kapitalerhöhung** Eine Kapitalerhöhung zur Beschaffung von Belegschaftsaktien kann entweder von der Hauptversammlung oder – im Fall seiner ordnungsgemäßen Ermächtigung durch die Hauptversammlung – vom Vorstand unter Inanspruchnahme eines genehmigten Kapitals beschlossen werden.

4   Soll der Kapitalerhöhungsbeschluss von der Hauptversammlung gefasst werden, sind die üblichen formalen Voraussetzungen zur Einberufung, Abhaltung und Beschlussfassung der Hauptversammlung über eine Kapitalerhöhung unter Ausschluss des Bezugsrechts zu beachten.[6] Einzige Besonderheit in diesem Zusammenhang ist, dass in Abweichung zu § 182 Abs. 4 Satz 1 AktG eine Kapitalerhöhung zur Beschaffung von Belegschaftsaktien auch dann zulässig ist, wenn noch Einlagen auf das bisherige Grundkapital ausstehen und erlangt werden können.[7]

---

[1] Nach der jüngsten Kurzstudie des Deutschen Aktieninstituts (3/2001) gibt es in Deutschland ca. 1,6 Mio. Belegschaftsaktionäre. Dies entspricht ca. 27% der Gesamtzahl aller deutschen Aktionäre.

[2] Harrer/*von Rosen/Leven*, Rn 15.

[3] Siehe unten Rn 3 ff.

[4] Siehe unten Rn 6 ff.

[5] Siehe unten Rn 9.

[6] Allgemein zur ordentlichen Kapitalerhöhung siehe § 10 Rn 17 ff.

[7] Arg. § 203 Abs. 4 AktG (so wohl auch Großkommentar/*Wiedemann*, § 182 Rn 90). In der ersten Anmeldung der Durchführung der Kapitalerhöhung ist daher auch nicht anzugeben, welche Einlagen auf das bisherige Grundkapital noch nicht geleistet sind und warum sie nicht erlangt werden können (arg. § 203 Abs. 3 Satz 4 AktG iVm. § 203 Abs. 4 AktG).

Teil 3. Hauptversammlung und Aktionär   5, 6 § 9

Soll der Kapitalerhöhungsbeschluss vom Vorstand unter Inanspruchnahme eines 5 genehmigten Kapitals[8] gefasst werden, muss die von der Hauptversammlung hierfür ausgesprochene Ermächtigung neben der Ermächtigung zum Bezugsrechtsausschluss[9] auch vorsehen, dass neue Aktien aus dem genehmigten Kapital ganz oder zum Teil an Mitarbeiter[10] der Gesellschaft[11] ausgegeben werden können (§ 202 Abs. 4 AktG). Auch in diesem Fall ist die Ausgabe von Belegschaftsaktien zulässig, wenn noch Einlagen auf das bisherige Grundkapital ausstehen und erlangt werden können (§ 203 Abs. 4 AktG).[12] Der Beschluss des Vorstands bedarf im Übrigen der Zustimmung des Aufsichtsrats (§ 204 Abs. 1 Satz 2 AktG).

bb) Eigene Aktien Die zum Zwecke der Weitergabe an Mitarbeiter der Ge- 6 sellschaft oder eines verbundenen Unternehmens erforderlichen Aktien kann sich die Gesellschaft auch durch Erwerb (volleingezahlter) eigener Aktien beschaffen (§ 71 Abs. 1 Nr. 2 und Abs. 2 Satz 3 AktG)[13]. Entscheidend für die Zulässigkeit des Erwerbs eigener Aktien nach § 71 Abs. 1 Nr. 2 AktG ist der durch einen Beschluss dokumentierte ernstliche[14] Wille des Vorstands, die erworbenen eigenen Aktien auch tatsächlich an Mitarbeiter weiterzugeben. Um diesen ernstlichen Willen zu dokumentieren, empfiehlt es sich, in dem dem Erwerb eigener Aktien zugrundeliegenden Vorstandsbeschluss konkrete Konditionen[15] für die Vergabe an die Mitar-

---

[8] Allgemein zum genehmigten Kapital siehe § 10 Rn 42 ff.
[9] Sieht der (Ermächtigungs-)Beschluss der Hauptversammlung nur die Ausgabe von Belegschaftsaktien, nicht jedoch explizit die Ermächtigung zum Ausschluss des Bezugsrechts vor, soll in der Ermächtigung an den Vorstand, Belegschaftsaktien auszugeben, implizit die Ermächtigung zum Ausschluss des Bezugsrechts liegen (Münchener Handbuch des Gesellschaftsrechts/*Krieger*, § 58 Rn 58). Sieht der (Ermächtigungs-)Beschluss der Hauptversammlung nur den Ausschluss des Bezugsrechts, nicht jedoch explizit die Ausgaben von Belegschaftsaktien vor, ist umstritten, ob der Vorstand Belegschaftsaktien unter Inanspruchnahme eines genehmigten Kapitals ausgeben darf. Angesichts der Formstrenge des AktG spricht vieles dafür, dass eine Ausgabe von Belegschaftsaktien in diesem Fall nicht zulässig ist (wie hier Kölner Kommentar AktG/*Lutter*, § 202 Rn 27; *Hüffer*, § 202 Rn 26; **aA** *Knepper*, Die Belegschaftsaktie in Theorie und Praxis, ZGR 1985, 419, 433; Münchener Handbuch des Gesellschaftsrechts/*Krieger*, § 58 Rn 59).
[10] Nach **hM** kommt es auf ein bestehendes oder bereits beendetes Dienstverhältnis zur (verbundenen) Gesellschaft an, soweit der Betreffende dort keine organschaftliche Funktion wahrnimmt. Deshalb sind zwar auch leitende Angestellte bzw. Angestellte mit arbeitgeberähnlicher Funktion, nicht jedoch Vorstands- und Aufsichtsratsmitglieder sowie Mitglieder der Geschäftsleitung im Unternehmensverbund in den Anwendungsbereich der Norm einbezogen (Großkommentar/*Hirte*, § 202 Rn 185; Münchener Kommentar AktG/*Oechsler*, § 71 Rn 125 f.).
[11] Für die Ausgabe an Arbeitnehmer anderer Konzerngesellschaften gelten diese Grundsätze entsprechend (arg. § 71 Abs. 1 Nr. 2 AktG).
[12] Siehe oben Fn 7.
[13] Allgemein zum Rückerwerb eigener Aktien siehe § 3 Rn 39 ff.
[14] Der Wille des Vorstands ist nicht ernstlich, mithin sind die Voraussetzungen des § 71 Abs. 1 Nr. 2 AktG nicht erfüllt, wenn zB (1) die Vergabebedingungen in dem Vorstandsbeschluss so ausgestaltet sind, dass angesichts der Vergabebedingungen bereits im Zeitpunkt der Fassung des Vorstandsbeschlusses nicht ernstlich mit einem Erwerb der Aktien durch die Mitarbeiter zu rechnen ist, (2) die Menge der zu erwerbenden Aktien im Verhältnis zur erwarteten Nachfrage durch die Mitarbeiter zu hoch ist oder (3) der Zeitraum für die Gewährung der Aktien an die Mitarbeiter länger als 1 Jahr ist, mithin also nicht im Einklang mit § 71 Abs. 3 Satz 2 AktG steht (Münchener Kommentar AktG/*Oechsler*, § 71 Rn 128; *Hüffer*, § 71 Rn 13).
[15] Insbesondere sollte der Beschluss ausweisen (1) den ungefähren Zeitpunkt, zu dem die Belegschaftsaktien den Mitarbeitern zum Kauf angeboten werden sollen, (2) die Mitarbeiter, denen

beiter vorzusehen.[16] Ferner ist der Erwerb nur zulässig, wenn die zum Zweck der Weitergabe an Mitarbeiter erworbenen eigenen Aktien zusammen mit anderen erworbenen eigenen Aktien, welche die Gesellschaft bereits erworben hat und noch besitzt, nicht mehr als 10% des Grundkapitals ausmachen (§ 71 Abs. 2 Satz 1 AktG) und wenn die Gesellschaft die nach § 272 Abs. 4 HGB vorgeschriebene Rücklage für eigene Aktien bilden kann.

7   Die zum Zweck der Weitergabe an Mitarbeiter erworbenen eigenen Aktien muss die Gesellschaft innerhalb eines Jahres tatsächlich an die Mitarbeiter weitergeben (§ 71 Abs. 3 Satz 2 AktG). Verstreicht die Jahresfrist, ohne dass die erworbenen Aktien an Mitarbeiter weitergegeben worden sind, begeht der Vorstand bei schuldhafter Fristüberschreitung eine Pflichtverletzung, die ihn der Gesellschaft gegenüber nach § 93 Abs. 2 AktG zum Ersatz des daraus entstehenden Schadens verpflichtet. Weitere Sanktionen sind an die Überschreitung der Jahresfrist nicht geknüpft. Gibt der Vorstand seine Absicht zur Weitergabe an Mitarbeiter auf, ist er zur Veräußerung der erworbenen eigenen Aktien verpflichtet (analog § 71 c Abs. 1 AktG).

8   Die Aktiengesellschaft darf auch eigene Aktien, die sie zu einem anderen als dem in § 71 Abs. 1 Nr. 2 AktG genannten Zweck erworben hat, als Belegschaftsaktien ausgeben. Voraussetzung dafür ist allerdings, dass diese Aktien nicht unter Verstoß gegen die Regeln in § 71 Abs. 1 und 2 AktG erworben[17] und durch Vorstandsbeschluss in Belegschaftsaktien umgewidmet wurden.[18]

9   **cc) Anwendung in der Praxis** In der Praxis wird bei der Abwicklung der Ausgabe von Belegschaftsaktien regelmäßig der folgende Weg gewählt: Die Gesellschaft emittiert Aktien, die zum aktuellen Börsenkurs von einer Emissionsbank gezeichnet werden. Sodann kauft die Gesellschaft die soeben emittierten Aktien zum gleichen Kurs zurück[19] und bietet sie ihren Mitarbeitern zu einem vergünstigten Kurs an. Diese Vorgehensweise ist deshalb vorteilhaft, weil zum einen der Emissionserlös zum Rückkauf der eigenen Aktien verwendet und zum anderen die Differenz zwischen dem Erwerbsaufwand (d. h. dem aktuellen Börsenkurs) und dem Veräußerungspreis ebenso wie bei einem herkömmlichen Erwerb der Aktien über die Börse als Betriebsausgabe steuerlich geltend gemacht und in der Gewinn- und Verlustrechnung als Aufwand abgesetzt werden kann.[20] Dies ist – zumindest nach bisheriger Praxis[21] – nicht der Fall, wenn die neuen Aktien zu einem verbilligten

---

Belegschaftsaktien zum Kauf angeboten werden sollen, und (3) den Kaufpreis, zu welchem die Belegschaftsaktien an die Mitarbeiter abgegeben werden sollen.

[16] Münchener Kommentar AktG/*Oechsler*, § 71 Rn 128; Münchener Handbuch des Gesellschaftsrechts/*Krieger*, § 15 Rn 13.

[17] War der ursprüngliche Rückerwerb der Aktien rechtswidrig, trifft den Vorstand eine gesetzliche Veräußerungspflicht nach § 71c Abs. 1 AktG, die jede weitere Entscheidung über deren Verwendung bindet (Münchener Kommentar AktG/*Oechsler*, § 71 Rn 129).

[18] Münchener Kommentar AktG/*Oechsler*, § 71 Rn 129.

[19] Der Rückerwerb stellt trotz des engen zeitlichen und sachlichen Zusammenhangs mit der Ausgabe der Aktien keine unzulässige Einlagenrückgewähr dar (§ 57 Abs. 1 Satz 2 AktG).

[20] Münchener Handbuch des Gesellschaftsrechts/*Krieger*, § 58 Rn 65; *Richter/Gittermann*, Die Verknüpfung von Kapitalerhöhung und Rückerwerb eigener Aktien bei Mitarbeiteraktienprogramm, AG 2004, 277 ff.

[21] Siehe aber unten Rn 24.

Teil 3. Hauptversammlung und Aktionär								10, 11 § 9

Ausgabebetrag unmittelbar an die Mitarbeiter ausgegeben werden. Die Zeichnung der neuen Aktien durch eine Emissionsbank hat allerdings zur Folge, dass § 203 Abs. 4 AktG nicht eingreift, mithin also die Aktienausgabe nicht möglich ist, solange ausstehende Einlagen auf das bisherige Grundkapital noch erlangt werden können (§ 203 Abs. 3 Satz 1 AktG).

b) Ausschluss des Bezugsrechts Bei der Ausgabe von Belegschaftsaktien ist zu 10 beachten, dass mit der Aktienausgabe immer ein Ausschluss des gesetzlichen Bezugsrechts der Aktionäre (§ 186 Abs. 1 AktG) einhergeht und zwar unabhängig davon, ob die neuen Aktien aus einer Kapitalerhöhung oder aus Eigenbestand[22] an die Mitarbeiter begeben werden. Ein Ausschluss des Bezugsrechts – und damit auch die Ausgabe von Belegschaftsaktien – ist jedoch nur zulässig, wenn der Bezugsrechtsausschluss verhältnismäßig ist. Dies ist nach dem bisherigen Stand von Rechtsprechung und Literatur dann der Fall, wenn die Hauptversammlung bzw. der Vorstand der Überzeugung sein darf, der Bezugsrechtsausschluss sei das angemessene und am besten geeignete Mittel zur Verfolgung überwiegender Gesellschaftsinteressen. Angemessen ist der Bezugsrechtsausschluss dabei nur, wenn die Interessen der Gesellschaft die Nachteile der Aktionäre (zB Verwässerung der Beteiligungsquote bzw. Anteilswertes) überwiegen. Am besten geeignet zur Verfolgung überwiegender Gesellschaftsinteressen ist der Bezugsrechtsausschluss ferner nur dann, wenn er zur Erreichung des angestrebten Ziels nötig ist, mithin gleichwertige Alternativen nicht bestehen. Da die sozialpolitisch wünschenswerte[23] Beteiligung der Mitarbeiter am Produktivvermögen im Interesse der Gesellschaft und damit mittelbar auch in demjenigen der Aktionäre liegt und da gleichwertige Alternativen zur Ausgabe von Aktien nicht bestehen, ist der Bezugsrechtsausschluss zum Zwecke der Ausgabe von Belegschaftsaktien nach herrschender Meinung jedenfalls dann verhältnismäßig, wenn der Umfang der an den einzelnen Mitarbeiter ausgegebenen Belegschaftsaktien angemessen ist.[24] Zur Bestimmung, ob der Umfang der Aktienausgabe angemessen ist, wird regelmäßig auf die in § 13 Abs. 2 Fünftes VermBG für sparzulagefähige Aufwendungen der Gesellschaft vorgesehene Grenze abgestellt. Demzufolge soll die Ausgabe von Belegschaftsaktien jedenfalls dann angemessen sein, wenn der Umfang der Aktienausgabe pro Mitarbeiter die Grenze von 470 EUR pro Kalenderjahr nicht übersteigt.[25]

c) Ausgabebetrag

Wenn die Belegschaftsaktien durch Kapitalerhöhungsbeschluss neu geschaffen 11 werden, sind bei der Festsetzung des Ausgabebetrages die in § 9 Abs. 1 AktG[26] und

---

[22] Arg. aus dem für die Gewährung von eigenen Aktien an Mitarbeiter anwendbaren § 71 Abs. 1 Nr. 8 Satz 5 Halbsatz 2 AktG mit seinem Verweis auf §§ 186 Abs. 3 und 4, 193 Abs. 2 Nr. 4 AktG (wie hier wohl Kölner Kommentar AktG/*Lutter*, § 71b Rn 14; Großkommentar/*Wiedemann*, § 186 Rn 46; aA *Hüffer*, § 186 Rn 3, demzufolge § 186 AktG weder direkt noch analog auf die Veräußerung eigener Aktien anwendbar sein soll). Siehe aber unten Fn 94.
[23] Kölner Kommentar AktG/*Lutter*, § 186 Rn 67.
[24] Kölner Kommentar AktG/*Lutter*, § 186 Rn 67 und § 202 Rn 28; *Hüffer*, § 186 Rn 29; Münchener Handbuch des Gesellschaftsrechts/*Krieger*, § 56 Rn 72 und § 58 Rn 58; Großkommentar/ *Wiedemann*, § 186 Rn 156.
[25] Münchener Handbuch des Gesellschaftsrechts/*Krieger*, § 58 Rn 58.
[26] § 9 Abs. 1 AktG verbietet eine Ausgabe neuer Aktien zu einem geringeren Betrag als den Nennbetrag der Aktie bzw. den auf die einzelne Stückaktie entfallenden anteiligen Betrag des

§ 255 Abs. 2 AktG[27] festgelegten Rechtsgrundsätze zu beachten. Ferner hat sich der Vorstand im Fall der Inspruchnahme genehmigten Kapitals an den Inhalt des Ermächtigungsbeschlusses der Hauptversammlung zu halten. Stammen die Belegschaftsaktien aus dem Eigenbestand der Gesellschaft, so entscheidet über die Höhe des von dem Mitarbeiter für die Belegschaftsaktie zu zahlenden Kaufpreises allein der Vorstand im Rahmen seiner Geschäftsführungsbefugnis. Der Kaufpreis kann hierbei über, aber auch unter dem aktuellen Börsenkurs liegen. Der Vorstand ist sogar berechtigt, den Mitarbeitern die Belegschaftsaktien unentgeltlich zu überlassen.[28] In jedem Fall erscheint empfehlenswert, sich bei der Festsetzung des Ausgabebetrages/Kaufpreises und der sonstigen Ausgabekonditionen im Rahmen des Üblichen und Angemessenen zu halten, da der Vorstand ansonsten Gefahr läuft, sich wegen Verstoßes gegen § 93 Abs. 2 AktG schadensersatzpflichtig zu machen.[29]

12 **d) Art und Form Einlageleistung**

Einlagen auf Belegschaftsaktien, die aus einer Kapitalerhöhung stammen, können entweder durch Leistung eigener Mittel des Mitarbeiters oder aus dem Jahresüberschuss erbracht werden.

13 **aa) Einlage durch Leistung eigener Bar- oder Sachmittel** Hat der Mitarbeiter die Einlage durch Leistung eigener Bar- oder Sachmittel zu erbringen, gelten – vorbehaltlich der nachfolgenden Privilegierung – die allgemeinen Regeln zur Bar- und Sachkapitalerhöhung.[30] Für den folgenden Fall sieht das Gesetz in § 205 Abs. 5 AktG eine Privilegierung vor: Die Ausgabe von Belegschaftsaktien erfolgt unter Inanspruchnahme eines genehmigten Kapitals[31] und der Mitarbeiter der Gesellschaft[32] darf seine Einlageleistung erbringen, indem er gegen die Einlageforderung der Gesellschaft mit einer ihm gegen die Gesellschaft zustehenden und aus ei-

---

Grundkapitals (Unterpari-Emission). Ein Verstoß gegen das Verbot der Unter-Pari-Emission führt zur Nichtigkeit des Kapitalerhöhungsbeschlusses (§ 241 Nr. 3 Variante 2 AktG).

[27] § 255 Abs. 2 AktG sanktioniert die Ausgabe von neuen Aktien zu einem unangemessen niedrigen Ausgabebetrag. Ein unangemessen niedriger Ausgabebetrag führt entweder zu einem erhöhten Anfechtungsrisiko des von der Hauptversammlung gefassten Kapitalerhöhungsbeschlusses (§ 255 Abs. 2 AktG) oder zur Nicht-Statthaftigkeit des von dem Vorstand unter Inanspruchnahme eines genehmigten Kapitals gefassten Kapitalerhöhungsbeschlusses (arg. § 255 Abs. 2 AktG). Zur Bestimmung, ob der Ausgabebetrag angemessen ist, wird regelmäßig auf den steuerlichen Freibetrag in § 19a EStG für die steuerfreie Überlassung von Vermögensbeteiligungen an Arbeitnehmer als Maßstab abgestellt (Steuerfreiheit bis zur Hälfte des Börsenkurses, höchstens aber 135 EUR im Kalenderjahr).

[28] Kölner Kommentar AktG/*Lutter*, § 71 Rn 44.

[29] Münchener Kommentar AktG/*Oechsler*, § 71 Rn 132; Kölner Kommentar AktG/*Lutter*, § 71 Rn 44.

[30] Allgemein zur Bar- und Sachkapitalerhöhung siehe § 10 Rn 17 ff.

[31] Angesichts der vergleichbaren Interessenlage erscheint es unverständlich, warum der Gesetzgeber keine Regelung für die reguläre Kapitalerhöhung gegen Sacheinlagen vorgesehen hat, die mit der Regelung in § 205 Abs. 5 AktG (sowie § 194 Abs. 3 AktG) identisch ist. Dennoch finden sich in der Literatur keine Stimmen für eine analoge Anwendung.

[32] Die unmittelbare Anwendung von § 205 Abs. 5 AktG setzt voraus, dass es sich um einen Mitarbeiter der Gesellschaft handelt. § 205 Abs. 5 AktG ist aber auf Mitarbeiter verbundener Unternehmen analog anwendbar (*Hüffer*, § 205 Rn 9; Münchener Handbuch des Gesellschaftsrechts/ *Krieger*, § 58 Rn 58; **aA** Kölner Kommentar Aktiengesetz/*Lutter*, § 205 Rn 20).

ner Gewinnbeteiligung resultierenden Forderung[33] aufrechnet. Die Privilegierung besteht darin, dass die in § 205 Abs. 2 und 3 AktG vorgesehenen Regelungen nicht anwendbar sind, mithin es weder der förmlichen Festsetzungen nach § 205 Abs. 2 AktG in dem Einbringungsvertrag[34] und dem Zeichnungsschein noch einer Sacheinlageprüfung nach § 205 Abs. 3 AktG bedarf.

bb) Einlage aus dem Jahresüberschuss Unter gewissen Voraussetzungen darf der Vorstand auch Belegschaftsaktien ausgeben, ohne dass der Mitarbeiter[35] die Einlagen selbst zu erbringen hat. So sieht § 204 Abs. 3 AktG für den Fall, dass die Ausgabe von Belegschaftsaktien unter Inanspruchnahme eines genehmigten Kapitals erfolgt, die Möglichkeit der Einlage aus dem Jahresüberschuss der Gesellschaft vor. Der Sache nach handelt es sich hierbei zwar um eine Kapitalerhöhung aus Gesellschaftsmitteln. Die Vorschriften für eine Kapitalerhöhung aus Gesellschaftsmitteln (§§ 207 bis 220 AktG) sind allerdings nicht anwendbar.[36] Vielmehr wird die Kapitalerhöhung nach den Vorschriften der §§ 185 bis 191 AktG wie eine Kapitalerhöhung gegen Bareinlagen durchgeführt (§ 204 Abs. 3 Satz 2 AktG).[37] Die Mitarbeiter haben die neuen Aktien regulär zu zeichnen, wobei in die Zeichnungsscheine der Vermerk aufgenommen werden sollte, dass die Einlage aus Jahresüberschuss gedeckt wird.[38] Dadurch wird die Verpflichtung der Mitarbeiter zur Leistung einer Bareinlage verhindert.

Die Deckung der Einlage auf Belegschaftsaktien, die aus einer Kapitalerhöhung stammen, aus dem Jahresüberschuss ist nur zulässig, wenn verschiedene Voraussetzungen erfüllt sind: Erstens muss der Vorstand ausdrücklich zur Inanspruchnahme eines genehmigten Kapitals zum Zwecke der Ausgabe von Belegschaftsaktien ermächtigt worden sein.[39] Zweitens müssen Vorstand und Aufsichtsrat über diesen Jahresüberschuss disponieren können. Dies ist nur dann der Fall, wenn

– der Teil des in dem betreffenden Jahresabschluss ausgewiesenen Jahresüberschusses, den Vorstand und Aufsichtsrat in andere Gewinnrücklagen gemäß § 58 Abs. 2 AktG einstellen können, zur Einlagendeckung ausreicht (§ 204 Abs. 3 Satz 1 AktG);

---

[33] Einlagefähig ist nur konkreter Anspruch auf Geldleistung aus Gewinnbeteiligung, nicht schon das Recht auf Gewinnbeteiligung (*Hüffer*, § 205 Rn 10).
[34] Zwischen der Gesellschaft und dem Mitarbeiter muss aber eine Vereinbarung getroffen werden, wonach die Einlage durch Einbringung der Forderung erbracht werden soll. Fehlt eine derartige Vereinbarung und wird die Kapitalerhöhung dennoch eingetragen, so ist das aktienrechtliche Mitgliedsrecht zwar wirksam entstanden, der Mitarbeiter ist aber zu einer Bareinlage verpflichtet; die Aufrechnung scheitert an § 66 Abs. 1 Satz 2 AktG (*Hüffer*, § 205 Rn 10; Kölner Kommentar AktG/*Lutter*, § 205 Rn 18).
[35] Die unmittelbare Anwendung von § 204 Abs. 3 AktG setzt voraus, dass es sich um einen Mitarbeiter der Gesellschaft handelt. § 204 Abs. 3 AktG ist aber auf Mitarbeiter verbundener Unternehmen analog anwendbar (*Hüffer*, § 204 Rn 13; **aA** Kölner Kommentar AktG/*Lutter*, § 204 Rn 40).
[36] *Hüffer*, § 204 Rn 12.
[37] Mangels Einlageleistung gilt jedoch nicht die Regelung des § 188 Abs. 2 AktG.
[38] Kölner Kommentar AktG/*Lutter*, § 204 Rn 39; *Hüffer*, § 204 Rn 16.
[39] Nicht erforderlich ist hingegen, dass die Ermächtigung ausdrücklich die Einlagendeckung aus dem Jahresüberschuss vorsieht (*Hüffer*, § 204 Rn 14; Münchener Handbuch des Gesellschaftsrechts/*Krieger*, § 58 Rn 62; Kölner Kommentar AktG/*Lutter*, § 204 Rn 35).

- sich Vorstand und Aufsichtsrat bereits vor Feststellung des Jahresabschlusses unter Nutzung der Vorschriften in § 204 Abs. 3 AktG zur Ausgabe von Belegschaftsaktien entschließen und deshalb eine entsprechende Sonderrückstellung zur Ausgabe von Belegschaftsaktien mit Deckung der Einlagen aus Jahresüberschuss bilden;[40]
- der betreffende Jahresabschluss von Vorstand und Aufsichtsrat festgestellt wird;[41] und
- die Sonderrückstellung im Zeitpunkt der Ausgabe der Belegschaftsaktien nicht durch zwischenzeitliche Verluste aufgezehrt worden ist.

16 Ferner muss der Jahresüberschuss in einem ohne Einschränkung testierten Jahresabschluss[42] ausgewiesen sein.

17 Der Anmeldung der Durchführung der Kapitalerhöhung zum Handelsregister ist der festgestellte Jahresabschluss mit Bestätigungsvermerk beizufügen (§ 204 Abs. 3 Satz 3 AktG). Außerdem hat der anmeldende Vorstand der Gesellschaft eine Erklärung abzugeben, dass nach seiner Kenntnis seit dem Stichtag des Jahresabschlusses bis zum Tag der Anmeldung keine Vermögensminderung eingetreten ist, die der Kapitalerhöhung entgegenstünde, wenn sie am Tag der Anmeldung beschlossen worden wäre (§§ 204 Abs. 3 Satz 4, 210 Abs. 1 Satz 2 AktG). Fehlt diese Erklärung oder wird sie unter einer Einschränkung abgegeben, hat das Registergericht die Eintragung abzulehnen. Gibt der Vorstand eine unrichtige Erklärung ab, so macht er sich strafbar (§ 399 Abs. 2 AktG).

3. Schuldrechtliche Aspekte

18 Häufig wird die Gewährung von Belegschaftsaktien mit einer Verfügungsbeschränkung verbunden, wonach der Mitarbeiter über die Belegschaftsaktien für einen bestimmten Zeitraum nicht verfügen kann. Die Vereinbarung einer solchen schuldrechtlichen Verfügungsbeschränkung für die Dauer von fünf Jahren ist grundsätzlich zulässig und kann mit Sanktionsandrohungen verbunden werden.[43] Sie verhindert jedoch keineswegs die allein nach dem Aktienrecht zu beurteilende wirksame Veräußerung der Belegschaftsaktien.[44] Inwieweit insbesondere die Festsetzung einer Verfügungsbeschränkung in Zukunft üblich sein wird, bleibt nach der Änderung von § 19a Abs. 1 EStG[45] abzuwarten.[46]

---

[40] Ohne eine solche Sonderrückstellung würde der betreffende Teil des Jahresüberschusses anderweitig verwendet (bspw. in die anderen Gewinnrücklagen eingestellt). Damit wäre der Teil des Jahresüberschusses aber nicht mehr disponibel für eine Maßnahme im Sinne des § 204 Abs. 3 AktG, da die Einstellung in die anderen Gewinnrücklagen mit der Feststellung des Jahresabschlusses unabänderlich wird (Kölner Kommentar Aktiengesetz/*Lutter*, § 204 Rn 37).
[41] *Hüffer*, § 204 Rn 15; Münchener Handbuch des Gesellschaftsrechts/*Krieger*, § 58 Rn 62; Kölner Kommentar AktG/*Lutter*, § 204 Rn 37.
[42] Der Jahresabschluss selbst muss mit einem uneingeschränkten Bestätigungsvermerk versehen sein, nicht (wie bei der Kapitalerhöhung aus Gesellschaftsmitteln) nur die Jahresbilanz.
[43] *Baeck/Diller*, Arbeitsrechtliche Probleme bei Aktienoptionen und Belegschaftsaktien, DB 1998, 1405, 1407; Kessler/Sauter/*Kessler/Suchan*, Rn 1262.
[44] Mangels einer entsprechenden aktienrechtlichen Regelung sind aktienrechtliche Verfügungsbeschränkungen – vom Sonderfall vinkulierter Namensaktien abgesehen – für Belegschaftsaktien unzulässig (BayOLG DB 1989, 214, 215).
[45] Siehe unten Fn 57.
[46] Die Commerzbank AG hat ausweislich einer Meldung in der FTD vom 28. Juli 2003 (S. 18)

Neben der Verfügungsbeschränkung werden zum Teil Verfallklauseln vereinbart, 19
nach denen die Aktie bei Beendigung des Arbeitsverhältnisses für eine unter dem
Tageskurs liegende Vergütung an die Gesellschaft zurückzuübertragen ist. Deren
Zulässigkeit erscheint jedoch fraglich: Sicher ist, dass die Vereinbarung einer derartigen Verfallklausel in der Satzung der Gesellschaft nicht wirksam ist.[47] Darüber hinaus bestehen aber auch gegen eine rein schuldrechtliche Vereinbarung von Verfallklauseln erhebliche Bedenken.[48]

4. Arbeitsrechtliche Aspekte

Als Anspruchsgrundlagen des Mitarbeiters für die Gewährung von Belegschaftsaktien kommen Vereinbarungen der Gesellschaft mit einem Betriebsrat[49] und 20
einem Sprecherausschuss[50] für leitende Angestellte sowie arbeitgeberseitige Gesamtzusagen, Einheitsregelungen und individuelle Zusagen in Betracht. Darüber
hinaus kann ein Mitarbeiter einen Anspruch auf Gewährung von Belegschaftsaktien aus dem Gleichbehandlungsgrundsatz und aus einer betrieblichen Übung ableiten. Während der Gleichbehandlungsgrundsatz die willkürliche oder sachfremde[51]
Schlechterstellung einzelner Mitarbeiter gegenüber anderen, in vergleichbarer Lage
befindlichen Mitarbeitern verbietet[52], versteht man unter betrieblicher Übung die
regelmäßige Wiederholung bestimmter Verhaltensweisen des Arbeitgebers, aus denen der Mitarbeiter schließen kann, dass ihm eine Leistung oder eine Vergünstigung
auf Dauer eingeräumt wird.

Bei der Gewährung von Belegschaftsaktien hat ein Betriebsrat Mitbestimmungs- 21
rechte und ein Sprecherausschuss Mitwirkungsrechte. Dies gilt jedoch nicht, wenn
die Belegschaftsaktien aufgrund einzelvertraglicher Zusage gewährt werden. Die
Mitbestimmungsrechte des Betriebsrats erstrecken sich allein auf mitbestimmungspflichtige Ausgestaltungsregelungsfragen.[53] Nicht mitbestimmungspflichtig sind
insbesondere die Entscheidungen, (1) ob, wann und wie viele Belegschaftsaktien
ausgegeben werden, (2) welches Ziel mit der Gewährung von Belegschaftsaktien
verfolgt wird, (3) welcher Personenkreis zur Zeichnung/Erwerb von Beleg-

---

bei einem aktuellen Börsenkurs von ca. 13,30 EUR ihren Mitarbeitern bis zu 2.800.000 Belegschaftsaktien zu einem Ausgabebetrag von 6 EUR zur Zeichnung angeboten. Eine Verfügungsbeschränkung war nicht vorgesehen.

[47] BayOLG DB 1989, 214, 215.
[48] Siehe unten Rn 22.
[49] Zur Zuständigkeit von örtlichem Betriebsrat, Gesamtbetriebsrat und Konzernbetriebsrat: Harrer/*Tepass*/*Lenzen*, Rn 456.
[50] Zur Zuständigkeit von örtlichem Sprecherausschuss, Gesamtsprecherausschuss und Konzernsprecherausschuss: Harrer/*Tepass*/*Lenzen*, Rn 456.
[51] Sachfremd ist eine Schlechterstellung bei freiwilligen Leistungen dann, wenn es für die unterschiedliche Behandlung im Hinblick auf den Zweck der Leistung keine billigenswerten Gründe gibt (BAG AP Nr. 44 zu § 242 BGB Gleichbehandlung). Insbesondere ist auch eine sachfremde Gruppenbildung verboten (BAG DB 1998, 2372, 2373).
[52] *Schaub*, S. 1137. Zur Differenzierung zwischen Hierarchiegruppen, Differenzierung nach Geschäftsbereichen, Betrieben und Unternehmen sowie Differenzierung nach Vollzeit- und Teilzeitarbeitnehmern sowie geringfügig oder befristet beschäftigten Arbeitnehmer: Harrer/*Tepass*/*Lenzen*, Rn 428 ff.
[53] Bspw. Verfallklauseln und -fristen sowie Verfügungsbeschränkungen.

schaftsaktien berechtigt ist und (4) zu welchem Preis eine Belegschaftsaktie angeboten wird. Die Mitwirkungsrechte des Sprecherausschusses erschöpfen sich in Unterrichtungs- und Beratungsrechten.

22 Wenn Belegschaftsaktien der Bindung des Mitarbeiters an den Arbeitgeber dienen sollen, liegt es nahe, für den Fall der Beendigung des Arbeitsverhältnisses den Verlust von Vorteilen, d. h. Verfallklauseln, vorzusehen. Derartige Klauseln können allerdings dann zu einer unbilligen Erschwerung der Kündigung für den Arbeitnehmer (§ 622 Abs. 6 BGB) führen und deshalb gemäß §§ 138, 242 BGB nichtig sein, wenn die Verfallfrist unangemessen lang ist[54] oder wenn die Rückübertragung zu einem unter dem Einstandskurs liegenden Kaufpreis zu erfolgen hat.[55] Ferner sollen Verfallklauseln, die eine Verpflichtung zur Rückübertragung von Belegschaftsaktien im Fall einer nachvertraglichen Konkurrenztätigkeit des Mitarbeiters vorsehen, als unzulässige Umgehung der §§ 74ff. HGB anzusehen sein. Dies hätte zur Folge, dass die Verfallklausel keine Rechtswirkung entfaltet.[56]

5. Steuerliche Aspekte

23 Die steuerliche Behandlung der vergünstigten Überlassung von Vermögensbeteiligungen an Arbeitnehmer (Sachbezüge) ist in § 19a EStG geregelt. Überlässt der Arbeitgeber seinen Mitarbeitern Sachbezüge verbilligt, so unterliegt der Vorteil nicht der Einkommen- oder Lohnsteuer, sofern dieser Vorteil nicht höher als der halbe Wert der Vermögensbeteiligung ist und 135 EUR im Kalenderjahr nicht übersteigt.[57] Die in § 19a EStG festgelegten Höchstgrenzen müssen vom Arbeitgeber nicht eingehalten werden. Jede Aktiengesellschaft kann auch über diese Grenzen hinaus verbilligt Belegschaftsaktien an ihre Mitarbeiter ausgeben, muss dann aber den zusätzlichen Sachwert der Vergünstigungen für den Mitarbeiter versteuern.[58]

---

[54] Angesichts der Regelung in § 624 BGB wird eine Verfallfrist von bis zu 5 Jahren als noch angemessen angesehen (*Baeck/Diller* DB 1998, 1405, 1408; *Kessler/Sauter/Mohr/Bihn*, Rn 971).

[55] *Baeck/Diller* DB 1998, 1405, 1407 f.

[56] *Legerlotz/Laber*, Arbeitsrechtliche Grundlagen bei betrieblichen Arbeitnehmerbeteiligungen durch Aktienoptionen und Belegschaftsaktien, DStR 1999, 1658, 1664 f.

[57] Sind die überlassenen Belegschaftsaktien bereits bei der Beschlussfassung über die verbilligte Überlassung an einer deutschen Börse zum amtlichen oder geregelten Markt zugelassen oder zumindest in den Freiverkehr einbezogen, so werden die Aktien mit dem niedrigsten an diesem Tag für sie notierten Kurs angesetzt. Voraussetzung hierfür ist jedoch, dass am Tag der Überlassung nicht mehr als neun Monate seit dem Tag der Beschlussfassung über die Überlassung vergangen sind (§ 19a Abs. 2 Satz 2 EStG). § 19a Abs. 2 Satz 2 EStG gilt auch für junge Aktien, die am Tag der Beschlussfassung über die Überlassung erst noch durch eine Kapitalerhöhung geschaffen werden mussten (BFH DStR 2001 1522, 1524). Bis zum 31.12.2001 war im Übrigen Voraussetzung für die Steuerbefreiung die Vereinbarung einer Verfügungsbeschränkung (Sperrfrist) von sechs Jahren, in der die Aktien nicht veräußert werden dürfen. Im Fall einer steuerschädlichen Verfügung vor dem 31.12.2001 ist deshalb nach wie vor eine Nachversteuerung erforderlich, bei der ein pauschaler Steuersatz von 20% des Vergünstigungsbetrages angewandt wird (§§ 7 Abs. 1 Satz 2, 8 Abs. 2 LStDV). Eine Nachversteuerung unterbleibt allerdings, wenn der nachzufordernde Betrag 10 EUR nicht übersteigt. Bei Verfügungen ab dem 1.1.2002 über Vermögensbeteiligungen, die vor dem 31.12.2001 überlassen worden sind, gilt die Neuregelung, mithin erfolgt also keine Nachversteuerung (Schmidt/*Drenseck*, § 19a Rn 1).

[58] Schmidt/*Drenseck*, § 19a Rn 25.

6. Bilanzielle Aspekte

Im Zusammenhang mit der Belegschaftsaktie finden sich in der Literatur bislang keine Diskussionsbeiträge zu der Frage, ob die Gewährung einer Belegschaftsaktie zum Vorzugskurs nach GoB, US-GAAP oder IFRS eine erfolgswirksame Bilanzierung als Personalaufwand zur Folge hat. Es spricht jedoch viel dafür, dass entsprechend der sich bei der Diskussion zu Aktienoptionsplänen abzeichnenden und bei IFRS bereits umgesetzten Tendenz[59] in Zukunft die Gewährung einer Belegschaftsaktie zum Vorzugskurs eine erfolgswirksame Bilanzierung als Personalaufwand auslöst. 24

II. Der (reale) Aktienoptionsplan

1. Einführung

Ein zur Gewährung von Aktienoptionen[60] an Mitarbeiter entwickelter Aktienoptionsplan verfolgt regelmäßig das Ziel, die Vergütung der Mitarbeiter enger mit dem Unternehmenserfolg zu verknüpfen und auf diese Weise die Leistungsanreize zu verstärken. Nach §§ 192 Abs. 2 Nr. 3, 193 Abs. 2 Nr. 4 AktG sind bedingte Kapitalerhöhungen „zur Gewährung von Bezugsrechten an Arbeitnehmer und Mitglieder der Geschäftsführung der Gesellschaft oder eines verbundenen Unternehmens" zulässig, d.h. es können selbstständige Optionsrechte (*naked warrants*) ausgegeben werden. 25

2. Aktienrechtliche Aspekte

a) Herkunft der Optionsrechte

Bei der Einführung eines Aktienoptionsplans kann ein Unternehmen selbst Optionsrechte begeben, d.h., selbst als Stillhalter auf die eigenen Aktien agieren.[61] Handelt es sich bei dem Unternehmen um ein großes börsennotiertes Unternehmen, besteht darüber hinaus zumeist die Möglichkeit, die von einem Dritten (Stillhalter) begebenen Optionsrechte auf Aktien des Unternehmens auf dem freien Markt zu erwerben und an seine Mitarbeiter auszugeben. Geschäfts- und Investmentbanken emittieren Optionsrechte auf Aktien nahezu aller größerer börsennotierter Aktiengesellschaften. Diese Optionsrechte werden an der Börse gehandelt. Anleger erwerben derartige Optionsrechte insbesondere zu Zwecken der Kurssicherung oder aus Spekulationsgründen. Diesen Handel mit Optionsrechten kann sich eine börsennotierte Aktiengesellschaft für einen Aktienoptionsplan zunutze machen, indem sie Optionsrechte auf ihre eigenen Aktien an der Börse aufkauft und an ihre Mitarbeiter ausgibt. Der Vorteil dieser Vorgehensweise liegt darin, dass der Erwerb von Optionsrechten auf eigene Aktien nicht den Beschränkungen für 26

---

[59] Siehe unten Rn 69 ff.
[60] Aktienoptionen gewähren ihren Inhabern das Recht, innerhalb einer bestimmten Frist Aktien zu einem bestimmten Preis zu erwerben.
[61] Zu den Ergebnissen einer empirischen Studie zur Finanzierung von Aktienoptionsplänen Siehe Kessler/*Sauter/Babel*, Rn 63.

den Erwerb eigener Aktien nach § 71 AktG unterliegt[62] und daher keines Ermächtigungsbeschlusses seitens der Hauptversammlung bedarf. Der Vorstand kann vielmehr selbstständig beschließen, einen Aktienoptionsplan aufzulegen und sodann Optionsrechte zum Zwecke der Ausgabe an Mitarbeiter, Mitglieder des Aufsichtsrats oder externe Berater über die Börse zu kaufen. Soweit auch der Vorstand an dem Aktienoptionsplan teilnehmen soll, hat allerdings der Aufsichtsrat Entsprechendes zu beschließen.

b) Herkunft der bei Ausübung der Optionsrechte zu gewährenden Aktien

27   Begibt ein Unternehmen selbst die Optionsrechte, kann es die Optionsrechte im Fall ihrer Ausübung mit Aktien aus bedingtem Kapital, mit Aktien aus genehmigtem Kapital oder mit Aktien aus Eigenbestand bedienen.[63]

28   **aa) Aktienoptionsplan mit Aktien aus bedingtem Kapital** Wollten Unternehmen vor In-Kraft-Treten des KonTraG Aktienoptionspläne auflegen, mussten sie an ihre Mitarbeiter Wandel- oder Optionsanleihen ausgeben, welche mit einem Optionsrecht verknüpft waren. Erst seit In-Kraft-Treten des KonTraG ist es möglich, selbstständige Optionsrechte auszugeben. Beiden Vorgehensweisen ist gemeinsam, dass der aus dem Optionsrecht resultierende Anspruch des Mitarbeiters auf Ausgabe von Aktien des Unternehmens in der Regel durch eine von der Hauptversammlung beschlossene bedingte Kapitalerhöhung besichert werden kann.[64] Dies hat aus Sicht des Mitarbeiters den entscheidenden Vorteil, dass bei Ausübung des Optionsrechts das wirksame Entstehen der Aktie nur noch von der Ausgabe der Aktie abhängt (§ 200 AktG), mithin für das Entstehen der Aktien keine Eintragung in das Handelsregister erforderlich ist. Die Eintragung hat vielmehr lediglich deklaratorische Wirkung. Somit erwirbt der Optionsberechtigte, der sein Optionsrecht ausübt, die Aktie unmittelbar durch Erwerb der Aktienurkunde. Die bedingte Kapitalerhöhung führt dabei nur insoweit zu einer tatsächlichen Kapitalerhöhung, als von den Optionsrechten auf Ausgabe neuer Aktien Gebrauch gemacht wird.

29   *(1) Aktienoptionsplan mit an Wandel-/Optionsanleihe gekoppelten Optionsrechten.* Zu Wandel- und Optionsanleihen siehe zunächst § 10 Rn. 104 ff. Ein Aktienoptionsplan unter Ausgabe von Wandel- und Optionsanleihen, welche mit einem Optionsrecht verknüpft sind, ist auch heute noch aktienrechtlich zulässig.[65] Die Neuregelung durch das KonTraG schließt den Weg der Mitarbeiterbeteiligung über die Ausgabe von Wandel- und Optionsanleihen nicht aus[66] und unterwirft sie auch nicht denselben Anforderungen, die für die Ausgabe von selbstständigen Optionsrechten gelten.[67] Ob es vor dem Hintergrund der gesetzlichen Neuregelung zur

---

[62] Statt aller Kölner Kommentar AktG/*Lutter*, § 71 Rn 19; *Hüffer*, § 71 Rn 5; Kessler/Sauter/Roß/Baumunk, Rn 657.
[63] Zu den Ergebnissen einer empirischen Studie zur Finanzierung von Aktienoptionsplänen siehe Kessler/*Sauter/Babel*, Rn 63.
[64] Allgemein zur bedingten Kapitalerhöhung siehe § 10 Rn 48 ff.
[65] OLG Braunschweig ZIP 1998, 1585, 1586; OLG Stuttgart ZIP 1998, 1482, 1484; Münchener Handbuch des Gesellschaftsrechts/*Krieger*, § 63 Rn 27.
[66] BegrRegE KonTraG, ZIP 1997 2059, 2067.
[67] Münchener Handbuch des Gesellschaftsrechts/*Krieger*, § 63 Rn 28; *Weiß*, Aktienoptionsprogramme nach dem KonTraG, WM 1999, 353, 362.

Ausgabe selbstständiger Optionsrechte und der darin zum Ausdruck kommenden gesetzgeberischen Intention allerdings noch zulässig ist, die Anleihe in jeder beliebigen Stückelung (zB Nennbeträge von 0,01 EUR oder 1 EUR) auszugeben, ist zumindest zweifelhaft.

Wandel- und Optionsanleihen können nur aufgrund eines Beschlusses der Hauptversammlung ausgegeben werden (§ 221 Abs. 1 Satz 1 AktG). Der Hauptversammlungsbeschluss hat die Feststellungen gemäß § 193 Abs. 2 Nr. 1 bis 3 AktG (d. h. Zweck der bedingten Kapitalerhöhung, Kreis der Optionsberechtigten sowie Ausgabebetrag der Aktien bzw. die Grundlagen, nach denen dieser Betrag berechnet wird), nicht jedoch die Feststellungen gemäß § 193 Abs. 2 Nr. 4 AktG (zB Erfolgsziel und Wartezeit) zu enthalten.[68] Der Hauptversammlungsbeschluss kann als Zustimmungs- oder Ermächtigungsbeschluss gefasst werden (§ 192 Abs. 2 Nr. 3 AktG).[69] Im Fall eines Zustimmungsbeschlusses wird der Hauptversammlung ein im Einzelnen festgelegter Aktienoptionsplan vorgelegt. Hat die Hauptversammlung einem Aktienoptionsplan zugestimmt, ist die Verwaltung zur Umsetzung dieses Aktienoptionsplans verpflichtet (§ 83 Abs. 2 AktG). Beschließt die Hauptversammlung im Rahmen des Zustimmungsbeschlusses über die Gewährung von Wandel- oder Optionsanleihen an die Mitglieder des Vorstands, findet eine Kontrolle des entsprechenden Hauptversammlungsbeschlusses im Hinblick auf die Angemessenheit der Gesamtbezüge des Vorstands (§ 87 Abs. 1 AktG) nicht statt.[70] Im Fall eines Ermächtigungsbeschlusses wird die Verwaltung von der Hauptversammlung ermächtigt, einen Aktienoptionsplan mit den von der Hauptversammlung beschlossenen Eckdaten umzusetzen. Da die Verwaltung über das endgültige Ob und Wie entscheidet, gibt der Ermächtigungsbeschluss der Verwaltung größere Flexibilität und ist deshalb die Regel. Der von der Hauptversammlung ermächtigte Vorstand kann allerdings nur über die Gewährung von Wandel- und Optionsanleihen unterhalb des Vorstands entscheiden, während der Aufsichtsrat über die Gewährung von Wandel- und Optionsanleihen an Mitglieder des Vorstands zu entscheiden hat.[71] Der Aufsichtsrat hat bei der Ausgabe das Angemessenheitsgebot im Hinblick auf die Bezüge des Vorstands gemäß § 87 Abs. 1 AktG zu beachten.[72] Inwieweit der Aufsichtsrat bei der

---

[68] Münchener Handbuch des Gesellschaftsrechts/*Krieger*, § 63 Rn 28; *Weiß* WM 1999, 353, 362 f.; a**A** *Lutter*, Aktienoptionen für Führungskräfte – de lege lata und de lege ferenda, ZIP 1997, 1, 6, der als Erfolgsziel eine absolute Kurssteigerung von 10% und eine Mindestwartezeit von 3 Jahren als unabdingbar ansieht.
[69] Die Hauptversammlung hat in Form eines Zustimmungsbeschlusses zu entscheiden, wenn Wandel- und Optionsanleihen an den Aufsichtsrat gewährt werden sollen. Die genaue Anzahl von Optionsrechten, die einzelnen Mitgliedern des Aufsichtsrats als Aufsichtsratsvergütung gewährt werden, muss nämlich in der Satzung festgesetzt oder von der Hauptversammlung bewilligt werden (§ 113 Abs. 1 Satz 2 AktG) und in einem angemessenen Verhältnis zu den Aufgaben des Aufsichtsratsmitglieds und zur Lage der Gesellschaft stehen (§ 113 Abs. 1 Satz 3 AktG).
[70] Münchener Handbuch des Gesellschaftsrechts/*Krieger*, § 63 Rn 36.
[71] Die ausschließliche Zuständigkeit für Anstellungsverträge mit Vorständen einschließlich der Vergütungsvereinbarung und der Gewährung von Aktienoptionen liegt bei dem Aufsichtsrat; *Hüffer*, § 84 Rn 12.
[72] Die Laufzeit der Optionsrechte hat nicht mit der verbleibenden Laufzeit der Bestellung des Vorstands zu korrelieren. Allerdings darf die Laufzeit der Bezugsrechte auch nicht so bemessen sein, dass sie den Aufsichtsrat de facto zur Wiederbestellung des Vorstands zwingt (Münchener Handbuch des Gesellschaftsrechts/*Krieger*, § 63 Rn 27 mwN).

Gestaltung der Anleihe- und Optionsbedingungen der Mitwirkung des Vorstands bedarf, ist zweifelhaft. In der Praxis wird dieses Problem zumeist dadurch gelöst, dass bei der Ausgabe von Wandel- und Optionsanleihen an Mitglieder des Vorstands der Vorstand mit Zustimmung des Aufsichtsrats die Anleihe- und Optionsbedingungen festlegt und die Anleihen ausgibt.

31 Sowohl das mit einer Wandelanleihe verbundene Umtauschrecht als auch das mit einer Optionsanleihe verbundene Optionsrecht werden durch ein bedingtes Kapital besichert. Der Nennbetrag eines zu diesem Zweck beschlossenen bedingten Kapitals darf 50% des Grundkapitals, das zur Zeit der Beschlussfassung vorhanden ist, nicht übersteigen (§ 192 Abs. 3 Satz 1 Variante 1 AktG).[73]

32 *(2) Aktienoptionsplan mit selbstständigen Optionsrechten (naked warrants).* Der im Zusammenhang mit der Gewährung selbstständiger Optionsrechte zu fassende Hauptversammlungsbeschluss kann als Zustimmungsbeschluss oder Ermächtigungsbeschluss gefasst werden (§ 192 Abs. 2 Nr. 3 AktG).[74] Er hat zusätzlich zu den gemäß § 193 Abs. 2 Nr. 1 bis 3 AktG erforderlichen Festsetzungen (d. h. Zweck der bedingten Kapitalerhöhung, Kreis der Optionsberechtigten sowie Ausgabebetrag der Aktien bzw. die Grundlagen, nach denen dieser Betrag berechnet wird) die folgenden, die Gestaltung des Aktienoptionsplans einschränkenden Festsetzungen zu enthalten (§ 193 Abs. 2 Nr. 4 AktG):

– Aufteilung der Optionsrechte auf Mitglieder der Geschäftsführungen und Arbeitnehmer;[75]

– Erfolgsziele, deren Erreichen Voraussetzung für die Ausübung der Optionsrechte ist;[76]

– Erwerbs- und Ausübungszeiträume, innerhalb der die Optionsberechtigten die Optionsrechte erwerben bzw. ausüben können;[77]

– Wartezeit für die erstmalige Ausübung der Optionsrechte (mindestens zwei Jahre).[78]

33 Die selbstständigen Optionsrechte werden durch ein bedingtes Kapital besichert. Der Nennbetrag eines zu diesem Zweck beschlossenen bedingten Kapitals darf 10% des Grundkapitals, das zur Zeit der Beschlussfassung vorhanden ist, nicht übersteigen (§ 192 Abs. 3 Satz 1 Variante 2 AktG).[79]

---

[73] Die in § 192 Abs. 3 Satz 1 Variante 2 AktG vorgesehene 10%-Grenze ist auf die Ausgabe von Wandel- oder Optionsanleihen an Mitarbeiter nicht analog anwendbar (Kessler/Sauter/*Suchan*, Rn 428; wohl auch *Weiß* S. 194).

[74] Siehe oben Rn 30.

[75] Siehe zu aktienrechtlichen Aspekten der Aufteilung der Optionsrechte unter Rn 48 f.

[76] Siehe zu aktienrechtlichen Aspekten der Bestimmung des Erfolgsziels unter Rn 49.

[77] Siehe zu aktienrechtlichen Aspekten der Bestimmung von Erwerbs- und Ausübungszeiträumen unten Rn 51; siehe zu insiderrechtlichen Aspekten der Bestimmung von Erwerbs- und Ausübungszeiträumen unten Rn 64 f.

[78] Siehe zu aktienrechtlichen Aspekten der Bestimmung der Wartezeit unten Rn 52.

[79] Hierauf sind eigene Aktien, die gemäß § 71 Abs. 1 Nr. 8 AktG zur Verwendung für Aktienoptionspläne zurückgekauft worden sind, anzurechnen (Münchener Handbuch des Gesellschaftsrechts/*Krieger*, § 63 Rn 30; Bühler/Siegert/*Hoffmann-Becking* S. 109, 126).

bb) **Aktienoptionsplan mit Aktien aus genehmigtem Kapital** Es ist möglich, den aus einem Optionsrecht resultierenden Anspruch des Mitarbeiters auf Ausgabe von Aktien des Unternehmens durch Aktien aus genehmigtem Kapital[80] zu bedienen.[81] Diese Vorgehensweise wird aber in der Praxis nur selten in Betracht gezogen. Zwar hat diese Vorgehensweise den Vorteil, dass die Ausgabe von Optionsrechten nicht den Beschränkungen der §§ 192 Abs. 2 Nr. 3 und Abs. 4, 193 Abs. 2 AktG, mithin also auch nicht der mengenmäßigen Beschränkung auf 10 % des im Zeitpunkt der Beschlussfassung über die bedingte Kapitalerhöhung vorhandenen Grundkapitals unterliegt. Jedoch können Optionsrechte nur dann aus genehmigtem Kapital bedient werden, wenn sie innerhalb von 5 Jahren (längstmöglicher Ermächtigungszeitraum – § 202 Abs. 1 AktG) ausgeübt werden.[82] Überdies hat die Handelsregistereintragung einer Erhöhung des Grundkapitals unter Inanspruchnahme eines genehmigten Kapitals konstitutive Wirkung, so dass anders als bei einem bedingten Kapital bei jeder Ausübung eines Optionsrechts erst ein Vorstandsbeschluss gefasst sowie dann eine Eintragung der Kapitalerhöhung in das Handelsregister erfolgen muss.[83]

cc) **Aktienoptionsplan mit Aktien aus Eigenbestand** Mit In-Kraft-Treten des KonTraG wurde auch die Möglichkeit der Ermächtigung zum Rückerwerb eigener Aktien zum Zwecke der Bedienung eines Aktienoptionsplans geschaffen (§ 71 Abs. 1 Nr. 8 AktG).[84] Die Ermächtigung darf sich allerdings nur auf einen Anteil am Grundkapital erstrecken, der 10 % nicht übersteigt. Der hierfür erforderliche Beschluss der Hauptversammlung hat die Möglichkeit des Einsatzes der eigenen Aktien zur Bedienung eines Aktienoptionsplans ausdrücklich vorzusehen. Ferner hat der Beschluss angesichts des Verweises in § 71 Abs. 1 Nr. 8 Satz 5 Halbsatz 2 AktG die in § 193 Abs. 2 Nr. 4 AktG genannten Festsetzungen[85] zu enthalten. Ob statt einer Wiedergabe dieser Festsetzungen ein bloßer Verweis auf den Inhalt eines Aktienoptionsplans rechtlich zulässig ist, ist insbesondere dann zweifelhaft, wenn die Hauptversammlung den Beschluss über den Rückerwerb eigener Aktien zum Zwecke der Bedienung eines Aktienoptionsplans nicht zeitgleich mit dem Beschluss über den Aktienoptionsplan selbst fasst. In einem solchen Fall kann nicht erwartet werden, dass der Hauptversammlung der Inhalt eines vor Jahren beschlossenen Aktienoptionsplans noch präsent ist. Ein derartiger Beschluss der Hauptversammlung ist demzufolge anfechtbar.[86] Darüber hinaus hat der Beschluss auch den

---

[80] Allgemein zur genehmigten Kapitalerhöhung siehe § 10 Rn 42 ff.
[81] *Hüffer*, Aktienbezugsrechte als Bestandteil der Vergütung von Vorstandsmitgliedern und Mitarbeitern – gesellschaftsrechtliche Analyse, ZHR 161 (1997), 214, 221.
[82] *Hüffer*, ZHR 161 (1997), 214, 221; *Martens*, Erwerb und Veräußerung eigener Aktien im Börsenhandel, AG 1996, 337, 346.
[83] *Steiner*, Zulässigkeit der Begebung von Optionsrechten auf Aktien ohne Optionsschuldverschreibung (naked warrants), WM 1990, 1776, 1778; *Roth/Schoneweg*, Emission selbstständiger Aktienoptionen durch die Gesellschaft, WM 2002, 677, 682.
[84] Allgemein zum Rückerwerb eigener Aktien siehe § 3 Rn 39 ff.
[85] Siehe oben Rn 32.
[86] So auch *Bosse*, Mitarbeiterbeteiligung und Erwerb eigener Aktien, NZG 2001, 594, 597, der allerdings weitergehend auch noch die rechtliche Zulässigkeit eines Verweises auf einen zeitgleich gefassten Beschluss über den Aktienoptionsplan anzweifelt.

Betrag festzusetzen, zu dem die Aktien im Rahmen des Aktienoptionsplans ausgegeben werden können.[87]

c) Ausschluss des Bezugsrechts

36 Im Fall eines Aktienoptionsplans mit Aktien aus bedingtem Kapital gilt: (1) Beschließt die Hauptversammlung über einen Aktienoptionsplan mit an Wandel-/Optionsanleihe gekoppelten Optionsrechten, hat sie auch über den Ausschluss des Bezugsrechts der Aktionäre zu beschließen.[88] Dabei ist die für den Bezugsrechtsausschluss nötige sachliche Rechtfertigung bei einem Aktienoptionsplan mit angemessenen Konditionen und angemessenem Volumen ohne weiteres gegeben.[89] (2) Beschließt die Hauptversammlung über einen Aktienoptionsplan mit selbstständigen Optionsrechten, ist ein von der Hauptversammlung zu beschließender förmlicher Bezugsrechtsausschluss der Aktionäre sowie ein entsprechender Vorstandsbericht gesetzlich nicht erforderlich[90], er hat sich in der Praxis jedoch eingebürgert. Der Bezugsrechtsausschluss bedarf keiner gesonderten sachlichen Rechtfertigung[91], es sei denn, der Ausgabebetrag für die neuen Aktien liegt wesentlich unter dem Börsenkurs der Aktie zum Zeitpunkt der Gewährung der Optionsrechte.[92]

37 Beschließt die Hauptversammlung über einen Aktienoptionsplan mit Aktien aus genehmigtem Kapital, hat die Hauptversammlung im Rahmen einer Ermächtigung der Verwaltung zur Bedienung von Optionsrechten mit Aktien aus genehmigtem Kapital auch explizit einen Bezugsrechtsausschluss zu beschließen (§ 203 Abs. 2 Satz 1 AktG). Für den Fall der Ausgabe von Aktien an Arbeitnehmer hat der Gesetzgeber bei der Neufassung von § 202 Abs. 4 AktG die Abwägung zwischen den Interessen der Gesellschaft und den Aktionärsinteressen bereits zugunsten der In-

---

[87] Münchener Handbuch des Gesellschaftsrechts/*Krieger*, § 63 Rn 37; *Bosse* NZG 2001, 594, 596; **aA** *Weiß* WM 1999, 353, 361.

[88] In dem Vorstandsbericht zur Begründung des Ausschlusses des Bezugsrechts sind die mit dem Aktienoptionsplan verfolgten Ziele zu schildern. Während allgemeine Erwägungen zu den Vorteilen eines Aktienoptionsplans genügen, muss der Bericht allerdings genauere Angaben zur Ausgestaltung des Optionsrechte und zur voraussichtlichen Verwässerung der Anteile der bestehenden Aktionäre beinhalten (OLG Braunschweig ZIP 1998, 1585, 1590 f.; OLG Stuttgart ZIP 1998, 1482, 1490; Münchener Handbuch des Gesellschaftsrechts/*Krieger*, § 63 Rn 28).

[89] OLG Braunschweig ZIP 1998, 1585, 1587 ff.; OLG Stuttgart ZIP 1998, 1482, 1486 f.; *Hüffer*, § 221 Rn 42; Münchener Handbuch des Gesellschaftsrechts/*Krieger*, § 63 Rn 28; **aA** *Baums*, Aktienoptionen für Vorstandsmitglieder, FS Claussen, 1997, 3, 39 ff., der die sachliche Rechtfertigung davon abhängig machen will, dass das Recht zur Ausübung des Optionsrechts an eine im Verhältnis zu einem bestimmten Börsen-, Markt- oder Branchenindex bessere Kursentwicklung gebunden ist.

[90] Münchener Handbuch des Gesellschaftsrechts/*Krieger*, § 63 Rn 35; *Weiß* WM 1999, 353, 360; **aA** *Fuchs*, Aktienoptionen für Führungskräfte und bedingte Kapitalerhöhung, DB 1997, 661, 663 ff.

[91] Hauptversammlungsbeschlüsse unterliegen nur dann einer derartigen materiellen Beschlusskontrolle, wenn sie in die Mitgliedschaftsrechte der Aktionäre eingreifen und nicht bereits das Gesetz selbst die Abwägung zwischen den Interessen der Gesellschaft und widerstreitenden Aktionärsinteressen vorgenommen hat (BGHZ 71, 40, 45 – Kali & Salz; BGHZ 83, 319, 321 – Holzmann). Bei der Neufassung des § 192 Abs. 2 Nr. 3 AktG hat das Gesetz diese Abwägung bereits zugunsten der Interessen der Gesellschaft entschieden (Münchener Handbuch des Gesellschaftsrechts/*Krieger*, § 63 Rn 36 mwN).

[92] Münchener Handbuch des Gesellschaftsrechts/*Krieger*, § 63 Rn 36, der diese zutreffende Schlussfolgerung aus dem Rechtsgedanken des § 186 Abs. 3 Satz 4 AktG zieht.

teressen der Gesellschaft entschieden, so dass in diesem Fall ein Bezugsrechtsausschluss keiner besonderen sachlichen Rechtfertigung bedarf.[93]

Beschließt die Hauptversammlung über einen Aktienoptionsplan mit Aktien aus Eigenbestand, sollte die Hauptversammlung im Rahmen einer Ermächtigung der Verwaltung zur Bedienung von Optionsrechten mit Aktien aus Eigenbestand auch explizit einen Bezugsrechtsausschluss beschließen, da § 71 Abs. 1 Nr. 8 Satz 5 Halbsatz 2 AktG auch auf § 186 Abs. 3 und 4 AktG verweist.[94] Der Bezugsrechtsausschluss bedarf auch hier keiner gesonderten sachlichen Rechtfertigung.[95]

d) Ausgabebetrag

Der Ausgabebetrag für die bei Ausübung von Optionsrechten zu gewährenden Aktien wird üblicherweise dem Kurs der Aktie zum Zeitpunkt der Gewährung des Optionsrechts entsprechen. Es kann aber auch ein höherer oder – unter Beachtung des Verbots der Unter-Pari-Emission (§ 9 Abs. 1 AktG) – ein niedrigerer Ausgabebetrag festgesetzt werden. Letzteres ist allerdings sachlich nur solange zu rechtfertigen, als dies nicht zu einer unangemessenen Verwässerung des Aktienwertes der Aktionäre führt.

e) Bezugsberechtigte

Im Fall eines Aktienoptionsplans mit Aktien aus bedingtem Kapital gilt: (1) In einen Aktienoptionsplan unter Ausgabe von Wandel- und Optionsanleihen können als Bezugsberechtigte neben sämtlichen Mitarbeitern und sämtlichen Mitgliedern der Geschäftsführung auch sämtliche Aufsichtsräte, Beiräte und außenstehenden Berater der Gesellschaft und der mit der Gesellschaft verbundenen Unternehmen einbezogen werden.[96] (2) In einen Aktienoptionsplan unter Ausgabe selbstständiger Optionsrechte können ausweislich des Gesetzeswortlauts (§ 192 Abs. 2 Nr. 3 AktG) als Bezugsberechtigte nur Mitglieder der Geschäftsführungen und Arbeitnehmer[97], nicht jedoch Mitglieder des Aufsichtsrats[98], Beiräte oder außenstehende Dritte einbezogen werden.

In einen Aktienoptionsplan mit Aktien aus genehmigtem Kapital können neben sämtlichen Mitarbeitern und sämtlichen Mitgliedern der Geschäftsführung auch sämtliche Aufsichtsräte, Beiräte und außenstehenden Berater der Gesellschaft und der mit der Gesellschaft verbundenen Unternehmen einbezogen werden.

---

[93] *Hüffer*, § 221 Rn 42; Kölner Kommentar AktG/*Lutter*, § 202 Rn 28.
[94] Die beabsichtigte Gleichstellung mit dem bedingten Kapital ist allerdings verfehlt, da bei diesem ein Bezugsrechtsausschluss gerade nicht erforderlich ist (so zu Recht Münchener Handbuch des Gesellschaftsrechts/*Krieger*, § 63 Rn 38).
[95] Siehe dazu oben Rn 36.
[96] *Zimmer*, Die Ausgabe von Optionsrechten an Mitglieder des Aufsichtsrats und externe Berater, DB 1999, 999, 1000; Münchener Handbuch des Gesellschaftsrechts/*Krieger*, § 63 Rn 27. Das Urteil des BGH vom 16.2.2004 (BB 2004, 621) sowie das UMAG deuten allerdings darauf hin, dass die Gewährung von Optionsrechten, die an Wandel-/Optionsanleihen gekoppelt sind, an Mitglieder des Aufsichtsrats in Zukunft nicht mehr zulässig sein wird.
[97] Bezugsrechte können auch an Mitglieder der Geschäftsführung und Arbeitnehmer eines mit der Gesellschaft gemäß § 15 AktG verbundenen (in- und ausländischen) Unternehmens ausgegeben werden (§ 192 Abs. 2 Nr. 3 AktG), mithin also nicht nur an Tochter- und Enkelgesellschaften, sondern auch an die Muttergesellschaft (Münchener Handbuch des Gesellschaftsrechts/*Krieger*, § 63 Rn 31; **aA** Bühler/Siegert/*Hoffmann-Becking* S. 109, 123).
[98] Da das Gesetz eine Zugehörigkeit der begünstigten Person zur Geschäftsführung verlangt, scheiden Mitglieder des Aufsichtsrats aus dem begünstigten Personenkreis aus. Damit sind an dieser Stelle ausschließlich Mitglieder des Vorstands der AG gemeint (*Hüffer*, § 192 Rn 19).

42 Für den Fall eines Aktienoptionsplans mit Aktien aus Eigenbestand gilt das zum Aktienoptionsplan mit Aktien aus bedingtem Kapital Gesagte entsprechend.[99]

3. Schuldrechtliche Aspekte

43 Die Umsetzung der von der Hauptversammlung durch einen Ermächtigungsbeschluss festgesetzten Eckdaten eines Aktienoptionsplans erfordert einen Beschluss der Verwaltung über die konkrete Ausgestaltung der Optionsbedingungen. Unabhängig davon, ob die Hauptversammlung einen Zustimmungs- oder Ermächtigungsbeschluss gefasst hat, erfordert die Umsetzung zudem den Abschluss einer Optionsvereinbarung[100] mit jedem einzelnen durch den Aktienoptionsplan Begünstigten. Ferner erfordert die nach Ausübung der Optionsrechte erforderliche Ausgabe neuer Aktien den Abschluss eines Zeichnungs- oder Kaufvertrages mit den jeweiligen Begünstigten. Standardisierte Bedingungen/Vereinbarungen bergen im Übrigen immer das Risiko, den gesetzlichen Regelungen zu den Allgemeinen Geschäftsbedingungen zu unterliegen.

a) Ausgestaltung der Optionsbedingungen/-vereinbarung

44 Im Folgenden sind wesentliche Bestimmungen der Optionsbedingungen bzw. -vereinbarung kurz skizziert.

45 **aa) Aktiengattung** Regelmäßig ist das Wandlungs- oder Optionsrecht auf den Erwerb von Stammaktien der emittierenden Gesellschaft gerichtet. Rechtlich zwingend ist dies aber nicht.

46 **bb) Optionsprämie** Es ist in der Praxis unüblich, von dem Mitarbeiter bei Gewährung der Optionsrechte die Zahlung eines Kaufpreises für das Optionsrecht (Optionsprämie) zu verlangen, der bei Nichtausübung des Optionsrechts verfällt. Soll dennoch eine Optionsprämie (zB in der Form eines teilweisen Lohnverzichts) gezahlt werden, besteht die Gefahr, dass das der Gewährung der Optionsrechte zugrunde liegende Rechtsgeschäft als Finanztermingeschäft gemäß §§ 37d ff. WpHG qualifiziert wird.[101]

47 **cc) Ausgabebetrag/*Repricing*** Zum Ausgabebetrag finden sich bereits oben Ausführungen.[102] In der jüngeren Vergangenheit wurde verstärkt die Möglichkeit diskutiert, in den Optionsbedingungen bzw. in der Optionsvereinbarung die Möglichkeit vorzusehen, bei bereits begebenen Optionsrechten nachträglich den Ausgabebetrag herabzusetzen (*Repricing*). Ein *Repricing* ist grundsätzlich kontraproduktiv zu der beabsichtigten Anreizwirkung[103] und steht im Widerspruch zum CGK.[104]

---

[99] Siehe oben Rn 40. Dies hat jüngst auch der Bundesgerichtshof in seiner Entscheidung zum Aktienoptionsprogramm der Mobilcom AG für die Ausgabe von Aktienoptionen an Mitglieder des Aufsichtsrats nochmals bestätigt (BGH BB 2004, 621).

[100] Zu den verschiedenen dogmatischen Möglichkeiten der Einordnung des Vertrages, der das Optionsrecht begründet, siehe Kessler/Sauter/*Suchan*, Rn 1219 ff.

[101] Zu den hieraus resultierenden Folgen siehe unten Rn 65 ff.

[102] Siehe oben Rn 39.

[103] So kann im Fall eines *Repricing* auch dann, wenn das Optionsrecht nicht „im Geld" ist, d. h. der Börsenkurs der Aktie unter dem ursprünglich vereinbarten Ausgabebetrag liegt, eine Ausübung des Optionsrechts ermöglicht werden (Kessler/*Sauter/Babel*, Rn 34).

[104] Auch wenn Ziffer 4.2.3 CGK nur davon spricht, dass „eine nachträgliche Änderung der Er-

Soll dennoch für bereits begebene Optionsrechte die Möglichkeit eines *Repricing* eröffnet werden, ist zu beachten, dass ein *Repricing* ausschließlich von der Hauptversammlung, nicht jedoch von der Verwaltung beschlossen werden kann (letzteres selbst dann nicht, wenn die Verwaltung durch einen Ermächtigungsbeschluss zu einem *Repricing* ermächtigt worden ist).[105]

dd) Kreis der Optionsberechtigten Der Beschluss der Hauptversammlung 48 über die Gewährung selbstständiger Optionsrechte muss unter Beachtung der aktienrechtlichen Aspekte[106] die Aufteilung der Optionsrechte auf Arbeitnehmer und Mitglieder der Geschäftsführung der Gesellschaft oder eines verbundenen Unternehmens festlegen.[107] Die Aufteilung der Optionsrechte auf die vorstehend genannten Personengruppen steht im freien Ermessen der Hauptversammlung und erfolgt üblicherweise in Prozentsätzen des Gesamtvolumens.[108] Hinsichtlich der Anzahl der jedem einzelnen Vorstandsmitglied/Mitarbeiter zu gewährenden Optionsrechte gibt es keine gesetzliche Regelung. Erfahrungsgemäß wird versucht, einem Mitarbeiter durch die Ausübung von Optionsrechten die Erhöhung seines Jahresgehalts um 20 % bis 50 % zu ermöglichen, während einem Vorstandsmitglied regelmäßig die Chance eingeräumt wird, sein Jahresgehalt durch die Ausübung von Optionsrechten zu verdoppeln.

ee) Erfolgsziel Schwierigkeiten bereitet die Bestimmung eines angemessenen 49 Erfolgsziels, das vor einer Ausübung der Optionsrechte erreicht werden muss. In der Praxis haben sich die Erfolgsziele in der Vergangenheit regelmäßig am Börsenkurs orientiert.[109] Dies war jedoch nicht zwingend und ist ausweislich der Forderung in Ziffer 4.2.3 CGK, dass Erfolgsziele auf anspruchsvolle und relevante Vergleichsparameter bezogen sein sollen, in Zukunft nicht mehr ausreichend. Vielmehr bedarf es der Kombination mehrerer unternehmensindividueller Kerngrößen, damit neben dem Börsenkurs auch strategische Erfolgsindikatoren (zB Eigenkapitalrendite, Gesamtrendite der Aktie, Gewinn pro Aktie, Abschneiden im Vergleich zu Benchmark-Unternehmen) berücksichtigt werden. Wichtiges Kriterium für die Auswahl eines Erfolgsziels ist dessen Nachvollziehbarkeit für den Optionsberech-

---

folgziele oder der Vergleichsparameter" ausgeschlossen sein soll, wird gemeinhin davon ausgegangen, dass damit generell ein *Repricing*, mithin auch ein nachträgliches Herabsetzen des Ausgabebetrages gemeint ist.

[105] Ein Beschluss, durch den die Hauptversammlung die Verwaltung zum *Repricing* ermächtigt, ist gesetzlich nicht zulässig (*Ackermann/Suchan*, Repricing von Stock Options – aktienrechtliche Zulässigkeit und bilanzielle Behandlung, BB 2002, 1497, 1499; *Kessler/Sauter/Babel*, Rn 34 mwN). Dafür spricht auch die Begründung zum Entwurf des KonTraG (BegrRegE KonTraG ZIP 1997 2059, 2067). Dort heißt es: „Da die begünstigten Organe befangen sein dürften, müssen die für die Anteilseigner wesentlichen Eckdaten des Bezugsrechts im Hauptversammlungsbeschluss geregelt sein."
[106] Siehe oben Rn 40 f.
[107] Zu den Ergebnissen einer empirischen Studie zu den von Unternehmen gewählten Gruppen von Bezugsberechtigten siehe Kessler/*Sauter/Babel*, Rn 64.
[108] Die zur Verfügung stehenden Optionsrechte werden häufig wie folgt verteilt: Vorstand der Gesellschaft/Geschäftsführung verbundener Unternehmen 15–25 % und Arbeitnehmer der Gesellschaft/Arbeitnehmer verbundener Unternehmen 75–85 %.
[109] Zu den Ergebnissen einer empirischen Studie zu den von Unternehmen gewählten Ausübungskriterien und Erfolgszielen siehe Kessler/*Sauter/Babel*, Rn 68.

tigten. Ein noch so intelligentes Erfolgsziel verfehlt seinen Zweck, wenn die Anreizwirkung nicht erreicht wird, weil der Optionsberechtigte nicht weiß, worauf er hinarbeitet.

50 **ff) Gewinnberechtigung der neuen Aktien** Die bei Ausübung der Optionsrechte neu ausgegebenen Aktien werden in der Praxis oftmals mit einer Gewinnberechtigung für das bei ihrer Ausgabe bereits abgelaufene Geschäftsjahr ausgestattet.[110] Ob dies rechtlich zulässig ist, wird in der Literatur kontrovers diskutiert.[111] Angesichts der unklaren Rechtslage werden die bei Ausübung der Optionsrechte neu ausgegebenen Aktien zweckmäßigerweise mit einer Gewinnberechtigung erstmals für das im Zeitpunkt ihrer Ausgabe laufende Geschäftsjahr ausgestattet.

51 **gg) Erwerbs- und Ausübungszeiträume** In den Optionsbedingungen sind ferner die Zeiträume festzulegen, innerhalb derer das angebotene Optionsrecht gezeichnet (Erwerbszeiträume) bzw. ausgeübt (Ausübungszeiträume) werden kann.[112] Um dem Vorwurf von Insiderverstößen zu begegnen, beginnen sowohl Erwerbs- als auch Ausübungszeiträume üblicherweise am Tag nach der Bekanntgabe von Geschäftszahlen.[113]

52 **hh) Wartezeit/Tranchen/Laufzeit** Für die erstmalige Ausübung der Optionsrechte ist eine Wartezeit (*Vesting-Period*) von mindestens zwei Jahren seit Ausgabe der Optionsrechte festzulegen (§ 193 Abs. 2 Nr. 4 AktG).[114] Um die angestrebte Bindungswirkung des Optionsbegünstigten an das Unternehmen zu erreichen, sind die Optionsrechte üblicherweise in Tranchen eingeteilt, für die unterschiedliche Wartezeiten gelten.[115]

53 Die Laufzeit der Optionsrechte wird regelmäßig von der Hauptversammlung beschlossen. Rechtlich erforderlich ist dies allerdings nicht.[116]

54 **ii) Ersetzungsbefugnis der Aktienausgabe durch Barzahlung** Die Gesellschaft kann sich in den Optionsbedingungen bzw. der Optionsvereinbarung das

---

[110] In den Optionsbedingungen finden sich Formulierungen wie: „Die neuen Aktien sind erstmals für das Geschäftsjahr dividendenberechtigt, für das im Zeitpunkt der wirksamen Abgabe der Bezugserklärung von der Hauptversammlung der Gesellschaft noch kein Beschluss über die Verwendung des Bilanzgewinns gefasst worden ist".
[111] Zu der Frage, ob eine Beteiligung am Gewinn eines schon abgelaufenen Geschäftsjahres möglich ist, wenn die Hauptversammlung noch nicht gemäß § 174 AktG über die Gewinnverwendung beschlossen hat: Zustimmend *Hüffer,* § 60 Rn 10; Kölner Kommentar AktG/*Lutter,* § 60 Rn 22; Großkommentar/*Henze,* § 60 Rn 31; ablehnend Geßler/Hefermehl/Eckhardt/Kropff/ *Hefermehl/Bungeroth,* § 60 Rn 27 f.; Godin/*Wilhelmi,* § 60 Rn 1.
[112] BegrRegE KonTraG ZIP 1997 2059, 2068.
[113] Siehe dazu unten Rn 64 f.
[114] Zu den Ergebnissen einer empirischen Studie zu den von Unternehmen gewählten Wartezeiten siehe Kessler/*Sauter/Babel,* Rn 65.
[115] Auch die Begründung des Gesetzesentwurfs führt aus, dass die Frist nach Ansicht der Bundesregierung im Regelfall bei drei Jahren liegen und nur in besonderen Fällen (innovative Unternehmen mit kurzen Produktzyklen) unterschritten werden sollte (BegrRegE KonTraG ZIP 1997 2059, 2068). Zu den Ergebnissen einer empirischen Studie zu den von Unternehmen gewählten Tranchen siehe Kessler/*Sauter/Babel,* Rn 67.
[116] Münchener Handbuch des Gesellschaftsrechts/*Krieger,* § 63 Rn 34, unter Verweis auf den Gesetzeswortlaut und die Entstehungsgeschichte des Gesetzes; **aA** *Weiß* WM 1999, 353, 358.

Recht vorbehalten, bei der Ausübung des Optionsrechts anstelle der Ausgabe von Aktien eine Barzahlung in Höhe der Differenz zwischen dem Ausgabebetrag und dem aktuellen Börsenkurs der Aktie der Gesellschaft zu leisten.[117] Diese Gestaltungsvariante eröffnet der Gesellschaft die Möglichkeit, sich bei entsprechender Liquidität gegen die Erhöhung des Eigenkapitals im Wege einer bedingten Kapitalerhöhung zu entscheiden.

jj) Verfallklauseln Nahezu alle Optionsbedingungen sehen Verfallklauseln für die Optionsrechte im Fall des Eintritts bestimmter Ereignisse vor. Dies sind beispielsweise (1) Kündigung des Anstellungs- bzw. Dienstverhältnisses des Optionsberechtigten durch die Gesellschaft oder durch ein verbundenes Unternehmen aus personen- oder verhaltensbedingten Gründen, (2) Kündigung des Anstellungs- bzw. Dienstverhältnisses des Optionsberechtigten durch den Optionsberechtigten selbst und (3) Übertragung des verbundenen Unternehmens/Betriebs/Teilbetriebs, in welchem der Optionsberechtigte tätig ist, auf eine dritte Person. Regelmäßig erstrecken sich diese Verfallklauseln nur auf Optionsrechte, für die die Wartezeit noch nicht abgelaufen ist. Aktienrechtlich bestehen gegen derartige Verfallklauseln keine Bedenken. Je nach Ausgestaltung wird jedoch unter Verweis auf §§ 138, 242 BGB die schuldrechtliche Wirksamkeit solcher Verfallklauseln in Zweifel gezogen.[118]

kk) Verfügungsbeschränkungen Da mit einem Aktienoptionsplan neben der Anreizwirkung für die Optionsbegünstigten das Ziel verfolgt wird, die Mitarbeiter an das Unternehmen zu binden, wird in den Optionsbedingungen und in der Optionsvereinbarung die Abtretung der Optionsrechte gemäß §§ 398 ff. BGB zumeist ausgeschlossen.[119] Zu einer Verfügungsbeschränkung für die durch Ausübung des Optionsrechts erworbenen Aktien finden sich bereits oben Ausführungen.[120]

ll) Sonstige Klauseln Neben den vorstehend genannten Klauseln sehen die Optionsbedingungen eine Vielzahl sonstiger Regelungen vor. Typisch sind insbesondere die Bestimmungen, (1) dass Optionsrechte nur ausgeübt werden dürfen, wenn das Arbeitsverhältnis zum Ausübungszeitpunkt ungekündigt fortbesteht, (2) dass und wie das Optionsrecht bei Zahlung einer außerordentlichen Sonderdividende sowie bei Eigenkapitalmaßnahmen anzupassen ist, (3) wie im Fall eines Kontrollwechsels zu verfahren ist, (4) welche Kündigungsrechte dem Unternehmen zustehen und (5) wie im Fall des Eintritts des Mitarbeiters in den Ruhestand und im Todesfall zu verfahren ist.

b) Erwerb der Aktien durch den Mitarbeiter

Werden die Optionsrechte mit jungen Aktien aus einer bedingten Kapitalerhöhung bedient, ist ein Zeichnungsvertrag zwischen der Gesellschaft und dem Op-

---

[117] Von einem entsprechenden Wahlrecht des Begünstigten ist abzuraten, da dies zu einem von der Gesellschaft nicht beeinflussbaren Liquiditätsabfluss führen kann (so auch Kessler/Sauter/*Kessler/Suchan*, Rn 1237).
[118] Siehe unten Rn 67; weiterführend: Kessler/Sauter/*Mohr/Bihn*, Rn 937 ff., 947 ff.
[119] Zur rechtlichen Zulässigkeit eines solchen Ausschlusses: *Baeck/Diller* DB 1998, 1405, 1407; *Schanz*, Mitarbeiterbeteiligungsprogramme, NZA 2000, 626, 634; Kessler/Sauter/*Kessler/Suchan*, Rn 1259.
[120] Siehe oben Rn 18.

tionsberechtigten abzuschließen.[121] Demgegenüber vollzieht sich der Erwerb von Aktien aus dem Eigenbestand der Gesellschaft im Wege des Kaufvertrages.

c) Das Recht der Allgemeinen Geschäftsbedingungen

59 Da die Optionsbedingungen/Vereinbarungen üblicherweise standardisiert sind, stellt sich die Frage, ob sie der Inhaltskontrolle der §§ 307 ff. BGB unterliegen, welche die Gestaltung rechtsgeschäftlicher Schuldverhältnisse durch Allgemeine Geschäftsbedingungen regeln. Dies ist dann nicht der Fall, wenn die Optionsbedingungen/Vereinbarungen von der gesellschafts- und arbeitsrechtlichen Bereichsausnahme des § 310 Abs. 4 BGB erfasst sind.[122] Nach hier vertretener Auffassung ist davon auszugehen, dass die standardisierten Vereinbarungen im Fall von Aktienoptionsplänen vollumfänglich der gesellschaftsrechtlichen und, sollten die Vereinbarungen an den Arbeitsvertrag des Begünstigten gekoppelt sein (bspw. durch Verfallklauseln), auch der arbeitsrechtlichen Bereichsausnahme unterliegen.[123]

4. Börsen- und Kapitalmarktrechtliche Aspekte

60 Bei der Einführung eines Aktienoptionsplans sind börsen- und kapitalmarktrechtliche Aspekte zu berücksichtigen.

a) Finanztermingeschäft

61 Im Fall eines Aktienoptionsplans wird dem Optionsberechtigten das Optionsrecht zumeist ohne Zahlung einer Optionsprämie eingeräumt. Ferner wird dieser sein Optionsrecht nur dann ausüben und den Ausgabebetrag nur dann entrichten, wenn das Optionsrecht „im Geld" ist. Der Erwerb von Optionsrechten im Rahmen eines Aktienoptionsplans weist daher im Regelfall keine dem Finanztermingeschäft eigentümlichen Risiken auf.[124] Die Regelungen über Finanztermingeschäfte (§ 37 d ff. WpHG) sind allerdings anwendbar, sofern (1) der Aktienoptionsplan die Zahlung einer bei Nichtausübung des Optionsrechts verfallbaren Optionsprämie vorsieht[125] und (2) die Zuteilung von Optionsrechten bei dem emittierenden Unternehmen einen in kaufmännischer Weise eingerichteten Gewerbebetrieb erfordert.

b) Prospektpflicht/Börsenzulassung der neuen Aktien

62 Für Wertpapiere, die erstmals im Inland öffentlich angeboten werden und nicht zum Handel an einer inländischen Börse zugelassen sind, muss der Anbieter gemäß § 1 VerkProspG einen Verkaufsprospekt veröffentlichen. Dies gilt jedoch nur, sofern sich aus den §§ 2 bis 4 VerkProspG nichts anderes ergibt. Sowohl die Optionsrechte als auch die ihnen zugrunde liegenden Aktien sind Wertpapiere im Sinne des Verk-

---

[121] *Hüffer*, § 198 Rn 2; Kessler/Sauter/*Kessler/Suchan*, Rn 1219.
[122] Durch das Gesetz zur Modernisierung des Schuldrechts vom 26.11.2001 sind die Vorschriften des AGB-Gesetzes überwiegend in das BGB übernommen worden. Für Dauerschuldverhältnisse sowie für Neuverträge gelten ab dem 1.1.2002 nunmehr die Vorschriften in §§ 305 bis 310 BGB. Auf vor dem 1.1.2002 entstandene Schuldverhältnisse ist weiterhin das alte Recht anwendbar (Art. 229 § 5 EGBGB).
[123] Zum Stand der Diskussion siehe Kessler/Sauter/*Mohr/Bihn*, Rn 1180 ff.
[124] Kessler/Sauter/*Dietborn*, Rn 876 f.
[125] Siehe oben Rn 46; Kessler/Sauter/*Dietborn*, Rn 877.

ProspG. Für einen Aktienoptionsplan sind allerdings regelmäßig die Ausnahmetatbestände § 2 Nr. 2 und Nr. 3 VerkProspG[126] erfüllt, so dass kein Verkaufsprospekt zu veröffentlichen ist.[127] Für die Zukunft ist allerdings eine Änderung der vorbezeichneten Ausnahmetatbestände zu erwarten, da die EU-Verkaufsprospektrichtlinie[128] in Artikel 4 (1) d) fordert, dass „Wertpapiere, die derzeitigen oder ehemaligen Führungskräften oder Beschäftigten von ihrem Arbeitgeber, dessen Wertpapiere bereits zum Handel an einem geregelten Markt zugelassen sind, oder von einem verbundenen Unternehmen angeboten oder zugeteilt werden bzw. zugeteilt werden sollen", nur angeboten werden dürfen, wenn ein Dokument zur Verfügung gestellt wird, das Informationen über die Anzahl und den Typ der Optionsrechte enthält und in dem die Gründe und die Einzelheiten zu dem Angebot dargelegt werden.

Übt ein Mitarbeiter sein Optionsrecht aus und emittiert die Gesellschaft daraufhin neue Aktien, resultiert aus der Optionsvereinbarung regelmäßig eine schuldrechtliche Verpflichtung der Gesellschaft zur Börsenzulassung der neuen Aktien. Sofern die Aktien der Gesellschaft am amtlichen Markt gehandelt werden, besteht neben der schuldrechtlichen Verpflichtung auch eine gesetzliche Pflicht, die neuen Aktien zum Börsenhandel zuzulassen (§ 39 Abs. 1 Nr. 4 BörsG). Die Börsenzulassung erfolgt dabei im Regelfall prospektfrei (§ 45 Nr. 3 b BörsZulV für den amtlichen Markt; § 69 Abs. 1 BörsO FWB iVm. § 45 Nr. 3 b BörsZulV für den geregelten Markt). 63

c) Insiderhandelsverbot

Insidergeschäfte sind nach § 14 WpHG verboten.[129] Normalerweise stellt die Vorbereitung und Beschlussfassung über den Aktienoptionsplan,[130] der Abschluss der Optionsvereinbarung[131] sowie die Zuteilung[132] und die Ausübung[133] von Optionsrechten keine Handlung dar, die dem Verbot von Insidergeschäften unterfällt.[134] Das Insiderrecht wird – unabhängig von dem Aktienoptionsplan – zumeist erst 64

---

[126] Nach § 2 Nr. 2 VerkProspG muss ein Verkaufsprospekt nicht veröffentlicht werden, wenn die Wertpapiere einem begrenzten Personenkreis angeboten werden (zum Begriff „begrenzter Personenkreis" s. *Bundesaufsichtsamt für Finanzdienstleistungsaufsicht*, Bekanntmachung zum VerkProspG vom 15.4.1996, I. 2.). Nach § 2 Nr. 3 VerkProspG muss ein Verkaufsprospekt nicht veröffentlicht werden, wenn die Wertpapiere nur den Arbeitnehmern von ihrem Arbeitgeber oder von einem mit seinem Unternehmen verbundenen Unternehmen angeboten werden.
[127] Kessler/Sauter/*Dietborn*, Rn 873; Harrer/*Harrer*, Rn 473.
[128] Vgl. § 4 Rn 51 und dort Fn 57.
[129] Allgemein zum Insiderhandel siehe § 5 Rn 12 ff.
[130] So liegt kein Erwerbs- oder Veräußerungsvorgang im Sinne von § 14 WpHG vor (Kessler/Sauter/*Dietborn*, Rn 827 ff.).
[131] Selbst wenn sich die Optionsvereinbarung ausnahmsweise auf Insiderpapiere bezieht, erfolgt der Abschluss der Optionsvereinbarung regelmäßig aufgrund der arbeitsvertraglichen Vereinbarung und nicht unter Ausnutzung einer Insidertatsache (Kessler/Sauter/*Dietborn*, Rn 832; Harrer/*Harrer*, Rn 506).
[132] So liegt kein Erwerbs- oder Veräußerungsvorgang im Sinne von § 14 WpHG vor (Kessler/Sauter/*Dietborn*, Rn 827 ff.; *Fürhoff*, Aktienoptionsprogramme, Management Buy-Outs und Insiderrecht, AG 1998, 83, 84).
[133] So wird der Begünstigte sein Bezugsrecht nur ausüben, wenn das Bezugsrecht „im Geld" ist, unabhängig davon, ob er Kenntnis von einer Insidertatsache hat (Kessler/Sauter/*Dietborn*, Rn 838; Harrer/*Harrer*, Rn 508).
[134] Allgemein dazu siehe auch *Bundesaufsichtsamt für Finanzdienstleistungsaufsicht*, Schreiben vom 1.10.1997 zur insiderrechtlichen Behandlung von Aktienoptionsprogrammen für Führungskräfte.

dann relevant, wenn ein Begünstigter nach Ausübung des Optionsrechts über die neu bezogenen Aktien verfügen will.[135]

65   Dass die Optionsbedingungen als Schutz vor Insiderverstößen regelmäßig Erwerbs- und Ausübungszeiträume vorsehen[136], rührt aus der Angst vor einer strafrechtlichen Sanktionierung der Mitarbeiter, sofern diese (wie in der Praxis zur Refinanzierung des Ausgabebetrages gang und gäbe) unmittelbar nach Ausübung der Optionsrechte ihre neuen Aktien veräußern. Darüber hinaus wollen die Unternehmen mit dieser Regelung der Gefahr einer Rufschädigung begegnen, die droht, wenn es dem Anschein nach im Zusammenhang mit einem Aktienoptionsplan zur Wahrnehmung von Sondervorteilen durch die Begünstigten gekommen ist.

d) Ad-hoc-Publizität

66   Gemäß § 15 Abs. 1 WpHG muss der Emittent von Wertpapieren, die zum Handel an einer inländischen Börse zugelassen sind, unverzüglich noch nicht öffentlich bekannte Tatsachen aus seinem Tätigkeitsbereich veröffentlichen, wenn diese wegen der Auswirkungen auf die Vermögens- und Finanzlage geeignet sind, den Börsenpreis der zugelassenen Wertpapiere erheblich zu beeinflussen.[137] Der Implementierung eines Aktienoptionsplans wird gemeinhin ein erhebliches Kursbeeinflussungspotenzial im Sinne des § 15 WpHG zugebilligt, so dass hierdurch eine Ad-hoc-Publizitätspflicht des emittierenden Unternehmens ausgelöst wird.[138]

5. Arbeitsrechtliche Aspekte

67   Zu den arbeitsrechtlichen Aspekten des Aktienoptionsplans wird auf die obigen Ausführungen verwiesen.[139] Durch die Rechtsprechung noch nicht endgültig geklärt ist das Schicksal von Rechten des Mitarbeiters unter einem Aktienoptionsplan im Fall eines Betriebsübergangs gemäß § 613a BGB. Handelt es sich bei den Ansprüchen der Mitarbeiter aus einem Aktienoptionsplan um Ansprüche aus dem Arbeitsverhältnis mit dem emittierenden Unternehmen,[140] folgt aus der Bestandsgarantie des § 613a BGB die Verpflichtung des Erwerbers, diese Ansprüche zu übernehmen und zu erfüllen.[141] Insbesondere das Letztere wird dem Erwerber allerdings regelmäßig nicht möglich sein. Zur Vermeidung dieser Problematik empfiehlt es sich, bereits bei der Formulierung der Optionsbedingungen bzw. der Optionsvereinbarung den Fall des Betriebsübergangs zu regeln.[142]

---

[135] Daher resultiert auch die Empfehlung des *Deutschen Aktieninstitutes* in seinem Schreiben vom Mai 1998 (S. 8) zu dem „Umgang von Führungskräften mit Aktien des eigenen Unternehmens im Rahmen von Aktienoptionsplänen", in die Optionsbedingungen die Verpflichtung aufzunehmen, die neuen Aktien nur innerhalb von vorab festgelegten Handelsfenstern zu veräußern.
[136] Siehe oben Rn 51.
[137] Allgemein zu Ad-hoc Mitteilungen siehe § 6 Rn 8 ff.
[138] Kessler/Sauter/*Dietborn*, Rn 849 f.
[139] Siehe oben Rn 20 ff.
[140] In der Literatur besteht Uneinigkeit darüber, ob diese Ansprüche aus dem Arbeitsverhältnis resultieren (zum Streitstand siehe Kessler/Sauter/*Mohr/Bihn*, Rn 1057 f.).
[141] Eine solche Verpflichtung soll allerdings dann nicht bestehen, wenn die Optionsrechte von einem Konzernunternehmen des veräußernden Unternehmens ausgegeben worden waren (BAG DB 2003, 1065).
[142] Siehe oben Rn 55.

6. Steuerliche Aspekte

Die Vorteile eines Mitarbeiters aus einem Aktienoptionsplan des Arbeitgebers stellen Einkünfte aus nichtselbstständiger Arbeit dar (§ 19 Abs. 1 Satz 1 Nr. 1 EStG).[143] Hinsichtlich des Zeitpunktes, zu welchem dem Mitarbeiter der Vorteil aus dem Optionsrecht im Rahmen des § 19 EStG einkommensteuerrechtlich zufließt, wird von der Rechtsprechung und der Finanzverwaltung zwischen verkehrsfähigen und nicht verkehrsfähigen Optionsrechten unterschieden.[144] Nur im Fall der verkehrsfähigen Optionsrechte soll bereits im Zeitpunkt des Vertragsschlusses ein Vermögenszufluss bei dem Begünstigten vorliegen (mit der Folge der Anfangsbesteuerung).[145] Für die nicht verkehrsfähigen Optionsrechte soll demgegenüber auf den Zeitpunkt der Ausübung der Optionsrechte, mithin auf den tatsächlichen Bezug der Aktien, abzustellen sein (mit der Folge der Endbesteuerung).[146] Auch an sich marktgängige Optionsrechte werden allerdings als nicht verkehrsfähig angesehen, sofern sie an die Person des Mitarbeiters gebunden sind.[147] In diesem Zusammenhang sei insbesondere auf die potenzielle Lohnsteuerhaftung des Arbeitgebers für den vollen geldwerten Vorteil bei Bezug der Aktien hingewiesen: die Ausübung von Optionsrechten ist gerade für den Arbeitgeber mit einem sehr hohen Risiko verbunden, für nicht abgeführte Lohnsteuer zu haften (zur Möglichkeit der Risikominimierung siehe § 38 Abs. 4 EStG).[148]

68

7. Bilanzielle Aspekte

In Deutschland ist die handelsrechtliche Bilanzierung von Optionsrechten bisher nicht gesetzlich reguliert, so dass GoB für die Bilanzierung und Regeln zur Berichterstattung von Optionsrechten zu entwickeln sind. Die Diskussionsbeiträge in der Literatur zu diesem Thema reichen von einer Bilanzwirksamkeit bereits im Zeitpunkt der Ausgabe der Optionsrechte (Buchung des inneren Werts der Optionsrechte plus Zeitwert als Personalaufwand mit Gegenbuchung in der Kapitalrücklage)[149] bis hin zu einer Bilanzwirksamkeit erst im Zeitpunkt der Ausübung der Optionsrechte (Verbuchung des zufließenden Betrages auf das gezeichnete Kapital und die Kapitalrücklage).[150] Die Zahl der im Rahmen eines Aktienoptionsplans ausgegebenen Optionsrechte ist gemäß § 160 Abs. 1 Nr. 5 AktG im Anhang zum Jahresabschluss anzugeben.[151]

69

---

[143] **HM**; *Kessler/Sauter/Strnad*, Rn 322 mwN).

[144] Dass diese Unterscheidung richtig ist, wenn der Arbeitgeber bzw. dessen Muttergesellschaft Stillhalter der Optionsrechte ist, wird neuerdings angezweifelt (FG Münster Urteil vom 9.5.2003, EFG 2003, 1172; *Haunhorst*, Der Lohnzufluss bei Gewährung handelbarer Aktienoptionen – oder wie aus dem Traum vom günstigen Aktienbezug ein Alptraum werden kann, DB 2003, 1864, 1865).

[145] *Haas/Pötschan*, Ausgabe von Aktienoptionen an Arbeitnehmer und deren lohnsteuerliche Behandlung, DB 1998, 2138, 2139.

[146] StRspr, zuletzt BFH 20.6.2001 BStBl II 689, 690.

[147] BMF 28.8.1998, NWB-Eilnachrichten, Fach 1, 318.

[148] Siehe dazu insbesondere *Kessler/Sauter/Strnad*, Rn 369 ff.; *Harrer/Portner*, Rn 268 ff.

[149] *Pellens/Crasselt*, Bilanzierung von Stock Options, DB 1998, 217, 222 f.; *Deutscher Standardisierungsrat*, E-DRS 11 zur „Bilanzierung von Aktienoptionsplänen und ähnlichen Erscheinungsformen", Tz. 7 (abrufbar unter http://www.drsc.de).

[150] *Kessler/Sauter/Roß/Baumunk*, Rn 174 mwN.

[151] Diese Angaben sind ferner gemäß § 285 Nr. 9 a HGB im Anhang zum Jahresabschluss der

70 Nach US-GAAP besteht für das begebende Unternehmen derzeit ein Wahlrecht[152], Optionsrechte nach der *Fair Value*-Methode[153] oder nach der *Intrinsic Value*-Methode[154] zu bewerten. Bei der Bewertung von Optionsrechten nach der *Fair Value*-Methode ist eine Verminderung des Jahresüberschusses durch zusätzlichen Personalaufwand quasi unausweichlich. Demgegenüber hat es das Unternehmen bei der Bewertung von Optionsrechten nach der *Intrinsic Value*-Methode selbst in der Hand, die Verminderung des Jahresüberschusses durch zusätzlichen Personalaufwand zu verhindern. Es muss dazu nur seinen Aktienoptionsplan als „fixen"[155] Aktienoptionsplan (im Gegensatz zum „variablen"[156] Aktienoptionsplan) gestalten. Erfolgsziele, die jedenfalls bei der Ausgabe selbstständiger Optionsrechte zwingend festgelegt werden müssen[157] und deren Erreichen erst bei Ablauf der Wartezeit festgestellt werden kann, qualifizieren einen Aktienoptionsplan allerdings regelmäßig als „variablen" Aktienoptionsplan.[158]

71 Am 19.2.2004 ist der für *Share-based Payments* gültige *International Financial Reporting Standard 2 (IFRS 2)* veröffentlicht worden, mit dem die Bilanzierung aktienbasierte Vergütungssysteme wie die Gewährung von Aktienoptionen an Mitarbeiter geregelt wird.[159] Nach IFRS 2 sind aktienbasierte Vergütungsregelungen

---

Aktiengesellschaft bei den Gesamtbezügen der Mitglieder der Geschäftsführung zu machen. S. auch die Forderungen zur Offenlegung in Ziffern 4.2.3, 6.6 und 7.1.3 CGK.

[152] Nahezu alle US-amerikanischen Unternehmen und die Mehrzahl der deutschen Unternehmen, die nach US-GAAP bilanzieren, üben das Wahlrecht zugunsten der *Intrinsic Value*-Methode aus (Kessler/Sauter/*Roß/Baumunk*, Rn 256 f. mwN).

[153] So der 1995 veröffentlichte SFAS No. 123 „Accounting for Stock-Based Compensation" (SFAS 123). Die Bewertung erfolgt hier regelmäßig mittels der anerkannten finanzwissenschaftlichen Methoden (Black/Scholes-Modell bzw. Binominalmodell).

[154] So die 1972 veröffentlichte APB Opinion No. 25 „Accounting for Stock Issued to Employees" (APB 25). Die Bewertung erfolgt hier durch Subtraktion des Ausgabebetrages für eine Aktie von dem Börsenkurs einer Aktie.

[155] Ein „fixer" Aktienoptionsplan liegt vor, wenn bei der Gewährung der Optionsrechte die Anzahl der Aktien, die der Begünstigte durch Ausübung der ihm gewährten Optionsrechte erwerben kann, sowie der bei der Ausübung zu entrichtende Ausgabebetrag unwiderruflich feststehen. Entspricht der Ausgabebetrag bei einem „fixen" Aktienoptionsplan dem bei Gewährung der Optionsrechte aktuellen Börsenkurs, ist kein Personalaufwand zu verbuchen.

[156] Ein „variabler" Aktienoptionsplan liegt vor, wenn bei der Gewährung der Optionsrechte die Anzahl der Aktien, die der Begünstigte durch Ausübung der ihm gewährten Optionsrechte erwerben kann, sowie der bei der Ausübung zu entrichtende Ausgabebetrag noch nicht unwiderruflich feststehen. Ein „variabler" Aktienoptionsplan liegt demzufolge immer dann vor, wenn die Ausübbarkeit der eingeräumten Optionsrechte und damit die Anzahl erwerbbarer Aktien von der Erreichung bestimmter relativer oder absoluter Kurssteigerungen abhängig gemacht sind. Bei einem „variablen" Aktienoptionsplan hat das Unternehmen (regelmäßig zum Ende der Wartezeit) die Differenz zwischen dem Ausgabebetrag und dem zum Ende der Wartezeit aktuellen Börsenkurs als Personalaufwand zu verbuchen.

[157] Siehe oben Rn 32.

[158] Um diesen Konflikt zwischen deutschem Aktienrecht und APB 25 zu lösen, ist in der Vergangenheit die Struktur entwickelt worden, bei welcher als Ausgabebetrag der bei Gewährung der Optionsrechte aktuelle Börsenkurs zzgl. eines Aufschlages von zB 30% vereinbart wird und bei der das Erfolgsziel als erreicht gilt, sobald der aktuelle Börsenkurs das Niveau des Ausgabebetrages erreicht. Dieser Weg dürfte allerdings versperrt sein, wenn ein Unternehmen dem CGK entsprechen will (siehe oben Rn 49).

[159] Veröffentlicht von *International Accounting Standards Board*, 40 Cannon Street, London EC4M 6XH, United Kingdom (www.iasb.org).

grundsätzlich mit dem beizulegenden Zeitwert (*Fair Value*) der dafür erbrachten Gegenleistung zu bewerten. Da der *Fair Value* einer erbrachten Arbeitsleistung in der Regel nicht zu bestimmen ist, wird der *Fair Value* des dafür gewährten Eigenkapitalinstruments herangezogen. Maßgeblich für die Bestimmung des *Fair Value* ist der Zeitpunkt der Gewährung des Eigenkapitalinstruments. Der Wert aktienbasierter Vergütungssysteme ist damit künftig im Geschäftsjahr der Zusage an den Mitarbeiter als Personalaufwand zu erfassen, wobei der entstehende Personalaufwand über die Sperrfrist zu verteilen ist. Die Neuregelung ist für den Konzernabschluss börsennotierter Unternehmen spätestens ab 2005 von Bedeutung. Einzubeziehen sind alle nach dem 7.11.2002 ausgegebenen Tranchen, bei denen die Sperrfrist noch nicht abgelaufen ist. Für den Einzelabschluss gelten weiterhin die Regelungen des HGB.

III. Der virtuelle Aktienoptionsplan

1. *Stock Appreciation Rights* (SARs)

Im Gegensatz zu einem (realen) Aktienoptionsplan, der den einzelnen Mitarbeiter für seinen Einsatz im Unternehmen mit einer Kapitalbeteiligung entlohnen will, erhält der Mitarbeiter bei einem virtuellen Aktienoptionsplan unter Ausgabe von Stock Appreciation Rights (SARs) zu keinem Zeitpunkt eine Kapitalbeteiligung bzw. Mitgliedschaftsrechte (virtuelles Eigenkapitalinstrument).[160] Vielmehr zielt der virtuelle Aktienoptionsplan unter Ausgabe von SARs darauf ab, den Mitarbeiter für eine Steigerung des Unternehmenswertes in bar zu entlohnen. Im Regelfall erhalten Mitarbeiter bei Ausübung ihrer SARs den Unterschiedsbetrag zwischen dem Aktienkurs im Zeitpunkt der Ausübung und dem vereinbarten Basispreis.

Virtuelle Aktienoptionspläne können genauso ausgestaltet werden wie (reale) Aktienoptionspläne, d.h., auch hier können Erfolgsziele, Wartezeiten, Verfallklauseln etc. vorgesehen werden. Ein wesentlicher Vorteil gegenüber dem (realen) Aktienoptionsplan liegt darin, dass für die Ausgabe von SARs eine Einbindung der Hauptversammlung nicht erforderlich ist. Nachteilig ist demgegenüber, dass die Ausgabe von SARs immer auch mit dem Risiko eines (personalaufwandswirksamen) Liquiditätsabflusses verbunden ist, der Rückstellungsbedarf auslöst.

Das Gesetz enthält keine konkreten Vorgaben für virtuelle Aktienoptionspläne. Sie unterliegen daher auch nicht den für (reale) Aktienoptionspläne geltenden aktienrechtlichen Beschränkungen. Soweit auch an Vorstands- und Aufsichtsratmitglieder SARs ausgegeben werden sollen, sind jedoch die allgemeinen aktienrechtlichen Regeln für die Vergütung von Organmitgliedern zu beachten (§§ 87, 113 AktG).

2. Phantom Stocks

Auch bei einem virtuellen Aktienoptionsplan durch Ausgabe von Phantom Stocks wird der Mitarbeiter über virtuelle Aktien nur fiktiv an seinem arbeitgeben-

---

[160] Weiterführend siehe Kessler/Sauter/*Suchan*/*Baumunk*, Rn 680 ff.

den Unternehmen beteiligt. Phantom Stocks gehören daher ebenso wie die SARs zu den virtuellen Eigenkapitalinstrumenten.[161] Der einzige Unterschied zu einem virtuellen Aktienoptionsplan unter Ausgabe von SARs besteht darin, dass durch entsprechende Regelungen in den Optionsbedingungen eine Anpassung des virtuellen Ausgabebetrages und damit eine Teilhabe der Mitarbeiter an zwischenzeitlichen Dividendenzahlungen und Eigenkapitalmaßnahmen sichergestellt wird.

---

[161] Weiterführend siehe Kessler/Sauter/*Suchan/Baumunk*, Rn 777 ff.

Teil 4
Finanzen und Steuern

§ 10 Finanzierungsinstrumente

I. Kapitalmaßnahmen

Durch Kapitalmaßnahmen wird das Grundkapital einer Aktiengesellschaft erhöht oder herabgesetzt. Kapitalmaßnahmen wirken sich damit auf das Eigenkapital der Gesellschaft aus.

1

1. Bezugsrecht und Bezugrechtsausschluss

a) Grundlagen

Bei einer Kapitalerhöhung erhöht sich normalerweise[1] korrespondierend zum Grundkapital die Anzahl der Mitgliedschaftsrechte (Aktien). Würden die neuen Aktien Dritten zugeteilt, die nicht Aktionäre der Gesellschaft sind, so würde sich der Aktionärskreis ändern. Das hätte eine Verringerung der prozentualen Partizipation (Beteiligungsquote) der (Alt-)Aktionäre am Grundkapital der Gesellschaft zur Folge (quotale Verwässerung).[2] Hinzu kommt, dass der Ausgabepreis der neuen Aktien oftmals unterhalb des Marktpreises liegt, was zu einem Wertverlust der Altaktien führt (wertmäßige Verwässerung).[3] Um den Altaktionären die Möglichkeit zu geben, ihre bisherige Beteiligungsquote an der Gesellschaft zu erhalten und keine wertmäßige Verwässerung zu erleiden[4], sieht das Gesetz die Einräumung eines Bezugsrechts auf einen der bisherigen Beteiligungsquote entsprechenden Teil der neuen Aktien vor (§ 186 Abs. 1 AktG).[5] Die Regelung ist zwingend.[6] Das Bezugsrecht entsteht im Zeitpunkt des Kapitalerhöhungsbeschlusses.[7] Ein Bezugsrecht besteht auch bei der Ausgabe von Wandel- und Optionsanleihen oder Genussscheinen (§ 221 Abs. 4 AktG).

2

---

[1] Ausnahme: Lediglich bei einer Kapitalerhöhung aus Gesellschaftsmitteln ohne Ausgabe neuer Aktien bei einer Gesellschaft mit Stückaktien (vgl. § 207 Abs. 2 S. 2 AktG) erhöht sich zwar das Grundkapital, aber nicht die Zahl der Aktien.

[2] Oder „Gesellschafterausschluss auf Raten", Kölner Kommentar AktG/*Lutter*, § 186 Rn 7.

[3] *Meilicke*, Das Bezugsrecht des Aktionärs bei Kapitalerhöhungen, BB 1961, 1281; Kölner Kommentar AktG/*Lutter*, § 186 Rn 7.

[4] *Groß*, Der Inhalt des Bezugsrechts nach § 186 AktG, AG 1993, 449, 451, Geßler/Hefermehl/*Bungeroth*, § 186 Rn 12.

[5] Vgl. hierzu *Henn*, Rn 1246.

[6] Großkommentar/*Wiedemann*, § 186 Rn 48, allerdings kann auf das Bezugsrecht verzichtet werden; unter unten noch weiter erläuterten Voraussetzungen kann das Bezugsrecht ausgeschlossen werden.

[7] Kölner Kommentar AktG/*Lutter*, § 186 Rn 15, Großkommentar/*Wiedemann*, § 186 Rn 54.

3   Das Bezugsrecht gibt dem Bezugsberechtigten keinen Anspruch auf eine bestimmte Rechtsausstattung der neuen Aktien, es sichert lediglich einen Anspruch auf den Bezug der neu auszugebenden Aktien.[8] Bezugsberechtigt sind grundsätzlich sämtliche Aktionäre, ungeachtet der von ihnen gehaltenen Aktiengattung,[9] soweit nicht ein Überkreuzbezugsrecht der Aktionäre verschiedener Aktiengattungen für die jeweils andere(n) Aktiengattung(en) ausgeschlossen ist. Bezugsrechte, die auf eigene Aktien entfallen würden, stehen der Gesellschaft nicht zu (§ 71 b AktG). Sie fallen statt dessen den übrigen Aktionären im Verhältnis ihrer Beteiligungsquote zu.

b) Mittelbares Bezugsrecht

4   Zum mittelbaren Bezugsrecht vgl. § 4 Rn 20.

c) Ausübung

5   Bezugsrechte werden durch Bezugserklärung ausgeübt. Diese ist eine einseitige empfangsbedürftige Willenserklärung, die grundsätzlich formlos abgegeben werden kann (in der Regel erfolgt jedoch eine schriftliche Erklärung) und rechtlich von der Zeichnung der neuen Aktien zu trennen ist.[10] Die Ausübung des Bezugsrechts ist in einer mindestens zweiwöchigen (§ 186 Abs. 1 Satz 2 AktG) Bezugsfrist möglich. Oftmals wird diese gesetzliche Mindestbezugsfrist jedoch auf vier Wochen oder sogar noch weiter verlängert. Der Vorstand legt Beginn und Laufzeit der Bezugsfrist fest.[11] Bezugsrechte, die innerhalb der Bezugsfrist nicht ausgeübt worden sind, verfallen. Die dadurch frei werdenden neuen Aktien stehen nicht etwa den übrigen Aktionären zu, vielmehr können diese vom Vorstand nach eigenem Ermessen ausgegeben werden, sofern nicht der Kapitalerhöhungsbeschluss etwas anderes bestimmt. Der Vorstand ist allerdings verpflichtet, die nicht bezogenen Aktien zum bestmöglichen Kurs zu verwerten.[12]

6   Ausgabekurs der neuen Aktien und Bezugsfrist hat der Vorstand mit einer Bezugsaufforderung in den Gesellschaftsblättern bekannt zu machen. Es ist auch zulässig, zunächst lediglich die Grundlagen für die Festlegung des Aufgabebetrages bekannt zu geben und den Ausgabebetrag selbst erst spätestens drei Tage vor Ablauf der Bezugsfrist bekannt zu machen.[13]

d) Übertragbarkeit/Bezugsrechtshandel

7   Bezugsrechte sind veräußerlich und übertragbar.[14] Die Übertragung erfolgt, soweit die Bezugsrechte nicht verbrieft sind, durch Abtretung. Bei verbrieften Bezugsrechten ist zusätzlich die Übereignung der Urkunde bzw. bei Sammel- oder Globalurkunden die Übereignung eines entsprechenden Teilanspruchs an der Urkunde erforderlich.[15] Bezugsrechte auf vinkulierte Aktien bedürfen zu ihrer Übertragung der Zustimmung der Gesellschaft gemäß § 68 Abs. 2 AktG. Der Kapi-

---

[8] *Hüffer*, § 186, Rn 3, Anwaltkommentar/*Rebmann*, § 186 AktG, Rn 1.
[9] Großkommentar/*Wiedemann*, § 186 Rn 69.
[10] Geßler/Hefermehl/*Bungeroth*, § 186 Rn 47; Großkommentar/*Wiedemann*, § 186 Rn 88.
[11] Großkommentar/*Wiedemann*, § 186 Rn 99 ff.
[12] *Hüffer*, § 186, Rn 16; Münchener Handbuch des Gesellschaftsrechts/*Krieger*, § 56 Rn 66.
[13] § 186 Abs. 2 AktG.
[14] RGZ 65, 21; 97, 239; *Hüffer*, § 186 Rn 54.
[15] *Hueck/Canaris*, § 25 V 2 a.

talerhöhungsbeschluss kann jedoch die freie Übertragung der Bezugsrechte erlauben.[16]

Bei börsennotierten Aktiengesellschaften findet regelmäßig ein börslicher Bezugsrechtshandel statt[17]. Gemäß § 10 Abs. 2 der Bedingungen für Geschäfte an der Frankfurter Wertpapierbörse beginnt der Bezugsrechtshandel regelmäßig am ersten Tag der Bezugsfrist und erstreckt sich über die gesamte Bezugsfrist mit Ausnahme der beiden letzten Börsentage dieser Frist. Ein Bezugsrechtshandel findet auch statt, wenn der Vorstand gemäß § 186 Abs. 2 AktG zunächst lediglich die Grundlagen für die Berechnung des Ausgabebetrages der neuen Aktien bekannt gegeben hat. In diesen Fällen fließt der anhand der veröffentlichten Berechnungsgrundlagen geschätzte Ausgabebetrag in die Preisfindung der Bezugsrechte ein. Für die Bezugsrechte ist kein gesondertes Zulassungsverfahren erforderlich, insbesondere bedarf es keines Zulassungsprospektes.[18]

e) Ausschluss des Bezugsrechts

Das Bezugsrecht kann gesetzlich oder auf Grund eines Beschlusses der Hauptversammlung ausgeschlossen sein.[19] Gesetzlich geregelte Fälle eines Bezugsrechtsausschlusses sind zB Kapitalerhöhungen zum Zwecke der Verschmelzung oder Spaltung (§§ 69 Abs. 1, 142 Abs. 1 UmwG).[20] Häufig wird das Bezugsrecht jedoch durch Beschluss der Hauptversammlung ausgeschlossen (§ 186 Abs. 3 AktG). Nachstehend soll deshalb auch ausschließlich auf diese Möglichkeit zum Ausschluss des Bezugsrechts eingegangen werden.

Die Vorraussetzungen für den Ausschluss des Bezugsrechts durch Beschluss der Hauptversammlung sind: (i) Der Ausschluss muss ausdrücklich und ordnungsgemäß im Rahmen der Einladung zur Hauptversammlung bekannt gemacht worden sein.[21] (ii) Der Ausschluss des Bezugsrechts muss ausdrücklich beschlossen werden und ist mit dem Beschluss über die Erhöhung des Grundkapitals zu verbinden. (iii) Eine Mehrheit von mindestens drei Vierteln des bei der Beschlussfassung vertretenen Grundkapitals ist erforderlich. (iv) Der Vorstand hat der Hauptversammlung einen schriftlichen Bericht über den Grund für den Ausschluss des Bezugsrechts vorzulegen. Die wichtigsten Auszüge dieses Berichts sind mit der Einladung bekannt zu machen. Vom Zeitpunkt der Einladung zur Hauptversammlung an ist der vollständige Bericht in den Geschäftsräumen der Gesellschaft und während der Hauptversammlung auszulegen.

Der Bericht des Vorstands soll den Aktionären eine sachgerechte Entscheidung über den Bezugsrechtsausschluss ermöglichen.[22] Der Bericht hat deshalb die Tatsachen zu enthalten, die für die materielle Rechtfertigung des Bezugsrechtsausschlusses erforderlich sind.[23] Dies wird im Falle einer ordentlichen Kapitalerhöhung

---

[16] Großkommentar/*Wiedemann*, § 186 Rn 63.
[17] Siehe dazu auch *Schlitt/Seiler*, WM 2003, 2181.
[18] *Schwark*/Heidelbach, § 36 Rn 12; dies gilt jedoch nicht für die neuen Aktien, vgl. hierzu unten Rn 92 ff.
[19] Großkommentar/*Wiedemann*, § 186 Rn 104.
[20] Weitere Fälle bei Großkommentar/*Wiedemann*, § 186 Rn 105 f.
[21] Vgl. Hierzu Kölner Kommentar AktG/*Lutter*, § 186 Rn 55.
[22] Kölner Kommentar AktG/*Lutter*, § 186 Rn 56 ff.
[23] BGHZ 83, 319, 326 f.; Geßler/Hefermehl/*Bungeroth*, § 186 Rn 97; *Hirte*, Bezugsrechtsausschluss, S. 86, 225; *Hüffer*, § 186 Rn 23;

gegen Sacheinlage von Geschäftsanteilen oder Aktien einer zu akquirierenden Gesellschaft weniger schwer fallen: In einem solchen Fall hat der Bericht neben der augenscheinlichen Notwendigkeit, dass zur Akquisition des Unternehmens neue Aktien an die jetzigen Gesellschafter oder Aktionäre des zu erwerbenden Unternehmens ausgegeben werden müssen und der Aktionärskreis der ausgebenden Gesellschaft insoweit erweitert werden muss, auch die Hintergründe der Akquisition selbst zu schildern.[24]

12   Schwieriger ist die Darstellung der Erforderlichkeit und Angemessenheit des Bezugsrechtsausschlusses dagegen im Rahmen von Ermächtigungsbeschlüssen zur Ausgabe genehmigten Kapitals. Hier wird sich im Zeitpunkt der Hauptversammlung gerade nicht konkret feststellen lassen, aus welchen Gründen der Bezugsrechtsausschluss notwendig sein wird. Der Bericht zum Bezugsrechtsausschluss beim genehmigten Kapital wird deshalb weniger konkret und umfassend sein, als im Falle einer ordentlichen Kapitalerhöhung. Nach der „Siemens/Nold" Entscheidung genügt es, wenn die Voraussetzungen für den Bezugsrechtsausschluss der Hauptversammlung allgemein beschrieben werden; der Bezugsrechtsausschluss muss „im wohlverstandenen Interesse der Gesellschaft" liegen.[25] Ob nunmehr lediglich das Vorliegen des „wohlverstandenen Interesses der Gesellschaft" und eine allgemeine Missbrauchskontrolle ausreichen, um die Rechtmäßigkeit des Bezugsrechtsausschlusses festzustellen, bleibt jedoch abzuwarten.[26] Die in der Praxis zu beobachtende Vereinheitlichung der Vorstandsberichte zum Bezugsrechtsausschluss beim genehmigten Kapital ist jedenfalls nicht unbedenklich.

13   Regelmäßig lässt sich der Ausschluss des Bezugsrechts insbesondere in folgenden Fällen gut begründen:[27] Sachkapitalerhöhung zum Zwecke eines Unternehmenszusammenschlusses, Ausgleich von Spitzenbeträgen,[28] Bedienung von Wandel- und Optionsanleihen,[29] Ausgabe von Belegschaftsaktien (in angemessenem Umfang),[30] Börseneinführung, Sanierungssituationen: „en bloc"-Ausgabe, soweit Sanierung Anlehnung an ein anderes Unternehmen erfordert, und gegen Einlage von Forderungen (*debt-equity-swap*).

14   Im Falle einer Sachkapitalerhöhung lässt sich der Bezugsrechtsausschluss naturgemäß nicht vermeiden, weil zu der Sacheinlage in aller Regel nur eine bestimmte Person oder ein bestimmter Personenkreis in der Lage ist.[31] Um bei Sacheinlagen durch (Alt-)Aktionäre die Beteiligungsquote beibehalten zu können, bietet sich eine kombinierte Sach- und Barkapitalerhöhung mit gekreuztem Bezugsrechtsausschluss an: Die Sachkapitalerhöhung erfolgt unter Ausschluss des Bezugsrechts der

---

[24] BGHZ 71, 40 ff.; 83, 319 ff.; Kölner Kommentar AktG/*Lutter*, § 186 Rn 60.
[25] BGHZ 136, 133, 136 ff.
[26] So: Münchener Handbuch/*Krieger*, § 56 Rn 71; Beck'sches Hdb. AG/*Gotthardt*, § 9 Rn 44; für strengere Anforderungen im Falle der Schaffung eines genehmigten Kapitals bei gleichzeitiger ordentlicher Kapitalerhöhung: OLG Schleswig, NZG 2004, 281 ff.
[27] Kölner Kommentar AktG/*Lutter*, § 186 Rn 65 ff.
[28] BGHZ 83, 319, 323; OLG Frankfurt WM 1986, 615; *Zöllner*, Stimmrechtsmacht, S. 352.
[29] Großkommentar/*Wiedemann*, § 186 Rn 157.
[30] Großkommentar/*Wiedemann*, § 186 Rn 156.
[31] BGHZ 71, 40, 46; *Lutter*, ZGR 1979, 401, 407; Kölner Kommentar AktG/*Lutter*, § 186 Rn 78; *van Venrooy*, Voraussetzungen und Verwendbarkeit genehmigten Kapitals AG 1981, 205, 209.

(übrigen) Altaktionäre, diese können im Wege einer Barkapitalerhöhung eine korrespondierende Anzahl neuer Aktien erwerben, hierbei ist dann das Bezugsrecht der Sacheinleger ausgeschlossen.[32] Bei einer solchen kombinierten Bar- und Sachkapitalerhöhung ist besonders sorgfältig auf eine faire Bewertung der Sacheinlage zu achten, um eine Ungleichbehandlung der Aktionäre auszuschließen.

§ 186 Abs. 3 Satz 4 AktG sieht einen erleichterten Bezugsrechtsausschluss für die Fälle vor, in denen eine Kapitalerhöhung gegen Bareinlage 10% des Grundkapitals nicht übersteigt und der Ausgabebetrag den Börsenpreis nicht wesentlich unterschreitet. Die 10%-Grenze gilt für den Zeitpunkt des Kapitalerhöhungsbeschlusses. Eine wiederholte Ausnutzung des erleichterten Bezugsrechtsausschlusses kann missbräuchlich sein.[33] Einer jährlichen Ausnutzung im Zuge einer ordentlichen Kapitalerhöhung dürfte jedoch nichts entgegenstehen. Für das genehmigte Kapital ist eine wiederholte Ausnutzung der 10%-Grenze unzulässig.[34] Maßgeblicher Zeitpunkt für die Einhaltung der 10%-Grenze ist in diesem Fall – sofern der Ermächtigungsbeschluss keine Regelung trifft – der Zeitpunkt der Ausnutzung der Ermächtigung durch den Vorstand.[35]

Im Falle eines mangelhaften Ausschlusses des Bezugsrechts durch die Hauptversammlung ist der Hauptversammlungsbeschluss anfechtbar (§ 243 Abs. 1 AktG). Die Darlegungs- und Beweislast für die sachliche Rechtfertigung des Bezugsrechtsausschlusses liegt im Anfechtungsprozess bei der Gesellschaft.[36] Diese ist im Prozess darauf beschränkt, die im Vorstandsbericht aufgeführten Gründe für den Bezugsrechtsausschluss zu erläutern und weiter auszuführen, neue Rechtfertigungsgründe dürfen nicht angeführt werden.[37]

2. Ordentliche Kapitalerhöhung

a) Beschluss der Hauptversammlung

Die Kapitalerhöhung gegen Einlagen ist gemäß § 182 Abs. 1 AktG durch die Hauptversammlung zu beschließen. Der Beschluss bedarf einer Mehrheit von mindestens drei Vierteln des bei der Beschlussfassung vertretenen Grundkapitals und gem. § 133 Abs. 1 AktG der einfachen Stimmenmehrheit.[38] Die erforderliche Kapitalmehrheit kann durch die Satzung gemäß § 182 Abs. 1 Satz 2 AktG auf die einfache Mehrheit, d. h., die Mehrheit des bei der Beschlussfassung vertretenen Grundkapitals reduziert werden. Dies gilt nicht für die Ausgabe von Vorzugsaktien ohne Stimmrecht. Erfolgt die ordentliche Kapitalerhöhung unter Bezugsrechtsausschluss, so ist in jedem Fall eine Dreiviertel(kapital)mehrheit erforderlich.[39] Inhaltlich muss

---

[32] Kölner Kommentar AktG/*Lutter*, § 186 Rn 79 aE; Münchener Handbuch des Gesellschaftsrechts/*Krieger*, § 56 Rn 76; Großkommentar/*Wiedemann*, § 186 Rn 151.
[33] Münchener Handbuch des Gesellschaftsrechts/*Krieger*, § 58, Rn 19 mwN.
[34] Münchener Handbuch des Gesellschaftsrechts/*Krieger*, § 58, Rn 19 mwN.
[35] Vgl. Hölters/*Deilmann*/Buchta, 6. Kapitel, Abschnitt D, VI.
[36] *Hüffer*, § 186 Rn 38; **aA** Großkommentar/*Wiedemann*, § 186 Rn 188: Beweislastverteilung nach Gefahrenbereichen.
[37] Kölner Kommentar AktG/*Lutter*, § 186 Rn 98.
[38] Vgl. *Hüffer*, § 182 Rn. 6; auf eine Differenzierung zwischen Kapital- und Stimmenmehrheit kommt es nur an, wenn stimmrechtslose Vorzugsaktien oder Aktien mit Mehrstimmrechten bestehen.
[39] § 186 Abs. 3 Satz 2 AktG.

der Beschluss der Hauptversammlung die wesentlichen Einzelheiten der Kapitalerhöhung festlegen. Dazu gehören:
- der Erhöhungsbetrag, wobei eine Kapitalerhöhung „bis zu", also unter Nennung eines maximalen Erhöhungsbetrages, zulässig und üblich ist.[40]
- der Ausgabebetrag.[41] Die Hauptversammlung kann den Ausgabebetrag genau bestimmen, sie kann aber auch nur einen Mindestbetrag festlegen.[42] In diesem Fall ist der Vorstand für die Festlegung des Ausgabebetrages zuständig, die Hauptversammlung kann anordnen, dass der Aufsichtsrat der Festlegung durch den Vorstand zustimmen muss. Soweit eine Kapitalerhöhung mit Bezugsrecht der Altaktionäre beschlossen wurde, kann die Ausgabe der neuen Aktien auch zu pari, d. h. zum Nennbetrag bzw. zum auf die Stückaktie entfallenden anteiligen Betrag des Grundkapitals, erfolgen.[43] Ist das Bezugsrecht jedoch ausgeschlossen, muss der Ausgabepreis angemessen sein.[44] Angemessen ist der Ausgabekurs, wenn er dem Wert der neuen Aktien entspricht. Üblicherweise orientiert sich dieser am Börsenkurs der bereits ausgegebenen Aktien der Gesellschaft.
- gegebenenfalls legt die Hauptversammlung auch die Art der neu auszugebenden Aktien (zB vinkulierte Aktien) fest.[45]

18 Daneben kann der Hauptversammlungsbeschluss (fakultativ) weitere Angaben enthalten: Fälligkeit der Einlage,[46] Beginn der Gewinnbeteiligung,[47] Anweisung an den Vorstand (ggf. gemeinsam mit dem Aufsichtsrat) für eine bestimmte Verwertung der Aktien zu sorgen, für deren Zeichnung kein Bezugsrecht ausgeübt wurde.

19 Bei Kapitalerhöhungen gegen Sacheinlage sind im Beschluss der Hauptversammlung festzusetzen: der Gegenstand der Sacheinlage, die Person, von der die Gesellschaft die Einlage erwirbt, und der Nennbetrag der zu gewährenden Aktien (§ 183 Abs. 1 AktG). Fehlen diese Festsetzungen im Beschluss oder sind sie unvollständig, so ist die Kapitalerhöhung nicht wirksam und sämtliche Verträge über die Sacheinlage zwischen Gesellschaft und Sacheinleger sind der Gesellschaft gegenüber unwirksam. Nach Eintragung der Durchführung der – fehlerhaften – Kapitalerhöhung im Handelsregister ist diese dennoch gültig, wird jedoch wie eine Barkapitalerhöhung behandelt, d. h., der Aktionär ist verpflichtet, den Ausgabebetrag der Aktien in bar einzuzahlen (§ 183 Abs. 2 Satz 3 AktG).[48]

20 Der Wert der Sacheinlage muss durch einen gerichtlich bestellten Prüfer testiert werden. Die Prüfung stellt sicher, dass der Wert der Sacheinlage mindestens dem Ausgabebetrag der neu auszugebenden Aktien entspricht (§ 183 Abs. 3 Satz 3 AktG).

---

[40] Vgl. hierzu Beck'sches Hdb. AG/*Gotthardt*, § 9 Rn 15.
[41] Vgl. hierzu Kölner Kommentar AktG/*Lutter*, § 182 Rn 23.
[42] BGHZ 71, 40, 51; Großkommentar/*Wiedemann*, § 182 Rn 8. Zu berücksichtigen ist aber in jedem Fall der geringste Ausgabebetrag iSv. § 9 Abs. 1 AktG.
[43] Kölner Kommentar AktG/*Lutter*, § 182 Rn 26.
[44] Münchener Handbuch des Gesellschaftsrechts/*Krieger*, § 56 Rn 25 mwN.
[45] Kölner Kommentar AktG/*Lutter*, § 182 Rn 19.
[46] Großkommentar/*Wiedemann*, § 182 Rn 76; Münchener Handbuch des Gesellschaftsrechts/*Krieger*, § 56 Rn 32; **aA** Geßler/Hefermehl/*Hefermehl/Bungeroth*, § 182 Rn 77; *Hüffer*, § 182 Rn 14.
[47] Münchener Handbuch des Gesellschaftsrechts/*Krieger*, § 56 Rn 29.
[48] Kölner Kommentar AktG/*Lutter*, § 182 Rn 59.

Liegt eine Differenz zwischen Wert der Sacheinlage und Ausgabebetrag der neuen Aktien vor, so muss der Einleger den Differenzbetrag in bar leisten (Differenzhaftung).[49]

Aus diesem Grund besteht die Neigung, den Ausgabebetrag der neuen Aktien möglichst niedrig anzusetzen, um die Differenzhaftung zu vermeiden. Da die Sachkapitalerhöhung praktisch immer unter Ausschluss des Bezugsrechts der Altaktionäre stattfindet, muss jedoch der Wert (nicht der Ausgabebetrag) der neuen Aktien in einem angemessenen Verhältnis zum Wert der Sacheinlage stehen. Wählt man also einen niedrigen Ausgabebetrag zur Vermeidung der Differenzhaftung, so ist sicherzustellen, dass der tatsächliche Wert der neuen Aktien (meist ist das der Marktpreis) in einem angemessenen Verhältnis zum Wert des Sacheinlagegegenstandes steht.

b) Anmeldung des Beschlusses zur Eintragung im Handelsregister

Nach der Beschlussfassung durch die Hauptversammlung kann der Vorstand die Kapitalerhöhung zur Eintragung in das Handelsregister anmelden,[50] oftmals erfolgt die Anmeldung des Beschlusses aber erst gemeinsam mit der Anmeldung der Durchführung der Kapitalerhöhung (§ 188 Abs. 4 AktG).[51]

c) Bezugsfrist und Zeichnungsfrist

Erfolgt die ordentliche Kapitalerhöhung mit Bezugsrechten, so schließt sich eine mindestens zweiwöchige Bezugsfrist und die Zeichnungsfrist an, beide können parallel laufen. Innerhalb der Zeichnungsfrist dürfen die neuen Aktien zu den im Zeichnungsschein im Einzelnen zu benennenden Zeichnungsbedingungen gezeichnet werden.

Der Zeichnungsschein wird doppelt ausgefertigt und hat mindestens die folgenden Angaben zu enthalten:[52] (i) den Tag, an dem die Erhöhung des Grundkapitals beschlossen worden ist; (ii) den Ausgabebetrag der neuen Aktien, den Betrag der festgesetzten Einzahlungen sowie den Umfang von Nebenverpflichtungen; (iii) die bei einer Kapitalerhöhung mit Sacheinlagen vorgesehenen Festsetzungen und, wenn mehrere Gattungen ausgegeben werden, den auf jede Aktiengattung entfallenden Betrag des Grundkapitals; (iv) den Zeitpunkt, an dem die Zeichnung unverbindlich wird, wenn nicht bis dahin die Durchführung der Erhöhung des Grundkapitals eingetragen ist.

Ein Verstoß gegen die oben genannten Mindestinhaltsvoraussetzungen führt zur Nichtigkeit des Zeichnungsscheins (§ 185 Abs. 2 AktG).[53] Mit Unterzeichnung des Zeichnungsscheins kommt ein Zeichnungsvertrag zustande, aus welchem der Gesellschaft das Recht zur Forderung der versprochenen Einlageleistung zusteht.[54]

Streng genommen besteht beim mittelbaren Bezugsrecht (Regelfall bei der börsennotierten Aktiengesellschaft) das Zeichnungsverhältnis lediglich zwischen der

---

[49] *Hüffer*, § 184 Rn 21.
[50] § 184 Abs. 1 AktG.
[51] Kölner Kommentar AktG/*Lutter*, § 184 Rn 7; Großkommentar/*Wiedemann*, § 184 Rn 17.
[52] § 185 Abs. 1 S. 3 AktG.
[53] Geßler/Hefermehl/*Bungeroth*, § 185 Rn 59.
[54] Geßler/Hefermehl/*Bungeroth*, § 185 Rn 42; Münchener Handbuch des Gesellschaftsrechts/*Krieger*, § 58 Rn 80 Großkommentar/*Wiedemann*, § 185 Rn 31.

Gesellschaft und der Emissionsbank, auch wenn die Emissionsbank ihrerseits spiegelbildlich zu den oben beschriebenen gesetzlichen Anforderungen mit den Aktionären ebenfalls das vollständige Bezugs- und Zeichnungsprozedere durchführt. Rechtlich handelt es sich bei dem (mittelbaren) Bezugsrecht der Aktionäre jedoch um das Recht zum Abschluss eines Kaufvertrages mit der Emissionsbank. Dieses Recht kann – wie das ursprüngliche Bezugsrecht – abgetreten und gehandelt werden. Mit der „Zeichnung" schließen Zeichner und Emissionsbank einen Kaufvertrag über die neuen Aktien.[55]

d) Anmeldung der Durchführung zur Eintragung im Handelsregister

27 Die Durchführung der Kapitalerhöhung wird durch den Vorstand und den Vorsitzenden des Aufsichtsrats zur Eintragung in das Handelsregister angemeldet. Der Anmeldung sind beizufügen:[56] (i) die Zweitschriften der Zeichnungsscheine und ein vom Vorstand unterschriebenes Verzeichnis der Zeichner, das die auf jeden Zeichner entfallenden Aktien und die auf diese geleisteten Anzahlungen angibt; (ii) bei einer Kapitalerhöhung mit Sacheinlagen zusätzlich: die Verträge, die den Festsetzungen nach § 183 AktG zugrunde liegen und zu ihrer Ausführung beschlossen worden sind (Einbringungsverträge); (iii) eine Berechnung der Kosten, die für die Gesellschaft durch die Ausgabe der neuen Aktien entstehen werden; (iv) soweit die Erhöhung des Grundkapitals der staatlichen Genehmigung bedarf: die Genehmigungsurkunde.[57]

28 Der Vorstand muss in der Anmeldung versichern, dass der eingezahlte Betrag endgültig zu seiner freien Verfügung steht (§ 188 Abs. 2 iVm. § 37 Abs. 1 Satz 2 AktG). In der Praxis wird zusätzlich von den Gerichten eine Einzahlungsbestätigung der Bank verlangt.

3. Kapitalerhöhung aus Gesellschaftsmitteln

a) Bedeutung

29 Die Kapitalerhöhung aus Gesellschaftsmitteln führt der Gesellschaft kein neues Kapital zu. Vielmehr werden Kapitalrücklagen und/oder Gewinnrücklagen in Grundkapital umgewandelt.[58] Die Rücklagen werden dadurch den strengen Kapitalbindungsvorschriften für das Grundkapital unterstellt,[59] wobei die Bilanzsumme, anders als bei der ordentlichen Kapitalerhöhung, bei der neue Mittel zugeführt werden, gleich bleibt.

b) Beschluss der Hauptversammlung

30 Die Kapitalerhöhung aus Gesellschaftsmitteln wird durch Beschluss der Hauptversammlung und Eintragung dieses Beschlusses in das Handelsregister herbeigeführt (§ 207 Abs. 1, 2 AktG). Der Beschluss erfordert eine Mehrheit von drei Vierteln des bei der Beschlussfassung vertretenen Grundkapitals und der einfachen Mehrheit der

---

[55] Großkommentar/*Wiedemann*, § 186 Rn 215 ff.
[56] § 188 Abs. 3 AktG.
[57] Fälle einer unmittelbar erforderlichen staatlichen Genehmigung gibt es heute nicht mehr, vgl. Kölner Kommentar AktG/*Lutter*, § 188 Rn 37.
[58] Vgl. auch *Fett/Spiering*, Typische Probleme bei der Kapitalerhöhung aus Gesellschaftsmitteln, NZG 2002, 359 f.
[59] *Hüffer*, § 212 Rn 2.

Stimmen. Die Satzung kann dieses gesetzliche Erfordernis verschärfen oder die erforderliche (Kapital)Mehrheit bis hin zur einfachen (Kapital)Mehrheit absenken.[60] Soweit die Satzung besondere Mehrheiten für die ordentliche Kapitalerhöhung vorsieht, gelten diese auch für die Kapitalerhöhung aus Gesellschaftsmitteln.[61]

Dem Kapitalerhöhungsbeschluss ist eine Bilanz zugrunde zu legen, in der die Kapital- und/oder Gewinnrücklagen, die in Grundkapital umgewandelt werden sollen, ausgewiesen sein müssen (§ 208 Abs. 1 Satz 1 AktG). Gewinnrücklagen[62] und deren Zuführung können in voller Höhe in Grundkapital umgewandelt werden,[63] Kapitalrücklagen[64] und die gesetzlichen Rücklagen sowie deren Zuführung hingegen nur, soweit sie zusammen den zehnten oder den in der Satzung bestimmten höheren Teil des bisherigen Grundkapitals übersteigen (§ 208 Abs. 1 Satz 2 AktG). Weist die zugrunde gelegte Bilanz einen Verlust einschließlich eines Verlustvortrages aus, so ist dieser von den umzuwandelnden Rücklagen abzuziehen. Nur der verbleibende Betrag kann dann (vorbehaltlich der oben beschriebenen Einschränkung für die Kapitalrücklagen und die gesetzlichen Rücklagen) in Grundkapital umgewandelt werden (§ 208 Abs. 2 Satz 1 AktG).

Die zugrunde gelegte Bilanz kann auch die Jahresbilanz sein, soweit sie festgestellt wurde und mit einem uneingeschränkten Bestätigungsvermerk des Abschlussprüfers versehen ist.[65] In jedem Fall darf der Stichtag der zugrunde gelegten Bilanz, unabhängig davon, ob es sich um eine Zwischenbilanz oder die letzte Jahresbilanz handelt, höchstens acht Monate vor der Anmeldung des Beschlusses zur Eintragung in das Handelsregister liegen (§ 209 Abs. 1 AktG).[66]

Eine Kapitalerhöhung aus Gesellschaftsmitteln lässt sich mit einer ordentlichen Kapitalerhöhung kombinieren.[67] In letzter Zeit wurden vereinzelt auch Kapitalerhöhungen aus Gesellschaftsmitteln verbunden mit einer Kapitalherabsetzung vorgenommen:[68] Das Grundkapital wird dabei zunächst aus Gesellschaftsmitteln erhöht und in einem zweiten Schritt wieder herabgesetzt. Dadurch können die gemäß § 150 AktG nicht ausschüttungsfähige Kapitalrücklagen nach § 172 Abs. 2 Nr. 1 bis 3 HGB in ausschüttungsfähige sonstige Kapitalrücklagen gemäß § 272 Abs. 2 Nr. 4 HGB „umgewandelt" werden.

c) Die Eintragung des Beschlusses der Hauptversammlung

Der Kapitalerhöhungsbeschluss ist durch den Vorstand und den Vorsitzenden des Aufsichtsrats gemeinsam zur Eintragung ins Handelsregister anzumelden (§§ 210 Abs. 1, 207 Abs. 2, 184 Abs. 1 AktG). Der Anmeldung ist die notarielle Niederschrift über die Hauptversammlung, die Neufassung der Satzung mit der Bescheinigung

---

[60] §§ 207 Abs. 2 S. 1 iVm. 182 Abs. 1 S. 2 Alt. 1; vgl. hierzu Geßler/Hefermehl/*Bungeroth*, § 207 Rn 15.
[61] Kölner Kommentar AktG/*Lutter*, § 207 Rn 8.
[62] § 266 Abs. 3 A III HGB.
[63] Großkommentar/*Hirte*, § 208 Rn 8.
[64] § 266 Abs. 3 A II HGB.
[65] Beck'sches Hdb. AG/*Gotthardt*, § 9 Rn 98.
[66] Ausführlich hierzu vgl. *Fett/Spiering*, NZG 2002, 360 f.
[67] Kölner Kommentar AktG/*Lutter*, Vorb. § 207 Rn 13; Münchener Handbuch des Gesellschaftsrechts/*Krieger*, § 59 Rn 3 mwN.
[68] In 2003: Atoss Software AG, Syzygy AG und Syskoplan AG.

des Notars gemäß § 181 Abs. 1 Satz 2 AktG und die der Kapitalerhöhung zugrundegelegte Bilanz beizufügen. Wurde dem Kapitalerhöhungsbeschluss nicht die letzte Jahresbilanz zugrundegelegt, so ist diese zusätzlich der Anmeldung beizufügen. Die Anmeldenden haben zu erklären, dass nach ihrer Kenntnis seit dem Stichtag der zugrundegelegten Bilanz bis zum Tag der Anmeldung keine Vermögensminderung eingetreten ist, die der Kapitalerhöhung entgegenstünde, wenn sie am Tag der Anmeldung beschlossen worden wäre. Die Anmeldenden trifft dahingehend eine Nachforschungspflicht. Ist die Erklärung unrichtig, so machen sich die Anmeldenden strafbar (§ 399 Abs. 2 AktG). Des Weiteren können Schadensersatzansprüche der Gesellschaft und der Gesellschaftsgläubiger entstehen. Mit der Eintragung des Beschlusses wird die Kapitalerhöhung aus Gesellschaftsmitteln wirksam.

d) Weitere Einzelheiten

35   Da die Altaktionäre über ihre bisherige Beteiligung an der Gesellschaft bereits indirekt an den umgewandelten Rücklagen partizipierten, stehen ihnen die im Zuge der Kapitalerhöhung aus Gesellschaftsmitteln geschaffenen neuen Aktien im Verhältnis ihrer Anteile am bisherigen Grundkapital zu (§ 212 Satz 1 AktG). Das Gesetz legt hiermit eine (keineswegs logisch zwingende)[69] Zuteilung der neuen Aktien fest. Ein Ausschluss dieses (Zwangs-)Bezugsrechts ist rechtlich nicht möglich (§ 212 Satz 2 AktG).

36   Bei Gesellschaften mit Nennbetragsaktien erfolgt die Kapitalerhöhung aus Gesellschaftsmitteln immer unter Ausgabe neuer Aktien. Gesellschaften mit Stückaktien können hingegen ihr Grundkapital auch ohne Ausgabe neuer Aktien erhöhen (§ 207 Abs. 2 Satz 2 AktG).

37   Eigene Aktien nehmen an der Erhöhung des Grundkapitals aus Gesellschaftsmitteln teil (§ 215 Abs. 1 AktG).

38   Bestehen teileingezahlte Aktien, so erfolgt – anders als bei den voll eingezahlten Aktien – die Kapitalerhöhung nicht durch Ausgabe neuer Aktien, sondern i) bei Nennbetragsaktien durch Erhöhung des Nennbetrags und ii) bei Stückaktien nur durch Erhöhung des auf die einzelnen Aktien entfallenden Anteils des Grundkapitals (§ 215 Abs. 2 AktG). Die Regelung ist zwingend und soll sicher stellen, dass die Aktionäre, die ihre Einlagepflicht nur teilweise erfüllt haben, gegenüber den Aktionären mit voll eingezahlten Aktien nicht begünstigt werden.[70]

39   Die neuen Aktien sind ebenso ausgestattet wie die bestehenden Aktien. Im Zuge der Kapitalerhöhung aus Gesellschaftsmitteln können demnach keine Aktien einer anderen Art oder Gattung ausgegeben werden. Dies wird teilweise zu Recht bestritten: Das Gesetz möchte die Rechte der einzelnen Aktionäre wahren und Verschiebungen im Verhältnis der Aktionäre zueinander verhindern.[71] Dieser Zweck wird jedoch durch die Ausgabe einer neuen Aktiengattung nicht berührt, weil § 212 Satz 1 AktG die Zuordnung der neu geschaffenen Aktien an die alten Aktionäre im Verhältnis ihrer Anteile am bisherigen Grundkapital sicherstellt.[72]

---

[69] Kölner Kommentar AktG/*Lutter*, § 212 Rn 9.
[70] Großkommentar/*Hirte*, § 215 Rn 32; Münchener Handbuch des Gesellschaftsrechts/*Krieger*, § 59 Rn 45.
[71] *Eckhardt*, BB 1967, 100 f.; Großkommentar/*Hirte*, § 216 Rn 15.
[72] Vgl. Kölner Kommentar AktG/*Lutter*, § 216 Rn 2.

Die neuen Aktien sind, soweit der Beschluss der Hauptversammlung nichts anderes festlegt, für das Geschäftsjahr, in dem sie ausgegeben werden, voll gewinnberechtigt (§ 217 Abs. 1 AktG). Möglich ist auch, in dem Beschluss festzusetzen, dass die neuen Aktien bereits für das vergangene Geschäftsjahr (das Geschäftsjahr vor ihrer Ausgabe) voll gewinnberechtigt sind (§ 217 Abs. 2 AktG). In diesem Fall ist die Kapitalerhöhung aus Gesellschaftsmitteln zeitlich vor dem Beschluss über die Gewinnverwendung zu beschließen.[73] Der Gewinnverwendungsbeschluss wird in diesem Fall allerdings erst mit Eintragung der Kapitalerhöhung im Handelsregister wirksam: hinzu kommt, dass der Kapitalerhöhungsbeschluss und der Gewinnverwendungsbeschluss nichtig werden, wenn die Kapitalerhöhung nicht binnen drei Monaten nach der Beschlussfassung in das Handelsregister eingetragen ist.[74] Der Lauf der Frist ist allerdings gehemmt, solange eine Anfechtungs- oder Nichtigkeitsklage anhängig ist.[75]

40

Soweit ein bedingtes Kapital vorhanden ist, erhöht es sich im gleichen Verhältnis wie das Grundkapital (§ 218 Satz 1 AktG). Dient das bedingte Kapital der Gewährung von Umtausch- oder Bezugsrechten für Wandel- oder Optionsanleihen, Genussrechte oder naked warrants, so ist eine Sonderrücklage zu bilden, die den Unterschiedsbetrag zwischen Ausgabebetrag der Schuldverschreibungen und einem etwa höheren geringsten Ausgabebetrag gemäß § 9 Abs. 1 AktG deckt.

41

4. Genehmigtes Kapital

Die Satzung kann den Vorstand ermächtigen, für höchstens fünf Jahre das Grundkapital bis zu einem bestimmten Nennbetrag durch Ausgabe neuer Aktien gegen Einlage zu erhöhen (§ 202 Abs. 1 AktG); genehmigtes Kapital. Für die erforderliche Satzungsänderung ist eine Mehrheit von drei Vierteln des bei der Beschlussfassung vertretenen Grundkapitals erforderlich.[76] Die Laufzeit der Ermächtigung ist im Beschluss (exakt) zu nennen.[77] Das bedingte Kapital darf maximal die Hälfte des im Zeitpunkt der Ermächtigung bestehenden Grundkapitals betragen. Maßgeblich ist der Zeitpunkt der Eintragung der Ermächtigung in das Handelsregister. Bei einer gleichzeitigen ordentlichen Kapitalerhöhung wird der neue, höhere Grundkapitalbetrag berücksichtigt.[78]

42

Auch bei der Kapitalerhöhung aus genehmigtem Kapital besteht ein gesetzliches Bezugsrecht der Aktionäre.[79] Die Ermächtigung kann den Ausschluss des Bezugsrechts zwingend vorsehen oder den Vorstand ermächtigen (Regelfall), das Bezugsrecht bei Ausgabe der neuen Aktien auszuschließen.[80] Die Ermächtigung zum Bezugsrechtsausschluss muss mit der Ermächtigung zur Erhöhung des Grundkapitals

43

---

[73] § 217 Abs. 2 S. 2 AktG.
[74] § 217 Abs. 2 S. 4 AktG.
[75] § 217 Abs. 2 S. 5 AktG.
[76] § 202 Abs. 2 AktG.
[77] *Martens*, Der Ausschluss des Bezugsrechts, ZIP 1992, 1681; Münchener Handbuch des Gesellschaftsrechts/*Krieger*, § 58 Rn 7.
[78] Beck'sches Hdb. AG/*Gotthardt*, § 9 Rn 79; *Hüffer*, § 202 Rn 14.
[79] Kölner Kommentar AktG/*Lutter*, § 203 Rn 7.
[80] § 203 Abs. 2 iVm. § 186 Abs. 3, 4.

verbunden werden.[81] Üblich ist es, für diese Fälle die Zustimmung des Aufsichtsrats vorzusehen, lediglich beim Ausschluss des Bezugsrechts für Spitzenbeträge wird oftmals dem Vorstand die alleinige Entscheidung überlassen, weil sich in diesem Fall der Umfang des Bezugsrechtsausschlusses in einem überschaubaren Rahmen hält. Weil der Bezugsrechtsausschluss zu begründen ist, müssen die Zwecke genau bezeichnet werden, zum Beispiel Schaffung von Mitarbeiteraktien, Unternehmenserwerb durch Sacheinlage, Erschließung neuer Kapitalmärkte. Möglich ist es auch, einen vereinfachten Bezugsrechtsausschluss gemäß § 186 Abs. 3 Satz 4 AktG vorzusehen.[82] Gemäß §§ 203 Abs. 2 Satz 2 iVm. § 186 Abs. 4 Satz 2 AktG hat der Vorstand der Hauptversammlung einen schriftlichen Bericht über den Bezugsrechtsausschluss zu erstatten.[83]

44 Soweit der Vorstand ermächtigt wird, die Kapitalerhöhung gegen Sacheinlagen durchzuführen, ist dies im Ermächtigungsbeschluss festzusetzen. Gegenstand der Sacheinlagen, Ausgabepreis usw. dürfen bereits in der Ermächtigung festgesetzt werden, erforderlich ist dies jedoch nicht. Soweit die Festsetzungen fehlen – das ist der Regelfall – werden sie vom Vorstand mit Zustimmung des Aufsichtsrats getroffen (§ 205 Abs. 2 AktG).

45 Ebenso kann der Ermächtigungsbeschluss festsetzen, dass der Vorstand ermächtigt ist, Vorzugsaktien auszugeben, welche bereits vorhandenen stimmrechtslosen Vorzugsaktien gleichstehen oder vorgehen sollen (§ 204 Satz 2 AktG). Darüber hinaus kann der Beschluss Zweckbestimmungen und weitere Festsetzungen über den Inhalt der Aktienrechte und die Bedingungen der Aktienausgabe enthalten. Üblicherweise enthält der Beschluss auch die Ermächtigung an den Aufsichtsrat, den Satzungswortlaut den neuen Kapitalverhältnissen entsprechend zu ändern (§ 179 Abs. 1 Satz 2 AktG).[84]

46 Der Ausübungsbeschluss des Vorstands tritt an die Stelle des Hauptversammlungsbeschlusses bei der ordentlichen Kapitalerhöhung. Macht der Vorstand von der Ermächtigung zum Bezugsrechtsausschluss Gebrauch, so muss er die Notwendigkeit hierfür in seinem Beschluss ausführlich begründen.[85]

47 Die Durchführung der Kapitalerhöhung aus genehmigtem Kapital folgt den Vorschriften der ordentlichen Kapitalerhöhung. An die Stelle des Kapitalerhöhungsbeschlusses tritt im Zeichnungsschein jedoch die Satzungsermächtigung (§ 203 Abs. 1 Satz 2 AktG).

5. Bedingtes Kapital

48 Eine bedingte Kapitalerhöhung dient der Sicherung von Bezugsansprüchen auf neue Aktien der Gesellschaft. Die Bezugsrechte entstehen erst durch den Abschluss eines entsprechenden Vertrages der Gesellschaft mit dem Begünstigten.[86] Übt der

---

[81] Kölner Kommentar AktG/*Lutter*, § 203 Rn 10; *Timm*, DB 1982, 211, 214 ff.
[82] Siehe Rn 15.
[83] BGHZ 83, 319, 326, vgl. im Übrigen zum Bezugsrechtsausschluss oben Rn 9 ff.
[84] Teilweise sieht die Satzung eine generelle Ermächtigung des Aufsichtsrates zur Fassungsänderung vor, in diesem Fall ist eine solche gesonderte Ermächtigung entbehrlich.
[85] So jedenfalls Kölner Kommentar AktG/*Lutter*, § 203 Rn 30 f.; *Hüffer*, § 203 Rn 36 ff.; **aA**: Münchener Handbuch des Gesellschaftsrechts/*Krieger*, § 58 Rn 44.
[86] Kölner Kommentar AktG/*Lutter*, § 192 Rn 27.

a) Beschluss der Hauptversammlung

Die Hauptversammlung beschließt gemäß § 192 Abs. 1 AktG über die Schaffung des bedingten Kapitals. Die bedingte Kapitalerhöhung wird nur insoweit durchgeführt, wie die Begünstigten von ihren Umtausch- oder Bezugsrechten auf neue Aktien Gebrauch machen. Die Bedingung der Kapitalerhöhung liegt somit in der Ausübung des Umtausch- oder Bezugsrechts. Sie bezieht sich auf die Durchführung der Kapitalerhöhung, nicht auf dem ihr zugrundeliegenden Beschluss. Der Beschluss nennt den Höchstbetrag der Kapitalerhöhung.[87]

Nach § 192 Abs. 2 AktG darf bedingtes Kapital nur geschaffen werden: (i) zur Gewährung von Umtausch- oder Bezugsrechten an Gläubiger von Wandelschuldverschreibungen; (ii) zur Vorbereitung des Zusammenschlusses mehrerer Unternehmen; (iii) zur Gewährung an Bezugsrechten an Arbeitnehmer und Mitglieder der Geschäftsführung der Gesellschaft oder eines verbundenen Unternehmens.

Die Aufzählung ist abschließend. Der Ansicht, dass bedingtes Kapital für weitere Zwecke geschaffen werden darf, ist nicht zu folgen.[88] Diese Restriktion rechtfertigt sich bereits dadurch, dass die bedingte Kapitalerhöhung wie ein Bezugsrechtsausschluss wirkt, ohne dass hierfür die Voraussetzung des § 186 Abs. 3 und 4 AktG einzuhalten wären.[89]

Der Nennbetrag des bedingten Kapitals darf die Hälfte des zur Zeit der Beschlussfassung über die bedingte Kapitalerhöhung vorhandenen (eingetragenen) Grundkapitals nicht übersteigen (§ 192 Abs. 3 AktG). Eine gleichzeitig mit der Schaffung des bedingten Kapitals beschlossene ordentliche Kapitalerhöhung darf demnach (anders als beim genehmigten Kapital) nicht berücksichtig werden. Für Mitarbeiteroptionsrechte ist der Höchstnennbetrag sogar noch niedriger, er beträgt nur den 10. Teil des Grundkapitals, das zur Zeit der Beschlussfassung vorhanden ist.

Der Beschluss über die bedingte Kapitalerhöhung bedarf der Mehrheit von mindestens drei Vierteln des bei der Beschlussfassung vertretenen Grundkapitals und der einfachen Stimmenmehrheit. Die Satzung kann dieses Erfordernis verschärfen (§ 193 Abs. 1 AktG).

§ 193 AktG nennt weitere inhaltliche Anforderungen an den Beschluss der Hauptversammlung. Danach muss (i) der Zweck der bedingten Kapitalerhöhung; (ii) der Kreis der Bezugsberechtigten; (iii) der Ausgabebetrag oder die Grundlagen, nach denen dieser Betrag errechnet wird; sowie (iv) bei Beschlüssen nach § 192 Abs. 2 Nr. 3 AktG auch die Aufteilung der Bezugsrechte auf Mitglieder der Geschäftsführung und Arbeitnehmer, Erfolgsziele, Erwerbs- und Ausübungszeiträume

---
[87] Beck'sches Hdb. AG/*Gotthardt*, § 9 Rn 59.
[88] Vgl. zum Diskussionsstand: Kölner Kommentar AktG/*Lutter*, § 192 Rn 3; Semmler/Volhard/*Schroer*, II, JS 67; Münchener Handbuch des Gesellschaftsrechts/*Krieger*, § 57 Rn 7; *Hüffer*, § 192 Rn 8 mwN.
[89] Wenn hingegen die geschaffenen Bezugsrechte nur den existierenden Aktionären angeboten werden, greift dieses Argument natürlich nicht.

und Wartezeiten für die erstmalige Ausübung (mindestens zwei Jahre) in den Beschlusswortlaut aufgenommen werden.

55 Grundsätzlich zulässig aber selten ist eine bedingte Kapitalerhöhung mit Sacheinlagen. Wird sie beschlossen, so müssen Gegenstand der Sacheinlage, die Person, von der die Gesellschaft den Gegenstand erwirbt, und der Betrag, bei Stückaktien die Zahl der bei Sacheinlage zu gewährenden Aktien, im Beschluss über das bedingte Kapital festgesetzt werden (§ 194 AktG).

56 Der Beschluss über die Schaffung des bedingten Kapitals enthält auch die Ermächtigung des Vorstands, ggf. mit Zustimmung des Aufsichtsrats, mit den Begünstigten Verträge abzuschließen, welche die Umtausch- oder Bezugsrechte gewähren. Dies gilt sowohl für die Ausgabe von Wandelschuldverschreibungen oder Optionsanleihen als auch die Gewährung von Bezugsrechten an Arbeitnehmer und Mitglieder der Geschäftsführung (*stock options*).

b) Anmeldung und Eintragung der bedingten Kapitalerhöhung

57 Der Vorstand und der Vorsitzende des Aufsichtsrats melden den Beschluss und die erforderliche Änderung der Satzung zur Eintragung in das Handelsregister an (§ 195 AktG). Der Beschluss wird in das Handelsregister eingetragen und bekannt gemacht. Erst mit Eintragung der bedingten Kapitalerhöhung können Bezugsaktien ausgegeben werden.[90]

c) Entstehung der Bezugsaktien

58 Nachdem die Bezugsrechte aus den zwischen den Begünstigten und der Gesellschaft abgeschlossenen Verträgen entstanden sind, können diese nach Maßgabe der festgesetzten Bedingungen ausgeübt werden. Die Ausübung erfolgt durch schriftliche Bezugserklärung, § 198 Abs. 1 Satz 1 AktG. Die Bezugserklärung hat zu enthalten: (i) Beschreibung der gewünschten Beteiligung nach Anzahl und ggf. Aktiengattung, (ii) die Feststellungen gemäß § 193 Abs. 2 AktG, d.h., den Zweck der bedingten Kapitalerhöhung, Kreis der Bezugsberechtigten und Ausgabebetrag, (iii) sofern eine Sacheinlage erbracht wird, die Festsetzungen gemäß § 194 Abs. 1 Satz 1 AktG, d.h., zusätzlich: Gegenstand der Sacheinlage und Person des Sacheinlegers, und (iv) das Datum der Beschlussfassung über die Schaffung des bedingten Kapitals. Soweit Nebenverpflichtungen festgesetzt sind, müssen auch diese in der Bezugserklärung genannt werden. Die Bezugserklärung tritt an die Stelle der Zeichnung im Rahmen einer regulären Kapitalerhöhung.[91]

59 Der Zeichner erbringt daraufhin als Einlage die volle Gegenleistung für die Aktien, mithin den Ausgabebetrag (§ 199 AktG). Bei Wandelschuldverschreibungen wird der auf die Anleihe geleistete Betrag als Teil der Einlage verrechnet. Für den Fall, dass der Ausgabebetrag der Anleihen geringer ist als der geringste Ausgabebetrag der Bezugsaktien, erfolgt eine Zuzahlung in Höhe der Differenz zwischen Ausgabepreis der Bezugsaktien zu dem Ausgabebetrag der Anleihen (§ 199 Abs. 2 AktG). Diese Konstellation ist oftmals bei Mitarbeiterwandelschuldverschreibungen anzutreffen, die zu einem sehr geringen Ausgabekurs ausgegeben werden.

---

[90] § 197 Satz 1 AktG; vgl. dazu Münchener Handbuch des Gesellschaftsrechts/*Krieger*, § 57 Rn 24.

[91] Vgl. § 198 Abs. 2 AktG.

Nach Erbringung der Einlage gibt der Vorstand die neuen Aktien aus. Mit Ausgabe der Aktien erhöht sich das Grundkapital um deren Nennbetrag (§ 200 AktG). Das bedingte Kapital wird damit zum Teil des Grundkapitals.[92] Da die Bezugsrechte in unregelmäßigen Abständen über das Geschäftsjahr hinweg ausgeübt werden und sich somit die Anzahl der ausgegebenen Aktien und damit die Höhe des Grundkapitals fortwährend erhöhen kann, sieht das Gesetz vor, dass der Vorstand im ersten Monat des neuen Geschäftsjahres zum Handelsregister anmeldet, zu welchem Gesamtnennbetrag im abgelaufenen Geschäftsjahr Aktien ausgegeben worden sind.[93] Die Eintragung der Durchführung der Kapitalerhöhung ist gemäß § 201 AktG deklaratorisch.[94] 60

Die Satzung sollte spätestens am Ende einer Bezugsfrist angepasst werden, damit der Satzungstext dokumentiert, dass statt des bedingten Kapitals nunmehr ein erhöhtes Grundkapital besteht. Die Änderung ist als Fassungsänderung zu beschließen, zum Handelsregister anzumelden und einzutragen. 61

6. Kapitalherabsetzung

a) Ordentliche Kapitalherabsetzung

Eine ordentliche Kapitalherabsetzung befreit Gesellschaftsvermögen von den strengen Kapitalbindungsvorschriften, die für das Grundkapital gelten. Das frei gewordene Vermögen kann dann in die freien Rücklagen (sonstige Kapitalrücklagen § 272 Abs. 2 Nr. 4 HGB) eingestellt werden und steht damit für Ausschüttungen an die Aktionäre zur Verfügung (effektive Kapitalherabsetzung).[95] Möglich ist es auch, unmittelbar mit der ordentlichen Kapitalherabsetzung eine Auszahlung von Grundkapital an die Aktionäre vorzunehmen. 62

In vielen Fällen dient die Kapitalherabsetzung jedoch der Beseitigung einer Unterbilanz. Soweit die Voraussetzungen für die vereinfachte Kapitalherabsetzung (siehe dazu unter Rn 77 ff.) gegeben sind, wird in der Praxis diese Form der Kapitalherabsetzung zur Beseitigung der Unterbilanz gewählt (nominelle Kapitalherabsetzung). 63

aa) Verschiedene Arten der Durchführung Es gibt verschiedene Wege, das Grundkapital herabzusetzen: 64
– bei Nennbetragsaktien: Herabsetzung des Nennbetrages,[96] der jedoch nicht unter den Mindestbetrag von Euro 1 je Aktie herabgesetzt werden darf (§ 8 Abs. 2 AktG);
– bei Stückaktien: Herabsetzung des auf jede Aktie entfallenden Grundkapitalbetrages; dieser darf jedoch nicht unter den Mindestbetrag von Euro 1 sinken (§ 8 Abs. 3 AktG);
– subsidiär zu den beiden zuvor genannten Arten der Kapitalherabsetzung: Zusammenlegung von Aktien, die nur gestattet ist, soweit der Nennbetrag oder der

---

[92] Kölner Kommentar AktG/*Lutter*, § 200 Rn 2.
[93] *Hüffer*, § 201 Rn 2.
[94] *Hüffer*, § 201 Rn 3.
[95] Münchener Kommentar AktG/*Oechsler*, vor § 222 Rn 11.
[96] Vgl. § 222 Abs. 4 S. 1 AktG.

auf die einzelnen Aktien fallende anteilige Betrag des herabgesetzten Grundkapitals den Mindestbetrag von Euro 1 unterschreiten würde (§ 222 Abs. 4 Satz 2 AktG);
— Einziehung von Aktien (§§ 237 ff. AktG). Die für diesen Weg der Kapitalherabsetzung geltenden Sondervorschriften werden unter Rn 76 im Einzelnen erörtert.

65 **bb) Ablauf der Kapitalherabsetzung** Die Kapitalherabsetzung muss durch die Hauptversammlung beschlossen werden. Der Beschluss erfordert die Mehrheit von mindestens drei Vierteln des bei der Beschlussfassung vertretenen Grundkapitals und einfache Stimmenmehrheit. Die Satzung kann eine größere Kapitalmehrheit und weitere Erfordernisse bestimmen.

66 Soweit mehrere Gattungen stimmberechtigter Aktien vorhanden sind, bedarf der Herabsetzungsbeschluss zu seiner Wirksamkeit der Zustimmung der Aktionäre jeder Gattung in Form eines Sonderbeschlusses gemäß § 222 Abs. 2 AktG.

67 Der Beschluss muss die Höhe des Herabsetzungsbetrages, dem Zweck der Kapitalherabsetzung und die Art der Durchführung enthalten. Der Herabsetzungsbetrag wird von der Hauptversammlung festgelegt. Mitunter wird auch lediglich ein Höchstbetrag für die Herabsetzung festgesetzt, wenn die Höhe der Kapitalherabsetzung von bestimmten im Zeitpunkt der Beschlussfassung noch nicht feststehenden Faktoren abhängt (zB Umfang der Unterbilanz, welche durch die Kapitalherabsetzung beseitigt werden soll). Der Verwaltung darf dadurch jedoch keinerlei Ermessen hinsichtlich der Durchführung der Kapitalherabsetzung und der Festlegung des Herabsetzungsbetrages eingeräumt werden.

68 Der Zweck der Kapitalherabsetzung ist konkret anzugeben. Soweit mehrere Zwecke verfolgt werden, müssen sämtliche Zwecke genannt werden (§ 222 Abs. 3 AktG). Zudem müssen die Herabsetzungsbeträge im Beschluss ihrem jeweiligen Zweck exakt zugeordnet werden. Bei der Art der Durchführung wird angegeben, welcher der oben genannten Durchführungswege (vgl. Rn 64) gewählt wird.

69 Üblicherweise wird in dem Beschluss klargestellt, dass der Satzungswortlaut an das herabgesetzte Grundkapital angepasst wird, was jedoch nicht zwingend erforderlich ist, weil der Kapitalherabsetzungsbeschluss selbst bereits die Satzungsbestimmung über das Grundkapital entsprechend ändert.[97]

70 Der Kapitalherabsetzungsbeschluss ist durch den Vorstand und den Vorsitzenden des Aufsichtsrats gemeinsam zur Eintragung ins Handelsregister anzumelden (§ 223 AktG).[98] Der Anmeldung ist die notarielle Niederschrift über den Kapitalherabsetzungsbeschluss, etwaige Sonderbeschlüsse sowie die Neufassung des Satzungswortlauts (einschl. Bescheinigung des Notars gemäß § 181 Abs. 1 Satz 2 AktG) beizufügen.

71 Das Registergericht prüft die Kapitalherabsetzung. Soweit keine Einwände bestehen, erfolgt die Eintragung der neuen Grundkapitalziffer ins Handelsregister und deren Bekanntmachung (§§ 181 Abs. 2, 40 Abs. 1, 39 Abs. 1 AktG, § 10 HGB). Dabei sind die Gläubiger in der Bekanntmachung auf ihr Recht auf Sicherheitsleis-

---

[97] Münchener Handbuch des Gesellschaftsrechts/*Krieger*, § 60 Rn 56.
[98] Münchener Handbuch des Gesellschaftsrechts/*Krieger*, § 60 Rn 55; *Hüffer*, § 222 Rn 5.

tung gemäß § 225 Abs. 1 AktG hinzuweisen.[99] Die Bekanntmachung setzt zudem die Sechsmonats-Frist gemäß § 225 Abs. 2 AktG in Gang. Zahlungen an Aktionäre, die aufgrund der Herabsetzung des Grundkapitals geleistet werden, sind erst nach Ablauf dieser Frist zulässig.[100] Bei entsprechender Zweckbestimmung iSd. § 222 Abs. 3 AktG entsteht der Anspruch der Aktionäre auf Rückzahlung eines bestimmten Teils des Grundkapitals bereits im Zeitpunkt des Kapitalherabsetzungsbeschlusses. Dieser Anspruch steht jedoch nicht nur unter der aufschiebenden Befristung des § 222 Abs. 2 Satz 1 AktG, sondern auch unter der Bedingung der Befriedigung der Gläubiger der Gesellschaft oder jedenfalls der Sicherheitsleistung für deren Forderungen.

Die Kapitalherabsetzung wird mit Eintragung des Herabsetzungsbeschlusses wirksam.[101] Ein bedingtes oder genehmigtes Kapital wird durch die Herabsetzung nicht berührt (§§ 192 Abs. 3, 202 Abs. 3 AktG). Das führt dazu, dass die Höhe des bedingten und genehmigten Kapitals die gesetzlichen Höchstbeträge von jeweils 50% des Grundkapitals überschreiten kann.[102] Dadurch ist die Gesellschaft gehindert, weiteres bedingtes oder genehmigtes Kapital zu schaffen. Eine Herabsetzung des genehmigten Kapitals ist durch Beschluss der Hauptversammlung ohne weiteres möglich, es gelten die zuvor beschriebenen Voraussetzungen für die Schaffung des genehmigten Kapitals.[103] Eine Herabsetzung des bedingten Kapitals erfordert mit Blick auf § 192 Abs. 4 AktG die Zustimmung der Bezugsberechtigten oder den Nachweis, dass die durch das bedingte Kapital besicherten Bezugsrechte nicht bestehen. Soweit, wie üblich, Bedingungen der durch das bedingte Kapital besicherten Bezugsrechte (zB Bedingungen des Aktienoptionsplans, oder Wandelschuldverschreibungsbedingungen) eine Anpassung des Bezugsverhältnisses im Falle einer Kapitalherabsetzung vorsehen, steht der Herabsetzung des bedingten Kapitals kein Sicherungsinteresse entgegen. Einer Zustimmung der Inhaber der besicherten Rechte bedarf es in diesem Falle nicht.

Erfolgt die Kapitalherabsetzung im Wege der Zusammenlegung von Aktien (§ 222 Abs. 4 Satz 1 Nr. 2), ist die Einreichung der Aktienurkunden erforderlich. Soweit keine Einreichung erfolgt, ist es möglich, die Aktienurkunden für kraftlos zu erklären.[104]

Der Sonderfall einer Herabsetzung des Grundkapitals unter den Mindestbetrag von 50.000 EUR (§ 7 AktG) ist nur dann zulässig, wenn dieser Mindestbetrag durch gleichzeitige Kapitalerhöhung wieder erreicht wird.[105] Die Kapitalerhöhung muss in diesem Fall im Wege der Bareinlage erfolgen (§ 228 Abs. 1 AktG).

Nach Durchführung der Kapitalherabsetzung ist auch diese vom Vorstand – ohne Mitwirkung des Aufsichtsratsvorsitzenden – zur Eintragung ins Handelsregister anzumelden (§ 227 AktG).

---

[99] *Hüffer*, § 225 Rn 6, 7.
[100] *Würdinger*, Aktienrecht, S. 208 ff.; *Henn*, Rn 1316.
[101] Münchener Handbuch des Gesellschaftsrechts/*Krieger*, § 60 Rn 56.
[102] Kölner Kommentar AktG/*Lutter*, § 224 Rn 18.
[103] Siehe unter Rn 42 ff.
[104] Kölner Kommentar AktG/*Lutter*, § 226 Rn 3.
[105] LG Frankfurt DB 1991, 1162.

b) Einziehung

76 Aktien können nach Erwerb durch die Gesellschaft oder zwangsweise (§ 237 Abs. 1 Satz 1) eingezogen werden. Bei der Einziehung nach Erwerb durch die Gesellschaft erfolgt im Herabsetzungsbeschluss der Hauptversammlung bereits die Ermächtigung des Vorstands zum Erwerb eigener Aktien (§ 71 Abs. 1 Nr. 6 AktG). Eine Zwangseinziehung ist hingegen nur zulässig, wenn sie in der ursprünglichen Satzung oder durch eine Satzungsänderung vor Übernahme oder Zeichnung der Aktien angeordnet oder gestattet wurde (§ 237 Abs. 1 S. 2 AktG).

c) Vereinfachte Kapitalherabsetzung

77 **aa) Bedeutung und Verfahren** Die vereinfachte Kapitalherabsetzung ist nur zulässig, um Wertminderungen auszugleichen, sonstige Verluste zu decken oder Beträge in die Kapitalrücklage einzustellen.[106] Voraussetzung ist, dass die gesetzliche und die Kapitalrücklage gemeinsam den nach der Kapitalherabsetzung verbleibenden Grundkapitalbetrag um nicht mehr als 10 % überschreiten. Andernfalls sind diese Rücklagen zur Deckung eines Jahresfehlbetrags vorweg aufzulösen. Gewinnrücklagen sind grundsätzlich vorweg aufzulösen. Solange ein Gewinnvortrag vorhanden ist, ist die vereinfachte Kapitalherabsetzung unzulässig.

78 In der Praxis ist die vereinfachte Kapitalherabsetzung die am häufigsten vorkommende Form der Kapitalherabsetzung. Sie dient ausschließlich der Sanierung der Gesellschaft und wird oftmals mit einer unmittelbar nachfolgenden Kapitalerhöhung verbunden, man spricht dann von einem Kapitalschnitt. Die vereinfachte Kapitalherabsetzung bietet zwei wesentliche Vorteile gegenüber der ordentlichen Kapitalherabsetzung:

– Eine Verpflichtung zur Sicherheitsleistung gegenüber den Gläubigern[107] besteht nicht, weil den Gläubigern kein Vermögen als Haftungsgrundlage entzogen wird.

– Die Kapitalherabsetzung kann ebenso wie die anschließende Wiedererhöhung des Kapitals (Kapitalschnitt) mit Rückwirkung auf den letzten Jahresabschluss erfolgen (§ 235 AktG).

79 Die vereinfachte Kapitalherabsetzung erfolgt auf den gleichen Durchführungswegen wie die ordentliche Kapitalherabsetzung: Herabsetzung des Nennbetrags bzw. des auf die Aktien entfallenden Grundkapitalbetrags, subsidiär: Zusammenlegung von Aktien.[108] Eine vereinfachte Kapitalherabsetzung durch Einziehung von Aktien ist allerdings nicht zulässig. Insbesondere ist die vereinfachte Kapitalherabsetzung auch nicht mit dem in § 237 Abs. 3 AktG geregelten vereinfachten Einziehungsverfahren zu verwechseln, das völlig andere Voraussetzungen als die vereinfachte Kapitalherabsetzung hat und auch nicht Sanierungszwecken dient.

80 **bb) Gläubigerschutz** Die fehlende Verpflichtung zur Sicherheitsleistung gegenüber den Gläubigern gleicht das Gesetz dadurch aus, dass die vereinfachte Kapitalherabsetzung nur gestattet wird, wenn sämtliche Rücklagen bis auf ein Mindestmaß der gesetzlichen Rücklagen und der Kapitalrücklage aufgelöst sind, Zah-

---

[106] § 229 Abs. 1 AktG.
[107] Vgl. dazu oben Rn 71.
[108] § 229 Abs. 3 AktG.

lungen an Aktionäre im Zusammenhang mit der vereinfachten Kapitalherabsetzung verboten sind und Dividendenzahlungen aus den künftigen Gewinnen beschränkt werden (§ 233 AktG).[109]

cc) Rückwirkung Die Gesellschaft kann bereits in dem Jahresabschluss für das letzte vor der Beschlussfassung abgelaufene Geschäftsjahr das gezeichnete Kapital sowie die Kapital- und Gewinnrücklagen in der Höhe ausweisen, in der diese nach der Kapitalherabsetzung bestehen sollen (§ 234 Abs. 1 AktG). Dadurch wird vermieden, dass die zu beseitigenden Verluste zuvor noch bilanziell ausgewiesen werden müssen. Die Kapitalherabsetzung selbst wird jedoch nicht rückwirkend wirksam. Lediglich der letzte Jahresabschluss wird so aufgestellt, als sei die Kapitalherabsetzung bereits zum Bilanzstichtag erfolgt.[110]

Die Rückbeziehung erfolgt durch Feststellung des Jahresabschlusses unter Zugrundelegung des Kapitals und der Rücklagen in der Höhe, wie sie nach erfolgter Kapitalherabsetzung bestehen sollen. Soll eine Rückbeziehung erfolgen, muss der Jahresabschluss durch die Hauptversammlung festgestellt werden (§ 234 Abs. 2 Satz 1 AktG). Haben der Vorstand und der Aufsichtsrat bereits den Jahresabschluss festgestellt, kann dieser bis zur Einberufung der Hauptversammlung zur Entgegennahme des Jahresabschlusses wieder aufgehoben werden (§ 175 Abs. 4 AktG). Erfolgt dies nicht, so ist die Rückbeziehung nicht zulässig.

Die Feststellung des Jahresabschlusses soll zugleich mit dem Beschluss über die Kapitalherabsetzung erfolgen (§ 234 Abs. 2 Satz 2 AktG). Eine abweichende Reihenfolge wird dadurch nicht ausgeschlossen. Die Hauptversammlung darf folglich zunächst die Kapitalherabsetzung beschließen und den Jahresabschluss später feststellen (dies kann zB erfolgen, wenn ein Kapitalschnitt im Rahmen einer außerordentlichen Hauptversammlung beschlossen wird und erst einige Zeit später nach Aufstellung des Jahresabschlusses die ordentliche Hauptversammlung den Jahresabschluss feststellt). Die umgekehrte Reihenfolge ist hinsichtlich ihrer Zulässigkeit umstritten und wird in der Praxis bei börsennotierten Gesellschaften nicht gewählt.[111]

Im Falle einer Rückbeziehung ist der Kapitalherabsetzungsbeschluss binnen drei Monaten nach Beschlussfassung in das Handelsregister einzutragen (§ 234 Abs. 3 Satz 1 AktG). Andernfalls ist sowohl der Herabsetzungsbeschluss als auch der Beschluss über die Festsetzung des Jahresabschlusses nichtig.

Gleiches gilt im Falle eines Kapitalschnitts auch für die mit Kapitalherabsetzung verbundene Kapitalerhöhung: in diesem Fall ist die Kapitalherabsetzung, die Kapitalerhöhung sowie die Durchführung der Kapitalerhöhung innerhalb der Drei-Monats-Frist in das Handelsregister einzutragen. Andernfalls sind sämtliche Beschlüsse (Kapitalherabsetzung, Kapitalerhöhung sowie Feststellung des Jahresabschlusses) nichtig.[112]

---

[109] Kölner Kommentar AktG/*Lutter*, § 233, Rn 10; Münchener Kommentar AktG/*Oechsler*, § 233 Rn 12; *Hüffer*, § 233 Rn 2; *Henn*, Rn 1323.
[110] Münchener Handbuch des Gesellschaftsrechts/*Krieger*, § 61 Rn 36.
[111] Kölner Kommentar AktG/*Lutter*, § 235 Rn 10 ff.
[112] Kölner Kommentar AktG/*Lutter*, § 234 Rn 20; Münchener Kommentar AktG/*Oechsler*, § 234 Rn 18; *Hüffer*, § 234 Rn 10; Münchener Handbuch des Gesellschaftsrechts/*Krieger*, § 61 Rn 39.

86 Ein verbunden mit der Rückbeziehung einer Kapitalherabsetzung bzw. eines Kapitalschnitts festgestellter Jahresabschluss darf erst bekannt gemacht werden, soweit die Kapitalherabsetzung bzw. der Kapitalschnitt wirksam geworden sind (§ 236 AktG, d. h., nach Eintragung der Kapitalmaßnahmen in das Handelsregister).

7. Platzierung und Börsennotierung von jungen Aktien

87 Hinsichtlich der generellen Prinzipien für eine Platzierung von Aktien im Rahmen eines Börsengangs sei auf die Ausführungen unter § 5 verwiesen. Nachstehend werden lediglich einige Besonderheiten bei der Platzierung junger Aktien eines bereits börsennotierten Unternehmens erörtert.

a) Platzierung von Aktien aus einer Bezugsrechtskapitalerhöhung

88 Wichtig ist die Festlegung des Bezugspreises. Nach § 186 Abs. 2 AktG ist es möglich, bei Veröffentlichung des Bezugsangebots keinen festen Ausgabebetrag, sondern zunächst nur die Grundlagen für die Festlegung des Ausgabebetrags anzugeben und erst spätestens 3 Tage vor Ablauf der Bezugsfrist den festgelegten Ausgabebetrag bekannt zu machen. Erforderlich ist es in diesem Falle allerdings, eine Referenzgröße anzugeben, beispielsweise also den Prozentsatz des Abschlages vom aktuellen Börsenkurs am Tag der Festlegung des Bezugspreises. Wird von dieser Möglichkeit Gebrauch gemacht, so führt dies dazu, dass der Ausgabepreis marktnah festgelegt werden kann. Zugleich kann damit auch der Unterschied der Ausgabepreise für eine Bezugsrechtstranche und einer gleichzeitig begebenen bezugsrechtsfreien Tranche minimiert werden.

89 Auch bei Bezugsrechtskapitalerhöhungen hat sich inzwischen eingebürgert, dass die Banken lediglich ein „*soft underwriting*" eingehen. Die Konsortialbanken behalten sich regelmäßig den Rücktritt vor und zeichnen die jungen Aktien erst während der Bezugsfrist. Die Zulässigkeit eines Rücktritts vom Bezugsangebot ist jedoch nicht zweifelsfrei geklärt.[113] In jedem Fall muss der Prospekt einen deutlichen Hinweis auf das Bestehen einer Rücktrittsmöglichkeit, deren Voraussetzungen und die damit verbundenen Konsequenzen für Zeichner enthalten. Kritisch ist insbesondere die Tatsache, dass im Falle eines Rücktritts nicht ausgeübte Bezugsrechte verfallen, mithin der Erwerber eines Bezugsrechts das Risiko eines Totalverlusts eingeht. Darauf sollte im Bezugsangebot und ggf. auch im Prospekt hingewiesen werden. Demgegenüber sind die vor Bekanntgabe des Rücktritts bereits ausgeübten Bezugsrechte vom Rücktritt nicht erfasst. Soweit die Banken zum Zeitpunkt des Rücktritts die jungen Aktien bereits gezeichnet hatten, ist darüber hinaus fraglich, ob die Konsortialbanken auch ohne einen weiteren Beschluss des Vorstands und des Aufsichtsrates berechtigt sind, die Aktien auch unterhalb des festgelegten Ausgabepreises frei zu verwerten.

b) Platzierung von jungen Aktien aus einer bezugsrechtsfreien Tranche

90 Hier ergeben sich gegenüber dem Fall einer Erstnotiz von Aktien im Rahmen eines IPO keine Besonderheiten, so dass weitgehend auf § 5 verwiesen werden

---

[113] Vgl. *Schlitt/Seiler*, Aktuelle Rechtsfragen bei Bezugsrechtsemissionen, WM 2003, 2175, 2183.

kann. Insbesondere hat es sich eingebürgert, im Rahmen einer bezugsrechtsfreien Tranche ein Bookbuilding-Verfahren durchzuführen. Die Besonderheit besteht lediglich darin, dass eine Pre-Marketingphase regelmäßig entfallen kann, da hinsichtlich der jungen Aktien keine Bewertungsunsicherheit besteht; vielmehr ergibt sich die Unternehmensbewertung bereits aus dem Börsenkurs für die Altaktien des Emittenten.

II. Anleihen

1. Arten von Anleihen

a) Klassische Unternehmensanleihe

aa) Beschreibung der Unternehmensanleihe, Vor- und Nachteile Bei der klassischen Unternehmensanleihe[114] (*Corporate Bond*, auch Industrieanleihe genannt) handelt es sich um eine Schuldverschreibung, die von einem (in der Regel großen) Unternehmen begeben wird, das aufgrund eines entsprechenden Ratings durch eine Rating-Agentur (*Standard & Poor's*, *Moody's* oder auch *Fitch*) über eine erstklassige Bonität verfügt (sog. *Investment Grade*).[115] Meist werden Inhaberschuldverschreibungen (§§ 793 ff. BGB) ausgegeben, die gegenüber Namenschuldverschreibungen u.a. den Vorteil der leichten Übertragbarkeit des verbrieften Rechts durch Einigung und Übergabe mit sich bringen. In manchen Fällen werden allerdings auch Namensschuldverschreibungen emittiert, die für Investoren uU bilanzielle Vorteile bieten.[116]

Ein weiterer Vorteil der Emission von Unternehmensanleihen liegt darin, dass es zu keiner Verwässerung bei den Altaktionären und nicht zu solch negativen Auswirkungen auf den Aktienkurs kommt, wie sie oft bei Ankündigung und Durchführung von Kapitalerhöhungen beobachtet werden können. Darüber hinaus lassen sich die Zahlungsströme bis zum Laufzeitende vorhersehen, was weitgehende Planungssicherheit verschafft, und die Zinszahlungen sind steuerlich abzugsfähig. Andererseits sind Anleihen natürlich wie jede Form von Fremdkapital insofern risikoträchtig, als sie den Verschuldungsgrad des Unternehmens und damit dessen Insolvenzrisiko erhöhen.

bb) Voraussetzungen einer Begebung Neben einem Rating im *Investment-Grade*-Bereich setzt die Emission einer Unternehmensanleihe in der Regel auch eine überzeugende *Equity Story* und die Erreichung eines bestimmten Mindestemissionsvolumens voraus. Unternehmensanleihen können vom Vorstand ohne Zustimmung der Hauptversammlung kurzfristig ausgegeben werden, gewähren also einen einfachen, schnellen Zugang zum Kapitalmarkt.

cc) Anleihebedingungen/Übernahme- und Konsortialvertrag Das Rechtsverhältnis zwischen Emittent und Anleihegläubigern wird teilweise durch die

---

[114] Siehe hierzu *Claussen*, § 9 Rn 133 ff., 151.
[115] Als Investment Grade werden Ratings zwischen AAA und BBB- (Standard & Poor's) bzw. Aaa und Baa3 (Moody's) bezeichnet. Aufgrund der zentralen Bedeutung des Ratings für den vom Unternehmen zu zahlenden Zinssatz sind die Unternehmen in der Regel sehr bemüht, eine Herabstufung ihres Ratings zu vermeiden.
[116] *Achleitner*, S. 507.

§§ 793 ff. BGB, überwiegend jedoch durch die – auf der Rückseite der Schuldverschreibung abgedruckten – Anleihebedingungen geregelt. Mit dem Erwerb der Anleihe erkennt der Anleihegläubiger die Anleihebedingungen an.[117] Sie stellen, sofern deutsches Recht anwendbar ist, nach hM im Verhältnis zwischen Emittent und Anleger Allgemeine Geschäftsbedingungen (AGB) dar und sind damit Gegenstand der richterlichen Inhaltskontrolle gem. §§ 307 ff. BGB. Teil der Anleihebedingungen sind in der Regel so genannte (Financial) Covenants, das sind Klauseln, die den Emittenten (und möglicherweise auch seine Tochtergesellschaften und ggf. den Garanten der Anleihe) zur Einhaltung einer bestimmten Kapitalstruktur oder bestimmter Ertrags- oder anderer Finanzkennzahlen während der Laufzeit der Anleihe verpflichten.[118]

95 Bei der Festlegung der Anleihebedingungen müssen die spezifischen Bedürfnisse des Emittenten und der potentiellen Anleger berücksichtigt werden. Eine Reihe von Stellschrauben ermöglichen die Anpassung der Bedingungen an den Einzelfall. Zu diesen Stellschrauben gehören beispielsweise die Emissionsrendite (abhängig u. a. von dem Ausgabebetrag und Höhe und Form der Zinszahlung), die Besicherung, Kündigung, Tilgung und Laufzeit.

96 Anleihen werden meist nicht zum Nominalbetrag, sondern zu einem darüber (Über-pari-Emission) oder darunter (Unter-pari-Emission) liegenden Ausgabebetrag ausgegeben. Die negative bzw. positive Differenz zwischen Nominal- und Ausgabebetrag stellt das Agio bzw. Disagio der Anleihe dar. Auch der Rückzahlungsbetrag muss nicht dem Ausgabe- oder Nominalbetrag entsprechen.

97 Bei der Verzinsung kann zB eine viertel-, halbjährliche oder jährliche Zinszahlung festgelegt werden. Weitere Varianten bestehen darin, dass zinslose, diskontierte Anleihen (Nullkuponanleihen oder *Zero Coupon Bonds*) ausgegeben werden, bei denen der Nominalzins ganz durch das Disagio ersetzt wird, oder dass der Zinssatz variabel ist (*Floating Rate Notes, FRN*) und in regelmäßigen Abständen von zB drei oder sechs Monaten an die Entwicklung eines Referenzzinssatzes (wie zB des EURIBOR) angepasst wird. Bei der Stufenzinsanleihe steigt der Zinssatz während der Laufzeit an, bei der Aufzinsungsanleihe werden die Zinsen in einem Einmalbetrag am Laufzeitende ausgezahlt.[119] Der Zinssatz für Unternehmensanleihen orientiert sich am aktuellen Zinsniveau (wie es zB im EURIBOR zum Ausdruck kommt), zu dem ein individueller Risikozuschlag (*credit spread*) hinzukommt, der von der Bonität, also ggf. dem Rating des Emittenten abhängt.

---

[117] Hierzu und generell zu Anleiheemissionen *Hartwig-Jacob*, S. 195; *Kümpel*, Rn 9.179 ff.; Hellner/Steuer/*Bosch*, Rn 10/154 ff.; Schimansky/Bunte/Lwowski/*Grundmann*, Bd. 3, § 112 Rn 113 ff. Auch dann, wenn (wie häufig) keine Einzelverbriefung der Schuldverschreibungen, sondern lediglich eine Verbriefung in einer Globalurkunde erfolgt, ist die Urkunde für den Inhalt des Rechtsverhältnisses zwischen Emittent und Anleger maßgeblich, §§ 793 Abs. 1, 796 BGB.

[118] Die primäre Funktion dieser finanziellen Zusicherungen besteht darin, den Anleihegläubigern das Vermögen des Emittenten in seiner Gesamtheit oder in einer bestimmten Struktur während der Dauer der Anleihe zu erhalten und so die Rück- und Zinszahlung auf die Anleihe zu gewährleisten und das Ausfallrisiko zu reduzieren. Je länger die Laufzeit und je geringer die Bonität des Emittenten ist, desto mehr solcher Zusicherungen werden vom Markt in der Regel verlangt. Näher zu den (Financial) Covenants *Hartwig-Jacob*, S. 517 ff.

[119] Siehe hierzu näher *Claussen*, § 9 Rn 135 f.; *Achleitner*, S. 508, 544; Hellner/Steuer/*Bosch*, Rn 10/179 ff.

Die Feinsteuerung der Emissionsrendite (*Promised Yield*), d. h. die Anpassung an die zum Emissionszeitpunkt aktuellen Marktgegebenheiten, erfolgt im Rahmen des sog. Pricing, der Festlegung von Nominalzins (Kupon) und (Dis)Agio.

Durch die Bestellung von Sicherheiten (*Collateral*) durch den Anleiheschuldner 98 oder auch durch Dritte kann die Bonität der Anleihe gesteigert, die Finanzierungskosten des Emittenten können reduziert werden. Üblich sind hierbei weniger dingliche als vielmehr persönliche Sicherheiten wie zB Garantien oder Bürgschaften. Häufig garantiert beispielsweise eine Muttergesellschaft bei der Emission einer Tochtergesellschaft die Bonität der Schuldnerin und den Bestand (die Verität) der Hauptforderung.[120] Auch bei den Rangrechten der Gläubiger für den Fall der Insolvenz des Emittenten gibt es die verschiedensten Gestaltungsmöglichkeiten. Sog. *Senior Bonds* werden vor den *Junior Bonds*, diese wiederum vor den Eigenkapitalgebern befriedigt. Bei den in der Rangfolge nachgeordneten *Junior Bonds* ist allerdings zum Ausgleich die Verzinsung höher als bei den Senior Bonds (Risikoprämie).[121]

In den Anleihebedingungen wird oft ein ordentliches Kündigungsrecht des 99 Schuldners (*Call Option*), seltener ein solches des Gläubigers (*Put Option*) vereinbart.[122] Dem Emittenten werden Kündigungsrechte allerdings meist erst nach Ablauf eines Zeitraums der Unkündbarkeit (*Non-Call Period*) von beispielsweise zwei oder drei Jahren eingeräumt, um dem Anleger eine einigermaßen sichere Kalkulationsgrundlage zu verschaffen. Nach Ablauf dieser Frist steht die Kündigung typischerweise im freien Ermessen des Schuldners, um ihm eine flexible Reaktion auf veränderte Gegebenheiten (wie zB eine Änderung der Zinssätze oder seines Ratings und damit seiner Bonität) zu ermöglichen.[123]

Die Tilgung der Anleihe erfolgt meist durch eine Einmalzahlung am Ende der 100 Laufzeit (sog. *Bullet Repayment*), sie kann aber auch durch konstante Tilgungsraten während der Laufzeit oder in Form von Annuitäten erfolgen. Letztere sind konstante, sich aus einem Tilgungs- und einem Zinsanteil zusammensetzende Beträge, wobei der Zinsanteil während der Laufzeit sinkt und der Tilgungsanteil steigt. Eine weitere Variante besteht darin, dass bei während der Laufzeit vorgesehenen Tilgungen die zum jeweiligen Tilgungszeitpunkt zurückzuzahlenden Teilschuldverschreibungen, die meist in Serien zusammengefasst werden, im Wege des Losverfahrens bestimmt und nach Veröffentlichung des Auslosungsergebnisses zurückgezahlt werden.[124] Auch bei der Laufzeit gibt es die unterschiedlichsten Gestaltungsmöglichkeiten. Während die Laufzeit beispielsweise bei *Commercial Paper*[125]

---

[120] Zu den verschiedenen Sicherheiten Hellner/Steuer/*Bosch*, Rn 10/194 ff.
[121] Siehe hierzu näher Hellner/Steuer/*Bosch*, Rn 10/207 f.; *Achleitner*, S. 509.
[122] Unberührt bleibt das Recht des Anleihegläubigers zur außerordentlichen Kündigung, zB bei Verzug des Emittenten mit Zins- oder Tilgungszahlungen, vgl. Hellner/Steuer/*Bosch*, Rn 10/184 ff., 192 f.; *Claussen*, § 9 Rn 140.
[123] Auch bedingte Kündigungsrechte des Emittenten können vereinbart werden, beispielsweise für den Fall einer späteren Kapitalerhöhung (*Equity Clawback*) oder einer wesentlichen Änderung der steuerlichen Behandlung der Anleihe, vgl. *Achleitner*, S. 509 f.
[124] Eine (allerdings eher im Ausland übliche) Alternative dazu stellen über die Laufzeit anzusparende Tilgungsfonds (*Sinking Funds*) dar, über die der Schuldner die Anleihe zu geeigneten Zeitpunkten (also insbesondere bei niedrigen Kursen) über die Börse zurückkaufen kann, vgl. *Claussen*, § 9 Rn 155; Hellner/Steuer/*Bosch*, Rn 10/178.
[125] Commercial Paper (CP) sind unbesicherte Inhaberschuldverschreibungen, die von Schuld-

in der Regel unter einem Jahr liegt, sind Perpetuals[126] überhaupt nicht zurückzuzahlen.

101 Das Rechtsverhältnis zwischen Emittent und Emissionsbegleitern wird durch den Übernahmevertrag geregelt, in dem u. a. die wesentlichen Anleihebedingungen beschrieben, die Lieferungs- und Zahlungspflichten der Parteien begründet und Bestimmungen zur Risiko- und Kostentragung, zur Börseneinführung, zu Abwicklungsmodalitäten, Beendigungsmöglichkeiten etc. getroffen werden.[127] Zur Regelung des Rechtsverhältnisses der Emissionsbegleiter untereinander wird in aller Regel ein Konsortialvertrag abgeschlossen.[128] Beide Verträge sind im Anleihemarkt weitgehend standardisiert. Für Inlandsanleihen enthält das Schuldverschreibungsgesetz (SchVG) Regelungen für das Verhältnis der Anleihegläubiger untereinander und gegenüber dem Emittenten.[129]

b) *High Yield Bonds*

102 *High Yield Bonds* (Hochzinsanleihen, auch *Junk Bonds* genannt)[130] sind Anleihen, deren Zinssatz wegen der geringeren Bonität und des damit verbundenen größeren Ausfallrisikos des Emittenten (teilweise erheblich) höher ist als der von Staats- oder klassischen Unternehmensanleihen. Während die Emittenten von Staats- oder klassischen Unternehmensanleihen Ratings im Bereich des Investment Grade vorweisen können, verfügen die Emittenten von *High Yield Bonds* nur über ein Rating im Bereich des *Non-Investment Grade*[131] oder teilweise auch über gar kein Rating.

103 Ein Vorteil von *High Yield Bonds* liegt für den Emittenten darin, dass sie – insbesondere in Zeiten einer restriktiveren Kreditvergabe durch die Banken – eine flexible, relativ kurzfristig verfügbare Möglichkeit darstellen, trotz vergleichsweise schlechten (oder nicht vorhandenen) Ratings langfristig Fremdkapital aufzunehmen. *High Yield Bonds* können für den Emittenten gegenüber einem Bankkredit den Nachteil haben, dass der Zeit- und Kostenaufwand größer sein kann als bei der Inanspruchnahme eines Kredits. Der wesentliche Vorteil für den Investor ist darin zu sehen, dass ihm *High Yield Bonds* auch in Niedrigzinsphasen die Erzielung attraktiver Renditen ermöglichen, während sein Risiko gleichzeitig geringer ist als das der Eigenkapitalgeber.

---

nern mit sehr guter Bonität, meist Großunternehmen, mit hohen Nennwerten und in großen Volumina am Geldmarkt emittiert werden; siehe hierzu näher Hellner/Steuer/*Bosch*, Rn 10/177, 10/225.

[126] Perpetuals oder Perpetual Bonds sind Anleihen ohne festgelegte Fälligkeit, die jedoch meist das Recht gewähren, sie zu bestimmten Terminen in laufzeitbegrenzte Schuldverschreibungen umzutauschen.

[127] Hierzu näher Schwintowski/*Schäfer*, § 23 Rn 61 ff.; Hellner/Steuer/*Bosch*, Rn 10/215.

[128] Hellner/Steuer/*Bosch*, Rn 10/32 ff.

[129] Näher Schimansky/Bunte/Lwowski/*Grundmann*, Bd. 3, § 112 Rn 113, 119, 129; Hellner/Steuer/*Bosch*, Rn 10/28 ff., 10/215, 10/233 ff.

[130] *Harrer/Fisher*, High-Yield-Emissionen – Eine interessante Alternative zur Unternehmensfinanzierung, Finanz Betrieb 2003, 781 ff.

[131] Als Sub- oder Non-Investment Grade werden Ratings zwischen BB+ und D (Standard & Poor's) bzw. zwischen Ba1 und C (Moody's) bezeichnet – zum Investment Grade s. bereits Fn 115.

c) Wandel- und Optionsanleihen

aa) Beschreibung der Wandel- bzw. Optionsanleihe, Vor- und Nachteile

Eine Wandelanleihe (*Convertible*)[132] gewährt die Möglichkeit, die Anleihe selbst, ggf. gegen eine Zuzahlung, in Aktien umzutauschen, wodurch das Rechtsverhältnis aus der Anleihe, insbesondere also auch der Rückzahlungsanspruch des Gläubigers, erlischt und (nicht rückzahlbares) Eigenkapital entsteht. Bei den im Tausch gegen die Anleihe angebotenen Aktien, dem sog. *Underlying*, kann es sich um solche des Emittenten oder einer anderen Gesellschaft handeln – im letztgenannten Fall spricht man von einer Umtauschanleihe oder einem *Exchangeable*.[133] Diese letztere Form der Wandelanleihe stellt einen Weg dar, um sich von der Beteiligung an einem anderen Unternehmen zu trennen oder diese zu reduzieren. Die Umtauschanleihe hat für den Emittenten den Vorteil, dass der Kapitalzufluss gleich erfolgt, während der Stimmrechtsverlust in Bezug auf das andere Unternehmen – wenn überhaupt – erst später stattfindet und eine Verwässerung des Anteilsbesitzes beim eigenen Unternehmen gänzlich vermieden wird.

Im Gegensatz zur Wandel- und zur Umtauschanleihe hat die Optionsanleihe (*Warrant-linked Bond* oder *Bond with Warrants*) heute in der Praxis nur noch eine sehr geringe Bedeutung. Bei einer Optionsanleihe sind an eine normale Anleihe Optionsrechte angehängt, die zum Bezug einer bestimmten Anzahl von Aktien (nicht notwendigerweise des Emittenten der Anleihe) zu einem bestimmten Bezugspreis innerhalb einer bestimmten Bezugsfrist berechtigen. Die Optionsausübung beeinträchtigt den Fortbestand der Anleihe, insbesondere also den Rückzahlungsanspruch des Gläubigers, nicht. Anders als bei der Wandelanleihe wird also durch die Ausübung nicht Fremdkapital durch Eigenkapital ersetzt, sondern neben das Fremdkapital tritt zusätzliches Eigenkapital. Die Optionsrechte können meist (es sei denn, es handelt sich um sog. unselbstständige Bezugsrechte) zu einem bestimmten Zeitpunkt nach Emission der Anleihe von dieser getrennt und als Optionsscheine (*Warrants*) separat an den Kassamärkten der Wertpapierbörsen gehandelt werden.[134]

Für den Emittenten haben Wandel- und Optionsanleihen zwar den Nachteil, dass seine Planungssicherheit insofern eingeschränkt ist, als bei Anleihebegebung nicht vorhersehbar ist, ob es später tatsächlich zur Wandlung bzw. Optionsausübung kommen wird. U.a. aus diesem Grund eignen sich Wandel- und Optionsanleihen grundsätzlich nicht als Hauptfinanzierungsquelle, sondern lediglich als Beimischung zum Finanzierungsportfolio. Wesentliche Vorteile für den Emittenten liegen allerdings darin, dass er sich auch ohne Rating einen Zugang zum Fremdkapitalmarkt verschaffen kann, dass der von ihm zu zahlende Zinssatz aufgrund des dem Anleger gewährten Wandlungsrechts bzw. der Option niedriger ist als bei normalen Anleihen[135] und dass die negativen Auswirkungen auf den Aktienkurs des Emittenten

---

[132] Zu Wandel- und Optionsanleihen siehe *Claussen*, § 9 Rn 157 ff.; *Schlitt/Seiler/Singhof*, Aktuelle Rechtsfragen und Gestaltungsmöglichkeiten im Zusammenhang mit Wandelschuldverschreibungen, AG 2003, 254 ff.; Beck'sches Handbuch AG/*Rödder*, § 11 Rn 175, 176 (insbesondere auch zur steuerlichen Behandlung).
[133] *Hüffer*, § 221 Rn 70 ff.; Beck'sches Hdb. AG/*Rödder*, § 11 Rn 177.
[134] Hierzu näher *Hüffer*, § 221 Rn 48, 55; *Claussen*, § 9 Rn 162 ff.
[135] Insbesondere dann, wenn die Anleiheinhaber das Wandlungsrecht/die Erwerbsoption, für

geringer sind als bei einer Kapitalerhöhung. Im Falle der Ausübung des Wandlungs-/Optionsrechts wird darüber hinaus Fremd- in Eigenkapital umgewandelt, was die Bilanzstruktur des Unternehmens verbessert und seine Kreditwürdigkeit erhöht.

107 Für den Anleger bringen Wandel-/Optionsanleihen den Vorteil mit sich, dass er ggf. von Kurssteigerungen der Aktie des Emittenten profitieren kann, ohne direkt in Aktien investieren und das damit verbundene Risiko eingehen zu müssen. Denn mit steigendem Aktienkurs steigt auch der Kurs der Anleihe (und umgekehrt) – sofern die Option nicht von der Anleihe getrennt worden ist. Gleichzeitig ist der Investor gegen einen Kapitalverlust weitgehend abgesichert,[136] weshalb solche Anleiheformen insbesondere in volatilen Märkten und in Zeiten einer Baisse bei den Anlegern beliebt sind. Zum Einsatz von Wandel- oder Optionsanleihen als Instrument der Mitarbeiterbeteiligung siehe § 9 Rn 29 ff.

108 **bb) Voraussetzungen einer Begebung** Wandel- und Optionsanleihen, die ein Recht zum Bezug von Aktien des Anleiheemittenten gewähren, dürfen aufgrund ihrer Eigenkapitalkomponente und zum Schutz der Aktionäre vor Verwässerung gem. §§ 221 Abs. 1, 133 Abs. 1, 119 Abs. 1 Nr. 6 AktG grundsätzlich nur auf Grund eines Hauptversammlungsbeschlusses ausgegeben werden, der mit einer Mehrheit von drei Vierteln des vertretenen Grundkapitals und mit einfacher Stimmenmehrheit gefasst wurde. Der Beschluss kann den Vorstand zur Ausgabe einer Wandel- oder Optionsanleihe verpflichten oder ermächtigen. Im Falle einer Verpflichtung muss der Vorstand den Beschluss, außer im Falle einer anderweitigen Vorgabe, unverzüglich umsetzen, während bei einer Ermächtigung die Umsetzung in seinem pflichtgemäßen Ermessen steht. Eine Ermächtigung des Vorstands zur Ausgabe einer Wandel- oder Optionsanleihe kann gem. § 221 Abs. 2 S. 1 AktG höchstens für fünf Jahre erteilt werden, sie muss also genau befristet werden.

109 Die Aktionäre haben gem. § 221 Abs. 4 AktG grundsätzlich ein Bezugsrecht auf die Wandel- oder Optionsanleihen, das allerdings im Hauptversammlungsbeschluss (bzw. im Falle einer Ermächtigung des Vorstands im Hauptversammlungsbeschluss zur Anleiheemission unter Bezugsrechtsausschluss später durch den Vorstand) ausgeschlossen werden kann.[137] In diesem Fall muss der Vorstand in einem Bericht an die Hauptversammlung den Bezugsrechtsausschluss und den vorgeschlagenen Ausgabebetrag für die Aktien begründen (§§ 221 Abs. 4 S. 2, 186 Abs. 4, 255 Abs. 2 AktG). Der Hauptversammlungsbeschluss kann die weiteren Anleihebedingungen ganz oder teilweise festlegen. Umtauschanleihen können hingegen ohne Hauptversammlungsbeschluss des Anleiheemittenten ausgegeben werden, da sie lediglich ein Recht zum Bezug von Aktien eines anderen Unternehmens, nicht des Anleiheemittenten gewähren.[138]

---

das/die sie einen niedrigeren Zinssatz in Kauf nehmen, verfallen lassen, stellt sich diese Form der Kapitalbeschaffung für den Emittenten im Nachhinein als besonders günstig dar.

[136] Anders ist dies beim sog. *Reverse Convertible*, bei dem nicht dem Anleihegläubiger, sondern dem Emittenten (gegen eine entsprechend höhere Zinszahlung) das Wandlungsrecht zusteht, und zwar in der Form, dass er bei Unterschreiten eines bestimmten Aktienkurses die Anleihe in Aktien statt in Geld zurückzahlen kann.

[137] Dazu näher *Hüffer*, § 221 Rn 10, 38 ff.

[138] Dazu und zur analogen Anwendung des § 221 AktG in Sonderfällen vgl. *Hüffer*, § 221 Rn 70 ff.

Sofern dem Gläubiger einer Wandel- oder Optionsanleihe bei Ausübung seines **110** Rechts Aktien des Anleiheemittenten zustehen, beschafft sich der Emittent diese Aktien üblicherweise im Wege einer bedingten Kapitalerhöhung (§§ 192 Abs. 2 Nr. 1, 193 AktG),[139] bei der es kein gesetzliches Bezugsrecht der Aktionäre auf die Aktien gibt.[140] Zweckmäßig ist es dabei, die Beschlüsse zur Schaffung des bedingten Kapitals und zur Anleiheemission in derselben Hauptversammlung zu fassen.

cc) **Anleihebedingungen/Übernahme- und Konsortialvertrag** In den An- **111** leihebedingungen wird ein Ausübungspreis vorgesehen, der über dem zum Zeitpunkt der Anleihebegebung aktuellen Börsenkurs des *Underlying* liegt. Steigt der Börsenkurs während des Ausübungszeitraumes über den vorgesehenen Ausübungskurs, ist es profitabel, die Anleihe zu wandeln bzw. die Option zum Aktienerwerb auszuüben. Steigt der Aktienkurs hingegen nicht über den Ausübungskurs, wird der Anleiheinhaber das Wandlungsrecht bzw. die Erwerbsoption verfallen lassen, die Anleihe wird am Laufzeitende zum Nennwert (oder ggf. einem anderen, in den Anleihebedingungen festgelegten Rückzahlungsbetrag) zurückgezahlt. Die Anleihebedingungen legen neben dem Ausübungspreis auch die genauen Wandlungs- bzw. Optionsausübungsbedingungen (wie zB das Wandlungs-/Optionsverhältnis, den Ausübungszeitraum und ggf. dynamische Zuzahlungen) fest. Meist beginnt der Ausübungszeitraum, d. h. der Zeitraum, innerhalb dessen die Wandlung/Optionsausübung möglich ist, erst nach Ablauf einer Karenzzeit von ein bis drei Jahren. Die Bedingungen enthalten meist auch ein vorzeitiges Kündigungsrecht des Emittenten[141] und Regelungen zum Schutz der Anleihegläubiger gegen Verwässerung ihrer Ansprüche durch eine Kapitalerhöhung, die Ausgabe weiterer Anleihen o. Ä.[142] Die Anleihebedingungen können auch eine automatische Wandlung der Anleihe bei Überschreiten eines bestimmten Ausübungspreises oder am Ende der Laufzeit der Anleihe vorsehen – man spricht dann von einer Pflichtwandel- bzw. Pflichtumtauschanleihe (*Mandatory Convertible/Exchangeable*).[143] Zum Übernahme- und zum Konsortialvertrag gilt das oben unter Rn 101 Gesagte.

d) **Gewinnschuldverschreibungen**

Die praktische Bedeutung von Gewinnschuldverschreibungen ist in Deutschland **112** gering. Gem. § 221 Abs. 1 AktG handelt es sich bei Gewinnschuldverschreibungen

---

[139] Der Begriff der „Wandelschuldverschreibung" iSd. § 192 Abs. 2 Nr. 1 AktG umfasst auch Optionsanleihen, vgl. *Hüffer*, § 192 Rn 9.
[140] Zum bedingten Kapital siehe unter Rn 51 ff. Zur Bedienung der aus der Anleihe resultierenden Bezugsrechte kommt – neben dem bedingten Kapital – aber auch (zumindest theoretisch) eine reguläre Kapitalerhöhung (§§ 182 ff. AktG) in Betracht oder (schon eher praktikabel) die Inanspruchnahme eines genehmigten Kapitals unter Ausschluss des Bezugsrechts (§§ 202 ff. AktG) oder, bei Vorliegen einer entsprechenden Erwerbs- und Veräußerungsermächtigung (§ 71 Abs. 1 Nr. 8 AktG), der Rückgriff auf eigene Aktien der Gesellschaft.
[141] Beim sog. *Hard Call* ist das Kündigungsrecht des Emittenten an keine Bedingungen geknüpft, beim sog. *Soft Call* ist es an eine Bedingung wie zB das Erreichen eines bestimmten Kursniveaus gekoppelt. Meist können solche Kündigungsrechte allerdings erst nach einer Karenzzeit von mindestens drei Jahren ausgeübt werden. Die Anleihebedingungen können auch ein vorzeitiges Kündigungsrecht des Anleihegläubigers (sog. Put) oder das Recht des Emittenten vorsehen, die Anleihe auch im Falle der Nichtwandlung ganz oder teilweise in Aktien zurückzuzahlen (sog. Stock Redemption).
[142] *Claussen*, § 9 Rn 160 f.; *Achleitner*, S. 518 ff.
[143] *Kleidt/Schiereck*, Mandatory Convertibles, BKR 2004, 18 ff.

um Schuldverschreibungen, bei denen die Rechte der Gläubiger mit Gewinnanteilen von Aktionären in Verbindung gebracht werden. Sie dürfen grundsätzlich nur auf Grund eines mit Dreiviertelmehrheit gefassten Beschlusses der Hauptversammlung ausgegeben werden.[144] Die Verbindung zwischen den Gläubigerrechten und den Gewinnanteilen, die im Hauptversammlungsbeschluss konkretisiert werden muss, besteht meist darin, dass sich die Höhe der Verzinsung der Anleihe laut den Anleihebedingungen ganz oder teilweise nach der Höhe der Dividende (oder aber auch des Bilanzgewinns oder des Jahresüberschusses) des Anleiheemittenten (oder auch einer anderen Gesellschaft wie der Konzernobergesellschaft) richtet.

2. Platzierung und Börsenzulassung von Anleihen

113 Der im Rahmen der Börsenzulassung einer klassischen Unternehmensanleihe zu erstellende Prospekt kann wegen des geringeren Risikos im Vergleich zu Aktienemissionen[145] und wegen der im Vergleich zu anderen Anleiheformen überschaubaren Anleihebedingungen relativ kurz gehalten werden (zu den inhaltlichen Anforderungen vgl. insbesondere § 17 BörsZulV). Im Vordergrund steht bei diesen Anleihen das Rating des Unternehmens, das bereits eine gewisse Sicherheit hinsichtlich der Einschätzung des Unternehmens und der Anleihe gewährt. Bei *High Yield Bonds* hingegen ist – wegen des höheren Risikos, des schlechten (oder gar fehlenden) Ratings und der komplexeren Anleihebedingungen – ein ausführlicherer Prospekt erforderlich. Auch bei der Emission von Wandel- und Optionsanleihen ist der Prospekt ähnlich ausführlich wie bei Aktienemissionen, da insbesondere auf die Wandlungs- bzw. Optionsausübungsbedingungen und auch auf die zugrunde liegende Aktie (das *Underlying*) eingegangen werden muss (vgl. § 35 BörsZulV). Die Börsenzulassung von Wandel- und Optionsanleihen setzt gem. § 11 BörsZulV grds. voraus, dass die zugrunde liegende Aktie börsennotiert ist. Sofern Anleihen lediglich einem ausgewählten Investorenkreis im Wege einer Privatplatzierung (*Private Placement*) angeboten werden sollen, ist kein Prospekt erforderlich (vgl. zB §§ 2 Nr. 2, 4 Abs. 1 Nr. 1, Abs. 2 VerkProspG).

114 Anders als die Aktienplatzierung erfolgt die Platzierung von Anleihen teilweise im Rahmen von sog. Emissionsprogrammen, die die wiederholte Emission von Anleihen desselben Emittenten zum Gegenstand haben.[146] Für Emittenten bringen solche Programme u. a. die Vorteile einer kontinuierlichen Kapitalaufnahmemöglichkeit, eines verringerten Dokumentations- und sonstigen Aufwandes und einer größeren zeitlichen Flexibilität mit sich.[147] Üblich sind Emissionsprogramme u. a. auch für Commercial Paper[148] und Euro-Note-Fazilitäten.[149]

---

[144] Näher *Kümpel*, Rn 9.178 f.; *Claussen*, § 9 Rn 137.
[145] Siehe zu diesen bereits unter § 4.
[146] In Rahmenvereinbarungen zwischen Emittent und Investmentbank(en) werden die Eckdaten (wie Gesamtvolumen und Geltungsdauer des Programms, Privat- bzw. Börsenplatzierung, Gattung der zu emittierenden Anleihen, ggf. die Art der Verzinsung etc.) festgelegt. Die an dem Programm teilnehmenden Banken können – bis auf das federführende Institut (*Arranger*) – regelmäßig wechseln oder auch konstant bleiben (im letztgenannten Fall spricht man von Dauerkonsortien). Vgl. Schwintowski/*Schäfer*, § 23 Rn 63 f.
[147] Näher hierzu Hellner/Steuer/*Bosch*, Rn 10/28 ff., 10/224 ff.

III. Genussscheine

Genussscheine verbriefen Genussrechte, die auf unterschiedlichste Weise ausgestaltet sein können. Üblicherweise erfolgt die Verbriefung, wie auch bei Anleihen, in Inhaberschuldverschreibungen (vgl. § 221 Abs. 3, 1 AktG, § 793 BGB).[150] In der Regel sehen die Genussscheinbedingungen eine Rückzahlung des dem Emittenten überlassenen Kapitals am Laufzeitende (Fremdkapital-Komponente) und zusätzlich während der Laufzeit Zahlungen an die Genussscheininhaber in Abhängigkeit vom unternehmerischen Erfolg des Emittenten – oder von Unternehmensteilen des Emittenten – vor, gemessen anhand von Finanzkennzahlen wie zB dem Bilanzgewinn oder der Eigen- oder Gesamtkapitalrendite (Eigenkapital-Komponente). Je nach individueller Ausgestaltung kann die Fremdkapitalkomponente oder die Eigenkapitalkomponente im Vordergrund stehen. Auch dann, wenn die Eigenkapitalkomponente im Vordergrund steht (zB bei Ausschluss der Rückzahlung des Kapitals, bei Beteiligung des Genussscheininhabers am Verlust der Gesellschaft oder bei Nachrangigkeit seiner Forderungen im Liquidationsfall), verleihen Genussrechte allerdings keine Mitgliedschaftsrechte (wie zB Stimm- oder Anfechtungsrechte), der Genussscheininhaber bleibt Gläubiger des Emittenten.

Genussscheine haben sich seit einer Gesetzesänderung 1995 insbesondere bei Banken größerer Beliebtheit erfreut, da diese nun Genussrechtskapital unter bestimmten Voraussetzungen auf die gesetzlich vorgeschriebenen Eigenkapitalquoten anrechnen können (sog. Ergänzungskapital gem. § 10 Abs. 5 KWG).[151] Daneben liegt die Bedeutung von Genussscheinen darin, dass sie auch Nicht-Aktiengesellschaften (wie zB Körperschaften des öffentlichen Rechts oder Genossenschaften) die Möglichkeit der Kapitalbeschaffung über die Börse eröffnen. Sofern es sich beim Emittenten um eine Aktiengesellschaft handelt, gilt hinsichtlich des Erfordernisses eines Hauptversammlungsbeschlusses und des grds. bestehenden Bezugsrechts der Aktionäre das oben zu Wandel- und Optionsanleihen Gesagte entsprechend (vgl. § 221 Abs. 3, 1, 4 AktG). Für den Anleger liegt der Vorteil von Genussscheinen vor allem in der attraktiven Verzinsung. Nachteilig ist allerdings, dass der Sekundärmarkt für Genussscheine in der Regel wenig liquide ist.[152]

IV. *Tracking Stocks*

Bei *Tracking Stocks*, auch *Alphabet Stocks* oder Spartenaktien genannt, handelt es sich um eine innovative Aktiengattung, die es in den USA seit den frühen achtziger Jahren gibt und die dort insbesondere bei der Restrukturierung komplexer

---

[148] Siehe Fn 125.
[149] Hierbei handelt es sich um kurzfristige, unbesicherte, bei institutionellen Anlegern platzierte Inhaberschuldverschreibungen von Emittenten mit sehr guter Bonität. Näher *Schimansky/Bunte/Lwowski/Grundmann*, Bd. 3, § 112 Rn 8 f.; *Achleitner*, S. 511 ff.
[150] *Kümpel*, Rn 8.22 f., 9.178 f.; zu Genussrechten s. auch *Hüffer*, § 221 Rn 22 ff.; *Claussen*, § 9 Rn 167 ff.
[151] Für Versicherungen enthält § 53 c Abs. 3 a VAG eine ähnliche Regelung.
[152] *Achleitner*, S. 524 f.

Konzerne Bedeutung erlangt hat. Tracking Stocks bezeichnen Aktien börsennotierter Unternehmen für – meist sehr profitable – Geschäftsbereiche oder Tochtergesellschaften des Unternehmens (die sog. *Tracked Unit*). Die Aktionärsrechte sind teilweise auf die Tracked Unit beschränkt, insbesondere was den Anspruch auf Gewinnbeteiligung und auf Anteil am Liquidationserlös angeht. Beweggründe für die Einführung von Tracking Stocks können u. a. die Reduzierung des Holding-Abschlags bei stark diversifizierten Konzernen, die Steigerung des *Shareholder Value*, die Flexibilisierung der Eigenkapitalaufnahme, die Etablierung geschäftsbereichsbezogener Managementanreizsysteme oder die Entlohnung der Aktionäre einer übernommenen Gesellschaft sein. Ob sich das Konzept auch für deutsche Unternehmen eignet, ist noch umstritten. Bisher wurde es jedenfalls in Deutschland nicht angewendet, da das deutsche Bilanz- und Aktienrecht allenfalls ansatzweise auf die Einführung von Tracking Stocks vorbereitet ist.[153]

V. Andere Finanzierungsformen

118   Bereits in § 4 wurde bei der Entscheidung für einen Börsengang darauf hingewiesen, dass der Kapitalbedarf eines Unternehmens auch anders als durch die Aufnahme von Eigenkapital im Wege eines Börsenganges gedeckt werden kann.[154] Auch für das börsennotierte Unternehmen stellt sich vor jeder Finanzierungsmaßnahme über Aktien- oder Anleiheemission die Frage, ob die notwendigen Mittel nicht auch in anderer Form aufgenommen werden können. Im Rahmen der nachfolgenden Darstellung kann lediglich ein Überblick über die Möglichkeiten solcher Finanzierungen gegeben werden. Auf eine vertiefte Darstellung muss aus Platzgründen verzichtet werden.

1. „Klassische" Bankdarlehen

119   Kreditverträge mit Banken sind insofern eine einfache Form der Mittelbeschaffung, als die Kreditaufnahme keinerlei Genehmigungserfordernis von Seiten der Hauptversammlung unterliegt. Lediglich der in der Satzung oder in der Geschäftsordnung für den Vorstand enthaltene Zustimmungskatalog mag Finanzierungen größeren Umfanges enthalten und daher eine Zustimmung durch den Aufsichtsrat erfordern.

120   In Deutschland ist es nach wie vor gängige Praxis, auch Kredite von erheblichem Umfang auf der Basis von bloßen Kreditzusageschreiben und/oder standardisierten Formularverträgen abzuwickeln, in denen dann weitreichend auf die Banken-AGB verwiesen wird. Auch die Dokumentation der Sicherheiten vollzieht sich weitgehend über Formularverträge.

121   Handelt es sich dagegen um Kredite, die von Bankenkonsortien vergeben werden, die häufig auch ausländische Banken als Mitglieder haben, hat sich eine weit-

---

[153] Vertiefend zu Tracking Stocks *Sieger/Hasselbach*, „Tracking Stock" im deutschen Aktien- und Kapitalmarktrecht, AG 2001, 391; *Friedl*, Ein Plädoyer für Tracking Stocks, BB 2002, 1157; *Müller*, „Tracking Stock" und seine Realisierbarkeit im deutschen Gesellschaftsrecht, WiB 1997, 57; *Achleitner*, S. 362 ff.
[154] § 4 Rn 1.

gehend an angloamerikanischen Vorbildern orientierte Vertragspraxis etabliert. In diesem Falle handelt es sich um umfangreiche und maßgeschneiderte Vertragsdokumente, die die Kreditbeziehung, einschließlich des Innenverhältnisses der Banken untereinander, umfassend regeln. Häufig unterliegen diese nicht deutschem, sondern englischem oder New Yorker Recht.

2. Sonstiges

Eine weitere Finanzierungsmöglichkeit für Unternehmen besteht darin, Vermögensgegenstände zu veräußern, zu beleihen oder in sonstiger Weise für eine Finanzierung verfügbar zu machen. 122

a) Veräußerung von Vermögensgegenständen

Für eine Veräußerung im offenen Markt kommen grundsätzlich nur nicht-betriebsnotwendige Vermögensgegenstände in Betracht. Dagegen können bei den verschiedenen Formen der gesonderten Finanzierung von Vermögensgegenständen[155] auch betriebsnotwendige und sogar strategisch bedeutsame Werte für eine finanzierende Veräußerung genutzt werden. 123

b) Beleihung von Vermögen

Betriebsnotwendiges Umlaufvermögen, insbesondere Vorräte und Kundenforderungen, kann zunächst als Sicherungsmittel im Rahmen einer klassischen Bankkreditfinanzierung eingesetzt werden, d.h. das Unternehmen erhält Kredit, der durch eine Sicherungsübereignung des Warenlagers und/oder eine Sicherungsabtretung der Kundenforderungen besichert wird. In ähnlicher Weise kann die Anschaffung von Anlagevermögen „klassisch" finanziert werden, indem der angeschaffte Vermögensgegenstand (zB Maschinen oder Grundstücke) zur Sicherheit an die Bank übertragen oder belastet wird. Strukturell haftet allerdings in diesen Fällen nach wie vor der Kreditnehmer mit seinem ganzen Vermögen für die Rückzahlung des Kredites. Eine derartige Kreditvergabe schränkt daher unter Umständen die Fähigkeit des Unternehmens zur Aufnahme weiterer Kredite über Gebühr ein. 124

c) Gesonderte Finanzierung von Vermögensgegenständen

In den Fällen der gesonderten Finanzierung von Vermögensgegenständen werden bestimmte Werte außerhalb der Vermögenssphäre des betreffenden Unternehmens finanziert. Entsprechend vermeidet das Unternehmen zusätzliche Schulden bzw. verringert es seine Gesamtverschuldung und sein Insolvenzrisiko des jeweiligen Unternehmens, soweit die Voluta zur Schuldtilgung eingesetzt wird. 125

aa) Erwerb über Zweckvehikel Sofern betriebsnotwendige Vermögensgegenstände attraktive Asset-Klassen für bestimmte Spezialinvestoren darstellen, können diese auch gesondert außerhalb der Vermögensmasse des Unternehmens durch ein Zweckvehikel erworben und[156] finanziert werden. Das Unternehmen sichert sich dann über schuldrechtliche Vereinbarungen – statt über eine eigentumsrechtliche Position – ein dauerhaftes Nutzungsrecht an den Gegenständen. Für die Spe- 126

---

[155] Siehe Rn 125 ff.
[156] Siehe Rn 127.

zialinvestoren hat diese Konzeption der gesonderten Finanzierung den Vorteil, dass sie die jeweiligen Vermögensgegenstände in der Insolvenz des Unternehmens aussondern können. Die Investoren stellen bei ihrer Investmententscheidung und Risikoanalyse vor allem auf den Wert der Vermögensgegenstände ab und vernachlässigen das Bonitätsrisiko des die Finanzierung nutzenden Unternehmens. Sofern die Assets ein niedrigeres Investitionsrisiko als das Unternehmen selbst darstellen, schlägt sich das reduzierte Risiko in längeren Laufzeiten bzw. niedrigeren Finanzierungskosten nieder.

127 **bb) Verkauf an Zweckvehikel** In einer Abwandlung des Modells hält das Unternehmen die Vermögensgegenstände zunächst in der eigenen Vermögensmasse, verkauft die Gegenstände jedoch zur Aufnahme von Liquidität entweder direkt an die Investoren oder an ein sog. Zweckvehikel (Zweckgesellschaft *Special Purpose Vehicle* oder *Special Purpose Entity*), welches seinerseits die Kaufpreiszahlung durch Mittelaufnahme bei Spezialinvestoren finanziert. Damit eine solche Transaktion die oben geschilderten Finanzierungsvorteile erzielt, muss der Ankauf der Vermögensgegenstände durch die Investoren bzw. das Zweckvehikel in der Insolvenz des Unternehmens ein Aussonderungsrecht zugunsten dieser Käufer begründen. Ein derartiges Rechtsgeschäft wird als *True Sale* bezeichnet.[157] Soweit eine Transaktion unter Einsatz eines Special Purpose Vehicle ein Rating haben soll, muss das Vehikel bestimmte besondere Kriterien erfüllen, die die Insolvenzfestigkeit der Konstruktion erhöhen. Zur Erleichterung der Erzielung einer insolvenzfernen Position ist ein Gesetz zur Änderung der Insolvenzordnung und des KWG vorgesehen. Danach sollen Vermögensgegenstände, auf deren Übertragung eine Zweckgesellschaft einen Anspruch hat, in ein bei einem Kreditinstitut zu führendes Refinanzierungsregister eingetragen werden (§§ 22 a ff. KWG-E). Nach § 22 i KWG-E gelten dort eingetragene Gegenstände im Fall der Insolvenz des Originators als Gegenstände des „Übertragungsberechtigten", d. h. des Zweckvehikels (Eigentumsfiktion).

128 **cc) Factoring** Beim *Factoring* handelt es sich um eine Finanzierung von Kundenforderungen durch den Factor dergestalt, dass der Factor dem nutzenden Unternehmen (Anschlusskunde) die Kundenforderungen abkauft (regelmäßig mit einem Abschlag), wobei zwischen echtem und unechten Factoring unterschieden wird. Beim echten Factoring übernimmt der Factor das Risiko des Forderungsausfalls (so genanntes Delkredere-Risiko), d. h. bei Ausfall der Forderung kann der Factor beim Anschlusskunden keinen Regress nehmen.[158] Beim unechten Factoring übernimmt der Factor dieses Delkredere-Risiko nicht und wird uneinbringliche Forderungen an das nutzende Unternehmen zurückübertragen.[159] Das unechte Factoring ist also eine Form der Beleihung von Vermögen[160]. Eine Variante des Factoring stellt das sogenannte Diskontgeschäft der Banken dar, bei der die Bank Kundenwechsel ankauft.[161]

---

[157] *Odenbach/Schorling* German Securitization and Delinkage, International Securitization & Structured Finance Report, August 1999, 1, 11 ff.
[158] Vgl. *Kümpel*, Rn 5.459.
[159] Vgl. *Kümpel*, Rn 5.444.
[160] Siehe oben Rn 124.
[161] Vgl. *Kümpel*, Rn 5.333.

dd) **Leasing** Im Bereich der Finanzierung von Anlagevermögen kommt als 129
Alternative zu einem kreditfinanzierten Kauf eine Leasingfinanzierung in Betracht,
bei der der Leasinggeber das Anlageobjekt für den Leasingnehmer erwirbt und es sodann an diesen vermietet. Die Wahl für eine Leasingfinanzierung anstelle einer klassischen Kreditaufnahme fällt in der Regel unter steuerlichen Gesichtspunkten. Eine Variante des Leasing besteht im sogenannten *Sale and Lease-back*, bei dem ein bereits vom Leasingnehmer angeschaffter Vermögensgegenstand an den Leasinggeber verkauft wird und von diesem anschließend an den Leasingnehmer zurückvermietet wird. Diese Finanzierungsform ist insbesondere im Bereich der Grundstücksfinanzierung verbreitet. Typischerweise nutzen auch Sale-and-Lease-back-Geschäfte, insbesondere solche grenzüberschreitender Natur, bestehende Steuergefälle aus.

ee) **Hypothek mit beschränktem Rückgriff** Für gewerblich vermietete Im- 130
mobilien zeichnen sich ebenfalls Tendenzen zu einer stark objektbezogenen und nicht
mehr auf die Bonität des Kreditnehmers fixierten Finanzierung ab. In modernen
Finanzierungen wird die finanzierte Immobilie von einer Objektgesellschaft gehalten,
die einem Special Purpose Vehicle nahe kommt. Wesentliche Bonitätsfaktoren werden
dann die Qualität der Mieter, der aus den Mietverträgen resultierende Cash-Flow und
der Wert des Objekts. Als Sicherheit dienen neben der Hypothek bzw. Grundschuld
auch alle weiteren Vermögensgegenstände der Objektgesellschaft, insbesondere die
Mietforderungen. Banken können diese Finanzierungen leicht veräußern oder in
Portfolien zum Zwecke der Verbriefung einbringen. Zukünftig kann damit gerechnet
werden, dass nach US-Vorbild Immobilienkredite verstärkt auch als über den Kapitalmarkt handelbare Produkte ausgestaltet werden (sog. Kapitalmarkthypothek).

ff) **Verbriefung von Vermögensgegenständen** Die *Asset-Backed Securitisation* 131
(ABS) – zu deutsch die Verbriefung von Vermögensgegenständen – stellt eine der
vorteilhaftesten Finanzierungsformen überhaupt dar. Methodisch handelt es sich
dabei um einen Sonderfall des Verkaufs von Vermögensgegenständen an ein Zweckvehikel.[162] Weltweit betrachtet hat sich die Verbriefung zu einer der Hauptsäulen der
Unternehmensfinanzierung entwickelt. Dabei wird mittlerweile eine große Bandbreite von Vermögensgegenständen als Finanzierungsobjekt genutzt. In der Regel
sind dies Bilanzaktiva – aber teilweise auch nicht bilanzierungsfähige Rechtspositionen. Verbriefte Asset-Klassen sind zB Kreditkartenforderungen, Forderungen aus
Lieferungen und Leistungen, Gewerbeimmobilienkredite, Kontokorrentforderungen, Automobilkredite, Leasingforderungen, Lotterieeinnahmen, Steuereinnahmen,
Vorräte, Forderungen aus Patenten, Markenrechten etc.

Typischerweise verkauft das nutzende Unternehmen (der sog. *Originator*) die Ak- 132
tiva an ein Zweckvehikel. Das Zweckvehikel wird insolvenzfern (*bankruptcy remote*)
konzipiert. Der Verkauf der Aktiva an das Zweckvehikel wird normalerweise als ein
sog. *True Sale* ausgestaltet, indem u. a. der Originator beim Verkauf jedes Recht und
jede Risikoposition an den *Aktiva* aufgibt.[163] Das Zweckvehikel bestellt an den Ak-

---

[162] Siehe Rn 127.
[163] Vgl. dazu *Odenbach/Schorling*, International Securitization & Structured Finance Report 1999, Volume 2, No. 15 (16 August), 1, 11 ff.

tiva Sicherheiten zugunsten eines Sicherheitentreuhänders und begibt ABS-Wertpapiere an Kapitalmarktinvestoren. Die durch die Emission aufgenommenen Mittel nutzt das Zweckvehikel, um dem Originator den Kaufpreis für die Aktiva zu zahlen. Das Zweckvehikel bedient Zins- und Tilgungsverbindlichkeiten allein aus den Cashflows der Aktiva *(siehe Schaubild)*.

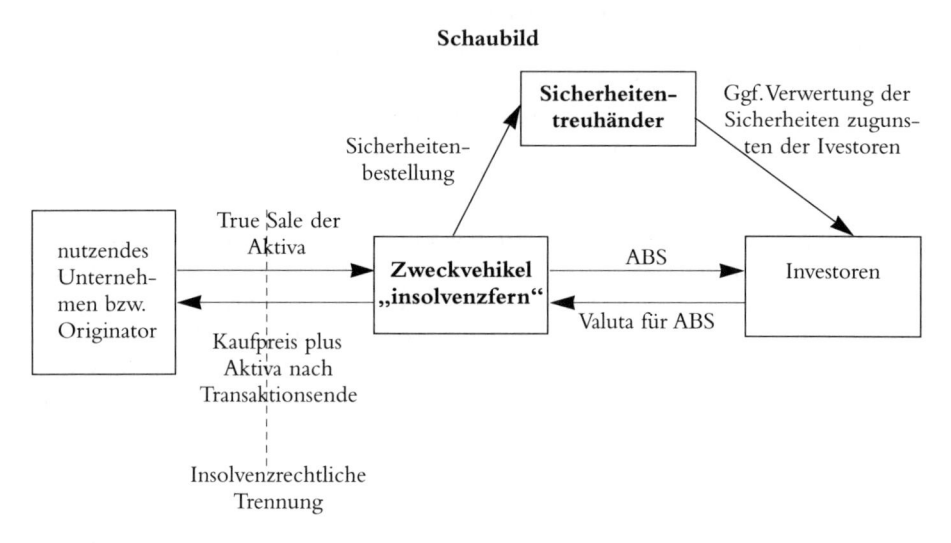

Schaubild

```
                                          ┌──────────────────┐
                                          │ Sicherheiten-    │   Ggf. Verwertung der
                                          │ treuhänder       │   Sicherheiten zuguns-
                       Sicherheiten-     ↗└──────────────────┘↘  ten der Ivestoren
                       bestellung       /                      \
                                       /                        \
               True Sale der          /                          \
               Aktiva                /                            ↘
 ┌──────────┐ ──────────────────→ ┌──────────────┐    ABS      ┌──────────┐
 │ nutzendes│                     │ Zweckvehikel │ ──────────→ │Investoren│
 │ Unterneh-│                     │"insolvenzfern"│←─────────── │          │
 │ men bzw. │←──────────────────  └──────────────┘ Valuta für ABS└──────────┘
 │ Originator│   Kaufpreis plus
 └──────────┘   Aktiva nach
                Transaktionsende
                      │
                      │
                Insolvenzrechtliche
                Trennung
```

133   Wesentliche Vorteile einer ABS-Finanzierung gegenüber herkömmlicher Finanzierung von Vermögensgegenständen sind: Niedrigere Kapitalkosten (abzuwägen gegen vergleichsweise hohe Transaktionskosten), längerfristigere Finanzierung, Verbesserung der Bilanzrelationen des Unternehmens, Verringerung der steuerlich stark eingeschränkten Gesellschafterfremdfinanzierung, sofortiger Mittelzufluss und freie Verwendbarkeit und geringere vertragliche Einschränkungen des wirtschaftlichen Handlungsspielraums im Vergleich zu klassischen Krediten.

§ 11 Rechnungslegung

I. Begriff und Funktion der handelsrechtlichen Rechnungslegung

1. Zweck und Adressaten der Rechnungslegung

Bei börsennotierten Unternehmen wird durch Rechnungslegungs- und Publizitätsvorschriften nicht nur die Gläubigerinformation und die Information anderer „*stakeholder*" erzielt, sondern insbesondere auch das Informationsgefälle zwischen Management und Aktionären gemindert.[1] Jahresabschlüssen kommt im Bereich der Kapitalmärkte eine erhöhte Informationsfunktion zu. Dieser Funktion wird insbesondere dann Rechnung getragen, wenn die Informationen des Jahresabschlusses geeignet sind, den Anlegern (aktuelle und potentielle Aktionäre) entscheidungsrelevante Informationen für eine Anlageentscheidung zu liefern. Man spricht von „*decision usefulness*".[2] Diese kann allerdings nur gegeben sein, wenn den Investoren ein möglichst sicherer Einblick in die finanzwirtschaftliche Unternehmenslage gewährt wird („*fair presentation*").[3]

2. Funktionen des Jahresabschlusses

Der Jahresabschluss dient der *Dokumentation* aller innerhalb eines Jahres im Unternehmen angefallenen Geschäftsvorfälle, der *Zahlungsbemessung* hinsichtlich bestehender Verpflichtungen gegenüber Anteilseignern und im Rahmen aus der Handelsbilanz abgeleiteten Steuerbilanz auch gegenüber dem Staat als Steuergläubiger sowie der *Information* für die verschiedenen Adressaten des Jahresabschlusses.

II. Auf- und Feststellung des handelsrechtlichen Einzelabschlusses

1. Jahresabschluss

Die §§ 242 Abs. 3, 264 Abs. 1 HGB bestimmen die Bestandteile des Jahresabschlusses. Bilanz und Gewinn- und Verlustrechnung (GuV) bilden dabei den für alle bilanzierenden Kaufleute geltenden Mindestumfang. Dieser wird für Kapitalgesellschaften um einen Anhang als Teil des Jahresabschlusses erweitert. Zusätzlich zum Jahresabschluss müssen Kapitalgesellschaften noch einen Lagebericht aufstellen (§ 264 Abs. 1 HGB).

---

[1] *Wagenhofer/Ewert*, S. 101–135.
[2] IAS 1.5. Näher hierzu in Abschnitt VII.
[3] „*Fair presentation*" als Synonym für den auch in den EG-Bilanzrichtlinien enthaltenen Begriff des „*true and fair view*". Dieser gilt als generelle Grundorientierung der Rechnungslegung des angelsächsischen Rechtskreises; *Havermann*, Internationale Entwicklungen in der Rechnungslegung, FS Moxter, 655, 663. Generell zu Grundannahmen und Prämissen der internationalen Rechnungslegung nach IAS/IFRS: Abschnitt VI.

a) Bilanz

4 Die Bilanz ist eine auf einen bestimmten Stichtag bezogene Zeitpunktrechnung zur Vermögens- und Schuldendokumentation. In ihr werden die Schulden und das Vermögen des Unternehmens ausgewiesen (§ 242 Abs. 1 HGB) und dadurch das Eigenkapital ermittelt. Der Erfolg wird in der Bilanz durch die Eigenkapitalveränderung innerhalb eines Geschäftsjahres dokumentiert.

5 Die Summe der in der Bilanz angesetzten und bewerteten Gegenstände wird allgemein als bilanzielles Vermögen (Aktiva) angesehen. Aus der Aktivseite der Bilanz lässt sich ablesen, wofür der Kaufmann die auf der Passivseite verzeichneten Mittel verwendet hat (Mittelverwendung). Die Passiva der Bilanz geben Auskunft über die dem Unternehmen zur Verfügung gestellten finanziellen und sachlichen Mittel und deren Herkunft (Eigen- oder Fremdkapital; sogenannte Mittelherkunft). Das Eigenkapital stellt die aus der Gegenüberstellung von Aktiva und Passiva resultierende Differenz dar. Es ist Residualgröße und stellt gleichzeitig sicher, dass die Bilanz ausgeglichen ist.

b) Gewinn- und Verlustrechnung (GuV)

6 Die GuV bildet zusammen mit der Bilanz den Mindestjahresabschluss (§ 242 Abs. 3 HGB). Der Erfolg eines Unternehmens wird sowohl in der Bilanz als auch in der GuV ermittelt (Prinzip der doppelten Buchführung). Erträge und Aufwendungen sind periodisierte Einnahmen und Ausgaben, denen immer auch die jeweilige Zu- und Abnahme entsprechender Aktiva oder Passiva gegenüberstehen. Im Gegensatz zur bilanziellen Erfolgsermittlung wird mit der GuV auch das Zustandekommen des Erfolgs nach Art, Höhe und Quellen erklärt.[4] Die GuV weist nicht nur den Gewinn oder Verlust als absolute Größe aus, sondern stellt auch die Ertragslage dar und ermöglicht dadurch eine Analyse der Erfolgskomponenten. Damit dient die GuV vor allem der Erfüllung des Rechenschaftszweckes des Jahresabschlusses.

c) Anhang

7 Die Bilanz und die GuV von Kapitalgesellschaften und haftungsbeschränkten Personengesellschaften sind nach § 264 Abs. 1 Satz 1 HGB um einen Anhang zu erweitern, der dann das dritte Element des Jahresabschlusses bildet. Der Anhang hat die Aufgabe, die durch die anderen Jahresabschlusselemente vermittelten Informationen näher zu erläutern, zu ergänzen, zu korrigieren bzw. die Bilanz und die GuV von bestimmten Angaben zu entlasten.[5] Die notwendigen Angaben sind in jedem Jahr zu machen, d. h. ein Verweis auf frühere Anhänge ist nicht zulässig.[6] Die im Anhang aufzuführenden Informationen sind in den §§ 284–288 HGB näher bezeichnet.

---

[4] Beck'scher Bilanzkommentar/*Förschle,* § 275 Rn 7 ff.

[5] Der Anhang ist gleichwertiger Bestandteil des Jahresabschlusses, d. h. auch hat unter Beachtung der GoB ein den tatsächlichen Verhältnisses entsprechendes Bild über die Vermögens-, Finanz- und Ertragslage des Unternehmens zu vermitteln. Beck'scher Bilanzkommentar/*Ellrott,* § 284 Rn 6.

[6] Beck'scher Bilanzkommentar/*Ellrott,* a.a.O.

d) Lagebericht

Gemäß § 289 HGB besteht die Verpflichtung einen Lagebericht zu erstellen, der ein eigenständiges Rechnungslegungsinstrument bildet und nicht Bestandteil des Jahresabschlusses ist.[7] Jahresabschluss und Lagebericht sind aber trotz der Trennung inhaltlich nicht voneinander isoliert. Die Aufgabe des Lageberichts besteht zum einen in der Verdichtung der Jahresabschlussinformationen und zum anderen in der zeitlichen und sachlichen Ergänzung des Jahresabschlusses. Beim Lagebericht handelt es sich um eine wirtschaftliche Gesamtbeurteilung der Lage des Unternehmens. Um dieser Gesamtbeurteilung gerecht zu werden, beinhaltet der Lagebericht u. a. Angaben zu Vorgängen von besonderer Bedeutung, die nach dem Schluss des Geschäftsjahres eingetreten sind und zur voraussichtlichen Entwicklung der Gesellschaft. Ausgehend vom Informationsaspekt der Rechnungslegung ist der Lagebericht mithin das einzige Instrument, welches im Rahmen der handelsrechtlichen Regelungen auch zukunftsorientierte Informationen über das berichtende Unternehmen vermittelt.[8]

2. Aufstellung

Die Aufstellung des Jahresabschlusses und des Lageberichts obliegt dem Vorstand als gesetzlichem Vertreter (§§ 242, 264 Abs. 1 HGB, 78 Abs. 1 AktG). Dieser Obliegenheit hat er innerhalb von 3 Monaten nach Abschluss des Geschäftsjahres nachzukommen. Auch für die Führung der erforderlichen Handelsbücher (§ 238 HGB) hat der Vorstand zu sorgen (§ 91 Abs. 1 AktG). Wird den genannten Pflichten nicht in vorgeschriebener Weise nachgegangen, drohen Geld- oder Freiheitsstrafe von bis zu 3 Jahren (§ 400 AktG).

3. Billigung und Feststellung

Der Vorstand hat den Jahresabschluss und den Lagebericht unverzüglich nach Aufstellung dem Aufsichtsrat vorzulegen (§ 170 Abs. 1 AktG). Zugleich hat der Vorstand den Vorschlag vorzulegen, den er der Hauptversammlung für die Verwendung des Bilanzgewinns machen will (§ 170 Abs. 2 AktG). Der Vorschlag gliedert sich in den Bilanzgewinn, den an die Aktionäre auszuschüttenden Betrag/Sachwert, Einstellungen in die Gewinnrücklagen, einen Gewinnvortrag und den grundsätzlichen Aufwand aufgrund des Beschlusses auf. Der Aufsichtsrat hat die vorgelegten Unterlagen zu prüfen (§ 171 Abs. 1 AktG). Über das Ergebnis seiner Prüfung muss der Aufsichtsrat der Hauptversammlung schriftlich berichten. Wie sich mittelbar aus § 171 Abs. 2 AktG ergibt, setzt die Prüfung durch den Aufsichtsrat voraus, dass die Prüfung durch den Abschlussprüfer erfolgt ist und dieser seinen Prüfbericht erstattet hat, denn der Aufsichtsrat soll in seinem Bericht zum Ergebnis der Abschlussprüfung Stellung nehmen. Insoweit wird auf Rn 20 ff. verwiesen. Im Gegensatz zum

---

[7] Beck'scher Bilanzkommentar/*Ellrott*, § 289 Rn 1.
[8] Die Ansprüche an den Lagebericht, die zur Aufstellung verpflichteten Unternehmen und die einzubeziehenden Informationen waren und sind einer stetigen Veränderung ausgesetzt. Hierzu *Selch*, Die Entwicklung der gesetzlichen Regelungen zum Lagebericht seit dem Aktiengesetz von 1965 bis zum KapCoRiLiG von 2000, WPg 2000, 357.

Abschlussprüfer kann der Aufsichtsrat auch eine Zweckmäßigkeitskontrolle vornehmen. Änderungen kann der Aufsichtsrat nicht verlangen, er muss sich ggf. mit einer Missbilligung begnügen.

11 An der Sitzung des Aufsichtsrats oder des zuständigen Aufsichtsratsausschusses muss der Abschlussprüfer teilnehmen und über die wesentlichen Prüfergebnisse berichten (§ 171 Abs. 1 Satz 2 AktG).

12 Billigt der Aufsichtsrat den Jahresabschluss, so ist dieser festgestellt, sofern nicht Vorstand und Aufsichtsrat beschließen, die Feststellung des Jahresabschlusses der Hauptversammlung zu überlassen (§ 172 AktG). Die Hauptversammlung ist an die Feststellung gebunden, kann also weder einzelne Bilanzposten noch den ausgewiesenen Jahresüberschuss beanstanden oder ändern (§ 174 Abs. 1 AktG). Diese Bindungswirkung ist auch der Grund, warum von der Möglichkeit der Delegation der Feststellung des Jahresabschlusses an die Hauptversammlung zumindest bei Publikumsgesellschaften in der Regel kein Gebrauch gemacht wird.

4. Prüfung

13 Ist der Abschluss aufgestellt, muss er – vor der Billigung durch den Aufsichtsrat – von einem Abschlussprüfer geprüft werden (§ 316, 317 Abs. 1 Satz 1 HGB). Größenabhängige Ausnahmen von der Prüfungspflicht gibt es im Bereich der börsennotierten Aktiengesellschaften wegen § 267 Abs. 3 Satz HGB nicht.[9] Deshalb kommen als Abschlussprüfer auch nur Wirtschaftsprüfer in Frage (§ 319 Abs. 1 Satz 2 HGB).

14 Die Hauptversammlung wählt den Abschlussprüfer (§§ 318 HGB, 119 AktG). Ist ein Konzernabschluss aufzustellen, wird dessen Prüfer von den Gesellschaftern des Mutterunternehmens gewählt (§ 318 Abs. 1 Satz 2 HGB). Die Wahl soll vor Ablauf des Geschäftsjahres, auf welches sich die Prüfungstätigkeit erstreckt, vorgenommen werden.[10] Nach der Wahl durch die Hauptversammlung wird dem Prüfer der Prüfungsauftrag durch den Aufsichtsrat erteilt (§§ 318 Abs. 1 Satz 4 HGB, 111 Abs. 2 Satz 3 AktG)[11].

15 Gegenstand der Prüfung ist gem. § 316 Abs. 1 HGB zunächst der Jahresabschluss und der Lagebericht. Erweitert wird der Umfang der Prüfung auf die Buchführung (§ 317 Abs. 1 Satz 1 HGB) und im Fall der Börsennotierung auch auf das Bestehen eines gemäß § 91 Abs. 2 AktG vom Vorstand einzurichtenden Risikomanagementsystems.[12] Die Prüfung ist so anzulegen, dass Unrichtigkeiten und Verstöße gegen die genannten Bestimmungen, die sich auf die Darstellung des sich nach § 264 Abs. 2 er-

---

[9] Abschnitt II. 1.
[10] Aktuell zu Fragen des Selbstprüfungsverbots und eines evtl. ableitbaren Vorbefassungsverbots: BGH-Urteil vom 25.11.2002 – II ZR 49/01, DB 2003, S. 383 ff. = ZIP 2003, S. 290 ff. = WPg 2003, 764 ff. Hierzu auch die Anmerkungen von *W. Müller*, WPg 2003, S. 741 ff.; *Schüppen* WPg 2003, S. 750 ff.; *Lanfermann/Lanfermann* DStR 2003, S. 900 f.
[11] Zu Einzelheiten des Verfahrens bei der Auftragserteilung vgl die Empfehlungen in Ziff. 7.2 CGK.
[12] IDW PS 340, Die Prüfung des Risikofrüherkennungssystems nach § 317 Abs. 4 HGB, WPg 1999, 658. IDW PS 260, Das interne Kontrollsystem im Rahmen der Abschlussprüfung, WPg 2001, 821.

gebenden Bildes der Vermögens-, Finanz- und Ertragslage des Unternehmens wesentlich auswirken, bei gewissenhafter Berufausübung erkannt werden (§ 317 Abs. 1 Satz 3 HGB). Die Prüfungsansätze unterliegen seit Jahren einem starken Wandel, tendenziell führt der Weg von einer an Rechnungslegungsgrundsätzen orientierten „Bilanzprüfung" hin zu einem an unternehmerischen Risiken orientierten Ansatz.[13] Das zu prüfende Unternehmen hat dem Abschlussprüfer alle für seine Tätigkeit notwendigen Unterlagen und Informationen bereitzustellen (§ 320 HGB).

Art und Umfang sowie das Ergebnis der Prüfung sind in einem Prüfungsbericht festzuhalten (§ 321 Abs. 1 Satz 1 HGB). Dabei hat der Prüfer vorweg zu der Beurteilung der Lage des Unternehmens oder Konzerns durch den Vorstand Stellung zu nehmen. Insbesondere auf die Beurteilung des Fortbestandes und der künftigen Entwicklung des Unternehmens ist einzugehen.[14] Im Hauptteil des Prüfungsberichts ist darzustellen, ob die Buchführung und die weiteren geprüften Unterlagen den gesetzlichen Vorschriften und den ergänzenden Vorschriften der Satzung entsprechen (§ 321 Abs. 2 HGB). Es ist zu berichten, ob der Abschluss insgesamt ein den tatsächlichen Verhältnissen entsprechendes Bild der wirtschaftlichen Lage des Unternehmens vermittelt.[15] Der Prüfungsbericht ist dem Aufsichtsrat vorzulegen, zuvor ist dem Vorstand Gelegenheit zur Stellungnahme zu geben (§ 321 Abs. 5 HGB).

Sind keine Einwände gegen den geprüften Jahresabschluss zu erheben, hat der Abschlussprüfer das Ergebnis der Prüfung in einem Bestätigungsvermerk zusammenzufassen (§ 322 HGB). Sind Einwendungen zu erheben, so ist der Bestätigungsvermerk einzuschränken oder zu versagen.[16] Die Einschränkung und die Versagung sind zu begründen. Einschränkungen sind so darzustellen, dass deren Tragweite erkennbar wird (§ 322 Abs. 4 HGB). Im Falle von Meinungsverschiedenheiten zwischen Abschlussprüfer und Gesellschaft über die Auslegung und Anwendung von gesetzlichen Vorschriften, kann das besondere Klärungsverfahren der freiwilligen Gerichtsbarkeit in Anspruch genommen werden (§ 324 HGB).

5. Gewinnverwendung

Auch im Rahmen der Gewinnverwendung ist die Hauptversammlung an den festgestellten Jahresabschluss gebunden. Sie kann also nur über die Verwendung des Betrages beschließen, welcher nach Abzug insbesondere der in die Gewinnrücklage einzustellenden Beträge verbleibt. Vorstand und Aufsichtsrat können im Rahmen der Feststellung des Jahresabschlusses festlegen, dass bis zur Hälfte des Jahresüberschusses in die Gewinnrücklagen eingestellt werden kann und bei entsprechender Festsetzung in der Satzung auch ein höherer Betrag (vgl § 58 Abs. 2 Satz 2 AktG

---

[13] *Böcking*, Zum Verhältnis von Rechnungslegung und Kapitalmarkt – Vom „financial accounting" zum „business reporting", ZfbF-Sonderheft 40, 1998, 17; *Ruhnke*, Geschäftsorientierte Abschlussprüfung – Revolution im Prüfungswesen oder Weiterentwicklung des risikoorientierten Prüfungsansatzes?, DB 2002, 437.
[14] Beck'scher Bilanzkommentar/*Hense/Poullie*, § 321 Rn 15 und 20 ff.
[15] Beck'scher Bilanzkommentar/*Hense/Poullie*, § 321 Rn 60.
[16] Grundsätzlich eine Versagung des Bestätigungsvermerks keine unmittelbaren Auswirkungen für die Feststellung des Jahresabschlusses und den Gewinnverwendungsbeschluss. Bei börsennotierten AGs kann es allerdings zu Konsequenzen kommen, zB die Aussetzung der amtlichen Nortierung (§ 43 BörsG). Beck'scher Bilanzkommentar/*Förschle/Küster*, § 322 Rn 11.

und die Obergrenze in § 58 Abs. 2 Satz 3 AktG). Die Verwaltung kann daher große Teile des Gewinns der Disposition der Hauptversammlung entziehen.

19 Zu den kapitalmarktrechtlichen und handelsrechtlichen Bekanntmachungspflichten vgl § 4 Rn 77 und § 6 Rn 2.

III. Konzernabschluss

20 Steht ein Unternehmen in einem Unternehmensverbund (Konzern)[17], erfüllt der Einzelabschluss uU nicht seinen Zweck. Die Entscheidungen der konzernverbundenen Unternehmen können durch die Konzernspitze maßgeblich beeinflusst werden.[18] Der Konzernleitung werden Handlungsspielräume eröffnet, bei deren Ausnutzung Minderheitsaktionäre oder Gläubiger der Tochterunternehmen, unter Umständen auch des Mutterunternehmens selbst schlechter gestellt werden. Die Konzernspitze kann beispielsweise konzerninterne Lieferungen und Leistungen, Finanztransaktionen und Beteiligungsgeschäfte veranlassen, wobei die Risiken dieser Geschäfte im Konzernverbund verbleiben. Eine Darstellung anhand der jeweiligen Einzelabschlüsse würde der wirtschaftlichen Tragweite solcher Konstruktionen nicht gerecht. Aufgrund dieser Problematik hat der Gesetzgeber Konzernobergesellschaften verpflichtet, so genannte Konzernabschlüsse aufzustellen.[19]

1. Funktionen des Konzernabschlusses

21 Der Konzernabschluss hat, um die Unzulänglichkeiten der Einzelabschlüsse zu überwinden, über die Positionen aller Konzernunternehmen zusammengefasst zu berichten. Dabei müssen sämtliche konzerninternen Verflechtungen (Beteiligungen, Kredite, Lieferungen und Leistungen etc.) eliminiert werden. Um diesem Anspruch zu genügen, wird die rechtliche Einheit des Konzerns fingiert (Einheitstheorie) (§ 297 Abs. 3 HGB).[20]

22 Zur Herstellung dieser wirtschaftlichen Einheit wird die Technik der Konsolidierung verwendet. Als Konsolidierung wird die Zusammenfassung der Einzelabschlüsse der Konzernunternehmen unter Eliminierung der Ergebnisse aus konzerninternen Lieferungen und Leistungen bezeichnet. Grundlage dieser Konsolidierung bilden die Einzelabschlüsse (Handelsbilanz I). Zunächst werden die Einzelabschlüsse vereinheitlicht, d. h. sie werden an die Bilanzierungsregeln des Mutterunternehmens angepasst (bspw.: Umrechnung in Konzernwährung).[21] Die vereinheitlichten Einzelabschlüsse werden dann in der Handelsbilanz II zusammengefasst (§ 300 HGB). Dazu werden für die einzelnen Positionen der Konzernbilanz

---

[17] Ausführlich zum Konzern siehe unter § 14.
[18] Beck'scher Bilanzkommentar/*Berger/Lütticke*, § 290 Rn 1–3.
[19] *Baetge/Kirsch/Thiele*, S. 34 f.
[20] *Baetge/Kirsch/Thiele*, S. 9 f. und 141–190.
[21] Zu einheitlicher Ausübung der Ansatzregelungen fehlt eine ausdrückliche gesetzliche Regelung. Sie wird mittelbar aus dem Begriff „Bilanzierung" in § 300 Abs. 1 HGB gefolgert, Beck'scher Bilanzkommentar/*Förschle*, § 300 Rn 15. Für den Bereich der Bewertung gibt es eine hierzu speziellere Regelung in § 308 HGB.

die Werte der Einzelabschlüsse addiert. Entsprechend wird in der GuV verfahren. Ergebnis ist eine Summenbilanz und eine Summen-GuV.

2. Konsolidierungskreis

Die Abgrenzung zwischen konzerninternen und Marktvorgängen wird in einem Stufenkonzept vorgenommen. Die Intensität der gegenseitigen Einflussnahme nimmt innerhalb des Stufenkonzeptes systematisch ab.[22]

Die *verbundenen Unternehmen* stellen die Konzernunternehmen im engeren Sinne dar.[23] Mutter- und Tochterunternehmen werden vollkonsolidiert, d.h. sie werden mit ihren Aktiva und Passiva und ihren Aufwendungen und Erträgen aus den Einzelabschlüssen in die Konzernbilanz aufgenommen (§ 300 Abs. 1 Satz 2 HGB).

Für *Gemeinschaftsunternehmen*[24] sind (insoweit relevant) dieselben Vorschriften wie für die Vollkonsolidierung anzuwenden (§§ 297–301, §§ 303–306, 308, 309 HGB) jedoch mit der Maßgabe, dass diese nur mit dem Anteil des Mutterunternehmens in die Rechnung eingehen. Diese Einbeziehung der Anteile von Gemeinschaftsunternehmen wird als Quotenkonsolidierung bezeichnet.

Wird von einem in dem Konzernabschluss einbezogenen Unternehmen ein maßgeblicher Einfluss auf die Geschäftspolitik eines nicht einbezogenen Unternehmens ausgeübt, so ist die Beteiligung in der Konzernbilanz unter der Position Beteiligungen an *assoziierten Unternehmen* auszuweisen (§ 311 Abs. 1 HGB). Ein maßgeblicher Einfluss wird vermutet, wenn ein Unternehmen über mindestens 20 % der Stimmrechte des anderen Unternehmens verfügt (§ 311 Abs. 1 Satz 2 HGB). Diese vereinfachte Einbeziehung wird als Equity-Methode bezeichnet.[25]

Als *sonstige Beteiligungen* werden die Beteiligungen bezeichnet, deren Anteile zur Herstellung einer dauerhaften Geschäftsverbindung dienen. Diese Verbindung wird jedoch nicht mit dem Ziel der Ausübung eines maßgeblichen Einflusses betrieben. Die Beteiligungen an diesen Unternehmen sind ebenso wie im Einzelabschluss unter der Position Beteiligungen auszuweisen.[26]

3. Konsolidierung

Die *Kapitalkonsolidierung* zielt auf die Beseitigung von Kapitalverflechtungen (§ 301 HGB).[27] Als Kapitalverflechtungen werden Beteiligungen zwischen den Konzernunternehmen bezeichnet. Diese Kapitalverflechtungen müssen aus der Summenbilanz eliminiert werden, da es sonst zu einer Mehrfacherfassung des Vermögens der Tochtergesellschaften käme. Das Vermögen der Tochterunternehmen würde sonst einmal als Beteiligung aus dem Einzelabschluss der Mutterunterneh-

---

[22] *Baetge/Kirsch/Thiele*, S. 17f.
[23] Siehe Einzelheiten in § 14 Rn 12 ff.
[24] Zum Begriff vgl. § 14 Rn 11.
[25] *Baetge/Kirsch/Thiele*, S. 421.
[26] Für die „einfachen" Beteiligungen finden sich im HGB keine speziellen Regelungen bzgl. eines Ausweises im Konzernabschluss. Somit werden die Regelungen des Einzelabschlusses aus § 271 Abs. 1 HGB übernommen, *Baetge/Kirsch/Thiele*, S. 135.
[27] Beck'scher Bilanzkommentar/*Förschle/Deubert*, § 310 Rn 1; *Baetge/Kirsch/Thiele*, S. 193 ff.

men und zusätzlich durch die Vermögensgegenstände und Schulden der Tochterunternehmen in der Summenbilanz erfasst.

29 Gegenseitige Verbindlichkeiten werden im Rahmen der *Schuldenkonsolidierung* eliminiert. Aufgabe der Schuldenkonsolidierung (§ 303 Abs. 1 HGB) ist es, die Kreditgeschäfte und sonstigen Verpflichtungen zwischen den Konzernunternehmen zu verrechnen. In der Konzernbilanz sind nur noch Forderungen und Verbindlichkeiten gegenüber konzernfremden Unternehmen auszuweisen.

30 Die bei konzerninternen Lieferungen und Leistungen sich ergebenden Zwischengewinne und Zwischenverluste sind nach der Einheitstheorie zu eliminieren. Sie wären nicht entstanden, wenn die Konzernunternehmen rechtlich ein einziges Unternehmen darstellen würden (§ 304 Abs. 1 HGB). Die *Zwischenerfolgseliminierung* kann unterlassen werden, wenn die Lieferungen zu üblichen Marktbedingungen vorgenommen wurden und die Eliminierung zu unverhältnismäßig hohen Aufwendungen führen würden. Die Zwischenerfolgseliminierung kann darüber hinaus unterlassen werden, wenn die Eliminierung der Zwischengewinne für die Darstellung der Vermögens-, Finanz-, und Ertragslage von untergeordneter Bedeutung ist (§ 304 Abs. 2 HGB).

IV. Handelsbilanz und Steuerbilanz

31 Die Steuerbilanz dient im Gegensatz zur Handelsbilanz einem einzigen Zweck, nämlich der Ermittlung des zu besteuernden Einkommens. Wegen dieser Monokausalität und den Maßstäben der Gleichheit der Besteuerung muss die Handelsbilanz, bevor sie für steuerliche Zwecke verwendet werden kann, modifiziert werden[28].

V. Internationale Rechnungslegung

32 Die deutsche handelsrechtliche Rechnungslegung wird seit langem massiv durch Vereinheitlichungsbestrebungen der Europäischen Gemeinschaft beeinflusst.[29] Seinen Höhepunkt fand diese Entwicklung bislang in der Verordnung vom 19.7.2002[30], welche ab 1.1.2005 eine verpflichtende Übernahme der Regelungen der IFRS[31] für die Konzernabschlüsse von kapitalmarktorientierten Unternehmen vorsieht.[32]

1. Formelles Verfahren zur Gewinnung verpflichtender IFRS

33 Die IFRS stellen kein geschlossenes Regelwerk dar, wie es aus nationaler Tradition auch im Berech der Rechnungslegung bekannt ist. Sie folgen dem aus dem

---

[28] Näheres siehe § 12 Rn 2.
[29] *Pellens*, 399 ff.
[30] Verordnung (EG) Nr. 1606/2002 des Europäischen Parlaments und des Rates vom 19. Juli 2002 betreffend die Anwendung internationaler Rechnungslegungsstandards, AB1EG 2002, L 243/1.
[31] Seit jüngster Zeit erhalten die vom IASB erarbeiteten Standards die Bezeichnung IFRS (International Financial Reporting Standards). Im Folgenden wird vereinheitlichend der Begriff IFRS verwendet, es sei denn, es wird auf eine bestimmte IAS-Regelung Bezug genommen.
[32] *Kahle*, Zur Zukunft der Rechnungslegung in Deutschland: IAS im Einzel- und Konzernabschluss?, WPg 2003, 262.

anglo-amerikanischen Rechtskreis bekannten „rules-based"-Ansatz, d. h. es wird versucht, möglichst viele denkbaren Einzelfälle eigenständig und explizit zu regeln. Bereits im System der US-GAAP hat sich in jüngster Vergangenheit gezeigt, dass diese „Kochbuch-Methode" erhebliche Spielräume in der Art bietet, dass man zum Teil mit marginalen Sachverhaltsänderungen zu grundsätzlich unterschiedlichen Bilanzierungsansätzen gelangen kann. Da eine an Grundnormen orientierte Sichtweise nicht besteht, ist bei Zweifelsfragen eine systemgerechte Lösung nur schwer zu finden. Diesem Ansatz folgen grundsätzlich auch die IFRS. Es bestehen eine Vielzahl von Regelungen, wobei allerdings ein so genanntes „*overriding-principle*" gilt, welches eine Absicherung hin zu zweck- und systemgerechten Abschlüssen bringen soll.

a) Gewinnung der IFRS

Die IFRS werden von einem privatrechtlich organisierten Gremium, dem IASB (International Accounting Standards Board) erarbeitet und beschlossen.[33] Um den erarbeiteten Standards ausreichend Transparenz und Akzeptanz zukommen zu lassen, werden diese in einem mehrstufigen Prozess mit mehrmaliger Möglichkeit zur Stellungnahme erarbeitet.[34]

34

b) Transformation der IFRS in europäisches Recht

Die genannte Verordnung des EU-Ministerrates sieht in Art. 4 eine zwingende Beachtung der IFRS für den Konzernabschluss kapitalmarktorientierter Unternehmen ab dem Geschäftsjahr 2005 vor.[35] Die EU hat sich für ein Anerkennungsverfahren, einen „*endorsement mechanism*", entschieden, im Rahmen dessen die einzelnen Standards eine Überprüfung und einzelne Anerkennung durchlaufen müssen.[36]

35

2. Inhaltliche Unterschiede

Die Zielsetzung der Rechnungslegung nach IFRS ist nach den Interessenlagen der Adressaten des Jahresabschlusses bestimmt. Die Liste der Abschlussadressaten, also der Nutzer der Rechnungslegungsinformationen, umfasst Investoren, Arbeitnehmer, Kreditgeber, Lieferanten, Kunden, staatliche Einrichtungen sowie die Öffentlichkeit (F.9).[37] Dies sind auch die Adressaten, die von den Regelungen des HGB

36

---

[33] Bis Jahresbeginn 2001 hatte die Organisation zur Erarbeitung der IAS eine andere, weniger professionelle Organisationsstruktur. Im Zuge der Bestrebungen zur Verbesserung der Akzeptanz der IAS kann es zu einer Restrukturierung, von deren Ergebnis hier ausgegangen werden soll. Hierzu *Baetge/Thiele/Plock*, Die Restrukturierung des International Accounting Standards Commitee, Das IASC auf dem Weg zum globalen Standardsetter?, DB 2000, 1033.
[34] Zu diesem „*due process*"; *Pellens*, S. 422 ff.
[35] Für Geschäftsjahre, die am oder nach dem 1.1.2005 beginnen. Zur Problematik der tatsächlichen erstmaligen Anwendung von IAS für vorhergehende Zeiträume, um notwendige Vergleichszahlen zu erhalten und Bewertungen an die Regelungen der IAS anzugleichen: *Pellen/Detert*, IFRS 1 „First-time Adoption of International Financial Reporting Standards", KoR 2003, 369.
[36] Zur Beschreibung des Anerkennungsmechanismusses: Vorschlag für eine Verordnung betreffend die Anwendung internationaler Rechnungslegungsgrundsätze vom 13.2.2001, KOM (2001) 80, Tz. 3.3.
[37] Die Bezeichnungen „F.xx" beziehen sich auf das „Framework for the Preparation and Presentation of Financial Statements" des IASB. Dieses stellt eine Art allgemeine Erläuterung zu den IAS bezüglich deren Zweck und Inhalt dar. Das Framework ist allerdings nicht selbst ein

erfasst sind. Was die IFRS Ausrichtung jedoch von der des HGB unterscheidet, ist die hauptsächliche Ausrichtung auf die erste Gruppe, die Investoren.

37 Die Darstellung der Abschlüsse nach IFRS müssen der Generalnorm des Grundsatzes einer „*true and fair presentation*" entsprechen: „Abschlüsse haben die Vermögens-, Finanz- und Ertragslage sowie die Mittelzu- und -abflüsse eines Unternehmens den tatsächlichen Verhältnissen entsprechend darzustellen" (IAS 1.10). Die Anwendung der IFRS und der SIC-Interpretationen samt erforderlicher Zusatzangaben resultiert praktisch immer in einem Abschluss, der diese Anforderungen erfüllt. Es kann jedoch, wenn auch äußerst selten, eine Situation auftreten, in der die Anwendung der betreffenden Regelung eine irreführende Darstellung ergibt und deshalb eine Abweichung von einem Standard für eine faire Darstellung notwendig wird. In diesem Fall muss das Unternehmen von dem betreffenden Standard abweichen (*overriding*), jedoch gleichzeitig umfangreiche erläuternde Angaben machen.[38]

VI. Ausgewählte wesentliche Unterschiede zwischen IFRS und HGB

1. Langfristige Fertigung

38 IAS 11 enthält Regeln über die Realisierung von Erträgen und Aufendungen von Fertigungsaufträgen. Grundsätzlich ist die Gewinnrealisierung nach dem Fertigstellungsgrad vorzunehmen (*percentage of completion method*).[39] Sie führt zu einer Periodisierung der Erträge und Aufwendungen und somit auch zu einem Ausweis der Gewinne aus dem Auftrag entsprechend dem jeweiligen Grad der Fertigstellung (*matching*). Diese Methode ist bei Zutreffen bestimmter Voraussetzungen zwingend anzuwenden. Gleichzeitig mit der Gewinnrealisierung durch Umsatzbuchung entsteht eine Forderung gegen den Auftraggeber. Ist es allerdings wahrscheinlich, dass ein Verlust aus dem Auftrag entsteht, ist der erwartete Verlust sofort in voller Höhe auszuweisen (IAS 11.36). Der Grad der Fertigstellung kann nach verschiedenen Methoden bemessen werden (IAS 11.30). Meist werden die angefallenen Kosten als Maßstab verwendet (*cost-to-cost method*). Erwartungsänderungen während des laufenden Auftrags sind sofort zu erfassen, soweit sie zu geringeren Erlösen oder höheren Kosten führen; es entsteht somit ein zu buchender zusätzlicher Aufwand.

39 Im HGB gibt es keine besonderen Bilanzierungs- und Bewertungsvorschriften für Fertigungsaufträge; es finden somit die allgemeinen Grundsätze Anwendung.[40] Produkte aus unfertigen Aufträgen sind grundsätzlich mit den auf sie entfallenden Herstellungskosten anzusetzen. Somit ist nach zutreffender Ansicht eine periodische

---

IAS/IFRS und genießt somit keine Bindungswirkung. Vgl. *Pellens*, S. 435 ff.

[38] Der deutsche handelsrechtliche Jahresabschluss sieht in solchen Fällen kein Abweichen von den Regelungen zur Bilanzierung vor. Entsprechend der bereits dargestellten Abkopplungsthese von *Moxter* käme es lediglich zu erläuternden Angaben im Rahmen des Anhangs.

[39] Beck'scher Bilanzkommentar/*Ellrott/Schmidt-Wendt*, § 255 Rn 600.

[40] Beck'scher Bilanzkommentar/*Ellrott/Schmidt-Wendt*, § 255 Rn 457.

Gewinnrealisierung entsprechend dem System der deutschen GoB unzulässig. Ausgenommen sind Teilleistungen, welche als selbständige Aufträge behandelt werden können.[41] Im Regelfall ergeben sich durch die Unterschiede im Ergebnisausweis keine Differenzen über die Totalperiode, da die Gewinne über die Gesamtlaufzeit des Fertigungsprozesses nur unterschiedlich verteilt werden.

2. Goodwill

Nach HGB bestehen grundsätzlich drei verschiedene Möglichkeiten, einen Goodwill abzuschreiben (§ 309 HGB). Zunächst besteht die Möglichkeit, eine jährliche Abschreibung mit einem Mindestanteil von 25 v.H. vorzunehmen.[42] Die Abschreibung muss dabei spätestens ab dem Geschäftsjahr nach dem Erwerb erfolgen. Es kann aber auch eine planmäßige Abschreibung über die Nutzungsdauer des Goodwills erfolgen. Der Abschreibungszeitraum ist nicht eingeschränkt, es wird jedoch allgemein von einer Höchstdauer von 20 Jahren ausgegangen.[43] Als dritte Möglichkeit sieht das HGB die sofortige Verrechnung mit einer Kapital- oder Gewinnrücklage vor, es erfolgt somit eine sofortige erfolgswirksame Vereinnahmung.[44]

Nach IAS 36 erfolgt keine planmäßige Abschreibung des Goodwills. Eine Abschreibung kann und muss nur dann erfolgen, wenn sich nach einem Werthaltigkeitstest (*impairment test*) ein konkreter Abwertungsbedarf ergibt. Im Rahmen dieses Werthaltigkeitstests wird der Goodwill auf die Zahlungsmittel generierenden Einheiten (IAS 36.64) des Gesamtunternehmens aufgeteilt und anschließend ein Vergleich zwischen Wert dieser Einheit inklusive Goodwill und einem erzielbaren Betrag für diese Einheit gezogen (IAS 36.80). Der erzielbare Betrag ist der kleinere Betrag aus potentiellem Veräußerungserlös und den diskontierten Cash flows der Einheit. Ist der erzielbare Betrag kleiner als der Wert der Einheit, erfolgt eine außerplanmäßige Abschreibung. Insoweit kann es zu erheblichen Bewertungsunterschieden im Rahmen der Bilanzierung von Firmenwerten kommen.

3. Leasing

Auch im Bereich des Leasings können spezifische Unterschiede im bilanziellen Ausweis nach HGB oder IFRS entstehen. Die grundsätzliche Struktur ist jedoch in beiden Systemen gleich. Ein deutlicher Unterschied besteht jedoch bei der bilanziellen Behandlung von sog. sale and lease back-Geschäften.[45] Diese werden nach IAS 17.50 ff. als einheitliches Geschäft behandelt, so dass es beim Verkauf des betreffenden Vermögensgegenstandes nicht zu einer erfolgswirksamen Vereinnahmung der Veräußerungserlöses kommt. Dieser ist vielmehr über die Gesamtdauer des Verhältnisses abzugrenzen. Nach HGB werden Veräußerungsgeschäft und

---

[41] Beck'scher Bilanzkommentar/*Ellrott/Schmidt-Wendt*, § 255 Rn 461.
[42] Beck'scher Bilanzkommentar/*Förschle/Hoffmann*, § 309 Rn 10 f.
[43] Beck'scher Bilanzkommentar/*Förschle/Hoffmann*, § 246 Rn 17. Steuerlich ist eine maximale Abschreibungsdauer von 15 Jahren vorgesehen, § 7 Abs. 1 Satz 3 EStG.
[44] Beck'scher Bilanzkommentar/*Förschle/Hoffmann*, § 246 Rn 20 ff.
[45] *Wagenhofer*, S. 290 ff.

Leasingvertrag entsprechend ihrer rechtlichen Struktur als getrennte Verträge gesehen. Es kann zu einem Erfolgsausweis bei Veräußerung kommen und die anschließenden Leasingzahlungen werden periodisch als Aufwand erfasst. Dadurch besteht die Möglichkeit einer Aufbereitung des Jahresabschlusses unter Vermeidung übermäßiger Aktiva und der anderweitigen Nutzung der freiwerdenden Passiva.

VII. Anstehende Änderungen

1. Bilanzrechtsreformgesetz

43 Am 15.12.2003 veröffentlichte das Bundesjustizministerium den Entwurf eines Gesetzes zur Einführung internationaler Rechnungslegungsstandards und zur Sicherung der Qualität der Abschlussprüfung (Bilanzrechtsreformgesetz). Dieser Entwurf wurde nach Durchlaufen des üblichen Verfahrens am 4. Dezember 2004 beschlossen.[46] Das Gesetz hat erhebliche Auswirkungen auf die Bilanzierung in der Bundesrepublik. Unter Anderem werden hierin die Mitgliedstaatenwahlrechte der IAS-Verordnung in nationales Recht umgesetzt und eine Reihe weiterer materieller Regelungen zur Bilanzierung und Abschlussprüfung geändert.[47]

a) Umsetzung der Mitgliedstaatenwahlrechte

44 Die IAS-Verordnung findet unmittelbare Anwendung nur für kapitalmarktorientierte Mutterunternehmen, für diese finden sich deshalb keine Regelungen im HGB. Die Verordnung sieht allerdings einige Wahlrechte für die Mitgliedstaaten vor, welche sich grundsätzlich darauf beziehen, die Anwendung der IFRS über den Kreis der in der Verordnung genannten Adressaten zu erweitern. Deutschland macht von dieser Möglichkeit insoweit Gebrauch, als zunächst auch für nicht-kapitalmarktorientierte Mutterunternehmen ein Wahlrecht eröffnet wird, ihren Konzernabschluss befreiend nach IFRS aufzustellen (§ 315 a HGB).[48] Ein weiteres Wahlrecht wird den nationalen Unternehmen dahingehend gewährt, dass sie auch ihren Einzelabschluss nach den Regelungen der IFRS offen legen können (§ 325 Abs. 2 a Satz 1 iVm. § 324 a HGB).[49] Dieser Offenlegung kommt jedoch keine befreiende Wirkung zu, so dass für Zwecke der Ausschüttung und Besteuerung weiterhin ein Einzelabschluss nach HGB erstellt werden muss.[50]

b) Materielle Änderungen

45 Auf inhaltlicher Ebene kommt es zu einer Vielzahl von Änderungen der HGB-Rechnungslegung. Die Mehrzahl dieser Änderungen ist auf die Umsetzung von

---

[46] Gesetz zur Einführung internationaler Rechnungslegungsstandards und zur Sicherung der Qualität der Abschlussprüfung (Bilanzrechtsreformgesetz – BilReG), BGBl. 2004 I, 3166.
[47] Alte FN 46 übernehmen. DAZU: *Pfitzer/Oser/Orth*, Offene Fragen und Systemwidrigkeiten des Bilanzrechtsreformgesetzes, DB 2004, 2593.
[48] *Wendlandt/Knorr*, KoR 2004, 45, 45.
[49] *Wendlandt/Knorr*, KoR 2004, 45, 46.
[50] *Böcking*, Internationalisierung der Rechnungslegung und ihre Auswirkungen auf die Grundprinzipien des deutschen Rechts, Der Konzern 2004, 177, 180.

EG-Richtlinien zurück zuführen; insbesondere sind dies die sog. Modernisierungsrichtlinie[51], die Schwellenwertrichtlinie[52] und die Fair Value-Richtlinie[53].

Der Lagebericht bzw. Konzernlagebericht muss an die individuelle Situation und **46** Risikostruktur des berichtenden Unternehmens angepasst werden. Dazu müssen nach §§ 289, 315 HGB die Geschäftsergebnisse so dargestellt werden, dass eine ausgewogene und umfassende, dem Umfang und der Komplexität der Geschäftstätigkeit entsprechend Analyse des Geschäftsverlaufs und der Lage der Gesellschaft möglich ist.

Die schon seit dem TransPuG geltende Einschränkung, dass Teilkonzerne nicht **47** mehr von der Aufstellung eines Konzernabschlusses befreit sind, wenn eine Wertpapieremittentin an der Spitze des Konzerns steht, wurde auf alle Wertpapiere an allen europäischen Börsen ausgeweitet, § 291 Abs. 3 Nr. 1 HGB-E.

Das in § 295 HGB enthaltene Verbot der Konsolidierung von Tochterunternehmen, **48** die einer grundsätzlich abweichenden Tätigkeit nachgehen, ist aufgehoben.

Die Schwellenwerte des § 267 Abs. 1 HGB zur Einteilung der Kapitalgesellschaften **49** in klein, mittelgroß und groß wurden um ca. 17 v.H. angehoben. Eine Gesellschaft, deren Wertpapiere in der EU/EWR an einem geregelten Markt zugelassen sind, gilt gem. § 267 Abs. 3 HGB immer als groß. Dies war bislang nur bei einer Zulassung im Inland der Fall. Analog zu § 267 HGB werden auch die Werte des § 293 HGB angehoben, die die größenabhängige Befreiung von der Aufstellungspflicht eines Konzernabschlusses regeln.

§ 292a HGB mit der Möglichkeit eines befreienden Konzernabschlusses nach internationalen Rechnungslegungsstandards wird aufgehoben. **50**

Mit der Fair Value-Richtlinie werden die Mitgliedstaaten in der EU dazu ver- **51** pflichtet, die Bewertung bestimmter Finanzinstrumente zum beizulegenden Zeitwert (dem Fair Value) anzusetzen. Dabei wird der Zeitwert durch § 285 Satz 3 HGB im Sinne eines Marktwertes konkretisiert. Hauptbestandteil der Änderungen ist die Einführung umfangreicher Erläuterungspflichten im Anhang. Diese sehen neben der Angabe des Buchwertes insbesondere die Angabe des tatsächlichen Fair Value und die Erläuterung der Gründe, die für das eventuelle Unterlassen einer außerplanmäßigen Abschreibung sprechen, vor. Auch muss begründet werden, warum die Wertminderung voraussichtlich nicht von Dauer ist. Die Verbesserung der Transparenz im Bereich der Bilanzierung von Finanzinstrumenten stand im Vordergrund dieser Änderungen.

---

[51] Richtlinie 2003/51/EG des Europäischen Parlaments und des Rates vom 18. Juni 2003 zur Änderung der Richtlinien 78/660/EWG, 83/349/EWG und 91/674/EWG über den Jahresabschluss und den konsolidierten Abschluss von Gesellschaften bestimmter Rechtsformen, Banken und anderer Finanzinstitute sowie Versicherungsunternehmen, ABl. EU Nr. L 120, S. 22.

[52] Richtlinie 2003/38/EG des Rates vom 13. Mai 2003 zur Änderung der Richtlinie 78/660/EWG über den Jahresabschluss von Gesellschaften bestimmter Rechtsformen hinsichtlich der in Euro ausgedrückten Beträge, ABl. EU Nr. 120, S. 22.

[53] Richtlinie 2001/65/EG des Europäischen Parlaments und des Rates vom 27. September 2001 zur Änderung der Richtlinien 78/660/EWG, 83/349/EWG und 86/635/EWG des Rates im Hinblick auf die im Jahresabschluss bzw. im konsolidierten Abschluss von Gesellschaften bestimmter Rechtsformen und von Banken und anderen Finanzinstituten zulässigen Wertansätze, ABl. EG Nr. L 283, S. 28.

2. Bilanzkontrollgesetz

52   Nach Veröffentlichung eines Entwurfs am 8.12.2003 wurde am 15.12.2004 das sogenannte Bilanzkontrollgesetz vom Bundestag verabschiedet.[54] Es dient dem vorwiegenden Zweck zur Durchsetzung der Rechnungslegungsstandards ein zweistufiges Verfahren in Deutschland zu etablieren. Auf einer ersten, freiwilligen Stufe wurde hierbei eine private Institution geschaffen, welches Jahresabschlüsse einer Überprüfung unterzieht (§ 342b HGB).[55] Der Überprüfung unterliegen hierbei der zuletzt festgestellte Jahresabschluss und Lagebericht bzw. Konzernabschluss und Konzernlagebericht. Maßstab der Überprüfung sind die Vorschriften des HGB oder anderer durch Gesetz zugelassene Rechnungslegungsstandards.

Auf der zweiten Stufe der Durchsetzung (enforcement) der Rechnungslegungsvorschriften steht die BAFin. Dieses kann sowohl die Prüfung von Unternehmensabschlüssen als auch deren Berichtigung mit öffentlich-rechtlichen Mitteln durchsetzen (§§ 37n-u WpHG). In konkreten Fällen ist die BAFin außerdem verpflichtet, mit ausländischen Enforcement – Einrichtungen zusammen zu arbeiten (§ 37s WpHG). Die Schaffung eines zweistufigen Verfahrens zur Durchsetzung der Rechnungslegungsvorschriften muss als Kompromiss zwischen den zur Diskussion stehenden Modellen eines britischen Financial Reporting Review Panel (freiwillig, Durchsetzung durch negative Marktinformation) und der US-Behörde SEC (hoheitlich) gesehen werden.[56] Dieser Kompromiss ist jedoch ohne weitere Abstimmung auf die nationalen Besonderheiten gefunden worden und erscheint im Hinblick auf die Kontrollpflicht des Aufsichtsrates in Deutschland gem. § 171 Abs. 1 AktG nicht schlüssig.[57]

---

[54] Gesetz zur Kontrolle von Unternehmensabschlüssen (Bilanzkontrollgesetz – BilKoG), BGBl. 2004 I, 3408.
[55] Nachweis zur Kontrollstelle
[56] *Gabriel/Ernst*, Der Konzern 2004, 102, 103.
[57] *Bäcking*, Der Konzern, 177, 182.

§ 12 Steuerrecht (Überblick)

I. Die Steuerbilanz als Basis der Besteuerung

Die Funktion der Steuerbilanz besteht in der Ermittlung des Gewinns nach steuerlichen Maßstäben.   1

Das Steuerrecht rekurriert zunächst grundsätzlich auf die Regelungen der handelsrechtlichen Bilanzierung. Dieser Rückgriff ist gesetzlich in § 5 Abs. 1 Satz 1 EStG geregelt und wird als „Prinzip der Maßgeblichkeit der Handelsbilanz für die Steuerbilanz" (Maßgeblichkeitsprinzip) bezeichnet. Für die Zwecke der steuerlichen Gewinnermittlung schreibt das Steuerrecht bestimmte Ansatzge- und verbote vor und regelt in vielen Bereichen die Bewertung von Bilanzposten. Um steuerliche Ansatz- oder Bewertungsvorteile zu erlangen, muss gegebenenfalls die Handelsbilanz entsprechend angepasst werden, diese Anpassung wird als „umgekehrte Maßgeblichkeit" bezeichnet.   2

II. Die Aktiengesellschaft als Steuersubjekt

1. Grundsätzliches

Aktiengesellschaften unterliegen der unbeschränkten Körperschaftsteuerpflicht in Deutschland, wenn sie hier ihre Geschäftsleitung bzw. ihren Sitz haben (§ 1 Abs. 1 Nr. 1 KStG). Sie selbst sind Steuersubjekt, d. h. sie unterliegen unabhängig von der Struktur und dem Bestand der Aktionäre der Besteuerung. Seit dem Übergang zum sog. Halbeinkünfteverfahren[1] unterliegen Gewinne ab 2001 einem Körperschaftsteuersatz von 25 v.H. (§ 23 Abs. 1 KStG). Dies gilt unabhängig davon, ob die Gewinne ausgeschüttet oder thesauriert werden. Unter Berücksichtigung des Solidaritätszuschlages von 5,5 v.H. auf die festgesetzte Körperschaftsteuer (§ 3 SoliZuschlG) erhöht sich die Gesamtbelastung auf 26,375 v.H. Allein für das Jahr 2003 betrug der Körperschaftsteuersatz 26,5 v.H.[2] Zuzüglich des Solidaritätszuschlags ergab sich eine Gesamtbelastung von ca. 27,96 v.H.   3

Vor dem grundlegenden Systemwechsel durch das Steuersenkungsgesetz 1999[3] stellte die Körperschaftsteuer eine auf Anteilseigner bestimmter Gesellschaften qualifizierte Erhebungsform der Einkommensteuer dar.[4] Die vom Unternehmen   4

---

[1] *Dötsch/Pung*, Ausgewählte Fragen zu der letztmaligen Anwendung des Anrechnungsverfahrens sowie zur erstmaligen Anwendung des Halbeinkünfteverfahrens, GmbHR 2001, 641; G. *Förster*, Anwendungsregelungen beim Systemwechsel zum neuen Körperschaftsteuerrecht, DStR 2001, 1273.

[2] Gesetz zur Änderung steuerrechtlicher Vorschriften und zur Errichtung eines Fonds „Aufbauhilfe" (Flutopfersolidaritätsgesetz) vom 19.9.2002, BGBl. I 02, 3651.

[3] Steuersenkungsgesetz in der Fassung des Änderungsgesetzes zum Investitionszulagengesetz 1999, BGBl. I 00, 1850.

[4] Zu beiden Systemen, Hintergründen des Wechsels und weiteren Nachweisen: Schmidt, EStG, 22. Auflage (2003), § 3 „Halbeinkünfteverfahren".

gezahlte Körperschaftsteuer wurde im Rahmen der persönlichen Veranlagung des Anteilseigners auf dessen Einkommensteuerschuld angerechnet (Anrechnungsverfahren). Seit dem Übergang vom Anrechnungsverfahren zum Halbeinkünfteverfahren handelt es sich bei der Körperschaftsteuer um eine sog. Definitivsteuer, d. h. sie wird auf Ebene des Unternehmens erhoben und es kommt zu keiner späteren Verrechnung mit anderen Steuern.[5]

2. Dividendenerträge

5 Mit der Einführung des Halbeinkünfteverfahrens kam es zu einer Änderung in der Behandlung von Erträgen bei Kapitalgesellschaften, welche diese aus der Beteiligung an anderen Gesellschaften generiert. Alle Gewinne eines Unternehmens sind bei diesem durch die Körperschaftsteuer bereits erfasst. Entsprechend wurden durch § 8b Abs. 1 KStG (aF) Dividendenerträge der Aktiengesellschaft aus Beteiligungen an anderen Körperschaften unabhängig von Beteiligungsquote und -zeit von der Körperschaftsteuer freigestellt. Neben der Vermeidung der nicht gewollten mehrfachen Belastung von Gewinnen mit Körperschaftsteuer spielten dabei auch politische Gründe eine bedeutende Rolle.[6]

6 Im Einzelnen waren neben erhaltenen Dividenden und sonstigen Bezügen, mit denen das Recht am Gewinn und Liquidationserlös einer Kapitalgesellschaft verbunden war (§ 20 Abs. 1 Nr. 1 EStG), auch Bezüge, die nach der Auflösung einer solchen unbeschränkt steuerpflichtigen Gesellschaft anfallen und nicht in der Rückzahlung von Nennkapital bestehen (§ 20 Abs. 1 Nr. 2 Satz 1 EStG), befreit. Im Zusammenhang mit der Dividendenfreistellung war allerdings zu beachten, dass Ausgaben, die in unmittelbarem Zusammenhang mit steuerfreien Einnahmen aus Dividenden standen, steuerlich nicht als Betriebsausgaben abzugsfähig waren (§ 8b Abs. 1 KStG (aF) iVm. § 3c Abs. 1 EStG). Insbesondere das daraus resultierende Abzugsverbot für Kosten einer Fremdfinanzierung der betreffenden Beteiligung hatte erhebliche Auswirkungen. Das Abzugsverbot beschränkte sich allerdings auf den Betrag der im jeweiligen Zeitraum anfallenden Ausschüttungen. Somit war es möglich, durch Steuerung der Ausschüttungspolitik (sog. Ballooning) einen Großteil der Ausgaben doch steuerlich geltend zu machen.

7 Auch Dividenden aus Anteilen an ausländischen Gesellschaften wurden grundsätzlich freigestellt. Jedoch wurden hier 5 v.H. der Bezüge als nicht abzugsfähige Ausgaben fingiert (§ 8b Abs. 5 KStG (aF)). Im Ergebnis führt diese Regelung zu einer Freistellung von lediglich 95 v.H. der Dividenden. Im Gegenzug waren jedoch alle Ausgaben, die im Zusammenhang mit den ausländischen Dividenden standen, unbeschränkt abzugsfähig. Lagen allerdings keine beteiligungsbezogenen

---

[5] Diese definitive Wirkung der Körperschaftsteuer war im alten System des Anrechnungsverfahrens nicht gegeben. Hier war die vom Unternehmen gezahlte Körperschaftsteuer eine in Höhe der Ausschüttungsbelastung anrechenbare Vorausleistung auf die persönliche Steuerschuld des Anteilseigners.

[6] Politischer Hintergrund der Regelung war auch eine angestrebte Entflechtung der „Deutschland AG", also der weitgehenden Überkreuzbeteiligungen innerhalb der deutschen Wirtschaft. So der allgemeine Teil der Begründung des Entwurfs der Regierungsfraktionen zum Steuersenkungsgesetz, BT-Drs. 14/2683.

Betriebsausgaben vor, führte diese Regelung zu einer Schlechterstellung ausländischer im Vergleich zu inländischen Dividenden.

Der Ungleichbehandlung ausländischer Dividendeneinnahmen hat der Gesetzgeber durch eine Angleichung der Regelung für inländische Dividenden Rechnung getragen.[7] Diese erfolgte zum Jahresbeginn 2004 im Rahmen des Gesetzes zur Umsetzung der Protokollerklärung der Bundesregierung zur Vermittlungsempfehlung zum Steuervergünstigungsabbaugesetz (sog. „Korb II"). Die bisher nur für ausländische Dividenden geltende pauschale Betriebsausgabenabzugsverbot von 5 % wurde auf inländische Dividenden (und Veräußerungsgewinne) ausgedehnt.[8] Korrespondierend zur alten Regelung bei ausländischen Dividenden ist das Abzugsverbot des § 3 c EStG nicht mehr anwendbar, d. h. Finanzierungs- und Veräußerungskosten sind auch in Jahren mit Dividendenbezug als Betriebsausgabe abziehbar. Unberücksichtigt bleiben weiterhin die Gewinnminderungen aus Teilwertabschreibungen auf die Beteiligung.

3. Veräußerungsgewinne

Auch die Regelungen der Erfassung von Veräußerungsgewinnen wurden geändert. Durch § 8 b Abs. 2 KStG (aF) wurden die entsprechenden Gewinne aus der Veräußerung solcher Anteile von der Besteuerung freigestellt. Gewinnminderungen, die im Zusammenhang mit den genannten Anteilen standen, waren bei der Gewinnermittlung nicht zu berücksichtigen (§ 8 b Abs. 3 KStG (aF)). Da die Veräußerungsgewinne steuerfrei waren, waren die Veräußerungsverluste ebenfalls nicht abzugsfähig.

Von der Steuerfreiheit der Veräußerungsgewinne gab und gibt es allerdings Ausnahmen. Eine Besteuerung der erzielten Gewinne findet statt, wenn die Anteile zuvor innerhalb von sieben Jahren durch steuerneutrale Einbringung von Vermögensgegenständen erworben wurden, deren Verkauf ihrerseits steuerpflichtig gewesen wären (§ 8 b Abs. 4 Satz 1 Nr. 1 iVm § 21 UmwStG; sog. einbringungsgeborene Anteile). Eine Rückausnahme vom Prinzip der Steuerfreiheit gilt auch für Veräußerungsgewinne bei Anteilen, die vor 2001 steuerwirksam teilwertberichtigt wurden.[9]

Ab dem Veranlagungszeitraum 2004 sind 5 v.H. der realisierten Veräußerungserlöse steuerpflichtig. Im Gegenzug fällt auch die Nichtabziehbarkeit korrespondierender Aufwendungen, d. h. die Veräußerungskosten sind als Betriebsausgabe abzugsfähig, § 8 b Abs. 5 KStG.[10]

---

[7] Zur Kritik *Schön*, Die Abzugsschranken des § 3 c EStG zwischen Verfassungs- und Europarecht, FR 2001, 381.
[8] Vgl. hierzu und den weiteren Änderungen *Melchior*, Haushaltsbegleitgesetz 2004, Gesetz zur Änderung des Gewerbesteuergesetzes und anderer Gesetze sowie „Korb II" im Überblick, DStR 2004, 65.
[9] Zur Gesamtthematik: *Romswinkel*, Systematische Rechtfertigung und Wirkungsweise des § 8 b Abs. 4 KStG, DB 2002, 1679.
[10] Gem. § 8 b Abs. 7 KStG sind die in Abs. 1 bis 6 genannten Regelungen nicht auf Anteile anzuwenden, die bei Kreditinstituten und Finanzdienstleistungsinstituten iSd. § 1 Abs. 12 KWG dem Handelsbuch zuzurechnen sind. Durch diese Regelung sollen bei Handelsgeschäften Gewinn und Verluste ausgleichsfähig bleiben. Diese Regelung ist auch für Derivativgeschäfte bedeutsam.

4. Verdeckte Gewinnausschüttung

12 Transaktionen zwischen der Aktiengesellschaft und ihren Anteilseignern einerseits, aber auch zwischen der Aktiengesellschaft und ihren verbundenen Unternehmen andererseits werden von der Finanzverwaltung darauf überprüft, ob sie dem sogenannten Grundsatz des Drittvergleichs standhalten.[11] Die Finanzverwaltung überprüft im Rahmen der Betriebsprüfungen alle Transaktionen, die nicht von vorneherein durch den natürlichen Interessengegensatz von Marktteilnehmern gekennzeichnet sind, ob empfangene und erbrachte Lieferungen und Leistungen aufgrund einer marktüblichen Kosten-Nutzenanalyse im Hinblick auf den Wert von Leistung und Gegenleistung als marktüblich eingestuft werden können.[12] Ist die Finanzverwaltung der Auffassung, dass die Kapitalgesellschaft zu Lasten ihres Ergebnisses (und des Steueraufkommens) übervorteilt wurde, dann wird das steuerliche Ergebnis so angepasst, als habe die Kapitalgesellschaft die Übervorteilung nicht erlitten, sondern den entgangenen Vorteil realisiert oder den erlittenen Nachteil vermieden.[13] Die Anhebung des Ergebnisses erhöht den steuerpflichtigen Gewinn oder verringert den Verlustvortrag.[14] Zugleich wird der Betrag der erlittenen Übervorteilung den Aktionären als „verdeckte Gewinnausschüttung" zugerechnet und löst bei diesen die entsprechenden Steuerfolgen einer Dividendenausschüttung aus (insbesondere Kapitalertragsteuer, hälftige Besteuerung bei natürlichen Personen und 5% Besteuerung bei Kapitalgesellschaften).

13 In bestimmten, durch besondere Umstände auffälligen (zum Beispiel Größenordnung, grobe Fahrlässigkeit o.ä.) verbuchten Gewinnausschüttungen kann die Finanzverwaltung auch Strafverfahren gegen den Vorstand und weitere Verantwortliche wegen Steuerhinterziehung einleiten.[15]

14 Darüber hinaus stellt die verdeckte Gewinnausschüttung an einzelne Aktionäre regelmäßig einen Fall der Ungleichbehandlung von Aktionären dar, der über § 57 AktG zu Rückforderungsansprüchen seitens der Gesellschaft gegenüber den begünstigten Aktionären (und aufgrund Pflichtverletzung) gegebenenfalls auch gegenüber dem Vorstand führen kann.[16] Aus diesen Gründen sind alle Transaktionen mit Aktionären und verbundenen Unternehmen mit besonderer Sorgfalt zu planen

---

[11] Bei diesem „Drittvergleich" wird als Dritter ein hypothetischer Vertragspartner gewählt, welcher keine Verbindung zum betrachteten Unternehmen hat. Es wird somit ein Vergleichsgeschäft „unter fremden Dritten" angenommen; *Wassermeyer*, Verdeckte Gewinnausschüttung: Veranlassung, Fremdvergleich und Beweisrisikoverteilung, DB 2001, 2465.

[12] Auch im Rahmen der Betriebsprüfung kommt es dann allerdings kaum zur Ermittlung eines objektiven Wertes. Oftmals lassen sich die gefundenen Ergebnisse angreifen und sind Gegenstand zäher Verhandlungen zwischen Betriebsprüfung und Unternehmensvertretern; *Streck/Schwedhelm* § 8 Rn 100.

[13] Höreth in Ernst&Young, Verdeckte Gewinnausschüttungen und verdeckte Einlagen, Fach 3 A. Rn 24.

[14] Das *BMF* hat mit Schreiben vom 28.5.2002, BStBl. I 2002, 603, Stellung dazu bezogen, auf welcher Stufe der steuerlichen Gewinnermittlung der Körperschaft die Ergebniskorrektur zu erfolgen hat. Es bezieht dahin gehend Position, dass die Hinzurechnung außerhalb der Steuerbilanz bei der Ermittlung des Einkommens der Gesellschaft zu erfolgen hat. Hierzu auch *Wassermeyer*, Verdeckte Gewinnausschüttung – Bundesfinanzhof versus Finanzverwaltung, GmbHR 2002, 1.

[15] *Hauber*, in: Ernst&Young, a.a.O., Fach 3 B. Rn 13 (mit Beispielen).

[16] *Hauber*, a.a.O., Rn 3.

5. Gesellschafter-Fremdfinanzierung

§ 8a KStG begrenzt die steuerliche Anerkennung bestimmter Formen der Gesellschafter-Fremdfinanzierung. Rechtsfolge einer Überschreitung der gesetzlichen Rahmenbedingungen ist eine Behandlung der Fremdkapitalvergütungen als verdeckte Gewinnausschüttung. Erster Ansatzpunkt ist eine wesentliche Beteiligung des die Fremdfinanzierung ausreichenden Gesellschafters im betreffenden Wirtschaftjahr. Eine wesentliche Beteiligung liegt grundsätzlich ab einer Beteiligungsquote von 25 v.H. vor (§ 8a Abs. 3 KStG (aF)). Zweiter Ansatzpunkt ist, dass die Vergütung der Fremdkapitalüberlassung nicht in einem Bruchteil des überlassenen Kapitals bemessen wird (dann meist ergebnis- oder umsatzabhängige Vergütung, § 8a Abs. 1 Satz 1 Nr. 1 KStG, die vollständig vom Abzug ausgeschlossen ist) oder dass bestimmte Grenzen im Verhältnis von Eigenkapital und überlassenem Fremdkapital überschritten werden (§ 8a Abs. 1 Satz Nr. 2 KStG (aF)). Dritte und kritische Voraussetzung des § 8a KStG (aF) war bisher, dass die beschriebene Regelung nicht anzuwenden war, soweit die Vergütung beim Anteilseigner im Inland steuerlich erfasst wird. Es handelte sich somit um eine Sonderregelung zu Lasten ausländischer Gesellschafter.[17]

Der EuGH erachtete in seinem Lankhorst-Hohorst-Urteil vom 12.12.2002 den § 8a KStG (aF) infolge seiner Anwendung auf Anteilseigner im EU-Ausland als nicht mit der Niederlassungsfreiheit gem. Art. 43 EG vereinbar.[18] Die Finanzverwaltung setzte die Regelung in EU-Fällen daraufhin aus. Es ist auch zweifelhaft, ob § 8a KStG (aF) aufgrund von Regeln in Doppelbesteuerungsabkommen, zB mit den USA, zu Lasten von US-Gesellschaften anwendbar ist.

Mit Wirkung für Wirtschaftsjahre, die nach dem 31.12.2003 beginnen, wird die Anwendung des § 8a KStG auf Inländer erstreckt und generell verschärft (Ausweitung auf Personengesellschaften, an denen Kapitalgesellschaften beteiligt sind, und auf konzerninterne Akquisitionen).[19] Nach der Neuregelung werden Inländer und Ausländer bei der Fremdfinanzierung von Kapitalgesellschaften gleichermaßen erfasst. Dadurch kann es auch dann zu verdeckten Gewinnausschüttungen kommen, wenn die Vergütung im Inland der Besteuerung unterliegt. Anknüpfungspunkt der Regelung bleibt weiterhin die Zahlung von Vergütungen an einen wesentlich beteiligten Anteilseigner, wobei wie bisher ab einem Anteil von mehr als einem Viertel am Grund- oder Stammkapital von einer wesentlichen Beteiligung auszu-

---

[17] *Knobbe-Keuk*, Wieder einmal ein Entwurf zu § 8a KStG – Wiederauflage einer Regelung zur Gesellschafterfremdfinanzierung im Standortsicherungsgesetz, DB 1993, 60.
[18] EuGH Rs C-324/00 vom 12.12.2002, DB 2002, 2690. Hierzu *Prinz/Cordewener*, Unterkapitalisierungsregelung des § 8a Abs. 1 Nr. 2 KStG verstößt gegen Europarecht, GmbHR 2003, 80.
[19] *Herzig*, Gesellschafter-Fremdfinanzierung – Analyse und Perspektiven, WPg-Sonderheft 2003, S 191; *Dötsch/Pung*, Die Neuerungen bei der Körperschaftsteuer und bei der Gewerbesteuer durch das Steuergesetzgebungspaket vom Dezember 2003, DB 2004, 91.

gehen ist (§ 8a Abs. 4 KStG). An die Stelle der bisherigen Fiktion einer verdeckten Gewinnausschüttung ist nun deren Vorliegen getreten, was grundsätzlich zu einem Kapitalertragsteuerabzug führen kann.[20] Zur Vermeidung unangemessenen Verwaltungsaufwandes und als „Mittelstandskomponente" wurde eine Zinsfreigrenze von 250.000 EUR eingeführt, d.h. eine Umqualifikation zur verdeckten Gewinnausschüttung kommt erst in Betracht, wenn die Vergütung pro Veranlagungszeitraum diesen Betrag übersteigt (dann aber in voller Höhe und nicht nur in Höhe des übersteigenden Betrags).

18 Bei ergebnis- oder umsatzunabhängigen Vergütungen wird ein *Safe Harbor* berücksichtigt. Dieser liegt wie bisher beim 1,5fachen des anteiligen Eigenkapitals, wobei es kein Privileg mehr für Holdinggesellschaften gibt. Diese Regelung gilt auch dann, wenn die gezahlte Vergütung nur teilweise ergebnis- oder umsatzabhängig gezahlt wird. Eine Ausnahme gilt für die Fälle, in welchen die vereinbarte (ergebnis- oder umsatzunabhängige) Vergütung einem sog. Drittvergleich standhält, d.h. die Kapitalgesellschaft hätte dieses Fremdkapital unter sonst gleichen Umständen auch von einem fremden Dritten erhalten können (§ 8a Abs. 1 Satz 1 Nr. 2 KStG). Ist die Vergütung ergebnis- oder umsatzabhängig, besteht weder die Möglichkeit eines Drittvergleichs noch wird ein *Safe Harbor* gewährt. Der gleichen strengen Ausschlussregelung unterfallen Vergütungen, wenn sie für Kapital gezahlt werden, welches zum Zweck des Erwerbs einer Beteiligung an einer Kapitalgesellschaft aufgenommen wurde (mit unterschiedlicher Geltung für die Vergangenheit) und der Veräußerer der Beteiligung sowie der Geber des Fremdkapitals der Anteilseigner (oder eine ihm nahestehende Person) ist (§ 8a Abs. 7 KStG). In Konsequenz zur Qualifikation der Vergütungen als verdeckte Gewinnausschüttung (bisher wurde dieser nur fingiert), und somit als Gewinnverwendung, unterliegen sie auch in voller Höhe der Gewerbesteuer (Wegfall des ehem. § 9 Nr. 10 GewStG).

6. Gewerbesteuer

19 Zusätzlich zur Körperschaftsteuer unterliegen deutsche Kapitalgesellschaften der Gewerbesteuer. Sie ist eine zusätzliche, durch die Gemeinden erhobene Ertragsteuer.[21] Da den Gemeinden das Recht zur Festsetzung des Hebesatzes für die Gewerbesteuer zusteht (Art. 28 Abs. 2 Satz 3 GG), ist die Höhe der jeweiligen Gewerbesteuer unter anderem davon abhängig, in welcher Gemeinde die Gesellschaft Betriebsstätten unterhält. Die Gewerbesteuer ist als eine durch den Gewerbebetrieb veranlasste Steuer als Betriebsausgabe abziehbar. Durch die Verknüpfung von steuerlichem Gewinn und Gewerbeertrag mindert sie ihre eigene Bemessungsgrundlage. Maßgebend für die Steuerberechnung ist der Gewerbeertrag (§ 10 GewStG). Gewerbeertrag ist der nach den Vorschriften des Einkommensteuergesetzes oder Körperschaftsteuergesetzes zu ermittelnde Gewinn aus dem Gewerbebetrieb (§ 7

---

[20] *Melchior*, Das Steuervergünstigungsabbaugesetz im Überblick, DStR 2003, 65, 71.
[21] Historisch bedingt, wird die Gewerbesteuer vielfach als Objektsteuer bezeichnet. Diese Bezeichnung ist zumindest in der aktuellen gesetzlichen Ausgestaltung verfehlt, da die objektsteuerlichen Merkmale bewusst durch die Abschaffung der Lohnsummen- und Gewerbekapitalsteuer beseitigt wurden. Zu Begriff und Tendenzen im deutschen Steuerrecht *Tipke*, Steuerrechtsordnung, Band 2 (1993), S. 833 f.

GewStG). Dieser wird durch verschiedene Hinzurechnungen und Kürzungen modifiziert. Bestimmte nicht als Betriebsausgabe anerkannte Ausgaben werden der Bemessungsgrundlage für Zwecke der Gewerbesteuer wieder hinzugerechnet und bestimmte Einnahmen (im wesentlichen solche, die bereits der Gewerbesteuer unterlegen haben) werden herausgerechnet.

Die geplante umfassende Erneuerung des Gewerbesteuerrechts fand keine Mehrheit im Rahmen des Gesetzgebungsprozesses des Jahres 2003.

7. Verlustvortrag

Es gilt der Grundsatz der Abschnittsbesteuerung. Allerdings wird dieser Grundsatz dem Grundsatz der Besteuerung nach der Leistungsfähigkeit nicht gerecht. Gesellschaften, die zum Beispiel in Folge von Investitionen oder aus anderen Gründen in einem Besteuerungsabschnitt Verlust erleiden, müssen in der Lage sein, diese Verluste in anderen Besteuerungsabschnitten geltend zu machen.

Für beide Steuerarten bestand bis 2003 ein in Höhe und Dauer unbeschränkter Verlustvortrag. Das deutsche Recht lässt für Körperschaftsteuerzwecke ab 2004 den Verlustrücktrag zu, allerdings begrenzt auf einen Betrag von 511.500 EUR.[22] Für Gewerbesteuer gibt es keinen Verlustrücktrag.

Mit den in 2003 verabschiedeten Steuerreformgesetzen änderte sich dies für den Verlustvortrag mit Wirkung ab 1.1.2004. Aufgrund einer Mittelstandskomponente ist ein Jahresüberschuss bis in Höhe von 1 Mio. EUR mit Verlustvorträgen voll verrechenbar. Der über 1 Mio. EUR hinausgehende Jahresüberschuss kann jedoch nur in Höhe von 60% mit einem Verlustvortrag verrechnet werden. Die verbleibenden 40% unterliegen in voller Höhe der Körperschaftsteuer und der Gewerbesteuer. Das folgende Schema verdeutlicht die Wirkungsweise dieser Einschränkung:

	Rechtslage bis 31.12.2003	Rechtslage ab 1.1.2004
Jahresergebnis in Periode (x)	–10.000.000	–10.000.000
Jahresergebnis in Periode (x+1)	4.000.000	4.000.000
Steuerliches Einkommen (x+1)	**–6.000.000**	**1.200.000**
verbleibender Verlustvortrag für die künftigen Perioden	–6.000.000	–7.200.000
		In Periode (x+1) muss somit auf ein Ergbnis von 1,2 Mio. Steuern gezahlt werden, obwohl der Gesellschaft Verlustvorträge verbleiben.

---

[22] *Rödder/Schumacher*, Erster Überblick über die geplanten Steuerverschärfungen und -entlastungen für Unternehmen zum Jahreswechsel 2003/2004, DStR 2003, 1725.

III. Besteuerung von Umwandlungen

1. Einleitung

24 Die steuerlichen Folgen von Umstrukturierungen eines Unternehmens werden im Umwandlungssteuergesetz geregelt. Es ermöglicht als Sonderregelung im Grundsatz bei allen Arten der Umwandlung die Übertragung von stillen Reserven auf andere Rechtsträger. Das UmwStG ermöglicht hingegen im Regelfall die Nutzung früherer Verluste des übertragenden Rechtsträgers auch durch den übernehmenden Rechtsträger.

25 Zu den zentralen Normen gehört § 3 UmwStG, der dem übertragenden Rechtsträger ein Wahlrecht gewährt, seine Wirtschaftsgüter in der Schlussbilanz mit dem Buchwert, dem Teilwert oder einem Zwischenwert anzusetzen. § 4 Abs. 1 UmwStG ordnet an, dass die übernehmende Gesellschaft die übergegangenen Wirtschaftsgüter korrespondierend zu diesem bilanziellen Ansatz zu übernehmen hat. Aus dem Zusammenspiel dieser Vorschriften ergibt sich, dass die an der Umwandlung beteiligten Rechtsträger wählen können, ob die stillen Reserven ohne Versteuerung übergehen sollen und beim übernehmenden Rechtsträger steuerverstrickt bleiben, oder aufgedeckt werden sollen, wodurch beim übernehmenden Rechtsträger gleichzeitig neues steuerliches Abschreibungsvolumen geschaffen würde. Je nachdem, ob im Rahmen der Ausübung dieses Wahlrechtes ein Buchwertansatz oder eine davon abweichende bilanzielle Behandlung gewählt wurde, kann sich bei der übertragenden Körperschaft ein Übernahmegewinn oder -verlust ergeben, dessen Ermittlung in § 4 Abs. 4, 5 UmwStG geregelt ist. Die Einführung des Halbeinkünfteverfahrens hat jedoch auch im Bereich des Umwandlungsteuergesetzes zu einer erheblichen Veränderung der steuerlichen Berücksichtigung solcher Übernahmegewinne bzw. -verluste geführt.

26 Gemäß § 4 Abs. 6 UmwStG hat ein Übernahmeverlust nunmehr vollständig außer Ansatz zu bleiben. Entsprechend ist ein Übernahmegewinn in der Regel nur noch zur Hälfte anzusetzen, § 4 Abs. 7 UmwStG. § 10 UmwStG führt dazu, dass ein aus den früheren körperschaftsteuerlichen Anrechnungsverfahren noch vorhandenes Steuerguthaben der Gesellschaft im Zeitpunkt der Umwandlung erstattet wird, was zu erheblichen Steuerrückzahlungen führten und die Umwandlung attraktiv machen kann.

2. Verschmelzung

27 Bei der Verschmelzung geht das gesamte Vermögen von Rechtsträgern im Wege der Gesamtrechtsnachfolge auf einen anderen, bereits bestehenden (Verschmelzung durch Aufnahme) oder neu gegründeten (Verschmelzung durch Neugründung) Rechtsträger unter Auflösung ohne Abwicklung über. Die Anteilsinhaber der übertragenden Rechtsträger werden durch Anteilstausch an dem übernehmenden bzw. neu gegründeten Rechtsträger beteiligt (vgl. § 2 UmwG). § 3 UmwStG gewährt dem übertragenden Rechtsträger ein Wahlrecht, in der steuerlichen Schlussbilanz abweichend vom verbindlichen Buchwertansatz der Handelsbilanz (§ 17 UmwG) ihr bilanzielles Vermögen zum steuerlichen Buchwert bis höchstens zum Teilwert anzusetzen.[23] Die Vorschrift weist damit die Entscheidung über eine steuerneutrale

---

[23] *Schmitt*/Hörtnagel/Stratz § 3 UmwStG Rn 1; *Dötsch*/Patt/Pung/Jost, § 3 Rn 22 ff.; **aA** BMF-Schreiben vom 25.3.1998 BStBl I 98, 268 Rn 03.01.

oder nicht-steuerneutrale Vermögensübertragung nicht dem übernehmenden Rechtsträger, sondern allein dem übertragenden Rechtsträger zu. Vorraussetzung für das Bewertungswahlrecht ist allerdings, dass das Vermögen des Rechtsträgers Betriebsvermögen bei dem übernehmenden Rechtsträger wird.[24] § 3 UmwStG ermöglicht damit eine steuerneutrale Verschmelzung auf eine bzw. mit einer Personengesellschaft bzw. natürlichen Person, erzwingt die steuerneutrale Umwandlung aber nicht. Die Vorschrift stellt klar, dass die übertragende Körperschaft eine steuerliche Schlussbilanz aufstellen muss, in der das übergehende Vermögen auch dann mit dem steuerlichen Buchwert angesetzt werden darf, wenn es nach handelsrechtlichen Vorschriften mit einem höheren Wert angesetzt werden muss. Ob der übernehmende Rechtsträger von dem ihm in § 24 UmwG eingeräumten handelsbilanziellen Wahlrecht Gebrauch macht, ist für die Ermittlung der Besteuerungsgrundlage bei der übertragenden Rechtsträger bedeutungslos.[25]

Ein Übertragungsgewinn entsteht, wenn der übertragende Rechtsträger seine Wirtschaftsgüter mit dem Teilwert oder einem Zwischenwert ansetzt bzw. wenn die stillen Reserven zu realisieren sind, weil die Wirtschaftsgüter beim übernehmenden Rechtsträger nicht Betriebsvermögen darstellen. Der Übertragungsgewinn unterliegt der Gewerbesteuer und der Körperschaftsteuer.[26] Eine Aufstockung der Wirtschaftsgüter durch den übertragenden Rechtsträger auf deren Zwischenwert oder Teilwert kann steuerlich dann vorteilhaft sein, wenn bei ihm Verlustvorträge bestehen, da diese nämlich im Rahmen der Verschmelzung nicht auf die übernehmende Personengesellschaft übergehen, § 4 Abs. 2 Satz 2 UmwStG.[27] Bei Verrechnung des Verschmelzungsgewinns ist aber die bereits beschriebene Beschränkung von Verlustvorträgen zu beachten (vgl. Rn 24).

3. Formwechsel

Für den Formwechsel einer Kapitalgesellschaft in eine Kapitalgesellschaft anderer Rechtsform folgt das Steuerrecht der handelsrechtlichen Identität des Rechtsträgers.[28] Es kommt grundsätzlich zu keiner Gewinnrealisierung.

Das Steuerrecht folgt dem Handelsrecht jedoch nicht, soweit es um den Formwechsel einer Kapitalgesellschaft in eine Personengesellschaft und umgekehrt geht. Das Konzept der Besteuerung einer Kapitalgesellschaft und einer Personengesellschaft unterscheidet sich grundlegend. Das Steuerrecht beurteilt die Kapitalgesellschaft als selbständiges Steuersubjekt. Bei der Personengesellschaft sind dem gegenüber ausschließlich die Gesellschafter mit ihrem Einkommen selbst steuerpflichtig. Der Gewinn der Personengesellschaft wird unmittelbar den Gesellschaftern zugerechnet und bei diesen der Einkommensteuer oder Körperschaftsteuer unterworfen. Das Umwandlungssteuergesetz regelt daher die formwechselnde Umwandlung der Kapitalgesellschaft in eine Personengesellschaft und umgekehrt eigenständig und wie eine übertragende Umwandlung.

---

[24] *Dötsch*/Patt/Pung/Jost, § 3 Rn 18.
[25] Str. bei *Dötsch*/Patt/Pung/Jost, § 3 Rn 25.
[26] *Schmitt*/Hörtnagel/Stratz § 3 UmwStG Rn 3; Widmann/Mayer UmwStG § 3 Rn 528.
[27] *Dötsch*/Patt/Pung/Jost, § 3 Rn 21.
[28] *Schmitt*/Hörtnagel/Stratz, § 14 UmwStG Rz. 1.

31   Beim Formwechsel einer Personengesellschaft in eine Kapitalgesellschaft findet über § 25 Satz 1 der 8. Teil des UmwStG zur Einbringung eines Betriebes, Teilbetriebes oder Mitunternehmeranteils in eine Kapitalgesellschaft gegen Gewährung von Gesellschaftsrechten entsprechende Anwendung. Der Formwechsel einer Kapitalgesellschaft in eine Personengesellschaft ist in den Vorschriften der §§ 14, 17, 18 des UmwStG geregelt.

32   Obgleich die formwechselnde Umwandlung einer Kapitalgesellschaft in eine Personengesellschaft handelsrechtlich zu keiner Vermögensübertragung führt, fingiert das UmwStG einen Vermögensübergang.[29] Der Formwechsel einer Kapitalgesellschaft in eine Personengesellschaft wird aus steuerrechtlicher Sicht wie die Verschmelzung einer Kapitalgesellschaft auf eine Personengesellschaft behandelt. Die Kapitalgesellschaft hat für steuerliche Zwecke auf den Zeitpunkt, in dem der Formwechsel wirksam wird, eine Übertragungsbilanz und die Personengesellschaft eine Eröffnungsbilanz aufzustellen.[30] Im Rahmen der Schlussbilanz der Kapitalgesellschaft steht dieser wiederum ein Wahlrecht zu, die Wirtschaftsgüter mit dem Buchwert oder mit einem höheren Wert, höchstens jedoch dem Teilwert anzusetzen.[31] Wird für die Schlussbilanz ein über dem Buchwert liegender Ansatz gewählt, unterliegt der sich durch die Aufstockung ergebene Gewinn der Kapitalgesellschaft der Körperschaftsteuer und der Gewerbesteuer. Der Formwechsel löst keine Grunderwerbsteuer aus.[32]

33   Nach § 14 Satz 3 UmwStG kann die Kapitalgesellschaft die Übertragungsbilanz und die Personengesellschaft die Eröffnungsbilanz für einen Stichtag aufstellen, der höchstens 8 Monate vor der Anmeldung des Formwechsels zur Eintragung in das Handelsregister liegt. Für den Formwechsel wird durch diese Vorschrift eine eigene steuerliche Rückwirkungsregelung geschaffen. Zu einer steuerlichen Rückwirkung kommt es unabhängig davon, ob am steuerlichen Übertragungsstichtag die gesellschaftsrechtlichen Vorraussetzungen für den Formwechsel auch tatsächlich vorlagen. Es ist somit ein rückwirkender Formwechsel einer GmbH in eine GmbH & Co. KG steuerlich möglich, selbst wenn zum steuerlichen Umwandlungsstichtag die Komplementär – GmbH zivilrechtlich noch nicht existiert hat.[33]

34   Die übernehmende Personengesellschaft hat auf den Zeitpunkt, in dem der Formwechsel wirksam wird, für steuerliche Zwecke eine Eröffnungsbilanz aufzustellen. Die in der Schlussbilanz der übertragenden Kapitalgesellschaft enthaltenen Werte sind zu übernehmen. Die Personengesellschaft tritt grundsätzlich in die Rechtsstellung der formwechselnden Kapitalgesellschaft ein. Die Personengesellschaft ist somit an die in der Kapitalgesellschaft getroffenen Entscheidungen bezüglich der ersten Folgebewertung gebunden. Ist es im Rahmen des Formwechsels zu einer Aufstockung der bilanziellen Wertansätze bei der Kapitalgesellschaft gekommen, so bilden diese erhöhten Ansätze die Grundlage für die steuerlichen Abschreibungen bei der Personengesellschaft. Es kommt somit zu einer Zwangsaufstockung.[34]

---

[29] *Dötsch*/Patt/Pung/Jost, § 14 Rn 1; *Schmitt*/Hörtnagel/Stratz, § 11 UmwStG Rn 8.
[30] *Dötsch*/Patt/Pung/Jost, § 14 Rn 15.
[31] *Dötsch*/Patt/Pung/Jost, § 14 Rn 16.
[32] BFH vom 4.12.1996, DB 1997, 79.
[33] BMF-Schreiben vom 25.3.1998 BStBl I 98, 268 Rn. 14.05 ff.; *Dötsch*/Patt/Pung/Jost, § 14 Rn 12.
[34] *Schmitt*/Hörtnagel/Stratz, § 14 UmwStG Rn 30.

Teil 5
Strukturierung und Konzernierung

§ 13 Umstrukturierungen

I. Verschmelzungen

1. Gesichtspunkte bei der Gestaltung

a) Strukturen

Ziel einer Verschmelzung ist es, zwei Unternehmen durch rechtsgeschäftliche Vorgänge zu einem einheitlichen Unternehmen zusammenzuführen mit der Folge, dass nach Abschluss der Transaktion lediglich ein Rechtsträger fortbesteht, der sämtliche Vermögensgegenstände und Verbindlichkeiten der beiden beteiligten Rechtsträger innehat und bei dem die Anteilsinhaber der beteiligten Unternehmen an dem nach Abschluss der Transaktion verbleibenden Rechtsträger beteiligt sind. Wird allerdings eine Tochtergesellschaft auf ihre Muttergesellschaft verschmolzen (so genannte *Upstream*-Verschmelzung) ist eine Gewährung von Anteilen als Ersatz für den Verlust der Anteile am untergegangenen Unternehmen nicht erforderlich und auch nicht möglich (vgl. § 5 Abs. 2 UmwG). Dies gilt allerdings nicht für den ähnlichen Fall, der Verschmelzung von zwei Schwestergesellschaften, die beide zu 100 % im Besitz derselben Muttergesellschaft stehen.[1]

b) Gestaltungskriterien

Bei der Beurteilung, welche der denkbaren Gestaltungsalternativen gewählt werden sollte, spielen verschiedene Überlegungen eine Rolle: Es muss beachtet werden, dass sowohl für die beteiligten Unternehmen, als auch für Anteilsinhaber keine negativen steuerlichen Konsequenzen entstehen bzw. kann durch entsprechende Strukturierung evtl. ein Steuervorteil erzielt werden. Zu Steuerfragen eingehender § 12 Rn 24 ff. Ferner muss geprüft werden, ob der Zusammenschluss – wie bei der Verschmelzung – im Wege der Universalsukzession gestaltet werden kann oder ob eine Einzelübertragung sämtlicher Vermögensgegenstände und -verbindlichkeiten erfolgen muss. Für den Fall, dass Minderheitsaktionäre an einem der beteiligten Rechtsträger beteiligt sind, ist zu klären, ob im Hinblick auf Rechtsbehelfe von deren Seite die Transaktionssicherheit gefährdet ist. Eine weitere notwendige Überlegung betrifft die Frage, ob nach dem Abschluss der Transaktion der übertragende Rechtsträger als „leere Hülle" fortbestehen soll, oder ob dessen rechtliche Existenz als Folge des Zusammenschlusses enden soll.

Schließlich ist bei der Gestaltung eines Unternehmenszusammenschlusses zu berücksichtigen, ob bei Umwandlungsvorgängen nach dem UmwG Gläubiger-

2

3

---

[1] Vgl. *Lutter*, UmwG, § 5 Rn 82; Kallmeyer/*Marsch-Barner*, § 5 Rn 72.

schutzvorschriften eingreifen könnten. Als Korrelat zu der regelmäßig nicht erforderlichen Zustimmung der Gläubiger im Rahmen von Zusammenschlussvorgängen nach dem UmwG wird diesen regelmäßig ein Recht auf Sicherheitsleistung eingeräumt, bzw. eine fortbestehende Haftung des übertragenden Rechtsträgers vorgesehen.[2] Insbesondere eine Nachhaftung kann im Einzelfall unerwünscht sein und zu anderen Gestaltungen zwingen.

2. Verschmelzungsvorgang

4   Zu unterscheiden sind zwei verschiedene Verschmelzungsfälle, nämlich die Verschmelzung durch Aufnahme und die Verschmelzung durch Neugründung. Im ersten Fall werden zwei beteiligte Rechtsträger dergestalt aufeinander verschmolzen, dass das Vermögen des übertragenden Rechtsträgers als Ganzes auf einen anderen bestehenden Rechtsträger (übernehmender Rechtsträger) übergeht (§ 2 Ziff. 1 UmwG). Im zweiten Fall werden die Vermögen zweier oder mehrerer Rechtsträger (übertragende Rechtsträger) jeweils als Ganzes auf einen neuen von ihnen dadurch gegründeten Rechtsträger (§ 2 Ziff. 2 UmwG) übertragen und die übertragenden Rechtsträger erlöschen. Der Fall der Verschmelzung durch Neugründung wird als der praktisch bei der börsennotierten Aktiengesellschaft seltene Fall nicht weiter behandelt.

5   § 76 Abs. 1 UmwG bestimmt, dass eine übertragende Aktiengesellschaft die Verschmelzung erst beschließen darf, wenn diese und jede andere übertragende Aktiengesellschaft bereits zwei Jahre im Register eingetragen sind. Hierdurch sollen die Vorschriften zur Nachgründung (§ 52 AktG) umgehungsfest gemacht werden.[3]

a) Verschmelzungsvertrag

6   Jede Verschmelzung setzt den Abschluss eines Verschmelzungsvertrages zwischen den beteiligten Rechtsträgern voraus. Dessen zwingender Mindestinhalt wird in § 5 UmwG geregelt. Der Vertrag wird von den Vertretungsorganen der beteiligten Rechtsträger geschlossen (§ 4 Abs. 1 UmwG). Der Vertrag bedarf der Zustimmung der Anteilsinhaber der beteiligten Rechtsträger in einer Versammlung der Anteilsinhaber (§ 13 Abs. 1 UmwG). Es ist auch möglich, die betreffenden Zustimmungsbeschlüsse zu fassen, bevor der Verschmelzungsvertrag abgeschlossen wird. In diesem Falle muss vor einem solchen Beschluss ein schriftlicher Entwurf des Vertrages aufgestellt werden (§ 4 Abs. 2 UmwG). Der später abgeschlossene Vertrag muss dem Entwurf entsprechen.[4]

b) Vertragsinhalt

7   **aa) Verschmelzungsakt** Zentraler Inhalt des Vertrages ist die Vereinbarung der Übertragung des Vermögens des übertragenden Rechtsträgers auf den überneh-

---

[2] Vgl. Rn 58.
[3] Vgl. Lutter/*Grunewald*, UmwG, § 76 Rn 2; Kallmeyer/*Zimmermann*, § 76 Rn 3.
[4] Dies kann auch nicht etwa dadurch umgangen werden, dass nur ein „Rohentwurf vorgelegt wird. Vielmehr muss der Entwurf inhaltlich vollständig sein, BGHZ 82, 188, 194, 197 (zu § 361 AktG aF) und spätere Abweichungen machen einen neuen Zustimmungsbeschluss erforderlich, Semler/Stengel/*Schroer*, § 4 Rn 27.

menden Rechtsträger gegen Gewährung von Anteilen an dem übernehmenden Rechtsträger (§ 5 Abs. 1 Ziffer 2 UmwG).

bb) Verschmelzungsverhältnis Aus Sicht der Anteilsinhaber beider beteiligter Unternehmen ist dabei die Festlegung des Verschmelzungsverhältnisses (§ 5 Abs. 1 Ziffer 3 UmwG) am bedeutsamsten. Wie viele Anteile des übernehmenden Rechtsträgers die Inhaber der Anteile des übertragenden Rechtsträgers erhalten, kann nur durch eine Unternehmensbewertung beider beteiligter Unternehmen ermittelt werden. Angesichts des offensichtlichen Interessenkonfliktes zwischen den Anteilsinhabern des übertragenden Unternehmens, die einen möglichst hohen Anteil am übernehmenden Rechtsträger anstreben werden und den Inhabern der Anteile des übernehmenden Unternehmens, die eine möglichst geringe Verwässerung ihrer eigenen Beteiligung anstreben werden, ist neben dem Erfordernis der Zustimmung der Anteilsinhaber beider Unternehmen durch eine ganze Reihe von Prüfungen und Überprüfungsmöglichkeiten zumindest verfahrensmäßig die „Richtigkeit" des Umtauschverhältnisses sichergestellt. Zu diesen Mechanismen zählen das Erfordernis der Erstattung eines Verschmelzungsberichts (§ 8 UmwG), die Prüfung des Verschmelzungsvertrages durch unabhängige Prüfer (§ 9 Abs. 1 UmwG in Verbindung mit § 60 UmwG) und der Anspruch auf Verbesserung des Umtauschverhältnisses durch Gewährung einer Barzuzahlung des übernehmenden Rechtsträgers (§ 15 Abs. 1 UmwG), der im Wege des Spruchverfahrens geltend gemacht werden kann (vgl. § 1 Nr. 4 SpruchG).

cc) Ausgabe neuer Anteile Eine Ausgabe neuer Anteile setzt voraus, dass neben dem Beschluss der Anteilsinhaber des aufnehmenden Rechtsträgers über die Zustimmung zum Verschmelzungsvertrag auch eine Kapitalerhöhung beschlossen wird.

Eine Anteilsgewährung darf im Falle einer Verschmelzung unter Beteiligung von Aktiengesellschaften nicht stattfinden, wenn und insoweit die übernehmende Gesellschaft Anteile eines übertragenden Rechtsträgers innehat, der übertragende Rechtsträger eigene Anteile innehat oder der übertragende Rechtsträger Aktien des übernehmenden Rechtsträgers besitzt, auf die der Ausgabebetrag nicht voll geleistet ist (vgl. § 68 Abs. 1 Satz 2 Nr. 1–3 UmwG).

Es ist möglich, jedoch nicht erforderlich, das Grundkapital insoweit zu erhöhen, als der übernehmende Rechtsträger eigene Aktien besitzt oder der übertragende Rechtsträger Aktien des übernehmenden Rechtsträgers besitzt, auf die der Ausgabebetrag bereits voll geleistet ist (§ 68 Abs. 1 Satz 2 Ziffer 1 und 2 UmwG). § 68 Abs. 2 UmwG stellt darüber hinaus sicher, dass diese Vorschriften nicht dadurch umgangen werden können, dass Dritte eingeschaltet sind. Insoweit ist § 68 UmwG Parallelvorschrift zu § 71d AktG.

dd) Verschmelzungsstichtag Eine wichtige Gestaltungsmöglichkeit im Rahmen einer Verschmelzung ist der Verschmelzungsstichtag (§ 5 Abs. 1 Nr. 6 UmwG). Ab diesem Stichtag gelten nach dem Wortlaut des Gesetzes die Handlungen des übertragenden Rechtsträgers als für Rechnung des übernehmenden Rechtsträgers vorgenommen. Damit ist ab Verschmelzungsstichtag die Rechnungslegung von dem übertragenden auf den übernehmenden Rechtsträger übergegangen.[5] Der Verschmelzungsstichtag kann entweder als festes Datum oder auch als flexibles Datum ausgestaltet sein. Dabei ist allerdings zu beachten, dass nach § 17 Abs. 2 UmwG bei der Anmeldung zum Handelsregister eine Schlussbilanz des übertragenden Rechtsträgers auf den Verschmelzungsstichtag beizufügen ist, die nach § 17 Abs. 2 Satz 4 UmwG höchstens auf einen acht Monate vor der Anmeldung liegenden Stichtag aufgestellt worden sein muss. Soweit sich Verzögerungen ergeben, etwa in Folge einer noch ausstehenden Zustimmung von Anteilsinhabern, kann es sich empfehlen, zur Vermeidung von Synchronisationsschwierigkeiten einen variablen Stichtag zu wählen.[6] Bei der Wahl des Verschmelzungsstichtages spielen schließlich auch steuerliche Gesichtspunkte eine Rolle, da § 2 UmwStG bestimmt, dass Einkommen und Vermögen sowohl der übertragenden als auch der übernehmenden Körperschaft so zu ermitteln sind, als ob das Vermögen der übertragenden Körperschaft mit Ablauf des Stichtags der Bilanz, die dem Vermögensübergang zugrunde liegt (steuerlicher Übertragungsstichtag) ganz oder teilweise auf die Übernehmerin übergegangen wäre. Gleiches gilt auch für die Gewerbesteuer. Die steuerliche Rückwirkung ergibt sich somit aus der Verknüpfung des steuerlichen Übertragungsstichtages mit dem handelsbilanziellen Stichtag.[7]

13 **ee) Gewinnberechtigung für die neuen Anteile** Darüber hinaus ist im Verschmelzungsvertrag auch die Gewinnberechtigung der Inhaber der neu auszugebenden Anteile zu regeln (§ 5 Abs. 1 Nr. 5 UmwG). Zweckmäßigerweise sollten Verschmelzungsstichtag und Stichtag für die Gewinnberechtigung aufeinander abgestimmt sein.

14 **ff) Inhaber besonderer Rechte** Bei börsennotierten Gesellschaften ist § 5 Abs. 1 Nr. 7 UmwG von besonderer Wichtigkeit, der bestimmt, dass im Verschmelzungsvertrag die Rechte so genannter Inhaber besonderer Rechte geregelt werden müssen. Hierunter fallen stimmrechtslose Anteile, Vorzugsaktien, Mehrstimmrechtsaktien, Schuldverschreibungen und Genussrechte, wobei alternativ „die für diese Personen vorgesehenen Maßnahmen" zu schildern sind. Die Aufzählung im Gesetz ist jedoch nicht abschließend gemeint. Praktisch bedeutsam sind neben den genannten Fällen insbesondere die Rechte der Inhaber von Aktienoptionen. Ziel der Vorschrift ist es, den „normalen" Anteilsinhabern die Möglichkeit zu geben, die den Inhabern besonderer Rechte gewährten Vorteile und Rechte überprüfen zu können. Die Vorschrift muss im Zusammenhang gelesen werden mit § 23 UmwG, der vorsieht, dass den Inhabern von Rechten in einem übertragenden Rechtsträger, die kein Stimmrecht gewähren, gleichwertige Rechte an dem übernehmenden Rechtsträger zu gewähren sind. Gleichwertigkeit ist dabei nicht formalrechtlich, sondern wirtschaftlich zu verstehen.[8] Soweit möglich, sind gleichartige Rechte einzuräumen, was insbesondere dann keine Schwierigkeit darstellen sollte, wenn übertra-

---

[5] Vgl. Kallmeyer/*Marsch-Barner*, § 5 Rn 32, *Lutter*, UmwG, § 5 Rn 31; *Sagasser*/Bula/Brünger/Ködderitzsch, Rn 22b.
[6] Klauselbeispiel bei Lutter, UmwG, § 4 Rn 32 in Fn. 140.
[7] Vgl. Schmitt/Hörtnagl/*Stratz*, § 2 UmwStG Rn 19.
[8] Vgl. Kallmeyer/*Marsch-Barner*, § 23 Rn 8; Semler/Stengel/*Kalls*, § 23 Rn 12.

Teil 5. Strukturänderung und Konzernierung   **15, 16 § 13**

gender und übernehmender Rechtsträger die gleiche Rechtsform haben. Eine Zustimmung der betroffenen Rechtsinhaber ist nicht erforderlich.[9] Nicht betroffen von dieser Vorschrift sind etwaige Zahlungsrechte der Inhaber besonderer Rechte, wie beispielsweise das Recht auf Verzinsung und Rückzahlung einer Optionsanleihe. Nach § 20 Abs. 1 Nr. 1 UmwG gehen diese Rechte auf den übernehmenden Rechtsträger über.

Bei Umtausch- oder Bezugsrechten für Inhaber von Wandel- oder Optionsschuldverschreibungen und Optionsinhabern muss zwischen der schuldrechtlichen Anspruchslage und der gesellschaftsrechtlichen Absicherung unterschieden werden. Die Rechte auf Bezug bzw. Umtausch gehen ebenfalls nach § 20 Abs. 1 Nr. 1 UmwG auf die übernehmende Gesellschaft über. Jedoch erlöschen die gesellschaftsrechtlichen Absicherungsmechanismen, insbesondere das hierzu bestellte bedingte Kapital mit Erlöschen der übertragenden Gesellschaft (§ 20 Abs. 1 Nr. 2 UmwG). Soweit der übernehmende Rechtsträger ebenfalls eine Aktiengesellschaft ist, muss also nunmehr neues bedingtes Kapital geschaffen werden.[10] Bei der Schaffung neuer Rechte muss das Umtauschverhältnis, das für die Ersetzung der „gewöhnlichen" Anteile des übertragenden Rechtsträgers festgesetzt wurde, berücksichtigt werden.[11] Soweit der übernehmende Rechtsträger nicht die Rechtsform einer Aktiengesellschaft hat, kann das Bezugs- oder Umtauschrecht nicht durch eine bedingte Kapitalerhöhung abgesichert werden. Man kann in diesen Fällen an eine Sicherung über einen Treuhänder denken. Soweit dies nicht möglich ist, ist an die Möglichkeit zum sofortigen Umtausch bzw. zum sofortigen Bezug von Anteilen zu denken.[12] In der Literatur ist darüber hinaus umstritten, inwieweit § 29 UmwG, der eine Abfindung widersprechender Anteilsinhaber vorsieht, analog Anwendung findet, wenn dem Rechtsinhaber im Zuge der Verschmelzung das Recht zur sofortigen Ausübung seines Umtauschs- bzw. Bezugsrechts eingeräumt worden ist.[13]

gg) Barabfindungsanspruch Nicht in § 5 UmwG erwähnt, aber zwingender Inhalt des Verschmelzungsvertrages ist die Aufnahme einer Regelung zur Barabfindung an jeden Anteilsinhaber, der gegen den Verschmelzungsbeschluss des übertragenden Rechtsträgers Widerspruch zur Niederschrift erklärt hat (§ 29 Abs. 1

---

[9] Vgl. Kallmeyer/*Marsch-Barner*, § 23 Rn 9.
[10] Dabei können sich allerdings Probleme ergeben: Nach § 193 Abs. 2 Nr. 4 AktG muss eine Wartezeit von 2 Jahren bei Optionsplänen eingehalten werden. Es ist zumindest unklar, ob die bereits unter dem bedingten Kapital des übertragenden Rechtsträgers abgelaufene Wartezeit angerechnet werden darf, wofür angesichts des § 23 UmwG viel spricht. In anderen Fällen kann die Schaffung eines ausreichenden bedingten Kapitals auch an der 50%-Grenze des § 192 Abs. 3 Satz 1 AktG scheitern, zB wenn beim übernehmenden Rechtsträger bereits ein bedingtes Kapital besteht. Da das bedingte Kapital wegen der Formulierung des § 193 Abs. 3 Satz 1 nicht synchron mit der im Rahmen der Verschmelzung beschlossenen Kapitalerhöhung aufgestockt werden kann (vgl. § 11 Rn 59), ist schlimmstenfalls zu warten, bis die Kapitalerhöhung eingetragen ist, um sodann das fehlende bedingte Kapital zu beschließen, was eine mit Zeit und Kostenaufwand verbundene weitere Hauptversammlung erfordert.
[11] Vgl. Semler/*Stengel/Kalss* § 23 Rn 14; Kallmeyer/*Marsch-Barner,* § 23 Rn 12; Lutter/*Grunewald*, UmwG, § 23 Rn 12.
[12] Vgl. Lutter/*Grunewald*, UmwG, § 23 Rn 13.
[13] Vgl. Lutter/*Grunewald*, UmwG, § 23 Rn 13; Semler/Stengel/*Kalss*, § 23 Rn 15; ablehnend Kallmeyer/*Marsch-Barner,* § 23 Rn 11.

UmwG). Die Pflicht zur Barabfindung besteht nach dem Gesetz jedoch nur dann, wenn der übertragende Rechtsträger im Wege der Aufnahme auf einen Rechtsträger anderer Rechtsform verschmolzen wird (§ 29 Abs. 1 Satz 1 UmwG). Wie an anderer Stelle noch dargestellt wird[14], bestehen nach dem Erlass des Macrotron-Urteils des BGH Zweifel, ob diese Aussage noch zutreffend ist, wenn der übertragende Rechtsträger börsennotiert ist und diese Börsennotierung als Folge der Verschmelzung erlischt (Fall des so genannten „kalten *Delisting*").

17 Nach § 30 UmwG muss das Barabfindungsangebot die Verhältnisse des übertragenden Rechtsträgers im Zeitpunkt der Beschlussfassung über die Verschmelzung berücksichtigen und nach § 30 Abs. 2 UmwG ist die Angemessenheit der anzubietenden Barabfindung stets durch die Verschmelzungsprüfer zu prüfen. Dies ist ohne zusätzlichen Aufwand möglich, da im Rahmen der Festsetzung des Verschmelzungsverhältnisses ohnehin eine Unternehmensbewertung der beteiligten Rechtsträger vorzunehmen ist, aufgrund derer der Barwert der Beteiligung an dem übertragenden Rechtsträger festgestellt werden kann. Normalerweise vollzieht sich das Barabfindungsangebot durch Leistung einer Barabfindung Zug um Zug gegen Abtretung der Anteile oder Mitgliedschaften an dem übertragenden Rechtsträger auf den übernehmenden Rechtsträger, wobei bei der Aktiengesellschaft der Erwerb eigener Anteile insgesamt auf höchstens 10 % des Grundkapitals beschränkt ist (vgl. § 71 Abs. 2 Satz 1 AktG) und der Erwerb nur zulässig ist, wenn eine Rücklage gemäß § 272 Abs. 4 HGB aus freien Mitteln gebildet werden kann (§ 71 Abs. 2 Satz 2 AktG). Insoweit als die 10 %-Grenze bei der Aktiengesellschaft durch Übernahme eigener Anteile im Rahmen des Abfindungsangebots überschritten würde, setzt § 29 Abs. 1 Satz 1 letzter Halbsatz UmwG § 71 Abs. 4 Satz 2 AktG außer Kraft, so dass entgegen dieser Vorschrift schuldrechtliche Geschäfte, die gegen § 71 Abs. 1 oder 2 AktG verstoßen, wirksam sind.[15] Soweit nach dem Vorstehenden ein Abfindungsangebot nicht möglich ist, kann allenfalls ein Abfindungsangebot des Mehrheitsaktionärs, flankierend hinzutreten, um die Verschmelzung zu ermöglichen.

18 Ist der übernehmende Rechtsträger eine GmbH, besteht zwar keine 10 %-Grenze, jedoch nach wie vor die Pflicht zur Bildung einer Rücklage für eigene Anteile. Ist der übernehmende Rechtsträger eine Personengesellschaft, so vollzieht sich die Abfindung im Wege des Austritts; eine gesonderte Übertragung des Anteils ist dann nicht erforderlich, (§ 29 Abs. 1 Satz 3 UmwG). Ein Abfindungsangebot ist auch gegenüber solchen Anteilsinhabern zu machen, die zur Versammlung nicht erschienen sind, wenn sie zu Unrecht nicht zugelassen wurden oder die Versammlung nicht ordnungsgemäß einberufen oder der Gegenstand der Beschlussfassung nicht ordnungsgemäß bekannt gemacht worden ist (§ 29 Abs. 2 UmwG). Die Bekanntmachung des Verschmelzungsvertrages oder seines Entwurfs muss das Angebot im

---

[14] § 16 Rn 15.
[15] Nach Auffassung von Kallmeyer/*Marsch-Barner*, § 29 Rn 27 soll ein Erwerb allerdings dann nicht zulässig sein, wenn bereits zum Zeitpunkt des Erwerbs feststeht, dass die Rücklage zum Bilanzstichtag nicht gebildet werden kann, und wenn bereits bei Beschlussfassung der Hauptversammlung feststeht, dass eine solche Rücklage nicht gebildet werden kann, soll darüber hinaus auch der Beschluss anfechtbar sein, ebenso Lutter/*Grunewald*, UmwG, § 29 Rn 24, Semler/Stengel/*Kalss* § 29 Rn 32; **aA** Schmitt/Hörtnagl/*Stratz*, § 29 Rn 10, der Nichtigkeit nur bei Verstoß gegen die Pflicht zur Bildung einer Rücklage für eigene Anteile annimmt.

Wortlaut enthalten (§ 29 Abs. 1 Satz 4 UmwG); die Kosten für die Übertragung trägt der übernehmende Rechtsträger (§ 29 Abs. 1 Satz 5 UmwG).

Die Annahme des Angebots kann nach § 31 UmwG nur binnen zwei Monaten nach Bekanntmachung der Eintragung der Verschmelzung im Handelsregister des übernehmenden Rechtsträgers angenommen werden. Ist ein Spruchverfahren eingeleitet worden, kann das Angebot noch binnen zwei Monaten nach dem Tag der Bekanntmachung der Entscheidung aus dem Spruchverfahren im Bundesanzeiger angenommen werden (§ 31 Satz 2 UmwG). 19

hh) Folgen für die Arbeitnehmer Der Verschmelzungsvertrag muss schließlich die Folgen der Verschmelzung für die Arbeitnehmer und ihrer Vertretung sowie die insoweit vorgesehenen Maßnahmen darstellen (§ 5 Abs. 1 Nr. 9 UmwG). Diese Vorschrift steht im Zusammenhang mit der Verpflichtung nach § 5 Abs. 3 UmwG, den Vertrag oder dessen Entwurf spätestens einen Monat vor dem Tag der Gesellschafterbeschlüsse über die Zustimmung zur Verschmelzung dem zuständigen Betriebsrat der beteiligten Rechtsträger zuzuleiten. Dem Betriebsrat stehen zwar bei der Verschmelzung keinerlei Mitbestimmungsrechte zu[16], jedoch ist die Einhaltung dieser Frist Wirksamkeitsvoraussetzung für die Verschmelzung. In Fällen, in denen die Einhaltung der Frist nicht möglich ist, ist es in der Praxis üblich, den Betriebsrat um den Verzicht auf die Einhaltung der Frist zu bitten. Eine solche Verzichtserklärung ist zulässig.[17] Die Einhaltung der Frist ist gegenüber dem Handelsregister bei der Anmeldung der Verschmelzung nachzuweisen (§ 17 Abs. 1 UmwG). Der rechtspolitische Zweck von § 5 Abs. 1 Ziffer 9 UmwG ist fragwürdig.[18] Ein gewisser Zusammenhang erklärt sich durch § 324 UmwG, der § 613a Abs. 1 und Abs. 4 BGB für anwendbar erklärt, womit der übernehmende Rechtsträger anstelle des übertragenden Rechtsträgers in die Rechte und Pflichten des Arbeitsverhältnisses eintritt und aus Anlass der Verschmelzung das Arbeitsverhältnis nicht gekündigt werden kann (§ 613a Abs. 4 BGB). Zu den weiteren Angaben im Verschmelzungsvertrag nach § 5 Abs. 1 Ziffer 9 UmwG zählen die Anwendbarkeit von Tarifverträgen, die Weitergeltung von Betriebsvereinbarungen und die Folgen für die Arbeitnehmervertretungen.[19] 20

ii) Fakultativer Inhalt Neben dem zwingenden Inhalt des Verschmelzungsvertrages können fakultative Inhalte hinzutreten, so beispielsweise Regelungen über die künftige Firma des übernehmenden Rechtsträgers, Kosten, besondere Verpflichtungen des übernehmenden Rechtsträgers, besondere Kündigungsrechte und auflösende oder aufschiebende Bedingungen bzw. Rücktrittsrechte. Damit kann insbesondere vereinbart werden, dass der Vertrag entfällt, wenn er nicht binnen einer bestimmten Frist in das Handelsregister eingetragen wird und es kann umgekehrt die Wirksamkeit des Vertrages auch davon abhängig gemacht werden, dass bei- 21

---

[16] Es sei denn, andere Aspekte im Zusammenhang der Verschmelzung lösen eine solche Mitbestimmungspflicht nach dem BetrVG aus.
[17] *Lutter*, UmwG, § 5 Rn 87b; Semler/Stengel/*Simon*, § 5 Rn 122. Hilfsweise ist an eine Zustimmung zu einer Fristverkürzung zu denken.
[18] Vgl. *Lutter*, UmwG, § 5 Rn 39.
[19] Auf Einzelheiten dieser Folgen kann hier nicht eingegangen werden, vgl. aber insoweit die Darstellung bei *Lutter*, UmwG, § 5 Rn 45–52; Semler/Stengel/*Simon*, § 5 Rn 63–74.

spielsweise etwa erforderliche kartellrechtliche Genehmigungen erteilt werden. Im übrigen sieht schon § 7 UmwG vor, dass ein unter einer Bedingung geschlossener Verschmelzungsvertrag mit halbjährlicher Frist gekündigt werden kann, wenn binnen fünf Jahren nach Abschluss des Vertrages die Bedingung nicht eingetreten ist, wobei die Kündigung stets nur für den Schluss des Geschäftsjahres des kündigenden Rechtsträgers erklärt werden kann (§ 7 Abs. 2 UmwG).

c) Verfahrensschritte

22   **aa) Allgemeines** Der Verschmelzungsvertrag ist notariell zu beurkunden und bedarf darüber hinaus eines Beschlusses der Anteilsinhaber aller beteiligten Rechtsträger in einer Versammlung der Anteilsinhaber (§ 13 Abs. 1 UmwG). Ist eine Aktiengesellschaft an der Verschmelzung beteiligt, ist demnach eine Hauptversammlung einzuberufen, wobei § 63 Abs. 1 UmwG bestimmt, dass vom Tag der Einberufung der Hauptversammlung an nicht nur der Verschmelzungsvertrag, sondern neben den Jahresabschlüssen auch der Verschmelzungsbericht und der Verschmelzungsprüfungsbericht in den Geschäftsräumen der Gesellschaft zur Einsicht durch die Aktionäre auszulegen sind. Vor der Einberufung der Hauptversammlung sind also insbesondere ein Verschmelzungsbericht nach § 8 UmwG und ein Verschmelzungsprüfungsbericht nach § 60 iVm. § 12 UmwG fertig zu stellen. Weiter muss bei der Zeitplanung die Verpflichtung zur Einreichung eines Entwurfs des Verschmelzungsvertrags beim Handelsregister berücksichtigt werden.[20]

23   **bb) Verschmelzungsbericht** Der Verschmelzungsbericht ist ausführlich zu halten und in schriftlicher Form zu erstatten und muss rechtliche und wirtschaftliche Erläuterungen und Begründungen zu den Punkten Verschmelzung, Verschmelzungsvertrag oder sein Entwurf im einzelnen, Umtauschverhältnis der Anteile oder Angaben über die Mitgliedschaft bei dem übernehmenden Rechtsträger sowie Höhe der anzubietenden Barabfindung enthalten.

24   Die Vertretungsorgane der an der Verschmelzung beteiligten Rechtsträger können diesen Bericht auch gemeinsam erstatten (§ 8 Abs. 1 Satz 1 UmwG).

25   Weiter ist auch auf Schwierigkeiten bei der Bewertung der Rechtsträger sowie auf die Folgen für die Beteiligungen der Anteilsinhaber hinzuweisen. Dabei erstrecken sich die Berichtspflichten im Falle von Konzernen auch auf die verbundenen Unternehmen (§ 8 Abs. 1 Satz 3 UmwG).

26   Die Bedeutung des Verschmelzungsberichtes sollte nicht unterschätzt werden: Sind die Aktionäre nicht ausreichend informiert worden, kann der Zustimmungsbeschluss angefochten werden.[21] Voraussetzung ist allerdings, dass die Berichtsmängel für die Beschlussfassung kausal gewesen sind.[22] Zwar kann der Bericht durch mündliche Erläuterung in der Hauptversammlung ergänzt werden, wobei solche Erläuterungen jedoch Berichtsmängel nicht beheben können.[23] Es besteht aber in-

---

[20] Dazu Rn 30.
[21] *Lutter*, UmwG, § 8 Rn 54.
[22] Hierbei bestehen unterschiedliche Auffassungen in der Literatur darüber, welche Anforderungen an die Kausalität gestellt werden. Vgl. Nachweis des Streitstandes bei *Lutter*, UmwG, § 8 Rn 54, insbesondere in Fn 92; Semler/Stengel/*Gehling*, § 8 Rn 77.
[23] Vgl. Semler/Stengel/*Gehling*, § 8 Rn 80; **aA** *Mertens*, AG 1990, 29 f.

soweit eine Wechselwirkung, als die Auskunftserteilung verweigert werden kann, wenn die Auskunft im Bericht bereits enthalten ist.[24] Auch soll es möglich sein, fehlerhafte oder unzureichende Berichte „in engen Grenzen" nachträglich zu korrigieren.[25] Im Übrigen ist nach einer neueren Entscheidung darauf zu achten, dass der Bericht von sämtlichen Vorstandsmitgliedern zu unterzeichnen ist.[26]

Ein Verschmelzungsbericht ist entbehrlich, wenn sich alle Anteile des übertragenden Rechtsträgers in der Hand des übernehmenden Rechtsträgers befinden (§ 8 Abs. 3 Satz 1 zweite Alt. UmwG). Bei börsennotierten Gesellschaften wird dagegen ein – grundsätzlich möglicher – Verzicht auf den Bericht durch die Anteilsinhaber praktisch nicht möglich sein.

cc) **Verschmelzungsprüfung** Gemäß § 60 Abs. 1 in Verbindung mit § 9 UmwG ist bei Verschmelzungen unter Beteiligung von Aktiengesellschaften der Verschmelzungsvertrag oder sein Entwurf durch gerichtlich bestellte Verschmelzungsprüfer zu prüfen. Die Bestellung erfolgt auf Antrag des Vertretungsorgans durch das Gericht, wobei die Prüfer für mehrere oder alle beteiligten Rechtsträger gemeinsam bestellt werden können (§ 10 Abs. 1 Satz 1 und 2 UmwG).

Wie sich aus § 12 Abs. 2 UmwG ergibt, ist es wesentliche Aufgabe der Verschmelzungsprüfung, das Verschmelzungsverhältnis, und damit die Unternehmensbewertungen der beteiligten Rechtsträger zu überprüfen, denn nach der genannten Vorschrift muss der Prüfungsbericht mit einer Erklärung darüber abschließen, ob das vorgeschlagene Umtauschverhältnis angemessen ist. Dabei hat der Bericht auch Ausführungen darüber zu enthalten, nach welchen Methoden das Umtauschverhältnis ermittelt worden ist, warum die Anwendung dieser Methoden angemessen ist und welche Umtauschverhältnisse oder Gegenwerte sich aus der Anwendung anderer Methoden ergeben würden, sowie bei der Verwendung von mehreren Methoden deren Gewichtung und etwa aufgetretene Bewertungsschwierigkeiten (§ 12 Abs. 2 Satz 2 UmwG). In der Praxis ist es durchaus üblich, die Verschmelzungsprüfung parallel zur Erstellung des Verschmelzungsberichts ablaufen zu lassen, um zu verhindern, dass nach Fertigstellung des Verschmelzungsberichts das Umtauschverhältnis als nicht angemessen angesehen wird.[27] Wie bereits erwähnt, erstreckt sich die Prüfung gegebenenfalls auch auf die Angemessenheit der anzubietenden Barabfindung, was jedoch in der Praxis keine Schwierigkeiten bereitet. Wegen des Erfordernisses der Bereithaltung des Verschmelzungsberichts und des Verschmelzungsprüfungsberichts zur Einsichtnahme durch die Aktionäre ab dem Zeitpunkt der Einladung zur Hauptversammlung, in der über den Verschmelzungsvertrag abgestimmt werden soll, kann die Einladung zur Hauptversammlung erst nach Fertigstellung dieser Berichte erfolgen. Eine Verschmelzungsprüfung kann entfallen, wenn eine 100 %ige Tochtergesellschaft auf die Muttergesellschaft ver-

---

[24] Semler/Stengel/*Gehling*, § 8 Rn 80.
[25] Semler/Stengel/*Gehling*, § 8 Rn 81: Jedenfalls bevor die Mindesteinladungsfrist abgelaufen ist; danach streitig; in jedem Fall ist die Übersendung eines Korrekturexemplars an alle Gesellschafter, die den Bericht bereits erhalten haben, erforderlich.
[26] LG Berlin, ZIP 2003, 2027, 2028.
[27] Dies ist nach einer Entscheidung des OLG Stuttgart (bereffend den ähnlichen Fall des Squeeze-Out) kein Anfechtungsgrund, vgl. OLG Stuttgart, ZIP 2003, 2363, 2364 f.

schmolzen wird (§ 9 Abs. 2 UmwG). Da hier keine neuen Anteile ausgegeben werden, besteht kein Schutzbedürfnis zugunsten irgendwelcher Anteilsinhaber.

30 **dd) Vorab-Einreichung des Vertrages beim Handelsregister** Bei der Terminplanung für die Hauptversammlung ist weiter § 61 UmwG zu beachten: Der Verschmelzungsvertrag oder sein Entwurf ist vor der Einberufung zum Register einzureichen (Satz 1) und darüber hinaus muss die Tatsache der Einreichung durch das Gericht in den amtlichen Blättern bekannt gemacht werden (Satz 2).

31 **ee) Auszulegende Unterlagen** Neben den bereits erwähnten Unterlagen sind vom Zeitpunkt der Einberufung der Hauptversammlung an auch die Jahresabschlüsse und die Lageberichte der an der Verschmelzung beteiligten Rechtsträger für die letzten drei Geschäftsjahre auszulegen (§ 63 Abs. 1 Ziffer 2 UmwG)[28]. Falls sich der letzte Jahresabschluss auf ein Geschäftsjahr bezieht, das mehr als sechs Monate vor dem Abschluss des Verschmelzungsvertrages oder der Aufstellung des Entwurfs abgelaufen ist, muss eine Zwischenbilanz, deren Stichtag nicht älter als drei Monate ist (§ 63 Abs. 1 Ziffer 3 UmwG) aufgestellt werden, wobei § 63 Abs. 2 UmwG klarstellt, dass die Zwischenbilanz nach den Vorschriften aufzustellen ist, die auf die letzte Jahresbilanz angewendet worden sind und Wertansätze der letzten Jahresbilanz übernommen werden dürfen, soweit nicht Abschreibungen, Wertberichtigungen und Rückstellungen und wesentliche, aus den Büchern nicht ersichtliche Veränderungen der wirklichen Werte von Vermögensgegenständen berücksichtigt worden sind. § 63 Abs. 3 UmwG bestimmt, dass jedem Aktionär unverzüglich und kostenlos eine Abschrift der auszulegenden Unterlagen zu erteilen ist.

32 **ff) Ablauf der Hauptversammlung** In der Hauptversammlung sind die genannten Unterlagen ebenfalls auszulegen. Weiter ist der Verschmelzungsvertrag durch den Vorstand erneut mündlich zu erläutern und jedem Aktionär ist auf Verlangen in der Hauptversammlung Auskunft auch über alle für die Verschmelzung wesentlichen Angelegenheiten der anderen beteiligten Rechtsträger zu geben (§ 64 UmwG). Der letztgenannte Punkt wirft die Frage auf, inwieweit der Vorstand zu Vorgängen bei dem jeweils anderen beteiligten Rechtsträger Auskunft geben muss, über die er womöglich selbst keine Kenntnis hat. Aus dem Gesichtspunkt der Unmöglichkeit (§ 275 BGB) soll in solchen Fällen keine Auskunftspflicht bestehen.[29] Jedoch ist der Vorstand verpflichtet, sich in dem möglichen und wahrscheinlich erforderlichen Umfang zu informieren, beispielsweise durch Beiziehung von Unterlagen;[30] nach weitergehender Auffassung soll er im Regelfall verpflichtet sein, dafür Sorge zu tragen, dass in der Hauptversammlung ein kompetenter Vertreter des anderen beteiligten Rechtsträgers zugegen ist und der gegebenenfalls auf Fragen der Aktionäre antworten kann und dessen Antworten sich der Vorstand zu eigen macht.[31]

---

[28] Dabei ist streitig, ob es insoweit auf den Ablauf des Geschäftsjahres oder auf das schlichte Vorhandensein der betreffenden Abschlüsse ankommt, vgl. dazu LG Hamburg, AG 2003, 109 ff.
[29] Kallmeyer/*Marsch-Barner*, § 64 Rn 7 mwN.
[30] Kallmeyer/*Marsch-Barner*, § 64 Rn 7.
[31] So Lutter/*Grunewald*, UmwG, § 64 Rn 7; nach Ansicht von Kallmeyer/*Marsch-Barner*, § 64 Rn 7 sei es lediglich „zweckmäßig" dies zu tun.

Nach § 65 UmwG bedarf der Beschluss einer Mehrheit von drei Vierteln des bei 33 der Beschlussfassung vertretenen Grundkapitals, soweit nicht satzungsmäßig eine größere Kapitalmehrheit und weitere Erfordernisse bestimmt wurden. Bestehen mehrere Aktiengattungen, sind Sonderbeschlüsse für den Inhaber jeder Aktiengattung erforderlich (§ 65 Abs. 2 UmwG). Es gilt jeweils das gleiche Mehrheitserfordernis.

gg) **Kapitalerhöhung** Im Regelfall wird es bei dem übernehmenden Rechtsträger darüber hinaus erforderlich sein, eine Kapitalerhöhung zu beschließen, um den Inhabern der Anteile des übertragenden Rechtsträgers im Austausch für ihre untergehenden Beteiligungen Anteile an der übernehmenden AG anzubieten. Freilich wäre es auch möglich, die hierfür erforderlichen Aktien aufgrund eines Vorstandsbeschlusses zu schaffen, wenn ein entsprechendes genehmigtes Kapital bei der übernehmenden Aktiengesellschaft besteht. Denkbar ist auch der Einsatz eines bedingten Kapitals: § 192 Abs. 2 Ziffer 2 AktG erlaubt den Beschluss einer bedingten Kapitalerhöhung zur Vorbereitung des Zusammenschlusses mehrerer Unternehmen. § 69 Abs. 1 Satz 1 UmwG stellt klar, dass verschiedene Vorschriften außer Kraft gesetzt werden, die im Rahmen einer Kapitalerhöhung zur Bedienung einer Verschmelzung hinderlich wären.[32]

So ist es beispielsweise eine Selbstverständlichkeit, dass in solchen Fällen die Vorschriften über den Bezugsrechtsausschluss keine Anwendung finden. 35

hh) **Entbehrlichkeit einer Hauptversammlung** Ausnahmsweise ist eine 36 Hauptversammlung nach § 62 AktG nicht erforderlich, wenn sich mindestens 90% des Kapitals der übertragenden Gesellschaft in den Händen der übernehmenden Aktiengesellschaft befinden, wobei eigene Anteile vom Stamm- oder Grundkapital abzusetzen sind. Wenn jedoch Aktionäre der übernehmenden Gesellschaft, deren Anteile zusammen den zwanzigsten Teil des Grundkapitals erreichen, die Einberufung einer Hauptversammlung verlangen, in der über die Zustimmung zur Verschmelzung beschlossen wird, ist eine solche Hauptversammlung durchzuführen, wobei diese Schwelle satzungsmäßig herabgesetzt werden kann. Um den Aktionären die Prüfung zu ermöglichen, ob sie die Einberufung einer Hauptversammlung verlangen sollen, sieht § 62 Abs. 3 UmwG vor, dass einen Monat vor dem Tag der Gesellschafterversammlung oder Hauptversammlung der übertragenden Gesellschaft die entsprechenden Unterlagen auch in den Geschäftsräumen der übernehmenden Gesellschaft auszulegen sind, und der Vorstand der übernehmenden Gesellschaft ein Hinweis auf die bevorstehende Verschmelzung in den Gesellschaftsblättern der übernehmenden Gesellschaft bekannt zu machen hat und den Verschmelzungsvertrag oder seinen Entwurf beim Handelsregister einreichen muss. Dabei müssen die Aktionäre auf ihr Recht, eine Einberufung der Hauptversammlung verlangen zu können hingewiesen werden. Von den auszulegenden Unterlagen sind auf Verlangen kostenlos Abschriften zu erteilen.

---

[32] Es handelt sich im einzelnen um §§ 182 Abs. 4, 184 Abs. 2, 185, 186, 187 Abs. 1, 188 Abs. 2 und Abs. 3 Nr. 1 AktG; darüber hinaus entfällt praktisch weitgehend das Erfordernis einer gesonderten Sacheinlagenprüfung.

37 **ii) Anteilstausch** Nach der Hauptversammlung hat der Umtausch der Anteile stattzufinden, wobei bei der Beteiligung von Aktiengesellschaften ein Treuhänder vom übertragenden Rechtsträger zu bestellen ist. Eine Eintragung der Verschmelzung in das Handelsregister kann erst stattfinden, wenn der Treuhänder dem Gericht angezeigt hat, dass er im Besitz der Aktien und der im Verschmelzungsvertrag etwa festgesetzten Barzuzahlungen ist (§ 71 Abs. 1 UmwG). Im übrigen wird für die Mechanik des Umtauschs auf § 73 AktG verwiesen (§ 72 UmwG).[33]

38 **kk) Registeranmeldung** Die Verschmelzung muss sodann von jedem beteiligten Rechtsträger zum Handelsregister angemeldet werden, wobei die Verschmelzung bei der übernehmenden Gesellschaft erst dann eingetragen werden darf, wenn die Durchführung der Erhöhung des Grundkapitals hinsichtlich der im Rahmen der Verschmelzung neu ausgegebenen Aktien im Handelsregister eingetragen worden ist (§ 66 UmwG).

39 Daraus ergibt sich in der Praxis ein „Ping Pong Spiel" zwischen den beteiligten Handelsregistern, das insbesondere dann zu Verzögerungen führen kann, wenn mehrere Handelsregister beteiligt sind, weil die beteiligten Gesellschaften ihren Sitz in unterschiedlichen Gerichtsbezirken haben. Es muss dann zunächst die Kapitalerhöhung beim übernehmenden Rechtsträger eingetragen worden sein; anschließend die Verschmelzung beim übertragenden Rechtsträger und schließlich die Verschmelzung beim übernehmenden Rechtsträger.

40 Bei der Anmeldung zum Handelsregister sind folgende Unterlagen einzureichen:
– Verschmelzungsvertrag in Urschrift oder notariell beglaubigter Abschrift;
– Niederschriften der Verschmelzungsbeschlüsse;
– Verschmelzungsbericht;
– Prüfungsbericht;
– etwaige Verzichtserklärungen;
– Nachweis über die rechtzeitige Zuleitung des Verschmelzungsvertrages oder seines Entwurfs an den zuständigen Betriebsrat (ggf. Erklärung des Betriebsrats über den Verzicht auf die Einhaltung der Monatsfrist, vgl. Rn 20);
– etwa erforderliche staatliche Genehmigungen[34];
– beim übertragenden Rechtsträger die Schlussbilanz auf den Verschmelzungsstichtag, die jedoch nicht bekannt gemacht werden muss; wichtig ist hierbei insbesondere, dass das Gericht die Verschmelzung nur eintragen darf, wenn die Bilanz auf einen höchstens acht Monate vor der Anmeldung liegenden Stichtag ausgestellt worden ist. Diese Frist hat eine enorme praktische Bedeutung.

---

[33] Die in Bezug genommenen Vorschriften erlauben eine Kraftloserklärung der infolge der Verschmelzung gegenstandslos gewordenen Aktienurkunden soweit diese von den Aktionären der übertragenden Gesellschaft nicht zum Umtausch eingereicht werden.

[34] Praktische Fälle sind selten, vgl. aber § 14a VAG, Art. 66 § 1 EKS-Vertrag (anders zum zweiten Beispiel aber Kallmeyer/*Zimmermann* § 17 Rn 3). Etwaige fusionskontrollrechtliche Genehmigungen sollen nach allerdings bestrittener Auffassung dazu aber nicht zählen, vgl. Schmitt/Hörtnagl/*Stratz*, § 17 UmwG Rn 6 letzter Spiegelstrich mwN, ebensowenig Genehmigungen etwa nach der Handwerksordnung oder dem Gaststättengesetz, dazu Kallmeyer/*Zimmermann* a.a.O.

– Erklärung des Treuhänders nach § 71 Abs. 1 Satz 2 UmwG. Daneben ist zu beachten, dass der Anmeldung der Kapitalerhöhung neben den üblichen Unterlagen nach § 188 Abs. 3 Nr. 2–4 AktG auch der Verschmelzungsvertrag und die Niederschriften der Verschmelzungsbeschlüsse beigefügt werden müssen;
– Erklärung nach § 16 Abs. 2 UmwG, dass eine Klage gegen die Wirksamkeit des Verschmelzungsbeschlusses nicht oder nicht fristgemäß erhoben oder eine solche Klage rechtskräftig abgewiesen oder zurückgenommen worden ist.[35]

3. Rechtsfolgen einer Verschmelzung

Die Rechtsfolgen der Eintragung der Verschmelzung sind in § 20 UmwG geregelt:

Das Vermögen des übertragenden Rechtsträgers geht einschließlich der Verbindlichkeiten auf den übernehmenden Rechtsträger über, der ohne besondere Löschung automatisch erlischt. Die Anteilsinhaber des übertragenden Rechtsträger werden Anteilsinhaber des übernehmenden Rechtsträgers, soweit nicht der übernehmende Rechtsträger Inhaber von Anteilen des übertragenden Rechtsträgers ist; gleiches gilt für Dritte, die für Rechnung des übernehmenden Rechtsträgers handeln. Rechte Dritter an den Anteilen oder Mitgliedschaften des übertragenden Rechtsträgers bestehen an den an deren Stelle tretenden Anteilen des übernehmenden Rechtsträgers weiter.

Mängel der Beurkundung des Verschmelzungsvertrages sowie etwaiger Zustimmungs- und Verzichtserklärungen werden durch die Eintragung der Verschmelzung ins Handelsregister geheilt (§ 20 Abs. 1 Nr. 4 UmwG). Hinsichtlich eventueller Mängel der Verschmelzung bestimmt § 20 Abs. 2 UmwG[36], dass diese die Wirkungen der Eintragung unberührt lassen. Die Reichweite der durch § 20 Abs. 2 UmwG eintretenden Heilung ist umstritten. Verbreitet wird vertreten, dass durch die Eintragung eine materielle Heilung der der Verschmelzung anhaftenden Mängel eintritt.[37]

Auch nach der Eintragung der Umwandlung sind die durch Rechtsverletzung etwa geschädigten Anteilsinhaber über §§ 25 und 27 UmwG geschützt: Nach diesen Vorschriften haften die Vertretungsorgane der beteiligten Rechtsträger als Gesamtschuldner für Schäden, die der übertragende Rechtsträger, dessen Anteilsinhaber oder seine Gläubiger durch die Verschmelzung erleiden. Dabei sind Organmitglieder, die bei der Prüfung der Vermögenslage der Rechtsträger und beim Abschluss der Verschmelzung ihre Sorgfaltspflicht beachtet haben, von der Ersatzpflicht befreit (§ 25 Abs. 1 Satz 2 UmwG), wobei sich aus der Formulierung eine Umkehr der Beweislast ergibt.

---

[35] Siehe auch unten den Abschnitt über Rechtsschutz zur weiteren Erläuterung der Bedeutung dieser Erklärung.
[36] Basiert auf der früheren aktienrechtlichen Verschmelzungsregel des § 352a AktG aF.
[37] BayObLG, AG 2000, 130; Lutter/*Grunewald*, UmwG, § 20 Rn 69 f. mwN; Kallmeyer/*Marsch-Barner*, § 20 Rn 33 (abweichend aber in Rn 38); Semler/Stengel/*Kübler*, § 20 Rn 86; **aA** Schmitt/Hörtnagl/*Stratz*, § 20 Rn 97. Zum Sonderfall der Unwirksamkeit einer Umwandlung einer LPG in eine AG trotz Eintragung siehe Schmitt/Hörtnagl/*Stratz* § 20 Rn 94, 98; Kallmeyer/Marsch-Barner, § 20 Rn 47 aE.

4. Rechtsschutz

a) Anfechtungsklage

45 Grundsätzlich können die Anteilsinhaber der betroffenen Rechtsträger neben den erwähnten Schadensersatzansprüchen bei Rechtsverletzungen im Wege der Anfechtungsklage gegen die Zustimmungsbeschlüsse vorgehen. Dabei führt die Einreichung einer Klage zu einer Registersperre, da gemäß § 16 Abs. 2 UmwG bei der Anmeldung der Verschmelzung beim Handelsregister eine Erklärung der Vertretungsorgane beizubringen ist, dass Klage nicht erhoben wurde, eine solche Klage rechtskräftig abgewiesen oder zurückgenommen wurde. Bei Fehlen einer solchen Erklärung darf die Verschmelzung nicht eingetragen werden.

b) Freigabeverfahren

46 Zur Vermeidung missbräuchlicher Aktionärsklagen kann in solchen Fällen das Klagegericht durch Beschluss feststellen, dass die Erhebung der Klage der Eintragung nicht entgegensteht (§ 16 Abs. 3 Satz 1 UmwG). Der Beschluss kann nur ergehen, wenn die Klage unzulässig oder offensichtlich unbegründet ist oder wenn das alsbaldige Wirksamwerden der Verschmelzung nach freier Überzeugung des Gerichts unter Berücksichtigung der Schwere der mit der Klage geltend gemachten Rechtsverletzung zur Abwendung der vom Antragsteller dargelegten wesentlichen Nachteile für die an der Verschmelzung beteiligten Rechtsträger und ihrer Anteilsinhaber vorrangig erscheint (§ 16 Abs. 3 Satz 2 UmwG). Ergeht ein solcher Beschluss, führt § 20 Abs. 2 UmwG dazu, dass eine Rückabwicklung trotz späterer Unwirksamkeit der Verschmelzungsbeschlüsse nicht mehr in Betracht kommt.[38] Vielmehr konzentriert sich der Rechtsbehelf der Kläger dann auf Schadensersatzansprüche nach § 25 bzw. § 16 Abs. 2 Satz 6 erster Halbsatz UmwG. Eine Naturalrestitution durch „Entschmelzung" ist hingegen ausgeschlossen, wie sich aus § 16 Abs. 3 Satz 6 zweiter Halbsatz UmwG ergibt.

c) Spruchverfahren

47 Die Klage gegen die Wirksamkeit des Verschmelzungsbeschlusses eines übertragenden Rechtsträgers kann nicht darauf gestützt werden kann, dass das Umtauschverhältnis der Anteile zu niedrig bemessen ist oder dass die Mitgliedschaft bei dem übernehmenden Rechtsträger kein ausreichender Gegenwert für die Anteile oder die Mitgliedschaft des übertragenden Rechtsträgers ist (§ 14 Abs. 2 UmwG). Weiter gilt auch für Abfindungsansprüche gemäß § 32 UmwG, dass die Klage nicht darauf gestützt werden kann, dass das Angebot nach § 29 UmwG zu niedrig bemessen oder dass die Barabfindung im Verschmelzungsvertrag nicht oder nicht ordnungsgemäß angeboten worden ist. Für die Rüge derartiger Mängel ist vielmehr das Spruchverfahren anwendbar (vgl. § 15 Abs. 1 UmwG: Bare Zuzahlung, bzw. § 34 UmwG: Anspruch auf Nachbesserung der Barabfindung).[39]

---

[38] Vgl. Lutter/*Bork*,UmwG, § 16 Rn 33; Semler/Stengel/*Volhard*, § 16 Rn 50; Kallmeyer/ *Marsch-Barner*, § 16 Rn 52.

[39] Näheres siehe § 8 Rn 27 ff.

d) Fristen

Eine Klage gegen die Wirksamkeit des Verschmelzungsbeschlusses muss binnen eines Monats nach Beschlussfassung erhoben werden (§ 14 Abs. 1 UmwG). Insoweit ergeben sich bei Verschmelzungsbeschlüssen, die in der Hauptversammlung einer AG gefasst werden keine Besonderheiten. Insbesondere beseitigt § 14 UmwG nicht das Erfordernis, in der Versammlung Widerspruch zu Protokoll zu erklären, ohne den eine Anfechtungsklage nicht erhoben werden kann (§ 245 Nr. 1 AktG). Der Antrag auf gerichtliche Entscheidung im Spruchverfahren muss binnen drei Monaten seit dem Tag gestellt werden, ab dem die Handelsregistereintragung der Verschmelzung als bekannt gemacht gilt (§ 4 Abs. 1 Nr. 4 SpruchG).

5. Kapitalmarktrechtliche Aspekte

Es wurde bereits eingangs darauf hingewiesen, dass die Verschmelzung der börsennotierten Aktiengesellschaft auf einen nicht börsennotierten Rechtsträger zum Erlöschen der Börsennotierung führt. Soweit die börsennotierte Aktiengesellschaft der übernehmende Rechtsträger ist und im Rahmen der Verschmelzung Aktien an die Anteilsinhaber des übertragenden Rechtsträgers ausgegeben werden bedürfen diese Aktien nach den allgemeinen Regeln einer Börsenzulassung. Die Pflicht zur Veröffentlichung eines Börsenzulassungsprospekts entfällt nur dann, wenn innerhalb von 12 Monaten vor Zulassung eine Darstellung in Textform veröffentlicht worden ist, die am Sitz des Emittenten und bei seinen Zahlstellen dem Publikum zur Verfügung steht und den für den Prospekt vorgeschriebenen Angaben entspricht und alle seit der Einstellung dieser Darstellung eingetretenen wesentlichen Veränderungen veröffentlicht wurden (§ 45 Ziffer 1 b BörsZulV). Soweit das übertragende Unternehmen wesentlich kleiner ist als das aufnehmende Unternehmen, kommt zudem als Befreiungstatbestand § 45 Ziffer 3 b BörsZulV in Betracht, der voraussetzt, dass die Kapitalerhöhung nicht mehr als 10 % des zugelassenen Kapitals beträgt. Die Veröffentlichung eines Verkaufsprospekts ist dagegen nicht erforderlich (§ 4 Abs. 1 Ziffer 7 VerkprospG).

6. Alternative Modelle

Der Zusammenschluss von Unternehmen kann sich selbstverständlich auch anders vollziehen. So kommen anstelle der bisher vorgestellten Möglichkeiten gegebenenfalls auch eine Übernahme durch Anteilstausch, die Einbringung von Vermögensanteilen in Joint Ventures oder die Gründung einer „NewCo" mit anschließendem Angebot an die Aktionäre, ihre Anteile in Anteile der NewCo umzutauschen in Betracht.

II. Spaltung (Aufspaltung, Abspaltung, Ausgliederung)

Im Gegensatz zur Verschmelzung ist bei Spaltungen bzw. Ausgliederungen das vordringliche Ziel die Entflechtung von Vermögensgegenständen einer Gesellschaft durch Auslagerung auf eine andere Gesellschaft. Dafür kommen nach § 123 UmwG drei verschiedene Formen in Betracht: Die Aufspaltung (Abs. 1), die Abspaltung

(Abs. 2) und die Ausgliederung (Abs. 3). Allen drei Gestaltungsformen ist gemeinsam, dass sich der Vermögensübergang im Wege der Universalrechtsnachfolge vollzieht, mithin eine Einzelrechtsübertragung entbehrlich wird. In allen drei Varianten besteht die Möglichkeit, das zu übertragende Vermögen auf einen bereits bestehenden Rechtsträger zu übertragen (Auf-/Abspaltung bzw. Ausgliederung zur Aufnahme, § 123 Abs. 1 Nr. 1, Abs. 2 Nr. 1 und Abs. 3 Nr. 1 UmwG) oder auf einen hierdurch entstehenden neuen Rechtsträger (Auf-/Abspaltung bzw. Ausgliederung zur Neugründung, § 123 Abs. 1 Nr. 2, Abs. 2 Nr. 2, Abs. 3 Nr. 2 UmwG). Die Spaltung bzw. Ausgliederung kann auch rechtsformübergreifend erfolgen: So könnte beispielsweise eine Aktiengesellschaft in zwei Personengesellschaften gespalten werden. Eine Spaltung auf eine natürliche Person ist nicht möglich; auch können Personenhandelsgesellschaften und Kapitalgesellschaften nicht in eingetragene Vereine gespalten werden. Nachstehend soll zunächst die Spaltung in der Form der Aufspaltung und Abspaltung behandelt werden (1) und sodann die Ausgliederung (2).

1. Aufspaltung/Abspaltung

a) Struktur

52 Zwischen Aufspaltung und Abspaltung besteht lediglich der Unterschied, dass im Falle der Aufspaltung der übertragende Rechtsträger seine gesamten Vermögensmassen auf mindestens zwei Übernehmer aufteilt, die entweder schon bestehen oder zu diesem Zweck gegründet werden mit der Folge, dass der übertragende Rechtsträger erlischt, während bei der Abspaltung der übertragende Rechtsträger einen Teil seines Vermögens zurückbehält und nur den übrigen Teil seines Vermögens auf einen bestehenden oder zu diesem Zweck neugegründeten Rechtsträger überträgt. Gemeinsam ist allen Varianten, dass als Gegenleistung die Anteilsinhaber des übertragenden Rechtsträgers Anteile an dem übernehmenden Rechtsträger erwerben, während bei der Ausgliederung der übertragende Rechtsträger selbst Inhaber der Anteile an dem übernehmenden Rechtsträger wird.

b) Anwendung der Verschmelzungsvorschriften

53 Der Ablauf einer Spaltung folgt im wesentlichen denselben Vorschriften wie die Verschmelzung. Deshalb bestimmt § 125 UmwG auch die entsprechende Anwendung der Vorschriften über die Verschmelzung, mit gewissen, in der Natur der Sache liegenden Ausnahmen. Insoweit kann weitgehend auf die Darstellung der Verschmelzung verwiesen werden, soweit es um den Inhalt des Spaltungs- und Übernahmevertrages (§ 126 UmwG) bzw. Spaltungsplans (§ 136 UmwG) geht. Es sind also auch hier ein Umtauschverhältnis der Anteile zu bestimmen und Angaben über die Mitgliedschaft bei dem übernehmenden Rechtsträger für die Inhaber besonderer Rechte, beispielsweise also Inhabern von Wandel- oder Optionsschuldverschreibungen oder Inhaber von „nackten" Optionen sind wirtschaftlich gleichwertige Rechte einzuräumen. Einzelheiten finden sich in § 126 Abs. 1 UmwG.

c) Besonderheiten bei der Vermögensübertragung

54 Im Gegensatz zur Verschmelzung ist es erforderlich, die einzelnen Vermögensgegenstände, die von der Spaltung betroffen sind, genau zu bezeichnen (§ 126 Abs. 1

Ziffer 9 UmwG), wobei zusätzlich die Konkretisierung des § 126 Abs. 2 UmwG zu beachten ist. Im übrigen kann auf Urkunden, wie zB wie Bilanzen und Inventare Bezug genommen werden, soweit deren Inhalt eine Zuweisung des einzelnen Vermögensgegenstands ermöglicht, wobei die in Bezug genommenen Urkunden dem Spaltungsvertrag als Anlage beigefügt werden müssen.[40] Typischerweise wird man im Rahmen einer Aufspaltung einen bestimmten Betrieb oder Teilbetrieb auf- oder abspalten wollen, so dass die zu übertragenden Gegenstände und gegebenenfalls auch Verbindlichkeiten in einem funktionellen Zusammenhang zueinander stehen. Um zu vermeiden, dass einzelne Vermögensgegenstände „in der Luft hängen", insbesondere bei der Aufspaltung, sollte der Einzelaufstellung der Vermögensgegenstände eine Generalklausel vorangestellt werden, dass alle wirtschaftlich zu einem bestimmten Betrieb gehörenden Gegenstände übertragen oder nicht übertragen werden, unabhängig davon, ob diese in der Bilanz oder in sonstigen Aufstellungen enthalten sind oder nicht.[41] Prinzipiell besteht vollkommene Freiheit bei der Bestimmung der Aufteilung der Vermögensgegenstände.[42] Freilich bestehen Grenzen bei der Freiheit der Zuordnung: Zwar können Forderungen geteilt werden[43], jedoch keine Verbindlichkeiten[44], was besonders bei Verträgen Bedeutung haben dürfte. Eine weitere Grenze der Spaltbarkeit des Vermögens liegt im Arbeitsrecht, nämlich in § 613a BGB: Geht ein Teilbetrieb oder Betrieb über, so gehen die dazu gehörenden Arbeitsverhältnisse nach § 613a BGB ebenfalls über, weshalb in § 126 Abs. 1 Ziffer 9 UmwG auch die Arbeitnehmer nicht erwähnt werden. Im Ergebnis kann daher § 613a BGB durch eine Spaltung nicht ausgehebelt werden.[45] Eine weitere Grenze setzt auch das Steuerrecht, das gemäß § 15 Abs. 1 Satz 1 UmWStG eine Buchwertfortführung nur dann erlaubt, wenn der Gegenstand der Spaltung ein Teilbetrieb, ein Mitunternehmeranteil oder eine 100%tige Beteiligung an einer Kapitalgesellschaft ist. Zwar steht es den Parteien frei, auch steuerschädliche Gestaltungsformen zu wählen; in der Praxis wird jedoch die steuerliche Seite kaum außer Acht gelassen werden können.

d) Bericht und Zustimmung

Ähnlich wie bei der Verschmelzung ist auch bei der Spaltung ein Bericht zu erstellen; insofern wird auf die Darstellung bei der Behandlung der Verschmelzung verwiesen.[46] Aus dem Verweis in § 125 UmwG folgt zudem, dass die Spaltung der Zustimmung der Anteilsinhaberversammlungen der beteiligten Rechtsträger bedarf (§ 13 UmwG).

55

---

[40] Es kann nur dringend empfohlen werden, diese Unterlagen bereits im Vorfeld mit dem Registergericht abzustimmen um spätere Schwierigkeiten bei der Eintragung zu vermeiden.
[41] *Kallmeyer*, § 126 Rn 20; *Lutter/Priester*, UmwG, § 126 Rn 43; *Semler/Stengel/Schröer*, § 126 Rn 55.
[42] *Lutter/Priester*, UmwG, § 126 Rn 45.
[43] *Kallmeyer*, § 126 Rn 24; *Semler/Stengel/Schröer*, § 126 Rn 66.
[44] *Kallmeyer*, § 126 Rn 25; *Semler/Stengel/Schröer*, § 126 Rn 68.
[45] So auch *Lutter/Priester*, UmwG, § 126 Rn 51; *Kallmeyer*, § 125 Rn 34; gewisse Besonderheiten können bei Arbeitnehmern bestehen, die für mehrere Betriebe tätig sind, wobei hier die Zustimmung der betroffenen Arbeitnehmer erforderlich sein soll, vgl. *Kallmeyer*, § 126 Rn 35.
[46] Vgl. Rn 23 ff.

e) Wirkungen der Spaltung

56 Auch die Wirkungen der Spaltung sind ähnlich wie die der Verschmelzung: Mit Eintragung der Spaltung in das Register des Sitzes des übertragenden Rechtsträgers, die gemäß § 130 UmwG erst nach Eintragung im Sitz des übernehmenden Rechtsträgers erfolgen darf, wird die Aufspaltung wirksam und es findet eine Universalsukzession statt. Bei der Abspaltung verbleiben Gegenstände, die durch Rechtsgeschäft nicht übertragen werden können, beim übertragenden Rechtsträger, was auch durch § 132 UmwG klargestellt wird. Danach bleiben allgemeine Vorschriften, die die Übertragbarkeit ausschließen oder einschränken, durch die Wirkungen der Eintragung unberührt; lediglich rechtsgeschäftliche Abtretungsverbote bleiben bei der Aufspaltung unberücksichtigt (§ 132 Satz 2 UmwG). Nähme man die Vorschrift wörtlich und würde man sie nur auf die Aufspaltung beziehen, wären viele der wesentlichen Vorteile der Spaltung gegenüber einer Einzelrechtsübertragung dahin: zivilrechtliche Übertragungshindernisse und Erschwerungen, die einer Einzelrechtsübertragung im Wege stehen, wären auch ein Hindernis bei der Spaltung von Unternehmen. Aus diesem Grund ist in der Literatur der Versuch unternommen worden, § 132 UmwG teleologisch zu reduzieren.[47] Gerade bei Aktiengesellschaften wird insoweit auch auf Art. 17 Abs. 1 Buchstabe h der Spaltungsrichtlinie verwiesen, der einen Übergang des gesamten Bestandes von Aktiv- und Passivvermögen vorsieht.[48]

57 Problematisch sind besonders rechtsgeschäftliche Abtretungsverbote (§ 399 BGB), die lediglich bei Aufspaltungen nicht anwendbar sind, bei Abspaltungen und Ausgliederungen aber gelten.[49] Die Mitwirkung des Gläubigers nach §§ 414 ff. BGB soll dagegen nicht von § 132 UmwG erfasst sein, weil es nicht um die Übertragbarkeit, sondern nur um die Übertragung als solche gehe, wie sich schon aus der Gesetzesbegründung ergibt.[50] Der Übergang der Verbindlichkeiten im Rahmen der Spaltung ist also gerade der größte Vorteil der Spaltung gegenüber einer Einzelübertragung.[51] Besondere Bedeutung hat dies beispielsweise im Bereich des Übergangs von Pensionsverpflichtungen. Weitere praktische Bedeutung haben gegenseitige Verträge, die vielfach Abtretungsverbote bzw. Zustimmungserfordernisse enthalten. Hier wird vielfach der Versuch unternommen, den Inhalt dieser Verbote durch ergänzende Vertragsauslegung zu reduzieren und diese bei Abspaltungen (Ausgliederungen) ganzer Betriebe oder Betriebsteile für unanwendbar zu halten.[52] Aus Vorsichtsgründen empfiehlt es sich jedoch, die Zustimmungen der Vertragspartner einzuholen. Für Beteiligungen an anderen Gesellschaften gilt, dass etwaige

---

[47] Vgl. etwa bei Lutter/*Teichmann*, UmwG, § 132 Rn 11 ff.; aA *Kallmeyer*, § 132 Rn 1; ausführlich zu den Verschiedenen Ansätzen zur Einschränkung der Norm Semler/Stengel/*Schröer*, § 132 Rn 18 ff.

[48] Zweifelnd Lutter/*Teichmann*, UmwG, § 132 Rn 12.

[49] Lutter/*Teichmann,* UmwG, § 132 Rn 34 vertritt die Ansicht, man müsse nach dem Zweck des Abtretungsverbots differenzieren und beispielsweise Forderungen, die in einem Betrieb oder Betriebsteil entstanden sind, bei Abspaltungen dieses Betriebs oder Betriebsteils trotz § 399 BGB abspalten können, vgl. Rn 34.

[50] Vgl. *Kallmeyer*, § 132 Rn 11.

[51] *Kallmeyer*, § 132 Rn 11.

[52] Vgl. etwa Lutter/*Teichmann*, UmwG, § 132 Rn 17 ff.; skeptisch: *Kallmeyer*, § 132 Rn 4.

Übertragungshindernisse durch die Spaltung nicht überwunden werden, beispielsweise die Zustimmung sämtlicher Gesellschafter bei einer Personengesellschaft, die Zustimmung der Gesellschaft oder der Gesellschafter bei der Übertragung eines GmbH-Anteils oder die Vinkulierung von Aktien.[53]

Bei der Behandlung von Verbindlichkeiten, die vor der Spaltung begründet werden, sind darüber hinaus Gläubiger durch § 133 Abs. 1 UmwG geschützt, der eine gesamtschuldnerische Haftung der an der Spaltung beteiligten Rechtsträger vorsieht. Ebenso wie bei der Verschmelzung können darüber hinaus betroffene Gläubiger Sicherheitsleistung verlangen. § 133 Abs. 2 UmwG sieht eine solche gesamtschuldnerische Haftung auch für die Inhaber besonderer Rechte vor. Wie sich aus § 133 Abs. 3 UmwG ergibt, endet die gesamtschuldnerische Haftung für den Rechtsträger, dem die Verbindlichkeit nicht zugewiesen ist, nach fünf Jahren. Darüber hinaus regelt § 134 UmwG noch den Sonderfall der Aufspaltung des Vermögens eines Unternehmens in eine Besitzgesellschaft und eine Betriebsgesellschaft. Für den Fall der Haftung für Ansprüche die nach den §§ 111–113 BetrVG begründet werden (Sozialplan-, Abfindungs- und Ausgleichsansprüche) verlängert § 134 Abs. 3 UmwG den Haftungszeitraum um weitere 5 Jahre. Auch bei missbräuchlicher Verwendung anderer Spaltungsformen wird teilweise eine Haftung auch über den Fünfjahreszeitraum hinaus angenommen.[54]

f) Spaltung zur Neugründung

Für die Spaltung zur Neugründung ergeben sich keine wesentlichen Unterschiede; lediglich der Spaltungsvertrag wird durch einen Spaltungsplan ersetzt, der jedoch den gleichen Inhalt wie ein Spaltungsvertrag haben muss (§ 136 UmwG).

g) Besonderheiten bei der AG

Bei der Beteiligung von Aktiengesellschaften ist zu beachten, dass anders als bei der Verschmelzung mit Kapitalerhöhung bei der Spaltung mit Kapitalerhöhung stets eine Sacheinlagenprüfung nach § 183 Abs. 3 AktG stattzufinden hat (§ 142 Abs. 1 UmwG). Es kommt mithin auf die Rechtsform der übertragenden Gesellschaft nicht an. Weiter ist § 143 UmwG bedeutsam, wonach der Vorstand einer übertragenden Aktiengesellschaft (oder KGaA) die Aktionäre vor der Beschlussfassung über jede wesentliche Veränderung des Vermögens der Gesellschaft zwischen Abschluss des Vertrages oder Aufstellung des entsprechenden Entwurfs und dem Zeitpunkt der Beschlussfassung zu unterrichten hat. Die Unterrichtungspflicht besteht auch gegenüber den Vertretungsorganen der übernehmenden Rechtsträger, die ihrerseits die Anteilsinhaber unterrichten müssen. Damit sollen den Anteilsinhabern insbesondere Wertschwankungen zur Kenntnis gebracht werden.[55] Die wesentlichen Vermögensveränderungen können nämlich einen Einfluss auf das Umtauschverhältnis

---

[53] Lutter/*Teichmann,* UmwG, Rn 50 f.; *Kallmeyer,* § 132 Rn 10.
[54] Einzelheiten bei Lutter/*Hommelhoff* § 134 Rn 44 ff.; Kallmeyer/*Willemsen* § 134 Rn 4. Weitergehend § 134 auch für die Einzelrechtsübertragung, die zu einer Betriebsaufspaltung führt, anzuwenden, ist aber jedenfalls abzulehnen, vgl. Semler/Stengel/*Maier-Reimer/Vossen* § 134 Rn 4; Kallmeyer/*Willemsen* § 134 Rn 6, anders aber *Däubler,* RdA 1995, 136, 146.
[55] Zutreffend wird darauf hingewiesen, dass der Normzweck der Vorschrift eigentlich auf alle Umwandlungsvorgänge Anwendung finden sollte, vgl. Lutter/*Hommelhoff,* UmwG, § 143 Rn 6.

der Anteile haben. Typischerweise werden solche Wertveränderungen in der Hauptversammlung mündlich erläutert, wenngleich auch ein Nachtragsbericht zum Spaltungsbericht denkbar ist.[56] Der Verstoß gegen die Berichtspflicht kann zur Anfechtbarkeit des Beschlusses führen und sogar Strafbarkeit nach sich ziehen (§ 313 Abs. 1 Nr. 1 UmwG).

61 § 145 UmwG erlaubt es, bei einer etwa notwendig werdenden Herabsetzung des Grundkapitals die vereinfachte Form zu wählen. In diesem Fall kann die Abspaltung oder Ausgliederung erst eingetragen werden, wenn die Durchführung der Herabsetzung des Grundkapitals in das Handelsregister eingetragen wurde. Praktische Relevanz hat diese Vorschrift immer dann, wenn die Verringerung des Nettoaktivvermögens der übertragenden Gesellschaft dazu führen kann, dass das Grundkapital nicht länger gedeckt ist.

2. Ausgliederung

62 Bei der Ausgliederung besteht die Besonderheit darin, dass den Inhabern des übertragenden Rechtsträgers keine Anteile gewährt werden, sondern dem übertragenden Rechtsträger selbst. Als Folge bestimmt § 125 Satz 2 UmwG, dass eine Prüfung im Sinne der §§ 9–12 UmwG nicht stattfindet, was seinen Grund darin hat, dass den Anteilsinhabern der übertragenden Gesellschaft keine Vermögenswerte entzogen werden, da sich das Vermögen vollständig im Besitz einer 100%igen Tochtergesellschaft des übertragenden Unternehmens befindet. Ein Ausgliederungsbericht ist weiterhin erforderlich (§ 127 UmwG). Eine Erläuterung zum Umtauschverhältnis entfällt.[57]

63 Im übrigen gelten die Ausführungen zur Aufspaltung und Abspaltung entsprechend.

III. Vermögensübertragungen

64 Umstrukturierungen mit ähnlichen Wirkungen wie eine Spaltung oder eine Ausgliederung können auch dadurch erfolgen, dass die Gesellschaft ihr gesamtes oder einen wesentlichen Teil ihres Vermögens veräußert oder durch strukturelle Maßnahmen in anderer Weise wesentliche Teile ihres Vermögens neu ordnet. Der Begriff „Vermögensübertragung" wird darüber hinaus auch im Umwandlungsgesetz verwendet und bezeichnet dort eine eher exotische Form der Restrukturierung, die zum einen den Fall umfasst, dass eine Kapitalgesellschaft ihr Vermögen auf den Bund, ein Land, eine Gebietskörperschaft oder einen Zusammenschluss von Gebietskörperschaften überträgt (§ 175 Ziffer 1 UmwG); und zum anderen den Fall, dass eine Versicherungsaktiengesellschaft ihr Vermögen auf einen Versicherungsverein auf Gegenseitigkeit oder auf öffentlich-rechtliche Versicherungsunternehmen überträgt (§ 175 Ziffer 2a) UmwG).

---

[56] Die Nachinformationen sollen vom Spaltungsbericht getrennt gehalten werden; Lutter/Hommelhoff, UmwG, § 143 Rn 17; Semler/Stengel/Diekmann, § 143 Rn 11.

[57] Lutter/Hommelhoff, UmwG, § 127 Rn 28; Ausnahme dann, wenn die im Zuge der Ausgliederung erworbenen Anteile oder Mitgliedschaftsrechte anschließend auf einen Dritten oder nur auf einen Teil der Anteilsinhaber des übertragenden Unternehmens übertragen werden sollen.

1. Veräußerung des gesamten Vermögens

§ 179a AktG unterwirft einen Vertrag, durch den sich eine Aktiengesellschaft zur Übertragung ihres gesamten Gesellschaftsvermögens verpflichtet, einem zustimmenden Hauptversammlungsbeschluss nach § 179 AktG. Dies gilt selbst dann, wenn der Unternehmensgegenstand nicht geändert wird. Im Unterschied zu § 179 AktG kann das Mehrheitserfordernis von drei Vierteln des bei der Beschlussfassung vertretenen Grundkapitals nur herauf- nicht jedoch herabgesetzt werden (§ 179a Abs. 1 Satz 2 AktG). Die Voraussetzungen des § 179a AktG sind auch dann erfüllt, wenn bei der Aktiengesellschaft noch unwesentliches Vermögen zurückbleibt.[58] Diese Unwesentlichkeit ist nicht quantitativ zu bestimmen, sondern danach, ob die Gesellschaft mit dem verbliebenen Vermögen ihren satzungsmäßigen Unternehmensgegenstand fortsetzen kann.[59] Unter Umständen kann deshalb auch eine Betriebsaufspaltung durch Übertragung des Anlagevermögens auf eine Besitzgesellschaft unter § 179a AktG fallen.[60]

65

§ 179a AktG gilt nicht, wenn der Vorgang bereits unter das Umwandlungsrecht fällt (§ 179a Abs. 1 Satz 1 AktG). Hierbei ist umstritten, ob in einzelnen Fällen, die unter dem Stichwort „übertragende Auflösung" diskutiert werden, die analoge Anwendung von Regeln des Umwandlungsrechts in Betracht kommt. Dazu wird unten[61] Stellung genommen.

66

a) Voraussetzungen im Normalfall

Zur Vorbereitung der Hauptversammlung ist der Vertrag von der Einberufung der Hauptversammlung an, die über die Zustimmung beschließen soll, zur Einsichtnahme durch die Aktionäre auszulegen und auf Verlangen eine Abschrift zu erteilen (§ 179a Abs. 2 Satz 1 und 2 AktG). Des weiteren ist der Vertrag während der Hauptversammlung auszulegen (§ 179a Abs. 2 Satz 3 AktG). Anders als in den an anderer Stelle[62] bereits diskutierten „Holzmüller"-Konstellationen ist überraschenderweise kein Erfordernis vorgesehen, den Aktionären den Beschlussvorschlag in schriftlicher Form zu erläutern. Nach § 179a Abs. 2 Satz 4 AktG hat der Vorstand den Vertrag lediglich zu Beginn der Verhandlung mündlich zu erläutern. In der Praxis wird es sich dessen ungeachtet empfehlen, zur besseren Vorbereitung der Hauptversammlung der Einladung zur Hauptversammlung, die über den Vertrag beschließen soll, eine Erläuterung des Vertrags, seines Hintergrundes und seiner wichtigsten Bestimmungen beizufügen. Dies hat den Vorteil, dass der Vorstand bei der Beantwortung von Fragen zumindest teilweise auf den bereits vorliegenden schriftlichen Bericht verweisen kann und damit die Gefahr einer Anfechtung wegen Informationsmängeln in der Hauptversammlung weniger wahrscheinlich ist. Nach herrschender Meinung bedarf der Hauptversammlungsbeschluss keiner sachlichen Rechtfertigung.[63] Diese

67

---

[58] *Hüffer*, § 179a Rn 5 mwN.
[59] BGHZ 83, 122, 128.
[60] *Hüffer*, § 179a Rn 5.
[61] Vgl. Rn 70.
[62] Vgl. § 2 Rn 91 ff.
[63] Vgl. *Hüffer*, § 179a Rn 10 unter Verweis auf die Linotype-Entscheidung des BGHZ 103, 184, 191 f., in der ausgeführt wird, dass auch bei einer Liquidation keine sachliche Rechtfertigung erforderlich ist, selbst wenn der Mehrheitsgesellschafter anschließend das Vermögen der liquidierten Gesellschaft übernehmen will.

Auffassung ist sicherlich zutreffend, soweit das Vermögen der Gesellschaft nicht an einen Gesellschafter, sondern an einen außenstehenden Dritten übertragen wird, da insoweit die Situation keine andere ist als im Falle der Liquidation, die ebenfalls keiner besonderen sachlichen Rechtfertigung bedarf.

68 Die Beschlussfassung der Hauptversammlung ist ein Wirksamkeitserfordernis für den Vertrag. Wurde dieser schon vor der Beschlussfassung geschlossen, ist er bis dahin schwebend unwirksam, bei verweigerter Zustimmung endgültig unwirksam.[64] Zwar bedarf der Beschluss nach § 179a AktG keiner Eintragung in das Handelsregister, jedoch kann eine Anfechtung des Hauptversammlungsbeschlusses nachträglich die für die Gesellschaft fatale Unwirksamkeit des Vertrages zur Folge haben. Die Gesellschaft ist deshalb gut beraten, mit dem Vollzug des Vertrages zu warten, bis die Anfechtungsfrist abgelaufen ist, bzw. bis zur rechtskräftigen Entscheidung des Anfechtungsprozesses.

69 Der Vertrag ist der Niederschrift als Anlage beizufügen und dann, wenn aus Anlass der Übertragung die Gesellschaft aufgelöst wird, der Anmeldung der Auflösung zum Handelsregister in Ausfertigung oder beglaubigter Abschrift beizufügen (§ 179a Abs. 2 Satz 5 und Abs. 3 AktG).

b) Voraussetzungen im Falle der übertragenden Auflösung auf einen Gesellschafter

70 Zur Frage, ob die übertragende Auflösung bei Übertragung auf einen Mehrheitsgesellschafter weiteren Voraussetzungen bedarf, sei auf die Darstellung in § 16 verwiesen.[65]

IV. Liquidation

1. Auflösungsgründe

71 § 262 Abs. 1 AktG zählt die Auflösungsgründe für eine Aktiengesellschaft auf. Neben den in § 262 Abs. 1 Nr. 3, 4 und 6 AktG genannten Gründen der Insolvenz bzw. Vermögenslosigkeit ist die Liquidation der wichtigste Beendigungsgrund (§ 262 Abs. 1 Nr. 2 AktG). Daneben kann der Auflösungsfall noch eintreten durch Ablauf der in der Satzung bestimmten Zeit (§ 262 Abs. 1 Ziffer 1 AktG) sowie durch Rechtskraft der Verfügung des Registergerichts, mit der ein Mangel der Satzung festgestellt worden ist (§ 262 Abs. 1 Ziffer 5 AktG). Die Liquidation durch Hauptversammlungsbeschluss bedarf einer Mehrheit von drei Vierteln des bei der Beschlussfassung vertretenen Grundkapitals. Diese Mehrheit kann satzungsmäßig nur erhöht, jedoch nicht erniedrigt werden. Der Beschluss bedarf keiner sachlichen Rechtfertigung.[66] Die Auflösung der Gesellschaft ist zur Eintragung in das Handelsregister anzumelden (§ 263 Satz 1 AktG).

---

[64] *Hüffer*, § 179a Rn 13.
[65] § 16 Rn 24.
[66] *Hüffer*, § 262 Rn 11; Beck'sches Hdb AG/*Schmidt-Henn*, § 17 Rn 5.

2. Verfahren der Abwicklung

Soweit kein Insolvenzfall vorliegt, wird die Gesellschaft anschließend abgewickelt (§ 264 Abs. 1 AktG). Gemäß § 264 Abs. 2 AktG findet eine Abwicklung im Falle der Löschung wegen Vermögenslosigkeit nur dann statt, wenn sich nach der Löschung herausstellt, dass Vermögen vorhanden ist, das der Verteilung unterliegt.

a) Liquidatoren

Die Vorstandsmitglieder sind für die Abwicklung verantwortlich (§ 265 Abs. 1 AktG); jedoch kann die Hauptversammlung oder die Satzung andere Personen als Liquidatoren bestellen (§ 265 Abs. 2 AktG), wobei § 76 Abs. 3 Satz 3 und 4 AktG sinngemäß gelten und auch eine juristische Person als Liquidator bestellt werden kann. Nach § 265 Abs. 3 AktG kann ab Antrag des Aufsichtsrats oder einer Minderheit von Aktionären, deren Anteile zusammen den 20. Teil des Grundkapitals oder den anteiligen Betrag von 500.000 EUR erreichen, ein Liquidator aus wichtigem Grund gerichtlich bestellt oder abberufen werden, wobei die Aktionäre glaubhaft zu machen haben, dass sie seit mindestens drei Monaten Inhaber der Aktien sind. Darüber hinaus kann die Hauptversammlung Liquidatoren, die nicht gerichtlich bestellt wurden, jederzeit abberufen (§ 265 Abs. 5 AktG).

Die Bestellung der Liquidatoren und ihre Vertretungsbefugnis, sowie Abberufungen und Veränderungen der Vertretungsbefugnis sind zum Handelsregister anzumelden (§ 266 AktG). Sowohl für den Liquidationsbeschluss selbst, als auch für die Anmeldung der Liquidatoren gilt, dass die Eintragung im Handelsregister lediglich deklaratorische Bedeutung hat.[67]

b) Aufgaben der Liquidatoren

Die Liquidatoren müssen die Gläubiger der Gesellschaft unter Hinweis auf die Liquidation dreimal in den Gesellschaftsblättern auffordern, ihre Ansprüche anzumelden (§ 267 AktG). Die Liquidatoren sind gemäß § 268 Abs. 1 AktG zur Beendigung der laufenden Geschäfte, zum Einzug der Forderung, zur Versilberung des Vermögens und zur Befriedigung der Gläubiger verpflichtet und dürfen, soweit es die Abwicklung erfordert, auch neue Geschäfte eingehen. Hinsichtlich der Geschäftsführungs- und Vertretungsbefugnis gelten im wesentlichen dieselben Regeln wie für den Vorstand (vgl. im einzelnen § 268 Abs. 2 und § 269 AktG).

Gemäß § 270 AktG ist eine Eröffnungsbilanz aufzustellen und für jeden Schluss eines Jahres ein Jahresabschluss und ein Lagebericht (§ 270 Abs. 1 AktG). Nach § 271 AktG ist das nach Zahlung aller Verbindlichkeiten der Gesellschaft verbleibende Vermögen der Gesellschaft unter den Aktionären zu verteilen, wobei § 272 Abs. 1 AktG bestimmt, dass seit dem dritten Aufruf an die Gläubiger gemäß § 267 AktG mindestens ein Jahr vergangen sein muss, bevor das Vermögen an die Aktionäre verteilt werden darf. Sind noch Verbindlichkeiten offen, die noch nicht erfüllt werden können oder ist eine Verbindlichkeit streitig, so kann das Vermögen nur dann verteilt werden, wenn den Gläubigern Sicherheit geleistet wird (§ 272 Abs. 3 AktG). Ebenso sind Beträge zu hinterlegen, soweit sich ein bekannter Gläubiger nicht gemeldet hat und ein Recht zur Hinterlegung besteht (§ 272 Abs. 2 AktG). Nach dem Schluss

---

[67] *Hüffer*, § 264 Rn 3; Beck'sches Hdb. AG/*Schmidt-Henn*, § 17 Rn 31 aE.

der Abwicklung und Rechnungslegung hierüber ist die Beendigung der Liquidation zur Eintragung in das Handelsregister anzumelden und die Gesellschaft zu löschen (§ 273 Abs. 1 AktG). Die Bücher und Schriften der Gesellschaft sind an einem vom Gericht bestimmten sicheren Ort zur Aufbewahrung auf 10 Jahre zu hinterlegen (§ 273 Abs. 2 AktG). Solange mit der Vermögensverteilung noch nicht begonnen wurde, kann die Hauptversammlung die Fortsetzung der Gesellschaft mit einer Kapitalmehrheit von drei Vierteln beschließen (§ 274 Abs. 1 Satz 1 AktG).

V. Insolvenz

1. Insolvenzgründe und Maßnahmen im Vorfeld einer Insolvenz

77 Für eine umfassende Beschreibung des Insolvenzverfahrens muss auf die insolvenzrechtliche Literatur verwiesen werden.[68] Nachfolgend soll deshalb nur auf die Besonderheiten bei der Aktiengesellschaft eingegangen werden. Die Aktiengesellschaft ist nicht nur dann insolvent, wenn sie zahlungsunfähig ist (§ 17 Abs. 1 InsO), sondern Insolvenzgrund ist auch die Überschuldung (§ 19 Abs. 1 InsO). Überschuldung ist anzunehmen, wenn das Vermögen der Gesellschaft zur Deckung der Schulden nicht mehr ausreicht, wobei für die Bemessung der Höhe des Vermögens eine Fortführungsprognose zugrundegelegt werden darf, wenn diese nach den Umständen überwiegend wahrscheinlich ist (§ 19 Abs. 2 InsO).

78 Flankiert werden die Insolvenzgründe durch die Insolvenzantragspflicht des § 92 Abs. 2 AktG. Danach muss der Vorstand die Eröffnung des Insolvenzverfahrens unverzüglich spätestens innerhalb von 3 Wochen nach Vorliegen des Insolvenzgrundes beantragen und darf ab dem Zeitpunkt der Insolvenzreife keine Zahlungen mehr leisten, mit Ausnahme von solchen, die auch nach diesem Zeitpunkt noch mit der Sorgfalt eines ordentlichen und gewissenhaften Geschäftsleiters vereinbar sind (§ 92 Abs. 3 AktG). Gerne wird in der Praxis übersehen, dass es sich bei der Dreiwochenfrist um eine Maximalfrist handelt und der Vorstand diese Periode nur solange nutzen darf, wie er noch Aussichten hat, die Gesellschaft ohne Einleitung eines Insolvenzverfahrens sanieren zu können. In jedem Falle ist die Dreiwochenfrist eine Höchstfrist, mit der Folge, dass deren Überschreitung immer ein Verstoß gegen die Vorstandspflichten darstellt.[69]

79 Bereits im Vorfeld einer drohenden Insolvenz ergeben sich für die Gesellschaftsorgane gesteigerte Sorgfaltspflichten. Insbesondere muss der Vorstand bei erkennbaren Problemen ein Sanierungskonzept erarbeiten und der Aufsichtsrat muss darauf dringen, dass ein solches erarbeitet und nach Verabschiedung umgesetzt wird.[70] Die Insolvenzantragspflicht ist ein Schutzgesetz im Sinne des § 823 Abs. 2 BGB.[71] Deshalb können Gläubiger bei Verstoß gegen die Insolvenzantragspflicht Schadensersatzansprüche erheben. So genannte „Altgläubiger", d. h. Gläubiger, die zum Zeitpunkt der Insolvenzreife Forderungen gegen das Unternehmen hatten, haben An-

---

[68] See beispielsweise bei *Uhlenbruck*; *Hess/Weis/Wienberg*; *Gottwald*.
[69] BGHZ 75, 96, 108
[70] *Potthof/Trescher*, 6. Kapitel Rn 1290.
[71] St. Rspr., vgl. BGHZ 29, 100, 103 (zur GmbH), sowie zuletzt BGHZ 126, 181, 190.

spruch auf Ersatz des so genannten „Quotenschadens", also der Differenz zwischen der tatsächlich erzielten Insolvenzquote und der Quote, die vorhanden gewesen wäre, wenn die Insolvenzantragspflicht rechtzeitig erfüllt worden wäre.[72] Neugläubiger, d. h. Gläubiger, die ihren Anspruch erst nach Eintritt der Insolvenzreife, jedoch vor Beantragung der Insolvenz erworben haben, haben Anspruch auf vollen Ersatz der Differenz zwischen der erhaltenen Insolvenzquote und dem Wert ihres Anspruchs.[73] Bei Verstoß gegen § 92 Abs. 3 AktG hat der Insolvenzverwalter Anspruch auf Ersatz des der Insolvenzmasse zugefügten Schadens.[74]

2. Folgen der Eröffnung des Insolvenzverfahrens auf die Organstellung

Ist das Insolvenzverfahren eröffnet, so richtet sich die Abwicklung des Vermögens der Gesellschaft nicht nach den Liquidationsvorschriften des Aktienrechts, sondern nach der Insolvenzordnung. Nach der Insolvenzeröffnung besteht die Gesellschaft als „Insolvenzgesellschaft" fort.[75] Insbesondere bleiben die Organe der Gesellschaft im Amt.[76] Da andererseits nach den Vorschriften der InsO der Insolvenzverwalter für die Verwaltung des Vermögens der Aktiengesellschaft zuständig ist, stellt sich die Frage der Abgrenzung des Zuständigkeitsbereichs von Insolvenzverwalter und den sonstigen Gesellschaftsorganen.[77]

80

Im Ausgangspunkt verdrängt die Zuständigkeit des Insolvenzverwalters die Kompetenz der Gesellschaftsorgane vollständig.[78] Folglich verbleibt eine extrem reduzierte Kompetenz des Vorstandes nach Insolvenzeröffnung. Der Vorstand nimmt die verfahrensmäßigen Rechte der Gesellschaft war.[79] Im übrigen verbleibt ein „insolvenzneutraler, gesellschaftsrechtlicher Zuständigkeitsbereich"[80]. Dazu gehört zum einen die Verwaltung des so genannten insolvenzfreien Vermögens[81] und die Vertretung der Gesellschaft in Organstreitigkeiten, beispielsweise Anfechtungsklagen.

81

Die Rolle des Aufsichtsrates beschränkt sich ebenso wie die des Vorstandes auf die gesellschaftsrechtliche Zuständigkeit. Im Bezug auf die Personalkompetenz des Aufsichtsrates gegenüber den Vorstandsmitgliedern bleibt zu beachten, dass der Aufsichtsrat zwar berechtigt ist, Vorstandsmitglieder zu bestellen und abzuberufen, jedoch die Kündigung des Anstellungsvertrages und gegebenenfalls auch der Abschluss neuer Anstellungsverträge allein dem Insolvenzverwalter obliegt.[82] Hinsichtlich etwaiger Zustimmungserfordernisse zu Geschäftsführungsmaßnahmen dürfte dagegen die Zuständigkeit des Aufsichtsrates erlöschen.

82

---

[72] Vgl. BGHZ 126, 181, 190.
[73] BGHZ 126, 181, 192 ff.
[74] So schon RGZ 159, 211, 228 ff.
[75] Münchener Kommentar AktG/*Hüffer*, § 264 Rn 38.
[76] Münchener Kommentar AktG/*Hüffer*, § 264 Rn 40.
[77] Die nachfolgende Darstellung berücksichtigt nicht die, in der Praxis bisher selten vorkommende, Möglichkeit der so genannten Eigenverwaltung, vgl. dazu §§ 270–285 InsO.
[78] Münchener Kommentar AktG/*Hüffer*, § 264 Rn 44.
[79] Münchener Kommentar AktG/*Hüffer*, § 264 Rn 65.
[80] Münchener Kommentar AktG/*Hüffer*, § 264 Rn 68.
[81] Münchener Kommentar AktG/*Hüffer*, § 264 Rn 67.
[82] Münchener Kommentar AktG/*Hüffer*, § 264 Rn 71.

83 Die Hauptversammlung dürfte ebenfalls keine Kompetenz mehr haben, soweit die Veräußerung des Geschäftsbetriebs, beispielsweise die Übertragung von einzelnen Vermögensgegenständen auf eine Auffanggesellschaft, betroffen ist[83], während andere Kompetenzen, beispielsweise die zur Satzungsänderung erhalten bleibt. Darunter zählt auch die Möglichkeit, eine Kapitalerhöhung zu beschließen.[84] Demgegenüber soll es nicht möglich sein, eine Herabsetzung des Grundkapitals mit dem Ziel einer Freisetzung des Vermögens zugunsten der Aktionäre herbeizuführen.[85]

84 Bezüglich einzelner Aktionäre gilt, dass die etwa rückständigen Einlagen vom Insolvenzverwalter geltend zu machen sind, da sie zur Insolvenzmasse gehören.[86] Dividendenansprüche aus einem etwa vor Insolvenzeröffnung gefassten Gewinnverwendungsbeschluss sind normale Insolvenzforderungen.[87] Gleiches gilt für etwaige außerhalb der Aktionärsstellung erworbene Ansprüche.

---

[83] Münchener Kommentar AktG/*Hüffer*, § 264 Rn 78.
[84] Münchener Kommentar AktG/*Hüffer*, § 264 Rn 75; dies war früher umstritten.
[85] Münchener Kommentar AktG/*Hüffer*, § 264 Rn 77.
[86] Münchener Kommentar AktG/*Hüffer*, § 264 Rn 82.
[87] Münchener Kommentar AktG/*Hüffer*, § 264 Rn 82.

§ 14 Konzernrecht

I. Begriffsbestimmungen

1. Der Unternehmensbegriff

Der Unternehmensbegriff ist kein einheitlicher.[1] Ausgehend von dem Gesetzeszweck ist zu unterscheiden zwischen übergeordneten Unternehmen auf der einen sowie unter-/gleichgeordneten Unternehmen auf der anderen Seite.[2]

Als übergeordnetes Unternehmen kommt jede juristische Person oder sonstige Organisationsform (unabhängig von ihrer Rechtsform) sowie natürliche Person in Betracht, die Gesellschafter einer Aktiengesellschaft sein kann,[3] vorausgesetzt, der beteiligte Gesellschafter hat auch noch anderweitige unternehmerische Interessen außerhalb seiner Beteiligung. Erforderlich ist mithin, dass er zumindest eine weitere maßgebliche Beteiligung hält.[4]

Untergeordnetes oder gleichgeordnetes Unternehmen kann jede rechtlich irgendwie selbstständige Organisationsform mit wirtschaftlicher Betätigung sein, mit Ausnahme von Privatpersonen.[5]

2. Verbundene Unternehmen

Verbunden sind alle Unternehmen, zwischen denen eine Mehrheitsbeteiligung, ein Abhängigkeitsverhältnis, ein Konzernverhältnis, eine wechselseitige Beteiligung oder ein Unternehmensvertrag besteht (§ 15 AktG). Diese Aufzählung ist abschließend.[6]

3. Mehrheitsbeteiligung

Eine Mehrheitsbeteiligung liegt vor, wenn einem Unternehmen entweder die Mehrheit der Anteile eines rechtlich selbstständigen Unternehmens oder die Mehrheit der Stimmrechte zusteht (§ 16 Abs. 2 AktG).[7]

Eine Kapitalmehrheit ist gegeben, wenn einem Unternehmen die Mehrheit der Kapitalanteile an einem anderen Unternehmen gehört.[8] Bei der Berechnung der

---

[1] *Emmerich*/Habersack, § 15 Rn 8.
[2] So auch Münchener Handbuch des Gesellschaftsrechts/*Krieger*, § 68 Rn 8; *Emmerich*/Habersack, § 15 Rn 9 ff., 25.
[3] *Emmerich*/Habersack, § 15 Rn 9 ff.
[4] Vgl. zu den Einzelheiten Münchener Handbuch des Gesellschaftsrechts/*Krieger*, § 68 Rn 8 ff.
[5] Münchener Handbuch des Gesellschaftsrechts/*Krieger*, § 68 Rn 13.
[6] *Hüffer*, § 15 Rn 16.
[7] Ist der Inhaber des Unternehmens Einzelkaufmann, so werden sowohl die zum Geschäfts- als auch die zum Privatvermögen gehörenden Anteile berücksichtigt (§ 16 Abs. 4 letzter Halbs. AktG).
[8] Siehe zur Berechnung der Kapitalmehrheit im Einzelnen Münchener Handbuch des Gesellschaftsrechts/*Krieger*, § 68 Rn 21 ff., dort auch zur Behandlung eigener Anteile und der Zurechnung von Anteilen verbundener Unternehmen bzw. von Dritten gehaltenen Anteilen zum herrschenden Unternehmen.

Stimmenmehrheit werden die dem herrschenden Unternehmen zustehenden Stimmrechte ins Verhältnis zur Gesamtzahl aller vorhandenen Stimmen gesetzt.[9] Nach § 16 Abs. 2 Satz 2, 3 und Abs. 3 Satz 1, 2 AktG sind eigene Anteile des anderen Unternehmens sowie solche, die für Rechnung des anderen Unternehmens gehalten werden, vorweg abzusetzen.

7 Gemäß § 16 Abs. 4 AktG gelten als dem mehrheitlich beteiligten Unternehmen gehörende Anteile auch solche, die einem von ihm abhängigen Unternehmen gehören, sowie solche Anteile, die von einem Dritten (auch wenn dieser keine Unternehmensqualität aufweist)[10] für Rechnung des Unternehmens oder eines von ihm abhängigen Unternehmens gehalten werden. Eine Absorption dergestalt, dass die Anteile nur dem mehrheitlich beteiligten Unternehmen, nicht aber dem verbundenen Unternehmen oder dem Dritten zugerechnet werden, findet nicht statt.[11] Eine mehrheitliche Beteiligung kann auch allein durch Zurechnung begründet werden.[12] Probleme bei der Zurechnung von Anteilen können sich ergeben, wenn das Vorliegen eines Abhängigkeitsverhältnisses[13], oder fraglich ist, ob der Dritte die Anteile für Rechnung hält, sowie bei der Ermittlung der Beteiligungsquote bei mehrstufigen Unternehmensbeziehungen mit unterschiedlichen Beteiligungsquoten.[14] Im Ergebnis ist für die Anteilszurechnung entscheidend, dass die wirtschaftlichen Chancen und Risiken im Wesentlichen bei dem mehrheitlich beteiligten Unternehmen liegen.[15]

4. Abhängiges und herrschendes Unternehmen

8 § 17 Abs. 1 AktG definiert das abhängige Unternehmen als rechtlich selbstständiges Unternehmen, auf das ein anderes Unternehmen (herrschendes Unternehmen) unmittelbar oder mittelbar einen beherrschenden Einfluss ausüben kann. Die Wortwahl „kann" zeigt, dass die Möglichkeit des beherrschenden Einflusses ausreicht.

9 Der gesetzlich nicht definierte beherrschende Einfluss lässt sich allgemein so umschreiben, dass der Einfluss die wesentlichen Unternehmensbereiche oder Teilfunktionen erfassen und sich auch auf die unternehmerische Leitungsfunktion in einem der wesentlichen Bereiche der Unternehmenspolitik erstrecken muss. Die Möglichkeit der Einflussnahme muss sich nicht auf den gesamten Tätigkeitsbereich des abhängigen Unternehmens erstrecken. Unzureichend ist aber eine lediglich punktuelle Bindung.[16] Der beherrschende Einfluss braucht nicht unmittelbar ausgeübt zu werden, mittelbarer Einfluss ist ausreichend.[17]

---

[9] Vgl. zur Berechnung Münchener Handbuch des Gesellschaftsrechts/*Krieger*, § 68 Rn 29 ff.
[10] *Emmerich/Habersack*, § 16 Rn 18.
[11] So die **hM**, vgl. *Hüffer*, § 16 Rn 13; *Emmerich/Habersack*, § 16 Rn 16 a; Münchener Handbuch des Gesellschaftsrechts/*Krieger*, § 68 Rn 27.
[12] So die **hM**, vgl. *Hüffer*, § 16 Rn 13 mwN.
[13] Siehe zur Definition nachstehend unter Rn 9.
[14] Siehe dazu *Emmerich/Habersack*, § 16 Rn 16 a.
[15] So auch *Emmerich/Habersack*, § 16 Rn 18, 12; *Hüffer*, § 16 Rn 12; Münchener Handbuch des Gesellschaftsrechts/*Krieger*, § 68 Rn 13.
[16] Vgl. zum Umfang der Einflussnamemöglichkeit auch *Hüffer*, § 17 Rn 7; *Emmerich/Habersack*, § 17 Rn 9; Münchener Handbuch des Gesellschaftsrechts/*Krieger*, § 68 Rn 38.
[17] *Emmerich/Habersack*, § 17 Rn 26; s. dort auch Rn 27 zum Sonderfall der mehrstufigen Abhängigkeit.

Erforderlich ist die Möglichkeit, das abhängige Unternehmen zu einem positiven **10** Handeln zu veranlassen.[18] Der beherrschende Einfluss muss auf einer ausreichend sicheren Grundlage stehen[19] und gesellschaftsrechtlich bedingt oder zumindest vermittelt sein.[20] Eine durch schuldrechtliche Verträge begründete wirtschaftliche Abhängigkeit allein genügt nicht.[21] Für die gesellschaftsrechtlich vermittelte Möglichkeit der Einflussnahme bildet die Stimmrechtsmehrheit in der Hauptversammlung die wichtigste Grundlage.[22] § 17 Abs. 2 AktG knüpft daher an sie auch die Vermutung der Abhängigkeit. Aber ebenso wie diese Vermutung widerlegt werden kann,[23] kann auch ausnahmsweise eine Minderheitsbeteiligung für die Begründung einer Abhängigkeit ausreichen.[24]

Auch wenn das Aktiengesetz in § 17 Abs. 1 AktG den Begriff des herrschenden **11** Unternehmens verwendet, kann eine mehrfache Abhängigkeit dergestalt bestehen, dass zwei Unternehmen gemeinsam einen beherrschenden Einfluss auf ein Unternehmen (Gemeinschaftsunternehmen) ausüben.[25]

5. Konzern

Werden mehrere rechtlich selbstständige Unternehmen unter einheitlicher **12** Leitung zusammengefasst, so spricht man von einem Konzern. Der Unterordnungskonzern ist in § 18 Abs. 1 AktG, der Gleichordnungskonzern in § 18 Abs. 2 AktG definiert.

Der Begriff der einheitlichen Leitung ist nicht definiert. Voraussetzung ist jedoch, **13** dass er eine gewisse Beständigkeit aufweist. Welchen Umfang die einheitliche Leitung im Einzelnen aufweisen muss, ist umstritten.[26] Von Unternehmen, zwischen denen ein Beherrschungsvertrag besteht oder von dem das eine in das andere eingegliedert ist, wird nach § 18 Abs. 1 Satz 2 AktG vermutet, dass sie unter einheitlicher Leitung zusammengefasst sind. Die einheitliche Leitung kann jedoch auch ohne Vertrag als faktische Beherrschung gegeben sein.

---

[18] So die **hM**, vgl. *Hüffer*, § 17 Rn 10 mwN auch zur Gegenmeinung.
[19] *Emmerich*/Habersack, § 17 Rn 11.
[20] So die herrschende Meinung; vgl. BGHZ 381, 395 ff.; Münchener Handbuch des Gesellschaftsrechts/*Krieger*, § 68 Rn 40; *Hüffer*, § 17 Rn 8. Kritisch dazu *Emmerich*/Habersack, § 17 Rn 14 ff.
[21] Durch schuldrechtliche Einwirkungsmöglichkeiten kann jedoch ein bereits bestehender gesellschaftsrechtlich vermittelter Einfluss verstärkt werden. Erforderlich ist nicht, dass der gesellschaftsrechtlich vermittelte Einfluss unmittelbar besteht. Auch dasjenige Unternehmen ist herrschendes Unternehmen, das aufgrund entsprechender Vereinbarungen über den gesellschaftsrechtlichen Einfluss eines Dritten verfügen kann.
[22] Siehe zu der durch die Stimmen anderer Gesellschafter vermittelten Stimmenmehrheit *Emmerich*/Habersack, § 17 Rn 17.
[23] Vgl. zur Widerlegung der Vermutung, etwa durch Abschluss eines Entherrschungsvertrages Münchener Handbuch des Gesellschaftsrechts/*Krieger*, § 6 Rn 55 ff.
[24] Münchener Handbuch des Gesellschaftsrechts/*Krieger*, § 68 Rn 42; *Emerich*/Habersack, § 17 Rn 18 ff.
[25] *Emmerich*/Habersack, § 17 Rn 28 ff.
[26] Hier stehen sich der so genannte weite und enge Konzernbegriff gegenüber; vgl. zum Meinungsstand *Emmerich*/Habersack, § 18 Rn 10 ff.; Münchener Handbuch des Gesellschaftsrechts/*Krieger*, § 68 Rn 68.

14 Von einem abhängigen Unternehmen wird nach § 18 Abs. 1 Satz 3 AktG weiterhin vermutet, dass es mit dem herrschenden Unternehmen einen Konzern bildet.

15 Der Wortlaut des § 18 Abs. 1 AktG geht von einem herrschenden Unternehmen aus. Es ist daher umstritten, ob es eine mehrfache Konzernzugehörigkeit und damit auch einen Konzern im Konzern geben kann.[27]

16 Ebenso wie der Unterordnungskonzern auf vertraglicher Grundlage oder faktisch bestehen kann, gilt dies auch für den Gleichordnungskonzern.[28] In der Praxis spielt der Gleichordnungskonzern im Verhältnis zum Unterordnungskonzern kaum eine Rolle.

6. Wechselseitige Beteiligungen

17 Der Begriff der wechselseitigen Beteiligungen ist in § 19 AktG definiert.[29] Wechselseitige Beteiligungen können in erster Linie nach Maßgabe des § 328 AktG Beschränkungen im Hinblick auf die Ausübung von Gesellschafterrechten der wechselseitig beteiligten Unternehmen oder eines von ihnen mit sich bringen.[30] Sie können daher als Instrument zu Vermeidung oder Erschwerung von Unternehmensübernahmen eingesetzt werden.[31]

II. Faktischer Konzern

1. Einleitung

18 Von einem faktischen Konzern spricht man, wenn ein herrschendes und ein oder mehrere abhängige Unternehmen unter der einheitlichen Leitung des herrschenden Unternehmens zusammengefasst sind, ohne dass ein Beherrschungsvertrag oder eine Eingliederung vorliegt.

2. Entstehen des faktischen Konzerns

a) Auf Seiten des herrschenden Unternehmens

19 Soweit das herrschende Unternehmen nicht bereits unmittelbar oder mittelbar (durch zwischengeschaltete weitere Tochtergesellschaften) Gründungsgesellschafter ist, muss die Beteiligung unmittelbar oder mittelbar (durch zwischengeschaltete

---

[27] Die Frage eines Konzerns im Konzern ist insbesondere betriebsverfassungs- und mitbestimmungsrechtlich bedeutsam; siehe dazu Münchener Handbuch des Gesellschaftsrechts/*Hoffmann-Becking*, § 28 Rn 20. Siehe zu den Besonderheiten im Gleichordnungskonzern *Emerich*/Habersack, § 18 Rn 33 f.

[28] Siehe zum vertraglichen und faktischen Gleichordnungskonzern *Emerich*/Habersack, § 18 Rn 29 ff.

[29] Siehe zur Unterscheidung zwischen einfach wechselseitiger und qualifiziert wechselseitiger Beteiligung Münchener Handbuch des Gesellschaftsrechts/*Krieger*, § 68 Rn 93, 107 f.

[30] Siehe zu den Einschränkungen nach § 328 AktG sowie zu den weiteren Einschränkungen in der Ausübung von Gesellschafterrechten bei qualifiziert wechselseitiger Beteiligung Münchener Handbuch des Gesellschaftsrechts/*Krieger*, § 68 Rn 97 ff., 109 f.

[31] Siehe dazu § 15 Rn 77.

weitere Tochtergesellschaften) erworben worden sein. Die Beteiligung an der Gründung von Gesellschaften sowie der Beteiligungserwerb ist grundsätzlich eine Geschäftsführungsaufgabe. Die Geschäftsführung obliegt dem Vorstand jedoch nur innerhalb des ihm durch Satzung gesetzten Rahmens, d. h., die Beteiligung an dem anderen Unternehmen muss vom Unternehmensgegenstand gedeckt sein.[32]

b) Auf Seiten der abhängigen Gesellschaft

Die Begründung des Abhängigkeitsverhältnisses setzt auf Seiten der abhängigen 20
Gesellschaft regelmäßig keine Mitwirkungshandlungen voraus. Der Vorstand der abhängigen Gesellschaft hat sich grundsätzlich neutral zu verhalten, es sei denn, die Hauptversammlung hat ihn zur Durchführung von Abwehrmaßnahmen ermächtigt.[33] Der Begründung eines beherrschenden Einflusses kann lediglich auf der Ebene der Aktionäre/Hauptversammlung entgegengewirkt werden, etwa durch Vinkulierung von Namensaktien[34], Einführung von Höchststimmrechten (§ 134 Abs. 1 AktG (jedoch nur bei nicht börsennotierten Gesellschaften)), die Erhöhung der Mehrheitserfordernisse für Hauptversammlungsbeschlüsse, das Recht zur Zwangseinziehung von Aktien, Kapitalerhöhungsmaßnahmen mit dem Ziel eines möglichst hohen Streubesitzanteils.

3. Die Führung des faktischen Konzerns

Es ist heute nahezu allgemeine Meinung[35], dass dem herrschenden Unterneh- 21
men die Bildung eines faktischen Konzerns gestattet ist.[36] Im faktischen Konzern besteht kein Weisungsrecht des herrschenden Unternehmens gegenüber dem Vorstand der abhängigen Gesellschaft.[37] Die einheitliche Leitung wird vielmehr dadurch hergestellt, dass das herrschende Unternehmen seine faktischen Einflussnahmemöglichkeiten nutzt. Solche Einflussnahmen sind grundsätzlich zulässig.[38]

Eine Veranlassung setzt voraus, dass das herrschende Unternehmen gestützt auf 22
seinen Einfluss das Verhalten der abhängigen Gesellschaft zu bestimmen versucht.[39] Die Veranlassung muss für die Maßnahme auf Ebene der abhängigen Gesellschaft ursächlich sein.[40] Es bestehen jedoch Grenzen zulässiger Einflussnahme. So ist die Veranlassung einer nachteiligen Maßnahme nicht zulässig, wenn das herrschende

---

[32] Siehe dazu im Einzelnen Münchener Handbuch des Gesellschaftsrechts/*Krieger*, § 69 Rn 3 ff. Siehe § 2 Rn 91 ff. zu der Frage, ob neben einer entsprechend satzungsmäßigen Regelung zusätzlich ein Holzmüller-Beschluss der Hauptversammlung erforderlich ist.
[33] Vgl. hierzu auch § 15 Rn 74 f.
[34] Siehe dazu § 15 Rn 77.
[35] Siehe zu den Gegenstimmen Münchener Handbuch des Gesellschaftsrechts/*Krieger*, § 39 Fn 68.
[36] Der Streit in der Literatur beschränkt sich im Wesentlichen darauf, ob das Aktiengesetz durch die Regelungen der §§ 311 ff. den faktischen Konzern rechtlich legitimiert (so *Hüffer*, § 311 Rn 7) oder ob es den faktischen Konzern lediglich voraussetzt und in Kauf nimmt (Kölner Kommentar AktG/*Koppensteiner*, Vorb. § 311 Rn 6 ff.).
[37] OLG Hamm ZIP 1995, 1263, 1269; *Hüffer*, § 311 Rn 48.
[38] Dies gilt auch für nachteilige Veranlassungen, sofern der Nachteil nach Maßgabe von § 311 AktG ausgeglichen wird.
[39] Siehe zu den verschiedenen Formen der Veranlassung Emmerich/*Habersack*, § 311 Rn 23; Münchener Handbuch des Gesellschaftsrechts/*Krieger*, § 69 Rn 65.
[40] Emmerich/*Habersack*, § 311 Rn 22.

Unternehmen zum Ausgleich nicht bereit oder in der Lage ist[41] oder der Nachteil nicht quantifizierbar und ein Ausgleich aus diesem Grund nicht möglich ist. Unzulässig sind weiterhin nachteilige Maßnahmen, die nicht im Interesse des herrschenden Unternehmens oder einer Konzerngesellschaft liegen oder deren Nachteile für die abhängige Gesellschaft im Verhältnis zu den Vorteilen für den Konzern unverhältnismäßig groß sind.[42] Darüber hinaus darf die abhängige Gesellschaft auch nicht zu Maßnahmen veranlasst werden, mit denen sie ihren Unternehmensgegenstand überschreiten würde.[43]

23 Ob das herrschende Unternehmen eine Pflicht zur Konzernleitung trifft, ist umstritten. Nach der wohl herrschenden Meinung ist eine stark dezentralisierte Konzernleitung ausreichend. Der Vorstand der herrschenden Aktiengesellschaft dürfte jedoch zu einer laufenden Konzernüberwachung unter Einrichtung entsprechender Controlling-Systeme verpflichtet sein.[44]

24 Dem herrschenden Unternehmen stehen im faktischen Konzern die besonderen Informationsrechte nach § 294 Abs. 3 HGB zu. Darüber hinaus soll nach wohl herrschender Meinung der Vorstand der abhängigen Gesellschaft gegenüber dem herrschenden Unternehmen zu einer umfassenden Informationserteilung berechtigt sein, selbst wenn es sich um Informationen handelt, deren Weitergabe an Dritte durch die Verschwiegenheitsverpflichtung des § 93 Abs. 2 Satz 2 AktG verboten ist. Eine solche Informationserteilung soll auch nicht die Verpflichtung nach § 131 Abs. 4 AktG nach sich ziehen.[45]

25 Ebenso wie der Vorstand des herrschenden Unternehmens zumindest zu einer dezentralen Konzernleitung verpflichtet ist, erstreckt sich die Überwachungsaufgabe des Aufsichtsrats des herrschenden Unternehmens auf die gesamte Konzerngeschäftsführung des Vorstands.[46]

26 Hingegen ändert sich der Überwachungsauftrag des Aufsichtsrats der abhängigen Gesellschaft nicht. Der Aufsichtsrat hat jedoch besonderes Augenmerk darauf zu richten, dass vom herrschenden Unternehmen etwa veranlasste nachteilige Maßnahmen ordnungsgemäß ausgeglichen werden. Hinzu kommt die Prüfung des Abhängigkeitsberichts. Hinsichtlich der Auswahl der Anteilseignervertreter, die das herrschende Unternehmen durch die Ausübung des Stimmrechts in der Hauptversammlung der abhängigen Gesellschaft in deren Aufsichtsrat bestellt, unterliegt es keinen Einschränkungen.

27 Nach den aufgrund der Holzmüller-Entscheidung des Bundesgerichtshofs entwickelten ungeschriebenen Hauptversammlungszuständigkeiten, kann der Vorstand

---

[41] *Hüffer*, § 311 Rn 42.
[42] Münchener Handbuch des Gesellschaftsrechts/*Krieger*, § 69 Rn 20.
[43] Kölner Kommentar AktG/*Koppensteiner*, § 311 Rn 100.
[44] Siehe zum Diskussionsstand Münchener Handbuch des Gesellschaftsrechts/*Krieger*, § 69 Rn 21 mwN. Siehe dort auch Rn 22 zu der Diskussion um das Erfordernis einer Konzernierungserklärung.
[45] Zur Begründung wird angeführt, dass die Information nicht die Aktionärseigenschaft des herrschenden Unternehmens, sondern aus einer Konzernleitungsfunktion abgeleitet sei. Vgl. Emmerich/*Habersack*, § 312 Rn 5 mwN.
[46] Siehe hierzu im Einzelnen Münchener Handbuch des Gesellschaftsrechts/*Krieger*, § 69 Rn 26 ff.

des herrschenden Unternehmens verpflichtet sein, Entscheidungen/Maßnahmen, die die abhängige Gesellschaft betreffen, der Hauptversammlung der herrschenden Gesellschaft zur Zustimmung vorzulegen.[47] Die Einflussnahme durch das herrschende Unternehmen befreit den Vorstand der abhängigen Gesellschaft in den Fällen ungeschriebener Hauptversammlungszuständigkeit nicht von der Verpflichtung, die Maßnahme der Hauptversammlung der abhängigen Gesellschaft zur Entscheidung vorzulegen. Aber auch in den Fällen, in denen eine Geschäftsführungsmaßnahme nicht diesen Kriterien unterfällt, kann es für den Vorstand der abhängigen Gesellschaft sinnvoll sein, einen Hauptversammlungsbeschluss nach § 119 Abs. 2 AktG herbeizuführen, um die Einflussnahme des herrschenden Unternehmens nachzuweisen. Ist die von der Hauptversammlung beschlossene Maßnahme nachteilig, hat der Vorstand der abhängigen Gesellschaft auf Nachteilsausgleich nach § 311 AktG zu drängen. Im Übrigen kommt ihm, wenn er den Hauptversammlungsbeschluss ausführt, die Haftungsprivilegierung des § 93 Abs. 4 AktG zugute.

4. Nachteilsausgleich

Nachteilige Einflussnahmen des herrschenden Unternehmens auf eine abhängige Gesellschaft sind nur zulässig, wenn die Nachteile durch das herrschende Unternehmen ausgeglichen werden (§ 311 AktG). Werden vom herrschenden Unternehmen veranlasste Nachteile nicht ausgeglichen, sind das herrschende Unternehmen und seine gesetzlichen Vertreter schadensersatzpflichtig (§ 317 AktG). 28

Die abhängige Gesellschaft muss jährlich einen Abhängigkeitsbericht aufstellen, in dem sämtliche Rechtsgeschäfte mit dem herrschenden Unternehmen oder einem mit diesem verbundenen Unternehmen sowie alle Maßnahmen aufgeführt sind, die auf Veranlassung oder im Interesse dieser Unternehmen getroffen oder unterlassen wurden (§ 312 AktG). Der Abhängigkeitsbericht ist durch den Abschlussprüfer (§ 313 AktG, wenn die abhängige Gesellschaft prüfungspflichtig ist) und den Aufsichtsrat (§ 314 AktG) zu prüfen. Auf Antrag eines Aktionärs hat das Gericht unter den Voraussetzungen des § 315 AktG Sonderprüfer zur Prüfung der Beziehungen der abhängigen Gesellschaft zu dem herrschenden Unternehmen oder einem mit ihm verbundenen Unternehmen zu bestellen. Wird der Abhängigkeitsbericht nicht ordnungsgemäß erstattet, haften Vorstand und Aufsichtsrat der abhängigen Gesellschaft nach § 318 AktG. 29

Die Aktionäre/die Hauptversammlung der abhängigen Gesellschaft erhalten/erhält lediglich Kenntnis von der so genannten Schlusserklärung[48] des Vorstands im Abhängigkeitsbericht nach § 312 Abs. 3 AktG, da sie in den Lagebericht aufzunehmen ist (§ 312 Abs. 3 Satz 3 AktG), der der Hauptversammlung nach §§ 176 Abs. 1, 175 Abs. 2 AktG vorzulegen ist.[49] 30

---

[47] Siehe dazu eingehend § 2 Rn 90 ff.
[48] Die Schlusserklärung hat im Wesentlichen die Erklärung zu enthalten, ob die abhängige Gesellschaft bei Rechtsgeschäften stets eine angemessene Gegenleistung erhalten hat und durch sonstige Maßnahmen nicht benachteiligt wurde.
[49] *Hüffer*, § 312 Rn 38.

31 § 311 AktG verdrängt die allgemeinen Vorschriften des Aktiengesetzes. Die Haftungsbestimmung der §§ 93, 116 AktG und auch die Haftungsvorschriften des § 117 AktG sind unanwendbar.[50] Siehe auch nachstehend Rn 34.

Werden nachteilige Maßnahmen zu Gunsten des herrschenden Unternehmens durch einen Hauptversammlungsbeschluss veranlasst, kommt jedoch dessen Anfechtung wegen Verfolgung von Sondervorteilen gemäß § 243 Abs. 2 AktG in Frage, soweit nicht bereits der Beschluss selbst einen angemessenen Ausgleich gewährt. Die Möglichkeit soll nach herrschender Meinung trotz § 311 AktG bestehen bleiben.

5. Finanzierung im Konzern

a) Eigenkapital

32 Im Konzern ist das herrschende Unternehmen oder ein oder mehrere mit ihm verbundene Unternehmen häufig auch Vertragspartner der abhängigen Gesellschaft in Drittverträgen. Wird bei dieser Konstellation eine Barkapitalerhöhung bei der abhängigen Gesellschaft durchgeführt, kann sich die Problematik der verdeckten Sacheinlage ergeben. Eine verdeckte Sacheinlage wird angenommen, wenn zwischen der Gesellschaft und dem Zeichner der neuen Aktien Absprachen getroffen wurden, die letztlich darauf hinauslaufen, dass die Gesellschaft bei wirtschaftlicher Betrachtung an Stelle der versprochenen Bareinlage eine Sachleistung erhält.[51] Derartige Absprachen werden vermutet, wenn zwischen der Leistung der (Bar-)Einlage und dem Rechtsgeschäft ein enger sachlicher und zeitlicher Zusammenhang besteht.[52] Sodass sich zumindest Erklärungsbedarf ergeben kann, wenn die abhängige Gesellschaft in zeitlicher Nähe mit der Barkapitalerhöhung Verbindlichkeiten gegenüber dem Zeichner (oder einem mit ihm verbundenen Unternehmen) tilgt oder Vermögenswerte erwirbt.

33 Besteht die abhängige Gesellschaft noch keine zwei Jahre, so ist bei Verträgen mit dem herrschenden Unternehmen oder mit ihm verbundenen Unternehmen[53] sowie bei Sachkapitalerhöhungen stets zu prüfen, ob ein Fall der Nachgründung im Sinne von § 52 AktG gegeben ist.

34 Nach herrschender Meinung gilt das Verbot der (verdeckten) Einlagenrückgewähr nach den §§ 57, 62 AktG[54] im faktischen Konzern nicht, soweit ein Nachteilsausgleich nach § 311 AktG erfolgt.[55] Der Vorstand der abhängigen Gesellschaft muss, wenn er an das herrschende Unternehmen leistet, aufgrund der Sachlage si-

---

[50] *Hüffer*, § 311 Rn 48 ff.
[51] Ausführlich zur Problematik der verdeckten Sacheinlage Münchener Kommentar AktG/*Pentz*, § 27 Rn 84 ff.
[52] *Hüffer*, § 27 Rn 14.
[53] Unter Umgehungsaspekten.
[54] Verboten sind grundsätzlich alle (offenen oder verdeckten) Zuwendungen an einen Aktionär aus dem Vermögen der Aktiengesellschaft mit Ausnahme von ordnungsgemäß beschlossenen Gewinnausschüttungen oder zulässigen Drittgeschäften. Vgl. dazu Münchener Kommentar AktG/*Bayer*, § 57 Rn 25 ff. Siehe dort unter Rn 49 ff. zu der Fragestellung, wann Leistungen an Dritte der Leistung an einen Aktionär gleichzustellen sind.
[55] Vgl. Emmerich/*Habersack*, § 311 Rn 55; Münchener Kommentar AktG/*Bayer*, § 57 Rn 129 ff., letzterer unter Rn 133 auch zu der Frage, ob dieses Konzernprivileg auf das freie Vermögen der abhängigen Gesellschaft zu begrenzen ist.

cher sein oder zumindest mit an Sicherheit grenzender Wahrscheinlichkeit davon ausgehen, dass der Nachteilsausgleich erfolgt.[56] Voraussetzung ist mithin auch, dass der Nachteil ausgleichsfähig ist.[57]

Der Erwerb eigener Aktien ist einer Aktiengesellschaft nur im Rahmen der sich aus § 71 Abs. 1 AktG ergebenden Beschränkungen gestattet. Diese Beschränkungen gelten gemäß § 71d Satz 2 AktG auch für den Erwerb von Aktien des herrschenden Unternehmens durch die abhängige Gesellschaft. Weiterhin ist davon auszugehen, dass auch im Konzernverhältnis § 71a AktG zu beachten ist.[58] 35

Unterschiedliche Auffassungen werden zu der Frage vertreten, ob die Mehrfachverwendung des Kapitals im Konzern Beschränkungen, und wenn ja, welchen, unterliegt.[59] Für eine Einschränkung oder Unzulässigkeit dieser Mehrfachverwendung geben jedoch die gesetzlichen Regelungen nichts her. 36

Grundsätzlich unterliegt das herrschende Unternehmen keinen Einschränkungen im Hinblick auf die Thesaurierung von Gewinnen bei der abhängigen Gesellschaft.[60] Hat die Gesellschaft jedoch Minderheitsaktionäre, ist der Anfechtungstatbestand des § 254 AktG zu beachten, der der übermäßigen Rücklagenbildung und dem Umfang des Gewinnvortrags Grenzen setzt.[61] 37

b) Fremdkapital

Auch die Fremdfinanzierung im Konzern erfolgt in einer Vielzahl von Fällen unter Einbeziehung verbundener Unternehmen. Bestellt das herrschende Unternehmen zu Gunsten der abhängigen Gesellschaft Sicherheiten oder gibt es Haftungszusagen ab, können die Regeln über kapitalersetzende Gesellschafterdarlehen eingreifen mit der Folge, dass in der Krise der abhängigen Gesellschaft eine Darlehensrückzahlung nicht möglich ist bzw. vorrangig das mithaftende herrschende Unternehmen oder die von diesem gestellten Sicherheiten in Anspruch genommen werden. Eine vergleichbare Konstellation kann sich bei Darlehensgewährung, Haftungsübernahme und Sicherheitsleistung zwischen Schwestergesellschaften ergeben. 38

Gibt die abhängige Gesellschaft dem herrschenden Unternehmen ein Darlehen oder bestellt es Sicherheiten[62] für das durch einen Dritten gewährte Darlehen oder 39

---

[56] Münchener Kommentar AktG/*Bayer*, § 57 Rn 130.
[57] Münchener Kommentar AktG/*Bayer*, § 57 Rn 131.
[58] In § 71a Abs. 1 Satz 2 AktG sind gerade die Fälle aufgeführt, in denen § 71a Abs. 1 Satz 1 AktG keine Anwendung findet, das Konzernverhältnis gehört nicht dazu. Für die Anwendbarkeit Münchener Handbuch des Gesellschaftsrechts/*Krieger*, § 69 Rn 48 mwN; **aA** Schroeder, S. 274 ff. und auch wohl Münchener Kommentar AktG/*Oechsler*, § 71a Rn 8. Siehe Letzteren auch zur Frage der Anwendbarkeit im Vertragskonzern.
[59] Unter Mehrfachverwendung des Kapitals sind die Fälle zu verstehen, dass das bei dem herrschenden Unternehmen eingezahlte Stamm-/Grundkapital zur Aufbringung des Grundkapitals der abhängigen Gesellschaft verwandt wird, die dieses ggf. ihrerseits einsetzt, um weitere Beteiligungsgesellschaften zu gründen oder Beteiligungen zu übernehmen. Siehe zu diesem Fragenkomplex auch Münchener Handbuch des Gesellschaftsrechts/*Krieger*, § 69 Rn 49.
[60] *Hüffer*, § 58 Rn 14. Zur umstrittenen Frage der Rücklagenbildung im Vertragskonzern siehe Münchener Kommentar AktG/*Bayer*, § 58 Rn 53 ff.
[61] Vgl. *Hüffer*, § 254 Rn 3 ff.
[62] Siehe zu der Sondergestaltung, dass die abhängige Gesellschaft ein Darlehen besichert, das das herrschende Unternehmen zentral aufgenommen und die Mittel an das oder die abhängigen Gesellschaften weiterleitet Münchener Kommentar AktG/*Bayer*, § 57 Rn 86.

erklärt es die Haftungsübernahme, kann hierin eine nachteilige Maßnahme nach § 311 AktG liegen. Im Rahmen des Nachteilsausgleichs kann es dabei nicht nur erforderlich sein, dass die abhängige Gesellschaft einen finanziellen Ausgleich erhält, sondern gegebenenfalls sind durch das herrschende Unternehmen auch zu Gunsten der abhängigen Gesellschaft Sicherheiten zu bestellen.[63] Entscheidend ist dabei, ob eine entsprechende Besicherung im Verhältnis von fremden Dritten gefordert würde.

40 Eine besondere Ausgestaltung der Kreditgewährung im Konzern ist die Einbindung in ein zentrales Cash-Management. Bei der Ausgestaltung des Cash-Management-Systems sind Fragen der Besicherung, der Möglichkeit des Zugriffs der abhängigen Gesellschaft auf ausreichende Liquidität sowie die Frage, ob nicht zumindest ein Minimum an unabhängigen Bankverbindungen und Kreditlinien erhalten bleiben muss, bedeutsam.[64]

6. Qualifiziert faktischer Konzern

41 Das Schutzsystem der §§ 311 ff. AktG geht von einer im Einzelfall feststellbaren und ausgleichsfähigen nachteiligen Veranlassung aus, die bei Nichtausgleich für einen ebenso feststellbaren Schaden der abhängigen Gesellschaft ursächlich ist. Dieses System vermag jedoch keinen angemessenen Schutz zu gewähren, wenn sich aufgrund der Konzernbeziehungen einzelne Veranlassungen nicht mehr isolieren lassen und/oder nicht mehr auf ihre Nachteiligkeit beurteilt werden können und/oder der daraus folgende Schaden nicht oder nicht mehr zu ermitteln ist.

42 Für diese Fälle wurde das Rechtsinstitut des so genannten qualifiziert faktischen Konzerns entwickelt, dessen wesentliche Rechtsfolge darin bestand, dass das herrschende Unternehmen sich so behandeln lassen musste, als sei ein Unternehmensvertrag abgeschlossen, d.h. die Regeln des Vertragskonzerns, insbesondere die §§ 302 (Verlustausgleich), 303 (Sicherheitsleistung für Gläubigerforderungen) AktG, wurden entsprechend angewandt.[65] Nachdem der BGH sich mit zwei Entscheidungen[66] vom Rechtsinstitut des qualifiziert faktischen GmbH-Konzerns verabschiedet hat,[67] ist die weitere Entwicklung im Hinblick auf das Rechtsinstitut des qualifiziert faktischen Aktienkonzerns offen. Dieses Rechtsinstitut hat jedoch bislang in der Praxis für das Aktienkonzernrecht keine Bedeutung erlangt.[68]

---

[63] Münchener Kommentar AktG/*Bayer*, § 57 Rn 132, 81. Vgl. zu der Frage, ob im Anschluss an die BGH-Entscheidung zur Kreditgewährung an GmbH-Gesellschafter (DB 2004, 371 ff.) durch die GmbH die Kreditvergabe bei der Aktiengesellschaft an Aktionäre per se unzulässig ist *Lahn*, Das richterrechtliche Verbot der Kreditvergabe an Gesellschafter und seine Folgen, Der Konzern 2004, 235, 244 f.

[64] Auch das zentrale Cash-Management wird unter der Fragestellung der verbotenen Einlagenrückgewähr diskutiert (vgl. Münchener Kommentar AktG/*Bayer*, § 57 Rn 82). Dort aber gerade unter dem Aspekt, dass ein angemessener Ausgleich nicht erfolgt. Insoweit fügt sich dies in die Ausführungen unter Rn 34 ein. Siehe zu den Auswirkungen der in Fn 63 erwähnten BGH-Entscheidung auf das Cash-Management *Hüffer*, Probleme des Cash Managements im faktischen Konzern, AG 2004, 416 ff.

[65] Siehe zu den Einzelheiten für den qualifiziert faktischen AG-Konzern Münchener Handbuch des Gesellschaftsrechts/*Krieger*, § 69 Rn 113 ff., insbes. 121 ff. mwN.

[66] BGH, GmbHR 2001, 1036; BGH, GmbHR 2002, 902.

[67] Siehe dazu *Drygala*, GmbHR 2003, 729; *Döser*, Die AG 2003, 406.

[68] Die Gerichte hatten sich, soweit erkennbar, bislang mit keinem Fall zu beschäftigen.

III. Vertragskonzern

1. Bildung

a) Beherrschungsvertrag und andere Unternehmensverträge

Die vertragliche Grundlage eines Vertragskonzerns bildet der Beherrschungsvertrag. Das Aktiengesetz regelt in den §§ 291 ff. AktG neben dem Beherrschungsvertrag auch noch andere Arten von Unternehmensverträgen, wobei der Gewinnabführungsvertrag, da durch ihn die steuerliche Organschaft begründet wird, regelmäßig mit dem Beherrschungsvertrag verbunden ist.[69] Weitere Formen von Unternehmensverträgen sind in § 292 AktG aufgeführt. Da sie in der Praxis von geringerer Bedeutung sind, soll auf diese Vertragsformen im Folgenden nicht näher eingegangen werden.[70]

43

Erwähnt sei an dieser Stelle jedoch, dass in der Praxis der Teilgewinnabführungsvertrag erhebliche Probleme bereitet. Unter die Regelungen des Teilgewinnabführungsvertrages fällt auch die stille Gesellschaft mit einer Aktiengesellschaft.[71] Nach verbreiteter Ansicht kommen die Regelungen über den Teilgewinnabführungsvertrag darüber hinaus zur Anwendung, wenn an andere Positionen der Gewinn- und Verlustrechnung als den Gewinn, zB einen Rohertrag, Umsatzerlöse oder die Gesamtleistung angeknüpft wird. Für eine Reihe von Teilgewinnabführungsverträgen gilt daher, dass in der Praxis ihr Charakter als Teilgewinnabführungsvertrag von den Beteiligten nicht erkannt wird. Da ein Teilgewinnabführungsvertrag ohne Einhaltung der gesetzlichen Voraussetzungen (Zustimmung der Gesellschafter-/Hauptversammlung, Eintragung im Handelsregister der abhängigen Gesellschaft) nichtig ist, kommt gerade der zutreffenden rechtlichen Einordnung von Verträgen, die keine reinen Teilgewinnabführungsverträge sind, erhebliche Bedeutung zu.

44

b) Inhalt

Zu den notwendigen Bestandteilen des Beherrschungsvertrages gehört die Regelung, dass die abhängige Gesellschaft sich der Leitung des herrschenden Unternehmens unterstellt.[72] Eine detaillierte Regelung des Weisungsrechts ist nicht erforderlich und auch nicht üblich.[73]

45

Umstritten ist, ob das Weisungsrecht des herrschenden Unternehmens als Mittel der Leitung ausgeschlossen werden kann. Da das Aktiengesetz in § 308 Abs. 1 Satz 1

46

---

[69] Beherrschungsverträge ohne Gewinnabführungsverträge findet man in der Praxis nicht. Zur Vermeidung der Folgen des § 2 Abs. 2 DrittelbG (vgl. Rn 64) werden jedoch immer häufiger reine Gewinnabführungsverträge ohne Beherrschungsvertrag abgeschlossen. Siehe zu den Voraussetzungen der steuerlichen Organschaft nachstehend unter Rn 61.

[70] Siehe zu diesen anderen Unternehmensverträgen eingehend Münchener Handbuch des Gesellschaftsrecht/*Krieger*, § 72.

[71] Siehe dazu, dass ein Bezugsrecht der Aktionäre (etwa entsprechend § 221 Abs. 4 AktG) nicht besteht, BGH, DB 2003, 2115, 2116.

[72] Ob auch ein Teilbeherrschungsvertrag, bei dem die abhängige Gesellschaft nur einen Teil der unternehmerischen Leitungsfunktion dem herrschenden Unternehmen unterstellt, zulässig ist und mit welchem Inhalt, ist umstritten. Siehe zum Streitstand Münchener Kommentar AktG/*Altmeppen*, § 291 Rn 85 ff.

[73] Münchener Kommentar AktG/*Altmeppen*, § 291 Rn 56.

das Recht zur Erteilung von Weisungen ausdrücklich als Leitungsinstrument nennt, gehört das Weisungsrecht gerade zum Wesen des Beherrschungsvertrages.[74]

47 Ist der Beherrschungsvertrag mit einem Gewinnabführungsvertrag verbunden, muss der Vertrag die Verpflichtung der abhängigen Gesellschaft enthalten, ihren Gewinn an das herrschende Unternehmen abzuführen (§ 291 Abs. 1 Satz 1 AktG).[75]

48 Darüber hinaus muss der Beherrschungsvertrag (und auch der Gewinnabführungsvertrag) nach § 304 AktG einen angemessenen Ausgleich und nach § 305 AktG eine Abfindung für die außenstehenden Aktionäre vorsehen, soweit die abhängige Gesellschaft solche hat. Siehe dazu im Einzelnen nachstehend Rn 73 ff.

49 Neben diesen zwingenden Erfordernissen wird regelmäßig in dem Vertragstext des Beherrschungsvertrages nochmals die gesetzliche Verpflichtung zur Verlustübernahme nach § 302 AktG wiedergegeben. Siehe dazu im Einzelnen nachstehend unter Rn 66 ff.

50 Gewinnabführungsverträge enthalten aus steuerlichen Gründen eine Regelung zur Laufzeit. Dabei wird eine Mindestlaufzeit von fünf Jahren vereinbart (§ 14 Nr. 4 KStG). Siehe dazu im Einzelnen nachstehend unter Rn 87.

c) Abschluss

51 Der (Gewinnabführungs- und) Beherrschungsvertrag wird vom Vorstand der abhängigen Gesellschaft vorbereitet und abgeschlossen. Er bedarf jedoch für seine Wirksamkeit der Zustimmung der Hauptversammlung. Auf Verlangen der Hauptversammlung ist der Vorstand zur Vorbereitung und zum Abschluss eines (Gewinnabführungs- und) Beherrschungsvertrages verpflichtet (so genannter Weisungsbeschluss, vgl. § 83 Abs. 1 Satz 3 AktG). Der Abschluss des Vertrages kann gemäß § 111 Abs. 4 Satz 2 AktG von der Zustimmung des Aufsichtsrats abhängig gemacht werden.[76] Eine vom Aufsichtsrat verweigerte Zustimmung wird gemäß § 111 Abs. 4 Satz 3 AktG durch die Zustimmung der Hauptversammlung ersetzt, die der für den Abschluss des Vertrages erforderlichen Mehrheit (einfache Stimmenmehrheit und qualifizierte Kapitalmehrheit) bedarf.[77] Hat die Hauptversammlung vor dem Aufsichtsrat mit der erforderlichen Mehrheit nach § 83 Abs. 1 AktG einen Weisungsbeschluss getroffen oder (was selten der Fall sein dürfte) dem Abschluss des (Gewinnabführungs- und) Beherrschungsvertrag nach § 293 AktG zugestimmt, entfällt das Erfordernis eines Aufsichtsratsbeschlusses nach § 111 Abs. 4 Satz 1 AktG.[78]

52 Ist auch das herrschende Unternehmen eine Aktiengesellschaft, gilt für sie das Vorstehende entsprechend. Unterliegen beide Vertragspartner der Mitbestimmung nach dem Mitbestimmungsgesetz und hält das herrschende Unternehmen eine

---

[74] So auch *Emmerich*/Habersack, § 291 Rn 22.
[75] Münchener Kommentar AktG/*Altmeppen*, § 291 Rn 144.
[76] Münchener Kommentar AktG/*Altmeppen*, § 293 Rn 10 mwN auch zur Gegenansicht.
[77] Insoweit wird § 111 Abs. 4 Satz 4 AktG durch eine entsprechende Anwendug von § 83 Abs. 1 Satz 3 AktG ersetzt; siehe dazu eingehend Münchener Kommentar AktG/*Altmeppen*, § 293 Rn 12 f. **aA** *Hüffer*, § 293 Rn 25.
[78] Nach Münchener Kommentar AktG/*Altmeppen*, § 293 Rn 11 soll (soweit nicht die Auslegung des Zustimmungsvorbehalts nach § 111 Abs. 4 Satz 1 AktG ausnahmsweise etwas anderes ergibt) im Fall eines Weisungsbeschlusses der Hauptversammlung nach § 83 Abs. 1 AktG ein Zustimmungsvorbehalt zu Gunsten des Aufsichtsrats nicht bestehen.

Teil 5. Strukturänderung und Konzernierung 53–57 § 14

mindestens 25%-ige Beteiligung[79] an der abhängigen Gesellschaft, kann das herrschende Unternehmen sein Stimmrecht in der Hauptversammlung der abhängigen Gesellschaft nur unter Beachtung des § 32 MitbestG ausüben.[80] Der Beschluss nach § 32 MitbestG ersetzt einen nach Maßgabe von § 111 Abs. 4 Satz 2 AktG iVm. § 25 MitbestG etwa erforderlichen Aufsichtsratsbeschluss.[81]

Der Vertrag bedarf gemäß § 293 Abs. 3 AktG der Schriftform. 53

d) Zustimmung der Hauptversammlung

Die Zustimmung der Hauptversammlung erstreckt sich auf sämtliche mit dem 54 Beherrschungsvertrag zusammenhängenden Vereinbarungen, von denen die eine nicht ohne die andere gelten soll. Dies gilt auch, wenn die Vereinbarungen in mehreren Urkunden niedergelegt sind und selbst dann, wenn sie mit verschiedenen Vertragspartnern abgeschlossen sind.[82] Die Zustimmung kann zum vollständigen Vertragsentwurf oder zum abgeschlossenen Vertrag erteilt werden.[83]

Nach § 293a AktG hat der Vorstand jeder am Vertrag beteiligten Aktiengesell- 55 schaft in der Hauptversammlung einen ausführlichen schriftlichen Vorstandsbericht[84] zu erstatten. Der Bericht ist nicht erforderlich, wenn sämtliche Anteilsinhaber auf seine Erstattung verzichten (was bei einer börsennotierten Aktiengesellschaft regelmäßig nicht der Fall ist). Nach § 293a Abs. 2 AktG brauchen in den Vorstandsbericht vertrauliche Tatsachen nicht aufgenommen zu werden, es sind jedoch dann die Gründe für die Nichtaufnahme darzulegen.[85]

Der Unternehmensvertrag ist für jede vertragsschließende Aktiengesellschaft 56 durch sachverständige Prüfer (so genannte Vertragsprüfer) zu prüfen (§ 293b Abs. 1 AktG). Die Vertragsprüfer werden auf Antrag der Vorstände der vertragschließenden Gesellschaften vom Gericht ausgewählt und bestellt (§ 293c Abs. 1 Satz 1 AktG). Sie können auf gemeinsamen Antrag für die vertragsschließenden Unternehmen gemeinsam bestellt werden. Gegenstand der Prüfung ist der Unternehmensvertrag, wobei die Prüfung sich insbesondere auf die Angemessenheit des Ausgleichs und der Abfindung zu erstrecken hat (vgl. § 293e Abs. 1 AktG).

Um eine umfassende Information der Aktionäre sicherzustellen, bestehen beson- 57 dere Bekanntmachungs-, Erläuterungs- und Auskunftspflichten. Mit der Einberufung der Hauptversammlung ist der wesentliche Inhalt des Vertrages bekannt zu

---

[79] Erfurter Kommentar/*Oetker*, § 32 MitbestG Rn 2.
[80] Obgleich § 32 Abs. 1 Satz 2 MitbestG anordnet, dass der Aufsichtsratsbeschluss für den Vorstand des herrschenden Unternehmens verbindlich ist, dürfte entgegen der mitbestimmungsrechtlichen Literatur eine Ausübung des Stimmrechts unter Verstoß gegen § 32 MitbestG dennoch gültig sein. So auch Münchener Kommentar AktG/*Altmeppen*, § 293 Rn 42; aA Erfurter Kommentar/*Oetker*, § 32 MitbestG Rn 2. Zur Zulässigkeit der Delegation der Zuständigkeit an einen Aufsichtsratsausschuss siehe Erfurter Kommentar/*Oetker*, § 32 MitbestG Rn 7; *Raiser*, § 32 Rn 22.
[81] *Raiser*, § 32 Rn 28.
[82] Münchener Handbuch des Gesellschaftsrechts/*Krieger*, § 70 Rn 24 mwN.
[83] Die Zustimmung wird als Einwilligung bezeichnet, wenn sie zum vollständigen Entwurf erteilt wird (also dem Vertragsschluss vorgeht) oder als Genehmigung, wenn sie ihm nachfolgend (also zum unter Zustimmungsvorbehalt geschlossenen Vertrag erteilt wird). So auch Münchener Kommentar AktG/*Altmeppen*, § 293 Rn 34.
[84] Vgl. zum Inhalt des Berichts § 293a Abs. 1 AktG.
[85] Siehe zu den Einzelheiten Münchener Kommentar AktG/*Altmeppen*, § 293a Rn 59 ff.

machen (§ 124 Abs. 2 Satz 2 AktG). Von diesem Zeitpunkt an sind außerdem in den Geschäftsräumen der Gesellschaft der Unternehmensvertrag, die Jahresabschlüsse und die Lageberichte der beteiligten Unternehmen der letzten drei Jahre, der Vertragsbericht der Vorstände beider Unternehmen und die Prüfungsberichte der Vertragsprüfer beider Unternehmen auszulegen und auf Verlangen jedem Aktionär unverzüglich und kostenlos eine Abschrift dieser Unterlagen zu erteilen.

58 Darüber hinaus ist in § 293 g Abs. 3 AktG bestimmt, dass jeder Aktionär einen Anspruch auf Auskunft über alle für den Vertragsschluss wesentlichen Angelegenheit des anderen Unternehmens hat.[86] Der Zustimmungsbeschluss der Hauptversammlung bedarf einer Mehrheit von mindestens drei Viertel des bei der Beschlussfassung vertretenen Grundkapitals (§ 293 Abs. 1 Satz 2 AktG) und zugleich muss die einfache Stimmenmehrheit (§ 133 Abs. 1 AktG) gegeben sein. Die Satzung kann die erforderliche Kapitalmehrheit erhöhen oder weitere Erfordernisse anordnen.[87] Das herrschende Unternehmen ist stimmberechtigt.[88]

59 Eine besondere sachliche Rechtfertigung unter dem Gesichtspunkt der Erforderlichkeit und Angemessenheit ist für den Zustimmungsbeschluss der Hauptversammlung der abhängigen Gesellschaft nicht zu verlangen.[89] Für den Zustimmungsbeschluss der Hauptversammlung des herrschenden Unternehmens kann etwas anderes gelten.[90]

e) Eintragung im Handelsregister

60 Der Vorstand der abhängigen Aktiengesellschaft hat den Beherrschungsvertrag zur Eintragung in das Handelsregister anzumelden (§ 294 Abs. 1 AktG). Eine Registersperre bis zum Ablauf der Anfechtungsfrist oder bis zur rechtskräftigen Abweisung oder Zurücknahme einer Anfechtungsklage gibt es nicht. Ist eine Anfechtungsklage erhoben, so sind in der Literatur die Voraussetzungen, unter denen dennoch eingetragen werden kann, im Einzelnen umstritten.[91] Mit § 246 a AktG RegE UMAG soll ein Freigabeverfahren auch bei Klagen gegen Unternehmensverträge eingeführt werden. Danach soll durch für das Registergericht bindenden gerichtlichen Beschluss bei offensichtlicher Unzulässigkeit oder Unbegründetheit der Klage oder zur Abwendung wesentlicher Nachteile für die Gesellschaft und ihre Aktionäre festgestellt werden können, dass die Erhebung der Klage der Eintragung nicht entgegen steht und Mängel des Hauptversammlungsbeschlusses die Wirkung der Eintragung unberührt lassen. Mit dieser Gesetzesänderung wäre dann bei einer auf Grundlage eines Freigabebeschlusses erfolgten Eintragung eines Beherrschungsvertrages sichergestellt, dass dieser auch im Falle einer erfolgreichen Anfechtung Bestand hätte. Aber auch mit der Gesetzesänderung wird keine Registersperre eingeführt.[92] Das Registergericht kann weiterhin ohne Freigabeverfahren eintragen.

---

[86] Siehe zum Umfang des Auskunftsrechts im Einzelnen Münchener Handbuch des Gesellschaftsrechts/*Krieger*, § 70 Rn 42 f.
[87] Derartige Satzungsregelungen finden sich in der Praxis kaum.
[88] Münchener Handbuch des Gesellschaftsrechts/*Krieger*, § 70 Rn 44 mwN.
[89] Münchener Handbuch des Gesellschaftsrechts/*Krieger*, § 70 Rn 45.
[90] Siehe dazu Münchener Handbuch des Gesellschaftsrechts/*Krieger*, § 70 Rn 45.
[91] Vgl. hierzu Münchener Handbuch des Gesellschaftsrechts/*Krieger*, § 70 Rn 49.
[92] Anders als im Umwandlungsgesetz vgl. § 13 Rn 45.

Für die beteiligten Unternehmen besteht allerdings dann – wie bislang – das Risiko, dass eine erfolgreiche Anfechtungsklage die Wirkung der Eintragung und damit die Wirksamkeit des Beherrschungsvertrages beseitigt.[93]

f) Steuerliche Organschaft

Die Herstellung einer steuerlichen Organschaft erlaubt es dem Verbund aus Organgesellschaft (abhängige Gesellschaft) und Organträgerin (herrschendes Unternehmen), steuerlich weitgehend wie ein einheitliches Unternehmen behandelt zu werden. Die Organschaft führt nicht zu einer Konsolidierung; insbesondere werden Innenumsätze zwischen Organgesellschaft und Organträgerin nicht eliminiert. Vielmehr wird das Ergebnis der Organgesellschaft, ermittelt aufgrund ihrer eigenen Gewinn – und Verlustrechnung, der Organträgerin zum Ende des Geschäftsjahres der Organgesellschaft zugerechnet. Ein Verlustausgleich in der Gewinn- und Verlustrechnung der Organgesellschaft wird durch Aktivierung eines Ausgleichsanspruchs neutralisiert, während ein Gewinnausweis durch Ausweis einer Abführungsverpflichtung ausgeglichen wird. Damit führt die Organschaft lediglich zu einer Addition der wechselseitigen Ergebnisse. 61

Die körperschaftsteuerliche Organschaft wird an die Voraussetzung geknüpft, dass die Organgesellschaft ab Beginn ihres Wirtschaftsjahres in die Organträgerin finanziell eingegliedert und der Gewinnabführungsvertrag vor dem Ende des Wirtschaftsjahres in das Handelsregister eingetragen ist. Die Voraussetzungen der gewerbesteuerlichen Organschaft liegen vor, wenn eine Kapitalgesellschaft Organgesellschaft im Sinne des Körperschaftsteuergesetzes ist. 62

Lediglich für die umsatzsteuerliche Organschaft sieht das Gesetz vor, dass die Organgesellschaft nach dem Gesamtbild der tatsächlichen Verhältnisse finanziell, wirtschaftlich und organisatorisch in das Unternehmen der Organträgerin eingegliedert ist. Eine solche umfassende Eingliederung wird üblicherweise durch einen Beherrschungsvertrag sichergestellt. Die organisatorische Eingliederung kann aber auch durch personelle Verflechtung oder durch organisatorische Maßnahmen erreicht werden, wenn durch sie sichergestellt ist, dass der Wille der Organträgerin in der Organgesellschaft tatsächlich ausgeführt wird. Die organisatorische Eingliederung ist daher gegeben, wenn die Gesellschaften einen Beherrschungsvertrag geschlossen haben *oder* Organträgerin und Organgesellschaft dieselben Geschäftsführer/denselben Vorstand haben. Eine vollständige Personenidentität ist nicht zwingend[94], wenn durch andere Maßnahmen sichergestellt ist, dass keine dem Willen der Organträgerin widersprechende Entscheidungen bei der Organgesellschaft ausgeführt werden.[95] 63

Es kann sich aus mitbestimmungsrechtlichen Gründen anbieten, die Eingliederung für Zwecke der Umsatzsteuer anders als durch Abschluss eines Beherr- 64

---

[93] Siehe auch § 8 Rn 15 und dort Fn 46.
[94] Hartmann/Metzenmacher/*Scharpenberg*, § 2 Rn 444.
[95] Dieses Kriterium ist erfüllt, wenn der Geschäftsbetrieb unter Aufsicht der Organträgerin abgewickelt wird und eine weisungsgemäße Geschäftsführung sichergestellt wird. Dafür können zB ausreichen: Verwaltung in einem Gebäude; gemeinsame Fernsprechanschlüsse; einheitliche Buchführung; Erledigung der Büroarbeiten der Organgesellschaft durch Personal der Organträgerin, weil Organgesellschaft kein eigenes Büropersonal hat. So Hartmann/Metzenmacher/*Scharpenberg*, § 2 Rn 449.

schungsvertrages herzustellen. Für die Berechnung der Anzahl der Arbeitnehmer des herrschenden Unternehmens gelten gemäß § 2 Abs. 2 DrittelbG die Arbeitnehmer der Betriebe eines Konzernunternehmens als Arbeitnehmer des herrschenden Unternehmens iSd. § 1 DrittelbG, wenn zwischen den Unternehmen ein Beherrschungsvertrag besteht oder das abhängige Unternehmen in das herrschende Unternehmen eingegliedert ist. Das Hinzurechnen der Arbeitnehmer ist bei einer Aktiengesellschaft als Organträgerin (die am oder nach dem 10. August 1994 in das Handelsregister eingetragen wurde)[96] relevant, da eine drittelparitätische Arbeitnehmerbeteiligung im Aufsichtsrat der Gesellschaft nur stattfindet, wenn die Aktiengesellschaft mindestens 500 Arbeitnehmer hat (§ 1 Abs. 1 Nr. 1 DrittelbG). Ist die Organträgerin eine Gesellschaft mit beschränkter Haftung, hat sie erst bei mehr als 500 Arbeitnehmern überhaupt einen (dann drittelparitätisch zu besetzenden) Aufsichtsrat zu bilden (§ 1 Abs. 1 Nr. 3 DrittelbG).

g) Bestehender Beherrschungsvertrag

65 **aa) Rücklagendotierung** Besteht ein Beherrschungsvertrag, sind die gesetzlichen Rücklagen der abhängigen Gesellschaft nach Maßgabe von § 300 Nr. 3 AktG aufzufüllen. Umstritten ist, ob die Rücklagendotierungspflicht das Vorhandensein eines entsprechenden Jahresüberschusses voraussetzt[97], oder ob die Rücklagenbildung in jedem Fall zu erfolgen hat mit der Folge, dass ein daraus entstehender Jahresfehlbetrag vom herrschenden Unternehmen nach § 302 AktG auszugleichen ist.[98]

66 **bb) Verlustausgleich** Das herrschende Unternehmen hat jeden während der Vertragsdauer sonst entstehenden Jahresfehlbetrag der abhängigen Gesellschaft auszugleichen, soweit dieser nicht dadurch ausgeglichen wird, dass den anderen Gewinnrücklagen Beträge entnommen werden, die während der Vertragsdauer in sie eingestellt worden sind (§ 302 Abs. 1 AktG). Die Kapitalrücklagen und die gesetzlichen Rücklagen können zur Verlustdeckung nicht verwendet werden, ebenso wenig die Rücklagen für eigene Aktien. Fraglich ist, ob satzungsmäßige Rücklagen verwandt werden können, soweit dies mit ihrer Zweckbestimmung vereinbar ist. Ob ein Fehlbetrag durch Entnahme aus den Rücklagen ausgeglichen werden kann, ist von der abhängigen Gesellschaft im Rahmen der Feststellung des Jahresabschlusses zu entscheiden. Das herrschende Unternehmen kann den Vorstand der abhängigen Gesellschaft anweisen, einen Fehlbetrag auf diese Weise auszugleichen.[99]

67 Die Höhe der Ausgleichspflicht des herrschenden Unternehmens richtet sich folglich nach der ordnungsgemäß aufgestellten Bilanz der abhängigen Gesellschaft. Wird der (Gewinnabführungs- und) Beherrschungsvertrag vor Ablauf eines Geschäftsjahres beendet, ist das herrschende Unternehmen zum Ausgleich des bis zum Beendigungszeitpunkt entstandenen Verlustes verpflichtet, für dessen Ermittlung ei-

---

[96] Siehe zur Bedeutung dieses Datums Hölters/*Deilmann*/Buchta, 4. Kapitel Abschnitt A. I. 2.
[97] So Kölner Kommentar AktG/*Koppensteiner*, § 300 Rn 20, *Emmerich*/Habersack, § 300 Rn 40.
[98] Hüffer, § 300 Rn 13.
[99] Wie hier Münchener Handbuch des Gesellschaftsrechts/*Krieger*, § 70 Rn 58, **aA** *Geßler*/Hefermehl/Eckardt/Kropff, § 302 Rn 24.

Teil 5. Strukturänderung und Konzernierung 68–72 § 14

ne Zwischenbilanz aufzustellen ist.[100] Umstritten ist, ob Abwicklungsverluste[101] von dem herrschenden Unternehmen zu tragen sind.[102]

Weiterhin ist umstritten, wann der Anspruch auf Verlustausgleich entsteht (richtigerweise mit Ende des Geschäftsjahres, in dem er eingetreten ist, nicht erst mit Feststellung der Bilanz).[103] Ab diesem Datum werden Fälligkeitszinsen gemäß §§ 352, 353 HGB geschuldet.[104] 68

Der Verlustausgleichsanspruch verjährt nach den allgemeinen Vorschriften über die Verjährung (§ 195 BGB).[105] Nach dem Schuldrechtsmodernisierungsgesetz vom 26.11.2001[106] führt dies zu einer Verjährungsfrist von drei Jahren.[107] 69

cc) Gewinnabführung Die Vertragsparteien eines Gewinnabführungsvertrags können grundsätzlich im Vertrag bestimmen, was unter abzuführendem Gewinn zu verstehen ist und wie dieser berechnet wird.[108] Dies allerdings nur unter Beachtung des in § 301 AktG bestimmten Höchstbetrages. Die Bildung anderer Gewinnrücklagen ist gemäß § 301 Satz 2 AktG zulässig. Sie wird aber durch § 14 Abs. 1 Nr. 4 KStG eingeschränkt. § 301 Satz 2 AktG bestimmt weiterhin, dass während der Vertragsdauer gebildete, andere Gewinnrücklagen[109], wenn sie während der Vertragsdauer wieder aufgelöst werden, an das herrschende Unternehmen abgeführt werden können.[110] 70

Die Abführung von Beträgen aus der Auflösung von anderen Gewinnrücklagen, die vor Beginn des Gewinnabführungsvertrages gebildet wurden, ist ausgeschlossen. Dies ergibt sich im Umkehrschluss aus § 301 Satz 2 AktG. Vorvertragliche Gewinnrücklagen können nur durch einen Ausschüttungsbeschluss mobilisiert werden und müssen an alle Aktionäre entsprechend ihrer Beteiligungsquote ausgeschüttet werden. 71

Auch wenn der Vertrag die Abführung des ganzen Gewinns vorsieht, können die Vertragsparteien bezogen auf einzelne Jahre vereinbaren, dass Beträge zunächst in andere Gewinnrücklagen eingestellt und erst später abgeführt werden.[111] 72

---

[100] BGHZ 103, 1, 4 ff., 10 f.
[101] Darunter versteht man die Unterbilanz der abhängigen Gesellschaft, die sich bei der Abwicklung nach Auflösung der abhängigen Gesellschaft ergibt, wenn der Unternehmensvertrag wegen Auflösung der abhängigen Gesellschaft endet.
[102] Vgl. zum Streitstand *Emmerich*/Habersack, § 302 Rn 39.
[103] So BGHZ 142, 382, 385 f.; *Hüffer*, § 302 Rn 15, der auch die Gegenansichten darstellt.
[104] Siehe zu der Frage von Verzugszinsen *Emmerich*/Habersack, § 302 Rn 40 a.
[105] BGH, WM 2002, 77, 79; *Hüffer*, § 302 Rn 16.
[106] *Altmeppen*, Der Verlustausgleichsanspruch nach § 302 AktG: Noch ein Kunstfehler im „modernen" Verjährungsrecht, DB 2002, 879 f. und *Emmerich*/Habersack, § 302 Rn 42 weisen zu Recht darauf hin, dass die damit verbundene Verkürzung der Verjährungsfrist zur Inkonsistenz mit den Regelungen zu Vergleich und Verzicht führt.
[107] So auch *Emmerich*/Habersack, § 302 Rn 42; *Altmeppen*, DB 2002, 879.
[108] *Hüffer*, § 301 Rn 1.
[109] Der Bundesfinanzhof (BFH, DStR 2002, 307) hat entschieden, dass der Begriff der anderen Gewinnrücklagen iSd. § 301 Satz 2 AktG zwingend nur diese anderen Gewinnrücklagen erfasst. Beträge aus der Auflösung während der Laufzeit des Vertrages gebildeter Kapitalrücklagen sind, soweit diese aufgelöst werden, stets als Gewinn auf Basis eines entsprechenden Gewinnverwendungsbeschlusses auszuschütten und können nicht dem abzuführenden Gewinn nach § 17 Satz 1, § 14 Satz 1 KStG iVm. § 301 Satz 1 AktG hinzugerechnet werden.
[110] Siehe zu der Frage, ob das herrschende Unternehmen die Auflösung verlangen kann Münchener Kommentar AktG/*Altmeppen*, § 301 Rn 28.
[111] Münchener Handbuch des Gesellschaftsrechts/*Krieger*, § 71 Rn 18.

73 **dd) Sicherung außenstehender Aktionäre**

(1) Angemessener Ausgleich Nach § 304 Abs. 1 Satz 2 AktG müssen Beherrschungsverträge einen angemessenen Ausgleich für die außenstehenden Aktionäre vorsehen. Als angemessener Ausgleich ist ein bestimmter jährlicher Gewinnanteil zu garantieren, auf den die von der Gesellschaft selbst ausgeschüttete Dividende aufzustocken ist, wenn sie unter dem garantierten Betrag liegt (Garantiedividende). Ist der Beherrschungsvertrag mit einem Gewinnabführungsvertrag gekoppelt, kann die Gesellschaft aufgrund der Gewinnabführungspflicht von vornherein keine Dividende mehr ausschütten. In diesem Fall ist daher anstelle der garantierten Dividende für die außenstehenden Aktionäre im Gewinnabführungsvertrag ein wiederkehrender Ausgleichsbetrag vorzusehen.[112]

74 Ist das herrschende Unternehmen eine Aktiengesellschaft kann gemäß § 304 Abs. 2 Satz 2 AktG der Vertrag einen variablen, an der jeweiligen Dividende des herrschenden Unternehmens orientierten variablen Ausgleich vorsehen. Für die Berechnung des Ausgleichs ist insoweit nicht der bei dem herrschenden Unternehmen erzielte anteilige Jahresüberschuss, sondern die tatsächlich ausgeschüttete Dividende (nach Bildung von Gewinnrücklagen aus dem Jahresüberschuss) maßgeblich.[113] Die außenstehenden Aktionäre sind daher bei einer variablen Ausgleichsregelung von der Dividendenpolitik des herrschenden Unternehmens abhängig. Das herrschende Unternehmen ist nach dieser Rechtslage wohl nicht gehindert, durch die Bildung beträchtlicher Rücklagen den Ausgleichsanspruch der außenstehenden Aktionäre zu beeinträchtigen, zumal das Aktiengesetz keine Mindesthöhe für den variablen Ausgleich vorschreibt.[114] Um eine krasse Benachteiligung der außenstehenden Aktionäre zu vermeiden, werden unterschiedliche Lösungen in der Literatur vorgeschlagen.[115] Entgegen einer Ansicht in der Literatur kann nach dem Gesetzeswortlaut das herrschende Unternehmen jedoch nicht verpflichtet werden, einen nach § 304 Abs. 2 Satz 1 AktG ermittelten festen Ausgleich als Mindestausgleich neben dem variablen Ausgleich zu gewähren. Ebenso wenig kann § 304 Abs. 2 Satz 2 AktG dahingehend ausgelegt werden, dass der Gewinnanteil im Sinne der Vorschrift als der Anteil am Jahresüberschuss verstanden werden muss, der ohne die Einstellung von Beträgen in die anderen Gewinnrücklagen entstünde.[116] Gleichwohl ist nicht auszuschließen, dass die Rechtsprechung der Ausschüttungspolitik eines herrschenden Unternehmens unter Missbrauchsaspekten (entsprechend dem Rechtsgedanken des § 162 Abs. 1 BGB) Grenzen zieht.

75 Zur Bestimmung der Höhe des angemessenen Ausgleichs gibt es ebenso wie zur Festlegung der Abfindung umfangreiche Rechtsprechung und Literatur.[117] Nach

---

[112] Vgl. zu den Einzelheiten Münchener Handbuch des Gesellschaftsrechts/*Krieger*, § 70 Rn 66 ff.; s. dazu, dass die Körperschaftsteuerbelastung in der jeweils gesetzlichen Höhe abzusetzen ist, auch BGH, WM 2003, 1859 ff.
[113] So auch *Hüffer*, § 304 Rn 15 mwN.
[114] Münchener Kommentar AktG/*Bilda*, § 304 Rn 66.
[115] Vgl. zum Meinungsstand Münchener Kommentar AktG/*Bilda*, § 304 Rn 66 f.
[116] So auch Münchener Kommentar AktG/*Bilda*, § 304 Rn 67.
[117] Siehe exemplarisch die Kommentierung bei *Hüffer*, § 304 Rn 8 ff., § 305 Rn 17 ff.; *Emmerich*/Habersack, § 304 Rn 29 ff., § 305 Rn 36 ff.

der Entscheidung des BGH vom 12.3.2001[118] wird bei börsennotierten Gesellschaften, soweit der Wert der Unternehmen zu ermitteln ist, zumindest vorrangig auf den Börsenkurs abgestellt. Dieser soll sogar dann maßgeblich sein, wenn der Verkehrswert höher ist.[119] Ob die Rechtsprechung angesichts der Schwankungsbreiten des Börsenkurses, die häufig kein adäquates Pendant in der geschäftlichen Entwicklung der Unternehmen haben, Bestand hat, bleibt abzuwarten.

(2) **Abfindung** Gemäß § 305 Abs. 1 AktG muss ein Beherrschungs- oder Gewinnabführungsvertrag darüber hinaus die Verpflichtung des herrschenden Unternehmens enthalten, auf Verlangen eines außenstehenden Aktionärs dessen Aktien gegen eine im Vertrag bestimmte angemessene Abfindung zu erwerben.[120] Ist das herrschende Unternehmen eine unabhängige und nicht im Mehrheitsbesitz stehende inländische Aktiengesellschaft oder Kommanditgesellschaft auf Aktien, hat es den außenstehenden Aktionären den Umtausch ihrer Aktien in Aktien des herrschenden Unternehmens anzubieten (§ 305 Abs. 2 Nr. 1 AktG). Steht das herrschende Unternehmen selbst in einem Abhängigkeitsverhältnis oder im Mehrheitsbesitz einer inländischen Aktiengesellschaft oder Kommanditgesellschaft auf Aktien, lässt § 305 Abs. 2 Nr. 2 AktG die Wahl, entweder einen Umtausch in Aktien der Obergesellschaft oder eine Barabfindung anzubieten. Das Umtauschverhältnis wird auf Grund einer Bewertung beider Unternehmen festgelegt. Für alle anderen Fälle schreibt das Aktiengesetz eine Barabfindung vor (§ 305 Abs. 2 Nr. 3 AktG). Eine Barabfindung ist daher zwingend in allen Fällen zu gewähren, in denen das herrschende Unternehmen oder seine Konzernobergesellschaft keine inländische Aktiengesellschaft oder Kommanditgesellschaft auf Aktien ist. 76

Zur Bestimmung der Höhe s. die vorstehenden Ausführungen zum angemessenen Ausgleich. 77

(3) **Spruchverfahren** Sieht der Vertrag keinen Ausgleich vor, so ist er nach § 304 Abs. 3 Satz 1 AktG nichtig. Ist der im Vertrag bestimmte Ausgleich nicht angemessen oder sieht der Vertrag keine Abfindung vor oder ist diese nicht angemessen, so ist die zu gewährende Abfindung bzw. die Höhe des Ausgleichs oder der Abfindung im so genannten Spruchverfahren auf Antrag eines außenstehenden Aktionärs gerichtlich zu bestimmen (§ 1 Nr. 1 SpruchG). Wird der Vertrag geändert, ist ggf. ein neues Spruchverfahren durchzuführen.[121] 78

ee) **Weisungsrecht** Besteht ein Beherrschungsvertrag, so ist das herrschende Unternehmen berechtigt, dem Vorstand der abhängigen Gesellschaft hinsichtlich der Leitung Weisungen zu erteilen (§ 308 Abs. 1 Satz 1 AktG). Gegenüber dem Aufsichtsrat und der Hauptversammlung der abhängigen Gesellschaft besteht jedoch kein Weisungsrecht. Das Weisungsrecht bezieht sich auf sämtliche Maßnahmen der Geschäftsführung. Der Vorstand der abhängigen Gesellschaft kann folglich nicht zu Maßnahmen angewiesen werden, die nicht von der Geschäftsführungskompetenz 79

---

[118] BGH, ZIP 2001, 734; siehe auch *Vetter*, Börsenkurs und Unternehmensbewertung, DB 2001, 1347.
[119] So OLG Düsseldorf, ZIP 2003, 1247.
[120] Vgl. zu den Einzelheiten Münchener Handbuch des Gesellschaftsrechts/*Krieger*, § 70 Rn 89 ff.
[121] Siehe dazu BayObLG, BB 2003, 15 und AG 2003, 42.

gedeckt sind. Ein solcher Fall könnte sich zB ergeben, wenn das herrschende Unternehmen die abhängige Gesellschaft anweist, in Geschäftsfeldern tätig zu werden, die nicht vom Unternehmensgegenstand erfasst sind.[122] Eine darin liegende faktische Änderung des Unternehmensgegenstandes ist nicht durch die Geschäftsführungsbefugnis des Vorstands[123] gedeckt und kann somit auch nicht im Wege der Weisung durchgesetzt werden.[124] Einer Weisung müsste insofern eine entsprechende Anpassung des Unternehmensgegenstandes durch Satzungsänderung vorangehen.[125] Entsprechendes würde für eine Weisung gelten, wesentliche Bereiche der unternehmerischen Tätigkeit der abhängigen Gesellschaft einzustellen bzw. zu veräußern. Der Unternehmensgegenstand bildet nicht nur den äußeren Rahmen[126], sondern er muss im Wesentlichen auch durch die Geschäftstätigkeit der Gesellschaft ausgefüllt werden.[127]

80 Unzulässig sind ferner Weisungen, den Beherrschungsvertrag zu ändern, aufrechtzuerhalten oder zu beendigen (§ 299 AktG) sowie Weisungen, deren Befolgung gegen zwingende gesetzliche Vorschriften oder Bestimmungen der Satzung der abhängigen Gesellschaft verstößt. Soweit der Vertrag nichts anderes bestimmt, sind auch nachteilige Weisungen zulässig, sofern sie den Belangen des herrschenden Unternehmens oder der mit ihm und der Gesellschaft konzernverbundenen Unternehmen dienen (§ 308 Abs. 1 Satz 2 AktG). Ausgeschlossen sind allerdings Weisungen, die bereits während der Laufzeit des Beherrschungsvertrages oder nach seiner Beendigung die Existenz der abhängigen Gesellschaft gefährden.[128]

81 Der Vorstand der abhängigen Gesellschaft bleibt verpflichtet, diese eigenverantwortlich zu leiten (§ 76 AktG).[129] Vor wichtigen Maßnahmen hat er das herrschende Unternehmen zu konsultieren, um diesem die Möglichkeit zu geben, das Konzerninteresse durch Weisung zur Geltung zu bringen.[130] Rechtmäßigen Weisungen des herrschenden Unternehmens muss der Vorstand Folge leisten (§ 308 Abs. 2 Satz 1 AktG). Rechtswidrigen Weisungen des herrschenden Unternehmens darf er hingegen nicht Folge leisten.[131] Mit der Begründung, eine Weisung diene nicht dem Konzerninteresse, darf der Vorstand die Befolgung aber nur verweigern, wenn dies offensichtlich ist (§ 308 Abs. 2 Satz 2 AktG). Etwaige Zustimmungsvorbehalte des Aufsichtsrats der abhängigen Gesellschaft nach § 111 Abs. 4 AktG werden durch das Weisungsrecht des herrschenden Unternehmens nur insofern berührt als der Vorstand der abhängigen Gesellschaft dem herrschenden Unternehmen mitzutei-

---

[122] Der Vorstand darf den Umfang der unternehmerischen Aktivitäten nicht über den vorgegebenen Unternehmensgegenstand hinaus ausdehnen.
[123] Münchener Handbuch des Gesellschaftsrechts/*Wiesner*, § 9 Rn 20.
[124] Vgl. Münchener Kommentar AktG/*Altmeppen*, § 308 Rn 83.
[125] Münchener Handbuch des Gesellschaftsrechts/*Wiesner*, § 9 Rn 19.
[126] Siehe dazu Kölner Kommentar AktG/*Mertens*, § 82 Rn 15; *Hüffer*, § 82 Rn 9.
[127] **hM** des Gesellschaftsrechts/*Wiesner*, § 9 Rn 19; Münchener Handbuch des Gesellschaftsrechts/*Krieger*, § 69 Rn 3 mwN.
[128] hM vgl. Münchener Handbuch des Gesellschaftsrechts/*Krieger*, § 70 Rn 134 mwN.
[129] *Emmerich*/*Habersack*, § 308 Rn 54; *Hüffer*, § 308 Rn 20.
[130] *Hüffer*, § 308 Rn 20; Münchener Kommentar AktG/*Altmeppen*, § 308 Rn 155; **aA** wohl Emmerich/*Habersack*, § 308 Rn 54.
[131] *Emmerich*/*Habersack*, § 308 Rn 53; Münchener Handbuch des Gesellschaftsrechts/*Krieger*, § 70 Rn 140.

len hat, wenn der Aufsichtrat die Zustimmung verweigert oder nicht innerhalb einer angemessenen Frist erteilt (§ 308 Abs. 3 Satz 1 AktG). Wiederholt das herrschende Unternehmen die Weisung, ist die Zustimmung des Aufsichtsrats der abhängigen Gesellschaft nicht mehr erforderlich (§ 308 Abs. 3 Satz 2 AktG). Hat das herrschende Unternehmen selbst einen Aufsichtsrat, ist für die Wiederholung der Weisung dessen Zustimmung erforderlich (§ 308 Abs. 3 Satz 2 letzter Halbs. AktG).

§ 309 Abs. 1 AktG ordnet an, dass die gesetzlichen Vertreter des herrschenden Unternehmens bei der Erteilung von Weisungen gegenüber der abhängigen Gesellschaft die Sorgfalt eines ordentlichen und gewissenhaften Geschäftsleiters zu beachten haben. Verletzen sie ihre Pflichten, sind sie der abhängigen Gesellschaft als Gesamtschuldner schadensersatzpflichtig. Neben dem herrschenden Unternehmen und dessen gesetzlichen Vertretern haften die Mitglieder des Vorstands der abhängigen Gesellschaft als Gesamtschuldner, wenn sie unter Verletzung ihrer Pflichten gehandelt haben (§ 310 Abs. 1 Satz 1 AktG). Entsprechendes gilt für die Mitglieder des Aufsichtsrats der abhängigen Gesellschaft, wenn sie ihrerseits pflichtwidrig gehandelt haben.

Erteilt das herrschende Unternehmen keine Weisung[132], kann der Vorstand der abhängigen Gesellschaft nach den in der Literatur ausgehend von der Holzmüller-Entscheidung des BGH entwickelten Grundsätze verpflichtet sein, vor einer Geschäftsführungsmaßnahme die Zustimmung der Hauptversammlung einzuholen.[133] Nämlich dann, wenn eine ungeschriebene Hauptversammlungskompetenz gegeben ist.[134] Auch dann, wenn eine Beteiligung der Hauptversammlung nicht obligatorisch ist, kann der Vorstand eine Geschäftsführungsmaßnahme der Hauptversammlung zur Zustimmung nach § 119 Abs. 2 AktG vorlegen.[135] Der Vorstand entscheidet über die Vorlage nach pflichtgemäßem Ermessen.[136] Die Kompetenz des Vorstands zur eigenverantwortlichen Leistung und Geschäftsführung wird nur insoweit verdrängt, als das herrschende Unternehmen von seinem Weisungsrecht Gebrauch macht.[137] Eine ständige Konsultation des herrschenden Unternehmens in Geschäftsführungsfragen sieht das Konzernvertragsrecht nach dem Aktiengesetz nicht vor. Der Vorstand ist jedoch gehalten, vor einer Anrufung der Hauptversammlung dem herrschenden Unternehmen Gelegenheit zur Erteilung einer Weisung zu geben.

---

[132] Eine rechtmäßige Weisung des herrschenden Unternehmens geht einer Beschlussfassung der Hauptversammlung nach den Grundsätzen der Holzmüller-Entscheidung vor.
[133] So wohl auch Münchener Handbuch des Gesellschaftsrechts/*Krieger*, § 70 Rn 151 (der auf eine Verdrängung der Kompetenz durch eine rechtmäßige Weisung abstellt), während *Sieger/Hasselbach*, Die Holzmüller-Entscheidung im Unterordnungskonzern, Die AG 1999, 241, 247 die Grundsätze der Holzmüller Entscheidung bei Bestehen eines Beherrschungsvertrages generell für nicht anwendbar erachten. Demgegenüber sollen nach *Sina*, Grenzen des Konzern-Weisungsrechts nach § 308 AktG, Die AG 1, 4 offenbar Weisung und ungeschrieben Hauptversammlungszuständigkeit nebeneinander gelten. Vgl. zur Holzmüller-Entscheidung und ihrer Reichweite auch § 2 Rn 90 ff.
[134] Siehe dazu § 2 Rn 90 ff.
[135] Siehe zur Zulässigkeit einer gegenteiligen Weisung des herrschenden Unternehmens nachstehend Rn 84.
[136] Großkommentar/*Mülbert*, § 119 Rn 46 f.
[137] *Hüffer*, § 308 Rn 20.

84 Nach einer Ansicht in der Literatur soll das herrschende Unternehmen berechtigt sein, den Vorstand der abhängigen Gesellschaft anzuweisen, die Geschäftsführungsfrage nicht nach § 119 Abs. 2 AktG der Hauptversammlung zur Beschlussfassung vorzulegen.[138] Für diese Ansicht spricht, dass die Entscheidung des Vorstands der abhängigen Gesellschaft über die Vorlage an die Hauptversammlung nach § 119 Abs. 2 AktG Teil der Geschäftsführungstätigkeit ist.[139] Erteilte das herrschende Unternehmen aber dann keine Weisung zur Geschäftsführungsmaßnahme selbst, sondern würde es sich auf die Weisung der Nichtvorlage an die Hauptversammlung beschränken, führte diese Ansicht zu dem Ergebnis, dass der Vorstand über die Geschäftsführungsmaßnahme allein entscheiden müsste, obgleich er nach pflichtgemäßem Ermessen zu dem Ergebnis gelangt war, die Geschäftsführungsmaßnahme der Hauptversammlung vorzulegen. Ausgehend von dem in § 309 Abs. 1 AktG umschriebenen Sorgfaltsmaßstabs dürfte daher das herrschende Unternehmen verpflichtet sein, die Weisung zur Nichtvorlage an die Hauptversammlung mit einer Weisung in der Sache, zur Geschäftsführungsmaßnahme selbst, zu verbinden.

85 Andererseits soll das herrschende Unternehmen nicht berechtigt sein, den Vorstand der abhängigen Gesellschaft anzuweisen, eine Geschäftsführungsmaßnahme der Hauptversammlung nach § 119 Abs. 2 AktG vorzulegen mit dem Ziel einer verbindlichen Entscheidung der Hauptversammlung, da damit eine Zuständigkeitsverlagerung angestrebt werde[140] und die Verantwortlichkeit des herrschenden Unternehmens nach § 309 AktG verwischt würde.[141]

h) Vertragsdauer

86 (Gewinnabführungs- und) Beherrschungsverträge können auf unbestimmte Zeit oder auf eine bestimmte Vertragsdauer abgeschlossen werden. Soll die ursprüngliche Laufzeit verlängert werden, finden die Regelungen über den Neuabschluss entsprechende Anwendung. Etwas anderes gilt, wenn (wie in der Praxis üblich) der Vertrag eine automatische Verlängerungsklausel vorsieht. Eine Verkürzung der ursprünglichen Vertragslaufzeit ist wie eine Aufhebung zu behandeln, s. dazu nachstehend Rn 94.

87 § 14 Abs. 1 Nr. 3 Satz 1, 2 KStG verlangt für die steuerliche Anerkennung, dass ein Gewinnabführungsvertrag auf mindestens fünf Jahre fest abgeschlossen und während der gesamten Geltungsdauer durchgeführt werden muss. Der 5-Jahres-Zeitraum beginnt mit dem Anfang des Wirtschaftsjahres, für das die Rechtsfolgen des § 14 Abs. 1 Satz 1 KStG erstmals eintreten. Dafür muss die finanzielle Eingliederung der abhängigen Gesellschaft von Beginn des Wirtschaftsjahres an bestanden haben.

88 Die Wirksamkeit des Gewinnabführungsvertrages richtet sich nach § 294 Abs. 2 AktG. Danach wird der Gewinnabführungsvertrag erst mit Eintragung ins Handelsregister wirksam. Nach herrschender Meinung soll eine Rückwirkung/Rückbeziehung des Gewinnabführungsvertrages[142] gesellschaftsrechtlich für die Ge-

---

[138] So *Emmerich*/Habersack, § 308 Rn 41; Münchener Kommentar AktG/*Altmeppen*, § 308 Rn 91.
[139] Großkommentar/*Mülbert*, § 119 Rn 45.
[140] So zur Begründung Kölner Kommentar AktG/*Koppensteiner*, § 308 Rn 34.
[141] So zur Begründung *Emmerich*/Habersack, § 308 Rn 41.
[142] Nicht jedoch für den Beherrschungsvertrag; vgl. Münchener Kommentar AktG/*Altmeppen*, § 294 Rn 52 ff.

schäftsjahre zugelassen werden, für die noch keine festgestellten Jahresabschlüsse bestehen.[143] Die sich daraus ergebende Begrenzung der Rückbeziehung des Gewinnabführungsvertrages wird damit begründet, dass die Aktionäre mit Feststellung einen unentziehbaren Anspruch auf den Bilanzgewinn haben.

Mit Änderung durch das Steuervergünstigungsabbaugesetz (StVergAbG) sind Gewinnabführungsverträge steuerlich nur noch wirksam ab Beginn des bei Eintragung laufenden Geschäftsjahres der abhängigen Gesellschaft. Das StVergAbG verlagert damit die Wirksamkeit des Gewinnabführungsvertrages, und damit der Organschaft, auf den Beginn des Geschäftsjahres der abhängigen Gesellschaft, das bei Eintragung des Gewinnabführungsvertrages in das Handelsregister läuft (vorausgesetzt, dass bei Beginn des Geschäftsjahres bereits eine finanzielle Kontrolle bestand).[144] Wegen der mit dem StVergAbG verbundenen Begrenzung der steuerlichen Rückwirkung auf den Beginn des laufenden Geschäftsjahres der abhängigen Gesellschaft, dürfte die gesellschaftsrechtliche Auseinandersetzung über die Rückwirkung in der Praxis keine Rolle mehr spielen. 89

i) Änderung

Für die Änderung des (Gewinnabführungs- und) Beherrschungsvertrages gelten die Regelungen über den Abschluss des Vertrages entsprechend. Sollen Bestimmungen des Vertrages geändert werden, die den Ausgleich oder die Abfindung für die außenstehenden Aktionäre betreffen, ist ein Sonderbeschluss der im Zeitpunkt der Beschlussfassung vorhandenen außenstehenden Aktionäre erforderlich. 90

Eine Vertragsänderung ist dabei auch dahingehend möglich, dass bei einem Beherrschungs- und Gewinnabführungsvertrag nur der Gewinnabführungsteil fortgesetzt wird. Da darin eine Teilaufhebung liegt, ist diese Änderung nur zum Geschäftsjahresende möglich.[145] 91

j) Übertragung

Der (Gewinnabführungs- und) Beherrschungsvertrag kann im Wege der Vertragsübernahme vom herrschenden Unternehmen auf ein drittes Unternehmen übertragen werden. Auf die Erteilung der Zustimmung durch die abhängige Gesellschaft findet § 295 AktG (Vertragsänderung) Anwendung. 92

k) Beendigung

Aufgrund des Beherrschungsvertrages kann der abhängigen Gesellschaft nicht die Weisung erteilt werden, den Vertrag aufrechtzuerhalten oder zu beenden (§ 299 AktG). 93

Der (Gewinnabführungs- und) Beherrschungsvertrag kann durch Aufhebungsvertrag einvernehmlich aufgehoben werden (§ 296 AktG). Die Aufhebung ist jedoch nur zum Ende des Geschäftsjahres oder sonst vertraglich bestimmten Abrechnungs- 94

---

[143] Münchener Kommentar AktG/*Altmeppen*, § 294 Rn 58 f. mwN.
[144] Diese neue Regelung gilt für alle Gewinnabführungsverträge, die nach dem Tag des Kabinettsbeschlusses, mithin dem 20.11.2002, abgeschlossen worden sind. Für Gewinnabführungsverträge die vor diesem Datum geschlossen wurden, gilt die alte Rechtslage (§ 34 Abs. 9 Nr. 3 KStG).
[145] So wohl auch OLG Karlsruhe, ZIP 2001, 1199, 1200.

zeitraum zulässig. Eine rückwirkende Aufhebung ist nicht möglich. Die Aufhebung bedarf der Schriftform. Die außenstehenden Aktionäre, zu deren Gunsten der Vertrag einen Ausgleich oder eine Abfindung vorsieht, müssen der Aufhebung durch Sonderbeschluss zustimmen.

95 Der Vertrag kann ferner ordentlich gekündigt werden, wenn der Vertrag ein Recht zur ordentlichen Kündigung begründet. Darüber hinaus kann der Vertrag aus wichtigem Grund ohne Einhaltung einer Kündigungsfrist gekündigt werden (§ 297 Abs. 1 Satz 1 AktG). Ein wichtiger Grund zur Kündigung liegt vor, wenn unter Abwägung aller Umstände dem kündigungswilligen Vertragsteil eine Fortsetzung des Vertragsverhältnisses nicht zugemutet werden kann.[146] Eine vorzeitige Kündigung ist gemäß § 14 Abs. 1 Nr. 3 Satz 3 KStG steuerlich unschädlich, wenn ein wichtiger Grund die Kündigung rechtfertigt. In der Vertragspraxis ist es üblich geworden, einzelne wichtige Gründe im Vertrag selbst als solche zu benennen (zB Beendigung der finanziellen Integration). Werden auf diese Weise jedoch Gründe, die eine außerordentliche Kündigung nicht rechtfertigen, als wichtige Gründe vereinbart, handelt es sich der Sache nach um eine ordentliche Kündigung.[147] Die Kündigungserklärung bedarf der Schriftform. Die Angaben des Kündigungsgrundes ist zweckmäßig, aber keine Wirksamkeitsvoraussetzung. Eine Teilkündigung etwa nur des Beherrschungs- oder Gewinnabführungsteils eines Unternehmensvertrages ist nicht möglich.[148]

96 Hat die abhängige Gesellschaft zum Zeitpunkt der Beschlussfassung ihre Hauptversammlung über den (Gewinnabführungs- und) Beherrschungsvertrag keine außenstehenden Aktionäre, so endet der Vertrag automatisch, wenn später ein außenstehender Aktionär beteiligt ist (§ 307 AktG).[149]

97 Mit der Beendigung des Beherrschungsvertrages endet auch das vertragliche Weisungsrecht des herrschenden Unternehmens. Darüber hinaus endet die Verpflichtung zur Verlustübernahme. Der Ausgleich für außenstehende Aktionäre wird bis zum Zeitpunkt der Vertragsbeendigung geschuldet. Abfindungsangebote, die nicht abgelaufen sind, können bis zum Wirksamwerden der Vertragsbeendigung noch angenommen werden. Laufende Spruchverfahren werden durch die Beendigung des Vertrages nicht berührt. Endet der (Gewinnabführungs- und) Beherrschungsvertrag, können Gläubiger der abhängigen Gesellschaft vom herrschenden Unternehmen unter den Voraussetzungen des § 303 AktG Sicherheitsleistung für ihre Forderungen beanspruchen.

---

[146] Siehe zum wichtigen Grund im einzelnen Münchener Kommentar AktG/*Altmeppen*, § 297 Rn 18 ff.
[147] Hat die Gesellschaft außenstehende Aktionäre, so zieht dies das Erfordernis eines Sonderbeschlusses der außenstehenden Aktionäre nach § 297 Abs. 2 AktG nach sich.
[148] OLG Karlsruhe, ZIP 2001, 1199.
[149] Siehe zu weiteren Beendigungsgründen sowie zu den Auswirkungen von Umwandlungsvorgängen nach dem Umwandlungsgesetz auf die Wirksamkeit des Unternehmensvertrages Münchener Handbuch des Gesellschaftsrechts/*Krieger*, § 70 Rn 172 ff.

IV. Eingliederung

1. Einleitung

Die Eingliederung ist die intensivste Form der Konzernbeziehung einer Gesellschaft. Die Eingliederung erlaubt in noch weitergehendem Umfang als der Beherrschungsvertrag der sogenannten Hauptgesellschaft Weisungen gegenüber der eingegliederten Gesellschaft und darüber hinaus einen Zugriff auf deren Vermögen.

Etwaige außenstehende Aktionäre der eingegliederten Gesellschaft scheiden durch die Eingliederung automatisch gegen Abfindung aus der Gesellschaft aus.[150] Eine Eingliederung ist nur zwischen Aktiengesellschaften möglich. Das Gesetz regelt zwei Formen der Eingliederung, die Eingliederung einer 100%-igen Tochtergesellschaft und die Eingliederung einer mindestens 95%-igen Tochtergesellschaft (so genannte Mehrheitseingliederung).

2. Durchführung

Die Eingliederung erfolgt durch einen entsprechenden Beschluss der einzugliedernden Gesellschaft, der nur wirksam wird, wenn die Hauptversammlung der künftigen Hauptgesellschaft zustimmt. Von der Einberufung der Hauptversammlung der künftigen Hauptgesellschaft an, die über die Zustimmung zur Eingliederung beschließen soll, sind in den Geschäftsräumen der Hauptgesellschaft die in § 319 Abs. 3 Satz 1 AktG aufgeführten Unterlagen auszulegen und jedem Aktionär auf Verlangen unverzüglich eine Abschrift zu erteilen.

Der Vorstand der Hauptgesellschaft hat in einem Eingliederungsbericht die Eingliederung rechtlich und wirtschaftlich zu erläutern und zu begründen. Eine Eingliederungsprüfung durch einen vom Gericht auf Antrag des Vorstands der Hauptgesellschaft ausgewählten und bestellten Eingliederungsprüfer erfolgt nur, wenn der Hauptgesellschaft nicht sämtliche Aktien der einzugliedernden Gesellschaft gehören (§ 320 Abs. 3 AktG).

Auch im Fall der Mehrheitseingliederung trifft den Vorstand der einzugliedernden Gesellschaft keine Berichtspflicht.[151] Für die Bekanntmachung der Eingliederung als Gegenstand der Tagesordnung sind jedoch die Regelungen des § 320 Abs. 2 AktG zu beachten. Darüber hinaus sind von der Einberufung an die in § 319 Abs. 3 AktG bezeichneten Unterlagen (und damit auch der Eingliederungsbericht des Vorstands der Hauptgesellschaft) auch in den Geschäftsräumen der einzugliedernden Gesellschaft nach § 320 Abs. 4 AktG auszulegen.

Die Eingliederung wird erst mir ihrer Eintragung in das Handelsregister der einzugliedernden Gesellschaft wirksam. Mit der Eintragung der Eingliederung im

---

[150] Die Abfindung besteht nach § 320 b AktG regelmäßig in Aktien der Hauptgesellschaft. Ist die Hauptgesellschaft ihrerseits ein abhängiges Unternehmen, müssen als Abfindung wahlweise Aktien der Hauptgesellschaft oder eine Barabfindung gewährt werden. Vgl. zu den Einzelheiten *Hüffer*, § 320 b Rn 3 ff. Völlig ungeklärt ist bislang, ob als Ausfluss der Macrotron-Entscheidung des BGH (AG 2003, 273 ff.) auch dann, wenn die Hauptgesellschaft ihrerseits kein abhängiges Unternehmen ist, eine Barabfindung wahlweise angeboten werden muss.

[151] *Hüffer*, § 320 Rn 15.

Handelsregister gehen alle Aktien, die sich nicht in der Hand der Hauptgesellschaft befinden, automatisch an diese über, ohne dass es einer besonderen Übertragung bedarf.

104 Die ausscheidenden Aktionäre haben Anspruch auf eine angemessene Abfindung.[152] Ist die angebotene Abfindung nicht angemessen, kann jeder ausscheidende Aktionär beantragen, dass die angemessene Abfindung gerichtlich bestimmt wird. Das Gleiche gilt, wenn eine Abfindung gar nicht oder nicht in der aktienrechtlich vorgeschriebenen Art angeboten worden ist, eine Anfechtung des Eingliederungsbeschlusses wegen dieses Mangels jedoch innerhalb der Anfechtungsfrist nicht erfolgt oder eine erhobene Anfechtungsklage zurückgenommen oder rechtskräftig abgewiesen worden ist. Antragsberechtigt ist jeder ausgeschiedene Aktionär.

3. Sicherung der Gläubiger

105 Nach § 321 Abs. 1 AktG können die Gläubiger einer eingegliederten Gesellschaft, deren Forderungen begründet worden sind, bevor die Eintragung der Eingliederung bekannt gemacht worden ist, innerhalb von sechs Monaten nach der Bekanntmachung für ihre Forderungen Sicherheitsleistung verlangen.

4. Haftung der Hauptgesellschaft

106 Nach Maßgabe von § 322 AktG haftet die Hauptgesellschaft für alle vor und nach der Eingliederung begründeten Verbindlichkeiten der eingegliederten Gesellschaft gesamtschuldnerisch mit dieser. Wird die Hauptgesellschaft wegen einer Verbindlichkeit der eingegliederten Gesellschaft in Anspruch genommen, kann sie zunächst alle Einwendungen geltend machen, die in ihrer Person begründet sind. Die Hauptgesellschaft kann weiterhin alle Einwendungen geltend machen, die der einzugliedernden Gesellschaft zustehen.

5. Weisungsrecht

107 Mit Wirksamwerden der Eingliederung durch Eintragung ist die Hauptgesellschaft berechtigt, dem Vorstand der eingegliederten Gesellschaft hinsichtlich der Leitung der Gesellschaft Weisungen zu erteilen (§ 323 Abs. 1 Satz 1 AktG). Dieses Weisungsrecht erstreckt sich nicht auf Weisungen, deren Befolgung gesetzwidrig wäre.[153] Weiteren Schranken unterliegt es jedoch nicht. Nach herrschender Meinung sind auch existenzgefährdende oder -vernichtende Weisungen zulässig.[154]

108 Der Vorstand der eingegliederten Gesellschaft hat diese eigenverantwortlich zu leiten, soweit nicht von der Hauptgesellschaft Weisungen erteilt werden.[155] Dabei hat er die Leitung an den Interessen der eingegliederten Gesellschaft auszurichten. Wie im Vertragskonzern hat er die Hauptgesellschaft vor wesentlichen Entscheidungen zu kontaktieren um ihr die Möglichkeit zur Erteilung einer Weisung zu ge-

---

[152] Für die Bestimmung der Höhe gilt das zum angemessenen Ausgleich beim Unternehmensvertrag (Rn 78) Ausgeführte entsprechend.
[153] *Hüffer*, § 323 Rn 3 f.
[154] *Emmerich/Habersack*, § 323 Rn 2.
[155] *Emmerich/Habersack*, § 323 Rn 7.

ben.[156] Wird der Vorstand der eingegliederten Gesellschaft angewiesen ein Geschäft vorzunehmen, das er nur mit Zustimmung des Aufsichtsrats vornehmen darf, gilt im Eingliederungskonzern das Gleiche wie im Vertragskonzern. Wird die Zustimmung des Aufsichtsrats nicht innerhalb einer angemessenen Frist erteilt, hat der Vorstand dies der Hauptgesellschaft mitzuteilen. Wiederholt die Hauptgesellschaft die Weisung, ist die Zustimmung des Aufsichtsrats der eingegliederten Gesellschaft nicht mehr erforderlich. Für die Wiederholung der Weisung benötigt der Vorstand der Hauptgesellschaft die Zustimmung seines Aufsichtsrats.

6. Leistungsverkehr

Im Eingliederungskonzern sind Leistungen der eingegliederten Gesellschaft an die Hauptgesellschaft in unbeschränktem Umfang zulässig. Die Vorschriften über die Bildung einer gesetzlichen Rücklage sind auf die eingegliederte Gesellschaft ebenfalls nicht anwendbar (§ 324 Abs. 1 AktG). § 324 Abs. 2 AktG enthält Sonderbestimmungen für Gewinnabführungsverträge, Gewinngemeinschaften und Teilgewinnabführungsverträge zwischen der eingegliederten Gesellschaft und der Hauptgesellschaft.

7. Verlustausgleich

Die Hauptgesellschaft ist verpflichtet, jeden bei der eingegliederten Gesellschaft entstehenden Bilanzverlust auszugleichen, soweit der Verlust die Kapitalrücklagen und die Gewinnrücklagen übersteigt (§ 324 Abs. 3 AktG). Der wesentliche Unterschied zum Verlustausgleich im Vertragskonzern besteht darin, dass die Verlustausgleichspflicht, solange nicht besteht, wie Kapitalrücklagen und Gewinnrücklagen (einschließlich solcher, die vor der Eingliederung gebildet worden sind) vorhanden sind.

8. Beendigung

Die Eingliederung endet in den in § 327 Abs. 1 Nr. 1–4 AktG aufgezählten Fälle. Abweichende Regelungen können weder durch Satzung noch durch einen Vertrag getroffen werden.[157] Die Eingliederung endet automatisch in dem Zeitpunkt, in dem einer der Beendigungsgründe eintritt. Die frühere Hauptgesellschaft hat auf den Stichtag der Beendigung der Eingliederung eine Zwischenbilanz aufzustellen und einen sich daraus etwaig ergebenden Bilanzverlust nach Maßgabe von § 324 Abs. 3 AktG auszugleichen. Darüber hinausgehende Leistungen an die bisher eingegliederte Gesellschaft sind nicht erforderlich. Auch nach der Beendigung der Eingliederung haftet die Hauptgesellschaft für die bis zur Beendigung der Eingliederung begründeten Verbindlichkeiten der ehemals eingegliederten Gesellschaft weiter. Die Verjährung dieser Ansprüche bestimmt sich nach § 327 Abs. 4 AktG.[158]

---

[156] Münchener Kommentar AktG/*Grunewald*, § 323 Rn 10; **aA** Emmerich/*Habersack*, § 323 Rn 7.
[157] Münchener Kommentar AktG/*Grunewald*, § 327 Rn 12.
[158] Siehe zu den Einzelheiten Münchener Kommentar AktG/*Grunewald*, § 327 Rn 16.

112 Der Vorstand der ehemals eingegliederten Gesellschaft hat die Beendigung der Eingliederung, Grund und Zeitpunkt zum Handelsregister anzumelden (§ 327 Abs. 3 AktG). Dies hat jedoch nur deklaratorische Bedeutung.[159]

---

[159] Münchener Kommentar AktG/*Grunewald*, § 327 Rn 14.

Teil 6
Übernahme und Going Private

§ 15 Übernahmerecht

I. Einführung in das WpÜG

1. Anwendungsbereich des WpÜG und allgemeine Grundsätze

Der Anwendungsbereich des Gesetzes erstreckt sich nach der Begriffsbestimmung des § 1 WpÜG „auf Angebote zum Erwerb von Wertpapieren, die von einer Zielgesellschaft ausgegeben wurden und zum Handel an einem organisierten Markt zugelassen sind".[1] 1

Nach der in § 2 WpÜG enthaltenen Legaldefinition sind Angebote „freiwillige oder aufgrund einer Verpflichtung nach diesem Gesetz erfolgende öffentliche Kauf- oder Tauschangebote zum Erwerb von Wertpapieren einer Zielgesellschaft"[2] (§ 2 Abs. 1 WpÜG).[3] Ein solches Angebot ist dann öffentlich, wenn es entweder (i) über ein allgemein zugängliches Medium verbreitet wird, oder (ii) sich an einen größeren, unbestimmbaren Adressatenkreis richtet und (iii) nicht lediglich anonym über den Börsenhandel platziert wird.[4] Von dem Angebot erfasst sind dabei Wertpapiere, die direkt oder indirekt Stimmrechte vermitteln, mithin Aktien, mit Aktien vergleichbare Wertpapiere, Zertifikate, die Aktien vertreten sowie andere Wertpapiere, die ein Recht zum Erwerb von Aktien zum Gegenstand haben (§ 2 Abs. 2 WpÜG).[5] Diese Wertpapiere müssen von einer Zielgesellschaft ausgegeben und zum Handel an einem organisierten Markt, d.h. im amtlichen oder geregelten Markt an einer Börse im Inland oder im geregelten Markt an einer Börse in einem anderen Staat des Europäischen Wirtschaftsraums, zugelassen sein (§ 2 Abs. 7 WpÜG). Nach § 2 Abs. 3 WpÜG sind Zielgesellschaften nur Aktiengesellschaften oder Kommanditgesellschaften auf Aktien, die ihren Sitz im Inland haben.[6] 2

---

[1] Semler/Volhard/*Kalss*, § 51, Rn 18 ff.

[2] Erfasst sind demnach keine Angebote zum Erwerb von Wertpapieren, zu denen der Erwerber nach den Regelungen des AktG, des Umwandlungsgesetzes oder nach der Rechtsprechung des BGH zum regulären Delisting verpflichtet ist.

[3] Vgl. zu den Begriffsbestimmungen des WpÜG: BT-Drucks. 14/7034, S. 33 ff.

[4] Kölner Kommentar WpÜG/*Versteegen*, § 2 Rn 45 ff.; Haarmann/Riehmer/*Schüppen*, § 2 Rn 10. Ausführlich hierzu auch *Baums*/Thoma/*Hecker*, § 2 Rn 19 ff.

[5] ZB Optionsanleihen, Wandelschuldverschreibungen, Optionsscheine etc.

[6] Eine Antwort auf die Frage, ob der Anwendungsbereich des WpÜG auch dann eröffnet ist, wenn Bieter und Zielgesellschaft auf eine neu zu gründende NewCo AG verschmolzen werden und der Bieter nach der Verschmelzung die Kontrolle (siehe unten Rn 6f.) über die NewCo AG erlangt, ist dem WpÜG nicht zu entnehmen. Dies wäre jedoch nur dann der Fall, wenn die New-Co AG als „Zielgesellschaft" im Sinne des WpÜG qualifizieren würde, deren Aktien zum Handel an einem organisierten Markt zugelassen sind. Dagegen spricht, dass eine Börsennotierung der

3   In § 3 WpÜG legt der Gesetzgeber allgemeine Grundsätze zur Durchführung des Übernahmeverfahrens fest.[7] Diese von sämtlichen Beteiligten des Verfahrens zwingend einzuhaltenden Grundsätze sollen der Gewährleistung eines angemessenen und fairen Verfahrens dienen und gelten als Richtlinien zur Auslegung der einzelnen Bestimmungen des WpÜG.[8] Sie sind in nahezu allen ausländischen Übernahmeregelungen zu finden und entsprechen damit internationalem Standard.

2. Aufbau des WpÜG

4   Grundlegend für das Verständnis der Regelungen des WpÜG ist die Kenntnis der Systematik dieses Gesetzes. Im Zentrum des Gesetzes steht die Regelung des öffentlichen Übernahmeverfahrens. Der Aufbau dieser Regelungen folgt dem Baukastenprinzip:[9] Die allgemeinen Regelungen und Zuständigkeitsvorschriften, die für alle Arten von öffentlichen Angeboten gelten, sind in den Abschnitten 1 und 2 (§§ 1–9 WpÜG) vor die Klammer gezogen. Darauf folgen in Abschnitt 3 (§§ 10–29 WpÜG) zunächst die Bestimmungen über das einfache Erwerbsangebot[10], sowie im Anschluss daran die Vorschriften zu den – in der Praxis weitaus relevanteren – Fällen des freiwilligen Übernahmeangebots[11] (Abschnitt 4, §§ 29–34 WpÜG) und des Pflichtangebots[12] (Abschnitt 5, §§ 35–39 WpÜG). Das freiwillige Übernahmeangebot sowie das Pflichtangebot stellen dabei auf das einfache Erwerbsangebot aufbauende Varianten dar, auf die die Regelungen des Erwerbsangebots – sowie im Fall des Pflichtangebots auch die Regelungen des freiwilligen Übernahmeangebots – anwendbar sind, sofern in den entsprechenden spezielleren Abschnitten nichts anderes geregelt ist (§§ 34, 49 WpÜG).

II. Arten von Angeboten

5   Das WpÜG differenziert zwischen Angeboten, die der Bieter auf freiwilliger Basis veröffentlicht („freiwillige Angebote") und solchen, die aufgrund des erfolgten Erwerbs der Kontrolle (§ 35 WpÜG) abgegeben werden müssen („Pflichtangebote"). Innerhalb der freiwilligen Angebote wird ferner danach unterschieden, ob das Angebot auf den Erwerb der Kontrolle gerichtet ist („freiwillige Übernahmeangebote") oder nicht („einfache Erwerbsangebote").[13]

NewCo AG und damit eine Börsenzulassung ihrer Aktien zum Zeitpunkt der Verschmelzung – mithin zum Zeitpunkt des Kontrollerwerbs – noch nicht gegeben ist; eine solche Zulassung erfolgt in der Regel erst kurz nach der Verschmelzung. Diese Frage wurde durch die Rechtsprechung bislang jedoch nicht geklärt; vgl. zu dieser und ähnlichen Fallgestaltungen *Süssmann*, Anwendungsprobleme des WpÜG, WM 2003, 1453 (1454 ff.).

[7] Neben dem Grundsatz zur vollumfänglichen Information der Aktionäre (§ 3 Abs. 2 WpÜG) kommt dem Grundsatz zu deren Gleichbehandlung (§ 3 Abs. 1 WpÜG) die weitreichendste Bedeutung zu, siehe auch unten Rn 57.

[8] BT-Drucks. 14/7034, S. 35.

[9] *Liebscher*, Das Übernahmeverfahren nach dem neuen Übernahmegesetz, ZIP 2001, 853, 857; Kölner Kommentar WpÜG/*Hirte*, Einleitung Rn 85.

[10] Siehe unten Rn 8 ff.

[11] Siehe unten Rn 11 ff.

[12] Siehe unten Rn 14 ff.

[13] *Thoma*, Wertpapiererwerbs- und Übernahmegesetz im Überblick, NZG 2002, 105, 106.

Maßgeblich für die Differenzierung zwischen den einzelnen Angebotsarten ist 6 die Frage, ob und zu welchem Zeitpunkt der Bieter die Kontrolle über die Zielgesellschaft erworben hat oder zu erwerben beabsichtigt.[14] Ein Kontrollerwerb liegt dann vor, wenn der Bieter mindestens 30% der Stimmrechte der Zielgesellschaft hält (§ 29 Abs. 2 WpÜG). Zur Berechnung der Höhe des Stimmrechtsanteils werden sowohl die unmittelbar als auch die mittelbar (§ 30 WpÜG) von dem Bieter gehaltenen Stimmrechte herangezogen. Als mittelbar von dem Bieter gehaltene Stimmrechte werden beispielsweise solche Stimmrechte angesehen, die ein Tochterunternehmen des Bieters hält, die für Rechnung des Bieters gehalten werden oder die von Gesellschaften oder Personen gehalten werden, mit denen der Bieter oder ein Tochterunternehmen das Verhalten in Bezug auf die Zielgesellschaft abstimmt (zB durch Stimmbindungs- oder Poolverträge). Besondere Bedeutung hat dabei die Regelung des § 30 Abs. 1 Nr. 5 WpÜG, wonach dem Bieter die Anteile zugerechnet werden, die dieser durch einseitige Willenserklärung dinglich erwerben kann.[15] Diese Voraussetzung ist bereits dann erfüllt, wenn der dingliche Vollzug eines Kaufvertrages über den Erwerb eines Aktienpakets unter einer aufschiebenden Bedingung steht, deren Eintritt der Bieter allein herbeizuführen vermag.[16] Steht der Kaufvertrag jedoch unter einer Bedingung, deren Eintritt dem Einfluss des Bieters entzogen ist,[17] so findet eine dingliche Zurechnung der Stimmrechte und damit ein Kontrollerwerb an der Zielgesellschaft erst zum Zeitpunkt des Eintritts der Bedingung statt.[18]

Der Begriff der Kontrolle ist rein formell zu verstehen.[19] Maßgeblich ist allein, 7 ob jemand einen Stimmrechtsanteil an der Zielgesellschaft von mindestens 30% hält, gleichgültig, ob er tatsächlich die Kontrolle über die Zielgesellschaft ausüben kann oder nicht. Die führt zum einen dazu, dass jemand beispielsweise auch dann die Kontrolle über die Zielgesellschaft innehat, wenn er zwar über 30% der Stimmrechte hält, die Kontrolle tatsächlich jedoch nicht ausüben kann, da ein Dritter über einen noch höheren Anteil an Stimmrechten verfügt. Zum anderen hat dieser abstrakte Kontrollbegriff zur Folge, dass jemand, der zB aufgrund ungewöhnlich geringer Hauptversammlungspräsenzen bei der Zielgesellschaft oder aufgrund eines zwischen ihm und der Zielgesellschaft geschlossenen Beherrschungsvertrages die Zielgesellschaft tatsächlich kontrollieren kann, sein Stimmrechtsanteil an der Zielgesellschaft allerdings weniger als 30% beträgt, keine Kontrolle über die Zielgesellschaft im Sinne des § 29 Abs. 2 WpÜG ausübt.[20]

1. Einfache Erwerbsangebote

Einfache Erwerbsangebote sind zum Einen Angebote auf Erwerb von Wertpa- 8 pieren, die zu einem unmittelbaren oder mittelbaren Stimmrechtsanteil an der Ziel-

---

[14] *Thoma*, NZG 2002, 105, 106.
[15] Vgl. hierzu Semler/Volhard/*Kalss*, § 51 Rn 76.
[16] ZB Ausübung einer Call-Option, Zahlung des Kaufpreises etc.
[17] ZB kartellrechtliche Genehmigungen.
[18] Weitere Zurechnungstatbestände sind in § 30 WpÜG geregelt.
[19] Vgl. hierzu Semler/Volhard/*Kalss*, § 51 Rn 65 ff.
[20] Baums/Thoma/*Diekmann*, § 29 Rn 38; Kölner Kommentar WpÜG/*von Bülow*, § 29 Rn 69 ff.

gesellschaft von weniger als 30% führen. Zum Anderen fallen hierunter auch Angebote, die – sofern der Bieter bereits die Kontrolle über die Zielgesellschaft innehat – auf eine Aufstockung der Beteiligung gerichtet sind.

9 Einfache Erwerbsangebote unterliegen dem am wenigsten strengen Regelungsregime. So sind beispielsweise die Regelungen zu Art und Höhe der Gegenleistung[21] auf einfache Erwerbsangebote nicht anwendbar. Die Besonderheit dieser Angebotsart besteht ferner in der Möglichkeit, den Wertpapiererwerb der Höhe nach auf ein Minimum und/oder ein Maximum zu begrenzen. Der Bieter kann somit in der Angebotsunterlage angeben, wie viele Wertpapiere er mindestens bzw. höchstens zu erwerben beabsichtigt. Nehmen im Falle der Festsetzung einer Mindestakzeptanzschwelle weniger Aktionäre der Zielgesellschaft das Angebot an, so dass der Bieter diese Schwelle nicht erreicht, so werden die Wertpapiere – verzichtet der Bieter nicht auf das Erreichen dieser Schwelle[22] – nicht erworben.[23] Nehmen dagegen im Falle der Festsetzung einer Maximalschwelle mehr Aktionäre der Zielgesellschaft das Angebot an, als der Bieter an Aktien zu erwerben beabsichtigt, so erfolgt gemäß § 19 WpÜG eine Teilzuteilung.[24]

10 Ferner ist der Bieter berechtigt, weitere Bedingungen in das Übernahmeangebot aufzunehmen. Voraussetzung hierfür ist jedoch, dass der Eintritt der Bedingung nicht allein vom Willen des Bieters abhängen darf (§ 18 WpÜG). Grund hierfür ist, dass der Bieter an sein einmal veröffentlichtes Angebot gebunden werden und es ihm nicht ermöglicht werden soll, durch Herbeiführen bestimmter Voraussetzungen von dem Angebot nachträglich Abstand zu nehmen.

2. Freiwillige Übernahmeangebote

11 Freiwillige Übernahmeangebote sind Angebote, mit denen die Kontrolle über die Zielgesellschaft erstmals erlangt werden soll.[25] Absicht des Bieters ist mithin, nach Abschluss des Übernahmeverfahren – möglicherweise unter Einbeziehung bereits zuvor gehaltener Stimmrechte – unmittelbar oder mittelbar mindestens 30% der Stimmrechte an der Zielgesellschaft zu halten (§§ 29 Abs. 2, 30 WpÜG).

12 Ebenso wie im Rahmen des einfachen Erwerbsangebots ist der Bieter im Rahmen des freiwilligen Übernahmeangebots berechtigt, das Angebot auf Erreichen einer bestimmten Anzahl an Aktien der Zielgesellschaft zu bedingen.[26] So kann der Bieter beispielsweise sein Übernahmeangebot unter die Bedingung stellen, dass er mindestens 75% oder gar 95% der Stimmrechte an der Zielgesellschaft erhält,[27] um

---

[21] Siehe unten Rn 56.
[22] Siehe unten Rn 35.
[23] D. h. im Gegensatz zum Pflichtangebot ist die Begrenzung des Angebots auf ein Minimum an zu erwerbenden Wertpapieren zulässig.
[24] Beabsichtigt man, eine bestimmte Anzahl von Aktien zu erwerben, so liegt der praktische Vorteil der Veröffentlichung eines einfachen Erwerbsangebots in der Möglichkeit, die Höhe der Kosten des Wertpapiererwerbs kalkulieren zu können, ohne die Risiken tragen zu müssen, die ein schrittweise zu vollziehender Erwerb von Aktien über die Börse mit sich bringt, vgl. *Steinmeyer/Häger*, WpÜG, vor § 10 Rn 7.
[25] Vgl. hierzu Semler/Volhard/*Kalss*, § 51 Rn 27.
[26] Siehe oben Rn 9.
[27] Haarmann/*Riehmer*/Schüppen, vor §§ 29 bis 34 Rn 27.

anschließend gewisse Strukturmaßnahmen oder einen Squeeze-Out[28] durchzuführen. Ferner kann der Bieter unter den Voraussetzungen des § 18 WpÜG weitere Bedingungen in das Angebot aufnehmen.[29]

Unzulässig ist dagegen eine Begrenzung auf ein Maximum an zu erwerbenden Wertpapieren (§ 32 WpÜG). Das freiwillige Übernahmeangebot hat sich vielmehr stets auf 100% der Wertpapiere der Zielgesellschaft zu erstrecken und hat sich demnach an alle Aktionäre der Zielgesellschaft zu richten (§§ 39, 32 WpÜG). Dies bedeutet insbesondere, dass auch ausländische Aktionäre der Zielgesellschaft von dem öffentlichen Angebot erfasst sein müssen, was dazu führen kann, dass der Bieter neben dem WpÜG ausländische Übernahmerechte zu beachten hat. Eine Ausnahme davon ist lediglich nach den engen Voraussetzungen des § 24 WpÜG möglich, wonach die BAFin dem Bieter im Falle von grenzüberschreitenden Angeboten auf dessen Antrag gestatten kann, bestimmte ausländische Inhaber von Wertpapieren der Zielgesellschaft außerhalb des EWR von dem Angebot auszunehmen.[30]

3. Pflichtangebote

Die Verpflichtung zur Abgabe eines öffentlichen Pflichtangebots wird dann ausgelöst, wenn ein Bieter außerhalb eines Übernahmeverfahrens die Kontrolle über die Zielgesellschaft erwirbt (§ 35 Abs. 2 iVm. § 29 Abs. 2 WpÜG).

Durch die Regelungen zum Pflichtangebot soll sichergestellt werden, dass alle Inhaber von Wertpapieren der Zielgesellschaft die Möglichkeit haben, im Falle eines Kontrollwechsels durch Veräußerung ihrer Wertpapiere zu einer angemessenen Gegenleistung aus der Zielgesellschaft auszuscheiden.[31] Aus diesem Grunde unterliegt das Pflichtangebot dem im Vergleich zu den freiwilligen Übernahmeverfahren strengsten Regelungsregime.[32] So ist das Pflichtangebot grundsätzlich bedingungsfeindlich, d.h. der Wertpapiererwerb darf insbesondere weder auf ein Minimum noch auf ein Maximum an zu erwerbenden Wertpapieren begrenzt werden. Es hat sich vielmehr – ebenso wie das freiwillige Übernahmeangebot – stets auf 100% der Wertpapiere der Zielgesellschaft zu erstrecken.

Wurde die Kontrolle über eine Zielgesellschaft bereits vor Inkrafttreten des WpÜG[33] erworben (so genannter „Altfall"), besteht keine Pflicht zur Veröffentlichung eines Pflichtangebots. In einem solchen Fall fehlt es an einem „Erlangen" der Kontrolle im Sinne des § 35 WpÜG.[34]

---

[28] Siehe unten § 16 Rn 27 ff.
[29] Siehe oben Rn 10.
[30] Dies gilt allerdings nur dann, wenn dem Bieter ein Angebot an alle Wertpapierinhaber aufgrund der Anwendbarkeit ausländischer Übernahmevorschriften unzumutbar ist. Dieser Ausnahmetatbestand wird von der BAFin jedoch sehr restriktiv gehandhabt. So begründen nach Auffassung der BAFin insbesondere zusätzliche Kosten und erheblicher Zeitaufwand für den Bieter keine Unzumutbarkeit im Sinne des § 24 WpÜG.
[31] *Thoma*, NZG 2002, 105, 111.
[32] Siehe zu diesem Regelungsregime unten Rn 44.
[33] D.h. vor dem 1.1.2002.
[34] *Baums/Thoma/Hecker*, § 35 Rn 28; *Geibel/Süßmann/Meyer*, § 35 Rn 39; Kölner Kommentar WpÜG/*von Bülow/Schäfer*, § 68 Rn 14.

III. Angebotsverfahren

1. Allgemein

a) Phase 1: Vorbereitung des Angebots

17   Die Phase der Vorbereitung des Angebots beginnt mit der Konzeption des geplanten Erwerbs- und Übernahmeverfahrens und endet mit der Übermittlung einer Angebotsunterlage an die BAFin.[35]

18   aa) **Veröffentlichung der Entscheidung zur Abgabe eines Angebots** Bei der Vorbereitung eines Übernahmeverfahrens kommt dem Zeitpunkt, an dem der Bieter die Entscheidung zur Abgabe eines öffentlichen Angebots trifft, besondere Bedeutung zu. Diese Entscheidung hat der Bieter unverzüglich den betroffenen Börsen[36] sowie der BAFin mitzuteilen und in mindestens einem überregionalen Börsenpflichtblatt[37] oder einem elektronisch betriebenen Informationsverbreitungssystem[38] zu veröffentlichen (§ 10 WpÜG). Einen Nachweis der Veröffentlichung hat der Bieter sodann unverzüglich den betroffenen Börsen sowie der BAFin zu übermitteln (§ 10 Abs. 4 WpÜG).[39] Ferner hat er die Abgabe eines öffentlichen Angebots unmittelbar nach der Entscheidung zur Veröffentlichung dem Vorstand der Zielgesellschaft mitzuteilen (§ 10 Abs. 5 WpÜG).[40]

19   Der genaue Zeitpunkt der Veröffentlichung der Entscheidung spielt im Übernahmeverfahren eine besondere Rolle, da dieser maßgeblich für die Berechnung der Mindesthöhe der Gegenleistung ist.[41] Kommen „Übernahmegerüchte" bereits vor Veröffentlichung der Übernahmeentscheidung auf, so steht zu befürchten, dass dies zu einer spekulationsgetriebenen Erhöhung des Börsenkurses und damit zu einer Erhöhung der zu bietenden Gegenleistung führt. Dies kann das Übernahmeangebot erheblich verteuern.[42]

---

[35] Diese ist die zuständige Aufsichtsbehörde zur Überwachung von öffentlichen Angebotsverfahren (§ 4 WpÜG).
[36] Dies sind alle inländischen Börsen, an denen die Wertpapiere der Zielgesellschaft sowie gegebenenfalls die Wertpapiere des Bieters gehandelt werden.
[37] ZB Börsenzeitung, Handelsblatt, Financial Times Deutschland etc.
[38] ZB Reuters AG, Vereinigte Wirtschaftsdienste GmbH (VWD) oder Bloomberg; die mit der technischen Durchführung zusammenhängenden Dienstleistungen werden in Deutschland von verschiedenen Servicegesellschaften – beispielsweise der Deutschen Gesellschaft für Ad-hoc-Publizität GmbH (DGAP), zu deren Gesellschaftern u. a. Reuters AG und VWD gehören – angeboten.
[39] Dem Erfordernis der unverzüglichen Übermittlung wird in der Regel dann Rechnung getragen, wenn der Beleg innerhalb von 3 Werktagen nach der Veröffentlichung bei der BAFin eingeht, vgl. Beschluss des OLG Frankfurt vom 22.4.2003.
[40] Zu beachten ist, dass die Absicht des Bieters, ein Übernahmeangebot zu veröffentlichen, eine Insidertatsache im Sinne des § 14 WpHG darstellt (siehe oben § 5 Rn 14 ff.).
[41] Siehe unten Rn 59.
[42] An dieser Stelle darf insbesondere nicht außer Acht gelassen werden, dass im Rahmen des Wertpapiererwerbs unabhängig von der Veröffentlichungspflicht nach § 10 WpÜG die gesetzlichen Mitteilungs- und Veröffentlichungspflichten gemäß §§ 21 ff. WpHG (siehe oben § 6 Rn 43 ff.) zu beachten sind. Führt daher ein Wertpapiererwerb im Vorfeld der endgültigen Übernahmeentscheidung zu einem Überschreiten der in § 21 WpHG genannten Beteiligungsschwellen und muss daher dieser Wertpapiererwerb veröffentlicht werden, so kann dies dazu führen, dass die potentielle Übernahmeabsicht des Bieters schon vor Veröffentlichung der endgültigen Ent-

Die Frage, wann die Entscheidung zur Abgabe eines Angebots derart gefallen ist, 20
dass die Veröffentlichungspflicht ausgelöst wird, ist weitgehend ungeklärt. Hierbei
wird im Ergebnis darauf abzustellen sein, wann der Bieter seine Entscheidung so
„hinreichend sicher" getroffen hat, dass aus seiner Sicht gerade auch unter wirtschaftlichen Gesichtspunkten ein Abrücken von den Übernahmeplänen nicht mehr
in Betracht kommt.[43]

Eine bei der Zielgesellschaft durchgeführte Due Diligence stellt regelmäßig noch 21
keine gesicherte Entscheidung zur Abgabe eines Angebots dar, sondern bereitet lediglich deren Grundlage vor.[44]

Demgegenüber ist es schwierig zu bestimmen, wann bei mehrstufigen Entschei- 22
dungsprozessen (d. h. bei Prozessen, bei denen die endgültige Entscheidung von der
Zustimmung Dritter abhängt) eine gesicherte Entscheidung zur Abgabe eines Angebots getroffen ist. Klar ist lediglich, dass ein erforderlicher Beschluss der Hauptversammlung des Bieters nicht abgewartet werden darf (§ 10 Abs. 2 S. 2 WpÜG).
Dagegen ist nicht klar, wann die Entscheidung bei erforderlicher Zustimmung des
Aufsichtsrats als getroffen gilt.

Beabsichtigt der Bieter demgegenüber – was häufig der Fall ist – einen außer- 23
börslichen Paketerwerb der Aktien der Zielgesellschaft von dem oder den Hauptaktionär/en und ist dieser Erwerb Bestandteil der vom Bieter vorher festgelegten
Übernahmestrategie, so wird regelmäßig mit Abschluss des entsprechenden Paketkaufvertrages der Zeitpunkt der Entscheidung zur Abgabe eines Angebots dokumentiert. Der Bieter ist daher mit Unterzeichnung des Vertrages zur Veröffentlichung seiner Entscheidung zur Abgabe eines freiwilligen Übernahmeangebots
verpflichtet (§ 10 Abs. 1 S. 1 WpÜG).

In der Praxis erscheint jedenfalls empfehlenswert, mit der Konzeption des Ange- 24
bots rechtzeitig zu beginnen, die erforderlichen Vorstands- und Aufsichtsratsentscheidungen mit dem Stand der Vorbereitungsmaßnahmen abzustimmen sowie
insbesondere den gesamten Entscheidungsprozess genau zu dokumentieren, um
spätere Differenzen über den genauen Zeitpunkt der Entscheidung zu vermeiden.[45]

bb) Vorbereitung und Übermittlung der Angebotsunterlage Nach Veröf- 25
fentlichung der Entscheidung zur Abgabe eines Übernahme- oder einfachen Erwerbsangebots bzw. nach Veröffentlichung der Tatsache des Kontrollerwerbs hat der
Bieter vier Wochen Zeit, die Angebotsunterlage zu erstellen und der BAFin zu
übermitteln. Dabei hat die Angebotsunterlage gemäß § 11 WpÜG alle für ein öffentliches Angebot erforderlichen Angaben zu enthalten.[46] Die vierwöchige Vorbe-

---

scheidung nach § 10 WpÜG bekannt wird. Aus diesem Grunde sollte der Bieter hat seine Erwerbs- und Veröffentlichungsstrategie im Vorfeld eines Übernahmeverfahrens genau aufeinander abzustimmen.

[43] Baums/*Thoma*/*Stöcker*, § 10 Rn 17; *Geibel*/Süßmann, § 10 Rn 8; Kölner Kommentar WpÜG/*Hirte*, § 10 Rn 27.
[44] Kölner Kommentar WpÜG/*Hirte*, § 10 Rn 26.
[45] So auch *Geibel*/Süßmann, § 10 Rn 16; *Krause*, Das neue Übernahmerecht, NJW 2002, 705, 707; vgl. hierzu auch die parallele Problematik im Zusammenhang mit Ad-hoc-Mitteilungen nach § 15 WpHG unter § 6 Rn 9 ff.
[46] Siehe unten Rn 46 ff.

reitungsfrist des Angebots ist relativ kurz bemessen. Dies gilt jedenfalls dann, wenn der Bieter ausländische Rechtsvorschriften zu beachten hat oder er sich für die Abgabe eines Tauschangebots[47] entscheidet, bei dem die angebotenen Aktien möglicherweise erst noch geschaffen werden müssen.[48] Daher hat der Gesetzgeber mit § 14 Abs. 1 S. 3 WpÜG für den Bieter die Möglichkeit geschaffen, bei der BAFin eine Verlängerung der 4-Wochen-Frist von bis zu maximal weiteren vier Wochen zu beantragen. Diese Verlängerungsoption besteht für den Fall, dass der Bieter die gesetzte Frist wegen der grenzüberschreitenden Natur des Angebots oder wegen einer erforderlichen Kapitalmaßnahme nicht einhalten kann.

26 Spätestens nach Ablauf der 4-Wochen-Frist bzw. ihrer Verlängerung ist die Angebotsunterlage unter Beifügung der Finanzierungsbestätigung[49] der BAFin zur Prüfung zu übermitteln (§ 14 Abs. 1 WpÜG). Hierbei ist zu beachten, dass sowohl die Angebotsunterlage als auch die Finanzierungsbestätigung die Originalunterschriften der gesetzlichen Vertreter des Bieters bzw. des Finanzdienstleistungsunternehmens aufzuweisen haben.[50] Ferner hat die BAFin das Recht, sämtliche Dokumente, die diese zur Überprüfung der Angebotsunterlage benötigt, anzufordern. So ist die BAFin in der Praxis dazu übergegangen, regelmäßig zumindest eine Kopie sämtlicher Verträge oder Vereinbarungen zur Einsicht anzufordern, die der Bieter im Vorfeld des Übernahmeverfahrens mit der Zielgesellschaft selbst, ihren Aktionären oder ihren Vorstands- bzw. Aufsichtsratsmitgliedern getroffen oder abgeschlossen hat.[51] Es erscheint daher sinnvoll, der BAFin diese Dokumente direkt zusammen mit Zuleitung der Angebotsunterlage zu übersenden.

27 **cc) Finanzierungsbestätigung** Vor Veröffentlichung der Angebotsunterlage hat der Bieter die notwendigen Maßnahmen zu treffen, um sicherzustellen, dass ihm die zur vollständigen Erfüllung des Angebots notwendigen finanziellen Mittel zur Verfügung stehen (§ 13 Abs. 1 S. 1 WpÜG).

28 Wird die Gegenleistung in bar erbracht, so ist die Sicherstellung der Finanzierung durch ein Kreditinstitut schriftlich zu bestätigen (§ 13 Abs. 1 S. 2 WpÜG). Diese so genannte Finanzierungsbestätigung ist von einem unabhängigen Kreditinstitut zu erstellen, d. h. von einem Institut, das mit dem Bieter nicht gesellschaftsrechtlich verflochten ist und dieser zu keiner faktischen Einflussnahme auf das Institut in der Lage ist.[52] Der Wortlaut der Finanzierungsbestätigung sollte sich am Wortlaut des Gesetzestextes (§ 13 Abs. 1 S. 2 WpÜG) orientieren. Danach hat das Kreditinstitut zu bestätigen, „dass der Bieter die notwendigen Maßnahmen getroffen hat, um sicherzustellen, dass die zur vollständigen Erfüllung des Angebots notwendigen Mittel zum Zeitpunkt der Fälligkeit des Anspruchs auf die Gegenleistung zur Verfügung stehen".[53] In der Praxis erfolgt

---

[47] Siehe unten Rn 57.
[48] In diesem Fall unterliegt die Angebotsunterlage verkaufsprospektrechtlichen Richtlinien (§ 2 Nr. 2 WpÜG-AngebotsVO).
[49] Siehe unten Rn 27.
[50] Die Unterschrift eines rechtmäßig bevollmächtigten Dritten wird von der BAFin nicht akzeptiert.
[51] ZB Paket-Kaufverträge, Letters of Intent, Business Combination Agreements etc.
[52] *Krause*, NJW 2002, 709.
[53] Unzulänglich ist die bloße Bestätigung, ein entsprechendes Darlehen an den Bieter gewährt zu haben.

die Sicherstellung der Finanzierung durch den Bieter meist durch Kreditzusage des bestätigenden Kreditinstituts oder durch Hinterlegung des zu zahlenden Geldbetrages auf einem Konto bei diesem Kreditinstitut.

Die Erklärung des Kreditinstituts ist eine Wissenserklärung; sie ist daher keine Garantie des Kreditinstituts, dass das Angebot durch den Bieter auch tatsächlich erfüllt wird.[54] Gleichwohl gewährt § 13 Abs. 2 WpÜG demjenigen, der das Angebot angenommen hat, einen Anspruch auf Ersatz des ihm entstanden Schadens gegen das erklärende Kreditinstitut. Voraussetzung dafür ist, dass die Bestätigung falsch war, mithin der Bieter im Vorfeld die zur Erfüllung der Forderungen notwendigen Maßnahmen nicht getroffen hat und ihm aus diesem Grunde[55] die notwendigen Mittel zum maßgeblichen Zeitpunkt nicht zur Verfügung stehen. Diese Haftung entspricht weitgehend der Haftung des Bieters für die Angebotsunterlage (§§ 13 Abs. 3 iVm. 12 Abs. 2 bis 6 WpÜG).[56] Insbesondere kann das bestätigende Kreditinstitut den Schadensersatzanspruch nicht im Voraus ausschließen (§ 13 Abs. 3 iVm. § 12 Abs. 5 WpÜG). Möglich ist jedoch die Vereinbarung einer Haftungsfreistellung im Innenverhältnis mit dem Bieter.[57]

b) Phase 2: Prüfung des Angebots durch die BAFin und Veröffentlichung der Angebotsunterlage

aa) Prüfung durch die BAFin Nach Übermittlung der relevanten Unterlagen[58] hat die BAFin zehn Werktage[59] Zeit, die Angebotsunterlage zu überprüfen (§ 14 Abs. 2 WpÜG).[60] Diese Prüfung erstreckt sich auf die Vollständigkeit und die inhaltliche Übereinstimmung mit dem WpÜG bzw. der WpÜG Angebots-VO. In der bisherigen Praxis hat sich gezeigt, dass die BAFin zu allen Punkten der Angebotsunterlage detaillierte Informationen erwartet und Wert auf eine verständliche Darstellung legt.

Erste Kommentare der BAFin zu der Angebotsunterlage sind in der Regel bereits nach 1 bis 2 Tagen zu erhalten. Eine ausführliche Erörterung des Dokuments erfolgt sodann meist nach ungefähr einer Woche. Stellt die BAFin inhaltliche Mängel der Angebotsunterlage fest, so erfolgt in der Regel eine Verlängerung der Prüfungsfrist um 3 bis maximal 5 Tage, um dem Bieter die Möglichkeit zur Nachbesserung einzuräumen (§ 14 Abs. 2 S. 3 WpÜG).[61] Modifiziert der Bieter sodann die

---

[54] Baums/Thoma/*Marsch-Barner*, § 13 Rn 59; Münchener Kommentar AktG/*Wackerbarth*, Band 9/1, § 13 Rn 25; Haarmann/Riehmer/Schüppen/*Vogel*, § 13 Rn 84–88.
[55] Voraussetzung für eine Haftung des Wertpapierdienstleistungsunternehmens ist demnach, dass das Nichtergreifen der Maßnahmen durch den Bieters *kausal* dafür ist, dass diesem die notwendigen Mittel zum Zeitpunkt der Fälligkeit des Anspruchs der Aktionäre auf die Gegenleistung nicht zur Verfügung stehen. Damit besteht die Haftung des Wertpapierdienstleistungsunternehmens nur im Hinblick auf die Pflicht des Bieters zum Ergreifen der erforderlichen Maßnahmen, vgl. Kölner Kommentar WpÜG/*Möllers*, § 13 Rn 91.
[56] Siehe unten Rn 53 ff.
[57] *Hamann*, Die Angebotsunterlage nach dem WpÜG – ein praxisorientierter Überblick, ZIP 2001, 2249, 2254.
[58] Siehe oben Rn 26.
[59] Bei der Berechnung der 10-tägigen Frist werden Samstage mitberücksichtigt.
[60] *Lenz/Linke*, Die Handhabung des WpÜG in der aufsichtsrechtlichen Praxis, AG 2002, 362, 362 ff.
[61] Dabei achtet die BAFin ganz besonders auf ihre Neutralitätspflicht; sie unterbreitet aktiv von sich aus keine Lösungsvorschläge zur Beseitigung der Mängel.

Angebotsunterlage innerhalb der vorgegeben Frist entsprechend den Anmerkungen der BAFin, so erfolgt meist eine ausdrückliche Gestattung des Angebots.

32 Enthält die Angebotsunterlage nicht die gemäß § 11 Abs. 2 WpÜG, § 2 WpÜG Angebots-VO erforderlichen Angaben oder verstoßen die in der Angebotsunterlage gemachten Angaben offensichtlich gegen Rechtsvorschriften, so hat die BAFin gemäß § 15 Abs. 1 Nr. 1, 2 WpÜG die Veröffentlichung des Angebots zu untersagen. Erfolgt innerhalb der zehntägigen Prüfungsfrist bzw. innerhalb ihrer Verlängerung keine Untersagungsverfügung der BAFin, so ist der Bieter berechtigt, die Angebotsunterlage auch ohne ausdrückliche Gestattung durch die BAFin zu veröffentlichen (§ 14 Abs. 2 S. 1 WpÜG).

33 **bb) Veröffentlichung der Angebotsunterlage** Nach Fristablauf oder Gestattung der Angebotsunterlage durch die BAFin hat der Bieter die Angebotsunterlage unverzüglich zu veröffentlichen.[62] Diese Veröffentlichung muss gemäß § 14 Abs. 3 S. 1 WpÜG sowohl im Internet als auch in einem überregionalen Börsenpflichtblatt erfolgen, wobei letztere Veröffentlichungsart entweder durch Vollabdruck der Angebotsunterlage oder durch Veröffentlichung einer entsprechenden Hinweisbekanntmachung, bei welcher Stelle die Angebotsunterlage zur kostenlosen Ausgabe bereit gehalten wird, erfolgen kann. Unverzüglich nach der Veröffentlichung hat der Bieter der BAFin einen Beleg über die Veröffentlichung in dem überregionalen Börsenpflichtblatt zu übersenden (§ 14 Abs. 3 S. 2 WpÜG). Ferner ist der Bieter nach § 14 Abs. 4 WpÜG verpflichtet, die Angebotsunterlage unverzüglich nach der Veröffentlichung dem Vorstand der Zielgesellschaft zu übermitteln. Dieser hat die Unterlage sodann an den Betriebsrat der Zielgesellschaft bzw. – sofern ein solcher nicht besteht – unmittelbar den Arbeitnehmern weiterzuleiten.

c) Phase 3: Annahmefrist

34 **aa) Reguläre Annahmefrist** Die Annahmefrist ist der Zeitraum, in dem die Aktionäre der Zielgesellschaft das Angebot des Bieters annehmen können. Sie beträgt zwischen vier und zehn Wochen (§ 16 Abs. 1 WpÜG), wobei die genaue Dauer der Frist vom Bieter nach dessen freiem Ermessen festgelegt werden kann („reguläre Annahmefrist").[63]

35 **bb) Verlängerung der regulären Annahmefrist** Die reguläre Annahmefrist verlängert sich automatisch in bestimmten vom Gesetz ausdrücklich vorgesehenen Fällen: Beruft die Zielgesellschaft nach Veröffentlichung der Angebotsunterlage des Bieters eine im Zusammenhang mit dem Angebot stehende Hauptversammlung ein, so beträgt die Annahmefrist grundsätzlich zehn Wochen (§ 16 Abs. 3 S. 1 WpÜG). Ändert der Bieter die Bedingungen des Übernahmeangebots innerhalb der letzten zwei Wochen vor Ablauf der regulären Annahmefrist, so verlängert sich

---

[62] Um dem Bieter die Möglichkeit zu geben, dem Erfordernis der „unverzüglichen Veröffentlichung" nachzukommen, ist die BAFin in der Praxis dazu übergegangen, die Freigabe nach vorheriger Absprache mit dem Bieter an einem bestimmten Werktag so rechtzeitig zu erteilen, dass noch vor Redaktionsschluss des entsprechenden überregionalen Börsenpflichtblatts der Auftrag zur Veröffentlichung der Angebotsunterlage in der am folgenden Tage erscheinenden Ausgabe des Börsenpflichtblatts erfolgen kann.

[63] Vgl. hierzu Semler/Volhard/*Kalss*, § 51 Rn 54 ff.

Teil 6. Übernahme und Going Private   36, 37 § 15

diese um weitere zwei Wochen (§ 21 Abs. 5 S. 1 WpÜG).[64] Eine solche Änderung des Angebots ist gemäß § 21 Abs. 1 WpÜG bis zu einem Werktag, d. h. spätestens 24 Stunden[65], vor Ablauf der regulären Annahmefrist und nur dann zulässig, sofern der Bieter die von ihm angebotene Gegenleistung erhöht, wahlweise eine andere Gegenleistung anbietet, die Mindestakzeptanzschwelle verringert oder auf eine Bedingung verzichtet, unter der das Angebot steht.[66] In allen vier Fällen haben die Aktionäre, die das Angebot bereits vor Veröffentlichung der Änderung angenommen haben, ein gesetzliches Recht zum Rücktritt von ihrer bereits erteilten Annahmeerklärung (§ 16 Abs. 4 WpÜG).

cc) **Weitere Annahmefrist bei Übernahmeangeboten („Zaunkönigregelung")** Im Gegensatz zu einfachen Erwerbsangeboten gibt es bei freiwilligen Übernahmeangeboten darüber hinaus eine so genannte weitere Annahmefrist: Aktionäre der Zielgesellschaft, die das Übernahmeangebot während der regulären Annahmefrist nicht angenommen haben, haben für den Fall, dass das Übernahmeangebot erfolgreich war und zu einem Kontrollwechsel bei der Zielgesellschaft geführt hat, die Gelegenheit, das Übernahmeangebot noch nach Ablauf der regulären Annahmefrist anzunehmen (§ 16 Abs. 2 WpÜG). Die weitere Annahmefrist – häufig auch als „Zaunkönigregelung" bezeichnet – beginnt am Tag nach der in § 23 Abs. 1 S. 1 Nr. 2 WpÜG vorgeschriebenen Veröffentlichung des vorläufigen Ergebnisses des Übernahmeverfahrens[67] und läuft zwei Wochen.   36

dd) **Veröffentlichungspflichten während der Annahmefrist** § 23 WpÜG verpflichtet den Bieter, Anzahl und Höhe sämtlicher von ihm gehaltenen Wertpapiere der Zielgesellschaft sowie die daraus resultierenden Stimmrechtsanteile laufend zu veröffentlichen und der BAFin mitzuteilen.[68] Hierbei werden dem Bieter die von mit ihm gemeinsam handelnden Personen bzw. deren Tochterunternehmen gehaltenen Wertpapiere zugerechnet. Diese so genannten „Wasserstandsmeldungen" haben nach § 23 Abs. 1 WpÜG während der regulären Annahmefrist wöchentlich, in der letzte Woche der regulären Annahmefrist täglich zu erfolgen (§ 23 Abs. 1 Nr. 1 WpÜG). Ferner ist das Endergebnis des Übernahmeverfahrens unverzüglich   37

---

[64] Die Änderung der Angebotsunterlage ist in der für die Veröffentlichung der Angebotsunterlage vorgeschriebenen Form zu veröffentlichen (§ 21 Abs. 2 S. 1 iVm. § 14 Abs. 3 S. 1 WpÜG), s. hierzu oben Rn 33).

[65] Vgl. hierzu *Busch*, Die Frist für den Bedingungsverzicht gemäß § 21 Abs. 1 WpÜG – Wie lange ist ein Werktag?, ZIP 2003, 102; endet die Annahmefrist somit an einem bestimmten Werktag um 12 Uhr, so muss die Bekanntmachung der Änderung an dem davor liegenden Werktag spätestens um 12 Uhr erfolgt sein. Diese Ansicht wird auch von der BAFin geteilt.

[66] Diese gesetzliche Frist stellt den Bieter häufig vor erhebliche praktische Probleme. Erwägt der Bieter beispielsweise den Verzicht auf das Erreichen einer bestimmten Mindestakzeptanzschwelle, so hat er seine endgültige Entscheidung hierüber in der Regel zu einem Zeitpunkt zu treffen, zu dem er aufgrund verzögerter Rückmeldungen hinsichtlich der Höhe der bisher getenderten Aktien seitens der Depotbanken häufig kein exaktes Bild davon hat, ob die Mindestakzeptanzschwelle bis zum Ende der Annahmefrist tatsächlich zu erreichen ist. Ob dies möglich gewesen wäre, erfährt er in der Praxis häufig erst 3–4 Tage nach Ablauf der Annahmefrist.

[67] Siehe unten Rn 37.

[68] Hierbei sind auch die Stimmrechte zu berücksichtigen, die der Bieter auf Grund einer Vereinbarung zu einem späteren Zeitpunkt erwerben kann (§§ 23 Abs. 1, 31 Abs. 6 WpÜG).

nach Ablauf der regulären Annahmefrist sowie nach Ablauf der eventuellen weiteren Annahmefrist zu veröffentlichen und mitzuteilen (§ 23 Abs. 1 Nr. 2 und Nr. 3 WpÜG).[69]

38   Die Art der Veröffentlichung bestimmt sich nach § 14 Abs. 3 S. 1 WpÜG. Danach sind die „Wasserstandsmeldungen" und das Endergebnis des Übernahmeverfahrens im Internet sowie in einem überregionalen Börsenpflichtblatt zu publizieren. Ferner ist der Bieter verpflichtet, der BAFin unverzüglich einen Beleg über die Veröffentlichung im Börsenpflichtblatt zu übersenden (§§ 23 Abs. 1 S. 2, 14 Abs. 3 S. 2 WpÜG).[70]

d) Phase 4: Nachangebotsfrist

39   Die Nachangebotsfrist beginnt mit der Veröffentlichung der Annahmequote nach Ablauf der regulären Annahmefrist (§ 23 Abs. 1 Nr. 2 WpÜG) und dauert ein Jahr. In dieser Zeit hat der Bieter jeden direkten oder ihm zuzurechnenden Erwerb von Wertpapieren der Zielgesellschaft, der außerhalb des Angebotsverfahrens erfolgt, unverzüglich zu veröffentlichen und der BAFin mitzuteilen (§ 23 Abs. 2 WpÜG).[71] Erfolgt der Erwerb außerhalb der Börse zu einer höheren als in dem Angebot genannte Gegenleistung, so ist der Bieter gegenüber den Aktionären, die das Übernahmeangebot angenommen haben, zur Zahlung des Differenzbetrages verpflichtet (§ 31 Abs. 5 S. 1 WpÜG).[72]

2. Besonderes Verfahren beim Pflichtangebot

40   Erwirbt der Bieter unmittelbar oder mittelbar die Kontrolle über die Zielgesellschaft[73], so ist er gemäß § 35 Abs. 1 iVm. § 10 Abs. 3 WpÜG zur Veröffentlichung der Kontrollerlangung sowie der Anzahl der von ihm gehaltenen Aktien unverzüglich, spätestens innerhalb von sieben Werktagen verpflichtet.[74] Ferner hat er im Anschluss daran eine Angebotsunterlage mit dem Angebot zur Übernahme der von den verbleibenden Aktionären der Zielgesellschaft gehaltenen Aktien vorzubereiten und diese zu veröffentlichen (§ 35 Abs. 2 WpÜG). Die Veröffentlichung des Kontrollerwerbs, der Inhalt der zu erstellenden Angebotsunterlage, deren Prüfung durch die BAFin und deren Veröffentlichung erfolgt nach den vorstehend genannten Regelungen.[75] Dies gilt grundsätzlich auch für die Regelungen zur Annahmefrist, wobei

---

[69] Verlängert sich die Annahmefrist aufgrund einer Änderung des Angebots (siehe oben Rn 35), so hat während dieser Verlängerung eine Wasserstandsmeldung ausschließlich am Ende der – verlängerten – regulären Annahmefrist zu erfolgen.

[70] Dies erfolgt in der Praxis durch Übersendung eines Auszugs aus dem überregionalen Börsenpflichtblatt unmittelbar nach seinem Erscheinen, s. auch oben Fn 39.

[71] Obwohl dies dem Wortlaut des § 23 Abs. 2 WpÜG nicht zu entnehmen ist, erwartet die BAFin keine Veröffentlichung der Erwerbe, die der Bieter nach Ende der Annahmefrist über die Börse tätigt. Grund hierfür ist, dass ein Nachbesserungsanspruch der Aktionäre nach § 31 Abs. 5 WpÜG nur im Rahmen von außerbörslichen Erwerben besteht.

[72] Siehe unten Rn 61.

[73] Beispielsweise dadurch, dass ein Paket-Kaufvertrag unmittelbar nach Unterzeichnung auch dinglich vollzogen wird oder dem Bieter über 30 % der Anteile noch vor dinglichem Vollzug zuzurechnen sind, s. oben Rn 6.

[74] Eine gesonderte Ad-hoc-Veröffentlichung gemäß § 15 WpHG ist nicht erforderlich.

[75] Siehe oben Rn 18 ff.

hierbei zu beachten ist, dass die ausschließlich im Rahmen des freiwilligen Übernahmeangebots geltende Zaunkönigregelung[76] in einem Pflichtangebotsverfahren keine Anwendung findet.

Die Verpflichtung zur Abgabe eines Pflichtangebots besteht dann nicht, sofern die 41 Kontrolle über die Zielgesellschaft (i) als so genannter Altfall[77] oder (ii) im Rahmen eines zuvor durchgeführten freiwilligen Übernahmeverfahrens[78] erworben wurde (§ 35 Abs. 3 WpÜG).

Darüber hinaus kann die BAFin den Bieter auf dessen schriftlichen Antrag von 42 der Verpflichtung zur Abgabe eines Pflichtangebots befreien, sofern dies die Interessen des Bieters und der Aktionäre der Zielgesellschaft rechtfertigen (§ 37 WpÜG). Wann dies der Fall ist, wird exemplarisch in der WpÜG Angebots-VO aufgezählt. Danach kann eine Befreiung beispielsweise dann erteilt werden, wenn der von dem Bieter gehaltene Stimmrechtsanteil die Schwelle von 30% erreicht oder überschreitet, ein anderer Aktionär jedoch einen Stimmrechtsanteil an der Zielgesellschaft in gleichem oder höherem Umfang hält. Eine Befreiung kommt ferner dann in Betracht, wenn der Bieter die Kontrolle an der Zielgesellschaft unbeabsichtigt erlangt hat und seinen Aktienbestand an der Zielgesellschaft unmittelbar nach Kenntnis von dieser Tatsache unter die Kontrollschwelle von 30% reduziert. Handelt es sich bei dem Bieter um ein im Vergleich zu der Zielgesellschaft wesentlich größeres Unternehmen, kann ferner auch der Befreiungstatbestand des § 9 S. 2 Nr. 3 WpÜG Angebots-VO geprüft werden. Danach kann der Bieter von der Pflicht zur Veröffentlichung eines Pflichtangebots dann befreit werden, wenn die Höhe seiner Beteiligung an der Zielgesellschaft zwar die Kontrollschwelle von 30% überschreitet, der Buchwert der Beteiligung jedoch weniger als 20% des buchmäßigen Aktivvermögens der Bietergesellschaft beträgt. Das Verfahren für den Antrag auf Befreiung – wie zB Form und Inhalt des Antrags, erforderliche weitere Dokumentationen etc. – ist ebenso in der WpÜG Angebots-VO geregelt.

Nach § 36 WpÜG sind ferner auf schriftlichen Antrag des Bieters in bestimmten 43 Fällen, in denen die Abgabe eines Pflichtangebots nicht sachgerecht oder angemessen erscheint, Stimmrechte für die Berechnung der maßgeblichen Kontrollschwelle von 30% nicht zu berücksichtigen. Dies ist namentlich dann der Fall, wenn die Aktien aufgrund eines erb- oder familienrechtlichen Sachverhalts, eines Rechtsformwechsels oder aufgrund einer konzerninternen Umstrukturierungsmaßnahme[79] erlangt wurden.

Kommt der Bieter nach Kontrollerwerb seiner Verpflichtung zur Abgabe eines 44 Angebots auf Erwerb aller Aktien der Zielgesellschaft nicht nach und wurde ihm

---

[76] Siehe oben Rn 36.
[77] Siehe oben Rn 16.
[78] Dazu zählen im Wege einer erweiterten Auslegung auch die Fälle, in denen der Bieter die Kontrolle über die Zielgesellschaft zwar außerhalb des Übernahmeangebots – beispielsweise durch dinglichen Vollzug eines Paketkaufvertrages –, jedoch innerhalb der Annahmefrist des Übernahmeangebots erwirbt; Kölner Kommentar WpÜG/*von Bülow*, § 35 Rn 185; Münchener Kommentar AktG/*Schlitt*, Band 9/1, § 35 Rn 256 f.
[79] Dies ist in der Praxis der häufigste Fall, aufgrund dessen ein Antrag auf Nichtberücksichtigung der Stimmrechte gestellt wurde, vgl. *Lenz*, Das Wertpapiererwerbs- und Übernahmegesetz in der Praxis der BAFin, NJW 2003, 2073, 2074.

keine entsprechende Befreiung erteilt, so führt dies beispielsweise zu einem Zinsanspruch der Aktionäre in Höhe von 5 Prozentpunkten über dem Basiszinssatz nach § 247 BGB[80] auf die Geldleistung für den Zeitraum, in dem der Erwerber es versäumt hat, das Pflichtangebot zu veröffentlichen (§ 38 WpÜG). Ein solcher Verstoß führt ferner dazu, dass der Bieter sämtliche Rechte aus den stimmberechtigten Aktien und zurechenbaren Stimmrechten für die Zeit, in denen er seiner Verpflichtung aus § 35 WpÜG nicht nachkommt, verliert (§ 59 WpÜG) und er der Gefahr der Verhängung eines Bußgeldes seitens der BAFin ausgesetzt ist (§ 60 WpÜG).

45   Mit Ausnahme der genannten speziellen Regelungen unterliegt das Pflichtangebot im übrigen den selben Verfahrensvorschriften, die für freiwillige Übernahmeangebote gelten.[81]

IV. Die Angebotsunterlage

46   Die inhaltlichen Anforderungen an die Angebotsunterlage sind in § 11 WpÜG geregelt. Während Abs. 1 allgemeine Anforderungen an den Inhalt der Angebotsunterlage stellt, sind in Abs. 2 und 3 sowie in § 2 WpÜG Angebots-VO die Angaben katalogisiert, die die Angebotsunterlage zwingend zu enthalten hat.

1. Allgemeine Anforderungen

47   Nach § 11 Abs. 1 WpÜG muss die Angebotsunterlage sämtliche Angaben enthalten, die notwendig sind, um den Adressaten des Angebots[82] eine Entscheidung über das Angebot in Kenntnis der Sachlage zu ermöglichen. Sie ist in deutscher Sprache klar und verständlich abzufassen. Darüber hinaus ist im Falle der Aufnahme von Bedingungen darauf zu achten, dass aus dem Wortlaut der Angebotsunterlage eindeutig hervorgeht, unter welchen Voraussetzungen die Bedingung als eingetreten gilt.[83] Ferner muss der Bieter die Angebotsunterlage im Original unterzeichnen. Diese Unterschrift ist von dem Bieter persönlich bzw. für den Fall, dass der Bieter selbst keine natürliche Person ist, von dessen gesetzlichen Vertreter zu leisten.[84]

2. Der Inhalt der Angebotsunterlage

48   Die Angebotsunterlage hat in jedem Fall die in dem – im folgenden näher beschriebenen – Katalog des § 11 Abs. 2, Abs. 3 WpÜG und § 2 WpÜG Angebots-VO enthaltenen Angaben aufzuweisen. Zu beachten ist, dass das in § 11 Abs. 1 WpÜG genannte allgemeine Gebot der Richtigkeit und Vollständigkeit der Angebotsunter-

---

[80] ZB: Basiszinssatz 1.7.–31.12.2003: 1,22%.
[81] Siehe oben Rn 19 ff.
[82] D.h. den Inhabern der Wertpapiere der Zielgesellschaft.
[83] Dies gilt beispielsweise bei der Aufnahme von MAC-Klauseln in Paketkaufverträgen, deren wirksamer Vollzug Bedingung für die Durchführung des Übernahmeangebots ist. Hier verlangt die BAFin in der Angebotsunterlage einen Hinweis darauf, anhand welcher Kriterien (zB Ad-Hoc-Mitteilungen oder externes Gutachten) festgestellt wird, ob tatsächlich eine wesentliche Veränderung bei der Zielgesellschaft eingetreten ist, mithin der Paketkaufvertrag nicht vollzogen wird und die Bedingung im Übernahmeangebot nicht erfüllt ist.
[84] Siehe oben Rn 26.

Teil 6. Übernahme und Going Private 49–51 § 15

lage in Einzelfällen dazu führen kann, dass der Bieter Angaben zu machen hat, die nicht in dem gesetzlichen Katalog genannt sind.[85]

Möglich und mitunter auch sinnvoll ist die Diskussion kritischer Einzelfragen zu dem Inhalt der Angebotsunterlage mit der BAFin, bevor diese zur Prüfung eingereicht wird. Dabei erwies sich die BAFin in der Vergangenheit als äußerst offen und hilfsbereit. Eine Vorabprüfung der Angebotsunterlage durch die BAFin findet jedoch nicht statt. 49

a) Angaben zum Inhalt des Angebots, § 11 Abs. 2 S. 2 WpÜG

Die Angebotsunterlage hat die folgenden – den Inhalt des Angebots betreffenden – Angaben zu enthalten: 50

– Name oder Firma, Anschrift, Sitz und ggf. Rechtsform des Bieters und der Zielgesellschaft (§ 11 Abs. 2 S. 2 Nr. 1, 2 WpÜG),
– Wertpapiere, die Gegenstand des Angebots sind (§ 11 Abs. 2 S. 2 Nr. 3 WpÜG).
– Art und ggf. Höhe der angebotenen Gegenleistung (§ 11 Abs. 2 S. 2 Nr. 4 WpÜG).[86]
– Bedingungen, von denen die Wirksamkeit des Angebots abhängt (§ 11 Abs. 2 S. 2 Nr. 5 WpÜG); zu beachten ist hierbei, dass (i) die Aufnahme derartiger Bedingungen (wie beispielsweise kartellrechtliche oder sonstige behördliche Entscheidungen bzw. die Aufnahme einer Mindestakzeptanzschwelle) ausschließlich bei Erwerbs- und Übernahmeangeboten zulässig ist, sowie (ii) der Eintritt der Bedingung nicht vom Willen des Bieters abhängig gemacht werden kann.[87]
– Beginn und Ende der Annahmefrist (§ 11 Abs. 2 S. 2 Nr. 6 WpÜG).[88]

b) Ergänzende Angaben nach § 11 Abs. 2 S. 3, Abs. 3 WpÜG

Ferner ist der Bieter verpflichtet, die folgenden ergänzenden Angaben in die Angebotsunterlage aufzunehmen: 51

– § 11 Abs. 2 S. 3 Nr. 1 WpÜG: Angaben zu der Finanzierung der Erfüllung des Angebots und zu den erwarteten Auswirkungen eines erfolgreichen Angebots auf die Vermögens-, Finanz- und Ertragslage des Bieters; hierbei verlangt die BAFin eine detaillierte Darstellung, in welcher Form die Finanzierung bei einer Geldleistung vorgenommen wurde.[89] Ferner ist die Auswirkung auf die Vermögenslage des Bieters konkret darzustellen.[90]

---

[85] Dies gilt insbesondere für Angaben, die im Zusammenhang mit dem Angebot stehen und bereits aus diesem Grunde dem Aktionär der Zielgesellschaft gegenüber offengelegt werden sollten.
[86] Siehe unten Rn 56 ff.
[87] Siehe oben Rn 10.
[88] Zur Dauer der Annahmefrist siehe oben Rn 34 ff.
[89] Hierbei wird ein bloßer Verweis auf die Finanzierungsbestätigung des Kreditinstituts (§ 11 Abs. 2 S. 3 Nr. 4, § 13 WpÜG) als nicht ausreichend angesehen. Vielmehr sollen die Adressaten des Angebots diesen Angaben entnehmen können, ob das Angebot auf einer vertretbaren wirtschaftlichen Grundlage steht, vgl. *Hamann*, ZIP 2001, 2249, 2254.
[90] Hier verlangt die BAFin eine Übersicht über die finanzielle Lage des Bieters vor der Übernahme sowie die Wiedergabe der finanziellen Auswirkungen des Angebots anhand betriebswirtschaftlicher Kennzahlen und einer Kapitalflussrechnung. Worthülsen wie beispielsweise die bloße

– § 11 Abs. 2 S. 3 Nr. 2 WpÜG: Absichten des Bieters im Hinblick auf die künftige Geschäftätigkeit der Zielgesellschaft, insbesondere Angaben zum künftigen Sitz der Zielgesellschaft und ihrer Einrichtungen, zu den Arbeitnehmern und deren Vertretungen und den derzeitigen Vorstandsmitgliedern; bloße allgemeine Aussagen sind an dieser Stelle nicht ausreichend. So wird beispielsweise ein pauschaler Hinweis, es bestünden keine besonderen Absichten des Bieters im Hinblick auf die künftige Geschäftätigkeit der Zielgesellschaft, von der BAFin beanstandet.
– § 11 Abs. 2 S. 3 Nr. 3 WpÜG: Angaben über Geldleistungen oder geldwerte Vorteile an die Vorstands- und Aufsichtsratsmitglieder der Zielgesellschaft; hierbei sind sowohl Art als auch Höhe der jeweils gewährten oder in Aussicht gestellten Vorteile anzugeben.[91]
– § 11 Abs. 2 S. 3 Nr. 4, § 13 Abs. 1 WpÜG: Finanzierungsbestätigung eines unabhängigen Kreditinstituts über die gesicherte Finanzierung der Erfüllung des Angebots, sofern die von dem Bieter angebotene Gegenleistung in einer Geldleistung besteht,[92]
– § 11 Abs. 3 WpÜG: Name und Anschrift der Personen bzw. Unternehmen, die die Verantwortung für den Inhalt der Angebotsunterlage übernehmen, sowie eine Erklärung der Verantwortlichen, dass die in der Angebotsunterlage enthaltenen Angaben ihres Wissens nach vollständig und richtig sind.

c) Ergänzende Angaben nach § 2 WpÜG Angebots-VO

52 § 2 WpÜG Angebots-VO stellt weitere inhaltliche Anforderungen an die Angebotsunterlage. Danach hat diese neben den in § 11 WpÜG genannten Angaben weitere ergänzende Angaben zu enthalten. Hierzu zählen insbesondere:
– Im Falle eines Tauschangebots:[93] Angaben, die in einem Verkaufsprospekt zu machen wären (§ 2 Nr. 2 WpÜG Angebots-VO iVm. § 7 VerkaufsProspG und der VerkProspVO). Wurde für die als Gegenleistung angebotenen Aktien innerhalb von zwölf Monaten vor Veröffentlichung der Angebotsunterlage ein Börsenzulassungsprospekt, ein Unternehmensbericht oder ein Verkaufsprospekt in deutscher Sprache veröffentlicht, so kann die Angebotsunterlage unter bestimmten Voraussetzungen darauf verweisen, muss jedoch auf die zwischenzeitlich eingetretenen Änderungen hinweisen und diese darstellen.
– Angaben zu den Kriterien, nach denen die Angemessenheit der Gegenleistung bewertet wurde (§ 2 Nr. 3 WpÜG Angebots-VO); an dieser Stelle erwartet die BAFin detaillierte Angaben zu der Ermittlung der Gegenleistung. Da sich die Höhe der Gegenleistung in der Praxis meist an dem im Rahmen von Paket-

---

Aussage, die erwarteten finanziellen Auswirkungen des Angebots auf den Bieter seien „gering" oder „unbedeutend", werden von der BAFin nicht akzeptiert, vgl. *Lenz/Linke*, AG 2002, 361, 363.

[91] *Hamann*, ZIP 2001, 2249, 2255; Ziel dieser Vorschrift ist die Offenlegung von Interessenskonflikten, die sich beispielsweise daraus ergeben könnten, dass der Bieter bereits im Vorfeld eines Angebots Absprachen mit den Vorstands- oder Aufsichtsratsmitgliedern der Zielgesellschaft getroffen hat, die deren berufliche Perspektive betreffen (siehe unten Rn 78).

[92] Siehe oben Rn 27 ff.

[93] Siehe unten Rn 57.

kaufverträgen gewährten Vorerwerbspreis orientiert[94], haben an dieser Stelle Angaben zu einer möglicherweise durchgeführten Unternehmensbewertung zu erfolgen, die zum Zwecke der Feststellung eines angemessenen Vorerwerbspreises durchgeführt wurde. Orientiert sich die Gegenleistung hingegen ausschließlich anhand des durchschnittlichen Börsenkurses der Zielgesellschaft der letzten drei Monate, so hat der Bieter zu begründen, weshalb er die Bewertung der Zielgesellschaft anhand des Börsenkurses für angemessen hält.

— Anzahl der Stimmrechte an der Zielgesellschaft, die von dem Bieter, den mit dem Bieter gemeinsam handelnden Personen oder deren Tochterunternehmen gehalten werden oder ihnen nach § 30 WpÜG zuzurechnen sind (§ 2 Nr. 5 WpÜG Angebots-VO); an dieser Stelle wird seitens der BAFin auch die Angabe der Stimmrechte, die sich der Bieter, eine mit ihm gemeinsam handelnde Person oder deren Tochterunternehmen durch schuldrechtliche Vereinbarung gesichert hat, verlangt, auch wenn noch keine Zurechnung dieser Stimmrechte nach § 30 WpÜG erfolgt.

— Höhe und Art der Gegenleistung, die der Bieter, mit ihm gemeinsam handelnde Personen oder deren Tochterunternehmen für Wertpapiere der Zielgesellschaft innerhalb der letzten drei Monate vor Veröffentlichung der Entscheidung über die Abgabe eines freiwilligen Übernahmeangebots bzw. die Veröffentlichung des Kontrollerwerbs oder vor der Veröffentlichung der Angebotsunterlage gewährt hat (§ 2 Nr. 7 WpÜG Angebots-VO);[95]

— Hinweise auf eine mögliche Verlängerung der Annahmefrist aufgrund einer Änderung des Angebots, eines konkurrierenden Angebots oder einer weiteren Annahmefrist (§ 2 Nr. 9 WpÜG Angebots-VO).[96]

3. Haftung für die Angebotsunterlage

Sind die in der Angebotsunterlage enthaltenen Angaben falsch oder unvollständig, so kann dies zu einer Haftung nach § 12 WpÜG führen.[97] Danach kann derjenige, der das Angebot angenommen hat, von demjenigen, der die Angebotsunterlage veröffentlicht oder der für diese die Verantwortung übernommen hat[98], den Ersatz des Schadens verlangen, der ihm durch die falschen oder unvollständigen Angaben entstanden ist.[99]

53

---

[94] Dies gilt jedenfalls dann, wenn dieser Vorerwerbspreis über dem Drei-Monats-Durchschnittskurs der Aktie der Zielgesellschaft liegt, was in den meisten Fällen der Fall ist.
[95] Siehe unten Rn 61.
[96] Siehe oben Rn 35 f.
[97] Diese Haftung ähnelt der Haftung für den Inhalt eines Börsenzulassungsprospektes.
[98] Siehe oben Rn 51.
[99] Ebenso wie im Rahmen börsengesetzlicher Prospekthaftungsansprüche kann nach dem eindeutigen Gesetzeswortlaut derjenige, der aufgrund einer fehlerhaften oder unvollständigen Angabe in der Angebotsunterlage das Angebot nicht angenommen hat, keinen Schadensersatzanspruch aus § 12 Abs. 1 WpÜG geltend machen. Grund hierfür ist, dass die Entscheidung, ein Übernahmeangebot nicht anzunehmen, viele Beweggründe haben kann, und die Beweislastumkehr für die haftungsbegründende Kausalität (s. Rn 54) daher zu unangemessenen Ergebnissen führen würde. Hiervon unberührt bleiben jedoch zivilrechtliche Haftungsansprüche des Wertpapierinhabers. Vgl. hierzu *Assmann*, Erwerbs-, Übernahme- und Pflichtangebote nach dem Wertpapierserwerb- und Übernahmegesetz aus der Sicht der Bietergesellschaft, AG 2002, 153 (154 f.).

54 Für eine Haftung nach § 12 WpÜG kommt es auf den Nachweis der Kausalität der fehlerhaften Angaben für den Entschluss zur Annahme des Angebots nicht an. Vielmehr wird der Ursachenzusammenhang zwischen der fehlerhaften Angabe und der Kaufentscheidung gesetzlich vermutet. Eine Haftung ist jedoch dann ausgeschlossen, wenn der in Anspruchgenommene den Fehler in der Angebotsunterlage nicht kannte und seine Unkenntnis auch nicht auf grober Fahrlässigkeit beruht (§ 12 Abs. 2 WpÜG).[100] Ferner ist eine Inanspruchnahme ausgeschlossen, wenn die Annahme des Angebots durch den Anspruchsteller nicht auf Grund der Angaben in der Angebotsunterlage erfolgt ist, wenn dieser die Unrichtigkeit oder Unvollständigkeit der Angaben kannte oder wenn vor Annahme des Angebots eine formelle Berichtigung der Angaben in Form einer Veröffentlichung entsprechend den Regelungen des § 14 Abs. 3 WpÜG erfolgt ist (§ 12 Abs. 3 WpÜG). Das Vorliegen eines dieser Exkulpationsmöglichkeiten ist von dem in Anspruch Genommenen nachzuweisen.

55 Der Schadensersatzanspruch verjährt in einem Jahr seit dem Zeitpunkt, zu dem die Unrichtigkeit oder Unvollständigkeit der Angaben in der Angebotsunterlage dem Aktionär zur Kenntnis gelangt ist, spätestens jedoch in drei Jahren seit der Veröffentlichung der Angebotsunterlage (§ 12 Abs. 4 WpÜG). Ein im Voraus vereinbarter Haftungsausschluss ist unzulässig (§ 12 Abs. 5 WpÜG). Weitergehende vertragliche oder deliktische Ansprüche bleiben von der Haftungsregelung des § 12 WpÜG unberührt (§ 12 Abs. 6 WpÜG).

V. Gegenleistung bei Übernahme- und Pflichtangebot

56 Für die Entscheidung über die Annahme des Angebots sind Art und Höhe der vom Bieter gebotenen Gegenleistung von besonderer Bedeutung. Während der Bieter bei einfachen Erwerbsangeboten in der Bestimmung der Gegenleistung grundsätzlich frei ist, soweit er die Aktionäre gleicher Gattung gleich behandelt (§ 3 Abs. 1 WpÜG), sieht das Gesetz für freiwillige Übernahme- und Pflichtangebote in § 31 WpÜG iVm. §§ 3–7 WpÜG Angebots-VO ausdrückliche Regelungen für die Bestimmung von Art und Höhe der Gegenleistung vor.

1. Art der Gegenleistung

57 Nach § 31 Abs. 2 WpÜG hat der Bieter grundsätzlich die Wahl, ob er die Wertpapiere der Zielgesellschaft gegen Barzahlung („Kaufangebote") und/oder gegen Aktien („Tauschangebote") erwerben möchte.[101] Dieses Wahlrecht des Bieters erlischt jedoch dann, wenn der Bieter innerhalb der letzten drei Monate vor Veröffentlichung

---

[100] Semler/Volhard/*Kalss*, § 51 Rn 45.
[101] Hierbei stehen dem Bieter grundsätzlich die folgenden Varianten zur Auswahl: (a) reines Kaufangebot, bei dem die Gegenleistung ausschließlich aus einem Geldbetrag in der Währung Euro besteht; (b) reines Tauschangebot, bei dem die Gegenleistung ausschließlich aus Aktien besteht; (c) gemischtes Kauf-/Tauschangebot, bei dem die Gegenleistung zum Teil aus einer Barzahlung in Euro und zum Teil aus Aktien besteht; sowie (d) alternatives Kauf-/Tauschangebot, bei dem der Aktionär die Wahl zwischen einer Barzahlung oder Aktien als Gegenleistung hat.

der Entscheidung zur Abgabe eines freiwilligen Übernahmeangebots bzw. vor Veröffentlichung des Kontrollerwerbs mindestes 5% oder in der Zeit nach Veröffentlichung und vor Ende der Annahmefrist mindestens 1% der Stimmrechte an der Zielgesellschaft gegen Barzahlung erworben hat (§ 31 Abs. 3 WpÜG). In diesen Fällen ist der Bieter aus Gründen der Gleichbehandlung der Aktionäre der Zielgesellschaft verpflichtet, diesen zumindest auch eine Gegenleistung in Bar anzubieten.

Entscheidet sich der Bieter an Stelle eines Barangebots, Aktien seiner eigenen oder einer dritten Gesellschaft im Tausch gegen Aktien der Zielgesellschaft anzubieten, so müssen die zum Tausch angebotenen Wertpapiere bestimmte Kriterien erfüllen. Insbesondere muss es sich bei den Wertpapieren um liquide Aktien handeln, die zum Handel an einem organisierten Markt innerhalb des Europäischen Wirtschaftsraums zugelassen sind (§ 31 Abs. 2 S. 1 WpÜG).[102] § 31 Abs. 2 S. 2 WpÜG verlangt darüber hinaus, dass die zum Tausch angebotenen Aktien stimmberechtigt sind, sofern sie Inhabern von stimmberechtigten Aktien an der Zielgesellschaft angeboten werden. Diese Kriterien sind allerdings nicht zu erfüllen, sofern der Bieter die Wertpapiere als Gegenleistung lediglich als Alternative zu einem Barangebot anbietet.[103] In diesem Fall stellt das Tauschangebot lediglich eine freiwillige Alternative des Bieters dar, bei dem sich die Aktionäre frei entscheiden können, ob sie Eigentümer der zum Tausch angebotenen Aktien werden möchten oder Bargeld als Gegenleistung für ihre Wertpapiere präferieren. 58

2. Höhe der Gegenleistung

Nach § 31 Abs. 1 S. 1 WpÜG hat der Bieter den Aktionären der Zielgesellschaft eine der Höhe nach angemessene Gegenleistung anzubieten.[104] Sind die Aktien der Zielgesellschaft zum Handel an einer inländischen Börse zugelassen, so hat die Gegenleistung mindestens dem nach dem Umsatz gewichteten Durchschnitts-Börsenkurs[105] der Aktien innerhalb der letzten drei Monate vor der Veröffentlichung nach § 10 Abs. 1 S. 1 WpÜG bzw. § 35 Abs. 1 S. 1 WpÜG zu entsprechen (§ 5 Abs. 1 WpÜG Angebots-VO).[106] 59

---

[102] Wann eine Aktie „liquide" ist, wird überwiegend aus einem Umkehrschluss zu der in § 5 Abs. 4 WpÜG Angebots-VO enthaltenen Definition der Illiquidität einer Aktie abgeleitet, vgl. *Thoma*, Das Wertpapiererwerbs- und Übernahmegesetz im Überblick, NZG 2002, 105, 108. Danach sind Aktien illiquide, sofern für diese während der letzten drei Monate an weniger als einem Drittel der Börsentage Börsenkurse festgestellt wurden und mehrere nacheinander festgestellte Börsenkurse um mehr als 5% voneinander abweichen. Demgegenüber werden auch zuvor noch nicht gehandelte Aktien als liquide angesehen, sofern diese nach dem Umtausch die vorgenannten Liquiditätsvoraussetzungen erfüllen. Hier ist anhand einer Zukunftsprognose zu ermitteln, ob zu erwarten ist, dass es für die angebotenen Aktien einen Markt geben wird, der die genannten Kriterien zur Liquidität erfüllen wird, vgl. Kölner Kommentar WpÜG/*Kremer/Osterhaus*, § 31 Rn 33.
[103] Kölner Kommentar WpÜG/*Kremer/Osterhaus*, § 31 Rn 33.
[104] Zu beachten ist, dass die Festlegung einer Mindesthöhe für die angebotene Gegenleistung für jede Aktiengattung separat zu erfolgen hat.
[105] Dieser Durchschnittskurs wird ausschließlich von der BAFin ermittelt und von dieser auf ihrer Homepage *www.bafin.de* veröffentlicht. Eine eigenständige unabhängige Ermittlung des Kurses durch den Bieter führt in der Regel zu einer Beanstandung der Angebotsunterlage.
[106] Im Falle einer ausländischen Notierung der Aktien der Zielgesellschaft gilt Vergleichbares, jedoch findet in diesem Falle keine Gewichtung der Börsenkurse nach dem Umsatz statt (§ 6 Abs. 1 WpÜG Angebots-VO).

60 Sind die Aktien der Zielgesellschaft illiquide[107], so hat sich die Gegenleistung nicht an dem durchschnittlichen Börsenkurs zu orientieren, sondern muss dem „anhand einer Bewertung der Zielgesellschaft ermittelten Unternehmenswert der Zielgesellschaft" entsprechen (§ 5 Abs. 4 WpÜG Angebots-VO).[108]

61 Neben der Orientierung der Gegenleistung an dem Drei-Monats-Durchschnittskurs der Aktie der Zielgesellschaft sind für die Ermittlung der Angemessenheit der Gegenleistung sämtliche Vor-, Parallel- und Nacherwerbe des Bieters, einer mit ihm gemeinsam handelnden Person oder deren Tochterunternehmen zu berücksichtigen.[109] Danach muss die Gegenleistung mindestens dem Wert der höchsten vom Bieter gewährten oder vereinbarten Gegenleistung für den Erwerb von Aktien der Zielgesellschaft innerhalb der letzten drei Monate vor der Veröffentlichung der Angebotsunterlage entsprechen (§ 4 WpÜG Angebots-VO). Ferner erhöht sich die in dem Angebot gebotene Gegenleistung entsprechend, sofern der Bieter während der laufenden Annahmefrist Aktien der Zielgesellschaft zu einer höheren als in dem Angebot gebotenen Gegenleistung erwirbt (§ 31 Abs. 4 WpÜG). Letztlich begründen auch außerbörsliche Erwerbe innerhalb eines Jahres nach Bekanntgabe des Übernahmeergebnisses nach Ablauf der regulären Annahmefrist (§ 23 Abs. 1 S. 1 Nr. 2 WpÜG)[110], in deren Rahmen der Bieter, eine mit ihm gemeinsam handelnde Person oder deren Tochterunternehmen eine höhere als in dem Angebot genannte Gegenleistung gewährt oder vereinbart, einen Nachzahlungsanspruch der Aktionäre, die das Angebot des Bieters angenommen haben, in Höhe des Differenzbetrages (§ 31 Abs. 5 S. 1 WpÜG).[111] Dies gilt jedoch dann nicht, wenn der Erwerb im Zusammenhang mit einer gesetzlichen Verpflichtung zur Gewährung einer Abfindung erfolgt (§ 31 Abs. 5 S. 2 WpÜG).[112]

---

[107] Siehe oben Rn 58, Fn 102.

[108] Eine derartige Unternehmensbewertung führt in der praktischen Umsetzung häufig zu Schwierigkeiten: da zur Durchführung einer Unternehmensbewertung nach dem DCF- oder Ertragswert-Verfahren insbesondere die mittel- und langfristigen Unternehmensplanungen benötigt werden, ist eine solche Bewertung nur im Einvernehmen mit dem Management der Zielgesellschaft möglich. Dies mag im Falle einer freundlichen Übernahme, die mit der Verwaltung der Zielgesellschaft abgestimmt ist, in den Grenzen der dem Vorstand obliegenden Verschwiegenheitspflicht nach § 93 Abs. 1 S. 2 AktG noch realisierbar sein. Handelt es sich jedoch um eine feindliche Übernahme, bei der das Management der Zielgesellschaft entweder keine Kenntnis von der geplanten Übernahme hat oder eine Übernahme durch den Bieter nicht befürwortet, so ist eine aussagekräftige Unternehmensbewertung nach dem DCF- oder Ertragswert-Verfahren zumeist nicht durchführbar. In einem solchen Fall wird dem Bieter allein die Möglichkeit einer Bewertung aufgrund externer Daten, die um Sondereffekte bereinigt und aus denen Planzahlen abgeleitet sind, verbleiben, vgl. *Thoma*, NZG 2002, 105, 108.

[109] Vgl. hierzu *Habersack*, Auf der Suche nach dem gerechten Preis – Überlegungen zu § 31 WpÜG, ZIP 2003, 1123, 1124.

[110] Siehe oben Rn 37.

[111] So genannte „relevante Vor-, Parallel- bzw. Nacherwerbe".

[112] ZB bei Abschluss eines Unternehmensvertrages, im Zusammenhang mit umwandlungsrechtlichen Vorgängen oder im Rahmen eines Squeeze-Out.

VI. Verhaltenspflichten der Organe der Zielgesellschaft

Neben den Pflichten, die das WpÜG dem Bieter auferlegt, sieht das Gesetz auch bestimmte Verhaltenspflichten für die Organe der Zielgesellschaft vor. Dies sind namentlich die Stellungnahmepflicht von Vorstand und Aufsichtsrat sowie deren Neutralitätspflicht. 62

1. Stellungnahmepflicht von Vorstand und Aufsichtsrat

Nach § 27 WpÜG haben Vorstand und Aufsichtsrat der Zielgesellschaft eine begründete Stellungnahme zu dem Angebot sowie zu jeder seiner Änderungen abzugeben. Diese ist unverzüglich nach Übermittlung der Angebotsunterlage durch den Bieter[113] im Internet sowie einem überregionalen Börsenpflichtblatt zu veröffentlichen und der BAFin zur Kenntnis zu übermitteln (§ 27 Abs. 3 WpÜG).[114] Ausweislich der Begründung des Beschlusses des Finanzausschusses kann die Stellungnahme von Vorstand und Aufsichtsrat in einem gemeinsamen Dokument erfolgen.[115] Verfügt die Zielgesellschaft über einen Betriebsrat und übermittelt dieser Vorstand eine eigene Stellungnahme zu der Angebotsunterlage, so hat der Vorstand diese seiner eigenen Stellungnahme beizufügen (§ 27 Abs. 2 WpÜG). 63

a) Inhalt der Stellungnahme

Nach den Regelungen des § 27 Abs. 1 WpÜG hat die Stellungnahme insbesondere auf die folgenden Punkte einzugehen: 64

– Art und Höhe der angebotenen Gegenleistung; hierbei haben Vorstand und Aufsichtsrat zu erläutern, ob sie das Angebot der Höhe nach für angemessen oder für zu niedrig erachten. In letzterem Fall ist die angebotene Gegenleistung dem aus Sicht von Vorstand und Aufsichtsrat angemessenen Wert der Aktien gegenüberzustellen.

– Voraussichtliche Folgen eines erfolgreichen Angebots für die Gesellschaft, die Arbeitnehmer und die Vertretungen, die Beschäftigungsbedingungen und die Standorte (§ 27 Abs. 1 Nr. 2); an dieser Stelle sind die von dem Bieter in der Angebotsunterlage dargestellten zukünftigen Pläne betreffend die Gesellschaft im Hinblick auf mögliche Folgen für die Gesellschaft, die Arbeitnehmer, die Standorte etc. zu kommentieren.

– Ziele, die der Bieter mit dem Angebot verfolgt (§ 27 Abs. 1 Nr. 3); hierbei sind die vom dem Bieter in seiner Angebotsunterlage dargestellten Ziele des Angebots kritisch zu beleuchten und zu bewerten.

– Absicht der Mitglieder des Vorstands und des Aufsichtsrats, das Angebot anzunehmen, sofern sie Inhaber von Wertpapieren der Zielgesellschaft sind (§ 27 Abs. 1 Nr. 4).

---

[113] Siehe oben Rn 33.
[114] Der BAFin stehen jedoch keine Prüfungsbefugnisse zu.
[115] BT-Drucks. 14/7477, S. 68.

Ferner soll die Stellungnahme die folgenden Angaben enthalten:[116]

- Allgemeine Informationen in Bezug auf den Bieter, das Angebot, den Zeitpunkt der Veröffentlichung der Angebotsunterlage sowie den Zeitpunkt der Übermittlung der Angebotsunterlage an den Vorstand.
- Angaben zu der Frage, ob es sich um ein freundliches oder ein feindliches Übernahmeangebot handelt, ob Vorstand und Aufsichtsrat das Angebot des Bieters begrüßen oder nicht und ob sie den Aktionären empfehlen, das Angebot anzunehmen oder abzulehnen.
- Offenlegung der eigenen Interessen von Vorstand und Aufsichtsrat an der Übernahme, insbesondere ihrer persönlichen Verbindungen zu dem Bieter.
- Angaben zu Vereinbarungen zwischen Bieter und Vorstand/Aufsichtsrat über die künftige Gestaltung der persönlichen Verhältnisse des Vorstands/Aufsichtsrats bzw. über die dem Vorstand/Aufsichtsrat durch den Bieter anlässlich des Angebots gewährten Vorteile.

b) Stellungnahme bei Änderung des Angebots

66 Sofern der Bieter innerhalb der gesetzlichen Frist sein Angebot ändert[117], haben Vorstand und Aufsichtsrat auch zu der Änderung Stellung zu nehmen. Diese Pflicht zur erneuten Stellungnahme bezieht sich jedoch ausschließlich auf diejenigen Bedingungen des Angebots, die durch die Änderung beeinflusst werden, bzw. diejenigen Punkte der bisherigen Stellungnahme, hinsichtlich derer Vorstand und Aufsichtsrat zu einer anderen Beurteilung des Angebots gelangen.[118]

c) Haftung bei Verstoß gegen die Stellungnahmepflicht

67 Eine gesetzliche Regelung zur Haftung von Vorstand und Aufsichtsrat bei Verstoß gegen die Stellungnahmepflicht enthält das WpÜG nicht. Geben jedoch Vorstand und Aufsichtsrat entgegen § 27 WpÜG keine Stellungnahme zu dem Angebot ab oder enthält die von ihnen abgegebene Stellungnahme vorsätzlich oder grob fahrlässig falsche Angaben, so verstoßen sie gegen ihre gesetzlichen Verpflichtungen aus § 93 bzw. § 116 AktG. Sie haften daher gegenüber der Zielgesellschaft auf Schadensersatz. In der Praxis dürfte eine solche Schadensersatzpflicht jedoch ausscheiden, da der Zielgesellschaft durch die Verletzung der – primär den Aktionären dienenden – Stellungnahmepflicht regelmäßig kein adäquat kausal verursachter Schaden entsteht. Denkbar sind jedoch Ansprüche nach den Grundsätzen der Prospekthaftung sowie deliktsrechtliche Ansprüche der Aktionäre, die das Angebot aufgrund der falschen oder unvollständigen Stellungnahme angenommen oder gerade nicht angenommen haben.[119] Derartige Ansprüche können diese sowohl direkt gegenüber

---

[116] Geibel/Süßmann/*Schwennicke*, § 27 Rn 21 f.
[117] Siehe oben Rn 35.
[118] In einem solchen Fall sind Vorstand und Aufsichtsrat verpflichtet, die Änderungen der Angebotsunterlage zu bezeichnen, die sie dazu bewegen, nunmehr die Annahme oder Ablehnung des Angebots zu empfehlen, vgl. Haarmann/Riemer/Schüppen/*Röh*, § 27 Rn 33; Geibel/Süßmann/*Schwennicke*, § 27 Rn 23.
[119] Siehe hierzu ausführlich Haarmann/Riemer/Schüppen/*Röh*, § 27 Rn 46 ff.; Baums/Thoma/*Harbarth*, § 27 Rn 137 ff. Speziell zur Prospekthaftung Münchener Kommentar/*Wackerbarth*, Band 9/1, § 27 Rn 16, 41.

Vorstand und Aufsichtsrat als auch gegenüber der Zielgesellschaft (§ 31 BGB) geltend machen. Darüber hinaus stellt die unterlassene, unvollständige, in der falschen Art und Weise oder verspätete Veröffentlichung der Stellungnahme eine Ordnungswidrigkeit nach § 60 Abs. 1 Nr. 1 b) WpÜG dar, die mit der Festsetzung eines Bußgeldes durch die BAFin geahndet werden kann.

2. Neutralitätspflicht und Abwehrmaßnahmen

a) Neutralitätspflicht

Nach § 33 Abs. 1 S. 1 WpÜG darf der Vorstand der Zielgesellschaft von der Ankündigung des Übernahme- oder Pflichtangebots bis zur Veröffentlichung des Übernahmeergebnisses keine Handlungen vornehmen, durch die der Erfolg des Angebots verhindert werden könnte. Unzulässig sind bereits Handlungen, die objektiv geeignet sind, ein Angebot zu verhindern, wobei unerheblich ist, ob die Maßname das Angebot tatsächlich verhindert hat oder von einer Vereitelungsabsicht getragen ist.[120]

b) Ausnahmen

aa) Handlungen eines ordentlichen Geschäftsleiters Das den Vorstand der Zielgesellschaft grundsätzlich treffende Verbot der Verhinderung der Übernahme gilt gemäß § 32 Abs. 1 S. 2 Alt. 1 WpÜG nicht für Handlungen, die auch ein ordentlicher und gewissenhafter Geschäftsleiter einer nicht von einem Übernahmeangebot betroffenen Gesellschaft vorgenommen hätte. Zu solchen Maßnahmen zählen insbesondere die Fortführung des Tagesgeschäfts sowie die Weiterverfolgung bereits eingeschlagener Unternehmensstrategien.[121] Damit ist die Geschäftsführungsbefugnis nicht beschränkt auf die Führung der laufenden Geschäfte und die Erfüllung bereits geschlossener Verträge, sondern lässt die Eingehung neuer vertraglicher und sonstiger Verpflichtungen, die sich in die Unternehmensstrategie einfügen, auch über den gewöhnlichen Geschäftsbetrieb hinaus zu.[122]

Ungeklärt ist bisher, inwieweit eine solche Strategie vor Ankündigung des Übernahmeangebots dokumentiert sein bzw. sich verfestigt haben muss, um derartige Maßnahmen nach § 33 Abs. 1 S. 2 Alt. 1 WpÜG zu rechtfertigen. Um eine solche Rechtfertigung sicherzustellen, sollte der Vorstand der Zielgesellschaft insbesondere bei Vornahme von außergewöhnlichen Geschäften schon im eigenen Interesse versuchen, die Zustimmung des Aufsichtsrats oder der Hauptversammlung einzuholen.[123]

bb) Suche nach konkurrierendem Angebot Zulässig ist nach § 33 Abs. 1 S. 2 Alt. 2 WpÜG ferner die Suche nach einem konkurrierenden Übernahmeange-

---

[120] BT-Drucks. 14/7034, S. 57; Hintergrund dieses Verhinderungsverbotes ist die Überlegung, dass die Vorstandsmitglieder der Zielgesellschaft, denen im Falle einer erfolgreichen Übernahme der Verlust ihrer Position droht, die Übernahme nicht zu Lasten der – in der Regel von dem Erfolg einer Übernahme profitierenden – Aktionäre verhindern sollen, vgl. *Thoma*, NZG 2002, 105, 110.
[121] BT-Drucks. 14/7034, S. 58.
[122] *Winter/Harbach*, Verhaltenspflichten von Vorstand und Aufsichtsrat der Zielgesellschaft bei feindlichen Übernahmeangeboten nach dem WpÜG, ZIP 2002, 1 (5); Münchener Kommentar AktG/*Schlitt*, Band 9/1, § 33 Rn 135; Geibel/Süßmann/*Schwennicke*, § 33 Rn 45.
[123] Kölner Kommentar WpÜG/*Hirte*, § 33 Rn 72; siehe unten Rn 72/74.

bot.¹²⁴ Dadurch wird der Verwaltung der Zielgesellschaft ermöglicht, durch Hinzuholen eines weiteren Bieters im Interesse aller Aktionäre für möglichst günstige Angebotsbedingungen zu sorgen.¹²⁵ Möchten Sie ihre Aktien veräußern, können sie sich sodann zwischen zwei Angeboten für dasjenige entscheiden, das ihnen vorteilhafter erscheint.¹²⁶

72 cc) **Handlungen mit Zustimmung des Aufsichtsrats** Nach § 33 Abs. 1 S. 2 Alt. 3 WpÜG sind schließlich Handlungen des Vorstands auch dann zulässig, wenn sie mit vorheriger Zustimmung des Aufsichtsrats erfolgen.¹²⁷ Dieser Ausnahmetatbestand ermöglicht es Vorstand und Aufsichtsrat der Zielgesellschaft, ohne Mitwirkung der Hauptversammlung umfassende Abwehrmaßnahmen zu ergreifen, die nicht von der bisherigen Unternehmensstrategie gedeckt sind.¹²⁸

73 Dies gilt allerdings nur für solche Handlungen, die im Interesse der Gesellschaft sind und sich innerhalb der aktienrechtlichen Geschäftsführungskompetenz des Vorstandes bewegen. So kann beispielsweise bei mehrstufigen Entscheidungsprozessen, die die Zustimmung der Hauptversammlung voraussetzen, die Abwehrmaßnahme des Vorstandes nur dann durch die Zustimmung des Aufsichtsrates legitimiert werden, wenn die Hauptversammlung ihrerseits zuvor den erforderlichen Zustimmungsbeschluss gefasst hat.¹²⁹

74 dd) **Handlungen nach Ermächtigung durch Hauptversammlung** Nach § 33 Abs. 2 WpÜG ist der Vorstand der Zielgesellschaft ferner berechtigt, Maßnahmen zur Verhinderung des Übernahmeangebots zu ergreifen, zu denen ihn die Hauptversammlung ausdrücklich ermächtigt hat. Davon erfasst sind Ermächtigungsbeschlüsse, die die Hauptversammlung bereits vor Ankündigung eines Übernahmeverfahrens gefasst hat (so genannte Vorratsbeschlüsse). Derartige Vorratsbeschlüsse müssen die zulässigen Handlungen „der Art nach" bestimmen, mit einer drei Viertel Kapitalmehrheit gefasst werden und können eine Ermächtigung zur

---

¹²⁴ So genannte Suche nach einem „Weißen Ritter".
¹²⁵ BR-Drucks. 574/01, S. 143.
¹²⁶ Bei dieser Suche kann jedoch der Zeitfaktor erhebliche Probleme bereiten. Nach Veröffentlichung der Entscheidung zur Abgabe eines öffentlichen Übernahmeangebots bzw. dem Kontrollerwerb stehen dem Vorstand bestenfalls ca. 15 Wochen (4 Wochen zur Erstellung der Angebotsunterlage, 10 Tage Prüfungsfrist der BAFin und maximal 10 Wochen Annahmefrist) zur Verfügung, einen Weißen Ritter zu finden, der rechtzeitig ein Konkurrenzangebot vorlegt. Diese Suche dürfte daher in der Regel nur dann erfolgversprechend sein, wenn bereits vor Veröffentlichung des bevorstehenden Übernahmeangebots Gespräche mit einem konkurrierenden Bieter geführt wurden, der im Falle der Veröffentlichung eines feindlichen Übernahmeangebots das Konkurrenzangebot bereits vorbereitet hat, vgl. *Winter/Harbach*, ZIP 2002, 1, 5.
¹²⁷ Die Einführung dieses Ausnahmetatbestandes war heftig umstritten; siehe hierzu auch *Winter/Harbach*, ZIP 2002, 1, 8 ff.; Seit Inkrafttreten der EU-Übernahmerichtlinie (RLNr 2004/25/EC vom 21.4.2004, AB1EGNr L142/12 vom 30.4.2004), wonach Abwehrmaßnahmen mit Zustimmung des Aufsichtsrats nicht vorgesehen sind, steht jedoch fest, dass dieser Ausnahmetatbestand spätestens bis zum Ablauf der Frist zur Umsetzung der Richtlinie in nationales Recht am 1.5.2006 aus dem WpÜG zu streichen ist.
¹²⁸ *Winter/Harbach*, ZIP 2002, 1, 8.
¹²⁹ ZB Ausgabe neuer Aktien durch Ausnutzung genehmigten Kapitals oder Rückerwerb eigener Aktien; nicht erforderlich ist an dieser Stelle jedoch ein Vorratsbeschluss der Hauptversammlung nach § 33 Abs. 2 WpÜG, siehe unten Rn 74.

Abwehr von Übernahmeangeboten für höchstens 18 Monate erteilen. Maßnahmen, die der Vorstand auf Grundlage dieser Vorratsbeschlüsse zu ergreifen beabsichtigt, bedürfen jedoch wiederum der vorherigen Zustimmung des Aufsichtsrats (§ 33 Abs. 2 S. 4 WpÜG).[130]

Neben vorstehend genannten Abwehrmöglichkeiten dürfte diese Ausnahme von der Neutralitätspflicht in der Praxis eher geringe Bedeutung erlangen. Grund dafür ist, dass der Vorstand allein durch einen entsprechenden Beschlussvorschlag an die Hauptversammlung signalisiert, dass er die Gesellschaft als Übernahmekandidat sieht. Ein solches Signal dürfte in der Regel jedoch gerade nicht im Interesse des Vorstands liegen.

c) Unzulässige Abwehrmaßnahmen

Ausweislich der Gesetzesbegründung[131] sind insbesondere die folgenden, im Zusammenhang mit einem bevorstehenden Übernahmeverfahren vorgenommenen Abwehrmaßnahmen als Verstoß gegen das Neutralitätspflicht des Vorstands und damit als unzulässig angesehen:[132]

– Ausgabe neuer Aktien aus genehmigtem Kapital: Die Gesetzesbegründung nennt in erster Linie die Ausgabe eines „nicht unerheblichen Anteils" neuer Aktien durch den Vorstand der Zielgesellschaft als unzulässige Abwehrmaßnahme. Insbesondere dann, wenn die Ausgabe der neuen Aktien unter Bezugsrechtsausschluss erfolgt, ist die Maßnahme geeignet, dass Stimmengewicht der vom Bieter zu erwerbenden Aktien zu verringern. Werden die neuen Aktien darüber hinaus an einen Dritten ausgegeben, der sich verpflichtet, die neuen Aktien nicht an den Bieter zu veräußern, dann reduziert sich zugleich die Anzahl der Aktien, die der Bieter im Rahmen seines Übernahmeverfahrens zu erwerben in der Lage ist.[133]

– Rückerwerb eigener Aktien durch die Zielgesellschaft: Zudem gilt der in „größerem Umfang" getätigte Rückerwerb eigener Aktien durch die Zielgesellschaft

---

[130] Von dem Tatbestand des § 33 Abs. 2 WpÜG nicht erfasst sind Ermächtigungsbeschlüsse zur Abwehr feindlicher Übernahmeangebote, die die Aktionäre im Rahmen einer während der laufenden Annahmefrist einberufenen Eil-Hauptversammlung (siehe oben Rn 35) fassen. Solche Beschlüsse sind zwar zulässig, bergen jedoch im Hinblick auf die prozeduralen Erleichterungen für die Einberufung einer Eil-Hauptversammlung nach § 16 Abs. 4 WpÜG, die bisher keiner verfassungsrechtlichen Überprüfung durch das BVerfG bzw. den EuGH unterzogen wurden, die Gefahr der Anfechtung durch veräußerungswillige Aktionäre. Für den Vorstand besteht demnach zumindest im Falle eines zu Protokoll erklärten Widerspruchs das Risiko, seine Abwehrmaßnahme auf eine durch die Hauptversammlung gegebene Ermächtigung zu stützen, die möglicherweise keinen Bestand hat, vgl. *Winter/Harbach*, ZIP 2002, 1, 13; *Krause*, NJW 2002, 705, 713.
[131] BT-Drucks. 14/7034, S. 57 ff.
[132] Ist jedoch einer der unter Rn 75 ff. näher erläuterten Ausnahmetatbestände erfüllt, so werden auch die nachfolgend genannten – grundsätzlich unzulässigen – Abwehrmaßnahmen als zulässig angesehen.
[133] Ebenso unzulässig ist die Ausgabe von Aktien mit Bezugsrecht für die Aktionäre. Auch diese Maßnahme kann dann objektiv zur Vereitelung des Übernahmeerfolgs geeignet sein, wenn durch die Anzahl der neu ausgegeben Aktien die Zahl der Aktien, die der Bieter zur Erlangung der Kontrolle über die Zielgesellschaft oder zum Erreichen der von ihm gesetzten Mindestakzeptanzschwelle erwerben muss, so wesentlich erhöht wird, dass dem Bieter die Finanzierung des Übernahmeangebots unmöglich gemacht wird, vgl. *Krause*, Die geplante Takeover-Richtlinie der Europäischen Union mit Ausblick auf das geplante deutsche Übernahmegesetz, NZG 2000, 905, 911.

als unzulässige Abwehrmaßnahme. Ein solcher Rückerwerb führt zu einer zusätzlichen Nachfrage nach Aktien der Zielgesellschaft, was zu Kurssteigerungen und damit zu einer Verteuerung des Übernahmeangebots für den Bieter führen kann.[134]

– Schaffung kartellrechtlicher Probleme: Auch der Erwerb eines Unternehmens, das mit dem Bieter in direktem Wettbewerb steht, gilt aufgrund der hierdurch für den Bieter bei einer Übernahme entstehenden kartellrechtlichen Probleme als grundsätzlich unzulässige Abwehrmaßnahme.[135]

– *Sale of Crown Jewels*: Ferner nennt die Gesetzesbegründung als zur Vereitelung eines Übernahmeverfahrens geeignete und damit unzulässige Maßnahme die Veräußerung bedeutsamer Bestandteile des Gesellschaftsvermögens, um die Zielgesellschaft für den Bieter unattraktiv zu machen.[136]

– *Pac Man Defense*: Letztlich ist auch ein Gegenangebot der Zielgesellschaft für die Aktien der Bietergesellschaft grundsätzlich unzulässig.[137] Wird durch ein solches Gegenangebot eine Beteiligung der Zielgesellschaft an dem Unternehmen des Bieter von über 25% ereicht, so kommt es zu einer wechselseitigen Beteiligung iSd. § 19 Abs. 1 AktG, die gemäß § 328 AktG eine Ausübungssperre für die Stimmrechte aus dem über 25% übersteigenden Anteilsbesitz auf Seiten des Bieters bewirkt. Dies gilt jedoch nur dann, wenn die Zielgesellschaft eine über 25%ige Beteiligung an der Bietergesellschaft erreicht und dies der Bietergesellschaft nach § 328 Abs. 2 AktG angezeigt hat, bevor der Bieter seinerseits eine entsprechende Anzeige an die Zielgesellschaft übermittelt hat.

d) Präventive Abwehrmaßnahmen

Da die in § 33 Abs. 1 S. 1 WpÜG angeordnete Neutralitätspflicht des Vorstands erst mit öffentlicher Ankündigung einer geplanten Übernahme durch den Bieter

---

[134] Der praktische Nutzen dieser Abwehrmaßnahme erscheint ohnehin gering. Zum einen ist ein Rückerwerb eigener Aktien nach § 71 Abs. 1 Nr. 8 AktG auf 10% des Grundkapitals beschränkt (§ 71 Abs. 2 S. 1 AktG), zum anderen erhöht ein solcher Rückkauf das Stimmgewicht der vom Bieter zu erwerbenden Aktien, da der Zielgesellschaft aus den rückerworbenen eigenen Aktien kein Stimmrecht zusteht (§ 71 b AktG).
[135] Zwar ist aufgrund der Möglichkeit des Bundeskartellamtes, die Genehmigung der Übernahme der Zielgesellschaft durch den Bieter von der sofortigen Veräußerung des betroffenen Unternehmensteils abhängig zu machen, die dauerhafte Eignung dieser Maßnahme zur Vereitelung der Übernahme fraglich. Allein jedoch die objektive Eignung zur Behinderung des Bieters reicht nach dem Willen des Gesetzgebers aus, diese Maßnahme als nicht zulässig zu erachten, vgl. BT-Drucks. 14/7034, S. 58.
[136] BT-Drucks. 14/7034, S. 58; bei einer entsprechenden Maßnahme ist ohnehin zu beachten, dass die Veräußerung von Unternehmenswerten in einem die Übernahmeentscheidung des Bieters beeinflussenden Umfang in der Regel tief in die Vermögenspositionen und Mitgliedschaftsrechte der Aktionäre eingreift, so dass ein gesonderter Beschluss der Hauptversammlung erforderlich sein dürfte. Denkbar ist zwar die Fassung eines derartigen Beschlusses im Wege eines Vorratsbeschlusses. Da jedoch hohe Anforderungen an den Inhalt des in einem solchen Fall erforderlichen Berichts des Vorstands an die Hauptversammlung gestellt werden, wird dieser wohl nur ein konkretes Veräußerungsvorhaben zur Zustimmung vorzulegen sein, vgl. *Lutter/Leinekugel*, Der Ermächtigungsbeschluss der Hauptversammlung zu grundlegenden Strukturmaßnahmen – zulässige Kompetenzübertragung oder unzulässige Selbstentmachtung?, ZIP 1998, 805, 814.
[137] Geibel/Süßmann/*Schwennicke*, § 33 Rn 52.

Teil 6. Übernahme und Going Private 78, 79 § 15

beginnt, bleiben präventive Abwehrmaßnahmen einer Gesellschaft im Vorfeld eines Übernahmeangebots davon unberührt.[138] Als derartige präventive Abwehrmaßnahmen kommen beispielsweise die Schaffung vinkulierter Namensaktien, die Ausgabe von stimmrechtslosen Vorzugsaktien oder Wandel- und Optionsanleihen, die wechselseitige Beteiligungen mit „befreundeten" Unternehmen, der Rückerwerb eigener Aktien, die Ausgabe von Arbeitnehmeraktien bzw. sonstige gesellschaftsrechtliche Maßnahmen[139] in Betracht.[140]

e) Bestechungsverbot

§ 33 Abs. 3 WpÜG verbietet dem Bieter die Gewährung oder in Aussichtstellung 78 ungerechtfertigter Geldleistungen oder Vorteile im Zusammenhang mit einem Übernahmeangebot an die Mitglieder des Vorstands oder des Aufsichtsrats der Zielgesellschaft. Ausweislich der Gesetzesbegründung[141] sind derartige Leistungen des Bieters in jedem Fall dann „ungerechtfertigt", wenn sie die Verwaltungsmitglieder der Zielgesellschaft zu einem Verhalten motivieren sollen, dass sich nicht an dem Interesse der Zielgesellschaft oder ihrer Aktionäre orientiert; dem gegenüber sachlich gerechtfertigte Zusagen – wie beispielsweise die Zusage, den Vorstand der Zielgesellschaft auch nach einem erfolgreichen Übernahmeangebot weiter zu beschäftigen – als zulässig anzusehen. Derartige Zusagen oder Leistungen sind in jedem Fall in der Angebotsunterlage offen zu legen (§ 11 Abs. 2 S. 3 Nr. 3 WpÜG).[142]

VII. Rechtsschutz

Der Rechtsschutz der an einem öffentlichen Übernahmeangebot beteiligten 79 Personen gliedert sich in drei Bereiche:[143]

– Gegen Maßnahmen und Verfügungen, die seitens der BAFin vorgenommen oder unterlassen werden, besteht verwaltungsrechtlicher Rechtsschutz nach §§ 41, 48 WpÜG[144]. Danach steht den am Verfahren Beteiligten nach erfolgloser Durchführung des Widerspruchsverfahrens das Rechtsmittel der Beschwerde zur Verfügung (§ 48 WpÜG).[145]

---

[138] BT-Drucks. 14/7034, S. 58.
[139] ZB Bindung der Bestellung und Abberufung von Aufsichtsratsmitglieder an qualifizierte Mehrheiten, die Staffelung ihrer Amtszeiten oder die Begründung von Entsendungsrechten.
[140] Siehe hierzu näher Geibel/Süßmann/*Schwennicke*, § 33 Rn 62 ff.; Baums/Thoma/*Grunewald*, § 33 Rn 22 ff.; zu beachten ist allerdings, dass derartige Maßnahmen für die Zielgesellschaft auch nachteilige Auswirkungen haben kann, da sie aufgrund der nach außen deutlich sichtbaren Abwehrhaltung gegenüber externen Investoren zu einer negativen Bewertung durch den Kapitalmarkt führen könnten.
[141] BT-Drucks. 14/7034, S. 59.
[142] Siehe oben Rn 60.
[143] Vgl. hierzu *Seibt*, Rechtsschutz im Übernahmerecht, ZIP 2003, 1865, 1866.
[144] Einzügiger Rechtsweg; ausschließliche Gerichtszuständigkeit des OLG Frankfurt am Main, § 48 Abs. 4 WpÜG.
[145] Obwohl die BAFin bei Verfügungen nach dem WpÜG im Verwaltungsverfahren als Verwaltungsbehörde tätig wird, gilt hierbei nicht das Verwaltungsprozessrecht nach der VwGO. Das WpÜG sieht vielmehr ein besonderes gerichtliches Beschwerdeverfahren vor dem OLG vor; zu den einzelnen Beschwerdearten vgl. Baums/Thoma/*Ritz*, § 48 Rn 4 ff.; Münchener Kommentar AktG/*Bauer*, Band 9/1, § 48 Rn 8 ff.; Kölner Kommentar WpÜG/*Pohlmann*, § 48 Rn 18 ff.

Am Verfahren beteiligt sind zum einen die Adressaten belastender Verwaltungsakte der BAFin, wie beispielsweise der Bieter, dem nach § 15 Abs. 1 WpÜG die Veröffentlichung seiner Angebotsunterlage versagt wird.[146] Ferner ist derjenige am Verfahren beteiligt, dessen Antrag auf Erlass einer ihn begünstigenden Verfügung abgelehnt oder nur teilweise stattgegeben wird. Ob daneben auch den vom Verwaltungshandeln der BAFin Drittbetroffenen Verwaltungsrechtsschutz zukommt, ist umstritten.[147] Voraussetzung hierfür ist jedenfalls, dass die in Rede stehende WpÜG-Vorschrift drittschützende Wirkung entfaltet, mithin nicht nur die Interessen der Allgemeinheit[148], sondern zumindest auch die durchsetzbaren Individualinteressen des Beschwerdeführers schützt. Einen solchen drittschützenden Charakter hat das OLG Frankfurt/Main sowohl für §§ 11, 15 Abs. 1 Nr. 2, § 4 Abs. 1, § 31 Abs. 1 WpÜG (Wella-Verfahren[149]) als auch für § 37 Abs. 1 WpÜG, § 9 S. 1 Nr. 3 WpÜG Angebots-VO (ProSiebenSat.1-Verfahren[150]) verneint.[151]

— Darüber hinaus besteht bezüglich der zivilrechtlichen Beziehungen der an dem Übernahmeverfahren Beteiligten gemäß § 66 WpÜG Rechtsschutz vor den ordentlichen Gerichten[152]. Auf diese Weise durchsetzbare Ansprüche können sich finden (i) im Deliktsrecht (§ 823 Abs. 1 BGB, § 823 Abs. 2 BGB iVm. Schutzgesetz, § 826 BGB)[153], (ii) in einem vorvertraglichen Vertrauensverhältnis (zB culpa in contrahendo oder zivilrechtliche Prospekthaftung), (iii) in dem zwischen dem Bieter und den Aktionären der Zielgesellschaft abgeschlossen Aktien-Kaufvertrag, (iv) im Wettbewerbsrecht (§§ 1, 3 UWG), sowie (v) in einzelnen Vorschriften des WpÜG selbst (zB §§ 12, 31 Abs. 1 WpÜG).

— Letztlich besteht gegen die ordnungswidrigkeitsrechtlichen Entscheidungen der BAFin Rechtsschutz gemäß § 62 ff. WpÜG.

---

[146] *Nietsch*, Rechtsschutz der Aktionäre der Zielgesellschaft im Übernahmeverfahren, BB 2003, 2581, 2582.
[147] Diese Frage war Gegenstand sowohl des Wella- als auch des ProSiebenSat.1-Verfahrens.
[148] Wie zB Funktionsschutz des Kapitalmarktes.
[149] OLG Frankfurt/Main vom 27.5.2003 – WpÜG 2/03, ZIP 2003, 1251.
[150] OLG Frankfurt/Main vom 27.5.2003 – WpÜG 1/03, ZIP 2003, 1297.
[151] Vgl. hierzu *Verse*, Zum zivilrechtlichen Rechtsschutz bei Verstößen gegen die Preisbestimmungen des WpÜG, ZIP 2004, 199, 200 ff.
[152] Gerichtsstand: Sitz der Zielgesellschaft.
[153] *Verse*, ZIP 2004, 199, 206; *Schnorbus*, Rechtsschutz im Übernahmeverfahren, Teil II, WM 2003, 657, 663.

§ 16 Going Private

I. Einleitung

Die Bedeutung des Going Private, nachfolgend auch als Delisting bezeichnet, steigt seit einigen Jahren stetig. Grundsätzlich stehen für ein Delisting drei Alternativen zur Verfügung: (i) reguläres Delisting durch Antrag bei der jeweiligen Börse auf Widerruf der Zulassung zum Börsenhandel; (ii) sog. kaltes Delisting in Folge einer strukturverändernden Maßnahme der Aktiengesellschaft; (iii) Delisting nach *Squeeze-Out*.

Neben diesen Alternativen für einen vollständigen Rückzug von der Börse stehen der Aktiengesellschaft noch verschiedene Sonderformen des (Teil-)Rückzugs von der Börse offen, auf die nachfolgend nicht vertieft eingegangen wird. Dies sind (i) der Rückzug von einzelnen regionalen Börsen bei Verbleib einer Notiz an einer anderen inländischen oder ausländischen Börse (sog. partielles Delisting),[1] (ii) der Wechsel in ein anderes Börsensegment mit geringeren Anforderungen,[2] (iii) der Wechsel von einem Teilbereich eines Marktsegments (zB Prime Standard) in einen anderen Teilbereich des selben Marktsegments[3] (zB General Standard), (iv) die Beendigung des Handels im Freiverkehr (vgl. hierzu die Freiverkehrsrichtlinie der jeweiligen Börse) und (v) der Widerruf der Börsenzulassung von Amts wegen („Zwangsdelisting").[4]

1

2

II. Gründe für den Rückzug von der Börse

Ein Rückzug von der Börse sollte insbesondere dann erwogen werden, wenn die Nachteile, insbesondere die damit verbundenen Kosten und Managementbelastungen, im Vergleich mit den Vorteilen der Börsenzulassung überwiegen.[5] Folgende Kriterien spielen dabei regelmäßig eine Rolle:
- die Aktiengesellschaft ist nicht mehr auf den mit der Börsenzulassung verbundenen Kapitalmarktzugang angewiesen;
- die Finanzierung über den Kapitalmarkt ist für die Aktiengesellschaft zu annehmbaren Konditionen nicht möglich;

3

---

[1] Das partielle Delisting ist nach § 38 Abs. 4 BörsG iVm. den jeweiligen Börsenordnungen insbesondere dann zulässig, wenn der Handel des Wertpapiers an einem inländischen oder ausländischen organisierten Markt innerhalb der EU oder des EWR gewährleistet erscheint. Besteht der Handel lediglich im Freiverkehr oder außerhalb der EU/EWR, zB an der NASDAQ, fort, hat eine am Anlegerschutz orientierte Einzelfallprüfung zu erfolgen.
[2] Maßstab hierfür ist § 38 Abs. 4 BörsG nebst der jeweiligen Börsenordnung.
[3] Maßstab hierfür ist die jeweilige Börsenordnung.
[4] Ein Zwangsdelisting erfolgt entweder nach § 38 Abs. 3 BörsG, sofern (i) ein ordnungsgemäßer Börsenhandel nicht mehr gewährleistet ist und (ii) zuvor die Notierung der zugelassenen Wertpapiere eingestellt wurde, oder wegen Nichterfüllung von Emittentenpflichten nach § 43 Satz 2 BörsG.
[5] Vgl. zu den Vor- und Nachteilen einer Börsennotierung § 4 Rn 1 ff.

- der mit der Börsenzulassung verbundene positive Public-Relations-Effekt und Imagegewinn bei Kunden, Banken sowie derzeitigen und zukünftigen Mitarbeitern ist für das Unternehmen nicht mehr spürbar;
- die Vorteile der Mitarbeitermotivation durch Beteiligung am Unternehmenserfolg durch sog. Stock Option Pläne[6] sind angesichts sinkender Kurse nicht mehr vorhanden;
- die Aktiengesellschaft ist am Kapitalmarkt „unterbewertet" und wird dadurch zum potentiellen Übernahmekandidaten;
- die Aktiengesellschaft wurde übernommen und wird nun in das Unternehmen des Übernehmers integriert, der an der Aufrechterhaltung der Notierung seiner neu erworbenen Tochtergesellschaft kein Interesse mehr hat;
- die Aktiengesellschaft befindet sich in der „Sanierung", diese lässt sich fernab von der Börse und deren Veröffentlichungspflichten häufig „geräuschloser" durchführen;[7] und
- der notierten Aktiengesellschaft entstehen durch die Notierung operative Nachteile im Vergleich mit ihren nicht notierten Wettbewerbern, die nicht den kosten- und zeitintensiven Publizitäts- und Verhaltenspflichten des Kapitalmarkts unterliegen und die in viel geringerem Maße Informationen an die Öffentlichkeit und damit auch an ihre Konkurrenz weitergeben müssen.[8]

III. Reguläres Delisting

Das reguläre Delisting ist ein auf Antrag der notierten Aktiengesellschaft durchgeführter Widerruf der Zulassung ihrer Aktien zum Börsenhandel. Der Widerruf der Zulassung erfolgt, wie auch die vorangegangene Zulassung dieser Wertpapiere zum Börsenhandel, durch Verwaltungsakt der Zulassungsstelle der jeweiligen Börse. Rechtliche Grundlage dieses Verwaltungsakts sind das Börsengesetz und die Börsenordnung der jeweiligen Börse. Die dort festgeschriebenen kapitalmarktrechtlichen Anforderungen an ein Delisting hat der BGH in seiner jüngsten Rechtsprechung („Macrotron"[9]) nunmehr um gesellschaftsrechtliche Voraussetzungen erweitert und damit die Voraussetzungen des freiwilligen Rückzugs von der Börse neu gestaltet. Nachstehend werden die gesellschafts- sowie die kapitalmarktrechtlichen Voraussetzungen und der Verfahrensablauf eines regulären Delistings dargestellt.

1. Gesellschaftsrechtliche Voraussetzungen des regulären Delistings

Die gesellschaftsrechtlichen Voraussetzungen des Rückzugs von der Börse sind im Aktiengesetz nicht geregelt. Dies führte in der Vergangenheit dazu, dass in der juristischen Literatur unterschiedliche gesellschaftsrechtliche Anforderungen aufgestellt wur-

---

[6] Hierzu *Richard/Weinheimer*, S. 44 f.
[7] *Krämer/Theiß*, Delisting nach der Macrotron-Entscheidung des BGH, AG 2003, 225, 226; *Richard/Weinheimer*, S. 170 ff.
[8] *Richard/Weinheimer*, S. 29.
[9] BGH (Macrotron) ZIP 2003, 387; BB 2003, 806; NJW 2003, 1032; DB 2003, 544.

Teil 6. Übernahme und Going Private 6, 7 § 16

den.¹⁰ Mit der Macrotron-Entscheidung des BGH wurden die gesellschaftsrechtlichen Voraussetzungen des regulären Delistings nunmehr vorläufig wie folgt konkretisiert:¹¹
- Das reguläre Delisting bedarf eines Hauptversammlungsbeschlusses, für den die einfache Stimmenmehrheit ausreicht.
- Eine sachliche Rechtfertigung des Hauptversammlungsbeschlusses ist nicht erforderlich; diese trägt der mit der entsprechenden Mehrheit gefasste Hauptversammlungsbeschluss in sich.
- Berichtserfordernisse in Analogie zu § 186 Abs. 4 Satz 2 AktG bestehen nicht. Jedoch ist eine mündliche Erläuterung in der Hauptversammlung anzuraten.¹²
- Der Widerruf der Zulassung darf nur nach einem vorangegangenen Pflichtangebot durch die Gesellschaft oder den Großaktionär an die Aktionäre zur Übernahme ihrer Aktien zum Verkehrswert erfolgen.
- Die Angemessenheit der Gegenleistung kann im Spruchverfahren überprüft werden.¹³

Der BGH hat sich in seiner Urteilsbegründung ausschließlich auf den Grundrechtsschutz des Aktieneigentums (Art. 14 GG) gestützt, der auch die Verkehrsfähigkeit der Aktien umfasse. In der Literatur wird dieses Urteil des BGH weitgehend abgelehnt.¹⁴ Hauptkritikpunkte sind dabei (i) der verpflichtende Hauptversammlungsbeschluss, der Anfechtungsklagen ermöglicht, und (ii) die fehlende Abstimmung des vom BGH geforderten Pflichtangebots zum Verkehrswert mit den öffentlichen Übernahmeangeboten nach WpÜG, bei denen sich der Wert der Gegenleistung an Vorerwerben und am Börsenkurs orientiert. 6

2. Kapitalmarktrechtliche Voraussetzungen des regulären Delistings

Die kapitalmarktrechtlichen Voraussetzungen des regulären Delistings ergeben sich zunächst aus § 38 Abs. 4 des BörsG. Diese Vorschrift ermöglicht es der jeweiligen Wertpapierbörse, die Zulassung zum Amtlichen oder Geregelten Markt auf Antrag des Emittenten zu widerrufen. Danach steht der Widerruf im pflichtgemäßen Ermessen der Zulassungsstelle der jeweiligen Wertpapierbörse und darf dem Schutz der Anleger nicht widersprechen. Aus der gesetzlichen Regelung ergibt sich nicht, wann ein derartiger Widerspruch mit dem Anlegerschutz vorliegt. Der Gesetzgeber hat die Konkretisierung dieser Frage den jeweiligen Börsenordnungen überlassen. In diesen haben die einzelnen Börsen Ausnahmetatbestände aufgestellt, bei deren Vorliegen ein reguläres Delisting nicht dem Anlegerschutz widerspricht. Die Ausnahmetatbestände der Börsenordnungen waren bis vor kurzem größtenteils iden- 7

---
¹⁰ *Richard/Weinheimer*, S. 257 mwN.
¹¹ BGH (Macrotron) AG 2003, 273, 275 = ZIP 2003, 387, 389 sowie Fn 16.
¹² So zumindest der Sachverhalt, der der BGH-Entscheidung zu Grunde lag, BGH AG 2003, 273 (Fn 16) (Macrotron).
¹³ Siehe hierzu Rn 38.
¹⁴ *Holzborn*, BGH verschärft Delisting-Voraussetzungen, WM 2003, 1105 ff.; *Adolff/Tieves*, Über den rechten Umgang mit einem entschlusslosen Gesetzgeber: Die aktienrechtliche Lösung des BGH für den Rückzug von der Börse, BB 2003, 797 ff.; *Krämer/Theiß*, AG 2003, 225 ff.; *Pfüller/Anders*, Delisting-Motive vor dem Hintergrund neuerer Rechtsentwicklungen, NZG 2003, 459 ff.

tisch und sahen insbesondere folgende Fallkonstellationen vor: (i) die Notierung der Aktien wird an einer in- oder ausländischen Börse fortgeführt oder (ii) den Aktionären wurde vor dem Delisting ein öffentliches Kaufangebot unterbreitet.

8   Neben diesen beiden Ausnahmetatbeständen wurde im Jahr 2002 in der Börsenordnung der Frankfurter Wertpapierbörse anstatt des Delistings nach einem öffentlichen Kaufangebot eine Fristenregelung zum regulären Delisting eingeführt. In der bereits genannten Macrotron-Entscheidung des Bundesgerichtshofes wurde dazu festgestellt, dass eine Fristenregelung jedoch keinen ausreichenden Anlegerschutz gewährt.[15] Dementsprechend wird davon auszugehen sein, dass allein der Fristablauf ein Delisting noch nicht rechtfertigen kann. Vielmehr werden auch die weiteren durch den BGH aufgestellten Voraussetzungen erfüllt sein müssen.[16]

9   Sofern einer der vorstehend genannten Ausnahmetatbestände einschlägig ist, ist die positive Bescheidung des Antrags auf Widerruf der Börsenzulassung wahrscheinlich, es sei denn andere Anlegerschutzgesichtspunkte, wie zB ein hoher Free Float, stehen dem entgegen. Da die Ausnahmetatbestände der jeweiligen Börsenordnungen nicht abschließend formuliert sind, sind andererseits auch Fälle denkbar, in denen einem Antrag auf Delisting stattgegeben wird, obwohl keiner der ausdrücklich genannten Ausnahmetatbestände einschlägig ist.[17]

3. Verfahren

10 Der Antrag auf Widerruf der Zulassung zum Börsenhandel erfolgt auf Antrag des Vorstands des Emittenten.[18] Ein Antrag des Mehrheitsaktionärs ist nicht zulässig. Der Antrag ist zweckmäßigerweise zu begründen, da der Zulassungsstelle das Vorliegen der Voraussetzungen des Widerrufs nachzuweisen ist. In der Begründung ist auf Folgendes einzugehen: (i) das Vorliegen eines Ausnahmetatbestandes im Sinne der jeweiligen Börsenordnung; (ii) andere Aspekte, die bei der Beurteilung des Antrags für die Zulassungsstelle von Bedeutung sind (zB Höhe des Free Float-Anteils, Handelsvolumen oder Kurs der Aktie); und (iii) das Vorliegen der gesellschaftsrechtlichen Voraussetzungen (insbesondere des erforderlichen Hauptversammlungsbeschlusses). Auf Verlangen sind entsprechende Unterlagen vorzulegen. Sofern die Zulassungsstelle dem Antrag stattgibt, veröffentlicht sie den Widerruf auf Kosten des Emittenten. Der Widerruf der Börsenzulassung wird spätestens nach 6 Monaten wirksam, sofern nicht die Zulassungsstelle auf Antrag des Emittenten die jeweiligen Fristen bis zum Wirksamwerden verkürzt. Dies kann erfolgen, sofern die Fristverkürzung nicht dem Interesse der Anleger zuwiderläuft.[19]

---

[15] BGH (Macrotron), AG 2003, 273, 275, siehe Fn 20, 21 sowie Rn 9.
[16] Siehe hierzu unter Rn 9.
[17] So wäre es zB denkbar, dass der Delisting-Antrag einer Aktiengesellschaft mit minimalem Free Float, deren Aktionären eine Exitmöglichkeit durch eine Abfindung gemäß § 305 AktG nach Abschluss eines Beherrschungs- und Gewinnabführungsvertrages angeboten wurde, auch ohne weiteres Pflichtangebot positiv beschieden wird.
[18] Einzelheiten zum Verfahren finden sich in den jeweiligen Börsenordnungen. Exemplarisch wurde das Verfahren gemäß § 58 der Börsenordnung der Frankfurter Wertpapierbörse (BörsO-FWB) dargestellt.
[19] § 58 Abs. 3 BörsO-FWB.

4. Zusammenfassung: Reguläres Delisting

Durch die jüngste Rechtsprechung des Bundesgerichtshofs hat das reguläre 11 Delisting als eine der Alternativen des Rückzugs von der Börse an Attraktivität verloren. Das Erfordernis eines Hauptversammlungsbeschlusses stellt angesichts der regelmäßig vorliegenden Mehrheitsverhältnisse bei Delisting-Kandidaten keine wirkliche Hürde dar, führt aber zu einem erheblichen Anfechtungsrisiko. Die fehlende Abstimmung der Gegenleistung des vom BGH geforderten gesellschaftsrechtlich begründeten Pflichtangebots zum Verkehrswert mit der am Börsenkurs und an Vorerwerben orientierten Gegenleistung des kapitalmarktrechtlichen Pflichtangebots nach WpÜG erzeugt Unsicherheit und Konfliktpotential. Zudem wird dadurch insbesondere bei unterbewerteten Gesellschaften der Rückzug von der Börse verteuert. Diese Situation wird sich voraussichtlich erst dann ändern, wenn der Gesetzgeber tätig wird und – wie bereits mehrfach in der Literatur gefordert[20] – die Voraussetzungen des Delistings selbst regelt, anstatt diese Regelung den jeweiligen Börsenordnungen zu überlassen. Sollte noch vor einer ausdrücklichen gesetzlichen Regelung ein reguläres Delisting beabsichtigt werden, ist anzuraten, dieses Vorhaben vorab mit der Zulassungsstelle abzusprechen.

IV. Kaltes Delisting

1. Einleitung

In der Praxis wurde der Rückzug von der Börse bisher meist durch ein soge- 12 nanntes kaltes Delisting verwirklicht.[21] Beim kalten Delisting verliert die börsennotierte Aktiengesellschaft in Folge einer strukturändernden Maßnahme die Grundlage für die Zulassung ihrer Aktien an einer Börse.

Mit Wirksamwerden der Strukturänderung verliert die Aktiengesellschaft eine 13 der Voraussetzungen für die Börsenzulassung (zB börsenfähige Rechtsform oder zugelassene Aktien). Der Verwaltungsakt der Zulassung erledigt sich in diesem Fall automatisch kraft Gesetzes nach § 43 Abs. 2 VwVfG.[22] Obwohl ein gesonderter Widerruf durch Verwaltungsakt nicht nötig wäre,[23] erfolgt dieser in der Praxis dennoch auf einfachen Antrag hin[24] oder von Amts wegen.[25] Dies ist aus Gründen der Rechtssicherheit auch vorzuziehen. Der Wegfall der Börsenzulassung und der Widerruf der Zulassung ist bei Fehlen einer der Börsenzulassungsvoraussetzungen zwingend und liegt nicht im Ermessen der Börsenzulassungsbehörde.

---

[20] *Holzborn*, WM 2003, 1105 ff.; *Adolff/Tieves*, BB 2003, 797 ff.; *Krämer/Theiß*, AG 2003, 225 ff.
[21] Zu Praxisbeispielen eines kalten Delistings siehe *Meyer-Landrut/Kiem*, Der Formwechsel einer Publikumsaktiengesellschaft, WM 1997, 1361, 1362.
[22] *Streit*, Delisting Light – Die Problematik der Vereinfachung des freiwilligen Rückzugs von der Frankfurter Wertpapierbörse, ZIP 2002, 1279, 1281.
[23] *Groß*, Rechtsprobleme des Delisting, ZHR 2201, 141, 149.
[24] Der Antrag ist nicht formgebunden. Zweckmäßigerweise ist der Antrag bereits einige Tage vor Wirksamwerden der Strukturänderung zu stellen.
[25] Voraussetzung ist, dass die Zulassungsbehörde Kenntnis vom Wegfall der Zulassungsvoraussetzungen hat. Diese Kenntnis sollte der Behörde durch die strukturverändernde Gesellschaft verschafft werden.

14 Ein kaltes Delisting kommt insbesondere dann in Betracht, wenn (i) ein kompletter Rückzug von der Börse und gegebenenfalls auch aus der Rechtsform Aktiengesellschaft gewollt ist, (ii) ein Antrag auf ein reguläres Delisting keinen Erfolg verspricht bzw. dessen Voraussetzungen als zu unattraktiv oder unsicher empfunden werden, oder (iii) die Schwelle des 95%-Anteilsbesitzes für den Squeeze-Out nicht erreicht wird. Dabei stellt das kalte Delisting keine Umgehung der Vorschriften zum regulären Delisting dar, da in beiden Fällen ein hinreichender Anlegerschutz gewährleistet wird.[26] Vielmehr stehen dem rückzugswilligen Unternehmen beide Möglichkeiten alternativ offen.[27]

15 Einige der Strukturmaßnahmen, die einem kalten Delisting vorangehen, setzen voraus, dass dem Aktionär zuvor das Ausscheiden gegen Barabfindung angeboten wird. Dies gilt zB gemäß § 29 Abs. 1 Satz 1 UmwG für die Verschmelzung, sofern diese auf einen Rechtsträger anderer Rechtsform als die der Aktiengesellschaft bzw. KGaA[28] erfolgt, oder gemäß § 207 UmwG für den Formwechsel. Für andere Strukturmaßnahmen, wie zB die Eingliederung oder die Verschmelzung auf eine nicht börsennotierte Aktiengesellschaft oder eine KGaA, besteht eine entsprechende Verpflichtung zur Barabfindung nicht.[29] Es ist daher umstritten, inwieweit den Aktionären im Falle derartiger strukturändernder Maßnahmen eine entsprechende Ausscheidensmöglichkeit gegen Barabfindung zu eröffnen ist.[30] Dies könnte durch analoge Anwendung der §§ 29, 207 UmwG einerseits oder durch Anwendung der Grundsätze der Macrotron-Entscheidung des Bundesgerichtshofs[31] andererseits erfolgen. In der Literatur wurde eine Analogie zu den §§ 29, 207 UmwG und eine Pflicht zum Angebot einer Barabfindung zum Teil bisher abgelehnt. Angesichts der Macrotron-Entscheidung des BGH[32] dürfte diese Ansicht jedoch überholt sein. Die Macrotron-Entscheidung wird wohl dahingehend auszulegen sein, dass im Falle des Verlustes der Börsenzulassung als Folge der Verschmelzung auch dann eine Abfindung anzubieten ist, wenn kein Rechtsformwechsel stattfindet, also die börsennotierte Gesellschaft auf eine nicht börsennotierte Gesellschaft verschmolzen wird. In diesem Zusammenhang stellt sich auch die Frage, ob der umwandlungsrechtlich vorgesehene Schutz beim kalten Delisting nicht generell insoweit hinter dem Schutz der Macrotron-Entscheidung zurückbleibt, als ein Abfindungsangebot lediglich denjenigen Aktionären unterbreitet wird, die gegen den Verschmelzungsbeschluss Widerspruch zur Niederschrift der Hauptversammlung erklärt haben. Die

---

[26] *Land/Hasselbach*, „Going Private" und „Squeeze-out" nach deutschem Aktien-, Börsen- und Übernahmerecht, DB 2000, 557, 559 für den Formwechsel.

[27] *Land/Hasselbach*, DB 2000, 557, 559; *Meyer-Landrut/Kiem*, WM 1997, 1361, 1367.

[28] Die AG und KGaA sind im Verhältnis zueinander als eine Rechtsform zu betrachten, vgl. § 78 Satz 4 UmwG.

[29] Bei der Eingliederung sind nach § 320b AktG als Regelabfindung Aktien der Hauptgesellschaft zu gewähren. Bei Abhängigkeit der Hauptgesellschaft ist zudem eine Barabfindung als alternative Abfindung zu gewähren.

[30] *Streit*, ZIP 2002, 1279, 1281 spricht davon, dass ein Barabfindungsangebot zum Schutz der dissentierenden Aktionäre regelmäßig erforderlich ist, nimmt allerdings in Fn 34 die oben genannten Fälle aus. Gegen eine grundsätzliche Barabfindungspflicht auch *Mülbert*, Rechtsprobleme des Delisting, ZHR 165 (2001), 104, 139.

[31] BGH (Macrotron), AG 2003, 273 ff. Fn 16.

[32] BGH (Macrotron), AG 2003, 273 ff. Fn 16.

Macrotron-Entscheidung sieht demgegenüber vor, dass allen Minderheitsaktionären ein Abfindungsangebot durch die Gesellschaft oder den Mehrheitsaktionär zu unterbreiten ist, ohne dass es auf den Widerspruch in der Hauptversammlung ankäme.[33] Nimmt man jedoch die Macrotron-Entscheidung ernst, so müsste darüber hinaus in jedem Falle einer Verschmelzung, die einen Verlust der Börsenzulassung des übertragenden Unternehmens zur Folge hat, eine Abfindung unabhängig davon gewährt werden, ob die Minderheitsaktionäre ihren Widerspruch in der Hauptversammlung zur Niederschrift erklärt haben. Im Ergebnis ist damit in Zukunft davon auszugehen, dass beim kalten Delisting den Aktionären vorab ein gesellschaftsrechtliches Pflichtangebot als Ausgleich für den Verlust der Börsenfähigkeit unterbreitet werden muss.[34]

2. Formwechsel der börsennotierten Aktiengesellschaft in eine nichtbörsenfähige Rechtsform

Ein kaltes Delisting kommt zunächst in Betracht durch Formwechsel. Der Formwechsel[35] der börsennotierten Aktiengesellschaft führt zum Verlust der börsenfähigen Rechtsform.[36] Die Börsenzulassung wird nach Wirksamwerden des Formwechsels durch die Zulassungsstelle widerrufen.[37] Folgende wesentliche Schritte sind dafür erforderlich:

– Hauptversammlungsbeschluss zum Formwechsel, der gem. §§ 233 Abs. 2, 240 Abs. 1 UmwG mit mindestens einfacher Stimmenmehrheit und einer Mehrheit von drei Vierteln des bei Beschlussfassung vertretenen Grundkapitals gefasst werden muss. Bei Vorliegen unterschiedlicher Aktiengattungen (Vorzugsaktien und Stammaktien) bedarf der Beschluss entsprechend § 65 Abs. 2 UmwG zusätzlich getrennter Beschlüsse der Aktionäre jeder Gattung. Erfolgt die Umwandlung in eine KG, ist gemäß § 233 Abs. 2 Satz 3 UmwG die Zustimmung aller Gesellschafter erforderlich, die in der KG die persönliche Haftung übernehmen.

– Umwandlungsbericht, in dem der Formwechsel wirtschaftlich und rechtlich erläutert wird (§ 192 Abs. 1 UmwG);

– Barabfindungsangebot gemäß der Macrotron-Entscheidung an alle Aktionäre und nicht nur, wie in § 207 UmwG vorgesehen, an die Aktionäre, die gegen den Formwechselbeschluss Widerspruch zur Niederschrift eingelegt haben.[38] Die

---

[33] BGH, ZIP 2003, 390.
[34] So in der Sache LG Hanau, DB 2002, 2261; *Adolff/Tieves*, Über den rechten Umgang mit einem entschlusslosen Gesetzgeber: Die aktienrechtliche Lösung des BGH für den Rückzug von der Börse, BB 2003, 797, 805.
[35] Beispiele für in der Praxis erfolgte Formwechsel von Publikumsaktiengesellschaften bei *Meyer-Landrut/Kiem*, WM 1997, 1361, 1362 Rn 5.
[36] Als Zielrechtsform kommt hierbei insbesondere eine Personenhandelsgesellschaft, die mit steuerlichen Vorteilen verbunden sein kann, oder eine GmbH in Frage.
[37] In der Praxis ist der Widerruf der Zulassung rechtzeitig bei der Börsenzulassungsbehörde zu beantragen.
[38] Angesichts der Macrotron-Entscheidung muss davon ausgegangen werden, dass nunmehr allen Aktionären ein Barabfindungsangebot zu gewähren ist; siehe oben unter Rn 19. Anders noch *Streit*, ZIP 2002, 1279, 1281, jedoch vor der Macrotron-Entscheidung.

Angemessenheit eines Barabfindungsangebots kann nur im Rahmen des Spruchverfahrens überprüft werden. Insoweit sind Anfechtungsklagen gegen den Formwechselbeschluss gemäß § 210 UmwG ausgeschlossen.

17 Der Formwechsel in eine nicht börsenfähige Rechtsform ist nur dann ein geeigneter Delisting-Mechanismus, wenn die Hauptaktionäre der Aktiengesellschaft bereit sind, das Unternehmen zukünftig in einer neuen Gesellschaftsform zu betreiben. Dabei ist zu beachten, dass strukturelle Unterschiede zwischen der Rechtsform Aktiengesellschaft und anderen Rechtsformen teilweise ausgeglichen werden können, da andere Rechtsformen regelmäßig größere Gestaltungsfreiheit bieten. So kann zB der in der Aktiengesellschaft verpflichtend vorgesehene Aufsichtsrat auch in einer GmbH durch die Satzung vorgesehen werden. Mancher Nachteil wie der Verlust der einfachen Handelbarkeit und Fungibilität der börsengehandelten Aktie, der insbesondere gegenüber der weitaus komplizierteren Veräußerung von GmbH-Anteilen schwer wiegt, muss jedoch in Kauf genommen werden. Der Formwechsel führt des weiteren zu keinen Veränderungen im Gesellschafterkreis. Diese Variante des kalten Delistings sollte entsprechend nur gewählt werden, wenn durch die Mehrheitsaktionäre keine Veränderungen im Gesellschafterkreis beabsichtigt sind.

3. Eingliederung der börsennotierten Aktiengesellschaft in eine andere Aktiengesellschaft

18 Eine weitere Möglichkeit des kalten Delistings ist die Eingliederung in eine andere Gesellschaft. Durch die Eingliederung nach §§ 319 ff. AktG erwirbt die Hauptgesellschaft kraft Gesetzes sämtliche Aktien der eingegliederten Gesellschaft.[39] Ein Handel mit den Aktien der eingegliederten Gesellschaft findet nicht mehr statt. Nach erfolgter Eingliederung muss die Zulassungsstelle die Börsenzulassung auf Antrag widerrufen. Die Voraussetzungen der Eingliederung wurden im Detail an anderer Stelle bereits behandelt.[40] Im Hinblick auf die Eingliederung als Alternative zum kalten Delisting sei nur auf folgende Punkte verwiesen:

19 Inwieweit eine Barabfindung auch bei einer Eingliederung durch eine nicht abhängige Gesellschaft erforderlich ist, ist bisher nicht geklärt. Angesichts der Macrotron-Entscheidung des Bundesgerichtshofs[41] ist nicht auszuschließen, dass zukünftig auch hier eine Exitmöglichkeit für die Aktionäre (zB durch ein Barabfindungs- oder ein Pflichtangebot) geschaffen werden muss.

20 Die Eingliederung ist dann vorteilhaft, wenn Ziel der Gesellschaft neben dem Delisting auch die Konzentration der Gesellschaftsstruktur auf einen Alleinaktionär ist. Kostenvorteile durch Einsparung der Verwaltung der eingegliederten Aktiengesellschaft ergeben sich dagegen nicht, da diese als eigenständiges Rechtssubjekt fortbesteht. Wesentlicher Nachteil der Eingliederung ist, dass Minderheitsaktionäre der eingegliederten Aktiengesellschaft nicht vollständig hinausgedrängt werden können, da grundsätzlich (auch) Aktien der Hauptgesellschaft als Abfindung anzubieten

---

[39] *Groß*, ZHR 165 (2001), 141, 150.
[40] § 14 Rn 98 ff.
[41] BGH (Macrotron), AG 2003, 273 ff. = ZIP 2003, 387.

sind.[42] Daher ist nach Einführung des Squeeze-Out, der bei weitgehend ähnlichen Voraussetzungen und Verfahren auch ein Hinausdrängen von Minderheitsaktionären gegen Barabfindung ermöglicht, wahrscheinlich, dass die Eingliederung künftig als Instrument des kalten Delistings an Bedeutung verlieren wird.

4. Verschmelzung der börsennotierten Aktiengesellschaft auf eine nicht börsennotierte Gesellschaft (Going Private Merger)

Ein kaltes Delisting kann auch durch Verschmelzung herbeigeführt werden. Bei einem Going Private Merger erlischt die börsennotierte Aktiengesellschaft als übertragender Rechtsträger (§ 20 Abs. 1 Nr. 2 Satz 1 UmwG). Die Voraussetzungen der Börsenzulassung entfallen mit Erlöschen der Gesellschaft, weshalb die Börsenzulassung durch die Zulassungsstelle widerrufen wird.

Folgende wesentliche Schritte sind erforderlich:

– Hauptversammlungsbeschlüsse der übertragenden und der übernehmenden Gesellschaft mit einer einfachen Stimmenmehrheit und einer Mehrheit von drei Vierteln des bei Beschlussfassung vertretenen Grundkapitals; ausnahmsweise entfällt das Erfordernis eines Hauptversammlungsbeschlusses gemäß § 62 Abs. 1 Satz 1 UmwG bei der übernehmenden Gesellschaft, wenn mindestens 90% der Aktien der übertragenden Gesellschaft in der Hand einer übernehmenden Aktiengesellschaft liegen.[43]

– Abfindungsangebot an die Aktionäre der übertragenden Gesellschaft in Form von Aktien/Anteilen an der übernehmenden Gesellschaft. Bei einer Verschmelzung auf einen Rechtsträger anderer Rechtsform – d. h. bei einer Verschmelzung auf eine andere Rechtsform als die der notierten Aktiengesellschaft oder KGaA oder bei einer Verschmelzung auf eine nicht notierte Aktiengesellschaft oder KGaA, deren Aktien Verfügungsbeschränkungen unterliegen,[44] – ist den Aktionären gemäß § 29 Abs. 1 UmwG eine Barabfindung anzubieten. Es ist nicht auszuschließen, dass eine derartige Barabfindung nach der Macrotron-Entscheidung des BGH[45] auch bei einer Verschmelzung auf eine AG oder KGaA, deren Aktien keiner Verfügungsbeschränkung unterliegen, anzubieten ist.[46] Das Umtauschverhältnis der Aktien bzw. die Barabfindung muss angemessen sein. Die Rechtsprechung[47] und ein Teil der Literatur[48] verlangt dabei, im Rahmen des Umtauschverhältnisses bzw. der Barabfindung auch den Wegfall der Handelbarkeit der Aktien als Vermögensnachteil zu berücksichtigen.

---

[42] Dies kann dagegen über einen „Squeeze-Out" erreicht werden. Siehe Rn 31 ff.
[43] Diese Regelung gilt nicht, wenn gemäß § 62 Abs. 2 UmwG Aktionäre mit einer Beteiligung von mindestens 5% die Einberufung einer Hauptversammlung verlangen.
[44] Insbesondere bei vinkulierten Namensaktien, vgl. Land/Hasselbach, DB 2000, 557, 559.
[45] BGH (Macrotron), AG 2003, 273 ff. = ZIP 2003, 387.
[46] Siehe dazu oben unter Rn 20.
[47] LG Hanau DB 2002, 2261.
[48] Steck, „Going private" über das UmwG, AG 1998, 460, 463; Richard/Weinheimer, Der Weg zurück: Going Private, BB 1999, 1613, 1617; aA Mülbert, ZHR 165 (2001), 105, 137 ff.; Land/Hasselbach, DB 2000, 557, 559.

5. Verkauf sämtlicher Einzelwirtschaftsgüter der börsennotierten Aktiengesellschaft und anschließende Liquidation

23 Der Verkauf sämtlicher Einzelwirtschaftsgüter der börsennotierten Aktiengesellschaft und die anschließende Liquidation (die sog. „übertragende Auflösung") als Instrument des kalten Delistings bietet sich dann an, wenn (i) ein Hauptaktionär nur an einzelnen Vermögensgegenständen der Gesellschaft Interesse hat und (ii) der durch die Abwicklung und Auflösung entstehende steuerliche Nachteil und Imageverlust hierdurch aufgewogen wird. Mit Abschluss der Liquidation erlischt die Gesellschaft als Rechtssubjekt; die Börsenzulassung entfällt automatisch. Die Voraussetzungen der übertragenden Auflösung wurden im Detail an anderer Stelle bereits behandelt.[49] Im wesentlichen sind folgende Schritte erforderlich: (i) Abschluss eines oder mehrerer Kaufverträge zur Veräußerung der Vermögensgegenstände der Aktiengesellschaft; (ii) zustimmender Hauptversammlungsbeschluss der börsennotierten Aktiengesellschaft gemäß § 179a Abs. 1 Satz 1 AktG und Beachtung der Informationspflichten des § 179a Abs. 2 AktG (Auslage und Erläuterung der Verträge); (iii) Auflösung der börsennotierten Aktiengesellschaft durch einen Auflösungsbeschluss der Hauptversammlung gemäß § 262 Abs. 1 Nr. 2 AktG; (iv) Abwicklung der Gesellschaft und Verteilung des Vermögens der Gesellschaft an die Aktionäre; bei vorherigem Verkauf aller Wirtschaftsgüter besteht das Vermögen der Gesellschaft primär aus dem dadurch erzielten Verkaufserlös.

24 Im Hinblick auf die übertragende Auflösung als Alternative zum kalten Delisting sind folgende weitere Punkte von Bedeutung: Aus der (einen Liquidationsbeschluss betreffenden) Linotype-Entscheidung des BGH scheint sich zunächst zu ergeben, dass der Beschluss selbst dann keiner besonderen Rechtfertigung bedarf, wenn das Vermögen auf den Mehrheitsaktionär übertragen wird.[50] Wenn diese Auffassung richtig wäre, so bedürfte es keines wie auch immer gearteten Berichts des Vorstandes und insbesondere keiner Rechtfertigung der Angemessenheit der Gegenleistung. Die Minderheit der Aktionäre ist damit aber nicht vollkommen schutzlos gestellt. Entspricht die der Aktiengesellschaft zu gewährende Gegenleistung nicht dem Wert der veräußerten Vermögensgegenstände, so stellt dies einen Verstoß gegen das Verbot der Einlagenrückgewähr nach § 57 AktG dar. Der Übertragungsvertrag ist gemäß § 134 BGB nichtig, die Aktiengesellschaft hat einen Rückerstattungsanspruch aus § 62 AktG.[51] Die erforderlichen Hauptversammlungsbeschlüsse nach §§ 179a, 262 Abs. 1 Nr. 2 AktG können nach § 243 AktG, insbesondere auch nach § 243 Abs. 2 AktG wegen unzulässiger Verfolgung von Sondervorteilen durch den Mehrheitsaktionär angefochten werden.[52] Im faktischen Konzern werden Aktiengesellschaft und Minderheitsaktionäre zudem durch die §§ 311, 317 AktG geschützt, die eine Nachteilsausgleichverpflichtung und einen Ersatzanspruch der Aktiengesellschaft sowie der Aktionäre für den Fall der nachteiligen Einflussnahme des Mehrheitsaktionärs auf die Aktiengesellschaft vorsehen.[53] In zwei Gerichtsentschei-

---

[49] § 13 Rn 67 ff.
[50] BGHZ 103, 184, 191 f.
[51] *Hüffer*, § 179a Rn 17.
[52] *Hüffer*, § 179a Rn 14.
[53] Münchener Kommentar AktG/*Kropff*, § 311, Rn 111.

dungen ist die übertragende Auflösung jedenfalls grundsätzlich für zulässig erklärt worden.[54] In der Moto-Meter-Entscheidung des BVerfG wurde allerdings als Voraussetzung festgehalten, dass die Aktionäre nach Art. 14 GG wirtschaftlich voll für den Verlust zu entschädigen sind. Dies sei zwar bei der Veräußerung auf einen unabhängigen Dritten der Fall, da alle Aktionäre dann das gleiche Ziel der Erreichung eines möglichst hohen Kaufpreises hätten; indes versage dieser Schutz, wenn das Vermögen der Gesellschaft von einem Großaktionär erworben wird, weil in diesen Fällen ein Interessenkonflikt bestehe.[55] Das BVerfG lehnte es allerdings ab, aus verfassungsrechtlichen Gründen vorzuschreiben, dass eine Überprüfung der Höhe der für den Vermögenserwerb gezahlten Gegenleistung im Wege des Spruchverfahrens durchzuführen sei; sollte dies aus gesellschaftsrechtlichen Gründen nicht möglich sein, so sei im Rahmen einer Anfechtungsklage gegebenenfalls dem Hauptversammlungsbeschluss die Wirksamkeit zu versagen.

Die Einführung der Squeeze-Out Regelung wirft die Frage auf, ob eine übertragende Auflösung wegen der Möglichkeit, damit die §§ 327a ff. AktG zu umgehen, nunmehr unzulässig geworden ist oder besonderen Voraussetzungen unterliegt.[56] Da mit einer übertragenden Auflösung zumindest rechtstechnisch andere Konsequenzen verbunden sind als mit einem Squeeze-Out, wird man annehmen müssen, dass die Einführung des Squeeze-Out an der Zulässigkeit der übertragenden Auflösung nichts geändert hat.[57] Nach der zur Zulässigkeit und den Voraussetzungen eines Delistings ergangenen Macrotron-Entscheidung des BGH[58] dürfte allerdings feststehen, dass sich die Rechtsprechung dafür entschieden hat, einen Minderheitenschutz nicht durch Inhaltskontrolle des Beschlusses zu verwirklichen, sondern durch Kontrolle der Höhe der Gegenleistung und gegebenenfalls durch deren Nachbesserung, mithin also der Anwendung des Spruchverfahrens.[59] Ob darüber hinaus der weitergehende Schluss zulässig ist, dass nach der Macrotron-Entscheidung die Gesellschaft und/oder der Mehrheitsaktionär den außenstehenden Aktionären ein Abfindungsangebot unterbreiten muss, muss dabei derzeit noch als offen angesehen werden.[60]

Es verbleibt die Frage, welche Konsequenzen die Macrotron-Entscheidung für die Vorbereitung der Hauptversammlung hat, insbesondere, ob eine Analogie zu den umwandlungsrechtlichen Vorschriften bzw. den Squeeze-Out Bestimmungen des

---

[54] BayObLG ZIP 1998, 2002 ff. und BVerfG ZIP 2000, 1670 ff. („Moto Meter").

[55] BVerfG ZIP 2000, 1670, 1672.

[56] Vgl. *Wolf*, Der Minderheitenausschluss qua „übertragender Auflösung" nach Einführung des Squeeze-Out gemäß §§ 327 a–f AktG, ZIP 2002, 153 ff. sowie *Roth*, Die übertragende Auflösung nach Einführung des Squeeze-out, NZG 2003, 998 ff.

[57] Im Ergebnis ebenso *Wolf*, ZIP 2002, 153, 154; **aA** *Wilhelm/Dreier*, Beseitigung von Minderheitsbeteiligungen auch durch übertragende Auflösung einer AG?, ZIP 2003, 1369, 1375: Squeeze-Out als spezialgesetzliche Regelung.

[58] BGH WM 2003, 533 ff.

[59] Vgl. BGH WM 2003, 533, 536.

[60] *Roth*, NZG 2003, 998, 1002 hält diese Schlussfolgerung nicht für möglich und plädiert trotz der Macrotron-Entscheidung für eine Beschlusskontrolle im Rahmen der Anfechtungsklage, a.a.O. 1003; wie hier: *Wolf*, ZIP 2002, 153, 158 f., allerdings unter Hinweis auf die hierdurch verursachten Rechtsanwendungsprobleme im Rahmen des Spruchstellenverfahrens, vgl. *Wolf*, ZIP 2002, 153, 159.

Aktiengesetzes dahingehend anzunehmen ist, dass die Angemessenheit der gezahlten Gegenleistung in einem Bericht des Vorstands darzustellen ist und/oder die Angemessenheit durch externe gerichtlich bestellte Prüfer zu überprüfen ist. Zwar wird in der Macrotron-Entscheidung lapidar festgestellt, es sei zur Begründung des Delisting kein Vorstandsbericht erforderlich,[61] jedoch bleibt offen, ob das Berichtserfordernis auch hinsichtlich der Angemessenheit entfällt. Eine Analogie zu ähnlichen Vorschriften im Bereich des Umwandlungsrechts, des Squeeze-Out und dem Recht der Unternehmensverträge ließe es naheliegend erscheinen, noch einen Schritt weiterzugehen und auch eine Pflicht zur externen Prüfung anzunehmen.[62] Es kann daher ratsam sein, in Fällen der übertragenden Auflösung wenigstens der Einladung zur Hauptversammlung nach § 179a AktG eine Erläuterung des Vertrages, seiner Hintergründe und wichtigsten Bestimmungen beizufügen. Siehe dazu auch § 13 Rn 67 ff.

V. Squeeze-Out

1. Einleitung

27 Als derzeit wohl erfolgversprechendste Alternative zum Rückzug von der Börse bietet sich das so genannte Squeeze-Out-Verfahren an.[63] Nach einem erfolgreich durchgeführten Squeeze-Out befinden sich alle Aktien in der Hand des Hauptaktionärs. Die Börsenzulassung wird in diesem Fall auf Antrag oder von Amts wegen widerrufen. Daher werden die Voraussetzungen, das Verfahren und einige Probleme des Squeeze-Out im Folgenden detaillierter dargestellt.

2. Voraussetzungen des Squeeze-Out

28 Die am 1.1.2002 im Rahmen des 4. FMFG neu in das Aktiengesetz eingefügten Regelungen zum Squeeze-Out (§§ 327a ff. AktG) ermöglichen es dem Hauptaktionär, dem Aktien in Höhe von mindestens 95 % des Grundkapitals gehören, einen Hauptversammlungsbeschluss zur Übertragung der Aktien der übrigen Aktionäre (Minderheitsaktionäre) auf den Hauptaktionär gegen Gewährung einer angemesse-

---

[61] BGH WM 2003, 533, 536.
[62] Jedenfalls kann die Anwendung solcher Vorschriften nicht damit begründet werden, dass § 4 Abs. 2 Ziffer 4 SpruchG vom Antragsteller verlangt, in seiner Antragsbegründung konkrete Einwendungen gegen den als Grundlage für die Kompensation ermittelten Unternehmenswerts vorzubringen, da eine solche Pflicht nur insoweit besteht, als sich der Unternehmenswert aus den in § 7 Abs. 3 SpruchG genannten Unterlagen ergibt. Obwohl das SpruchG nach Ergehen der Macrotron-Entscheidung erlassen wurde, ergibt sich aus dem SpruchG weder ein Berichtserfordernis noch ein Prüfungserfordernis.
[63] Seit Einführung des Squeeze-Out hat diese Variante des Rückzugs von der Börse die größte Bedeutung in der Praxis. Ein Beispiel aus neuerer Zeit ist die Stinnes AG. Die DB Sechste Vermögensverwaltungsgesellschaft mbH hat im Rahmen eines Squeeze-Out alle Aktien der Stinnes AG erworben. Mit dem 9. Mai 2003 wurde die Notierung der Aktien an der FWB eingestellt, mit Beschluss vom 8. Juli 2003 hat die Zulassungsstelle der Frankfurter Börse die Zulassung widerrufen. Weitere Beispiele aus der jüngsten Vergangenheit sind: Dresdner Bank AG, Kiekert AG, Dortmunder Actien Brauerei AG, Entrium AG, Stollwerck AG, Gerresheimer Glas AG, Aditron AG, Edscha AG, Kamps AG.

nen Abfindung herbeizuführen. Dieser als Squeeze-Out bezeichnete Ausschluss von Minderheitsaktionären, der gleichfalls für börsennotierte wie nicht-börsennotierte Aktiengesellschaften und KGaAs gilt, setzt im einzelnen voraus:
- 95 % Beteiligung des Hauptaktionärs an einer Aktiengesellschaft oder KGaA; bei der Berechnung der erforderlichen Kapitalmehrheit sind gemäß § 16 Abs. 2 Satz 2 AktG die der Gesellschaft selbst gehörenden eigenen Aktien nicht zu berücksichtigen. Schuldrechtliche Ansprüche auf den Bezug von Aktien (Bezugsrechte) sind ebenfalls nicht in die Berechnung einzubeziehen.[64] Hinzugerechnet werden dagegen Aktien, die dem Hauptaktionär wirtschaftlich zuzurechnen sind (beispielsweise auf Rechnung des Hauptaktionärs von Dritten gehaltene Aktien oder Aktien, die einem von ihm abhängigen Unternehmen gehören). Hauptaktionär kann jede natürliche oder juristische Person sein, ferner jede rechtsfähige Gesellschaft, einschließlich der BGB-Gesellschaft und sonstige Erben- und Gütergemeinschaften.[65] So kann beispielsweise auch eine BGB-Gesellschaft Hauptaktionärin sein, in die mehrere Beteiligte ihre Aktien dauerhaft[66] eingebracht haben.
- Verlangen des Hauptaktionärs, einen Squeeze-Out-Beschluss herbeizuführen;[67]
- Festlegung einer angemessenen Barabfindung durch den Hauptaktionär;
- Beibringung einer Gewährleistung durch ein Kreditinstitut (Bankgarantie) für die gesamte Barabfindung durch den Hauptaktionär;
- Schriftlicher Bericht des Hauptaktionärs an die Hauptversammlung, der die Voraussetzungen für die Übertragung darlegt und die Angemessenheit der Barabfindung erläutert und begründet;
- Überprüfung der Angemessenheit der Barabfindung durch einen Prüfer, der auf Antrag des Hauptaktionärs durch das zuständige Gericht ausgewählt und bestellt wird;
- Beschluss der Hauptversammlung zur Übertragung der Aktien der Minderheitsaktionäre auf den Hauptaktionär.

Die Minderheitsaktionäre scheiden dann mit Eintragung des Übertragungsbeschlusses in das Handelsregister der Gesellschaft aus dieser aus (§ 327e Abs. 3 AktG).

Obwohl die Squeeze-Out-Regelung zeitgleich mit dem WpÜG in das AktG eingefügt wurde, ist ein vorangehendes öffentliches Übernahmeangebot keine Voraussetzung. Auch ein gesellschaftsrechtliches Pflichtangebot im Sinne der Macrotron-Entscheidung des Bundesgerichtshofs ist nicht erforderlich, da im Rahmen des Squeeze-Out bereits ohnehin eine angemessene Barabfindung zu gewähren ist.

3. Verfahren

Sobald der Hauptaktionär die Übertragung der Aktien auf ihn verlangt, hat der Vorstand unverzüglich und ungeachtet seiner sonst bestehenden Weisungsfreiheit

---

[64] *Grunewald*, Die neue Squeeze-out-Regelung, ZIP 2002, 18.
[65] *Hüffer*, § 327a, Rn 7.
[66] Erfolgt die Einbringung nur vorübergehend, liegt ggf. eine Umgehung der Squeeze-Out-Regelung vor, hierzu *Baums*, Der Ausschluss von Minderheitsaktionären nach §§ 327a ff. AktG nF, WM 2001, 1843, 1846.
[67] Siehe hierzu unter Rn 28.

die Hauptversammlung einzuberufen. Beschlussgegenstand ist dabei die Übertragung der Aktien der Minderheitsaktionäre auf den Hauptaktionär. Vorstand und Aufsichtsrat haben gemäß § 124 Abs. 3 Satz 1 AktG zur Beschlussfassung einen Vorschlag zu unterbreiten.

31   Die Einberufung der Hauptversammlung hat gemäß § 327 c AktG zu erfolgen. Vom Zeitpunkt der Einberufung der Hauptversammlung an sind (i) der Entwurf des Übertragungsbeschlusses, (ii) Jahresabschlüsse der letzten drei Geschäftsjahre, (iii) der Squeeze-Out-Bericht des Hauptaktionärs sowie (iv) der Prüfungsbericht zur Angemessenheit der Barabfindung durch einen vom Gericht ausgewählten Prüfer bei der Gesellschaft und später in der Hauptversammlung auszulegen.

32   In der Hauptversammlung kann der Vorstand dem Hauptaktionär gemäß § 327 d AktG Gelegenheit geben, den Entwurf des Übertragungsbeschlusses und die Angemessenheit der Barabfindung mündlich zu erläutern. Im Anschluss an die Beschlussfassung der Hauptversammlung, für die die einfache Stimmenmehrheit genügt, ist der Übertragungsbeschluss gemäß § 327 e AktG zur Eintragung in das Handelsregister anzumelden. Der Anmeldung ist die Niederschrift des Übertragungsbeschlusses beizufügen. Das zuständige Registergericht überprüft die Anmeldung sowohl in formeller als auch in materieller Hinsicht. Dabei wird insbesondere auch das Vorliegen der 95-%igen Kapitalmehrheit geprüft. Mit der Anmeldung hat der Vorstand gegenüber dem Registergericht eine Negativerklärung gemäß § 327 e Abs. 2 AktG iVm § 319 Abs. 5 AktG abzugeben, dass keine Klage gegen die Wirksamkeit des Hauptversammlungsbeschlusses erhoben wurde. Liegt diese Negativerklärung nicht vor, darf der Squeeze-Out nicht eingetragen werden (Registersperre), es sei denn, die Registersperre wurde durch rechtskräftigen Beschluss des Prozessgerichts überwunden (Freigabeverfahren).[68] Mit der Eintragung des Übertragungsbeschlusses vollzieht sich kraft Gesetzes der Übergang des Eigentums an den Aktien der Minderheitsaktionäre auf den Hauptaktionär. Sind über die übertragenen Aktien der Minderheitsaktionäre Aktienurkunden ausgegeben, verbriefen diese bis zu ihrer Aushändigung an den Hauptaktionär nunmehr den Anspruch auf Barabfindung.[69]

4. Behandlung von Optionsrechten im Rahmen eines Squeeze-Out

33   Im Zusammenhang mit dem Squeeze-Out-Verfahren ist insbesondere eine Behandlung bereits ausgegebener Optionsrechte problematisch. So ist umstritten, ob die Inhaber von Optionsrechten auf Aktien nach erfolgtem Squeeze-Out weiterhin einen Anspruch auf Ausgabe von Aktien haben[70] oder ob sich das Optionsrecht mit Eintragung des Übertragungsbeschlusses in einen Anspruch auf Barabfindung umwandelt.[71] Für letztere Ansicht spricht insbesondere, dass es dem Hauptaktionär nicht zugemutet werden kann, ein Squeeze-Out-Verfahren mehrfach durchzu-

---

[68] *Hüffer*, § 327 e Rn 3; siehe hierzu auch § 13 Rn 46.
[69] *Hüffer*, § 327 e, Rn 4.
[70] *Baums*, WM 2001, 1843, 1848.
[71] So *Grunewald*, ZIP 2002, 18, Kölner Kommentar WpÜG/*Hasselbach*, § 327 e AktG, Rn 22; *Wilsing/Kruse*, Zur Behandlung bedingter Aktienbezugsrechte beim Squeeze-out, ZIP 2002, 1465 f., zuletzt in diesem Sinne: LG Düsseldorf, Beschluss vom 4. März 2004, Az. 3/0144/03 (rechtskräftig) (Kamps), im Internet abrufbar unter http://www.rws-verlag.de/volltext2004/zlg62.htm.

führen. Dazu wäre er jedoch nach Ausgabe von Aktien an die Optionsberechtigten gezwungen. Zudem dürften die Inhaber von Optionsrechten regelmäßig kein Interesse daran haben, Aktien an einer Gesellschaft zu erwerben, die sie infolge eines weiteren Squeeze-Outs ohnehin bald verlieren werden. Trotz dieser an sich überzeugenden Argumente muss zumindest aus Vorsichtsgründen bis zu einer gerichtlichen Klärung oder Reform der Squeeze-Out-Vorschriften davon ausgegangen werden, dass Optionsrechte trotz eines Squeeze-Out-Beschlusses bestehen bleiben. In der Praxis dürfte sich dieses Problem zumindest bei Gesellschaften mit überschaubaren Optionsprogrammen dadurch lösen lassen, dass sich die Aktiengesellschaft mit den jeweiligen Optionsberechtigten über die Aufhebung der Optionsrechte einigt. Ist keine Einigung möglich, ist zumindest nach der heutigen Rechtslage ein erneutes Squeeze-Out-Verfahren nach Ausübung der Optionsrechte und Ausgabe neuer Aktien möglicherweise nicht vermeidbar.

VI. Rechtsschutz der Anleger

Dem Anleger wird beim Rückzug von der Börse Rechtschutz sowohl durch das 34 Verwaltungsrecht als auch das Gesellschaftsrecht/Aktienrecht gewährt. Seine Rechtsschutzmöglichkeiten richten sich zum einen gegen (i) die Delisting-Entscheidung der Börsenzulassungsstelle und zum anderen gegen (ii) den Delisting-Beschluss der Hauptversammlung sowie gegen (iii) die Höhe der Barabfindung.

1. Gesellschaftsrechtlicher Rechtsschutz

Wie bereits dargestellt, erfordert sowohl das kalte Delisting als auch das reguläre 35 Delisting[72] einen Hauptversammlungsbeschluss der Gesellschaft. Dieser kann mit der Anfechtungsklage gemäß § 243 Abs. 1 AktG angegriffen werden, die entsprechend den gesellschaftsrechtlichen Grundlagen auf formelle und materielle Fehler der Hauptversammlung gestützt werden kann. Die Anfechtungsklage ist gegen die Gesellschaft zu richten und gemäß § 246 Abs. 1 AktG innerhalb eines Monats nach Beschlussfassung zu erheben. Wird fristgerecht Klage erhoben, so bewirkt dies entweder eine Registersperre[73] (im Falle eines Squeeze-Out, einer Eingliederung sowie der Verschmelzung oder Umwandlung) oder die Aussetzung der Eintragung durch das Registergericht nach § 127 FGG.

Darüber hinaus steht den Anlegern vorbeugender Rechtsschutz in Form der 36 Unterlassungsklage und der entsprechende einstweilige Rechtsschutz offen, soweit der Vorstand den Widerruf der Zulassung ohne die nach den Grundsätzen des BGH erforderliche Zustimmung der Hauptversammlung beantragt.

2. Verwaltungsrechtlicher Rechtsschutz

In Betracht kommt zunächst verwaltungsrechtlicher Rechtsschutz der Anleger 37 im Wege des Widerspruchs und der Anfechtungsklage gegen den Widerruf der Bör-

---

[72] Nach der Macrotron-Entscheidung des BGH, BGH AG 2003, 273 ff. = ZIP 2003, 387.
[73] Dazu sowie zum Freigebeverfahren, vgl. § 13 Rn 46.

senzulassung durch die Börsenzulassungsstelle. Da der einzelne Anleger jedoch nicht Adressat des § 38 Abs. 4 BörsG ist, hängt die Zulässigkeit dieser Rechtsmittel vor allem davon ab, ob § 38 Abs. 1 Nr. 1 BörsG drittschützenden Charakter hat. Dies ist in der juristischen Literatur umstritten, wurde jüngst aber durch das VG Frankfurt befürwortet.[74] Gegen verwaltungsrechtlichen Rechtsschutz und die Auffassung des VG Frankfurt spricht jedoch der jüngst eingefügte § 31 Abs. 5 BörsG, der feststellt, dass die Zulassungsstelle nur im öffentlichen Interesse tätig wird. Wird trotz dieser Neuregelung verwaltungsgerichtlicher Rechtsschutz eröffnet, so ist dieser zumindest in materieller Hinsicht angesichts des Ermessens der Börsenzulassungsstelle über den Widerruf der Zulassung nach § 114 VwGO auf die Frage beschränkt, ob ein Ermessensfehlgebrauch vorliegt. Dies ist insbesondere dann der Fall, wenn (i) nicht alle für die Entscheidung relevanten Aspekte überprüft wurden, (ii) hinsichtlich des Anlegerinteresses oder eines sonst zu beachtenden Aspekts eine Fehlgewichtung vorliegt oder (iii) relevante Aspekte zu Unrecht nicht in die Erwägungen einbezogen wurden.[75]

3. Spruchstellenverfahren

38 Neben den Rechtsschutzmöglichkeiten, die sich gegen die Rechtmäßigkeit der Entscheidung zum Widerruf der Börsenzulassung an sich wenden, steht es den Anlegern offen, sich gegen die Höhe der Barabfindung zu wenden. Die gesetzlichen Regelungen zum Squeeze-Out, zur Eingliederung und zum Formwechsel sehen hier gem. §§ 327 f. AktG, 320b Abs. 2 AktG bzw. § 34 UmwG die Überprüfung der Angemessenheit der Barabfindung im Rahmen des Spruchverfahrens nach Spruchverfahrensgesetz vor.[76] Dies gilt nach der Macrotron-Entscheidung des Bundesgerichtshofs[77] nunmehr auch beim regulären Delisting.

---

[74] Hierzu VG Frankfurt, Urteil vom 17.6.2002, ZIP 2002, S. 1446 ff.; *Hüffer*, § 119, Rn 22; *Kruse*, Gerichtliche Kontrolle des obligatorischen Aktienkaufangebots beim börsenrechtlichen Delistingverfahren?, BB 2000, 2271, 2273; *Gross*, ZHR 165 (2001), 141, 151 f. und *Pfüller/Anders*, NZG 2003, 459, 464.
[75] VG Frankfurt, Urteil vom 17.6.2002, ZIP 2002, S. 1446, 1449.
[76] Zu den Einzelheiten vgl. § 8 Rn 21 f.
[77] BGH AG 2003, 273 ff., Fn 16 (Macrotron).

I. Checkliste für Aufsichtsräte und Vorstände zur Abgabe der Entsprechenserklärung nach § 161 AktG

		Empfehlungen des Corporate Governance Kodex (CGK)	Corporate Governance Kodex (CGK)	Check
1. Aufsichtsrat	1.1	Empfehlungen zu Vorstandsangelegenheiten		
		• Hat der Aufsichtsrat die Informations- und Berichtspflichten des Vorstands näher festgelegt?	Abschnitt 3.4 CGK, § 90 AktG	☐
		• Hat das Aufsichtsratsplenum auf Vorschlag des Gremiums, das die Vorstandsverträge behandelt, über die Struktur des Vergütungssystems für den Vorstand beraten?	Abschnitt 4.2.2 CGK	☐
		• Überprüft das Aufsichtsratsplenum regelmäßig die Struktur des Vergütungssystems?	Abschnitt 4.2.2 CGK	☐
		• Hat der Aufsichtsrat die Vergütung der Vorstandsmitglieder auf der Grundlage einer persönlichen Leistungsbeurteilung festgelegt?	Abschnitt 4.2.2 CGK	☐
		• Enthalten die Vergütungsmodelle für die Gesamtvergütung der Vorstandsmitglieder fixe und variable Bestandteile?	Abschnitt 4.2.3 CGK	☐
		• Sind sämtliche Vergütungsbestandteile für sich sowie insgesamt angemessen?	Abschnitt 4.2.3 CGK	☐
		• Sind die Vergütungskomponenten mit langfristiger Anreizwirkung und Risikocharakter wie Aktienoptionen und vergleichbare Gestaltungen (zB Phantom Stocks) auf anspruchsvolle, relevante Vergleichsparameter bezogen?	Abschnitt 4.2.3 CGK	☐
		• Ist eine nachträgliche Änderung der Erfolgsziele oder der Vergleichsparameter ausgeschlossen?	Abschnitt 4.2.3 CGK	☐
		• Hat der Aufsichtsrat für außerordentliche, nicht vorhersehbare Entwicklungen eine Begrenzungsmöglichkeit (Cap) vereinbart?	Abschnitt 4.2.3 CGK	☐

Anlagen   I. Checkliste für Aufsichtsräte und Vorstände

	Empfehlungen des Corporate Governance Kodex (CGK)	Corporate Governance Kodex (CGK)	Check
	• Sind die Grundzüge des Vergütungssystems sowie die konkrete Ausgestaltung eines Aktienoptionsplans oder vergleichbarer Gestaltungen für Komponenten mit langfristiger Anreizwirkung und Risikocharakter sowie Angaben zum Wert von Aktienoptionen auf der Internetseite der Gesellschaft in allgemein verständlicher Form bekannt gemacht und im Geschäftsbericht erläutert worden?	Abschnitt 4.2.3 CGK	☐
	• Informiert der Vorsitzende des Aufsichtsrats die Hauptversammlung über die Grundzüge des Vergütungssystems und deren Veränderung?	Abschnitt 4.2.3 CGK	☐
	• Ist sichergestellt, dass wesentliche Geschäfte zwischen Vorstandsmitgliedern sowie ihnen nahestehenden Personen oder Unternehmen und der Gesellschaft der Genehmigung durch den Aufsichtsrat bedürfen?	Abschnitt 4.3.4 CGK	☐
	• Erfolgt eine langfristige Nachfolgeplanung für die Besetzung von Vorstandspositionen in Absprache mit dem Vorstand?	Abschnitt 5.1.2 CGK	☐
	• Wird bei der Erstbestellung eines Mitglieds des Vorstandes die maximal mögliche Bestelldauer von fünf Jahren in der Regel nicht ausgeschöpft?	Abschnitt 5.1.2 CGK	☐
	• Erfolgt eine Wiederbestellung von Vorständen vor Ablauf eines Jahres vor dem Ende der Bestelldauer bei gleichzeitiger Aufhebung der laufenden Bestellung nur bei Vorliegen besonderer Umstände?	Abschnitt 5.1.2 CGK	☐
	• Ist für Vorstände eine Altersgrenze festgeschrieben?	Abschnitt 5.1.2 CGK	☐
1.2	**Empfehlungen zur Aufsichtsratstätigkeit**		
	• Wenn die Gesellschaft zugunsten des Aufsichtsrats eine D&O-Versicherung abgeschlossen hat: Wurde ein angemessener Selbstbehalt festgelegt?	Abschnitt 3.8 CGK	☐
	• Berichtet der Aufsichtsrat im Geschäftsbericht jährlich über die Corporate Governance des Unternehmens?	Abschnitt 3.10 CGK	☐

I. Checkliste für Aufsichtsräte und Vorstände — Anlagen

	Empfehlungen des Corporate Governance Kodex (CGK)	Corporate Governance Kodex (CGK)	Check
	• Besteht für den Aufsichtsrat eine Geschäftsordnung?	Abschnitt 5.1.3 CGK	☐
	• Hält der Aufsichtsratsvorsitzende regelmäßig Kontakt zum Vorstand bzw. dessen Vorsitzendem und berät die Strategie, die Geschäftsentwicklung und das Risikomanagement?	Abschnitt 5.2 CGK	☐
	• Unterrichtet der Aufsichtsratsvorsitzende den Aufsichtsrat unverzüglich über Entwicklungen von wesentlicher Bedeutung für das Unternehmen und beruft erforderlichenfalls eine außerordentliche Aufsichtsratssitzung ein?	Abschnitt 5.2 CGK	☐
	• Ist der Aufsichtsratsvorsitzende zugleich Vorsitzender des Ausschusses, der die Vorstandsverträge behandelt und die Aufsichtsratssitzungen vorbereitet?	Abschnitt 5.2 CGK	☐
	• Ist sichergestellt, dass der Aufsichtsratsvorsitzende nicht Vorsitzender des Prüfungsausschusses ist?	Abschnitt 5.2 CGK	☐
	• Ist sichergestellt, dass der Vorsitzende des Prüfungsausschusses kein ehemaliges Vorstandsmitglied der Gesellschaft ist?	Abschnitt 5.3.2 CGK	☐
	• Wurden fachlich qualifizierte Ausschüsse im Aufsichtsrat gebildet, insbesondere ein Prüfungsausschuss?	Abschnitte 5.3.1, 5.3.2 CGK, § 107 Abs. 3 AktG	☐
	• Werden bei Vorschlägen zur Wahl von Aufsichtsratsmitgliedern deren fachliche Qualifikation und Unabhängigkeit sowie die internationale Tätigkeit des Unternehmens, potenzielle Interessenkonflikte und eine Altersgrenze berücksichtigt?	Abschnitt 5.4.1 CGK	☐
	• Sind nicht mehr als zwei Mitglieder des Aufsichtsrats ehemalige Vorstandsmitglieder?	Abschnitt 5.4.2 CGK, §§ 100 Abs. 4, 101 Abs. 1 AktG	☐
	• Wurde die Mandatsbegrenzung für Aufsichtsräte beachtet?	Abschnitt 5.4.3 CGK, §§ 100 Abs. 2 Nr. 1, 101 Abs. 1 AktG	☐
	• Gehören dem Aufsichtsrat nicht mehr als zwei ehemalige Mitglieder des Vorstandes an?	Abschnitt 5.4.2 CGK	☐

Anlagen

I. Checkliste für Aufsichtsräte und Vorstände

	Empfehlungen des Corporate Governance Kodex (CGK)	Corporate Governance Kodex (CGK)	Check
	• Übt kein Aufsichtsrat eine Organfunktion oder Beratungsaufgaben bei wesentlichen Wettbewerbern aus?	Abschnitt 5.4.2 CGK	☐
	• Wurde bei der Vergütung des Aufsichtsrats die Position des Vorsitzenden und des stellvertretenden Vorsitzenden angemessen berücksichtigt?	Abschnitt 5.4.5 CGK, § 113 Abs. 1 S. 2 AktG	☐
	• Enthalten die Vergütungsmodelle für den Aufsichtsrat fixe und variable Bestandteile?	Abschnitt 5.4.5 CGK, § 113 Abs. 1 S. 2 AktG	☐
	• Wird im Bericht des Aufsichtsrats vermerkt, wenn ein Aufsichtsratsmitglied in einem Geschäftsjahr an weniger als der Hälfte der Sitzungen des Aufsichtsrats teilgenommen hat?	Abschnitt 5.4.6 CGK	☐
	• Ist sichergestellt, dass jedes Aufsichtsratsmitglied aufgetretene Interessenkonflikte dem Aufsichtsrat gegenüber offenlegt?	Abschnitt 5.5.2 CGK	☐
	• Berichtet der Aufsichtsrat gegenüber der Hauptversammlung über aufgetretene Interessenkonflikte in der Person eines Aufsichtsrats- oder Vorstandsmitglieds sowie deren Behandlung?	Abschnitt 5.5.3 CGK	☐
	• Führen wesentliche und nicht nur vorübergehende Interessenkonflikte in der Person eines Aufsichtsratsmitglieds zur Beendigung des Aufsichtsratsmandats?	Abschnitt 5.5.3 CGK	☐
	• Berichtet der Aufsichtsrat gegenüber der Hauptversammlung über aufgetretene Interessenkonflikte in der Person eines Aufsichtsratsmitglieds sowie deren Behandlung?	Abschnitt 5.5.3 CGK	☐
	• Ist sichergestellt, dass Berater- oder sonstige Dienstleistungs- und Werkverträge eines Aufsichtsratsmitglieds mit der Gesellschaft der Zustimmung des Aufsichtsrats bedürfen?	Abschnitt 5.5.4 CGK	☐
	• Überprüft der Aufsichtsrat regelmäßig die Effizienz seiner Tätigkeit?	Abschnitt 5.6 CGK	☐
	• Wird der Kauf und Verkauf von Aktien der Gesellschaft oder ihrer Konzernunternehmen, von Optio-	Abschnitt 6.6 CGK	☐

I. Checkliste für Aufsichtsräte und Vorstände **Anlagen**

		Empfehlungen des Corporate Governance Kodex (CGK)	Corporate Governance Kodex (CGK)	Check
		nen oder sonstigen Derivaten durch Aufsichtsratsmitglieder der Gesellschaft durch den Aufsichtsrat unverzüglich angezeigt?		
	1.3	**Empfehlungen zur Abschlussprüfung**		
		• Wurde vor Unterbreitung des Vorschlags zur Wahl des Abschlussprüfers an die Hauptversammlung eine Unabhängigkeitserklärung des Prüfers eingeholt, die sich auch auf Angaben zu erbrachten oder vereinbarten Beratungsleistungen erstreckt?	Abschnitt 7.2.1 CGK	☐
		• Wurde mit dem Abschlussprüfer vereinbart, dass der Vorsitzende des Aufsichtsrats bzw. des Prüfungsausschusses über während der Prüfung auftretende mögliche Ausschluss- oder Befangenheitsgründe des Prüfers unverzüglich zu unterrichten ist, soweit diese nicht unverzüglich beseitigt werden?	Abschnitt 7.2.1 CGK	☐
		• Wurde mit dem Abschlussprüfer vereinbart, dass dieser über alle für die Aufgaben des Aufsichtsrats wesentlichen Feststellungen und Vorkommnisse unverzüglich berichtet, die sich bei Durchführung der Prüfung ergeben?	Abschnitt 7.2.3 CGK	☐
		• Wurde mit dem Abschlussprüfer vereinbart, dass dieser den Aufsichtsrat informiert bzw. im Prüfungsbericht vermerkt, wenn während der Durchführung der Prüfung Tatsachen festgestellt werden, die eine Unrichtigkeit der von Vorstand und Aufsichtsrat abgegebenen Erklärung zum Corporate Governance Kodex ergeben?	Abschnitt 7.2.3 CGK	☐
2. Vorstand	2.1	**Empfehlungen zur Vorstandstätigkeit**		
		• Wenn die Gesellschaft zugunsten des Vorstandes eine D&O-Versicherung abgeschlossen hat: Wurde ein angemessener Selbstbehalt festgelegt?	Abschnitt 3.8 CGK	☐
		• Besteht für den Vorstand eine Geschäftsordnung?	Abschnitt 4.2.1 CGK, § 77 Abs. 2 Satz 1 AktG	☐

Anlagen

I. Checkliste für Aufsichtsräte und Vorstände

	Empfehlungen des Corporate Governance Kodex (CGK)	Corporate Governance Kodex (CGK)	Check
	• Wird in der Geschäftsordnung u. a. festgelegt, dass der Vorstand aus mehreren Personen besteht?	Abschnitt 4.2.1 CGK, § 23 Abs. 3 Nr. 6 AktG	☐
	• Werden Interessenkonflikte der Vorstandsmitglieder dem Aufsichtsrat gegenüber offengelegt?	Abschnitt 4.3.4 CGK	☐
	• Nehmen Vorstandsmitglieder Nebentätigkeiten, insbesondere Aufsichtsratsmandate außerhalb des Unternehmens, nur mit Zustimmung des Aufsichtsrats auf?	Abschnitt 4.3.5 CGK	☐
	• Nimmt kein Vorstand einer börsennotierten Gesellschaft mehr als fünf Aufsichtsratsmandate in konzernexternen börsennotierten Gesellschaften wahr?	Abschnitt 5.4.3 CGK	☐
	• Wird der Kauf und Verkauf von Aktien der Gesellschaft oder ihrer Konzernunternehmen, von Optionen oder sonstigen Derivaten durch Vorstandsmitglieder der Gesellschaft durch den Vorstand unverzüglich angezeigt?	Abschnitt 6.6 CGK	☐
2.2	Empfehlungen zur Kommunikation mit den Aktionären		
	• Sind die vom Gesetz für die Hauptversammlung verlangten Berichte und Unterlagen einschließlich des Geschäftsberichts sowie die Tagesordnung auf der Internet-Seite veröffentlicht?	Abschnitt 2.3.1 CGK	☐
	• Werden Finanzdienstleister, Aktionäre und Aktionärsvereinigungen auf ihr Verlangen auf elektronischem Weg zur Hauptversammlung eingeladen und die Einberufungsunterlagen per e-mail zugesandt?	Abschnitt 2.3.2 CGK	☐
	• Erleichtert die Gesellschaft den Aktionären die persönliche Wahrnehmung ihrer Rechte und unterstützt sie die Aktionäre bei der Stimmrechtsvertretung durch Bestellung eines Stimmrechtsvertreters, der das Stimmrecht der Aktionäre weisungsgebunden ausübt?	Abschnitt 2.3.3 CGK	☐
	• Ermöglicht die Gesellschaft den Aktionären die Verfolgung der Hauptversammlung über moderne Kommunikationsmedien (zB Internet)?	Abschnitt 2.3.4 CGK	☐

I. Checkliste für Aufsichtsräte und Vorstände **Anlagen**

	Empfehlungen des Corporate Governance Kodex (CGK)	Corporate Governance Kodex (CGK)	Check
	• Berichtet der Vorstand im Geschäftsjahr über die Corporate Governance des Unternehmens und schließt dieser Bericht die Erläuterung von Abweichungen von den Empfehlungen des Kodex ein?	Abschnitt 3.10 CGK	☐
	• Werden Informationen, die Finanzanalysten oder vergleichbaren Adressaten mitgeteilt worden sind, unverzüglich an alle Aktionäre weitergegeben?	Abschnitt 6.3 CGK	☐
	• Wird die Internet-Seite generell zur zeitnahen und gleichmäßigen Information der Aktionäre genutzt?	Abschnitte 6.4, 6.8 CGK	☐
	• Werden Informationen, die im Ausland aufgrund kapitalmarktrechtlicher Vorschriften veröffentlicht werden, auch im Inland unverzüglich bekannt gegeben?	Abschnitt 6.5 CGK	☐
	• Werden Informationen über den Kauf und Verkauf von Aktien der Gesellschaft oder ihrer Konzernunternehmen, von Optionen oder sonstigen Derivaten durch Vorstands- oder Aufsichtsratsmitglieder unverzüglich im Internet oder in wenigstens einem Börsenpflichtblatt veröffentlicht?	Abschnitt 6.6 CGK	☐
	• Werden in einem Finanzkalender die Termine wesentlicher wiederkehrender Veröffentlichungen mit ausreichendem Zeitvorlauf publiziert?	Abschnitt 6.7 CGK	☐
2.3	**Empfehlungen zur Rechnungslegung**		
	• Wird die Vergütung der Vorstandsmitglieder im Anhang zum Konzernabschluss aufgeteilt nach Fixum, erfolgsbezogenen Komponenten und Komponenten mit langfristiger Anreizwirkung ausgewiesen?	Abschnitt 4.2.4 CGK	☐
	• Erfolgen diese Angaben zur Vergütung der Vorstandsmitglieder individualisiert?	Abschnitt 4.2.4 CGK	☐
	• Wird die Vergütung der Aufsichtsratsmitglieder im Anhang des Konzernabschlusses individualisiert, aufgegliedert nach Bestandteilen ausgewiesen?	Abschnitt 5.4.5 CGK	☐

Anlagen

I. Checkliste für Aufsichtsräte und Vorstände

	Empfehlungen des Corporate Governance Kodex (CGK)	Corporate Governance Kodex (CGK)	Check
	• Werden auch Vergütungen für von Aufsichtsratsmitgliedern persönlich erbrachte Leistungen, insbesondere Beratungs- und Vermittlungsleistungen, individualisiert im Anhang zum Konzernabschluss veröffentlicht?	Abschnitt 5.4.5 CGK	☐
	• Werden die Informationen über den Kauf und Verkauf von Aktien der Gesellschaft oder ihrer Konzernunternehmen, von Optionen oder sonstigen Derivaten auf diese durch Vorstands- oder Aufsichtsratsmitglieder in den Konzernanhang übernommen?	Abschnitt 6.6 CGK	☐
	• Werden im Anhang zum Konzernabschluss Angaben über den Aktienbesitz der Organmitglieder an der Gesellschaft einschließlich der Optionen sowie sonstiger Derivate gemacht?	Abschnitt 6.6 CGK	☐
	• Wird der Aktienbesitz einschließlich der Optionen sowie sonstiger Derivate einzelner Organmitglieder angegeben, wenn er direkt oder indirekt 1 % der von der Gesellschaft ausgegebenen Aktien übersteigt?	Abschnitt 6.6 CGK	☐
	• Wird der Aktiengesamtbesitz aller Organmitglieder getrennt nach Vorstand und Aufsichtsrat ausgewiesen, wenn er insgesamt 1 % der ausgegebenen Aktien übersteigt?	Abschnitt 6.6 CGK	☐
	• Wurde der Konzernabschluss nach internationalen Rechnungslegungsstandards erstellt? Ist der Konzernabschluss binnen 90 Tagen nach Geschäftsjahresende öffentlich zugänglich?	Abschnitte 7.1.1, 7.1.2 CGK	☐
	• Wurden die Anleger während des Geschäftsjahres durch Zwischenberichte informiert?	Abschnitt 7.1.1 CGK	☐
	• Wurden die Zwischenberichte nach internationalen Rechnungslegungsstandards erstellt? Sind Zwischenberichte binnen 45 Tagen nach Ende des Berichtszeitraums öffentlich zugänglich?	Abschnitte 7.1.1, 7.1.2 CGK	☐
	• Enthält der Konzernabschluss konkrete Angaben über Aktienoptionsprogramme über ähnliche	Abschnitt 7.1.3 CGK	☐

I. Checkliste für Aufsichtsräte und Vorstände **Anlagen**

		Empfehlungen des Corporate Governance Kodex (CGK)	Corporate Governance Kodex (CGK)	Check
		wertpapierorientierte Anreizsysteme?		
	•	Wird eine Liste von Drittunternehmen veröffentlicht, an denen die Gesellschaft eine Beteiligung von nicht untergeordneter Bedeutung hält? Wird jeweils der Name und Sitz, die Höhe des Anteils, die Höhe des Eigenkapitals und das Ergebnis des letzten Geschäftsjahres angegeben?	Abschnitt 7.1.4 CGK	☐
	•	Werden im Konzernabschluss die Beziehungen zu Aktionären erläutert, die als nahestehende Personen zu qualifizieren sind?	Abschnitt 7.1.5 CGK	☐

II. Übersicht zu den Publizitätspflichten eines Emittenten

Art der Publizitätspflicht	Anforderungen	Gesetzliche Grundlage	Zeitliche Vorgaben	Veröffentlichungsmedium
Handelsrechtliche Publizität	– Jahresabschluss, Lagebericht, Bericht des Aufsichtsrats	§§ 242, 264 HGB	Aufstellung innerhalb von drei Monaten nach Ende des Geschäftsjahres. Veröffentlichung unverzüglich nach der HV, spätestens vor Ablauf des zwölften Monats des neuen Geschäftsjahres	Bundesanzeiger (Printversion), § 325 Abs. 2 HGB
	– Konzernabschluss, Konzernlagebericht, Bericht des Aufsichtsrats (befreiende Wirkung eines Konzernabschlusses auf US-GAAP oder IFRS Basis, § 292 a HGB)	§ 290 Abs. 2 HGB	Aufstellung innerhalb von fünf Monaten nach Ende des Geschäftsjahres. Veröffentlichung unverzüglich nach der HV, spätestens vor Ablauf des zwölften Monats des neuen Geschäftsjahres	Bundesanzeiger (Printversion), § 325 Abs. 3 HGB
Aktienrechtliche Publizität	– Einberufung der HV, Bekanntmachung der Tagesordnung, Beschlussvorschläge, ggf. zusammen mit Wortlaut der vorgeschlagenen Satzungsänderung, wesentlichem Inhalt des zur Beschlussfassung vorgelegten Vertrags, Bericht zum Bezugsrechtsausschluss (§ 186 Abs. 4 Satz 1 AktG)	§§ 121, 124 AktG	Einberufung unverzüglich nach Eingang des Berichts des Aufsichtsrats zum Jahresabschluss; spätest möglicher Zeitpunkt der Einberufung: Ende des achtes Monat des Geschäftsjahres, § 175 AktG; Einberufung mindestens einen Monat vor dem Tag der Hauptversammlung, § 123 AktG (beachte Hinterlegungsfrist und Bearbeitungszeit des Bundesanzeigers)	Elektronischer Bundesanzeiger
	– Auslegen von Unterlagen, zB Jahresabschluss, Konzernabschluss, Berichte, Verträge	§ 175 Abs. 2 AktG	Ab dem Tag Bekanntgabe der Einberufung der HV im Bundesanzeiger	In den Geschäftsräumen der Gesellschaft
	– Mitteilung der Einberufung des HV an Kreditinstitute, Aktionärsvereinigungen und ggf. Aktionäre	§ 125 AktG	Innerhalb von zwölf Tagen nach Bekanntgabe der Einberufung der HV im Bundesanzeiger	Mitteilung

II. Übersicht zu den Publizitätspflichten eines Emittenten **Anlagen**

Art der Publizitätspflicht	Anforderungen	Gesetzliche Grundlage	Zeitliche Vorgaben	Veröffentlichungsmedium
	– Gegenanträge, Wahlvorschläge	§§ 126, 127 AktG	Unverzüglich nach Zugang des Gegenantrags	Zugänglich machen: es reicht die Veröffentlichung auf der Website
	– Ermächtigung zum Erwerb eigener Aktien	§ 71 Abs. 1 Nr. 8, Abs. 3 Satz 3 AktG	Unverzüglich nach der HV	Unterrichtung der BAFin
	– Änderungen im Aufsichtsrat	§ 106 AktG	Unverzüglich	Elektronischer Bundesanzeiger
Börsenrechtliche Regelpublizität	Mindestanforderungen für den amtlichen und geregelten Markt (FWB General Standard):			
	– Einberufung der HV (ggf. in gekürzter Fassung) und Mitteilungen über die Auszahlung und Auszahlung von Dividenden, die Ausgabe neuer Aktien und die Ausübung von Umtausch-, Bezugs- und Zeichnungsrechten	§ 63 BörsZulV	Keine zeitlichen Vorgaben, zeitliche Nähe empfehlenswert	Überregionales Börsenpflichtblatt, § 70 Abs. 1 BörsZulV
	– Satzungsänderungen	§ 64 BörsZulV	Zeitpunkt der Einberufung der HV	Mitteilung an die Zulassungsstelle
	– Jahresabschluss, Konzernabschluss, Lagebericht	§ 65 BörsZulV	Unverzüglich nach Feststellung	Zur Verfügungstellen bei den Zahlstellen
	– Zwischenbericht	§ 40 BörsG, §§ 53 ff. BörsZulV	Innerhalb von zwei Monaten nach Ende des Berichtszeitraums (ersten sechs Monate des Geschäftsjahres)	überregionales Börsenpflichtblatt, Bundesanzeiger oder Druckschrift, die bei den Zahlstellen kostenlos zur Verfügung gestellt wird, § 61 Abs. 1 BörsZulV. Hinweisbekanntmachung im Bundesanzeiger, sofern dort keine Veröffentlichung erfolgt; Übermittlung an die Zulassungsstelle, § 62 BörsZulV
	– Änderung der mit den Wertpapieren verbundenen Rechte, Aufnahme von Anleihen, Änderungen der Rechte	§ 66 BörsZulV	Unverzüglich	überregionales Börsenpflichtblatt, § 70 Abs. 1 BörsZulV

375

Anlagen II. Übersicht zu den Publizitätspflichten eines Emittenten

Art der Publizitätspflicht	Anforderungen	Gesetzliche Grundlage	Zeitliche Vorgaben	Veröffentlichungsmedium
	von Aktien, auf die sich ein Umtausch- oder Bezugsrecht bezieht			
	Zusätzliche Publizitätspflichten für den amtlichen Markt (FWB Prime Standard)			
	– Abschlüsse nach internationalen Rechnungslegungsstandards (IFRS oder US-GAAP) in deutscher und englischer Sprache	§ 62 BörsO-FWB	Unverzüglich nach Billigung durch den Aufsichtsrat, spätestens innerhalb von vier Monaten nach Ende des Berichtszeitraums	Zur Verfügungstellen bei den Zahlstellen und Hinweisbekanntmachung in einem überregionalen Börsenpflichtblatt
	– Quartalsberichte nach internationalen Rechnungslegungsstandards in deutscher und englischer Sprache	§ 63 BörsO-FWB	Spätestens innerhalb von zwei Monaten nach Ende des Berichtszeitraums	Übermittlung an die Zulassungsstelle in elektronischer Form
	– Veröffentlichung eines Unternehmenskalenders	§ 64 BörsO-FWB	Zu Beginn eines jeden Geschäftsjahres	Übermittlung an die Zulassungsstelle in elektronischer Form und Veröffentlichung in Internet
	– Analystenveranstaltung	§ 65 BörsO-FWB	Einmal jährlich (außerhalb der Bilanzpressekonferenz)	
Börsenrechtliche Ad-hoc-Publizität	Veröffentlichung kurserheblicher Tatsachen aus dem Tätigkeitsbereich des Emittenten.	§ 15 WpHG	Unverzüglich	Mitteilung an die Geschäftsführung der Börse und an die BAFin; danach Veröffentlichung in mindestens einem überregionalem Börsenpflichtblatt oder über ein elektronisch betriebenes Informationsverbreitungssystem; danach Übersenden der Veröffentlichung an die Geschäftsführung der Börse und an die BAFin → alle Veröffentlichungsschritte werden idR von einem Dienstleister übernommen
Sekundäre börsenrechtliche Publizitätspflichten	Directors' Dealings	§ 15a Abs. 3 WpHG	Unverzüglich nach Zugang der Mitteilung vom Mitteilungspflichtigen	Bekanntgabe im Internet oder Abdruck in einem überregionalen Börsen-

II. Übersicht zu den Publizitätspflichten eines Emittenten **Anlagen**

Art der Publizitätspflicht	Anforderungen	Gesetzliche Grundlage	Zeitliche Vorgaben	Veröffentlichungsmedium
	Mitteilung der Über- oder Unterschreitung der Beteiligungsschwellen	§ 25 WpHG	Unverzüglich, spätestens neun Kalendertage nach Zugang der Mitteilung gem. § 21 WpHG	senpflichtblatt; Beleg über die Veröffentlichung an die BAFin Überregionales Börsenpflichtblatt
Freiwillige Publizität	*Im Rahmen von Pflichtveröffentlichungen* – Zusätzliche freiwillige Angaben im Lagebericht (zB Kapitalflussrechnung, Segmentberichterstattung) *Eigenständige Veröffentlichungen* – Freiwillige Quartalsberichte – Pressemitteilungen – Aktionärsbriefe – Geschäftsberichte – Unternehmensbroschüren – Investorenhandbücher – Finanz- und Imageanzeigen – Äußerungen auf der unternehmenseigenen Homepage, in Presse, Fernsehen – Jede andere mündliche oder schriftliche Darstellung des Unternehmens gegenüber dem Anlegerpublikum			

377

III. Ablaufplan für ein Übernahmeangebot (freundliches Übernahmeangebot mit Barzahlung als Gegenleistung)

Besonders wichtige Schritte sind durch **Fettdruck** hervorgehoben

	Welche Maßnahme?	Wann?	Gesetzliche Grundlage
1.	Vertraulichkeitsvereinbarung mit der Zielgesellschaft wegen Durchführung einer Due Diligence	Im Vorfeld	§ 93 Abs. 1 Satz 2 AktG
2.	Ggf. Vereinbarung von Exklusivität mit eventuellen Paketverkäufern und/oder der Zielgesellschaft und/oder Abschluss einer (unverbindlichen) Absichtserklärung	Im Vorfeld	n.a.
3.	Due Diligence (uU in mehreren Stufen, insbesondere wenn Übernehmer ein Wettbewerber ist.)	Nach 1.	n.a.
4.	Vertragsverhandlungen mit eventuellen Großaktionären über Kauf von deren Aktienpaket (aufschiebend bedingt auf den Abschluss eines erfolgreichen Übernahmeangebots) oder Verpflichtung zur Annahme des Übernahmeangebots für das gehaltene Aktienpaket	Nach 3.	n.a.
5.	Vertragsverhandlungen mit der Zielgesellschaft über einen Vertrag, der regelt, unter welchen Bedingungen die Gesellschaft der Übernahme zustimmen kann und deren Organe eine positive Stellungnahme zum Angebot abgeben können (oft als „Business Combination Agreement" bezeichnet)	Nach 3.	n.a.
6.	Soweit erforderlich Vertragsverhandlungen mit Banken über eine Akquisitionsfinanzierung	Nach 3. und möglichst vor 10., wobei nach dem Gesetzeswortlaut die Finanzierung erst bei 26 „stehen" muss, praktisch aber schon mit 23.	§ 13 Abs. 1 Satz 1 WpÜG
7.	Ggf. Verhandlungen mit den finanzierenden Banken oder einer weiteren Bank über den Auftrag zur Abgabe einer Finanzierungsbestätigung.	Nach 3. und möglichst vor 10.	n.a.
8.	Verhandlungen mit einer am deutschen Depotsystem teilnehmenden Bank über die technische Anwicklung des Angebots	Möglichst vor 10., theoretisch möglich bis vor 22.	n.a.
9.	Einrichtung einer Internetadresse, unter der später das Angebot veröffentlicht werden wird.	Vor 14.	§ 10 Abs. 3 Satz 2 WpÜG

III. Ablaufplan für ein Übernahmeangebot — Anlagen

	Welche Maßnahme?	Wann?	Gesetzliche Grundlage
10.	Unterzeichnung • Paketkaufverträge, • Business Combination Agreement, • Finanzierungsverträge • Auftrag Finanzierungsbestätigung • Auftrag an abwickelnde Bank	Nach Abschluss von 5.–8., aufschiebend bedingt auf 11., soweit noch nicht erfolgt.	n.a.
11.	Gremienzustimmung auf Seiten von Bieter, Veräußerer und Zielgesellschaft (insb. Beschluss von Aufsichtsrat, Board of Directors oder vergleichbarer Organe)	Kurz vor oder nach 10.	Auf die jeweilige Partei anwendbares Gesellschaftsrecht.
12.	Entscheidung über die Abgabe eines Übernahmeangebots.	(Unvermeidlich) Verbunden spätestens entweder mit 10. oder 11., je nachdem, welches Ereignis später erfolgt.	§ 10 Abs. 1 Satz 1 WpÜG.
13.	Benachrichtigung der BAFin und der Börse(n) über die Entscheidung zur Abgabe eines Übernahmeangebots.	Unmittelbar vor 14.	§ 10 Abs. 2 Satz 1 Ziff. 1.–3. WpÜG
14.	Veröffentlichung der Entscheidung zur Abgabe eines Übernahmeangebots in einem Börsenpflichtblatt oder über ein elektronisches Informationssystem (mit Angabe der Internetadresse für die Veröffentlichung des Angebots).	Unverzüglich nach 12.	§ 10 Abs. 3 Ziff. 1. und 2. WpÜG
15.	Evtl. Ad-Hoc-Mitteilung der Zielgesellschaft, wenn diese an der Entscheidung des Bieters für das Übernahmeangebot beteiligt war, zB durch Abschluss eines Business Combination Agreement und evtl. von Paketverkäufern, soweit diese börsennotiert sind.	Unverzüglich nach 12., zweckmäßigerweise aber nicht früher als 14.	§ 15 WpHG
16.	Benachrichtigung der Börse und der BAFin über die Veröffentlichung.	Sofort nach 14.	§ 10 Abs. 4 WpÜG
17.	Benachrichtigung der Zielgesellschaft über die Entscheidung zur Abgabe eines Übernahmeangebots.	Sofort nach 16.	§ 10 Abs. 5 Satz 1 WpÜG
18.	Zielgesellschaft unterrichtet den Betriebsrat oder die Arbeitnehmer	Sofort nach 17.	§ 10 Abs. 5 Satz 2 WpÜG
19.	Erstellung der erforderlichen fusionskontrollrechtlichen Anmeldungen	Nach 12.	Anwendbares nationales oder europäisches Fusionskontrollrecht
20.	Festlegung des Prozederes für das Settlement und Erstellung der technischen Richtlinien an die Depotbanken	Während 22.	n.a.
21.	Abfrage über die Wertpapiermitteilungen an die Depotbanken, um die Höhe der Druckauflage für das Angebotsdokument zu bestimmen	Während 22.	n.a.
22.	**Erstellung der Angebotsunterlage und Einreichung bei der BAFin.**	Innerhalb von 4 Wochen nach 14.	§ 14 Abs. 1 Satz 1 WpÜG iVm. § 11 Abs. 1 WpÜG
23.	Einreichung der unterschriebenen Finanzierungsbestätigung	Zeitgleich mit 22.	§ 13 Abs. 2 WpÜG
24.	Prüfung der Angebotsunterlage	10 Werktage (schließt den Samstag ein)	§ 14 Abs. 2 Satz 1 WpÜG

Anlagen III. Ablaufplan für ein Übernahmeangebot

	Welche Maßnahme?	Wann?	Gesetzliche Grundlage
25.	Die BAFin a) stellt inhaltliche Mängel der Angebotsunterlage fest	a) Verlängerung der Prüfungsfrist um bis zu 5 Werktage, um Bieter Nachbesserung zu ermöglichen.	§ 14 Abs. 2 Satz 3 WpÜG
	b) gestattet die Veröffentlichung (ggf. nach Behebung der festgestellten Mängel)	b) Bieter muss Angebotsunterlage unverzüglich veröffentlichen	§ 14 Abs. 2 Satz 1 WpÜG
	c) unterlässt es, innerhalb der zehntägigen Prüfungsfrist (bzw. innerhalb ihrer Verlängerung) eine Untersagungsverfügung zu erlassen.	c) Bieter ist verpflichtet, nach Fristende die Angebotsunterlage auch ohne ausdrückliche Genehmigung unverzüglich zu veröffentlichen.	§ 14 Abs. 2 Satz 1 WpÜG
26.	• Veröffentlichung der Angebotsunterlage im Internet, • Veröffentlichung des vollen Textes der Angebotsunterlage in einem Börsenpflichtblatt oder • Veröffentlichung einer Hinweisbekanntmachung in einem Börsenpflichtblatt, mit Angaben, wo die Angebotsunterlage abrufbar ist, und • Druck der Angebotsunterlage und deren Bereithaltung zur kostenlosen Ausgabe im Inland.	Unverzüglich nach 25 b) oder c).	§ 14 Abs. 2 Satz 1 iVm. 14 Abs. 3 Satz 1 Ziffer 1 und 2 WpÜG
27.	Übersendung des Nachweises für die Veröffentlichung an die BAFin	Unverzüglich nach 26.	§ 14 Abs. 3 Satz 2 WpÜG
28.	Veröffentlichung der technischen Richtlinien für die Depotbanken in der WM	Elektronisch kurz nach 26., gedruckt einige Tag nach 26.	
29.	Übersendung einer Kopie der Angebotsunterlage an den Vorstand der Zielgesellschaft	Unverzüglich nach 26.	§ 14 Abs. 4 Satz 1 WpÜG
30.	Übermittlung der Angebotsunterlage an den Betriebsrat oder in Ermangelung eines solchen an die Arbeitnehmer	Unverzüglich nach 29.	§ 14 Abs. 4 Satz 2 WpÜG
31.	**Die Zielgesellschaft veröffentlicht eine Stellungnahme von Vorstand und Aufsichtsrat zum Angebot, ggf. auch Beifügung einer etwaigen Stellungnahme des Betriebsrats oder in dessen Ermangelung einer etwaigen Stellungnahme der Arbeitnehmer. Modus der Veröffentlichung wie 26.**	Unverzüglich nach 30.	§ 27 WpÜG
32.	Übersendung eines Veröffentlichungsbelegs an die BAFin	Unverzüglich nach 31.	§ 27 Abs. 3 Satz 3 WpÜG
33.	Frist zur Annahme des Angebots	4 bis 10 Wochen nach 26.	§ 16 Abs. 1 Satz 1 WpÜG
34.	Im Falle a) eines konkurrierenden Angebots	a) verlängert sich die Frist bis zum Ende	§ 22 Abs. 2 WpÜG

III. Ablaufplan für ein Übernahmeangebot — Anlagen

	Welche Maßnahme?	Wann?	Gesetzliche Grundlage
	b) der Einberufung der HV der Zielgesellschaft (nicht wahrscheinlich bei freundlicher Übernahme)	der Angebotsfrist des konkurrierenden Angebots b) verlängert sich die Frist auf die Höchstfrist von 10 Wochen	§ 16 Abs. 3 WpÜG
	c) eine Änderung des Angebots durch den Bieter in den letzten 2 Wochen der Angebotsfrist (letztmals möglich einen Werktag vor Ablauf der Annahmefrist)	c) verlängert sich die Frist um weitere 2 Wochen	§ 21 Abs. 5 iVm. Abs. 1 WpÜG
35.	Laufende Veröffentlichung der vom Bieter gehaltenen Wertpapiere der Zielgesellschaft („Wasserstandsmeldungen") in einem Börsenpflichtblatt sowie auf der Webseite des Bieters.	Wöchentlich während der Annahmefrist (täglich in der letzten Woche der Annahmefrist) und einmalig unverzüglich nach deren Ablauf.	§ 23 Abs. 1 Satz 1 Nr. 1 und 2 WpÜG
36.	Ggf. Erfüllung von anderen Bedingungen, an die das Angebot geknüpft ist, insbesondere fusionskontrollrechtliche Freigabe und Bekanntgabe entweder als – abgesetzter – Teil der „Wasserstandsmeldungen" oder durch gesonderte Anzeige.	Kann nur vor dem Ablauf der Annahmefrist erfolgen, mit Ausnahme der fusionskontrollrechtlichen Freigabe.	Praxis der BAFin
37.	Erfüllung der durch die Annahme des Angebots zustande gekommenen Kaufverträge durch Zahlung gegen Lieferung der Papiere, typischerweise auch gleichzeitig Erfüllung der etwa abgeschlossenen Paketkaufverträge („Settlement" oder „Closing")	Nach Ablauf der Annahmefrist aber nicht vor 36.	n.a.
38.	Weitere Annahmefrist von 2 Wochen bei Übernahmeangeboten („Zaunkönigregelung"), (aber nicht, wenn eine etwaige Mindestannahmeschwelle nicht erreicht wurde)	Mit Veröffentlichung der Mitteilung nach § 23 Abs. 1 Satz 1 Nr. 2 WpÜG	§ 16 Abs. 2 Satz 1 WpÜG
39.	Erfüllung der durch die Annahme des Angebots während der weiteren Annahmefrist zustande gekommenen Kaufverträge durch Zahlung gegen Lieferung der Papiere	Unverzüglich nach dem Ablauf von 38.	n.a.
40.	Erneute abschließende „Wasserstandsmeldung"	Unverzüglich nach Ablauf von 38	§ 23 Abs. 1 Satz 1 Nr. 3 WpÜG
41.	Sperrfrist von einem Jahr bei a) Untersagung des Angebots, b) Nichterreichen der Mindestannahmequote	Ein Jahr ab a) Tag der Untersagung b) Tag der Mitteilung nach § 23 Abs. 1 Satz 1 Nr. 2 WpÜG	§ 26 WpÜG
42.	Ende der Nachlauffrist für nachträgliche Erhöhungen des Angebotspreises als Folge von außerbörslichen Erwerben durch den Bieter	Ein Jahr ab dem Tag der Mitteilung nach § 23 Abs. 1 Satz 1 Nr. 2 WpÜG	§ 31 Abs. 5 Satz 1 WpÜG.

Stichwortverzeichnis

Die fettgedruckten Zahlen bezeichnen die Paragraphen, die mageren Zahlen beziehen sich auf die Randnummern.

Abberufung
- Aufsichtsrat **2**, 45 ff.
- Vorstand **2**, 11

Abhängiges Unternehmen 14, 8 ff.
Abstimmungsleitung 7, 33 ff.
Abwehrmaßnahmen 15, 72 ff.
Ad-hoc-Publizität
- Sanktionen **6**, 8 ff., 28 ff.

Agio 3, 4
Aktien 3, 1 ff.
- Arten 8 ff.
- Gattungen 21 ff.
- Kraftloserklärung 34 ff.
- Umtausch 38

Aktienanzahl 1, 7
Aktienarten 3, 8 ff.
Aktiengattungen 3, 21 ff.
Aktienoptionsplan
- realer **9**, 25 ff.
- virtueller **9**, 72 ff.

Aktienregister 3, 16
Aktienrückkauf 3, 39 ff.
Aktienübertragung 3, 10 f.; 14 f.
Aktienurkunden 3, 26 ff.
Amtlicher Markt 4, 15
Amtszeit
- Aufsichtsrat **2**, 40

Anfechtungsklage 8, 5 ff.
Angebotsunterlagen
- Inhalt **15**, 46 ff.
- Haftung **15**, 53 ff.

Anleihen 10, 91 ff.
Annahmefrist
- Übernahme **15**, 34 ff.

Anstellungsvertrag
- Vorstand **2**, 8 ff.
- Beendigung **2**, 11 ff.

ARAG-Fall 2, 78
Arbeitnehmerbeteiligung 9, 1 ff.
Arbeitsdirektor 2, 3
Asset-Backed Securitisation (ABS) 10, 131 ff.
Aufgeld 3, 4
Auflösung 13, 71 ff.
Aufsichtsrat 2, 31 ff.

Aufsichtsratsamtszeit 2, 40
- Beendigung 45 ff.

Aufsichtsratsaufgaben 2, 70 ff.
Aufsichtsratsausschüsse 2, 66 ff.
Aufsichtsratsbericht 2, 59; 73; 86
Aufsichtsratsbeschluss 2, 62 ff.
Aufsichtsratsbestellung
- gerichtliche **2**, 42

Aufsichtsratshaftung 2, 78
Aufsichtsratsordnung 2, 49 f.
Aufsichtsratssitzung 2, 56 ff.
Aufsichtsratsvergütung 2, 75 ff.
Aufsichtsratsvorsitzender 2, 51 ff.
Aufsichtsratswahl 2, 34 ff.
Aufsichtsratszusammensetzung 2, 31 ff.
Ausgliederung 13, 62 f.
Auskunftsrecht der Aktionäre 7, 39 ff.
Auslandsplatzierung 4
- Europa 81 f.
- USA 83 f.

Bankenkonsortium 4, 28
Barabfindungsanspruch
- Verschmelzung **13**, 16 ff.

Bedingte Kapitalerhöhung 10, 48 ff.
Beherrschungsvertrag 14, 43 ff.
Bekanntmachung 7, 11 ff.
- Bekanntmachungsfehler 16 ff.

Belegschaftsaktien 9, 1 ff.
Berichtspflichten Aufsichtsrat 2, 70
Berichtspflichten Vorstand 2, 24 f.
Beschlussfähigkeit
- Hauptversammlung **7**, 46

Beschlussfassung
- Aufsichtsrat **2**, 56 ff.
- Hauptversammlung **7**, 44 ff.

Bestellung
- Vorstand **2**, 5 ff.

Beteiligungserwerb 6, 43 ff.
Beteiligungsveräußerung 6, 43 ff.
Bezugserklärung 10, 5
Bezugsrecht 10, 2 ff.
Bezugsrechtsausschluss 10, 9 ff.
Bezugsrechtshandel 10, 7 f.
Bilanzkontrollgesetz 11, 52

383

Stichwortverzeichnis

Bilanzrechtsreformgesetz **11**, 43 ff.
Black-Out-Periode **4**, 63
Börsenfähigkeit **4**, 7
Börsengang **4**, 1 ff.
Börsenreife **4**, 8 ff.
Börsensegmente **4**, 15 ff.
Börsenzulassung **4**, 71 f.
Börsenzulassungsprospekt **4**, 44 ff.
Bookbuilding-Verfahren **4**, 56 ff.

CASCADE **3**, 15 f.
Clearstream Banking AG **3**, 2
Comfort Letter **4**, 67
Corporate Governance **2**, 104 ff.
Corporate Governance Kodex **2**, 105 ff.

D&O-Versicherung **2**, 29 f.
Datenraum **4**, 40
Delisting
– Kaltes **16**, 12 ff.
– Reguläres **16**, 4 ff.
– Rechtsschutz der Anleger **16**, 34 ff.
Director's Dealings **6**, 35 ff.
Disclosure Opinion **4**, 67
Due Diligence **4**, 29 ff.
Due Diligence Defense **4**, 34

EBIT **6**, 22
Eigene Aktien **3**, 39 ff.
Einberufung **7**, 1 ff.
– Hauptversammlung
Eingliederung **15**, 98 ff.
Einzelurkunde **3**, 27 f.
Emissionsbank **4**, 20 ff.
Emissionsberater **4**, 25
Engagement Letter **4**, 25
Entlastung **2**, 82 ff.
Entsprechenserklärung **2**, 111 ff.
Equity Story **4**, 13
Erneuerungsscheine **3**, 32
Erwerb eigener Aktien **3**, 39 ff.

Factoring **10**, 128
Faktischer Konzern **14**, 18 ff.
– Qualifiziert 41 f.
Feststellungsklage **8** 20
Finanzierungsbestätigung
– Übernahme **15**, 27 ff.
Free float **4**, 15
Freigabeverfahren
– Squeeze-Out **16**, 32
– Verschmelzung **13**, 46
Freiverkehr **4**, 17

Gegenleistung **15**, 56 ff.
– Art **15**, 57 f.

– Höhe **15**, 59 ff.
Geheimhaltungspflichten
– Aufsichtsrat **2**, 72
Genehmigtes Kapital **10**, 42 ff.
General Standard **4**, 19
Genussschein **10**, 115 f.
Geregelter Markt **4**, 15
Geschäftsbericht **6**, 4
Geschäftsführung
– durch Vorstand **2**, 16 ff.
Geschäftsordnung
– Aufsichtsrat **2**, 49 f.
Gesellschafter-Femdfinanzierung **12**, 15 ff.
Gewerbesteuer **12**, 19 f.
Gewinn- und Verlustrechung **11**, 6
Gewinnabführungsvertrag **14**, 43 ff.
Gewinnanteilscheine **3**, 31, 33
Gewinnschuldverschreibung **10**, 112
Girosammelverwahrung **3**, 2
Globalurkunde **3**, 29 f.
Going Private **16**, 1 ff.
Going Private Merger **16**, 21 f.
Going Public **4**, 1 ff.
Goodwill **11**, 40 f.
Greenshoe-Option/Mehrzuteilungsoption **4**, 73 ff., **5**, 40
Grundkapital **1**, 6

Handelsregisteranmeldung
– Auflösung **13**, 71
– Beherrschungsvertrag **14**, 60
– Satzungsänderung **1**, 30 ff.
– Verschmelzung **13**, 38 ff.
Hauptversammlung **2**, 79 ff.
– Tagesordnung **7**, 11 ff.
Hauptversammlungsbeschluss **7**, 44 ff.
Hauptversammlungsdurchführung **7**, 33 ff.
Hauptversammlungseinberufung **7**, 1 ff.
Hauptversammlungsort **1**, 20
Hauptversammlungsvorbereitung **7**, 19 ff.
Hauptversammlungszuständigkeit **2**, 80 ff.
Herrschendes Unternehmen **14**, 8 ff.
High Yield Bonds **10**, 102 f.
Holzmüller-Entscheidung **2**, 91 ff., **8**, 20

IFRS (International Financial Reporting Standards) **11**, 32 ff.
– Unterschiede zum HGB 38 ff.
Indossament **3**, 14
Inhaberaktien **3**, 9 ff.
Inhaberschuldverschreibung **10**, 91, 115
Insider **5**, 14 ff.
– Primärinsider 14
– Sekundärinsider 15 ff.

Stichwortverzeichnis

Insiderhandelsverbote **5**, 12 ff.
Insidertatsache **5**, 16 ff.
Insolvenz **13**, 77 ff.

Jahresabschluss
– Auf- und Feststellung **11**, 3 ff.
– Funktion **11**, 2
– Kapitalmarktkommunikation **6**, 1 ff.
– Prüfung **11**, 13 ff.
Jahresüberschuss **1**, 15
Junge Aktien
– Platzierung **10**, 87 ff.

Kaduzierungsverfahren
Kaltes Delisting **16**, 12 ff.
Kapital, genehmigtes **10**, 42 ff.
Kapitalerhöhung aus Gesellschaftsmitteln **10**, 29 ff.
Kapitalerhöhung gegen Einlage **10**, 17 ff.
Kapitalerhöhung, bedingte **10**, 48 ff.
Kapitalerhöhung, vorbörsliche **4**, 65 f., 68
Kapitalerhöhungsbeschluss **10**, 17 ff.
Kapitalherabsetzung
– Gläubigerschutz **10**, 80
– Ordentliche **10**, 62 ff.
– Vereinfachte **10**, 77 ff.
Kapitalmaßnahmen **10**, 1 ff.
Konsortialführer **4**, 20 ff.
Konsortium **4**, 28
Konzern **14**, 1 ff.
– Begriff 12 ff.
– Faktischer 18 ff.
– Finanzierung 32 ff.
– Qualifiziert Faktischer 41 f.
– Vertragskonzern 43 ff.
Konzernabschluss **11**, 20 ff.
– Funktion 21 f.
Konzernbildung **14**, 43 ff.
Konzernhaftung **14**, 106
Konzernlagebericht **11**, 21 f., **14**, 30; 57
Kraftloserklärung **3**, 34 ff.
Kupon **3**, 31

Lagebericht
– Kapitalmarktkommunikation **6**, 1 ff.
– Rechnungslegung **11**, 8
Leasing **10**, 129
Legal Opinion **4**, 67
Letter of Engagement **4**, 25 ff.
Liquidation **13**, 71 ff.
Liquidatoren **13**, 73 ff.

MaKonV (Marktmanipulations-Konkretisierungsverordnung) **5**, 28
Marktmanipulation **5**, 26 ff.
Marktmissbrauchsrichtlinie **5**, 43

Mehrstimmrechtsaktie **3**, 24
Mehrzuteilungsoption **5**, 40
Minderheitenrechte **8**, 2 ff.
Missbrauch des Anfechtungsrechts **8**, 12
Mitarbeiterbeteiligung **9**, 1 ff.
Mitbestimmung **2**, 97 ff.

Nachangebotsfrist **15**, 39
Namensaktien **3**, 13 ff.
Nennbetragsaktien **3**, 3 ff.
Nichtigkeitsklage **8**, 19 f.
Niederschrift **7**, 59 ff.
– Hauptversammlung

Öffentliches Wertpapierangebot **15**, 2
Optionsanleihe, **10**, 104 ff.

Pflichtangebot
– Allgemein **15**, 14 ff.
– Besonderes Verfahren **15**, 40 ff.
Pricing **4**, 69
Prime Standard **4**, 19
Privatplatzierung **4**
– Ausnahme von der Prospektpflicht 49
– Platzierung in der EU 82
– Platzierung in den USA 84
Prospekterstellung **4**, 44 ff.
Prospekthaftung **4**, 31 ff.
Prospektpflicht **4**, 48 ff.
Prospektveröffentlichung **4**, 54 f.

Qualified Institutional Buyers (QIB) **4**, 84
Qualifiziert-faktischer Konzern **15**, 41 f.
Quartalsbericht **6**, 5 ff.

Rechnungslegung **11**, 1 ff.
Registersperre
– Squeeze-Out **16**, 32
Roadshow **4**, 60 ff.
Rückerwerb eigener Aktien **3**, 39 ff.

Sachdividende **1**, 14
Sachkapitalerhöhung **10**, 19 ff.
Safe Harbor **12**, 18
Satzung **1**
– Inhalt 1 ff.
Satzungsänderung **1**, 24 ff.
Sonderprüfung **8**, 47 ff.
Spaltung **13**, 51 ff.
(siehe auch unter Verschmelzung)
Spaltung zur Neugründung **13**, 59
Spaltungsbericht **13**, 55
Spruchstellenverfahren
– Minderheitenschutz **8**, 21 ff.
– Delisting **16**, 38

385

Stichwortverzeichnis

- Konzern **15**, 78
- Verschmelzung **13**, 47

Squeeze out 16, 27 ff.
- Verfahren **16**, 30 ff.
- Voraussetzungen **16**, 28 f.

Stabilisierungsgeschäfte 5, 38 f.
Stammaktien 3, 22
Stimmrechtslose Vorzugsaktien 3, 22 f.
Stimmrechtsverbote
- Aufsichtsrat **2**, 62

Stimmrechtsvertreter 7, 56 ff.
Stock Appreciation Rights (SAR) 9, 72 ff.
Stock Options 9, 25 ff.
Stückaktien 3, 3 ff.

Tagesordnung
- Hauptversammlung **7**, 11 ff.

Talon 3, 32
Tracking Stock 10, 117

Übernahme 15, 1 ff.
- Abwehrmaßnahmen 72 ff.
- Angebotsarten 5 ff.
- Angebotsunterlage 46 ff.
- Angebotsverfahren 17 ff.
- Annahmefrist 34 ff.
- Gegenleistung 56 ff.
- Haftung für Angebotsunterlage 53 ff.
- Neutralitätspflicht 68 ff.
- Rechtsschutz 79 ff.

Übernahmeangebot
- Angebotsarten **15**, 5 ff.
- Einfaches Erwerbsangebot **15**, 8 ff.
- Freiwilliges Übernahmeangebot **15**, 11 ff.
- Pflichtangebot **15**, 14 ff.
- Verfahren **15**, 17 ff.

Übernahmegesetz
siehe unter WpÜG
Übernahmevertrag 4, 67
Über-pari-Emission 3, 5
Umstrukturierung 13, 1 ff.
Umtausch von Aktien 3, 38
Umwandlung 13, 1 ff.
Umwandlungssteuerrecht 12, 24 ff.
Underwriting 4, 23
Unternehmensanleihe 10, 91 ff.
Unter-pari-Emission 3, 5

Veräußerungsgewinn 12, 9 ff.
Verdeckte Gewinnausschüttung 12, 12 ff.
Verkaufsprospekt 4, 31; 44 ff.
Verlustvortrag 12, 21 ff.
Verschmelzung 13, 1 ff.
- Barabfindungsanspruch **13**, 16 ff.
- Handelsregistereintragung **13**, 38 ff.
- Rechtsfolgen **13**, 41 ff.
- Rechtsschutz **13**, 45 ff.

Verschmelzungsbericht 13, 23 ff.
Verschmelzungsbeschlüsse 13, 32 f.
Verschmelzungsprüfung 13, 28 f.
Verschmelzungsstichtag 13, 12
Verschmelzungsvertrag 13, 6 ff.
Vertragskonzern 15, 43 ff.
Vertretung
- durch Vorstand **2**, 20 ff.
- durch Aufsichtsrat **2**, 71

Vinkulierte Namensaktien 3, 18
Vorstand 2, 2 ff.
Vorstandsberichte 2, 17; 24
Vorstandbestellung 2, 5 ff.
Vorstandsentlastung 2, 82 ff.
Vorstandshaftung 2, 26 ff.
Vorstandsmitglieder 2, 3 f.
Vorstandspflichten 2, 23 ff.
Vorstandsvergütung 2, 14 f.
Vorstandsvorsitzender 2, 4
Vorzugsaktien 3, 22 f.

Wandelanleihen 10, 104 ff.
Weißer Ritter 15, 71
Wirtschaftsprüfer 4
- Prospekthaftung 33

WpÜG
- Anwendungsbereich **15**, 1 ff.
- Aufbau **15**, 4

„Zaunkönigregelung" **15**, 36
Zulassungsfolgepflichten 4
- Amtlicher Markt (General Standard) 76 ff.
- Geregelter Markt (General Standard) 79
- Prime Standard 80

Zulassungsprospekt 4, 44 ff.
Zuteilung 4, 69 f.
Zwischenbericht 6, 5 ff.